Portugal

Lydia Hohenberger
Jürgen Strohmaier

Inhalt

Wissenswertes über Portugal

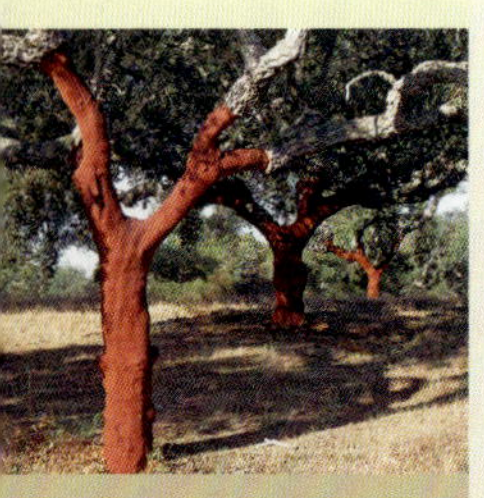

Wissenswertes für die Reise

Unterwegs in Portugal

Kapitel 1 Lissabon

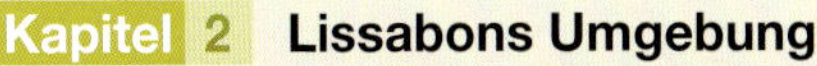

Kapitel 2 Lissabons Umgebung

Inhalt

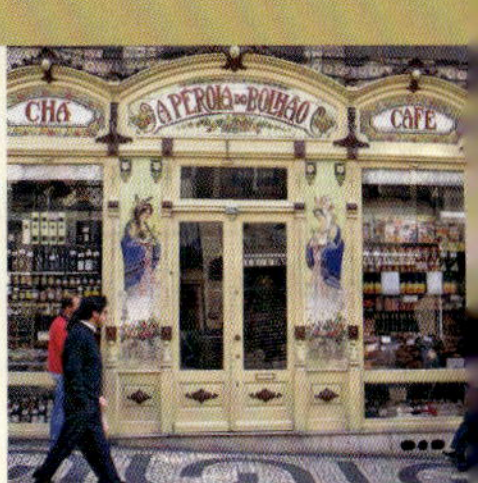

Kapitel 4 Porto und die Douromündung

Kapitel 5 Der grüne Norden

Inhalt

Kapitel 6 Alentejo

Kapitel 7 Algarve

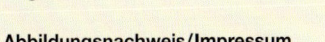

Inhalt

Themen

Alle Karten auf einen Blick

Bunte Fischerboote sieht man an vielen Stränden der Algarve

Wissenswertes über Portugal

Portugal – Zwischen Melancholie und Moderne

Lange Zeit versteckte sich Portugal am Rande Europas. Wo das Land endet und das Meer beginnt, wie ein Dichter einst sang. Nur wenige Namen und einzelne Ereignisse drangen zu uns herüber, kaum geeignet, um daraus ein anschauliches Gesamtbild zu zeichnen. Erst nach einem rasanten gesellschaftlichen Wandel schärften sich die Konturen. Portugal kommt in Europa an.

Zunächst waren es die Fußballer, die Portugals Ruhm in die Welt hinauskickten: Eusébio, Figo, Cristiano Ronaldo. Natürlich wurde auch der Portwein als edler Tropfen weltweit geschätzt. Literaturfreunde kannten portugiesische Schriftsteller wie Fernando Pessoa oder José Saramago, und jedes Kind buchstabierte in der Schule die Namen der portugiesischen Seefahrer Vasco da Gama oder Magellan. Gesehen hatte man Fotos von den traumhaften Stränden der Algarve und vielleicht den melancholischen Melodien eines Fados gelauscht. Aber selbst die Summe all dieser Facetten lieferte keine fassbare Vorstellung von Land und Leuten.

Unser unscharfes Bild fand seine Entsprechung darin, dass Portugal seinerseits sich lange nicht als Teil Europas verstand. Das Überschreiten der Landesgrenzen nannten die Portugiesen bezeichnenderweise ›nach Europa fahren‹. Sie wandten diesem scheinbar fremden Kontinent den Rücken zu und orientierten sich über die Weiten des Ozeans hin zu ihren überseeischen Kolonien.

Unter der langen Diktatur von António Salazar wurde die politisch-geografische Distanz zu den direkten Nachbarn auf die Spitze getrieben und ideologisch verbrämt: *orgulhosamente sós,* wir sind voller Stolz allein, rief er seinen Untertanen zu. Salazar kultivierte den Blick zurück in die heroische Vergangenheit und schürte koloniale Großmachtphantasien, während das Volk in bitterer materieller und kultureller Armut lebte. Zur Emigration gezwungen, lernten viele Portugiesen staunend die hoch entwickelten europäischen Industrienationen kennen und sich dort zu behaupten. Ein latentes nationales Minderwertigkeitsgefühl aber blieb – trotz der erfolgreichen demokratischen Revolution von 1974 und dem daraus resultierenden rasanten gesellschaftlichen Wandel.

Portugal gelang damals der Aufbruch in ein neues Zeitalter und die europäische Gemeinschaft gewährte tatkräftige Unterstützung bei der Umwandlung des einstigen Armenhauses in ein entwickeltes Gemeinwesen. Die Portugiesen wissen das ehrlich zu schätzen und betrachten sich gerne als Musterschüler der Europäischen Union. Ungeahnte Energien und eine Rückbesinnung auf den historischen Pioniergeist werden mobilisiert, wenn es gilt, sich selbst und dem Ausland mit ehrgeizigen Vorhaben die eigene Leistungsfähigkeit unter Beweis zu stellen.

Und die Positivliste eines modernen Portugal wächst. Mit der vorbildlich organisierten Weltausstellung 1998 in Lissabon und der euphorisch gefeierten Fußball-Europameisterschaft 2004 zeigte der aufgeschlossene und sympathische Gastgeber, dass er zu mehr als eleganten Dribblings und schönen Toren in der Lage ist. Das einst rückständige Land war auf gleicher Augenhöhe in Europa angekommen. Vielleicht stellt es sogar eines der erfreulichsten Beispiele für die produktive

Integrationskraft dar, die die EU unter günstigen Rahmenbedingungen zu entfalten vermag.

In diesem gegenseitigen Annäherungsprozess bewahrte Portugal sich ein hohes Maß an kultureller Eigenständigkeit, die den neugierigen Besucher faszinieren wird. Schon der europäischen Gotik und dem Barock verliehen die portugiesischen Baumeister mit dem Hinzufügen extravaganter Stilelemente eine eigene Note. Im 16. Jh. trat die kunstvoll bemalte Kachel als gleichermaßen dekoratives wie zweckmäßiges Baumaterial ihren Siegeszug an, der heute mit der Ausschmückung von Metrostationen in den modernen Städten einen neuen Höhepunkt erreicht hat.

Die klassischen Fadoklänge wurden um Elemente der Worldmusic erweitert und erfahren eine unerwartete Renaissance. In küstenfernen Gegenden leben uralte Traditionen fort und gestalten einen Ausflug in die dörflichen Welten als Zeitreise in die Vergangenheit. Durchdrungen vom Atem der Geschichte ist vielen Städten entlang der Küste ein zeitgemäßes Facelifting gelungen. Die Zukunft hat sich der Tradition zur Seite gestellt, der ständig präsente Wechsel zwischen Rückständigkeit und Fortschritt wird zum außergewöhnlichen Urlaubsbegleiter.

Ähnlich abwechslungsreich öffnen sich die portugiesischen Landschaften dem Reisenden. Schwimmen, Strandwandern, Surfen und Schnorcheln kann er an den 832 Kilometern der schönsten Küste Europas. Auf Schusters Rappen lassen sich die Berge und Hügel im Landesinneren durchstreifen, rau und ungezähmt im Norden, lieblich-mediterran im Süden. So wird aus dem Grußwort *Bem-vindos a Portugal* ein herzliches Willkommen in einem Land der natürlichen Vielfalt, gelebten Tradition und aufstrebenden Moderne.

Die Portugiesen wandten sich lange ihren fernen Kolonien jenseits der Meere zu, doch heute fühlen sie sich dem modernen Europa zugehörig

Steckbrief Portugal

Daten und Fakten

Name: República Portuguesa
Fläche: 92 152 km^2
(inkl. den Azoren und Madeira)
Hauptstadt: Lissabon (port.: Lisboa)
Amtssprache: Portugiesisch
Einwohner: 10 536 Mio.
Bevölkerungswachstum: 0,14 %, bedingt durch Zuwanderung aus dem Ausland
Lebenserwartung: Männer 74,4 Jahre, Frauen 81 Jahre
Währung: Euro. Die Untereinheit heißt nicht cent, sondern *cêntimos.*
Zeitzone: Greenwich Time, Sommerzeit. Portugal liegt gegenüber den deutschsprachigen Ländern ganzjährig eine Stunde zurück.
Landesvorwahl: 00351
Internet-Kennung: .pt

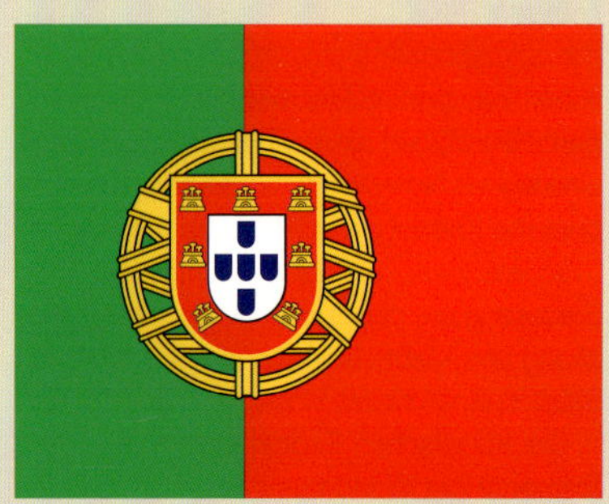

Landesflagge: Die Flagge aus dem Jahre 1911 symbolisiert die Seefahrten der Portugiesen sowie die christliche Rückeroberung des Landes: Rot steht für den Mut und das vergossene Blut der portugiesischen Krieger, grün für die Hoffnung. Die gelbe Armillarsphäre, ein nautisches Instrument, war das Wappen Königs Manuels I. Die sieben Burgen zeigen die wichtigsten Festungen, die Portugals erster König Afonso Henriques den Mauren entriss. Vor der Entscheidungsschlacht 1139 soll ihm Jesus in einer Erscheinung den Sieg mit Hilfe des weißen Schildes prophezeit haben. In diesem symbolisieren die fünf blauen Schilde die besiegte fünffache maurische Übermacht. Die Zahl steht zugleich für die fünf Wunden des gekreuzigten Christus.

Geografie

Portugal liegt im äußersten Südwesten Europas und schließt Madeira und die Azoren im Atlantischen Ozean ein. Die Fläche Kontinentalportugals bedeckt mit 89 005 km^2 knapp ein Sechstel der Iberischen Halbinsel. Die maximale Ausdehnung von Nord nach Süd beträgt 561 km, von West nach Ost 218 km. Die gemeinsame Grenze mit dem Nachbarland Spanien ist 1215 km, die Küstenlinie 832 km lang. Während die Küstenregion und der Süden weitgehend flach oder leicht hügelig ausgestaltet sind, wird Mittel- und Nordportugal von Bergketten durchzogen. Torre heißt der mit 1993 m höchste Berg des portugiesischen Festlands. Die wichtigsten Flüsse Tejo, Douro und Guadiana entspringen in Spanien. Ein Drittel aller Einwohner Portugals lebt in den Ballungsräumen von Lissabon (2,5 Mio.) und Porto (1 Mio.).

Geschichte

Die ältesten figürlichen Steinritzzeichnungen sind 30 000 Jahre alt, 5000 Jahre zahlreiche Funde der Megalithkultur. Seit 1000 v. Chr. unterhielten die Mittelmeervölker Handelsstützpunkte entlang der Küste, die römische Okkupation begann 209 v. Chr.

Die Völkerwanderung führte nach 409 zur Herrschaft germanischer Stämme, bis ab 711 nordafrikanische Mauren innerhalb weniger Jahre fast die gesamte iberische Halbinsel besetzten.

Während der christlichen Rückeroberung rief Afonso Henriques 1139 im Norden ein unabhängiges Portugal aus, das bis 1249 an die Algarve ausgedehnt wurde. Dank der Entdeckung des Seewegs nach Indien 1498 kontrollierte Portugal den einträglichen Gewürzhandel und stieg zur Weltmacht auf. Da ein eigener Thronfolger fehlte, übernahm das spanische Herrscherhaus zwischen 1580 und 1640 die Regentschaft. Viele überseeische Handelsstützpunkte gingen verloren. Den endgültigen Niedergang besiegelte ein Erdbeben 1755, das Lissabon und weite Teile Südportugals zerstörte.

1910 stürzten republikanische Soldaten die Monarchie, der Aufbau einer stabilen Demokratie jedoch scheiterte. 1926 leitete ein Militärputsch die lange Periode der Salazar-Diktatur ein, die Portugal in Kolonialkriegen aufrieb und zum isolierten Armenhaus Europas machte. Erst 1974 ebnete der Putsch seitens einer breiten Bewegung innerhalb der Streitkräfte den Weg zur Demokratie.

Staat und Politik

Portugal ist eine parlamentarische Demokratie mit präsidialen Elementen. Staatsoberhaupt ist der wirtschaftsliberale Aníbal Cavaco Silva. Die sozialdemokratisch orientierte Partido Socialista (PS) stellt die Parlamentsmehrheit und den Ministerpräsidenten José Sócrates. In Opposition stehen die liberalkonservative Partido Socialdemocrata, die rechtskonservative Partido Popular, die kommunistische Partido Comunista, der links-unabhängige Bloco de Esquerda und Os Verdes (Die Grünen), die als Anhängsel der Kommunisten nicht mit den mitteleuropäischen Grünen vergleichbar sind.

Portugal ist ein in 18 Verwaltungsdistrikte gegliederter Zentralstaat. Hinzu kommen die autonomen Regionen Madeira und Azoren. 1949 wurde Portugal Mitglied der Nato, 1955 der UNO und 1986 der Europäischen Gemeinschaft.

Wirtschaft und Tourismus

Seit dem Beitritt zur EG hat sich Portugal vom Agrar- zum Dienstleistungs- und Industrieland entwickelt. Landwirtschaftliche Erzeugnisse tragen nur mehr 4 % zum Bruttoinlandsprodukt bei, Industriewaren (v. a. Maschinen, Fahrzeuge, chemische Erzeugnisse, Papier) dagegen knapp 30 %, Dienstleistungen sogar 66 %. Deutschland ist gemeinsam mit Frankreich und hinter Spanien der zweitwichtigste Handelspartner. Über starkes Wachstum freut sich der Reisemarkt, dem jährliche Steigerungsraten von 5 bis 8 % prognostiziert werden. Im Jahr 2006 besuchten 11 Mio. ausländische Urlauber das Land, darunter 1,2 Mio. Deutsche, 140 000 Schweizer und 70 000 Österreicher.

Bevölkerung, Sprache und Religion

Knapp ein Drittel der etwa 15 Mio. Portugiesen lebt im Ausland. Nationale Minderheiten gibt es nicht, der Ausländeranteil liegt bei 5 %. Stark vertreten sind Brasilianer, Kapverdianer und Ukrainer. Portugiesisch ist eine romanische Sprache, die weltweit von mehr als 200 Mio. Menschen gesprochen wird. 93 % aller Portugiesen gehören dem römisch-katholischen Glauben an, daneben werden ca. 48 000 Protestanten, 17 000 Orthodoxe, 12 000 Muslime und 2000 Juden gezählt.

Natur und Umwelt

Wölfe heulen in den rauen Granitfelsen des Nordens, schwarz-violett leuchtende Purpurhühner waten durchs Schilf am südlichen Atlantik. Frisch geschälte Korkeichen glänzen rot in der Sommersonne, bald sind die dunklen Oliven reif. Dann lockt der erste Schnee im einzigen Hochgebirge die Skifahrer. Das ganze Jahr über entfaltet Portugal seine natürlichen Reize.

Geologische Anfänge

Durch gewaltigen Druck und hohe Temperaturen entstanden vor 500 bis 300 Mio. Jahren während früher Phasen der Gebirgsfaltung die ersten metamorphen Gesteine im heutigen Norden Portugals. Damals näherten sich der europäische und der afrikanische Kontinent an, das portugiesische Gebiet lag noch unter dem Meeresspiegel. Es stieg vor 280 Mio. Jahren aus den Fluten empor, versank aber später noch einige Male.

Heute wird Portugal in drei geologische Großräume geteilt. Die Zentraliberische Zone mit metamorphen und zahlreichen granitähnlichen Gesteinen umfasst die stark aufgeworfenen nordportugiesischen Regionen Minho und Trás-os-Montes sowie Nordwestspanien. Unterhalb schließt sich die südportugiesische Zone an. Sie weist verstärkt Schiefer, Kalke und sedimentäre Gesteinsserien aus dem Paläozoikum auf.

Der portugiesische Trog schließlich erstreckt sich entlang der West- und Südküste und wird in die vier Sedimentbecken Porto-Galicia, Lusitanien, Alentejo und Algarve unterschieden. Er entstand während der Öffnung des Atlantiks im erdgeschichtlichen Mittelalter. Die Eiszeit bildete im Wesentlichen die Oberflächenform Portugals aus. Dabei verkarsteten die Kalksteingebirge und nahmen eine ungewöhnliche, oft bizarre Gestalt an.

Portugiesische Landschaften

Die Küste

Portugal wird gerne gleichgesetzt mit Meer, Sonne und Strand, denn seine 832 km lange Atlantikküste zählt mit ihren unverwechselbaren Felsformationen, romantischen Badebuchten und endlosen Sandstränden zu den schönsten dieser Erde.

Tiefrot heben sich Sedimentgesteine über die Strände der mittleren Algarve. Im Osten schließen sich Lagunen- und Dünenlandschaften an, weiter im Westen zeigen wunderliche Kalksteinfelsen wie Finger einer Hand aus dem türkisblauen Meer. Dazwischen verstecken sich feinsandige Badebuchten. Eine steil abfallende, 60 m hohe Felswand stellt sich an Europas südwestlichem Ende dem Ozean entgegen. Die nördlich angrenzende Schieferküste des unteren Alentejo fasziniert in rauer Ursprünglichkeit, bevor sie in weite Sandstrände übergeht, die bis an die Tore Lissabons reichen.

Nördlich des Tejo verändert sich das Bild erneut. Ungestüm brausen die atlantischen Fluten gegen hohe Felsklippen. Hier liegt Kontinentaleuropas westlichster Punkt Cabo da Roca. Erst Portugals mittlerer Küstenabschnitt wird wieder von langen, flach ins Meer laufenden Sandstränden geprägt, nur unterbrochen vom 45 km langen Haff Ria de Aveiro mit ausgedehnten Reis- und Salzfeldern.

Auch zwischen den Mündungen der Flüsse Douro und Minho in Nordportugal gehen die hellsandigen Strände ineinander über. Sie werden zunehmend von niedrigen Felsen gesäumt, oft fegen starke Atlantikwinde über sie hinweg.

Das Landesinnere

Das Landesinnere gestaltet sich hügelig, teilweise gebirgig. Die Flüsse Douro und Tejo bilden Wetterscheiden und teilen Portugal in den Norden, die Mitte und den Süden.

Nordportugal dehnt sich von der spanischen Grenze bis zum Rio Douro aus. Sommergrüner Eichenwald, Kastanienbäume, Buchen und Aufforstungen mit Eukalyptus prägen das Bergland, das über 1500 m hoch und von tiefen Flusstälern durchzogen ist. Atlantische Winde sorgen für hohen Niederschlag und ausgeglichene, milde Temperaturen bis weit ins Landesinnere. Nur der Osten wird von sommerheißem und winterkaltem Kontinentalklima bestimmt, was eine Redewendung aus der nordöstlichen Provinz Trás-os-Montes pointiert: *Três meses inverno, nove meses inferno* (Drei Monate Winter, neun Monate Hölle).

Mittelportugal erstreckt sich zwischen Douro und Tejo und zeigt die höchsten Erhebungen des portugiesischen Festlandes. Das stark erodierte Bergmassiv Serra da Estrela ist ein Ausläufer der spanischen Zentralkordillere und erreicht 1993 m, im Winter ist Schneefall keine Seltenheit. Niedrige Macchie, Heidekraut oder Ginster gedeihen in der kargen Landschaft, in felsigen Gipfellagen anspruchslose Flechten und Moose. Eine nahezu mythische Urlandschaft erhebt sich vor dem Besucher.

Sehr fruchtbar ist hingegen der etwa 50 km breite Küstenstreifen. Bereits im 12. Jh. legten Zisterzienser den Grundstein für eine florierende Landwirtschaft, die die Hauptstadt Lissabon mit Obst, Gemüse, Milch und Geflügel versorgte. Rund um Coimbra dehnen sich Reisfelder bis fast zum Meer aus, das fruchtbare Schwemmland des unteren Tejolaufes wird für intensiven Getreideanbau genutzt.

Die weite Landschaft südlich des Tejo scheint von sanften Hügeln modelliert, die sich am endlosen Horizont verlieren. Schafe und Ziegen weiden in lockeren Oliven-, Kork- und Steineichenhainen. Nennenswerte Niederschläge fallen nur im Winterhalbjahr, die sommerlichen Höchsttemperaturen erreichen im Landesinneren nicht selten 40 °C. Die Gebirgsketten Serra do Caldeirão (589 m) und Serra de Monchique (902 m) trennen die Algarve vom restlichen Portugal und halten die winterlich kalten und sommerlich heißen Landwinde ab. Das mediterrane Klima verwandelt diese Region in eine fruchtbare Gartenlandschaft.

Pflanzenwelt

Mandelbäume

Irgendetwas blüht immer. In exponierter Sonnenlage legen die Mandelbäume an der Algarve bereits zu Jahresbeginn ihr Blütenkleid an. Im Februar und März folgen die Mandelbäume in beschatteten Tälern und im Norden Portugals, denn bis hinauf nach Trás-os-Montes werden sie angepflanzt. Aus den weißen Blüten entstehen süße, aus den rosafarbenen Blüten blausäurehaltige bittere Mandeln. Die reifen Früchte werden im Herbst mit Stöcken abgeschlagen, 5 kg Mandeln ergeben etwa 1 kg Kerne. Die harten Schalen eignen sich vortrefflich als Brennmaterial, etwa in Ziegeleien. Unvergesslich bleibt die Mär vom maurischen Prinzen. Er soll die Bäume einst ins Land gebracht haben, deren weiße Blütenblätter den Schnee vortäuschten, den seine von Heimweh geplagte nordische Gattin so sehr vermisst hatte.

Wiesenblumen und Macchia

Von März bis Mai überziehen bunte Wiesenblumen die mediterranen Kulturlandschaften. Besonders intensiv wird das Farbspektakel im algarvianischen Hinterland, wenn sich gelber Bitterklee und Lupinen, weiße Margariten, roter Mohn oder das blau-violette Immergrün in Olivenhainen und auf Weideland wie von Zauberhand ausbreiten. Die sanften alentejanischen Hügel erblühen erst im April und Mai, aber dann mit voller Wucht. Wild aussäende Blumen verleihen der Landschaft eine fast paradiesische Schönheit, die die heiße Sommersonne im Juni jäh beendet. Blau blühen im Frühsommer niedrig wachsende Schwertlilien, Hyazinthen, Ochsenzungen und Boretsch. Rot leuchtet die wilde Gladiole auf feuchten Wiesen, und Orchideen wie Ragwurz und Knabenkraut erfreuen das Auge.

Im April und Mai scheinen die südlichen Hügel von kleinen Schneebällen verziert. Dann öffnen die Lackzistrosen fünf weiße, mit einem dunklen Punkt verzierte Blütenblätter. Das harzige Holz dieses Macchiagewächses erreicht hohe Hitzegrade und seit jeher wurden damit die dörflichen Brotbacköfen geschürt. Schon die Mauren hatten Zistrosen für das Brennen von Kalk benutzt, um aus dem Gestein die Anstrichfarbe für die Häuser zu gewinnen. In Wäldern bedeuten die Pflanzen aufgrund ihrer leichten Entflammbarkeit allerdings eine große Gefahr. Der Schopflavendel, der im Portugiesischen irreführend *rosmaninho* heißt, blüht oft in enger Nachbarschaft und liefert würzigen Berghonig.

In einem kräftigen Rot leuchten die Stämme der frisch geschälten Korkeichen

Im ganzen Land haben sich gelb und weiß blühende Ginsterarten ausgebreitet. *Wadenstreichler* nennen Wanderer den Stechginster, der schon ungezählte Beine blutig kratzte. Selbst an rauen Berghängen erreicht das rosa, violett und weiß blühende Heidekraut eine Höhe von zwei Metern. In der Regel mediterrane Klimabedingungen benötigen die buschige Terpentin-Pistazie und der Mastixbaum. Beide fallen mit kleinen roten Früchten auf. In weit ausgreifender Form schießt das Liliengewächs Affodill in die Höhe. Hingegen duckt sich die Mariendistel am Boden.

Ihre blauen Blütenblätter wurden vor noch gar nicht so langer Zeit in den lokalen Käsereien zu einem Sud eingekocht, der Ziegenmilch zum Gerinnen brachte.

Oliven, Feigen und Johannisbrot

Bestes Öl liefern die portugiesischen Olivenbäume dank der Vielfalt und der Qualität der angebauten Sorten. Empfehlenswert sind die Öle aus dem Alentejo und Trás-os-Montes. Die Früchte werden von Oktober bis Dezember mit langen Stöcken abgeschlagen und in Netzen aufgefangen.

Feigenbäume strecken im Winter ihre kahlen Äste wie Elefantenrüssel gen Himmel. Schon bevor die großen Blätter austreiben, entwickeln sich die kleinen, im Spätsommer reifen Früchte. Bereits im 15. Jh. wurden sie nach Flandern exportiert, in Zeiten von Hungersnöten sicherten sie der armen Landbevölkerung das Überleben.

Tiefgrüne Blätter bedecken den Johannisbrotbaum, der im Herbst gelbe Blütenstände trägt. Ihr nährstoffreiches Fruchtfleisch wurde schon im Altertum geschätzt. Das aus dem Mark gewonnene Karobmehl wird für diabetische und vollwertige Süßwaren verwendet, während die gemahlenen stärkehaltigen Kerne das ökologische Bindemittel E 410 in Joghurts, Eiscremes und Kosmetika liefern. Die Araber waren es, die einst eine wundersame Eigenschaft dieser Kerne entdeckten. Getrocknet variiert ihr Gewicht nur sehr wenig um 0,2 g, was sie ideal für das Wiegen von Arzneimitteln, Gold und Edelsteinen erscheinen ließ. Diese Maßeinheit trägt heute den Namen Karat!

Eichen

Rot glänzen die frisch geschälten Stämme der Korkeichen in der Sonne. Die Schutzfarbe gibt sich der Baum selbst, er wird nicht angemalt. Mit einer Axt wird die Rinde unter großer Kraftanstrengung vom Stamm gelöst, aber nur im Sommerhalbjahr und im Abstand von mindestens neun Jahren. So kann der Baum überleben. Aufgestapelt unter freiem Himmel dünstet die Rinde ihr harziges Aroma aus, bevor sie maschinell zu Flaschenkorken, Fußbodenbelag oder Dämmmaterial verarbeitet wird. 54 % aller Naturkorken kommen aus Portugal, zu einem Weltmarktpreis zwischen 10 Cents und 2 € pro Stück.

Die strauchartige Kermeseiche mit stacheligen Blättern war im Mittelalter bedeutend als Wirtspflanze für Schildläuse, die zerquetscht den begehrten roten Farbton ergaben. Im regenreichen Nordwesten ist die sommergrüne Pyrenäeneiche heimisch geworden, während die halb-immergrüne Portugiesische Eiche auch mit wenig Niederschlag auskommt. Die weit verbreitete Steineiche übersteht selbst lange Trockenzeiten.

Orangen und Baumerdbeeren

Am süßen Blütenduft der bitteren Pomeranzen erfreuten sich schon die Mauren auf den Plätzen der Städte. Heute werden im ganzen Land die Süßorangen geerntet. Es waren die portugiesischen Seefahrer, die die Frucht einst aus dem chinesischen Macau nach Europa brachten, die denn auch in sprachlicher Anlehnung an das erste Importland im Türkischen *portakal* und im Griechischen *portokáli* heißt, während das deutsche Wort Apfelsine ›Apfel aus China‹ bedeutet. Aufgrund des hohen Wasserbedarfs ist ihr großflächiger Anbau allerdings ökologisch bedenklich.

»Der *medronho* am Morgen tötet den Wurm im Magen«, behauptet ein algarvianisches Bonmot. Medronho ist der häufig in versteckten Schuppen hausgebrannte und mit einem Alkoholgehalt von etwa 50 % mehr als starke Schnaps der Algarve. Die orangerote Frucht, zu Deutsch Baumerdbeere, wächst auf dem Erdbeerbaum. Wie die Orangenbäume trägt er im Winter seine weißen Blüten zeitgleich mit der Fruchtreife. Allerdings haben die Früchte abgesehen von einer entfernten äußerlichen Ähnlichkeit nichts mit der uns bekannten Erdbeere gemein. Es handelt sich vielmehr um ein Heidekrautgewächs.

Eukalyptus

Eukalyptusbäume wachsen sehr schnell und liefern bestes Holz für die Papiergewinnung. Die von der EU geförderte Anpflanzung verspricht raschen Gewinn, weswegen immer ausgedehntere Plantagen angelegt werden. Doch der Anbau ist aus ökologischen Gesichtspunkten bedenklich: Schon nach acht Jahren wird ein Baum gefällt. Bis dahin holt er sich so große Wassermengen aus der Tiefe, dass der Boden austrocknet und Quellen versiegen. Andere Pflanzen und Tiere werden verdrängt. Durch seine ätherischen Öle schnell entzündbar ist er besonders leichte Beute für Waldbrände (s. Thema rechts).

Exotische Stadtpflanzen

Die Seefahrer mussten mindestens eine Pflanze aus den fernen Ländern mitbringen, wofür auf ihren kleinen Schiffen ein gesonderter Raum und Süßwasser bereitgehalten wurde. Die exotischen Mitbringsel zieren heute städtische Plätze und Straßen. Nach Arabien fühlt man sich beim Anblick der bis 6 m hohen Dattelpalmen versetzt. Die anfangs orangenen, später rotbraunen Früchte sind allerdings ungenießbar. Zwischen April und Juni erleuchtet die blau-violette Blütenpracht der immergrünen, aus Brasilien stammenden Jacarandabäume. Einzelne der glockenförmigen Blüten treiben das ganze Jahr über.

Die endemischen Judasbäume ziehen bereits im März die Blicke an, wenn ihre dichten, rosaroten Blüten in kurzen Trauben aus den Zweigen sprießen. Die Legende weiß zu berichten, dass sich Judas an einem solchen Baum aufgehängt haben soll, dessen einst weiße Blüten sich daraufhin vor Scham tiefrot färbten. Die rundlichen Blätter erinnern demnach an die Silberlinge, die er für seinen Verrat erhalten hatte.

Tierwelt

Dank der unterschiedlichen Landschaftsformen, der privilegierten Lage zwischen Atlantik und Mittelmeer sowie der immensen Pflanzenvielfalt hat sich in Portugal ein großer Artenreichtum an Wildtieren erhalten. Schutzräume finden sie in 23 ausgewiesenen

Das Land der brennenden Wälder

Thema

Die Bilanzen sind erschreckend: Im Rekordjahr 2003 brannten portugiesische Wälder auf einer Fläche von 430 000 ha, und selbst in ›normalen‹ Jahren stehen in Portugal zwischen 50 000 und 200 000 ha in Feuer – mehr als in Frankreich, Spanien, Italien und Griechenland zusammen.

Wesentliche Ursachen sind neben Hitze und Trockenheit eine gewinnorientierte und wenig umweltfreundliche Aufforstung mit Monokulturen, fehlende Waldpflege, Unachtsamkeit, Brandstiftung sowie mangelnde Ausrüstung und Ausbildung der Feuerwehrleute.

Grund und Boden befinden sich zu 92 % in privater Hand, und viele Waldeigentümer pflanzen bevorzugt solche Bäume, die zwar nicht zum regenarmen Klima passen, deren Verwertung aber hohen Gewinn abwirft. Traditionelle, feuerresistente Trockenfruchtbäume wie Korkeichen, Mandel- und Olivenbäume weichen dem leicht entflammbaren Eukalyptus, zumal die EU das Anlegen von Plantagen mit Fördergeldern unterstützt. Schließlich eignet sich das Holz hervorragend für die Produktion von Toilettenpapier und Papiertaschentüchern. Ökologische Gefahren ergeben sich auch aus der Landflucht der jungen Generation. Denn wenn die Menschen fehlen, werden die Wälder weder gepflegt noch beaufsichtigt. Bis ein Feuer in einer entvölkerten Gegend entdeckt wird, hat es sich oft bereits zum unkontrollierbaren Flächenbrand ausgebreitet.

Schätzungsweise ein Drittel der Brände entsteht aus Unachtsamkeit und Leichtsinn. Entgegen strikter Verbote wird in den Wäldern gegrillt, achtlos aus dem Auto geworfene Zigarettenkippen oder Getränkeflaschen, die wie Brenngläser wirken, lassen Waldstücke entlang der Hauptstraßen unversehens zu einem Opfer der Flammen werden.

Mindestens 20 % der Feuer sind vorsätzlich gelegt, allerdings selten zur Gewinnung von Bauland. Denn laut Gesetz darf ein verbranntes Waldstück mindestens zehn Jahre keiner anderweitigen Nutzung zugeführt werden. Die Brandstifter treiben weniger wirtschaftliche Interessen zu ihren Untaten, sondern mehr eine sinnlose Freude am Feuer. Am Widerstand quotenorientierter Fernsehsender scheiterte bisher leider der Vorschlag, statt reißerischer Bilder von züngelnden Flammen nur die verbrannte Erde zu zeigen und so Nachahmungstäter abzuschrecken.

Hoffnungsvoll stimmen hingegen die gestiegene Zahl von überführten Tätern und eine verbesserte Aufklärung der Bevölkerung. Die intensive Fortbildung der Feuerwehrleute und die verbesserte Ausrüstung der Katastrophendienste hat sich die Regierung seit 2006 auf die Fahnen geschrieben. Bisher wurden Löschflugzeuge für die Dauer eines Brandes von Privatfirmen gemietet, die deswegen nicht immer ein Interesse am schnellen Löschen hatten. Inzwischen besitzt die Feuerwehr eigene Maschinen. In vielen Wäldern werden rund um die Uhr Wachposten eingesetzt, Schäfer erhielten eine Schulung zum Feuermelder und Mobiltelefone mit direkter Verbindung zur Feuerwehr. Dank dieser Maßnahmen sollten sich die Brände künftig zumindest eindämmen lassen. Doch für die Lösung des eigentlichen Problems fehlt noch eine Neuausrichtung der Forstpolitik, die Naturschutz vor wirtschaftliche Interessen stellt.

Naturreservaten, die die großen Bergregionen und weite Küstenabschnitte einschließen. Trotz zunehmender Intensivierung der Landwirtschaft entdeckt man beim Wandern oder auf einer Fahrt über Land häufig frei weidende Ziegen und Schafe, nicht selten auch Rinder.

Eine autochthone Rasse bilden die Barroso-Rinder. 7200 der kräftigen, braun gefärbten Tiere mit furchterregend langen Hörnern leben auf den Hochweiden im Nordwesten. Schon im 18. Jh. wurde ihr herzhaftes Fleisch nach England exportiert. Ebenfalls außergewöhnlich schmackhaft sind halbwilde schwarze Schweine, die sich hauptsächlich von Eicheln ernähren.

Weltweite Berühmtheit haben die stolzen Lusitanerpferde dank ihrem erhabenen Gang erlangt. Sie sind mit dem Andalusier verwandt und schon seit Jahrhunderten in Portugal heimisch. Die Lusitaner werden in Mittelportugal gezüchtet und finden Verwendung für leichte landwirtschaftliche Tätigkeiten sowie als Reitpferd.

Der Fabelwelt entsprungen scheint der Portugiesische Wasserhund. Doch er existiert wirklich und wird aufgrund seines Verbreitungsgebietes auch Algarve-Wasserhund genannt. Mit meist schwarzem, braunem und selten weißem Fell gleicht er einem Pudel. Spezifisches Merkmal sind feine Häute zwischen den Zehen, die das Tier zu einem ausgezeichneten Schwimmer und Taucher und einst zu einem treuen Helfer der Fischer machte. Eine für Besucher geöffnete Zuchtstation im Naturpark Ria Formosa hat ihn vor dem Aussterben bewahrt.

In freier Wildbahn

In den einsamen nordportugiesischen Bergwelten leben etwa 300 iberische Wölfe. Sie ähneln dem deutschen Schäferhund, tragen graues Fell und werden 1,50 m lang. Manchmal hört man ihr nächtliches Heulen, und in abgelegenen Dörfern erzählen sich Menschen gruselige Geschichten über Attacken des Räubers. Historische Wolfsfallen in den Wäldern legen Zeugnis ab vom uralten Kampf zwischen Mensch und Tier. Zwischen zwei trapezförmig aufeinander zulaufenden Steinmauern von 2 m Höhe wurde das Tier von der Dorfbevölkerung in eine tiefe Grube getrieben und darin getötet. Noch heute reißen die unter Artenschutz gestellten Wölfe jährlich 2000 Weidetiere alleine im Nationalpark Peneda-Gerês, für die die Hirten staatliche Entschädigung erhalten. Dennoch schränkt das Vordringen der Zivilisation ihren Lebensraum immer weiter ein.

Vom Aussterben akut bedroht ist der Iberische oder Pardelluchs. Nach Schätzungen gibt es insgesamt nur noch 200 Exemplare, wenige Dutzend davon in Portugal. Aufgrund menschlicher Verfolgung haben sie sich in hohe Bergregionen, bevorzugt ins algarvianische Monchique-Gebirge zurückgezogen. Sie sind kleiner und deutlicher gefleckt als ihre in Mitteleuropa beheimateten Artgenossen und ernähren sich vorwiegend von Kaninchen. Häufiger zu beobachten sind Mangusten, seltener die nachtaktiven Kleinfleck-Ginsterkatzen. Beide katzenartigen Raubtiere sind in Europa nur auf der iberischen Halbinsel heimisch.

Gut an die menschliche Besiedlung hat sich der Urahn der iberischen Pferde gewöhnt. Das wilde Garranopferd soll bereits in der Altsteinzeit auf der Halbinsel gelebt haben. 21 Tiere wurden vor 60 Jahren in den Gerês-Bergen ausgesetzt und vermehrten sich so stark, dass man sie auf Wanderungen häufig antrifft. Sie tragen kastanienbraunes Fell und erreichen mit 1,30 m Risthöhe die Größe eines Ponys.

Insekten und Reptilien

Rasch huschen die zahlreichen Echsen in ein Versteck, wenn sich der Wanderer nähert. Es sind die kurzen, eher unscheinbaren spanischen Mauereidechsen. Weniger scheu sind die Mauergeckos, die sich besonders gern an warmen weißen Hauswänden sonnen. Das seltene Chamäleon wanderte im 19. Jh. aus Marokko in die Algarve ein, mit viel Geduld kann man es fast bewegungslos in Bäumen und Sträuchern entdecken. Die Augen bewegen sich unabhängig voneinander und verleihen dem Tier ein seltsames Aussehen.

Häufig rascheln Schlangen durch die Gräser. Verbreitet sind harmlose Ringel- und Schlingnattern. Furcht erregt die über 2 m lange, leicht giftige Eidechsennatter. Doch ihre Giftzähne liegen so weit hinten, dass sie kaum Schaden zufügen können. Gefährlicher ist die 50 bis 75 cm lange Stülpnasenotter, die an ihrem prominenten Schnauzenhorn vorne auf dem Kopf zu erkennen ist.

Etwa 1500 Schmetterlingsarten flattern durch Portugals Lüfte, darunter Brombeerzipfelfalter, Hauhechelbläulinge und Feuerfalter. Zahlreich ist der gelbe, braun und blau gerandete Schwalbenschwanz. Auch die seltene Raupe des Totenkopfs sieht man gelegentlich. Den Gesang der Zikaden könnte man dank seiner Intensität als sommerliche Symphonie Südportugals bezeichnen.

Vogelwelt

Hoch auf Kirchtürmen, Baumgipfeln, Strommasten, Hausdächern und Fabrikschloten sitzen die Weißstörche in 7685 Nestern, die 2005 im gesamten Land gezählt wurden. Wenige der bedrohten Schwarzstörche leben im äußersten Nordosten Portugals und im südöstlichen Alentejo. Hier findet man auch mit 1500 Exemplaren weltweit die zweitgrößte Population der seltenen Großtrappen, den mit 18 kg Körpergewicht größten flugfähigen Vögeln.

In den nährstoffreichen Landschaften der Algarve trifft man auf Wiedehopfe, Bienenfresser, Zwergtaucher, Alpenstrandläufer oder Seidenreiher. Das Purpurhuhn versteckt sich scheu in Schilfgebieten des Haffs Ria Formosa. Das fast schwarze Federkleid glänzt purpurn, Beine, Schnabel und Stirn leuchten orange-rot. Dieser Rallenvogel wird bis 50 cm groß, die Flügelspannweite erreicht 100 cm. Dennoch gewinnt der schwerfällige Flieger nur langsam an Höhe. Imponierend ist die lautstarke Balz im Frühjahr.

Portugal liegt an der atlantischen Westroute des Vogelzugs. Im Frühjahr und Herbst ziehen riesige Schwärme über die Südwestspitze der Algarve. Viele der Vögel finden in den Feuchtgebieten Ria Formosa und Sapal de Castro Marim geeignete Plätze zum Überwintern. Neben zahlreichen Entenarten sind Graureiher und Flamingos zu beobachten, die man auch am nördlichen Rande des Lissabonner Weltausstellungsgeländes sieht.

Geringer vertreten sind Raubvögel, doch kann man Adler, Geier und Falken über allen Bergregionen im Lande beobachten. 150 Vogelarten zählt alleine der Naturpark Montesinho im abgelegenen Nordosten, darunter die seltenen Königsadler und Mönchsgeier.

Am Strand

In eleganter Schönheit ziehen Delfine durch das sauerstoffreiche Mündungsdelta des Rio Sado südlich von Lissabon. Ansonsten muss man zur Beobachtung von Großfischen weit auf den Atlantik hinausfahren. Einfacher ist das Sammeln der unzähligen Muschelarten entlang der ganzen Küstenlinie, darunter Mies-, Herz- und Jakobsmuscheln.

Vor einem besonderen Strandtier sei allerdings gewarnt. Unangenehm können die giftigen Stacheln des Petermännchens *(peixe de aranha)* werden. Der Fisch vergräbt sich gerne in warmem Sand und hinterlässt, wenn man auf ihn tritt, eine schmerzhafte Wunde. Fischer kennen ein Wundermittel dagegen: Eine Muschel mit dem Namen Giftstein *(pedra de veneno)* zieht den Giftstoff aus der Verletzung. Portugiesische Ärzte wenden eine einfachere Methode an. Da das proteinhaltige Gift hitzelabil ist, stecken sie das verletzte Körperteil in mit 45 °C gerade noch erträglich heißes Wasser. Die nachtaktiven Skorpione sind eher selten und werden 5 cm groß. Ihre Stiche sind relativ harmlos, können aber sehr schmerzhaft sein.

Umwelt

Wassernot und Klimawandel

Immer traurigere Trockenheitsrekorde wurden in den vergangenen Jahren vermeldet. 2005 herrschte im ganzen Land der Wassernotstand, die landwirtschaftliche Bewässerung musste eingeschränkt werden, Bäume starben ab, die Stromversorgung aus Wasserkraft wurde zurückgefahren und durch teures

Öl ersetzt. Dadurch aufgeschreckt, erhören die portugiesischen Privathaushalte allmählich die eindringlichen Appelle nach einem sorgsameren Umgang mit dem kostbaren Nass.

Hingegen boomen die Wirtschaftsbereiche mit erheblichem Wasserbedarf ungebremst. Die rasante Ausweitung des Massentourismus, die Anlage weiterer bewässerungsintensiver Golfplätze, die fortschreitende Intensivierung der Landwirtschaft und die Anpflanzung von wasserschluckenden Orangen- und Eukalyptusplantagen bleiben nicht folgenlos. Noch kann zwar auf teure Meerwasserentsalzungsanlagen verzichtet werden, doch dafür werden unterirdische Wasserreservoirs ausgeschöpft und Brunnen schon mehr als 200 m tief gebohrt. Die Notvorräte werden angezapft.

Verschärfend kommt hinzu, dass fast alle großen Flüsse in Spanien entspringen und das Nachbarland eigennützig mit dem Wasser aus den Oberläufen seine eigenen Stauseen füllt. So erreichen in heißen Sommermonaten immer häufiger nur schmale und schmutzige Rinnsaale die portugiesische Seite. Und wenn es doch einmal regnet, dann in solchen Mengen, dass das Land wie im Winter 2006/2007 förmlich unter Wasser steht. Als erwiesen gilt, dass die globale Erderwärmung die südlichen Länder zunächst härter trifft. In Portugal nehmen extreme sommerliche Hitze und Kältewellen im Winter zu. 2006 schneite es in Lissabon und an der Algarve zum ersten Mal nach 52 Jahren, 2007 wiederholte sich das Schauspiel.

Verkehrskollaps und Luftverschmutzung in den Zentren

Der soziale und wirtschaftliche Wandel der letzten Jahre hatte eine massive Landflucht besonders jüngerer Menschen zur Folge. Rasant wuchsen die Ballungszentren rund um Lissabon und Porto, in denen mittlerweile fast jeder dritte Portugiese wohnt. Es sind zumeist schnell und unaufwendig auf der vormals grünen Wiese hochgezogene Schlafstädte, die mit erschwinglichen Wohnungspreisen locken. Dafür werden lange Fahrtzeiten zur Arbeit ins Stadtzentrum in Kauf genommen. Allein Lissabon wird werktäglich von 1 Mio. Pendlern in 400 000 Pkws überflutet. Die Luft in den Städten verschmutzt zusehends, auch wenn die Portugiesen pro Kopf etwa ein Drittel weniger CO^2 in die Atmosphäre jagen als die Deutschen.

Dem Bauboom im Umland hielt die Planung des öffentlichen Nahverkehrsnetzes lange nicht Schritt. Doch seit 1998 bringt ein doppelstöckiger Vorortzug die Bewohner des südlichen Tejoufers nach Lissabon, und seit 2005 fährt die moderne Metro von Porto weit ins Umland hinaus. Trotzdem wollen viele Menschen nicht auf ihr Auto als Symbol des neuen Wohlstands verzichten, so dass sich mit dem Ausbau von Autobahnen oder Straßentunneln leichter Wahlen gewinnen lassen.

Versteppung des Landesinneren

Als Folge der kontinuierlichen Abwanderung junger Generationen werden im Landesinneren reihenweise Schulen geschlossen. In den Dörfern bleiben die alten und wenig qualifizierten Einwohner zurück. Unübersehbar sind die ökologischen Folgen. Die kargen Böden werden nicht länger landwirtschaftlich genutzt und erodieren. Regen schwemmt die dünne Krume weg und lässt das bloße Felsgestein hervortreten. Unbewirtschaftete Wälder verstärken die Waldbrandgefahr (vgl. Thema S. 21). Mittlerweile sind 28 % des portugiesischen Territoriums von Versteppung bedroht. Betroffen sind das algarvianische Hinterland, das Tal des Rio Guadiana, der innere Alentejo und die Grenzregionen bei Castelo Branco und im südöstlichen Trás-os-Montes.

Millionenschwere EU-Programme für den ländlichen Raum sollen den sozialen Exodus stoppen. Ein Schwerpunkt ist die Förderung überdimensionaler und damit ökologisch fragwürdiger Tourismusprojekte, aber auch unbestritten sinnvolle Qualifizierungsmaßnahmen für die Bevölkerung, die Ansiedlung kleinerer Industrieunternehmen, nachhaltige Landwirtschaft und sanfter Tourismus werden unterstützt.

Portugals Energie aus Sonne, Wind und Wellen

Thema

Die 1500 Einwohner des bescheidenen mittelportugiesischen Dorfes Ferrel bei Peniche stellten am 15. März 1976 die Weichen für die portugiesische Energieversorgung. In der jungen Demokratie reichte ein einziger Demonstrationszug, um die Pläne für den Bau eines Atomkraftwerks zu Fall zu bringen.

Mehr als nur ein Symbol sind die 13 neuen Windkrafträder auf den Höhen der benachbarten Serra d'El-Rei. Sie weisen der Energiepolitik in einem Land die Richtung, das über keine eigenen fossilen Brennstoffvorkommen verfügt und derzeit einen Großteil seines Energiebedarfs durch die Einfuhr von teurem Öl oder Gas decken muss. Deshalb setzt die Regierung inzwischen verstärkt auf die Förderung erneuerbarer Energien in dem von Sonne und Wind verwöhnten Portugal. Bereits von 2004 auf 2005 verdoppelte sich die Energieproduktion aus Windkraft. Ein großer Wurf wird von einem Industriekonsortium unter Führung des einheimischen Stromgiganten EDP und der spanischen Endesa erwartet. Mit einer Investitionssumme von 1,75 Mrd. € entstehen bis 2011 über das ganze Land verteilt 48 Windkraftparks.

Die Windräder stellt eine deutsche Firma im nordportugiesischen Viana do Castelo her. Insgesamt werden mit Hilfe des Projekts 7300 Arbeitsplätze geschaffen. Unübersehbar ist allerdings, dass Portugal alle Technologien von ausländischen Firmen einkaufen muss und sich damit in neue Abhängigkeiten begibt.

Ebenfalls große Pläne verfolgt die alentejanische Gemeinde Moura. Hier entsteht mit Unterstützung spanischer Investoren bis 2010 die weltweit größte Photovoltaik-Anlage. Auf einer Fläche, die 114 Fußballfeldern entspricht, werden 350 000 Solarpaneele zusammengefügt. Ihre Gesamtleistung von 62 Megawatt ist sechsmal größer als die der bisher stärksten Anlage in Deutschland. 115 Arbeitsplätze werden in dem strukturschwachen Gebiet geschaffen, 60 000 t Kohlendioxidgase jährlich eingespart.

Mit diesen sinnvollen Investitionen möchte Portugal eine Entwicklung aufholen, die das Land seit der Nelkenrevolution verschlafen hat. Denn nur auf diese Weise ist ein von der EU-Kommission für das Jahr 2010 vorgegebene Ziel zu erreichen, das einen Anteil von 12 % an der gesamten Energiegewinnung aus erneuerbaren Ressourcen vorschreibt.

Bereits einmal, in den 1950er-Jahren, war Portugal Europameister bei der nachhaltigen Energiegewinnung gewesen. Wasserkraft hieß das Zauberwort. Überall im Land entstanden kleine und mittelgroße Staudämme. Inzwischen wird mit zweifelhaften Megaprojekten wie dem Stausee von Alqueva (s. S. 348) versucht, eine weitere Vorgabe der EU-Kommission zu übertreffen und 45 % des gesamten Strombedarfs durch erneuerbare Energien zu decken. 2006 waren es 19 %.

Neben dem zügigen Ausbau von Biomassekraftwerken und Biogasanlagen erprobt die Regierung auch futuristische Techniken. Ein Kraftwerk zur Nutzung von Meereswellen entsteht derzeit an der rauen Atlantikküste im Norden und wird einen vorerst allerdings noch bescheidenen Energiebeitrag leisten. Atomkraft steht entgegen dem Wunsch einiger Großinvestoren allerdings weiterhin nicht auf der energiepolitischen Agenda.

Wirtschaft, Soziales und aktuelle Politik

Lange wurde Portugal als ökonomischer Musterknabe der EU gefeiert. Das Land verließ zügig das europäische Armenhaus und schuf sich einen bescheidenen Wohlstand. Doch Anfang des 21. Jh. fand der Aufschwung ein jähes Ende. Seither schwächelt die Wirtschaft, die Arbeitslosigkeit steigt und der Abbau von sozialen Errungenschaften steht auf der politischen Agenda.

Vom Armenhaus Europas zur Industrienation

Bis die Nelkenrevolution 1974 den Weg in die Demokratie ebnete, wurde Portugal von einem Beziehungsgeflecht aus Landadel, Hochfinanz und Bürokratie gelenkt. An diese Zeiten erinnern die Namen vieler großer Bankhäuser. So ist die *Banco Espírito Santo* mitnichten der monetäre Außenposten des Vatikans, sondern befindet sich im Besitz der gleichnamigen Familie. Nur 1000 Unternehmen produzierten damals die Hälfte des gesamten Bruttosozialprodukts. Lange von der Weltwirtschaft abgekoppelt und den Kolonialkriegen finanziell ausgezehrt, erwähnten die Berichte der Weltbank bis 1989 Portugal als Entwicklungsland, dann erst wurde es in den Kreis der Industrienationen aufgenommen. Unterstützend wirkten die Finanzhilfen der EU, die sich in den ersten zwei Jahrzehnten der Mitgliedschaft auf 50 Mrd. € summierten und bis 2013 weitere 20 Mrd. € betragen werden (s. a. Thema S. 28).

Die Förderung durch die EU und niedrige Löhne zogen industrielle Großprojekte an. Die Hälfte der abhängig Beschäftigten verdient brutto weniger als 700 € monatlich, nach Gewerkschaftsangaben beziehen 8 % der Erwerbstätigen nur den gesetzlichen Mindestlohn von 403 € (2007), der bis 2011 auf 500 € steigen wird. Deutsche Unternehmen engagierten sich am stärksten und Deutschland ist auch zusammen mit Frankreich und hinter Spanien der zweitgrößte Handelspartner.

Das portugiesische Exportvolumen nach Deutschland beträgt etwa 1,8 Mrd. € jährlich, einen großen Anteil daran haben die in Portugal produzierenden deutschen Firmen. An erster Stelle steht die Volkswagenfabrik Autoeuropa in Palmela südlich von Lissabon. Diese mit einem Investitionsvolumen von knapp 2 Mrd. € größte Industrieansiedlung in ganz Portugal wurde zu einem Viertel aus dem EU-Strukturfond finanziert. Der Bau eines Halbleiterwerks von Infineon im nordportugiesischen Vila do Conde wurde mit 100 Mio. € beinahe zur Hälfte durch EU-Zuschüsse und Steuererleichterungen unterstützt.

Der Anschluss an das hoch entwickelte Europa schien in den 1990er-Jahren zum Greifen nahe und euphorisch feierten Ökonomen und Politiker eine neue industrielle Revolution. Sie übersahen freilich, dass es sich lediglich um eine importierte Industrialisierung handelte, die auf EU-Fördermitteln und Niedriglöhnen begründet war. Eine eigenständige nationale Industrie mit hoher Wertschöpfung hatte sich nicht herausbilden können. Noch heute beschäftigen 81 % der portugiesischen Unternehmen weniger als zehn Mitarbeiter, nur 1,3 % mehr als 500. Der schlechte Ausbildungsstand und zu geringe Investitionen in Forschung und Entwicklung tragen zusätzlich zu einer niedrigen Produktivität bei. So liegen die Lohnstückkosten in Portugal trotz der geringen Gehälter 10 % über dem Durchschnitt der Eurozone.

Probleme in einer globalisierten Welt

Seit Anfang des neuen Jahrtausends kriselt die Konjunktur. Dramatisch gesunkene Wachstumsraten verschieben den vielbeschworenen wirtschaftlichen Anschluss an Europa in eine ferne Zukunft. Befand sich Portugal zwischen 1995 und 2000 mit durchschnittlichen Wachstumsraten von 4,1 % noch auf der Aufholjagd gegenüber den 2,7 % in der Eurozone, so kehrte sich das Verhältnis zwischen 2000 und 2005 um: 0,6 % zu 1,4 %. Für die Jahre bis 2010 erwartet die Organisation für wirtschaftliche Entwicklung (OECD) einen jährlichen Anstieg von 1,7 % in Portugal, von 2,1 % aber für die Euroländer.

Viele ausländische Unternehmen wandern in die neuen Billiglohnländer in Osteuropa, Nordafrika und Asien ab. Besonders bemerkbar macht sich diese Entwicklung in der Textil- und Schuhindustrie, die ein Fünftel des portugiesischen Exports produziert. Aufsehen erregte eine namhafte deutsche Firma, die 1990 bei Santa Maria da Feira südlich von Porto eine Schuhfabrik eröffnet und dafür kostenlosen Baugrund und 500 000 € Zuschüsse von der Gemeinde erhalten hatte. Im Gegenzug war sie die Verpflichtung eingegangen, mindestens 15 Jahre vor Ort zu produzieren. Nur sechs Monate nach Ablauf dieser Frist kündigte das Unternehmen die Verlagerung ihrer Standorte nach Rumänien, Indonesien und China an. 400 Arbeiter und damit ein Viertel der Erwerbsbevölkerung im Ort verloren über Nacht ihren Arbeitsplatz. Ähnlich hart ist die Autoindustrie betroffen. Nacheinander haben Renault, Ford und General Motors ihre Produktionsstätten geschlossen, nur Volkswagen und Citroen sind bislang geblieben, doch ohne langfristige Bestandssicherung.

Einige neue Investitionsvorhaben lassen allerdings aufhorchen. Ein Coup gelang der portugiesischen Regierung mit der Ansied-

Das VW-Werk Autoeuropa ist Portugals größte Industrieansiedlung

Aufschwung in Beton gegossen

Thema

Autobahnen, Fußballstadien, Flughäfen, Hochhaussiedlungen: Der Verbrauch von Beton gilt Portugal gerne als Synonym für wirtschaftlichen Fortschritt. Die EU gibt reichlich Geld dazu. Mehr als 400 000 Menschen sind in der Bauindustrie beschäftigt und Stadtverwaltungen finanziell von ihr abhängig.

Vor dem EU-Beitritt gab es in ganz Portugal mit einem Teilstück von Lissabon nach Porto gerade einmal 207 Autobahnkilometer, heute zählt man stolz 2176 km. Doch die neuen Schnellstraßen hielten nicht, was ihre Konstrukteure versprachen. Diese erwarteten von der Vernetzung des Landes mit Straßen einen Investitionsschub in strukturschwachen Gebieten und den Stopp der Abwanderung in die Ballungszentren. Doch stattdessen nutzten viele Bewohner die neuen Verkehrswege, um ihrer Heimat noch schneller den Rücken zu kehren.

Sie leben nun in Trabantensiedlungen, in denen in den 1990er-Jahren über 900 000 Neubauwohnungen errichtet wurden. Gemeindepolitiker verdoppelten bedenkenlos die Zahl der Baugenehmigungen, auch weil die Immobiliensteuer aufgrund des portugiesischen Finanzausgleichs zur wichtigsten Einnahmequelle für kommunale Haushaltssäckel wurde. Dessen Abhängigkeit von der ›Betonsteuer‹ führte zu einer Vernachlässigung des gewachsenen Baubestands fast aller Innenstädte, in denen 550 000 Wohnungen leer stehen und zusätzlich etwa 800 000 dringend auf eine Sanierung warten. Hier wohnen überwiegend alte und arme Menschen. Mehr als ein Jahrzehnt wird es noch dauern und einer geplanten Investitionssumme von jeweils über 300 Mio. € bedürfen, um den zentralen Wohnvierteln von Porto und Lissabon neuen Glanz zu verleihen. Denn nur zögerlich kümmern sich die Lokalpolitiker um diese wenig lukrative, doch umso dringlichere Herkulesaufgabe, die der fortschreitenden kulturellen Verödung der großstädtischen Zentren Einhalt gebieten würde.

Da bei einer Krise in der Bauwirtschaft das ganze Land ins Stocken gerät, setzen alle Regierungen gleich welcher politischen Couleur auf öffentliche Großprojekte. Nach der Weltausstellung Expo 98 betonte die Fußball-Europameisterschaft zwar erneut das moderne Gesicht Portugals, aber insgesamt mussten 800 Mio. € für zehn neue Stadien spendiert werden. Viele stehen heute kaum genutzt herum und belasten mit horrenden Unterhaltskosten die klammen kommunalen Kassen.

Ab 2009 soll mit dem Bau eines neuen, 3 Mrd. € teuren Lissabonner Großflughafens begonnen werden. Nach seiner Fertigstellung im Jahr 2017 wird er jährlich 40 Mio. Reisende empfangen können. Angesichts der gegenwärtigen 13 Mio. Fluggäste reden nicht wenige Kritiker von einem weiteren überdimensionierten Geschenk an die Bauindustrie.

Sinnvoller erscheint die bevorstehende Anbindung an das europäische Hochgeschwindigkeitsnetz, die das Land 2,4 Mrd. € kostet, doch die Fahrzeit per Zug von Lissabon nach Madrid ab 2013 von derzeit neun auf 2,5 bis 3 Std. verkürzen wird. Von Kritikern hinterfragt wird hingegen der Nutzen einer doppelt so teuren neuen Trasse von Lissabon nach Porto, nachdem die bestehende Zugstrecke gerade erst schnellzugtauglich gemacht wurde.

lung von Ikea. Unter weltweit 32 Kandidatenstädten wählten die Schweden das portugiesische Möbelzentrum Paços de Ferreira für den Bau von gleich drei Fertigungshallen bis zum Jahre 2011 aus. Die Förderprämien müssen allerdings so hoch gewesen sein, dass über sie Stillschweigen vereinbart wurde.

Die Landwirtschaft kann sich insbesondere der spanischen Konkurrenz kaum erwehren. Noch sind zwar 12 % der Erwerbsbevölkerung im Agrarbereich tätig, doch tragen sie gerade einmal 4 % zum Bruttoinlandsprodukt bei. Auf dem Weltmarkt bestehen nur die Korkproduktion und Weinerzeugung. Im Fischereiwesen können die kleinen Kutter, die als romantische Fotomotive in den Häfen ankern, nur schwer im Wettbewerb mit den großen spanischen Fangflotten und internationalen Fabrikschiffen bestehen.

Schulden, Arbeitslosigkeit und Sozialabbau

Als Folge der wirtschaftlichen Schwierigkeiten stieg die Arbeitslosigkeit deutlich an und pendelt nach offiziellen Berechnungen saisonabhängig zwischen 6,5 und 8 %, dürfte real aber höher sein. Im Jahr 2000 lag sie nur leicht über 4 %. Gleichzeitig erreichte das Haushaltsdefizit 2005 eine Rekordhöhe von 6,83 %, die im Gegensatz zu Statistiken in anderen Ländern allerdings ehrlich gerechnet ist. Ziel der Regierungspolitik ist es, nach dem Absenken auf 4,6 % in 2006 die Marke von 3 % bis zum Ende der Wahlperiode im Jahr 2009 zu erreichen.

Seit 2001 reagieren die portugiesischen Regierungen unabhängig von ihrer politischen Couleur in gleicher Weise und im Gleichschritt mit vielen europäischen Ländern auf die ökonomische Situation. Die Mehrwertsteuer wurde in zwei Schritten von 17 auf 21 % erhöht, die Unternehmenssteuer gleichzeitig gesenkt, das gesetzliche Renteneintrittsalter auf 67 Jahre angehoben. Die Kriterien für den Bezug von Arbeitslosengeld wurden verschärft, der Kündigungsschutz und andere Arbeitnehmerrechte spürbar eingeschränkt. Besonders belastet werden die öffentlich Beschäftigten durch eine Änderung der Beförderungspraxis und den Verlust von Privilegien in der Kranken- und Rentenversicherung.

Was die politisch Verantwortlichen notwendig für die Stabilisierung der sozialen Sicherungssysteme erachten, wird von breiten Kreisen der Bevölkerung als Zumutung empfunden. Portugiesen leben in sympathischer Weise gerne in den Tag hinein und vertrauen sich dem Schicksal an, stehen also aus ihrem inneren Lebensgefühl heraus der Ökonomisierung des Menschen eher skeptisch gegenüber. Hinzu kommen existenzielle Ängste, denn erst in der Folge der Nelkenrevolution und als Voraussetzung für den EG-Beitritt wurde eine wenn auch bescheidene, sozialstaatliche Grundsicherung geschaffen. Noch vor 30 Jahren sind Menschen in Portugal an Hunger gestorben. Die Zeit, als nur eine kleine Oberschicht zum Arzt gehen konnte, ist noch gar nicht so lange vergangen. Die enorme Aufbauleistung seit der Nelkenrevolution 1974 scheint vielen nun gefährdet.

Soziale Absicherung

Laut portugiesischer Verfassung muss der Staat für ein ›tendenziell kostenfreies‹ nationales Gesundheitswesen sorgen. Es wird steuerfinanziert und steht der gesamten Bevölkerung offen. In Erfüllung dieses Verfassungsauftrages ist selbst in kleinen Gemeinden ein Gesundheitszentrum *(centro de saúde)* eingerichtet, das die medizinische Grundversorgung sicherstellt. Zusätzlich gibt es in den großen Städten öffentliche Krankenhäuser, deren medizinische Qualität jedoch sehr schwankt. Selbst für lebenserhaltende Operationen muss der Patient mit Wartelisten rechnen. Parallel hat sich ein privates Gesundheitssystem etabliert, das einen besseren Ruf genießt, aber teuer ist.

Die übrigen sozialen Sicherungssysteme sind beitragsfinanziert. Die Mitgliedschaft in der Rentenversicherung ist auch für Selbstständige obligatorisch. Aufgrund der niedrigen Löhne oder zu kurzen Beitragszeiten liegen etwa 80 % der Renten unter dem Mindestlohn. Nur gut verdienende Portugiesen können sich zusätzlich kapitalsteuerbefreite Rentensparpläne leisten, die von den Banken aufgelegt werden. Altersarmut zählt somit zu den größten Herausforderungen der portugiesischen Sozialpolitik.

Arbeitslosengeld in Höhe von 65 % des Bezugslohnes erhält, wer in den letzten zwei Jahren vor der Arbeitslosigkeit mindestens 540 Tage versicherungspflichtig beschäftigt war. Die Bezugsdauer liegt nach Alter gestaffelt zwischen 12 und 30 Monaten, die unter bestimmten Umständen verlängert werden kann. Wer im letzten Jahr vor der Erwerbslosigkeit mindestens 180 Tage beschäftigt war, erhält eine befristete niedrige Arbeitslosenhilfe. Allerdings arbeiten viele Portugiesen in prekären Beschäftigungsverhältnissen, in denen sie keine Ansprüche für den Fall der Arbeitslosigkeit erwerben können.

Erst seit 1997 gibt es eine steuerfinanzierte Sozialhilfe in Höhe des Mindestlohns, die den Betroffenen die lebensnotwendigen Mittel sichern soll, während gleichzeitig ihre schrittweise berufliche und soziale Integration gefördert wird. Das geschieht beispielsweise durch verpflichtende berufsbildende Maßnahmen oder durch Sprachkurse für Ausländer.

Staatliche Bildungsoffensive

Das diktatorische Regime vor 1974 hatte die Menschen in Dummheit und die Analphabetenrate über 30 % gehalten. Der Nachholbedarf an Bildung ist folglich so groß, dass Portugal nur langsam aus der einstigen Misere herausfinden kann. Jetzt will eine breit angelegte staatliche Bildungsoffensive dieses größte Hindernis auf dem Weg zur wirtschaftlichen Wettbewerbsfähigkeit in der globalisierten Welt aus dem Weg räumen. Da 40 % der Beschäftigten keinen Schulabschluss oder Berufsausbildung besitzen, wird allen Arbeitnehmern gesetzlich eine Freistellung von jährlich mindestens 20 Stunden für den Besuch von Weiterbildungsmaßnahmen garantiert.

Das hochgesteckte Ziel ist die Qualifizierung von einer Million Erwerbstätigen. Um das Bildungsniveau der jungen Generation zu heben, wird nach Regierungsplänen die allgemeine Schulpflicht von neun auf zwölf Jahre verlängert. Zukünftig sollen 65 % der Schulabgänger mit der Hochschulreife abschließen, während derzeit nur 10 % aller Portugiesen das Abitur in der Tasche haben. Durch die Ausweitung des Mathematikunterrichts an den Schulen hofft man, verstärkt junge Leute zu einem Studium technischer und naturwissenschaftlicher Universitätsfächer zu animieren. Die staatlichen Wissenschaftsausgaben wurden fast verdoppelt und ein *plano tecnológico* beschlossen. Zu diesem gehört eine vertraglich vereinbarte enge Kooperation mit der führenden amerikanischen Forschungseinrichtung Massachusetts Institute of Technology, die ausgewählte portugiesische Universitäten an das Weltniveau im IT-Bereich heranführen will.

Tourismus als Hoffnungsträger

Regelmäßig darf sich Portugal über deutliche Steigerungsraten im Bereich des Tourismus freuen. 2006 erhöhten sich die Einnahmen um 8,1 % auf 7 Mrd. €. Diese erhebliche Summe entspricht 11 % aller erbrachten Dienstleistungen und erreicht in der Algarve sogar 30 %. Ein Zehntel der portugiesischen Erwerbstätigen findet im Tourismus Beschäftigung. Dabei zieht Portugal als friedliches Land ohne innere Konflikte und äußere Auseinandersetzungen verstärkt Nutzen aus den weltweit wachsenden Krisenherden. Auch deshalb gehen die Tourismusverantwortlichen von weiter anhaltend hohen Zuwachsraten im portugiesischen Reisemarkt aus und haben das ehrgeizige Ziel formuliert, die Zahl der ausländischen Urlauber von 11 Mio. im Jahre 2006 auf 23 Mio. im Jahre 2015 zu steigern. Ein Schwerpunkt liegt auf dem Städtetourismus. Dafür ist alleine in Lissabon die Neueröffnung von etwa 30 Hotels in Planung, zumeist im hochpreisigen Segment.

Zusätzlich wird gegen alle umweltpolitischen Bedenken der Bau von groß dimensionierten Ferienanlagen mit angeschlossenen Golfplätzen häufig in noch intakten Landschaftsschutzgebieten vorangetrieben, denn Golfurlauber sind mit Ausgaben von durchschnittlich 250 € pro Tag für die Tourismusindustrie besonders attraktiv. Weniger Beachtung wird dem Badetourismus geschenkt, der jahrelang im Mittelpunkt aller Werbung stand, für den aber ein geringerer Zuwachs prognostiziert wird. Das wäre insofern erfreulich, als so die unberührten Küstenabschnitte insbesondere in Mittel- und Nordportugal vor Hotelbauten geschützt blieben.

Die portugiesische Parteienlandschaft

Portugal ist heute eine gefestigte Demokratie, eine Gefahr des Rückfalls in diktatorische Zeiten besteht nicht. Rechtsradikale Parteien finden keinen Anklang in der Bevölkerung, denn die Vorzüge des demokratischen Systems gegenüber der Salazarherrschaft sind besonders nach dem jahrzehntelangen Wirtschaftsaufschwung zu offensichtlich.

Allerdings gelang es dem früheren Regime noch, die Ausdehnung der weltweiten Studentenbewegung von 1968 auf Portugal zu verhindern, und damit auch deren antiautoritären Vorstellungen und die liberalen gesellschaftlichen Konsequenzen. Eine tiefe Autoritätshörigkeit blieb bestehen und wurde durch die Nelkenrevolution nicht angetastet, da ihre Anführer der hierarchisch strukturierten Armee angehörten. Auch in der jungen Demokratie legten sich viele Politiker einen autoritären Führungsstil zu.

Erst in den 1990er-Jahren war die Zeit reif für einen Wandel. Mit António Guterres wurde zum ersten Mal ein Ministerpräsident gewählt, der sich als Person zurücknehmen konnte und die gesellschaftliche Konsensbildung förderte. Etwa zeitgleich gründete sich mit dem linksalternativen Bloco de Esquerda eine Partei, die in ihrer innerparteilichen Vielfalt und der sozialen Basis im gebildeten Mittelstand den deutschen Grünen in ihrer Gründungsphase glich, wenn auch ohne den Schwerpunkt Umweltschutz. Durch ihr erfrischendes Auftreten, das bei den letzten Parlamentswahlen 6,4 % der Stimmen brachte, weckte sie die alten Parteien aus ihrem Dornröschenschlaf.

Inzwischen wählt die regierende Sozialistische Partei Vorsitzende und Spitzenkandidaten in einer Urabstimmung aller Parteimitglieder, die größte konservative Oppositionspartei diskutiert ein solches Vorgehen ernsthaft. Keine Seltenheit sind Volksbefragungen zu gesellschaftlich relevanten Themen wie Abtreibungsrecht oder die vorsichtige Abkehr vom Zentralstaat. Ein geplantes Referendum über die EU-Verfassung wurde nur aufgrund der Ablehnung in Frankreich und Holland vorerst abgeblasen.

Verwirrend sind die Namen der politischen Parteien. Die Regierungspartei Partido Socialista wurde 1973 im deutschen Bad Münstereifel unter der Patenschaft von Willi Brandt gegründet und ist weniger sozialistisch als vielmehr sozialdemokratisch orientiert. Die größte Oppositionspartei nennt sich Partido Socialdemocrata, hat aber nun ihrerseits nichts mit sozialdemokratischer Programmatik zu tun, sondern steht in der christdemokratischen Tradition.

Und wer zu Wahlzeiten seinen Urlaub in Portugal verbringt, findet auf vielen Plakaten den Schriftzug CDU. Das daneben prangende Symbol von Hammer und Sichel führt allerdings sofort vor Augen, dass es keineswegs ein Ableger der deutschen Christdemokratie sein kann. Es handelt sich um die Listenverbindung Coligação Democrática Unitária aus Kommunistischer Partei (PCP) und einer kleinen, sich Os Verdes (Die Grünen) nennenden Gruppierung, die wiederum nichts mit den mitteleuropäischen Grünen zu tun hat, sondern eine Ausgründung der Kommunisten ist. Eine grüne Partei im eigentlichen Sinne fehlt in Portugal.

Geschichte

Stolz blickt der älteste europäische Nationalstaat auf die Anfänge seiner bewegten Geschichte zurück, die von extremen Höhen und Tiefen geprägt ist. Denn vom ersten *global player* der frühen Neuzeit zum Armenhaus Europas hätte der Absturz schmerzhafter nicht ausfallen können. Aufgefangen wurde er durch eine erneute Tat von historischer Bedeutung, der ersten friedlichen Revolution weltweit.

Vor- und Frühgeschichte

Die ältesten Belege für eine menschliche Präsenz sind über 30 000 Jahre alte steinzeitliche Ritzzeichnungen bei Foz Côa im Nordosten Portugals, die 1998 zum Welterbe der Menschheit erklärt wurden. Zwischen dem 8. und 10. Jt. v. Chr. wanderten iberische Stämme aus Nordafrika ein und bevölkerten bevorzugt die südlichen Regionen. Ab dem 5. Jt. v. Chr. wurden die Nomadenvölker sesshaft, sie lebten von Landwirtschaft und Viehzucht. Reiche Funde der Megalithkultur belegen eine dichte Besiedlung des heutigen Alentejo während der Jungsteinzeit.

Seit dem 8. Jh. v. Chr. kamen nordeuropäische Kelten ins Land und vermischten sich mit der iberischen Urbevölkerung. Diese sog. Keltiberer errichteten auf den Hügeln Nordportugals runde Wehrhäuser *(castros)*, die sie zu Wehrdörfern *(citânias)* ausweiteten und mit Ringmauern schützten. Zur gleichen Zeit steuerten die Phönizier die atlantische Süd- und Westküste an, um sich mit Kupfer, Zinn und Silber zu versorgen. Viele portugiesische Küstenorte gehen auf phönizische Gründungen zurück. Im 6. Jh. v. Chr. folgten die Griechen, die entlang der Küste Handelskolonien errichteten. Gut hundert Jahre später trieben die Karthager Handel mit Edelmetallen und Salz. Sie gerieten in Konflikt mit den keltiberischen Stämmen, als sie Anspruch auf eine politische Führungsrolle erhoben.

Römisches Imperium

Die Römer vertrieben im zweiten punischen Krieg (218–206 v. Chr.) die Karthager von der iberischen Halbinsel und besetzten zügig das Gebiet südlich des Tejo. Mühsamer gestaltete sich die Eroberung der nordwestlichen Landesteile. Zwischen Tejo und Douro stellten sich ihnen der keltiberische Stamm der Lusitaner entgegen, deren Widerstand erst 139 v. Chr. durch die Ermordung ihres Anführers Viriatus gebrochen wurde. Die Eroberung der Region nördlich des Douro gelang erst 27 v. Chr. unter Kaiser Augustus. Mit der *pax romana* wurde auch die iberische Halbinsel befriedet und in die Provinzen Lusitania im Südwesten, Tarraconensis im Norden und Westen sowie Baetica im Südosten unterteilt.

Anders als die früheren Handelsvölker bestimmten die Römer während ihrer etwa 600-jährigen Präsenz die wirtschaftlichen und politischen Belange der Region. Sie modernisierten die Landwirtschaft und gründeten ausgedehnte Latifundien, in denen vor allem Weizen, Wein und Oliven angebaut wurden. Ökonomische Bedeutung erlangten zudem Salzgewinnung und Kupferbergbau.

Im 2. Jh. begann die Christianisierung der römischen Provinz Lusitania. Frühe christliche Gemeinden und Bischofssitze in Braga und Évora existierten nachweislich bereits im 3. Jh. Ein weit verzweigtes Wegenetz mit zahlreichen Brücken förderte den Handel und war Voraussetzung für eine flächendeckende politische Verwaltung. Die römischen Verkehrswege blieben bis ins 19. Jh. die Grundlage für portugiesische Straßenbauplanungen. Die nachhaltigste römische Hinterlassenschaft ist jedoch die portugiesische Sprache, die wie alle romanischen Sprachen aus dem Vulgärlatein hervorging.

Germanische Völkerwanderung

Ab dem Jahr 409 überschritten germanische Stämme die Pyrenäen. Die aus dem baltischen Raum stammenden Sueben begründeten ein Königreich im Nordwesten der iberischen Halbinsel. Als phonetisches Erbe bereicherten sie das vorgefundene Vulgärlatein mit einer Reihe von Zischlauten, die für die galicische und portugiesische Sprache charakteristisch blieben.

Die Alanen und Vandalen strebten in die Region südlich des Douro, wurden aber von den mit den Römern verbündeten Westgoten nach Andalusien vertrieben. Wenig später beendeten die Westgoten auch das römische Imperium im Inneren der iberischen Halbinsel (414–418) und eroberten bis 586 auch die Suebengebiete. Sie erhoben den christlichen Glauben zur Staatsreligion und brachten eine feudalistische Gesellschaftsform hervor, die von zunehmenden Konflikten zwischen König, Adel und Klerus geprägt war.

Maurische Herrschaft und christliche Rückeroberung

Als der nordafrikanische Feldherr Tariq im Jahr 711 mit seinem Heer die Meerenge von Gibraltar überquerte, fand er ein zerrüttetes Westgotenreich vor. In nur sieben Jahren eroberte er nahezu die gesamte iberische Halbinsel. Das politische Zentrum bildete ab 756 das Emirat Córdoba. Die Mauren brachten moderne Handwerkstechniken, effektive Bewässerungsmethoden und neue Pflanzen wie

Die wichtigsten römischen Ausgrabungen finden sich in Conimbriga

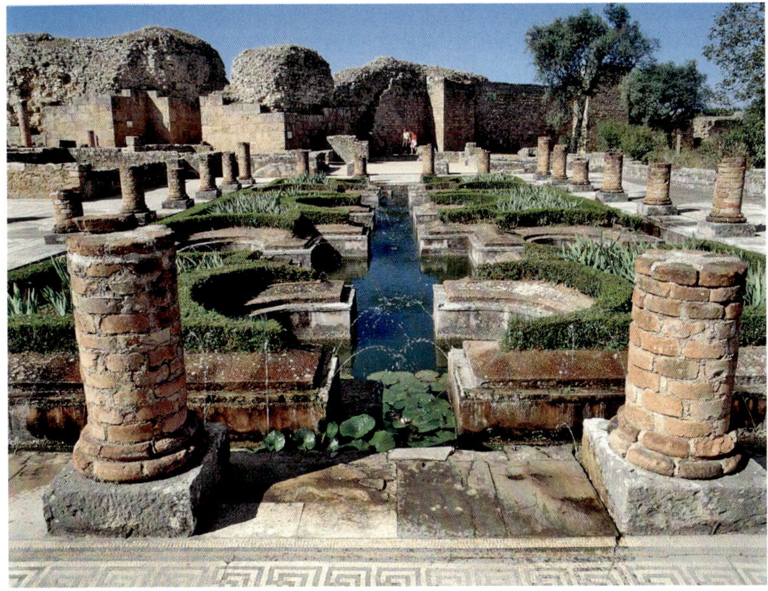

Zitrusfrüchte, Zuckerrohr und Baumwolle ins Land. Die für die frühe Epoche des Islams charakteristische religiöse Toleranz förderte die fruchtbare Koexistenz von Christen, Juden und Moslems. Naturwissenschaften, Medizin, Philosophie und Dichtkunst nahmen großen Aufschwung, mächtige Handelsgewinne ließen die Städte erblühen. Berühmt waren feine kunsthandwerkliche Erzeugnisse.

Versprengte westgotische Ritter hatten sich jedoch ins kantabrische Gebirge flüchten können und bildeten dort die Keimzelle der christlichen Rückeroberung *(reconquista)*. Unterstützt von Adligen aus dem Burgund lachte ihnen bald wieder das Kriegsglück und es gelang die Vertreibung der Mauren nach Süden. Zu ihrer Symbolfigur erhoben die Christen den hl. Jakobus, den unzählige Gemälde und Statuen als Maurentöter hoch zu Ross darstellen. Sein Grab im spanischen Santiago de Compostela wurde zum bedeutenden Wallfahrtsort und Millionen von Pilgern sorgten für die moralische Unterstützung der Rückeroberer.

Im 10. Jh. war das Gebiet zwischen Minho und Douro wieder fest in christlicher Hand und wurde zur eigenständigen Grafschaft Portucale innerhalb des Königreichs Leon. Die Christen fühlten sich endgültig im Aufwind, als das maurische Reich nach der Jahrtausendwende in Kleinstaaten zerfiel und damit noch verwundbarer wurde. Die südlichen Feldzüge begannen. Eine entscheidende Rolle fiel dem Adeligen Afonso Henriques zu.

Portugiesische Anfänge

Der Ritter Heinrich aus Burgund hatte als Dank für seinen tapferen Kriegseinsatz *Portucale* zum Lehen erhalten. Sein Sohn Afonso Henriques erklärte sich 1139 selbstbewusst zum portugiesischen König, nachdem er im alentejanischen Ourique gleich fünf arabische Fürsten besiegt hatte. Er löste damit den Lehensbund mit Alfons VII., König von Leon und Kastilien, der 1143 Portugal als unabhängiges Königreich anerkannte, das vom Fluss Minho bis nach Coimbra reichte.

1147 eroberte Afonso Henriques mit Hilfe von 13 000 nordeuropäischen Kreuzrittern nach viermonatiger Belagerung Lissabon. Ein weiteres Jahrhundert war notwendig, um die Mauren dauerhaft auch aus den Südprovinzen zu vertreiben. Erst 1249 fand die portugiesische *reconquista* mit der Eroberung von Faro an der Algarve ihren Abschluss. 1256 zog der Hof von Coimbra nach Lissabon um, die Landesgrenzen blieben bis heute nahezu unverändert.

Portugal erlebte eine Phase der wirtschaftlichen Prosperität. Das Königshaus beschnitt die Rechte der Landadligen und die Macht der Bischöfe. Die Leibeigenschaft wurde aufgehoben und die Landwirtschaft gefördert. Eine Vorbildrolle kam den Ordensgemeinschaften zu, allen voran den aus Burgund stammenden arbeitsamen Zisterziensermönchen, die die von den Mauren verlassenen Felder bestellten und Ländereien urbar machten. Größeren Orten wurde mit der Verleihung von Stadtrechten mehr Eigenständigkeit zugestanden, Handel und Handwerk entfalteten eine neue Blüte. Der sog. Dichterkönig Dinis I. (1279–1325) gründete die erste Universität, förderte den Seehandel und sicherte die Landesgrenzen mit dem Bau von über 100 Burgen. Portugiesische Hafenstädte trieben regen Fernhandel mit Flandern, den Mittelmeerländern und England, das zum militärischen Bündnispartner gegen Spanien wurde.

Die goldenen Zeiten

Das Jahr 1383 läutete eine existenzielle Krise ein. Nach dem Tode des letzten Burgunderkönigs Ferdinand beanspruchte dessen Schwiegersohn Juan I. von Kastilien den Thron, unterstützt vom portugiesischen Kleinadel, aber gegen den Willen der Städte. Die alte Feudalgesellschaft stand gegen das aufstrebende Bürgertum, welches sich schließlich als siegreich erwies. Das Ständeparlament *(cortes)* wählte den Großmeister des Ritterordens von Avis zum Bürgerkönig João I. Mit einer viermonatigen Belagerung von Lissabon antworteten die spanischen Herrscher. Bei Aljubarrota nahe Batalha kam es 1385 zur Entscheidungsschlacht, in der einem bescheidenen portugiesischen Heer mit Hilfe englischer Bogenschützen der Sieg über die zahlenmäßig haushoch überlegenen spanischen Truppen glückte. Ein langlebiger Beistandspakt wurde mit England geschlossen *(Tratado de Windsor)* und durch die Vermählung von João I. mit Filipa von Lencastre, der Enkelin des englischen Königs Eduard III. gefestigt. Ihr vierter Sohn Heinrich sollte zum großen Mentor der portugiesischen Entdeckungsfahrten (s. Thema S. 36f.) werden. Unter der Avis-Dynastie stieg Portugal zur ersten Weltmacht der Neuzeit auf.

Nach der Entdeckung des Seewegs nach Indien durch Vasco da Gama 1498 kontrollierte Portugal den lukrativen Gewürzhandel. Unermessliche Reichtümer strömten in das kleine Land, das unter König Manuel I. (1495–1521) eine nie gesehene kulturelle Blüte erlebte (s. Thema S. 188).

Die Animositäten mit Spanien, das ebenso Seefahrer und Eroberer in die neue Welt geschickt hatte, bestanden fort. Nur der Papst konnte sie schlichten. Im Vertrag von Tordesillas (1494) bestimmte Alexander VI. die Aufteilung der Welt zwischen den beiden katholischen Ländern. Alle Entdeckungen westlich des 46. Längengrades, und damit nahezu der gesamte amerikanische Kontinent, wurden Spanien zugesprochen, die östlichen Gebiete wie Brasilien, Afrika und Asien fielen an Portugal. Das spornte die portugiesischen Seefahrer zu weiteren Fahrten über die unbekannten Meere an, die in der Entdeckung der Seewege nach China und Japan gipfelten. Allerdings unter spanischer Flagge gelang einer Expedition unter der Führung des Portugiesen Fernão de Magelhães zwischen 1519 und 1522 die erste Weltumseglung.

Der Niedergang

Portugal schwelgte im Reichtum, verzichtete aber auf dessen produktive Verwertung. Handwerk und Landwirtschaft lagen brach. »Der Duft von Zimt entvölkert das Land«, hieß der treffliche Kommentar zu Landflucht und Abwanderung in die Besitzungen in Übersee. Mit den Handelsgewinnen wurden Lebensmittel und Luxuswaren importiert, bei mitteleuropäischen Banken mussten teure Kredite für den Bau immer größerer Handelsschiffe aufgenommen werden und immer aufwendiger wurde die militärische Absicherung der Gewürzroute. In wenigen Jahrzehnten zerrann der Reichtum zwischen den Fingern. Einzig der Handel mit afrikanischen Sklaven erwies sich über Jahrhunderte als höchst profitabel. Die kräftigen Schwarzafrikaner wurden auf den brasilianischen Kaffee-, Zucker- und Tabakplantagen ausgebeutet und glichen den Arbeitskräftemangel im portugiesischen Mutterland aus. Im 16. Jh. stellten sie etwa 10 % der Lissabonner Bevölkerung.

Als verheerend für die Wirtschaft erwiesen sich ab 1496 Vertreibung und Zwangstaufe der Juden. Denn von nun an hing über allen erfolgreichen Händlern und Kreditverleihern das Damoklesschwert der christlichen Verfolgung. Sie standen unter generellem Judenverdacht, waren sie doch in Geschäftsbereichen tätig, die als typisch jüdisch galten und argwöhnisch betrachtet wurden. Spätestens die von König João III. im Jahre 1530 eingesetzte Inquisition beendete den kurzen Frühling eines weltoffenen Humanismus im Zeichen der Renaissance. Freier Handel war gefährlich geworden: Die Hälfte der aktenkundigen 40 000 Opfer der Inquisitionsgerichte entstammte dem Handelsbürgertum.

Sinnfälliger Ausdruck des wirtschaftlich-kulturellen Rückschrittes war ein Kreuzzug nach Nordafrika, zu dem der jugendliche König Sebastião auszog. Mit einem 18 000 Mann zählenden Heer wurde er im August 1578 auf dem heißen marokkanischen Schlachtfeld von Alcácer-Quibir vernichtend geschlagen und mit der Mehrheit seiner zumeist adligen Soldaten getötet. Die Überlebenden mussten teuer freigekauft werden. Sebastião hinterließ ein ruiniertes Land ohne direkten Nachfolger und ebnete so dem spanischen König Philipp II. den Weg auf den portugiesischen Thron.

Wettlauf in den reichen Orient – der Seeweg nach Indien

Verwegene portugiesische Seefahrer eroberten im 15. Jh. bislang unbekannte Ozeane, überwanden mittelalterliches Gedankengut und öffneten das Tor zur Neuzeit. Als erster Europäer erreichte Vasco da Gama auf dem Seeweg das Gewürzland Indien und mit den orientalischen Spezereien floss grenzenloser Reichtum nach Portugal.

Die Grundlagen des epochalen portugiesischen Erfolges legte bereits König Dinis im späten 12. und frühen 13. Jh., als er mit Hilfe italienischer Experten für Schiffsbau, Seefahrt und Kartographie eine leistungsfähige Flotte aufbaute. Mit Kiefernschösslingen aus dem Burgund ließ er weitläufige Wälder aufforsten, in denen jeder Schiffsbauer umsonst Holz schlagen konnte.

Die Entdeckungsfahrten begannen mit der Eroberung des nordafrikanischen Ceuta an der Meerenge von Gibraltar. Dorthin wagte König João I. im Juli 1415 die Überfahrt mit 20 000 Soldaten auf 240 Schiffen. An der Expedition beteiligt war sein Sohn Heinrich (1394–1460). Dessen Faszination für die geheimnisvollen Berichte arabischer Kaufleute und die wertvollen Handelsgüter, die über die Karawanenstraße in die Stadt gelangten, sollte die Geschicke der Welt nachhaltig beeinflussen. Fünf Jahre später wurde er vom Papst zum weltlichen Oberhaupt des Christusritterordens ernannt und entwickelte sich zum visionären Mentor der portugiesischen Entdeckungsfahrten, zu deren Finanzierung und militärischen Absicherung die wohlhabende Bruderschaft wesentlich beitrug. Später erhielt er den Namenszusatz ›der Seefahrer‹, auch wenn die Überfahrt nach Nordafrika seine einzige Seereise blieb.

Neben dem Interesse für die Reichtümer und Gewürze des Orients war der tiefgläubige Katholik vom Wunsch beseelt, das Christentum in die Welt zu tragen. Er wollte das sagenumwobene Reich des Priesterkönig Johannes in Abessinien aufspüren und gemeinsam mit ihm das islamische Imperium besiegen.

Paradoxerweise setzte er sich bei der Erfüllung seiner Mission kühn über päpstliche Denkverbote hinweg und trug heimlich auch die vielen Kenntnisse zusammen, die im Besitz der ›Ungläubigen‹ waren und vom Papst mit einem Bann belegt wurden. Die Araber hatten den Kompass und das Astrolabium in die Seefahrt eingeführt und die naturwissenschaftlichen Grundlagen des antiken Griechenland für astronomische Berechnungen genutzt. Ihre Kenntnisse wurden v. a. mit Hilfe von katalanischen Juden wie Jehuda Cresques nach Portugal übermittelt. Im Gegensatz zur mittelalterlich-christlichen Doktrin gingen Heinrichs Experten von der Kugelform unseres Planeten aus. Moderne Rhombenkarten basierten auf exakten Kompasspeilungen und wiesen den Seefahrern zuverlässig den Weg. Rasch schritt die Entwicklung eines neuen Schiffstyps voran, der 20 bis 25 m langen portugiesischen Karavelle, die mit ihren dreieckigen Lateinersegeln erstmalig gegen den Wind kreuzen konnte.

Immer weiter wagten sich die Seefahrer auf das *mar tenebroso*, das Meer der Finsternis hinaus und entdeckten die Inseln Madeira (1419) und Azoren (1427). Sie erreichten das sagenumwobene Kap Bojador im südwestlichen Marokko, hinter dem dämonische Seeungeheuer, ein kochendes Meer und sen-

Thema

gende Hitze befürchtet wurden. Erst beim 15. Anlauf gelang Gil Eanes 1434 die weiträumige Umfahrung. Damit überwand er eine gewaltige psychologische Barriere und gab den Weg frei für die Entdeckung des südlichen Afrikas und die Umrundung des Kaps der Guten Hoffnung durch Bartolomeus Dias (1488). Vasco da Gama schließlich landete 1498 in Calicut an der Südwestküste Indiens, nachdem ihm der arabische Lotse Ibn Madjid die letzte Etappe von Malindi über den indischen Ozean gewiesen hatte. Während der folgenden Indienexpedition zwei Jahre später entdeckte Pedro Álvares Cabral zufällig Brasilien.

Über den Seeweg brachen die Portugiesen das lukrative Monopol arabischer und venezianischer Kaufleute, die bislang die in Küche und Medizin so begehrten asiatischen Spezereien über Land von Indien nach Europa transportiert hatten. Sie brachten Pfeffer, Nelken, Muskat und Zimt direkt nach Lissabon, das bald als reichste Hauptstadt Europas erstrahlte. Doch keine 100 Jahre währte die Pracht. Unsummen verschlangen die militärische Absicherung der Gewürzroute und der Bau von immer größeren Handelsschiffen, die verstärkt den Unbilden des Meeres und Piratenangriffen ausgesetzt waren.

Mächtigere Nationen wie England und Holland standen in den Startlöchern und machten den Portugiesen nahezu alle asiatischen Handelsstützpunkte streitig. Das kleine Land am Rande Europas war mit seinen nur 1,3 Mio. Bewohnern in der Rolle der Weltmacht überfordert. Geblieben ist die *saudade*, die wehmütig-stolze Erinnerung des portugiesischen Volkes an seine kühnen Seefahrer und seine vergangene Größe.

Mit der Eroberung des nordafrikanischen Ceuta (hier in einem Kachelbild im São-Bento-Bahnhof von Porto dargestellt) begann die Epoche der Entdeckungsfahrten

Spanische Herrschaft

Philipp II. berief sich bei seinem Anspruch auf die portugiesische Krone auf seinen portugiesischen Großvater Manuel I. Unterstützung fand er beim portugiesischen Adel und im Handelsbürgertum. Diese erwarteten, dass sich die spanischen Silberminen in Südamerika künftig auch für Portugal öffnen würden.

Die neue Herrschaft wirkte sich überwiegend nachteilig aus. Die zwangsgetauften Juden flüchteten nach Südwestfrankreich, Holland oder Hamburg. Die aufstrebende See- und Handelsmacht England, bisher treuer Verbündeter, attackierte nunmehr auch portugiesische Festungen im Mutterland und in Übersee, wobei sich der königliche Korsar Sir Francis Drake hervortat. In der berühmten Seeschlacht zwischen England und der als unbesiegbar geltenden spanischen Armada sanken 1588 auch viele portugiesische Galeonen. Die Niederlande griffen in ihren Unabhängigkeitskriegen gegen Spanien portugiesische Schiffe und Handelsstützpunkte in Brasilien und Asien an und verdrängten die Portugiesen aus dem lukrativen Gewürzhandel. Die Karten der alten, zuvor unter den katholischen Staaten aufgeteilten Welt wurden zugunsten der beiden aufstrebenden protestantischen Länder neu gemischt und Portugal zog dabei den Kürzeren.

Während Philipp II. die portugiesische Gerichtsbarkeit und Verwaltung noch weitgehend unangetastet gelassen hatte, mischten sich seine Nachfolger Philipp III. und IV. direkt in die portugiesische Innenpolitik ein und griffen schamlos in die Staatskasse. Steuererhöhungen verschärften antispanische Ressentiments und brachten eine Widerstandsbewegung in Kreisen des Adels hervor.

Erneute Unabhängigkeit

Der Anführer der adeligen Verschwörer wurde 1640 zum portugiesischen König João IV. ausgerufen. Doch erst nach kriegerischen Auseinandersetzungen und einem runderneuerten Bündnisvertrag mit England erkannte Spanien 1668 die Unabhängigkeit an und erhielt als Ausgleich das nordafrikanische Ceuta. Die englische Hilfe bezahlte Portugal teuer mit der Abtretung der überseeischen Stützpunkte Bombay und Tanger sowie der Öffnung seiner Märkte für englische Manufakturwaren. Die wirtschaftlichen Beziehungen wurden 1703 im Methuen-Vertrag ausgebaut, der den Export von Portwein nach England erlaubte und im Gegenzug Portugal zur Abnahme englischer Textilwaren verpflichtete. Billige englische Stoffe überschwemmten förmlich den portugiesischen Markt. Eigene Wollmanufakturen wurden verdrängt und damit die zögerlichen Ansätze einer Industrialisierung Portugals im Keime erstickt.

Die verheerenden wirtschaftlichen Folgen wurden zunächst von umfangreichen Edelmetall- und Diamantfunden in der Kolonie Brasilien überdeckt. Allein im Jahre 1720 kamen 25 000 kg Gold nach Portugal. Abermals floss ungeheurer Reichtum ins Land und wieder wurde er unproduktiv verschleudert. Das Königshaus leistete sich eine aufwendige Hofhaltung, baute vergoldete Kirchen und den gigantischen Palast von Mafra, der größer sein sollte als El Escorial im verhassten spanischen Nachbarland. Den Bau einer Wasserleitung mussten die Einwohner von Lissabon hingegen selbst aus einer Verbrauchssteuer auf Olivenöl, Wein und Fleisch finanzieren. Auf der Stecke blieb die Modernisierung der Wirtschaft und die Lebensbedingungen der Bevölkerung verschlechterten sich. Der Barockkönig João V. (1707–1750) überzog das Land zwar mit Gold, aber stürzte es zugleich in eine tiefe Finanzkrise.

Die kurze Erneuerung

Im Schatten eines dekadenten Hofstaates arbeitete sich der Minister Sebastião José de Carvalho e Melo aus niedrigen Adelskreisen nach oben. Er sollte später den Titel Marquês de Pombal verliehen bekommen und der wirtschaftlichen und kulturellen Rückständigkeit mit weitreichenden Reformen entgegentreten. Dieser Wegbereiter eines aufgeklärten Absolutismus setzte gegen heftige Widerstände von Hochadel und Kirche eine grundlegende Reform des Staatswesens durch. Wenig zimperlich schreckte er dabei auch vor politischem Mord nicht zurück. Die Jesuiten verwies er des Landes und brachte Schulen und Universitäten unter staatliche Kontrolle. Er gründete Woll-, Glas-, Seiden- und Porzellanmanufakturen und setzte der Sklaverei und Diskriminierung von Juden und Neuchristen ein Ende.

Lissabon verdankt ihm den modernen Wiederaufbau nach dem Erdbeben von 1755, das die Stadt und ganz Südportugal in Schutt und Asche gelegt und über »die in Frieden und Ruhe schon eingewohnte Welt einen ungeheuren Schrecken« verbreitet hatte (Johann W. Goethe). Doch der Aufbau Lissabons band enorme personelle und materielle Ressourcen, wodurch Portugal gänzlich von der europäischen Wirtschaftsentwicklung abgehängt wurde. Pombals despotische Züge nahmen Überhand und er fiel nicht nur beim Adel, sondern auch bei der einfachen Bevölkerung in Ungnade. Nach seiner Absetzung 1777 wurden die Reformen gestoppt.

Die Flucht des Adels

Als Portugal die 1806 von Napoleon verhängte Kontinentalsperre gegen den Verbündeten England unterlief, marschierten die französischen Truppen ein. Höchst unrühmlich setzte sich die Königsfamilie mitsamt 15 000 Adeligen nach Brasilien ab. Einzigartig in der europäischen Geschichte wurde ein ganzes Reich formal gesehen nun von einer Kolonie aus regiert. Doch nachdem englische Truppen die französischen Invasoren 1811 vertrieben hatten, verwandelte sich Portugal unter der despotischen Herrschaft von General William Beresford quasi selbst in eine – englische – Kolonie.

Eine erfolglose liberale Erhebung in Porto im August 1820 bewirkte zumindest die Rückkehr der Königsfamilie und die Abschaffung der Inquisition. Gegen die Verkündung einer radikal-liberalen Verfassung opponierte der Königssohn Miguel mit einem absolutistischen Aufstand. Sein liberal denkender Bruder Pedro besiegte ihn 1834 nach langjährigem Bürgerkrieg. Eine erstmals einberufene Nationalversammlung verfügte die sofortige Auflösung sämtlicher Männerorden, während Frauenklöster noch bis zum Tode der letzten Nonne fortbestehen durften. Eine gemäßigte Verfassung schuf stabile politische Verhältnisse und die Grundlage für eine wirtschaftliche Erholung. Eisenbahnen wurden gebaut, Straßen und Brücken modernisiert. Portugal erlebte eine zögerliche Industrialisierung. Privilegien des Adels wurden beschnitten und in den Städten erstarkte ein wohlhabendes Handels- und Finanzbürgertum.

Weitreichende Kolonialpläne in Afrika kollidierten allerdings mit englischen Gebietsansprüchen und mussten 1890 nach einem britischen Ultimatum aufgegeben werden. Dieser als ›nationale Demütigung‹ gegeißelte Schritt stürzte das Königshaus in eine tiefe Legitimitätskrise. Eine antimonarchistische Bewegung gewann an Stärke. 1908 wurden König Carlos I. und sein Thronfolger im Stadtzentrum Lissabons erschossen, sein erst 18-jähriger zweiter Sohn Manuel II. vermochte die Monarchie nicht mehr zu retten.

Republikanische Revolution

Am 5. Oktober 1910 riefen in Lissabon putschende Soldaten die Republik aus. Die Verfassung von 1911 sah ein parlamentarisches Mehrparteiensystem, die Gleichheit aller Bürger, Pressefreiheit, Streikrecht und die Trennung von Staat und Kirche vor. Doch die junge Republik wurde zwischen ihrem Wunsch nach weitreichenden sozialen Reformen, eigenen autoritären Tendenzen und leeren Staatskassen zerrieben. Ihre soziale Basis bildete eine radikale städtische Mittelschicht, doch meldeten die alten Mächte aus Adel und Klerus sowie ein erstarkendes Fabrik- und Landarbeiterproletariat unüberhörbar ihre Ansprüche an. Militärische Aufstände und mächtige Generalstreiks wechselten sich ab. Auf englischen Druck trat Portugal 1916 auf Seiten der Alliierten in den ersten Weltkrieg ein und beklagte 37 000 getötete oder verwundete Soldaten. Das kriegerische Gastspiel erhöhte die wirtschaftlichen Schwierigkeiten und die politische Instabilität. Zwischen Januar 1919 und Dezember 1921 gab es 18 Regierungswechsel. Insgesamt 44 Regierungen erlebte die erste Republik in den 16 Jahren ihres Bestehens.

Die Zeiten der Diktatur

Die erste portugiesische Republik endete 1926 mit einem Militärputsch unter General Gomes da Costa. Zwei Jahre später wurde der in Coimbra lehrende Wirtschaftsprofessor António de Oliveira Salazar (1889–1970) zum Finanzminister berufen. Mit rigiden Ausgabenkürzungen sorgte er in wenigen Jahren für einen ausgeglichenen Staatshaushalt und erschien als Retter der Nation. Inspiriert von Mussolinis Faschismus wurde 1930 die União Nacional gegründet und zur einzigen legalen Partei erklärt. 1932 ernannte sich Salazar zum Ministerpräsidenten und legte im folgenden Jahr die Verfassung eines autoritär geführten *Estado Novo* (Neuer Staat) vor. Das Parlament verkümmerte zum Akklamationsorgan, da die Regierung die alleinige gesetzgebende Kompetenz erhielt. Der Staatspräsident hatte rein repräsentative Funktionen und nur 16 % der Bevölkerung genossen ›Wahlrecht‹, wofür Männer den Abschluss der Grundschule, Frauen sogar ein abgeschlossenes Hochschulstudium nachweisen mussten. Freie Gewerkschaften wurden aufgelöst und eine allgegenwärtige Geheimpolizei nach dem Vorbild der deutschen Gestapo installiert.

Trotz ideologischer Nähe zum faschistischen Deutschland wahrte Portugal im Zweiten Weltkrieg seine Neutralität, da es sich nicht gegen den alten Verbündeten England stellen wollte, um seine eigenen Kolonien nicht zu gefährden. Letztlich wurden mit beiden Kriegsparteien lukrative Geschäfte betrieben, etwa mit dem Export von Fischkonserven für die Versorgung der Truppen oder mit Wolfram, das für die Härtung des Stahls bei der Panzerproduktion unentbehrlich war. Erst als die militärischen Erfolge Nazideutschlands schwanden, gewährte Salazar 1942 den Alliierten einen Luftwaffenstützpunkt auf den Azoren. Über den Hafen von Lissabon konnten sich etwa 100 000 Flüchtlinge vor dem faschistischen Deutschland in Sicherheit bringen, unter ihnen befanden sich Alfred Döblin, Lion Feuchtwanger, Heinrich Mann, Jean Renoir, Antoine de Saint-Exupéry und Franz Werfel.

Die Wirtschaft war oligarchisch organisiert und die wichtigsten Branchen auf die 20 mächtigsten Unternehmerfamilien verteilt. Unternehmerische Dynamik und Konkurrenz blieben Fremdwörter, was den Aufbau einer modernen Industriegesellschaft weiterhin verhinderte. Vom übrigen Europa abgeschottet, lebte Portugal auf Kosten seiner afrikanischen Kolonien, die billige Rohstoffe wie Baumwolle und Kaffee lieferten und einen geschützten Exportraum für die einheimische Wirtschaft bildeten. Dieses künstlich erzeugte wirtschaftliche Gleichgewicht bedrohten die erstarkenden afrikanischen Freiheitsbestrebungen. In Angola, Guinea-Bissau und Mosambik wurde Portugal seit den frühen 1960er-Jahren in Unabhängigkeitskriege verstrickt, die bis zu 40 % des Staatshaushaltes verschlangen.

Nach einem Schlaganfall Salazars übernahm Marcello Caetano 1968 die Regierungsgeschäfte, doch entgegen vieler Hoffnungen behielt er die repressive Politik und die soziale und wirtschaftliche Isolation des Landes bei. Portugal wurde zum Armenhaus Europas.

Moderne Demokratie

Unzufrieden mit den Kolonialkriegen und der Agonie im Lande putschte am 25. April 1974 eine breite Bewegung der Streitkräfte gegen das Regime, das wie ein Kartenhaus in sich zusammenfiel. Die Bevölkerung schmückte die Gewehrläufe der Soldaten mit Nelken und die friedliche Erhebung erhielt ihren Namen: Nelkenrevolution. 1975 wurden die Kolonien für unabhängig erklärt. Landbesetzungen und Landreform, Verstaatlichung von Banken und Schlüsselindustrien waren Ausdruck einer revolutionären Aufbruchsstimmung, die vor allem in den städtischen Zentren und im Alentejo gefeiert wurde.

In den ersten freien Wahlen errangen 1976 jedoch die bürgerlichen Parteien eine deutliche Mehrheit. Eine Verfassung wurde per Volksentscheid angenommen, die den Weg zu einer freien sozialistischen Gesellschaft ebnen sollte. 1986 trat Portugal der Europäischen Wirtschaftsgemeinschaft bei und erhoffte sich von diesem Schritt vor allem die Stabilisierung der jungen Demokratie. Im gleichen Jahr wurde mit Mário Soares erstmals nach 60 Jahren ein Zivilist in das Amt des Staatspräsidenten gewählt.

In den 1990er-Jahren durchlebte das Land einen rasanten Wirtschaftsaufschwung, der in der Ausrichtung der Weltausstellung Expo 1998 und im Beitritt zur Währungszone des Euro seinen Zenit erreichte.

Doch zu Beginn des neuen Jahrtausends wurde Portugal von einer weitreichenden moralisch-politischen Krise erfasst, die von einem deutlich abgeschwächten Wirtschaftswachstum begleitet wurde. Der ersehnte ökonomische Anschluss an Europa ist seitdem in weite Ferne gerückt. Über diese Misere konnte auch die erfolgreiche Fußballeuropameisterschaft von 2004 nicht hinwegtäuschen. Mehrfache Regierungswechsel verschärften die Unsicherheit im Lande. So ist der Sieg der Sozialistischen Partei bei den Parlamentswahlen von 2005 als Mandat für eine politische Stabilisierung zu verstehen. Der dynamisch-pragmatische Ministerpräsident José Sócrates kann sich auf eine sichere absolute Mehrheit stützen. Ebenfalls mit deutlichem Stimmenvorsprung wurde der wirtschaftsliberale Aníbal Cavaco Silva 2006 zum Staatspräsidenten gewählt. Im Sommer 2007 hat Portugal die europäische Ratspräsidentschaft übernommen.

Der Militärputsch vom 25. April 1974 beendete Kolonialkriege und Diktatur

Zeittafel

30 000–5000 v. Chr.	Ritzzeichnungen belegen die Besiedlung Portugals in der Steinzeit. Ab 10 000 v. Chr. wandern iberische Stämme aus Nordafrika ein. In der Jungsteinzeit (5000 v. Chr.) erblüht eine Megalithkultur.
1000–218 v. Chr.	Phönizier und Griechen gründen Handelsniederlassungen entlang der Küste. Seit dem 8. Jh. strömen nordeuropäische Kelten ins Land, das die Karthager etwa 400 v. Chr. in Besitz nehmen.
218 v. Chr.–418 n. Chr.	Die Römer beherrschen die iberische Halbinsel. Im 2. Jh. nach Chr. beginnt die Christianisierung.
Ab 409	Während der Völkerwanderung dringen germanische Stämme auf die iberische Halbinsel vor, die die Westgoten bis 586 einnehmen.
711–1139	Nordafrikanische Mauren erobern fast ganz Iberien und führen das Land in eine Blütezeit. 722 beginnt im Norden die christliche Rückeroberung (*reconquista*), die die Mauren mit Unterstützung christlicher Kreuzritter in den Süden zurückgedrängt.
ab 1139	Afonso Henriques ruft 1139 im christlichen Norden das Königreich *portucale* aus. Bis 1249 werden die Mauren auch aus dem Süden vertrieben, 1256 wird Lissabon Hauptstadt. Unter König Dinis I. erfährt das Land einen wirtschaftlichen und kulturellen Aufschwung.
15. Jh.	Mit der Eroberung des nordafrikanischen Ceuta (1415) unter Beteiligung Heinrichs des Seefahrers beginnt die Epoche der Entdeckungsfahrten. Die Portugiesen erkunden Madeira, die Azoren und die afrikanische Westküste.
1495–1521	Während der Regierungszeit von Manuel I. steigt Portugal zur Weltmacht auf. Vasco da Gama findet 1498 den Seeweg nach Indien. Portugal kontrolliert den einträglichen Gewürzhandel.
1530	Einführung der Inquisition. Portugals Abstieg beginnt.
1578	Der junge König Sebastião wird auf einem Kreuzzug in Marokko getötet, ohne einen Thronfolger zu hinterlassen.
1580–1640	Die portugiesische Krone fällt an den spanischen König Philipp II. Portugal verliert viele überseeische Stützpunkte und erlangt erst nach langen Befreiungskriegen seine Unabhängigkeit zurück.

Goldfunde in der Kolonie Brasilien verwendet König João V. für repräsentative Bauten und stürzt so das Land in eine Finanzkrise.	**1706–1750**
Erdbeben in Lissabon und weiten Teilen Südportugals. Der Wiederaufbau unter Marquês de Pombal geht mit einer Modernisierung des Staates einher, die mit seiner Absetzung 1777 abrupt endet.	**1755**
Einmarsch napoleonischer Truppen. Die Königsfamilie flieht mit dem Staatsschatz nach Brasilien und kehrt erst 1821 zurück.	**1807**
König Pedro IV. erlässt eine liberale Verfassung. Die Klöster werden säkularisiert.	**1834**
Revoltierende Soldaten rufen die Republik aus. In 16 Jahren lösen sich 44 Regierungen ab.	**1910–1926**
Ein Militärputsch leitet die lange Periode der Diktatur ein.	**1926**
Finanzminister Salazar ernennt sich zum Ministerpräsidenten des *estado novo* (Neuer Staat) und löst das Parlament auf.	**1932**
Portugal bleibt im Zweiten Weltkrieg neutral.	**1939–1945**
Die portugiesischen Kolonien werden von Unabhängigkeitskriegen erfasst. Nach einem Schlaganfall Salazars 1968 setzt Nachfolger Marcello Caetano die repressive Politik fort.	**1961–1974**
Der friedliche Putsch einer breiten Bewegung der Streitkräfte beseitigt am 25. April das diktatorische Regime (Nelkenrevolution).	**1974**
Portugal wird Mitglied der Europäischen Gemeinschaft.	**1986**
Portugal richtet die Fußballeuropameisterschaft aus. Ministerpräsident José Durão Barroso wird Präsident der EU-Kommission.	**2004**
Die sozialdemokratisch orientierte Sozialistische Partei erringt zum ersten Mal in der Geschichte die absolute Mehrheit im Parlament.	**2005**
Der konservative Aníbal Cavaco Silva wird neuer Staatspräsident.	**2006**
Im 2. Halbjahr übernimmt Portugal die EU-Ratspräsidentschaft.	**2007**

Gesellschaft und Alltagskultur

Portugiesen sind ruhig und eher verschlossen. Darin unterscheiden sie sich von anderen südeuropäischen Völkern und widersprechen einem gängigen Klischee des Südländers. Wichtigste Facette der portugiesischen Volksseele ist die *saudade*, eine die Realität fliehende, melancholische Träumerei und wehmütige Erinnerung an vergangene Zeiten.

Ein Lebensgefühl: Saudade

»Das schlimmste Gefühl ist es, keine *saudade* zu spüren«, lautet das Motto eines modernen portugiesischen Weblogs. Über eine halbe Million portugiesische und über sechs Millionen weltweite Einträge listet die Internetsuchmaschine Google bei der Eingabe des Stichwortes. Doch eine inhaltliche Definition des Begriffes sucht man vergeblich, denn die Portugiesen pflegen ihre *saudade* als einen gefühlten, mit Vernunft nicht beizukommenden Mythos. Die banale Wörterbuch-Übersetzung mit »Sehnsucht« greift zu kurz.

Das Wort entspringt dem lateinischen *solitas*, Einsamkeit. Und einsam fühlten sich die Portugiesen während vieler Jahrhunderte, wenn sie im Rücken das feindliche Kastilien spürten, das ihnen den Weg nach Europa versperrte. So blieb nur der Blick über das endlose Meer, der leicht zu schwermütigen Gefühlswelten führt. Melancholie verwandelte sich in einen beglückenden, nach rückwärts gewandten Traumzustand, in dem sich das portugiesische Volk wohlig einrichten wollte. Nicht zufällig ziert eine Weltenkugel die moderne Staatsflagge, denn die Portugiesen wären noch heute gerne das Volk von weltumspannender Bedeutung, das sie einst waren und doch nie mehr sein werden. Die *saudade* hilft dieses Los zu mildern. »Es ist diese Mystifikation eines universellen Gefühls, die jener Schwermut ohne wahre Tragödie ihre kulturelle Bedeutsamkeit verleiht – sei es in der Literatur Fernando Pessoas oder in den Gesängen des Fado – und aus der Saudade das Kennzeichen portugiesischer Sensibilität macht«, heißt es in einem Text des portugiesischen Essayisten Eduardo Lourenço über die Mythologie der Saudade.

Doch gibt es natürlich viele wirklichkeitsnahe Portugiesen, die ihr Schicksal lieber in die eigene Hand nehmen als es einem wehmütigen Gefühl anzuvertrauen, und die die *saudade* als belastende Erfindung der romantischen Bewegung des 19. Jh. abtun. Hans Magnus Enzensberger lässt in seinem Buch »Ach Europa!« einen portugiesischen Bekannten in allerdings schon leicht angetrunkenem Zustand schimpfen: »Der Fado, das ist der Heiligenschein für unsere Ignoranz, die Gloriole, die wir unserem Elend aufsetzen. Kein Wunder, daß *saudade* unübersetzbar ist. Auf der ganzen Welt ist niemand außer uns stolz darauf, daß er im Eimer ist!« Auch wegen solcher Sätze wurde der deutsche Autor in Portugal allerdings weitgehend mit staunendem Befremden rezipiert.

Warten auf Dom Sebastião und den Lottogewinn

Kuriose Züge nimmt die *saudade* beim Warten auf König Sebastião an. Gemeint sind nicht monarchistische Bestrebungen, sondern die Hoffnung auf die Wiederkehr eines jugendlichen Königs. Dieser gläubige Jesuitenzögling war im Jahre 1578 zu einem Kreuzzug nach Nordafrika ausgezogen. Er und mit ihm fast der gesamte portugiesische Adel wurden vom ungläubigen Sultan Mohammed vernichtend geschlagen. Da sein Leichnam nach dem Schlachtengetümmel nie aufgefunden wurde, galt er den Portugiesen nicht als besiegt, sondern als verschollen. Und manch einer träumt davon, dass der Ersehnte eines Morgens aus dem Nebel auftauchen, den Thron besteigen und die geistige Erneuerung in die ganze Welt tragen wird, zuallererst aber Portugals Ruhm und Größe der früheren Epochen zurückbringt.

In der modernen Zeit nimmt der Glaube an die Erlösung durchaus profanere Formen an, etwa in der Hoffnung auf den großen Lotteriegewinn. Die zehn Millionen Portugiesen sind Weltmeister in der europaweiten Lotterie Euromillionen. Wöchentlich investieren sie durchschnittlich 18 Mio. € und wenn der Jackpot schwindelnde Höhen erreicht, steigt der Wetteinsatz um ein Vielfaches. Ganze Dörfer tun sich dann zusammen und versuchen ihr Glück.

Aufbruch in neue Zeiten

Bei einer Befragung, welchem Volk sie am liebsten angehören würden, wenn sie nicht schon Portugiesen wären, fühlte sich eine Mehrheit den Brasilianern und den Deutschen nahe. Für die Südamerikaner sprach deren vermeintliche sexuelle Freizügigkeit, für die Deutschen der vermutete Reichtum. In dieser Antwort äußert sich der tiefgreifende Wandel, den die portugiesische Gesellschaft seit der Nelkenrevolution 1974 vollzogen hat. Einst hatte sich die Diktatur das Leitmotiv *orgulhosamente sós* (voller Stolz allein) gegeben, heute werden die weltumspannenden westlichen Werte erträumt. Aus Portugal ist ein modernes, liberales Land mit allen Freiheiten geworden, das im Gegenzug den Verlust tradierter Werte erfuhr. Im Straßenbild hat sich die farbenfrohe, von spanischen Franchiseläden beeinflusste Mode durchgesetzt. Nur in den Dörfern tragen Frauen noch Kopftuch und zeigen sich schwarz gekleidet als Zeichen einer endlosen Trauer um verstorbene Angehörige der Großfamilie, während die Familienbande sich spürbar lockern. Die

In der neuen Zeit angekommen: Shoppen und Flanieren gehört heute zu den Lieblingsbeschäftigungen der Portugiesen

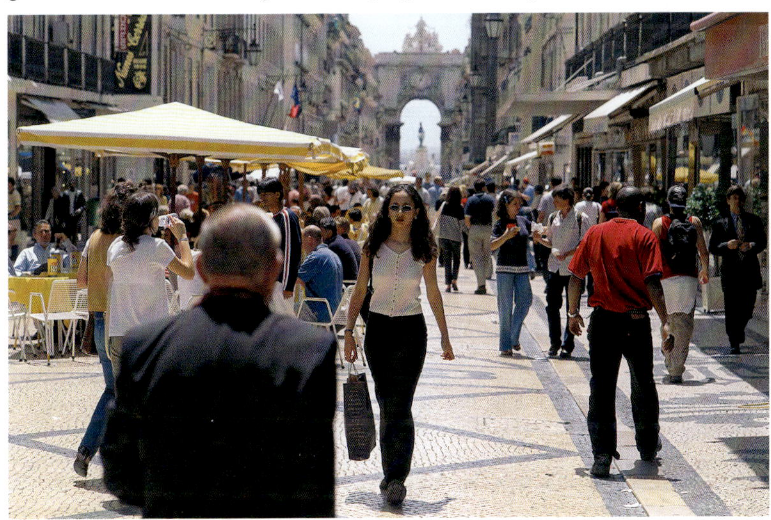

Zahl der Eheschließungen sank von 103 125 im Jahre 1975 auf 48 761 (2005). 40 % der Ehen werden geschieden, ein europäischer Spitzenwert. Gesetzlich werden unverheiratete, auch gleichgeschlechtliche Paare den verheirateten auf Antrag weitgehend gleichgestellt, wobei die Homo-Ehe allerdings ausdrücklich nicht vorgesehen ist.

Der durchschnittliche Familienhaushalt zählt 2,8 Personen, 1974 waren es 3,7. Damals kümmerten sich meist die Großeltern um ihre Enkel, nun muss die Regierung ein ambitioniertes Programm zur Schaffung von zusätzlichen 45 700 Kindergartenplätzen bis 2011 auflegen. Kinderarbeit ist inzwischen aus der portugiesischen Gesellschaft verschwunden, es besteht eine neunjährige Schulpflicht, die in naher Zukunft auf 12 Jahre ausgedehnt werden soll. Doch auch wenn die heutige Jugend im Gegensatz zu ihren Großeltern schreiben kann, wird weiterhin wenig gelesen. Stattdessen läuft der Fernseher täglich mehr als vier Stunden, zum Leidwesen mancher Urlauber auch im Restaurant. Beliebt sind Fußballübertragungen und *telenovelas*, oft im eigenen Lande angesiedelt, vielfach aus Brasilien importiert.

Hauskauf und Kaufrausch

Nicht von ungefähr wirbt die Lotteriegesellschaft der Euromillionen mit der Aussicht auf ein Traumhaus, dessen unendlich lange Korridore an Dutzenden Zimmern vorbei zum Pool führen. Fast jeder Portugiese sehnt sich schon in jungen Jahren nach einer eigenen Wohnung und erfüllt sich diesen Wunsch meist mit Hilfe von bis zu 50 Jahre laufenden Bankkrediten. Oft handelt es sich um preiswerten beengten Wohnraum in einer Schlafsiedlung rund um die großen Städte, für den der portugiesische Durchschnittshaushalt rund ein Fünftel seines Einkommens aufwendet. Zur Miete wohnen vor allem alte und arme Menschen in den sanierungsbedürftigen Häusern der Innenstädte. Dicht gefolgt in der Rangliste der Kaufwünsche steht das Auto, für das 15 % des verfügbaren Einkommens ausgegeben wird. Da auch dieses Statussymbol zusätzlich zu Haushaltsgeräten, Fernsehern oder Reisen immer häufiger auf Pump erworben wird, ist die steigende Überschuldung vieler Privathaushalte zu einem brennenden sozialpolitischen Thema geworden.

Dennoch besteht eine portugiesische Lieblingsbeschäftigung im Schlendern durch Einkaufsstraßen und Shoppingmalls. An einem beliebigen Wochenende werden alleine die zehn größten Einkaufszentren im Großraum Lissabon von einer halben Million Menschen oder einem Fünftel seiner Einwohner besucht. Der gemeinsame Schaufensterbummel ist zu einem wichtigen Event geworden, gesellschaftlich bedeutender als der Gang in die Kirche.

Kirche in der Krise

Die Verfassung garantiert die freie Religionsausübung und legt zugleich die Trennung von Kirche und Staat fest, Kirchensteuer wird nicht erhoben. Dennoch ist Portugal katholisch geprägt, Protestanten, Juden und Moslems zählen zusammen nicht einmal hunderttausend Gläubige. Es gibt kaum evangelische Sakralbauten und nur in Lissabon eine geweihte Moschee. Kleinere jüdische Gemeinden existieren in Lissabon und einigen Orten Mittelportugals. Katholiken sind es, die das religiöse Leben bestimmen. Sie besitzen in Fátima (s. S. 192) eine der weltweit wichtigsten Wallfahrtstätten, die auch der Papst regelmäßig besucht. In Hausnischen werden Heiligenfiguren aufgestellt und wahlweise angebetet oder ausgeschimpft, wenn sie nicht die erhoffte Seelenrettung erbringen. Bei einer anhaltenden Trockenheit kam einer katholischen Gemeinde im Alentejo schon einmal die Idee zu einem Todesfasten, das nach der eiligen Missbilligung durch den Bischof freilich schnell wieder beendet wurde. Es regnete trotzdem wenig später. Aberglaube und Religion gehören in Portugal zusammen.

Dennoch verliert die Amtskirche an Einfluss. War der Besuch des Gottesdienstes zu Zeiten Salazars heilige Pflicht, sind die Got-

Frauenemanzipation à portuguesa

Thema

Einer Revolution kam es gleich, als eine Portugiesin dank eines Gerichtsurteils bereits 1911 wählen durfte, während an ein Frauenwahlrecht im übrigen Europa noch kaum zu denken war. Doch nur einmal erlaubten ihr die Männer diese Freude und schnell verschwand das weibliche Geschlecht wieder aus der portugiesischen Politik.

Die republikanische Verfassung von 1911 hatte von den Wahlberechtigten das Mindestalter von 21 Jahren, Lese- und Schreibkundigkeit und den Status eines Familienoberhauptes verlangt. Die übliche Beschränkung auf das männliche Geschlecht wurde für überflüssig erachtet. Carolina Angelo, verwitwete Ärztin und Kopf der Familie, nutzte die Gesetzeslücke und schritt selbstbewusst zur Tat. Doch kaum hatte sich die Männerwelt von ihrem Schock erholt, wurde das Wahlrecht explizit wieder auf männliche Familienoberhäupter beschränkt.

Die Salazardiktatur begrenzte den weiblichen Aktionsradius auf familiäre Tätigkeiten und erachtete Bildung für Mädchen als überflüssig. Laut Gesetz blieb die Ausübung eines Berufes, das Überschreiten von Landesgrenzen oder das Eröffnen eines Bankkontos noch bis 1967 an die Erlaubnis des männlichen Familienoberhaupts gebunden. Die Verbannung der Frau an den Herd wurde allerdings schon früher hinfällig, als viele Männer das Land verlassen mussten. Seit den 1950er-Jahren machte sie die steigende wirtschaftliche Not zu Arbeitsemigranten, später wurden sie als Soldaten während der Kolonialkriege nach Afrika verpflichtet. Und die Frauen traten selbstbewusst an ihre Stelle! Doch erst seit der Nelkenrevolution von 1974 gilt das rechtsstaatliche Gleichheitsgebot auch für die weibliche Bevölkerung.

Heute stellen Studentinnen mit 56,6 % die Mehrheit an den Universitäten. Ganz selbstverständlich geht die moderne portugiesische Frau einem Beruf nach. 76 % der Mütter sind schon kurz nach der Geburt eines Kindes wieder erwerbstätig, und zwar zu 93 % ganztägig. Das sind Spitzenwerte im europäischen Vergleich, für den die Portugiesin allerdings den Preis einer hohen Doppelbelastung zu zahlen hat. Denn bei der Haus- und Familienarbeit wird sie von ihrem Partner kaum unterstützt. Lediglich 3 % der Männer beteiligen sich am Wäschewaschen, 13 % am Kochen und nur etwa ein Fünftel kümmert sich um die alltägliche Versorgung der Kinder. Die klassische Rollenverteilung im Hause wurde nie von einer feministischen Frauenbewegung hinterfragt. Erst spät gelangten klassische Frauenthemen auf die politische Agenda, etwa die weit verbreitete Gewalt in den Familien. Bis 2007 dauerte es, dass nach einem Volksentscheid das Abtreibungsrecht liberalisiert und eine zehnwöchige Fristenregelung in das Gesetz geschrieben wurde.

Wahlrecht genießen inzwischen selbstverständlich alle Frauen. Politische Mandate verteilen die Männer allerdings gerne weiter unter sich. Doch haben auch hier die Frauen mächtig aufgeholt. Von bescheidenen 8,7 % im Jahre 1991 stieg ihr Anteil im Landesparlament nach den letzten Wahlen immerhin auf 21,3 %. Und künftig müssen gemäß einem neuen Quotierungsgesetz mindestens 30 % der Plätze auf den Wahllisten für Frauen reserviert sein, um den vollen Wahlkampfkostenzuschuss zu erhalten.

Golos und Goldene Pfeifen

Thema

Wenn aus knattrigen Radios oder luxuriösen Flachbildfernsehern das euphorische Torgeschrei *Gooolllooooo* schallt, hält ganz Portugal den Atem an. Denn Fußball ist mehr als nur die schönste Nebensache, Fußball bestimmt das portugiesische Leben. Und nicht selten auch die Politik.

Der Traditionsclub Benfica Lissabon wird mit über 160 000 Mitgliedern als weltweit größter Sportverein im Guiness-Buch der Rekorde geführt. Auch die städtische Konkurrenz von Sporting zählt an die 100 000 Mitglieder. Dem gegenwärtig erfolgreichsten Club, dem F. C. Porto drückt man nur in den nördlichen Landesteilen die Daumen, obwohl er 2003 den UEFA-Cup und 2004 die Champions-League gewann. Auch auf die Erfolge der Nationalmannschaft ist man stolz: Vizeeuropameister 2004 und Vierter der Weltmeisterschaft in Deutschland 2006.

Doch als sich 1960 zum ersten Mal die Politik in das sportliche Geschehen einmischte, verlor der Fußball seine Unbeschwertheit. Damals wollte Sporting Lissabon den ›schwarzen Panther‹ Eusébio aus Mosambik als Verstärkung nach Portugal holen. Am Flughafen aber fingen Abgesandte des Regimes den 18-Jährigen ab und erzwangen seine Unterschrift unter einen Vertrag mit Benfica, dem Favoriten der Machthaber. Die Herrschenden heizten die Sportbegeisterung an, um von Armut und Unfreiheit abzulenken. Die sog. ›3 F‹ – Fado, Fátima, Fußball – wurden gewissermaßen zu ideologischen Säulen des Regimes.

Auch nach dem Ende der Diktatur fühlen sich viele Politiker vom runden Leder magisch angezogen. Pedro Santana Lopes war bis 1995 Kulturstaatssekretär, dann wurde er Präsident von Sporting, um anschließend zum Bürgermeister von Lissabon und 2004 schließlich zum portugiesischen Ministerpräsidenten aufzusteigen. Vom einfachen Abgeordneten zum Präsidenten des Fußballverbandes schaffte es Gilberto Madaíl, vom Staatsekretär für Sport zum Ligapräsidenten Hermínio Loureiro. Sie alle eint die Mitgliedschaft in der konservativen Partei PSD, der auch der Mulitfunktionär Valentim Loureiro angehört. In Personalunion ist er Bürgermeister der nordportugiesischen Stadt Gondomar sowie Vorsitzender des örtlichen Fußballvereins und war bis 2006 Präsident der Fußballliga. Er ist die Schlüsselfigur im Schiedsrichterskandal *apito dourado* – vergoldete Trillerpfeife. Dabei geht es nicht nur um das Verpfeifen von Spielen der ersten und zweiten Liga, sondern um eine undurchsichtige Gemengelage zwischen spendablen Bauunternehmern, Bauaufträge vergebenden Lokalpolitikern und Vereinsbossen mit offenen Taschen. So ist die Stadtverwaltung von Porto in zweifelhafte Grundstücksgeschäfte mit dem Fußballclub verstrickt, finanzierte eine Metrolinie zum Stadion und machte Valentim Loureiro zum fürstlich honorierten Vorsitzenden der U-Bahngesellschaft.

Derweilen lassen sich die Portugiesen die Freude am Fußball nicht nehmen und unterstützen weiterhin ihre der Korruption verdächtigen Politiker. Valentim Loureiro, von seiner Partei verbannt, wurde mittlerweile als unabhängiger Kandidat bei den letzten Kommunalwahlen mit 57,5 % als Bürgermeister bestätigt.

teshäuser vor allem im Süden und in den Städten inzwischen nurmehr mäßig gefüllt. Die Dogmen der unbefleckten Empfängnis oder der Unfehlbarkeit des Papstes werden unüberhörbar diskutiert. Selbst der für das Heiligtum in Fátima zuständige Bischof sah sich zu der Äußerung veranlasst, dass die Anerkennung der dortigen Marienerscheinung keine grundsätzliche Forderung an einen gläubigen Katholiken sei. Und während 1998 eine groß angelegte Kampagne der Bischöfe die Liberalisierung des Abtreibungsrechtes mit einer Volksabstimmung verhinderte, wurde sie 2007 in einem erneuten Referendum trotz amtskirchlicher Gegenwehr beschlossen.

Vom Auswanderungs- zum Einwanderungsland

Knapp 5 Mio. Portugiesen leben in der ganzen Welt verstreut, sie sahen sich in den letzten Jahrzehnten aus wirtschaftlichen Gründen zur Auswanderung gezwungen. In Deutschland sind es 116 000, in der Schweiz 165 000, in den USA fast 1,4 Mio. Eine Umkehr vollzog sich mit dem ökonomischen Aufschwung, der Portugal seit der Jahrtausendwende selbst zu einem Einwanderungsland werden ließ. Inzwischen leben etwa 500 000 Ausländer in Portugal, darunter 15 000 Deutsche und mehrere hundert Österreicher und Schweizer. Mit jeweils rund 65 000 Eingewanderten stehen Brasilianer, Ukrainer und Kapverdianer an erster Stelle. Beschäftigt sind sie vorrangig in der Landwirtschaft, im Bauwesen und im Tourismus, meist im Großraum von Lissabon und an der Algarve. Da die Portugiesen den Druck des Auswanderns aus eigener Erfahrung kennen, erweisen sie sich nun als aufnahmefreundlich. Die Einbürgerung kann nach einem nachweisbaren zehnjährigen Aufenthalt erfolgen, die Aufgabe der bisherigen Staatsbürgerschaft wird dafür nicht verlangt.

Schon einmal, in der Zeit des deutschen Faschismus strandeten viele Menschen aus Mitteleuropa in Portugal – auf der Flucht vor Hitler. 100 000 Verfolgten gelang von Lissabon aus die Überfahrt nach Amerika. Dazu zählten Alfred Döblin, Lion Feuchtwanger und Heinrich Mann. Ursprünglich sollte das berühmte Filmepos »Casablanca« denn auch in Lissabon spielen. Von diesem Plan wurde nur aufgrund der portugiesischen Zensurbestimmungen abgesehen, doch ein anderes Erbe hinterließen die deutschen Flüchtlinge. Auf ihrer Suche nach Freiheit, Offenheit und Wärme setzten sie sich entgegen der hiesigen Gepflogenheiten mit ihren Stühlen vor die Kaffeehäuser ins Freie und wurden damit zu Pionieren der Terrassencafés. Die weiblichen Flüchtlinge waren in dieser Zeit gar die ersten Frauen, die sich öffentlich in den Gaststätten zeigten.

Feste und Festivals

Santos Populares

Jeder noch so kleine Ort feiert wenigstens einen Volksheiligen. Als Spitzenreiter im Feiern erweisen sich die Nordportugiesen (s. Thema S. 282 f.). Besonders beliebt sind die Feste zu Ehren des hl. Antonius in der Nacht vom 12. zum 13. Juni, Johannes des Täufers vom 23. zum 24. Juni und des hl. Petrus am 29. Juni. Dann schmücken bunte Lampions und Papierblumen die von Mitternachtsfeuern erleuchteten Straßen und Dorfgassen, durch die sich dicht gedrängt Menschen in überschäumender Feierlaune schieben. Vor den Häusern brutzeln Sardinen und Koteletts auf dem Grill, mancherorts dreht sich ein kolossaler Ochse am Spieß. Dazu wird tief ins Glas geschaut, zur Musik geschunkelt und so manch seltsamer Streich ausgeführt. Vielerorts vertreibt man durch das Schlagen mit kleinen Plastikhämmerchen die bösen Geister aus dem Kopf des Nachbarn. Übelriechende Kräuter sollen eine ähnliche Wirkung erzielen. Das Herumfuchteln mit Lauchstangen dient der Potenzstärkung, während in kleinen Töpfen von Frauen und Kindern verkauftes Basilikum schlimmes Unglück fernhält. Auch hier vermischt sich Aberglaube mit Religion. Und so schließt sich am Folgetag

Prozessionsschmuck aus Blüten und Broten: Die Festa dos Tabuleiros in Tomar

meist eine kirchliche Prozession an, denn doppelt genäht hält besser: Wenn die Wirkung des Plastikhämmerchens alleine nicht ausreichen sollte, so lässt sich ja zusätzlich auf die Kraft des Heiligen bauen.

Osterfeste und Marienprozessionen

Im Gegensatz zu anderen südeuropäischen Ländern werden Karfreitag und Ostern mehr im Stillen als mit bunten Prozessionen begangen. Düster sind die Umzüge der *Semana Santa* in Braga, wenn schwarze Kapuzenmänner in Büßerhemden der Kreuzigung gedenken. Zahlreicher und farbenfroh sind die Wallfahrten *(romarias)* zur Anbetung der Mutter Maria oder in Erinnerung an Himmelserscheinungen und anderer Wunder. In zahlreichen Küstenorten werden *procissões marítimas* veranstaltet. Während dieser Schiffsprozessionen wird eine Marienfigur aufs offene Meer gebracht und gesegnet. Fischer waren sehr gläubig, denn sie vertrauten sich den Naturgewalten an und erflehten für ihre wagemutige Arbeit Schutz von höheren Mächten.

Nach den Prozessionen spielen Musik- und Theatergruppen auf. Diese begleitenden Feste sind oft von überraschend hohem kulturellem und künstlerischem Wert. Viele dauern tage-, manche sogar wochenlang. Die Menschen tragen ihre traditionellen Trachten und erfreuen sich am fröhlichen Beisammensein in großem Kreise, zu dem auch viele Arbeitsimmigranten ihre alte Heimat besuchen.

Feiras und Festivals

Die Tradition der festlichen Bauernmärkte *(feiras)* reicht bis ins Mittelalter zurück. Kunsthandwerk, Stoffe, Kleidung, landwirtschaftliche Produkte und Esswaren bilden das bunte Angebot. Ein Riesenspektakel sind langwierige Verkaufsaktionen von Pferden, Ochsen und Rindern. Die Märkte bieten den Bauern zugleich die Möglichkeit zum Informationsaustausch und zur gegenseitigen Preisabsprache. Dabei kommen Essen und Trinken nicht zu kurz und nach einem guten Geschäftsabschluss folgt die Verbrüderung auf Feiern, die bis tief in die Nacht andauern. Oft stehen die Märkte im Einklang mit dem Zyklus der Ernte und der Verarbeitung landwirtschaftlicher Produkte. Im Februar sind die *feiras* den Räucherwaren gewidmet, im August den Zwiebeln, Nüssen im September, Wein im Oktober, Kastanien im November.

Das festliche Begleitprogramm der *feiras* hat sich im Laufe der Zeit vielfach zu eigenständigen gastronomischen Events entwickelt. An der Küste strömen hunderttausende Besucher zu Meeresfrüchtefestivals, im Landesinneren zu Wurstfesten. Auch die Burgspektakel, bei denen zu Ritterspielen in historischen Kastellen deftige mittelalterliche Speisen mit den Fingern gegessen werden, erfreuen sich großer Beliebtheit.

Studentische Bänderverbrennung

Rauschhaft verlaufen die studentischen Feierlichkeiten *queima das fitas* (Verbrennen der Bänder) in vielen Universitätsstädten. In Coimbra und Porto kommt das alltägliche Leben dann zum Erliegen. Staunen ruft das Datum im Mai hervor. Normal wäre es, nach getaner Arbeit zu feiern, doch das bunte Treiben findet unmittelbar vor den Abschlussprüfungen im Juni statt. Sechs Tage gibt es Rockkonzerte, Fadogesang und Festessen. Am siebten Tag endlich strebt das Fest seinem Höhepunkt zu. Die männlichen Altsemester tragen zu ihren schwarzen Umhängen farbige Spazierstöcke und Zylinderhüte, Frauen hochhackige Schuhe und Kostüme. Sie proben schon einmal das ›bourgeoise Leben‹ nach der Uni. Dutzende geschmückte Wagen bilden einen karnevalesken Zug, der stundenlang durch die Städte zieht – bunt, fröhlich, laut. Dann bricht die Nacht herein, Feuer werden entzündet und bunte Stoffstreifen in den Farben der jeweiligen Fakultät angekokelt. Dazu fließt Bier in Strömen. In derber Sprache erwarten die trunksüchtigen Studenten, »dass sich selbst die züchtigste Jungfrau aus dem Heim für Nonnen in eine infernalische Trinkerin verwandelt«. In der Presse werden die konsumierten Alkoholmengen reißerisch mit den Rekorden der Vorjahre verglichen. Die Studenten jedoch sollten alsbald wieder nüchtern sein – wegen der Prüfungen.

Musik- und Tanzfestivals

Ein anderes Publikum sprechen klassische Musik- und Ballettfeste vor historischer Kulisse an, deren Schwerpunkt im Großraum Lissabon und in den geschichtsträchtigen Städten Mittelportugals liegt. Die Schlösser von Sintra bilden eine grandiose Kulisse für sommerliche Tanzaufführungen, in den Palästen wird orchestrale Musik zu Gehör gebracht. Ebenfalls im Sommer lädt das mittelalterliche Óbidos zu Opernaufführungen in die Burganlage. Frisch restauriert wurden die Orgeln der Klosterkirche von Mafra, deren gewaltiger Klang nun wieder das Gotteshaus während des internationalen Klassikfestivals im Oktober füllt. Das *Festival Évora Clássica* im Palast des Grafen von Cadaval bezieht sich auf die kulturellen Wurzeln der Stadt im Alentejo, die im Mittelalter während der maurischen Herrschaft ausgebildet wurden. Europäische Musik trifft im Juli auf die klassischen Klänge des Orients.

Feiertage

1. Januar: Neujahr *(Ano Novo)*
Faschingsdienstag *(Carnaval)*
Karfreitag *(Sexta-Feira Santa)*
25. April: *Dia da Liberdade*, Nationalfeiertag anlässlich der Nelkenrevolution 1974
1. Mai: Tag der Arbeit *(Dia do Trabalhador)*
Fronleichnam *(Corpo de Cristo)* wird in vielen Regionen, nicht aber in Lissabon gefeiert
10. Juni: *Dia de Portugal*, Nationalfeiertag anlässlich des Todestages des Nationaldichters Luís de Camões 1580
15. August: Maria Himmelfahrt *(Dia da Assunção)*
5. Oktober: *Dia da República*, Nationalfeiertag anlässlich der Revolution 1910
1. November: Allerheiligen *(Dia de Todos os Santos)*
1. Dezember: *Dia da Restauração*, Nationalfeiertag anlässlich der Beendigung der spanischen Fremdherrschaft 1640
8. Dezember: Maria Empfängnis *(Imaculada Conceição)*
25. Dezember: Weihnachten *(Dia de Natal)*

Architektur und Kunst

Ein kleines Volk kann auf große kulturelle Leistungen stolz sein. Mit dem orientalisch angehauchten manuelinischen Stil haben die Portugiesen eine prunkvolle Spielart der Gotik entwickelt, im Fadogesang eine eigenständige Musikrichtung kreiert und seit 1998 dürfen sie sich über ihren ersten Literaturnobelpreisträger freuen.

Frühzeit und Altertum

Die ältesten menschlichen Spuren in Portugal wurden bei Bauarbeiten für einen Staudamm entdeckt. Bis zu 30 000 Jahre zählen etwa 5000 Ritzzeichnungen im Tal des Rio Côa, darunter urzeitliche Tiere und Abbildungen menschlicher Figuren. Ähnlich alt sind die Strichzeichnungen in der Höhle von Escoural im Alentejo. In dieser Region sind zudem zahlreiche Zeugnisse einer Megalithkultur zu sehen, die ins 5. Jt. v. Chr. zurückreicht. In den älteren Grabkammern wurden Kultgegenstände aus Stein entdeckt, während Schmuckfunde aus Edelmetallen den Übergang zur Bronzezeit im späten 3. Jt. v. Chr. markieren. Die handwerklichen Techniken und künstlerischen Motive belegen einen frühen Austausch mit Mitteleuropa und Spanien.

Phönizier, Griechen und Karthager hinterließen in Portugal keine bleibenden Spuren, hingegen belegen zahlreiche Ausgrabungen von Wehrdörfern das Bestehen einer bedeutenden keltischen *castro*-Kultur in Nordportugal etwa 500 Jahre v. Chr.

Römische Spuren

Weder überragende Theaterbauten noch religiöse Kultstätten sind es, die die sechs Jahrhunderte römischer Herrschaft ins Gedächtnis rufen, nur in Évora blieb ein Tempel aus dem 1. Jh. n. Chr. gut erhalten. Dafür erinnern Straßen, Thermen und Häuser an das römische Alltagsleben.

Die Römer führten eine zukunftsweisende Methode des Hausbaus ein, deren Grundlagen bis heute beibehalten wurden. Baumaterialien waren nicht mehr länger Lehm, Feldsteine und Stroh. Nun wurde das Mauerwerk aus gehauenen Steinen hochgezogen, die Böden mit schmuckvollen Fliesen ausgekleidet und die Dächer mit gebrannten Ziegeln gedeckt. Der rechteckige Grundriss umschloss ein Atrium. Geräumige, mit kunstvollen Mosaiken verzierte *villas* wurden in Südportugal gefunden. Dazu zählen Milreu und Abicada an der Algarve und São Cucufate zwischen Évora und Beja. Die römische Ruinenstadt Conimbriga in Mittelportugal beeindruckt in ihrer weiträumigen Gesamtanlage.

Die römischen Städte waren durch gepflasterte Straßen miteinander verbunden. Meilensteine etwa im Gerês-Nationalpark und zahlreiche Brücken im ganzen Lande sind bis heute gut erhalten geblieben, außergewöhnlich ist die 150 m lange, 18-bogige *ponte romana* in Chaves. Für ihr körperliches Wohlbefinden und medizinische Anwendungen nutzten die Römer heiße Quellen und erbauten Thermen. Die bedeutendsten sind in Braga zu bewundern.

Frühchristen und Mauren

Einige wenige Zeugnisse aus der Zeit der Völkerwanderung haben die Jahrhunderte überdauert. Die westgotische Kapelle São Frutuoso bei Braga gilt als wichtigster Sakralbau aus der frühchristlichen Zeit. Ein spektakulärer Fund gelang den Archäologen in Mértola. Ein syrisch inspiriertes Mosaik mit Jagdszenen aus dem 6. Jh. lässt weit verzweigte Handelsbeziehungen in den östlichen Mittelmeerraum erahnen.

Seit dem 8. Jh. erblühte Portugal unter der maurischen Herrschaft. Doch Zerstörungswut und Plünderungen durch die christlichen Kreuzritter legten die prächtigen Paläste und Moscheen in Schutt und Asche. Auch waren viele Bauwerke aus ungebranntem, gestampftem Lehm errichtet, einem vergänglichen Stoff. In Mértola bauten die Christen eine Moschee in ein katholisches Gotteshaus um, ohne dabei den Grundriss, hufeisenförmige Eingangstore und die arabische Gebetsnische, den *mirhab,* zu zerstören.

Das dortige *Museu islámico* ermöglicht überraschende Einblicke in eine arabische Alltagskultur, für die offensichtlich nicht alle Regeln des Korans verbindlich waren. So stand Schweinefleisch auf dem Speisezettel und figürliche Darstellungen finden sich auf Porzellan und Keramik. Ein seltenes Beispiel für den späteren Mudejar-Stil, den maurische Handwerker im Auftrag der christlichen Herrscher schufen, zeigt die Igreja São Bento in Bragança. Doch am auffälligsten lebt das maurische Erbe in den Kaminen an der Algarve fort, die die zwangsgetauften Moslems heimlich in kleine Minarette verwandelt und nach Osten ausgerichtet hatten, als die christlichen Rückeroberer die moslemischen Gotteshäuser zerstörten. Viele Rauchfänge ähneln noch heute dem Turm einer Moschee, auch wenn sie nicht mehr gen Mekka weisen.

Romanik und Gotik

Im Zuge der christlichen Rückeroberung des Landes setzte im 12. Jh. eine rege religiös motivierte Bautätigkeit ein. Die grenzenlose Pilgerbewegung über die Pyrenäen nach Santiago de Compostela hatte den romanischen Baustil auf die iberische Halbinsel getragen. Die verzweigten portugiesischen Wallfahrtswege entlang der Küste und durch das Landesinnere wurden von kleinen romanischen Kapellen gesäumt. Die nordportugiesischen Städte leisteten sich wuchtige Wehrkirchen, die der christlichen Bevölkerung in Zeiten der politisch-religiösen Wirren Schutz boten. Oftmals wurden sie an die Stelle einer zerstörten Moschee gesetzt und unterstrichen weithin sichtbar den christlichen Herrschaftsanspruch. Französische Sakralbauten waren die Vorbilder. Die Kathedralen von Coimbra und Lissabon wurden sogar direkt von normannischen Baumeistern aus den Reihen der Kreuzfahrer errichtet, die die Rückeroberung unterstützt hatten.

Die militärische Einnahme der Provinzen südlich des Tejo dauerte bis zur Mitte des 13. Jh. Romanische Gotteshäuser gibt es hier nicht, denn die Kathedralen von Évora, Faro und Silves wurden bereits im neuen Stil der Gotik gestaltet, den der aus Burgund stammende Zisterzienserorden in Portugal eingeführt hatte. Seine 1222 vollendete Klosterkirche von Alcobaça gilt als Startschuss für die Gotik in Portugal und eines der bedeutendsten Beispiele der schmucklosen, aber ungemein erhaben wirkenden Zisterzienserbaukunst in Europa. Als Hauptwerk der portugiesischen Hochgotik gilt die ab 1388 errichtete Klosterkirche in Batalha. Der langen Bauzeit geschuldet sind spätgotische Verzierungen und Bauelemente in schlichter Renaissance.

Manuelinischer Stil

Architektur und Plastik

Vom späten Mittelalter bis in die klassizistische Epoche entwickelte sich in Portugal eine kreative Eigenständigkeit in der Baukunst, an deren Entwicklung zahlreiche ausländische Bauleute beteiligt waren. Mit dem Selbstbewusstsein der großen Seefahrernation und dank des Reichtums einer bedeutenden Handelsmacht entstand im ausgehenden 15. Jh. die portugiesische Spielart der Spätgotik, die der Freude der Portugiesen an ihren weltlichen Leistungen den architektonischen Ausdruck gab. Der Stil wird

Verspielt: Manuelinische Ornamentik im Kreuzgang des Hieronymusklosters

Manuelinik genannt, denn es war König Manuel I., der das Land während der glorreichen Entdeckungsfahrten von 1495–1521 regierte. Großzügig, üppig und zugleich verspielt wirken die Bauten in ihren fantasievollen Ausschmückungen, die die strengen Regeln der Gotik überwinden und eine Brücke zur Renaissance schlagen (s. Thema S. 188).

Das wohlhabende Portugal lockte nicht nur Schiffsbauer und Wissenschaftler aus ganz Europa an, sondern auch hervorragende Kirchenbaumeister. Ungeklärt ist allerdings die Herkunft von Diogo de Boytac, der den neuen Dekorationsstil 1492 in der Igreja de Jesus in Setúbal erstmals ausprobierte, um ihn wenig später im prachtvollen Lissabonner Hieronymuskloster (Grundsteinlegung 1502) zu höchster Blüte zu treiben. João de Castilho weckte mit platereskem Putzwerk Erinnerungen an seine spanische Heimat.

Der französische Bildhauer Nicolas de Chantarène nahm in lebenswirklichen Statuen bereits den Geist der Renaissance vorweg. Mit seinem Altarbild aus englischem Alabaster im Klosterbau von Pena oberhalb von Sintra schuf er ein wahres Meisterwerk der Renaissance. Doch auch portugiesische Bauleute trugen sich in die manuelinische Erfolgsgeschichte ein. Francisco de Arruda zeichnete für den Torre de Belém, sein Bruder Diogo für das ausufernd dekorierte Fenster an der Westfassade der Christusritterkirche in Tomar verantwortlich – heute Portugals berühmtestes Fenster.

Im ganzen Lande, selbst in abgelegenen Ortschaften, wurden Gotteshäuser manuelinisch herausgeputzt. Auch Adelspaläste und das königliche Schloss von Sintra wurden mit üppigen Dekoren verschönert. In den Hafenstädten griff das schaffensfrohe, dank des Überseehandels wohlhabende Bürgertum bald den repräsentativen Stil auf und ließ die Türen und Fenster seiner Prunkhäuser fantasievoll ausschmücken. Bis heute bilden sie eine Zierde in Viana do Castelo, Vila do Conde oder Setúbal.

Malerei und Kunsthandwerk

Der kulturelle Enthusiasmus strahlte auf Malerei und Kunsthandwerk aus, die zwischen 1460 und 1540 einen historischen Aufschwung nahmen. Keramik- und Kachelkunst zeigten orientalisch-asiatische Motive, Möbel mit wertvollen Perlmutt- und Elfenbein-Intarsien wurden in portugiesischem Auftrag von indischen Handwerkern gefertigt und in Afrika entstanden wundersame Schnitzereien aus Elfenbein.

Die Malerei stand unter flämischem Einfluss und beeindruckte mit meisterhafter Porträtkunst. Auf den sechs, im Lissabonner Museum für Alte Kunst gezeigten Bildtafeln der »Anbetung des Heiligen Vinzenz« (um 1460) verzichtete Hofmaler Nuno Gonçalves bei der verblüffend lebensnahen Zeichnung von 60 Personen aller Stände erstmals auf ihre Einbindung in biblische Geschichten oder Landschaften. Vasco Fernandes aus Viseu, auch Grão Vasco genannt, beeindruckte mit sensiblen, vielschichtigen Porträts, blieb jedoch traditionell der Darstellung von religiösen Szenen verhaftet.

Die Zeit der Gegenreformation

In den Hafenstädten wurden die ersten Anzeichen einer ökonomischen Krise nach dem Tode Manuels noch verdrängt und unter dem Einfluss der flämischen und norditalienischen Geschäftspartner Stilelemente einer humanistisch geprägten Renaissance in die Bauweise der Patrizierhäuser aufgenommen, auf Grund des übermächtigen manuelinischen Stils allerdings verspätet und schwach ausgeprägt. Ausgangspunkt war neben den nordportugiesischen Küstenorten das Wissenschaftszentrum Coimbra, an der Algarve prägte der Renaissancestil die Bauten in der Handelsstadt Tavira. Doch blieb der Emanzipationsprozess des Individuums aus der geistlichen Vormundschaft auf eine kleine Oberschicht beschränkt, die den wirtschaftlichen und politischen Niedergang Portugals bald auch nicht mehr länger verleugnen konnte.

Die ausschweifende Architektur widersprach einer neuen Lebenswirklichkeit, die seit Mitte des 16. Jh. verstärkt von Inquisitionsgerichten, glaubensstrengem Jesuitentum und katholischer Gegenreformation geprägt war. Eine schlichte, betont rückwärtsgewandte portugiesische Variante der Renaissance, die in der Kunstgeschichte auch *estilo chão* genannt wird, passte sich den eingeschränkten ökonomischen Verhältnisse des Landes an. Der Italiener Filippo Terzi entwarf in Lissabon die Pläne für die bedeutendste portugiesische Renaissancekirche São Vicente de Fora. Monumental setzte sie den spanischen Königen, die zwischen 1580 und 1640 ihre Herrschaft auf Portugal ausgedehnt hatten, ein steinernes Denkmal.

Doch wichtiger als die Gotteshäuser schienen militärische Verteidigungsanlagen zum Schutz gegen englische und holländische Piraten. Terzi, der 1590 zum königlichen Baumeister ernannt wurde, zeichnete deshalb verstärkt verantwortlich für Festungsbauten vor den Häfen, etwa in Setúbal und Viana do Castelo.

Die Baukunst des Barock

Im frühen 18. Jh. ermöglichten bedeutende Goldfunde in der Kolonie Brasilien einen neuen ökonomischen Aufschwung und die Entfaltung des Barocks in Portugal, mit dem man die Vertreibung der spanischen Könige und die wiedererlangte nationale Souveränität feierte. Bis in den entlegensten Winkel des Landes wurden aufwendige Holzschnitzereien in Gotteshäusern und Adelspalästen verschwenderisch mit Blattgold überzogen, kaum eine Dorfkirche wurde nicht wenigstens teilweise vergoldet. Im Inneren der Igreja de São Francisco in Porto sind selbst die Steinsäulen bis hoch ins gotische Kreuzgewölbe golden ummantelt. Diese *talha dourada* fand ihre Ergänzung in prächtigen blau-weißen Kachelbildern, die biblische und weltliche Themen in Szene setzten (vgl. Thema S. 56). Damit hatte die Baukunst in Portugal erneut einen eigenständigen Weg eingeschlagen. Ein beeindruckendes Beispiel für die vollständige Ausgestaltung eines Kirchenraums mit Kacheln bildet die Igreja de São Lourenço nahe Almancil in der Algarve (1730).

Azulejos: Kunst auf Ton gebrannt

Thema

Zu den Sinnenfreuden einer Portugalreise gehört es, in einer unscheinbaren Gasse ein buntes Kachelbild zu entdecken, geflieste Häuserfassaden zu bestaunen oder eine weiß-blau ausgekleidete Kirche zu bewundern. Die farbenfroh glänzenden *azulejos* laden zu einem unterhaltsamen Gang durch die portugiesische Kunstgeschichte ein.

Weltweit einmalig zieren sie seit dem ausgehenden Mittelalter Paläste, Kirchen, Klöster und Bürgerhäuser. Einem Chamäleon gleich passten sich die Kacheln in Portugal immer wieder neuen Moden und Geschmäckern an.

Die ältesten *azulejos* ließ König Manuel I. Ende des 15. Jh. in Sevilla von arabischen Handwerkern fertigen. In traumhaft schönen Mustern schmückten sie die königlichen Paläste, aparte Randstreifen setzten einen besonderen portugiesischen Akzent.

Al-zulayi, ›kleine polierte Steine‹, nannten die Araber ihre bunten, mit phantasievollen Ornamenten verzierten Reliefkacheln, die sie in einem zweiten Brennvorgang mit einer Farblasur überzogen. Die plastische Oberfläche verhinderte dabei das Ineinanderlaufen der Farben. Diesen Effekt erzielten auch in Fett getränkte, zwischen die Farben gelegte Schnüre, die bei 1400 °C im Ofen verbrannten und keine störenden Spuren hinterließen.

Dieser sog. Mudejar-Stil bestimmte die portugiesische Kachelmode in der Epoche der Seefahrten. Erst während der Renaissance verbreiteten sich glatte *azulejos*, die in der aus Italien stammenden Majolika-Technik bemalt wurden. Eine zunächst aufgetragene Zinnglasur verhinderte das Verlaufen der Farben und ermöglichte die Bemalung der Kacheln ähnlich einer Leinwand. Es entstanden bildhafte Werke, die der Künstler wie ein Gemälde signierte. 1584 wurde die neue Malweise erstmals in der Lissabonner Kirche São Roque ausgeführt.

Zur Zeit des wirtschaftlichen Niedergangs während der spanischen Herrschaft dominierten einfache blau-gelbe Muster, die von Handwerkern ohne künstlerischen Anspruch gefertigt wurden. Doch nach der portugiesischen Restauration erlebte auch die Kachelmalerei einen künstlerischen Aufschwung. In vielen, auch satirischen Variationen verewigte sie das höfische Leben. Wenig später tauchten in den Barockkirchen weiß-blaue Kachelpaneele auf, die oft aus Werkstätten bedeutender flämischer Künstler stammten und daher den Delfter Fayencen ähnelten.

Gold aus Brasilien finanzierte im 18. Jh. den barocken Prunk von Hof und Adel und eine eigenständige portugiesische Kachelproduktion erlebte ihre Blütezeit.

Im Zuge des Liberalismus verzierten Kacheln ab Mitte des 19. Jh. Restaurants, Bäckereien und Milchläden. Zur gleichen Zeit brachten aus Brasilien zurückgekehrte Auswanderer die Vorliebe mit, Häuserfassaden in kräftigen Farben zu kacheln. Auch die neuen Bahnhöfe und Markthallen des frühen 20. Jh. wurden mit großflächigen Kachelbildern verziert. Florale Kachelbordüren, kunstvolle Ornamente und allegorische Figuren des Jugendstils entstanden neben monumentalen patriotischen und schlichten naturalistischen Bildern. Bis heute gehört die Kachel als fester Bestandteil zur portugiesischen Kultur, etwa wenn zeitgenössische Künstler moderne Metrostationen in unterirdische Galerien für Gegenwartskunst verwandeln.

Mit dem brasilianischen Goldsegen konnten auch wieder kreative europäische Baumeister nach Portugal geholt und bezahlt werden. Als besonders schaffensfreudig erwies sich der italienische Maler und Architekt Nicolau Nasoni (1691–1773), der Nordportugal und insbesondere Porto mit barockem Glanz überzog.

Der Prunk liebende König João V. beauftragte den Süddeutschen Johann Friedrich Ludwig mit dem Bau des riesigen Klosterpalastes von Mafra, der von 1717 bis 1770 dauern und mit 900 Sälen den spanischen Escorial an Pracht und Größe überbieten sollte. Sein Sohn Johann Peter Ludwig schuf mit der goldenen Bibliothek der Universität von Coimbra einen weiteren barocken Schatz.

Klassizismus und Romantik

Das Erdbeben von 1755 setzte dem üppigen Barock ein jähes Ende. An seine Stelle trat ein nüchterner, klassizistischer Baustil. In Lissabons zerstörter Innenstadt wurden die Straßenzüge im geradlinigen Schachbrettmuster neu angelegt und durch rechtwinklige Plätze begrenzt. Die schmucklosen Hausfassaden folgten vorgegebenen Einheitsmaßen und die Bauteile waren halbindustriell vorgefertigt. Für diesen von rein praktischen Gesichtspunkten geleiteten Städtebau unter dem Premierminister Marquês de Pombal steht auch die Errichtung des Fischerorts Vila Real de Santo António in der Ostalgarve, der 1774 in nur fünf Monaten aus dem Boden gestampft wurde. Weitere Beispiele für die neue Rationalität sind das Lissabonner Nationaltheater und der Börsenpalast in Porto.

Als Antwort darauf entstanden vereinzelt romantische Bauten, die auf vorangegangene Stilepochen zurückgriffen, etwa der neomanuelinische Rossio-Bahnhof oder die neoarabische Stierkampfarena in Lissabon. Der im romantisch orientierten Historismus besonders beliebte Nachbau mittelalterlicher Burgen fand im Palácio da Pena in Sintra seinen deutlichsten Ausdruck, der gerne als frühes Disneyland bezeichnet wird. Der Palast war das Lebensprojekt des Prinzgemahls Ferdinand von Sachsen-Coburg-Gotha, für den der deutsche Minenbauingenieur Baron von Eschwege in der zweiten Hälfte des 19. Jh. die Pläne erstellte. In- und ausländische Adlige und Wohlbetuchte errichteten romantische Schlösser, die heutzutage häufig als Luxushotels funktionieren, wie der verträumte Palácio de Buçaco in einem dunklen Märchenwald bei Coimbra.

Die berühmtesten Maler waren zu dieser Zeit das Bruderpaar Rafael und Columbano Bordalo Pinheiro, die bereits den Weg in die Moderne öffneten. Rafael studierte die Verhaltensweisen des Volkes und fügte seine Betrachtungen zu einem satirischen Sittengemälde zusammen. Für seine Kunst gründete er eine eigene Kachelfabrik. Columbano folgte mit einem kritischen Naturalismus dem Zeitgeist in den übrigen europäischen Ländern.

Architektur des 20. und 21. Jahrhunderts

Industriezeitalter und Diktatur

Der nationalen Bauweise im ausgehenden 19. Jh. einen Schritt voraus waren der Franzose Gustave Eiffel und seine Schüler, die mit mehreren technisch brillanten Eisenkonstruktionen das Industriezeitalter begrüßten. Eisenbahnbrücken, Markthallen, Aufzüge waren ihre Meisterwerke, etwa die Ponte Dom Luis I. in Porto (1881–1886) oder der Elevador Santa Justa zwischen der Lissabonner Unter- und Oberstadt (1902). Damit war die Moderne in Portugal angekommen.

Wenige Jahrzehnte später entstand aus dem romantischen Baustil und den ersten Gebäuden des Art déco – wie dem Filmtheater Eden in Lissabon und der Festspielbühne Coliseu in Porto – die Idee zu einer *casa portuguesa*, einer mit ländlichen und orientalischen Stilelementen verzierten und aus traditionellen Baustoffen errichteten Stadtvilla. Der Städtebau während der Diktatur wurde jedoch zunehmend von monumentalen Wohnsiedlungen und funktionalen Betonbauten geprägt. Zu den auffallenden Bauwerken dieser Zeit gehören Universitätsneubauten in Lissabon und Coimbra sowie das Entdeckerdenkmal im Lissabonner Vorort Belém.

Postmoderne

Die Befreiung von der langen Diktatur 1974 und der folgende ökonomische Aufschwung fanden ihren Ausdruck zunächst in Geschäftsgebäuden und Einkaufszentren. Mit seinen weithin sichtbaren, in grau und rosa gehaltenen Hochhaustürmen des Centro Comercial Amoreiras in Lissabon, 1985 fertig gestellt, leitete der Architekt Tomás Taveira die allerdings kurzlebige Phase der Postmoderne ein und löste landesweite Polemik aus. Doch nur wenige Verwaltungsgebäude verschiedener Großunternehmen folgten dem effekthaschenden Stil.

Minimalismus und Avantgarde

Weitaus größeren Einfluss auf die gegenwärtige Baukunst nimmt die Architektenschule aus Porto, deren Gründungsväter Fernando Távora (1923–2006) und Álvaro Siza Vieira (*1933) sind. Sie bevorzugen einen architektonischen Minimalismus und verwenden gerne die Farbe Weiß. Zukunftsweisend sind Fassade und Raumaufteilung des Ausstellungsgebäudes der Fundação de Serralves in Porto und das 2007 fertig gestellte modernistische Verwaltungszentrum der Stadt Viana do Castelo. Unter Mitwirkung aller führenden Architekten fand im futuristischen Parque das Nações im Lissabonner Osten die avantgardistische Stadtplanung ihren vorläufigen Höhepunkt. In einem kühnen Wurf gelang das erste Stadtviertel des 21. Jh.

Doch schon feiert die Szene einen neuen Shootingstar. Er heißt Eduardo Souto de Moura (*1952), entstammt der Architektenschule in Porto und stellt in höchst unterschiedlichen Bauten seine Kreativität unter Beweis. Nicht nur ließ er aus mittelalterlichen Klosterruinen eine moderne Luxusherberge in Terras de Bouro wiederauferstehen (s. Thema S. 270 f.) und in einen massiven Granitfelsen das bizarre Fußballstadion von Braga schlagen, sondern zeichnete auch für den kompletten Metrobau in Porto verantwortlich. Dort ist die vorherrschende Farbe natürlich: Weiß!

Malerei der Moderne

Amadeo de Souza-Cardoso

1913 erregte ein junger Portugiese Aufsehen in New York. Umgeben von künstlerischen Größen wie Duchamp, Matisse, Cézanne und Renoir machte Amadeo de Souza-Cardoso (1887–1918) mit seinen die Stilgrenzen überschreitenden Bildern auf der Armory Show, einer Weltausstellung für moderne Kunst, auf sich aufmerksam. Der Spross einer wohlhabenden Winzerfamilie war wenige Jahre zuvor dem mittelmäßigen portugiesischen Kunstbetrieb nach Paris entflohen, wo er die Strömungen der Avantgarde kennenlernte und verarbeitete. Auf der Suche nach immer neuen bildlichen Ausdrucksformen schuf er nicht nur expressionistische, kubistische, dadaistische oder abstrakte Gemälde, sondern auch gegenständliche und Landschaftsbilder. Er lehnte eine stilistische Zuordnung seines Schaffens kategorisch ab und bezeichnete sich als Suchenden im Zeitalter der Moderne.

Nach der Teilnahme auf dem Herbstsalon der einflussreichen Berliner Galerie ›Der Sturm‹ trieb ihn der Erste Weltkrieg nach Portugal zurück, wo er seine Pariser Impressionen in unzähligen Bildern von strahlender Farbintensität verarbeitete. Nach dem frühen Tod fiel sein Werk jedoch zunächst der Vergessenheit anheim, aus der es dank großer Ausstellungen erst in den letzten Jahren hervorgeholt wurde. Inzwischen gilt Souza-Cardoso als Begründer der modernen portugiesischen Kunst.

José Sobral de Almada Negreiros

Das schillernde Multitalent José Sobral de Almada Negreiros (1893–1970) war der einzige Vertreter der jungen portugiesischen Moderne, der schon zu Lebzeiten allgemeine Anerkennung fand. Seine Künstlerkarriere begann 1915 mit der Herausgabe von zwei Ausgaben der Zeitschrift »Orpheu«, um die sich ein futuristischer Künstlerkreis scharte, dem auch Souza Cardoso und Fernando Pessoa angehörten. Das Portrait seines Freundes Pessoa aus dem Jahre 1954 ziert heute touristische Werbebroschüren oder portugiesische Kulturzeitschriften. Doch suchte auch er sich die kreativen Anregungen bald im Ausland, kehrte aber als nationalistischer Anhänger des Diktators Salazar nach Portugal zurück.

Maria Helena Vieira da Silva und Paula Rego

Zwei große Frauengestalten brachte die portugiesische Malerei hervor, auch sie entflohen der unproduktiven portugiesischen Lebenswirklichkeit nach Paris bzw. London. Maria Helena Vieira da Silvas (1908–1992) eigenwilliger Stil überwindet in imaginären Raumkonstruktionen die Gegensätze zwischen Abstraktion und Figürlichem. Heute ist ihr in Lissabon ein eigenes Museum gewidmet.

Der derbe Realismus von Paula Rego (*1934) will Gefühle erzeugen und den Verstand provozieren. Sie greift gesellschaftliche Tabuthemen auf und zeigt in kräftigen Farben zu Fratzen verzerrte Gesichter und hässliche Gestalten. Abtreibung, weibliche Sexualität in einer vom Katholizismus geprägten Gesellschaft und Gewaltherrschaft zählen zu ihren Motiven.

Kunstförderung

Dank der Befreiung durch die Nelkenrevolution von 1974 kann sich die Kreativität der heutigen Künstlergeneration inzwischen im eigenen Land entfalten. Bedeutende Förderung finden die jungen Kunstschaffenden durch die Gulbenkian-Stiftung, die in ihrem Lissabonner Centro de Arte Moderna in einer Werkschau und regelmäßigen Wechselausstellungen der portugiesischen Gegenwartskunst Raum bietet und großzügige Stipendien vergibt.

Schöpferische Fluchten ins Ausland und damit ein Pass für die Kunst sind entbehrlich geworden. Vielmehr gelangte die Kunst nun selbst in den aktuellen Reisepass, der laut Werbetext »das neue Bild Portugals in die Welt tragen wird«. Selbiges gestaltete der ideenreiche Designer Henrique Cayatte. Der auch international gefeierte Maler Júlio Pomar trug mit zwei gezeichneten Porträts der Nationaldichter Luís de Camões und Fernando Pessoa zum künstlerischen Gelingen

Der Portugiesische Pavillon von Álvaro Siza Vieira wurde für die Expo 98 erbaut

des Werks bei, das die Regierung mit englisch untertiteltem Video stolz im Internet (www.pep.pt) präsentiert.

Portugiesische Musik

Der Fado

Portugiesische Musik trägt einen berühmten Namen: Fado. Um 1840 erstmals erwähnt, wurde der Gesang zunächst in schummrigen Kaschemmen des Lissabonner Hafenviertels vorgetragen und fand schon wenig später den Weg in aristokratische Salons, Revuetheater und die *casas de fado*. Mit häufig schwermütigen Melodien wurde der Fado zum musikalischen Ausdruck der portugiesischen *saudade*, der melancholischen Träumerei und wehmütigen Erinnerung an vergangene Zeiten (s. S. 44). Unbestrittener Star ist die 1999 verstorbene Amália Rodrigues. Aus ärmsten Verhältnissen stammend, trug sie mit ihrer ausdrucksstarken Stimme die Musik weit über die Grenzen Portugals hinaus in die Welt (s. Thema S. 127).

Viele junge Sängerinnen haben nach ihrem Tod das Erbe angetreten, am erfolgreichsten die vielfach ausgezeichnete Mariza. Sie wurde 1976 in Mosambik geboren und ist in der Lissabonner Mouraria aufgewachsen. Vor diesem biographischen Hintergrund wagt sie eine behutsame Öffnung des Fados zu aktuellen Musikstilen oder orchestriert auch einmal ihren Gesang, während der Traditionsfado spartanisch nur von zwei Gitarren begleitet wird. Eine schöne Einstimmung auf einen Portugalurlaub bietet ihr Auftritt im Internet (www.mariza.com). In ihrem Fahrwasser erfährt der Amateurfado in kleinen Tavernen neue Beachtung. Wenn auch stimmlich oftmals brüchig, wird dort ein volkstümlicher Fado mit großer Leidenschaft geschmettert. Der Besuch eines Fadorestaurants während eines Lissabonurlaubs ist beinahe Pflicht.

Vom Fado durchdrungen: Worldmusic aus Portugal

Die musikalische Entwicklung Marizas deutet an, dass Portugals aktuelle Musik weit über den puren Fado hinaus reicht. Faszinierende Verschmelzungen unterschiedlicher Musiktraditionen gelingen vielen Künstlern aus den früheren portugiesischen Kolonien. Ihr neuer Star heißt Sara Tavares. 1978 wurde sie als Tochter kapverdianischer Einwanderer in Lissabon geboren, die sie nicht bei sich behalten wollten. Aufgenommen von einer alten Portugiesin, übernahmen die Straßen in Lissabons Armenvierteln ihre Erziehung. Nun fühlt sie sich als Portugiesin und Kapverdianerin gleichermaßen und zudem mit dem Herzen in der Welt. Ihre atemberaubenden Melodien sind westafrikanisch beeinflusst, nehmen aber auch amerikanischen Gospel und portugiesische Klänge auf. Ihrem musikalischen Reichtum entsprechend singt sie in den drei Sprachen portugiesisch, englisch und kreol.

Der indisch-stämmige Rão Kyão entlockt seiner Querflöte Töne, die den Fado mit indischer Volksmusik zusammenführen, der Angolaner Waldemar Bastos verbindet afrikanische Beats mit Swingrhythmen. Experimentierfreudig zeigt sich Dulce Pontes, die führende Interpretin portugiesischer Worldmusic. Von Westernmelodien über Fado bis zu modernen südamerikanischen Klängen reicht ihr Repertoire. Die weltweit bekannte Gruppe Madredeus scheint ihren schöpferischen Zenit allerdings überschritten zu haben.

Jazz und Pop

Die stark beachtete Jazz-Szene belebt Maria João mit ihrer eigenwilligen, manchmal schrillen Stimmakrobatik. Der in Berlin lebende Komponist und Kontrabassist Carlos Brito, der eine *fusion* aus Jazz, Fado und Pop anstrebt, wurde in der »Frankfurter Allgemeinen Zeitung« als »der erste wirkliche Jazzstar des neuen Jahrzehnts« gefeiert. Kaum bekannt jenseits der Grenzen Portugals sind dagegen die Rockmusiker. Umso größer ist die Freude über den internationalen Erfolg der Kanadierin Nelly Furtado, deren Nachname unschwer ihre portugiesischen Wurzeln offenbart und die gerne mit portugiesischen Künstlern zusammenarbeitet.

Literatur auf der Suche nach dem Menschsein

Thema

Fernando Pessoa, António Lobo Antunes, José Saramago – die zeitgenössische portugiesische Literatur ist voller wohlklingender Namen. Viel gesprochen wird auch über einen anderen Poeten, der freilich nie gelebt hat: Amadeu de Prado, eine Romanfigur im Buch »Nachtzug nach Lissabon«.

Portugal hat viele Schriftsteller von Weltruf hervorgebracht und viele Schriftsteller von Weltbedeutung haben über Portugal geschrieben. Thomas Mann entwarf für seinen Hochstapler Felix Krull ein detailliertes Bild der Hauptstadt Lissabon, die der Autor selbst freilich nie besucht hatte. Er bezog seine Stadtkenntnisse aus zweiter Hand, ganz im Gegensatz zu seinem Bruder Heinrich, der wie viele Schriftsteller auf der Flucht vor dem deutschen Faschismus in Portugal zwangsweise Zwischenstation machte. Sein Abschied, beschrieben in seinen Erinnerungen »Ein Zeitalter wird besichtigt« (1944), klingt wie ein Fadotext: »Der Blick auf Lissabon zeigte mir den Hafen. Es wird der letzte gewesen sein, wenn Europa zurückbleibt. Er scheint mir unbegreiflich schön. Eine verlorene Geliebte ist nicht schöner.«

Erich Maria Remarque ließ einen Ich-Erzähler voller Angst vor dem langen Arm der Gestapo eine »Nacht von Lissabon« erleben (Köln, Kiepenheuer & Witsch), gut 60 Jahre bevor der Lehrer Raimund Gregorius per Nachtzug aus Bern anreiste und über das literarische Wirken in Zeiten der portugiesischen Diktatur reflektierte (Pascal Mercier: »Nachtzug nach Lissabon«, München, Hanser).

Nachlesbare Beweise dafür, dass die aktuelle Literatur diesen düsteren Zeiten entflohen ist, liefern die beiden bedeutendsten Repräsentanten der portugiesischen Gegenwartsliteratur António Lobo Antunes und José Saramago, der 1998 den Literaturnobelpreis erhielt. Ein eigener Stil entwickelte sich als formale Begleitung eines manchmal schwer verständlichen Spiels mit Fiktionen. In langen und verschachtelten Sätzen wird die Interpunktion oft als überflüssig erachtet. Inhaltlich stehen negative Verwerfungen der portugiesischen Geschichte im Mittelpunkt. Im Gegensatz dazu hatten der Salazarregierung die glorreichen Seiten der Historie als kulturelle Klammer gedient. Die »Geschichte der Belagerung von Lissabon« (Saramago) oder das »Handbuch der Inquisitoren« (Lobo Antunes) tragen diese Auseinandersetzung bereits im Titel.

Literarischer Wegbereiter war der 1935 verstorbene Fernando Pessoa. Sein Hauptwerk, das aus Fragmenten und Gedankensplittern komponierte »Buch der Unruhe des Hilfsbuchhalters Bernardo Soares« erschien 2006 in einer viel beachteten neuen deutschen Übersetzung (Zürich, Amann). Es nutzt das bescheidene Leben von Autor und Ich-Erzähler als Matrix für die Suche nach der eigentlichen Bestimmung des Menschen.

Das neu erweckte Interesse an portugiesischer Literatur lenkt den Blick zurück auf ihre Anfänge, aus denen der Nationaldichter Luís de Camões herausragt. In seiner erzählenden Dichtung »Die Lusiaden« setzte er den heldenhaften Entdeckungsfahrten ein literarisches Denkmal. Die weltentrückten Verse beschreiben auch den westlichsten Punkt des europäischen Kontinents und finden sich auch in diesem Reiseführer (s. S. 170).

Essen und Trinken

Deftig und unverfälscht mögen viele Portugiesen ihre traditionelle Küche am liebsten. Jede Region hat eigene, oft überraschend fantasievolle Gerichte hervorgebracht, zu denen bevorzugt roter Wein getrunken wird. Zugleich verdienen sich junge Köche kulinarische Lorbeeren mit der kreativen Weiterentwicklung großmütterlicher Rezepte.

Obwohl Portugiesen einst den Gewürzhandel beherrschten, würzen sie selbst sehr zurückhaltend, um den Eigengeschmack der Speisen zu betonen. Ausnahmen sind das reichlich verwendete Koriandergrün, Knoblauch und die rote Paprikaschote *piri-piri*, die Eintöpfen auf Tomatenbasis und gegrillten Hähnchen eine pikante Schärfe verleiht. ›Ehrliche Küche‹ nennen die Köche ihre Art der Zubereitung, die auf überflüssigen Schnickschnack verzichtet. Einfach spektakulär ist der unverfälschte Geschmack eines über Holzkohle gegrillten Fisches an der Küste, zu dem neben Salzkartoffeln nur ein wenig Gemüse oder Salat gereicht wird. Das Landesinnere bietet dagegen kräftige Fleischgerichte. Stockfisch (siehe Thema S. 64) steht auf den Speisekarten im ganzen Land.

Kleiner Restaurantführer

An fast jeder Straßenecke und in jedem Dorf gibt es einfache Gaststätten. Eine Besonderheit sind die *Pastelarias*. Diese größeren Cafés verwandeln sich pünktlich um 12.30 Uhr in einfache Kantinen, in denen man eine Gemüsesuppe am Tresen löffelt oder für gerade mal 5 € ein einfaches Tagesgericht bekommt. Für den Preis wird gute Hausmannskost gereicht, denn die Wirte leben fast ausschließlich von ihren Stammkunden. *Churrasqueiras* sind Grillrestaurants, *marisqueiras* haben sich auf Meeresfrüchte spezialisiert, während in den *cervejarias* zu Schnitzel und Garnelen reichlich Bier getrunken wird.

Immer stärkeren Zuspruch finden neue Restaurants mit ambitionierter portugiesischer Küche. Junge Köche zaubern erstaunliche Gerichte aus traditionellen Zutaten. Auf sie weisen die Tipps im Reiseteil (s. S. 108 ff.) besonders hin, denn man sollte typisches portugiesisches Essen nicht ausschließlich mit einfacher Kost gleichsetzen. Wer einmal über den portugiesischen Tellerrand schauen möchte, findet in den Großstädten zahlreiche afrikanische, indische und brasilianische Restaurants, die Gerichte der ehemaligen Kolonien auf den Tisch bringen.

Viele Gaststätten führen ein Touristenmenü auf der Speisekarte, das zumeist aber kaum Einsparung bedeutet und nur selten kulinarische Spezialitäten verspricht. In einfachen Lokalen werden frisch zubereitete Tagesgerichte auf einer eigenen hand- oder maschinengeschriebenen Karte gelistet, allerdings nur auf Portugiesisch. Man sollte sich die Mühe des Übersetzens machen und auf gedruckte englisch- oder deutschsprachige Speisekarten verzichten, die oft nur die Standardgerichte aus der Tiefkühltruhe nennen.

Häufig werden halbe, für normalen Hunger ausreichende Portionen *(meia dose)* angeboten. Grundsätzlich für zwei Esser gedacht sind die Hauptgerichte in Nordportugal, man kann sie sich teilen oder die *meia dose* bestellen. Beilagen, Service und Steuern sind im Preis inbegriffen, Trinkgeld geht extra. Die

Essenszeiten entsprechen den mitteleuropäischen, sonntags bleiben viele Restaurants geschlossen.

Cafés

Cafés sind für die Portugiesen wie eine zweite Heimat und bilden das Gravitationszentrum ihres Lebens. Der regelmäßig getrunkene kleine Kaffee *cafezinho*, an der Algarve auch *bica* genannt, bestimmt den Lebensrhythmus. Oft entflieht man für kurze Zeit dem Büroalltag oder beengten Wohnungen und macht das Kaffeehaus zum zweiten Wohnzimmer, in dem man sich mit Freunden und Bekannten trifft, um die Sorgen des Alltags zu teilen. Gleich nach seiner Entstehung im 18. Jh. wurde das Café vor allem von wohlhabendem Bürgertum, Künstlern und Intellektuellen frequentiert. Zum guten Ton gehörte es, die Korrespondenz am Tisch zu formulieren und eine zweite Anschrift *poste restante* vor Ort zu unterhalten.

Kaffee wurde und wird meist aus der früheren Kolonie Brasilien importiert. Neben dem kurzen Schwarzen, dem portugiesischen Pendant zum italienischen Espresso, trinken die Portugiesen gerne einen *galão* mit viel Milch aus einem hohen Glas und den Milchkaffee *café com leite* oder *meia de leite* mit mehr Kaffee. Tee *(chá)* führt hingegen ein Mauerblümchendasein, obwohl es die portugiesischen Seefahrer waren, die dieses Getränk aus Indien einst nach Europa brachten und die portugiesische Prinzessin Catarina de Bragança den *5-o-clock-tea* am englischen Hof einführte.

Die portugiesische Küche

Vorspeisen und Suppen

Der Portugiese beginnt sein Essen mit *petiscos*, Appetithappen, die unaufgefordert auf den Tisch gestellt und später berechnet werden. Diese können von Brot, Butter, Oliven über Käse, Fischpaste und Räucherwurst bis zu Garnelen reichen. Was man nicht mag, kann man problemlos zurückgehen lassen. Danach folgt bei großem Hunger eine meist auf Gemüsebasis zubereitete sämige Suppe *(sopa de legumes)*. Spezialität ist die *caldo verde*. In einer pürierten und mit Olivenöl ver-

Portugiesischer Alltag: ein schneller Kaffee am Tresen

Bacalhau: Ein nationales Phänomen

Thema

Trapezförmig aufgefächert liegt der Stockfisch *(bacalhau)* grau und eher unansehnlich aufgestapelt in Supermärkten und Delikatessgeschäften. Erst die gekonnte Zubereitung macht aus dem getrockneten Kabeljau eine schmackhafte Spezialität und ein kulinarisches Muss für jeden Portugalbesucher.

Alles begann im 14. und 15. Jh., als die portugiesischen Seefahrer die Weltmeere entdeckten, in den kalten Gewässern vor Neufundland in großen Mengen Kabeljau fingen und ihn durch Trocknen und Salzen konservierten. Stock- oder Klippfisch wurde zu einem weit verbreiteten Lebensmittel in ganz Europa. Für die deutschen Lande sicherte sich die Lübecker Hanse das Monopol und verdiente viel Geld mit dem Handel. Mit der Erfindung des Kühlschranks verschwand der Stockfisch in Deutschland von der Speisekarte, doch in Portugal wurde er zur Nationalspeise. Fast 30 kg genießt ein durchschnittlicher Portugiese pro Jahr und für jeden Tag soll es ein anderes Rezepte geben.

Meist wird der Fisch heute aus Norwegen und Island importiert, wo er auf Holzgestellen ohne Zusatz von Konservierungsmittel in der sauberen Luft des Nordens trocknet. In den portugiesischen Geschäften wird er für den Kunden in Stücke von etwa 15 x 15 cm zersägt, so dass die einzelnen Teile bequem in einem Kochtopf Platz finden. Dann wird er je nach Qualität und Dicke zwischen 12 und 48 Stunden gewässert, wobei er Salz verliert und Volumen gewinnt. Anschließend kommt der Stockfisch für 15 Min. in heißes Wasser knapp unter dem Siedepunkt, woraufhin sich Haut und Gräten problemlos entfernt lassen. Durch diese langwierige Vorbereitungsart erhält er eine feste Konsistenz, ohne zäh zu werden.

Nun endlich erfolgt die eigentliche Verarbeitung zu einem der 365 Gerichte. *Bolinhos* oder *pasteis de bacalhau* sind einfache Kroketten aus Kartoffeln, Fisch und Ei, die zu Reis gereicht werden oder als kleine Zwischenmahlzeit dienen. *Bacalhau à brás* ist die portugiesische Variante des Bauernfrühstücks, bei der statt Schinkenspeck der Stockfisch mit fein geschnittenen Kartoffeln, Zwiebeln, Oliven und Eiern gebraten wird. Eine im Ofen gedünstete Variante ist *bacalhau à gomes de sá*.

Bacalhau com natas schwimmt in einer eingedickten Sahnesauce, die wahlweise mit Garnelen und anderen Spezialitäten aus dem Meer verfeinert werden kann. *Bacalhau com todos* heißt der gekochte Fisch, zu dem Salzkartoffeln, verschiedene Gemüse und ein hartes Ei gereicht werden, wohingegen *bacalhau na brasa* den gegrillten Fisch bezeichnet. Selbst Luxusrestaurants bringen *bacalhau* auf den Tisch, dann aber durchaus einmal mit französischer *foie gras* veredelt.

Überhaupt nicht schmeckt den Portugiesen allerdings der starke Rückgang des Kabeljaus in den Weltmeeren. In den letzten 30 Jahren sank der Bestand in der Nordsee auf ein Fünftel, in der Ostsee gar auf ein Achtel. Seit 2004 versuchen die EU-Landwirtschaftsminister mit eingeschränkten Fischfangquoten gegenzusteuern, die Greenpeace allerdings immer noch als zu hoch erachtet, während die portugiesische Regierung sie für zu niedrig hält. Jedenfalls ist *bacalhau* zu einem teuren Fisch geworden, das Kilo kostet je nach Qualität zwischen 10 und 25 €.

feinerten Kartoffelsuppe werden dünnste Streifen des hoch wachsenden kräftiggrünen portugiesischen Kohls mitgekocht. Vor dem Servieren wird zur Geschmacksintensivierung eine dünne Scheibe der geräucherten Schweinewurst *chouriço* in den Teller gelegt. Weitere Nationalsuppen sind die *sopa de marisco* aus Meeresfrüchten und die klare Hühnerbrühe *canja*.

Fisch und Meeresfrüchte

Seebrassen, darunter *dourada*, *sargo*, *pargo* und *besugo*, außerdem Wolfsbarsch *(robalo)*, Silberbarsch *(cherne)*, Degenfisch *(peixe espada)*, Seezunge *(linguado)* und Rotbarbe *(salmonete)* kommen in vielen Strandlokalen vom Fischerboot direkt auf den Grill oder werden in anspruchsvollen Restaurants im Salz- oder Brotmantel gebacken. Berechnet wird nach Gewicht. Ein Kilogramm kostet zwischen 25 und 50 €, die Beilagen sind im Preis eingeschlossen. Pro Esser sollte man mit etwa 300 bis 400 g rechnen. In einfachen Lokalen werden meist Fische zum Festpreis angeboten, die häufig aus der Zucht stammen, aber durchaus schmackhaft sein können. Dann ist mit 7 bis 10 € pro Portion zu rechnen.

Etwas günstiger kommen Sardinen, die es frisch aber nur in den warmen Monaten gibt, wenn sie genug Fett angesetzt haben, um beim Grillen nicht auszutrocknen. Im Winter werden sie in touristischen Lokalen tiefgefroren angeboten, was allerdings auf der Karte verschwiegen wird. Eine gute Alternative bieten dann die etwas größeren *carapaus* (Bastardmakrelen), die während des ganzen Jahres gefischt werden. Thunfischkotelettes *(bife de atum)* sind meist in einer Zwiebelsauce gedünstet oder ebenfalls gegrillt.

Fischfilet *(filete)* erreicht auch bei bester Zubereitung nicht den Geschmack eines frischen Fisches. Der inzwischen weit verbreitete Lachs *(salmão)* wird in Norwegen gezüchtet.

Beliebt sind Tintenfische, die je nach Art unterschiedlich zubereitet werden. Das zarte Fleisch der Kalmare *(lulas)* wird gegrillt oder geschmort und erinnert an den Geschmack von Krabben. Häufig wird ihr spitz zulaufender Körper gefüllt *(lulas recheadas)*, etwa mit einer Mischung aus Reis, Schinken und Pinienkernen. Nicht jedermanns Sache sind die in eigener Tinte gedünsteten Sepias *(chocos com tinta)*, die frittiert ohne Tinte (*sem tinta*) angeboten werden. Kraken *(polvo)* kommen im Eintopf oder als Filet auf den Tisch.

Vielfalt herrscht beim Angebot an Krustentieren und Muscheln. Alleine 65 verschiedene Arten von Garnelen *(camarões)* sind bekannt. 100 g pro Person liefern ein schmackhaftes Entree. Eine ebenso beliebte Vorspeise sind *améijoas à bulhão pato*, Teppichmuscheln in einer Sauce aus Olivenöl, Knoblauch und Koriander gedünstet. Großes Aufsehen erregen wohl wegen des eigentümlichen Aussehens die Entenmuscheln *(perceves)*. Der essbare, rosa-rote Stiel wird aus einer schrumpeligen, dunklen Haut gezogen. Besonderes Vergnügen bereitet es ganzen Generationen von Portugiesen, mit Hämmerchen und Zangen bewaffnet den Riesentaschenkrebsen *(sapateiros)* zu Leibe zu rücken und das Restaurant mit lautem Getöse zu erfüllen. Einen Festtagsschmaus liefern Meeresfrüchteplatten mit Langusten *(lagosta)* und Hummer *(lavagante)*, deren Preise allerdings auch festtäglich sind. 100 € pro Kilo sind keine Ausnahme.

Eintöpfe

In armen Zeiten bildeten bescheidene Eintopfgerichte die Grundlage der Ernährung. Verfeinert tauchen sie inzwischen wieder auf den Speisekarten auf. Hoch gerühmt wird die traditionelle *cataplana*. So wird eine von einem Scharnier zusammengehaltene Doppelpfanne aus Metall genannt, die zusammengeklappt wie ein Schmorgefäß wirkt. Darin werden Kartoffeln und Gemüse gemeinsam mit festfleischigen Fischstücken (*cataplana de peixe*), Meeresfrüchten (*cataplana de marisco*) oder Hühnchen (*cataplana de frango*) gedünstet. Für Vegetarier eignet sich die Gemüsecataplana (*cataplana de legumes*). Auch in die von der brasilianischen Küche beeinflussten Bohneneintöpfe *feijoadas* kommen wahlweise Fisch, Fleisch oder Meeresfrüchten. Die *caldeirada* ist eine Art Fisch- oder seltener Fleischragout, für das jede Region eigene Rezepte hervorbringt, wohingegen der Reiseintopf *arroz de marisco* besonders an der Algarve goutiert wird. Bevorzugt sonntags steht in ganz Portugal die Schlachterplatte *cozido à portuguesa* auf dem Tisch.

Regionale Spezialitäten

Raffinierte kulinarische Zusammenstellungen hat die Provinz Alentejo hervorgebracht. In der *carne à porco alentejana* verbinden sich in einer scharfen Weinsauce marinierte, magere Schweinefleischstücke, Muscheln und geröstete Kartoffeln zu einer ungewöhnlichen, aber schmackhaften Hauptspeise. Erfunden wurde diese erstaunliche Kombination von der Inquisition als Test für zwangsgetaufte Neuchristen vormals jüdischen und islamischen Glaubens. Denn in diesem Essen wurde all das vereint, was diesen Glaubensrichtungen verboten war: Alkohol für die Moslems, die unkoschere Verbindung von Fleisch mit Meeresfrüchten für die Juden und für beide das Schweinefleisch. Jüdische Neuchristen konterten daraufhin mit einem eigenen Beweis für ihre vermeintlich christliche Überzeugung und kreierten die *alheira*, eine Wurst aus Brot, Speck, Huhn, Kaninchen, Kalbfleisch und Schweinekopf. Allerdings ließen sie bei der koscheren Herstellung für den Eigenbedarf das Schweinefleisch heimlich weg.

Der Alentejo war seit altersher die portugiesische Kornkammer. Deshalb haben dort viele Speisen Brot zur Grundlage. *Migas* ist ein fester, entfernt an Serviettenknödeln erinnernder Brotbrei, in dem Räucherwürste und Knoblauch verarbeitet sind. Dazu werden fette Rippenstücke vom Schwein gereicht. Die dickflüssige *açorda* aus Weißbrotresten wird vom Kellner am Tisch mit einem rohen Ei und oftmals Garnelen *(açorda de gambas)* vermischt. Bei der alentejanischen Suppe gleichen Namens handelt es sich um eine klare Brühe mit viel Koriandergrün und einigen altbackenen Brotscheiben, die mit Fisch oder Gemüse angereichert wird.

Die Leib- und Magenspeise der Studenten von Coimbra in Mittelportugal nennt sich

Kulinarische Schätze aus den Tiefen des Meeres

chanfana, in Wein eingelegtes und gegartes Zicklein, das in den benachbarten Ortschaften durch Hammel oder Lamm ersetzt werden kann.

Eigenartige, sehr deftige Gerichte findet man im Norden. *Tripas à moda do Porto* würfeln Kutteln, weiße Bohnen, Kalbsfüße, Speck, Räucherwürste und Hähnchenfleisch zusammen. Ebenfalls in Porto gelten kleine Französinnen *(francesinhas)* als Kampfansage an die Hamburger. Räucherwurst, Fleisch und Käse werden zwischen zwei Weißbrotscheiben geklemmt, die in einer pikanten Tomatensauce schwimmen. In der Luxusvariante kommt noch ein Ei obendrauf.

Eine komplette Hauptspeise bilden *rojões*, die nordportugiesische Variante eines Schweinegulaschs in Weinsauce. In der Version *rojões à moda do Minho* wird zusätzlich Schweineblut untergerührt. Ebenfalls nichts für Magenempfindliche ist *sarrabulho*: Fleischstücke von Schwein, Rind und Huhn im eigenen Blut gegart und mit Reis oder Maisbrei vermischt. Dem Feinschmecker mit zarterem Magen seien Wildbrät, Lamm oder die Süßwasserfische Neunauge *(lampreia)*, Maifisch *(sável)* und Bergforelle *(truta)* empfohlen.

Süßes zum Nachtisch

Oft lassen flinke Kellner dem Gast nur wenig Zeit für eine Pause zwischen den einzelnen Gängen. Das ist keinesfalls als lieblose Abfertigung zu verstehen, sondern gilt als Ausdruck von Professionalität und Aufmerksamkeit. Doch es gibt noch einen tieferen Grund für die Eile. Für viele portugiesische Naschkatzen ist der Nachtisch der wichtigste Teil eines frugalen Mahls, zu dem man möglichst schnell gelangen will, um ihm dann gebührend Zeit widmen zu können. Zum Standard gehören der Karamellpudding *pudim flan*, Milchreis *arroz doce*, der karamellisierte Eier-Milch-Pudding *leite creme*, der kalte Bratapfel *maça assada* und die *mousse de chocolate*, die süßer und flüssiger ist als ihr französisches Pendant.

Ausnehmend süß ist die köstliche Kalorienbombe *toucinho do céu* (Himmelsspeck), für die Zucker, Mandeln, Eigelb, Zimt mit wenig Wasser verrührt im Ofen überbacken werden. Eine alentejanische *encharcada* besteht aus 22 Eigelben, 4 Eiweißen, 750 g Zucker und Zimt. Trotz des martialischen Namens harmlos ist hingegen der *pudim molotov*, ein steif geschlagener und gezuckerter Eiweißschnee. Für Kalorienbewusste empfiehlt sich der aus frischen Früchten zubereitete Obstsalat *salada de frutas* oder die in Port- und Rotwein eingelegten ›besoffenen Birnen‹ *pêras bêbedas*.

Kuchen und Gebäck

Backbücher versammeln stolz Tausende von verführerischen Rezepturen für eigelbhaltige Gebäckstücke. Viele wurden in Frauenklöstern kreiert, wo die Nonnen das Eiweiß nicht ganz uneitel zum Stärken der weißen Krägen ihrer Tracht verwendeten. Nach der Säkularisierung 1834 durften sie zwar keine weiteren Novizinnen rekrutieren, doch ihr eigenes Kloster- und damit ihr Bäckerinnenleben fortführen. Vielleicht wollten die liberalen Kräfte so die Verwandlung Portugals in eine konditorwarenfreie Diaspora verhindern, die vermutlich zum Massenaufstand geführt hätte.

Im ganzen Lande beliebt sind die mit Sahnepudding gefüllten Blätterteigtaschen *pastéis de natas,* die 1837 im Lissabonner Vorort Belém erfunden wurden und die mit Zimt bestreut noch besser schmecken. Eine Variante aus Coimbra nennt sich *pastéis de tentúgal*. Mit Frischkäse, Zucker und Mandeln ist der Blätterteig *queijadas de Sintra* gefüllt. Gefährlich süß ist alles Gebäck, das die transparent scheinende *chila* enthält. Dabei handelt es sich um Fäden aus dem Inneren eines Kürbisses, die in einer Zuckerlösung eingekocht wurden. Ähnlich süß liebt man es in den südportugiesischen Regionen Alentejo und Algarve, wo neben Mandel- und Johannesbrotkuchen gerne *Dom Rodrigos* zum Kaffee gereicht wird. Dafür wird Eigelb durch einen dünnen Trichter in eine heiße Zuckerlösung geleitet. Die gestockten Fäden werden zu kleinen Nestern geformt, in die eine Masse aus Eiern, Mandeln, Zucker, Branntwein und Eierlikör gesetzt wird.

Im nördlichen Portugal wird der häufig mit Schokoladen- oder Mandelcreme gefüllte luftige Sandkuchen *pão-de-ló* bevorzugt. Die *ovos moles* in Aveiro, eine Art fester Eigelb-Zuckerguss, werden in kleinen Mengen genossen. Beachten sollte man den Hinweis ›*fabrico próprio*‹ (eigene Herstellung), mit dem ein Café für die eigene Backstube wirbt.

Käse

Käseherstellung aus der Milch von Schafen (*ovelha*), Ziegen (*cabra*), Kühen (*vaca*) oder einer Mischung hieraus besitzt lange Tradition. Heute garantiert die Auszeichnung DOP in elf geschützten Regionen hohe Qualität. Dennoch sind die Kilopreise selbst für hochwertigen Käse mit etwa 15 bis 25 € günstig.

In Restaurants wird Käse schon zur Vorspeise serviert. Eine Spezialität ist der milde, einem Frischkäse ähnliche Ziegenkäse *queijo fresco*, zu dem Honig oder Marmelade gereicht werden – und dies schon seit Jahrhunderten. Denn die Portugiesen gelten als die Erfinder der Marmelade. Im 16. Jh. hatten sie Quitten (port.: *marmelo*) mit Zucker eingekocht und den neuen Begriff *marmelada* geprägt, der schon bald ins französische übernommen wurde und von dort seinen Siegeszug in die Welt antrat. Marmeladensorten aus anderen Früchten heißen im Portugiesischen allerdings *doce*.

Weine

Jährlich werden in Portugal etwa 4 Mio. hl Wein konsumiert und noch einmal etwa die gleiche Menge exportiert. Das kleine Portugal steht mit der Anbaufläche von 250 000 ha weltweit an sechster Stelle, 3 % des gesamten Landes sind dem Weinbau gewidmet. Das zeigt die große Leidenschaft der Portugiesen für ihr Lieblingsgetränk.

In Portugal sind 32 Qualitätsweinregionen VQPRD *(Vinhos de Qualidade Produzidos em Região Determinada)* anerkannt. Die Weine entsprechen der französischen AOC-Qualität. 26 davon dürfen die höherwertige Bezeichnung DOC *(Denominação de Origem Controlada)* tragen, sechs IPR *(Indicação de Proveniência Regulamentada)*. Die Etikettierung *vinho regional* verspricht einen meist hochwertigen Landwein, wohingegen *vinho de mesa* einen oft kaum trinkbaren Tafelwein benennt. Nur in wenigen Restaurants werden offene Weine angeboten, doch die Preise für einen Flaschenwein beginnen selbst in besseren Lokalen schon bei 10 €, in einfachen Gaststätten liegen sie bei 5 bis 8 €.

Die angesehensten Weine werden in Nord- und Mittelportugal gekeltert. Aus dem Dourotal stammen schwere Rotweine mit hohem Tanningehalt. Die selteneren Weißweine entfalten feine Fruchtaromen.

Ebenfalls Klassiker sind die Tropfen aus der Region Dão östlich von Coimbra, die in ihrer leichten Fruchtigkeit den Weinen des Beaujolais ähneln. Im Alter werden sie weich und mild. Pikante Säure und kräftiger Alkoholgehalt charakterisieren die Weißweine.

Die größte und ertragreichste Weinregion liegt im Alentejo, in dem schon in der vorrömischen Epoche Trauben gekeltert wurden. Das trockene und heiße Klima bringt auf den Schieferböden lagerfähige Rotweine und leichte, spritzige Weißweine hervor, die besonders bei jungen Leuten beliebt sind (s. Richtig Reisen-Tipp S. 325). Gleichfalls guten Ruf besitzen die Anbaugebiete Estremadura und Ribatejo nördlich von Lissabon sowie Terras do Sado südlich.

Vinho Verde

Mit »frisch, fruchtig und filigran« wird der Vinho Verde beworben. Die Bezeichnung *verde* (grün) steht dabei nicht für die Farbe des Weines, der weiß oder rot sein kann, sondern für die grüne Landschaft der nördlichen Region Minho und zugleich für die Spritzigkeit des Weines, dessen Alkoholgehalt meist zwischen 8 und 10 % liegt. Typisch sind Reben, die sich auf Pergolen bis zu 6 m hoch über der Erde ranken. Der weiße, kohlensäurefrische Vinho Verde eignet sich hervorragend als Begleitung zu gegrilltem Fisch, Meeresfrüchten und hellem Fleisch. Eine qualitätsreiche Variante ist der Alvarinho, der aus der gleichnamigen, kleinbeerigen Traube gewonnen wird und einen Alkoholgehalt zwischen 11,5 und 13 % aufweist. Die portugiesischen Nordlichter hingegen bevorzugen zu ihren deftigen Fleischspeisen den spröden, tanninhaltigen roten Vinho Verde.

Portwein

1678 begann der Siegeszug des Portweins. Der französische Sonnenkönig Ludwig XIV. hatte soeben Schutzzölle auf englische Waren erhoben und die britische Krone reagierte mit einem Einfuhrstopp für französischen Wein. Schnell mussten nun neue alkoholische Quellen erschlossen werden. Gefunden wurden sie von englischen Handelsreisenden in den Klöstern rund um das nordportugiesische Lamego, in denen schon seit dem 12. Jh. Wein gekeltert wurde.

Mit dem Vertrag von Methuen 1703 förderte England die Weinimporte aus Portugal durch äußerst niedrige Einfuhrsteuern. Doch bei der Verschiffung verlor der gute Tropfen an Qualität oder wurde sogar ungenießbar. Der Ausweg lag in der Beimischung von hochprozentigem Branntwein, um den Gärungsprozess nach zwei bis drei Tagen zu stoppen. Der Alkoholgehalt steigt dadurch auf etwa 20 % und der Restzucker im Most ergibt den süßen Geschmack.

Um Fälschungen, Preisverfall und Überproduktion entgegenzuwirken, wurde das Dourotal schon 1756 als abgegrenztes Anbaugebiet ausgewiesen, weltweit erstmalig und immerhin 99 Jahre vor der Bordeauxregion. Steil erheben sich die terrassierten Berge über den Fluss, die Rebwurzeln dringen bis zu 12 m tief in die Schieferböden ein, die tagsüber die Sonnenwärme speichern und sie nachts an die Rebstöcke abgeben. Die Güte der Trauben und des Verschnitts sowie die Art und Dauer der Lagerung bestimmen die Qualität des Weines. Ähnlich wie beim Whisky spielt das Holz der Fässer keine Rolle.

Einfach sind der weiße, gekühlt als Aperitif getrunkene Port und die roten Tawny und Ruby. Diese reifen durchschnittlich drei Jahre in der Kelterei. Ein Ruby lagert in riesigen Fässern mit einem Volumen bis zu 100 000 l, das den Wein kaum oxidieren lässt. Er konserviert seine rubinrote (engl.: *ruby*) Farbe, ist fruchtig-frisch im Geschmack und eignet sich als Begleitung zu Käse. Er sollte nach dem Öffnen der Flasche relativ rasch getrunken werden.

Ein Tawny lagert in kleinen Holzfässern und nimmt deren rötlich-braune (engl.: *tawny*) Farbe an. Er passt zu Schokolade und Gebäck. Neben dem einfachen Tawny werden die hochwertigen alten Tawny's mit einer Reife von zehn, 20, 30 oder 40 Jahren produziert. Diese Altersangabe bedeutet die durchschnittliche Lagerzeit des Verschnitts im Fass. Eine einmal geöffnete Flasche verliert auch nach zwei Monaten nicht an Geschmack.

Häufig steht auf der Flasche eine einzige Jahreszahl, etwa 1970. Dann handelt es sich um den Jahrgangsport Vintage, zu dem nur ausgewiesene Spitzenjahrgänge unverschnitten verarbeitet werden. Er reift zwischen 24 und 35 Monaten im Fass und entwickelt anschließend sein Aroma in der Flasche weiter. Von Weinkennern wird er deshalb frühestens nach 12 bis 15 Jahren getrunken. Er muss dekantiert werden und mit dem Leeren einer Flasche sollte man sich nicht länger als 24 Stunden Zeit lassen.

Zur Vermeidung dieser Nachteile erfanden die Portweinfirmen den Late Bottled Vintage (L. B. V.), ebenfalls ein Jahrgangswein, der aber vier bis sechs Jahre im Fass lagert und vor der Flaschenabfüllung gefiltert wird, so dass er seinen Charakter nicht mehr verändert.

Portugiesisches Bier

Im ausgewiesenen Weinland Portugal kommen auch Biertrinker auf ihre Kosten, denn das portugiesische Bier *(cerveja)* ist keinesfalls zu verachten. Sagres und Superbock sind die großen Marken, wobei die letztere Bezeichnung nicht die Sorte, sondern den Firmennamen benennt. Wer Fassbier bevorzugt, muss ein *imperial* bestellen. Weit verbreitet ist alkoholfreies Bier *(cerveja sem álcool)*.

Kulinarisches Lexikon

Im Restaurant

Kann ich einen Tisch reservieren?	Posso reservar uma mesa?
Die Speisekarte, bitte	A ementa, faz favor.
Weinkarte	lista dos vinhos
Frühstück	pequeno-almoço
Mittagessen	almoço
Abendessen	jantar
Vorspeise	entradas
Suppe	sopa
Tagesgericht	prato do dia
vegetarische Gerichte	pratos vegetarianos
Nachspeise	sobremesa
eine halbe Portion	uma meia dose
Messer	faca
Gabel	garfo
Löffel	colher
Flasche	garrafa
Glas	copo
Salz / Pfeffer	sal / pimenta
Öl / Essig	azeite / vinagre
Guten Appetit!	Bom apetite!
Es war sehr gut.	Estava óptimo.
Die Rechnung, bitte.	A conta, faz favor.

Zubereitung

assado	gebraten, auch: Braten
cozido	gekocht
em escabeche	(kalt) in Olivenöl-Essig-Tunke
estufado	geschmort
frito	frittiert
grelhado / na brasa	gegrillt

Vorspeisen

azeitonas	Oliven
chouriço	geräucherte Wurst
manteiga	Butter
pão	Brot
patê de atum / sardinha	Thunfisch- / Sardinenpaste
presunto	(roher) Schinken
queijo	Käse

Suppen

caldo verde	grüne Kohlsuppe
canja da galinha	klare Hühnersuppe mit Reis
creme de marisco	(cremige) Meeresfrüchtesuppe
sopa de legumes / peixe	Gemüse- / Fischsuppe

Fisch und Meeresfrüchte

amêijoa	Teppichmuschel
atum	Thunfisch
bacalhau	Stockfisch
besugo	Meerbrasse
camarão	Krabbe, kleine Garnele
carapau	Bastardmakrele, Stöcker
cherne	Silberbarsch
choco	Tintenfisch, Sepia
dourada	Zahn- / Goldbrasse
espardarte	Schwertfisch
gamba	Garnele
lagosta	Languste
lampreia	Neunauge
lavagante	Hummer
linguado	Seezunge
lula	Kalmar
mexilhão	Miesmuschel
ostra	Auster
pargo	Seebrasse
peixe espada	Degenfisch
perceves	Entenmuschel
polvo	Krake
robalo	See- / Wolfsbarsch
salmão	Lachs
salmonete	Rotbarbe
sapateiro	Riesentaschenkrebs
sardinha	Sardine
sargo	Geißbrasse

sável	Maifisch
tamboril	Seeteufel

Fleisch

bife	Steak, Schnitzel
borrego	Lamm
cabrito	Zicklein
carneiro	Hammel
coelho	Kaninchen
fígado, iscas	Leber
frango	Hähnchen
galinha	Huhn
javali	Wildschwein
lebre	Hase
leitão	Spanferkel
lombo	Lenden-, Rückenstück
pato	Ente
perdiz	Rebhuhn
peru	Pute
porco (preto)	(iberisches) Schwein
vaca	Rind
vitela	Kalb, Färse

Gemüse und Beilagen

abóbora	Kürbis
alho	Knoblauch
arroz	Reis
batatas cozidas / a murro / fritas	Salz- / Pellkartoffeln / Pommes frites
beringela	Aubergine
brócolos	Brokkoli
cebola	Zwiebel
cenoura	Karotte
cogumelos	Champignons
courgette	Zucchini
couve-flor	Blumenkohl
espinafre	Spinat
ervilhas	Erbsen
favas	Saubohnen
feijão (verde)	(grüne) Bohnen
grelos	Steckrübenblätter
massas	Nudeln
ovos	Eier
pepino	Gurke
pimento	Paprikaschote
salada (mista)	(gemischter) Salat

Nachspeisen und Obst

ameixa	Trockenpflaume
ananás / abacaxi	Ananas
arroz doce	Milchreis
bolo / torta (de amêndoa)	(Mandel-)Kuchen
cereja	Kirsche
figo	Feige
gelado	Eis
laranja	Orange
leite creme	karamellisierter Eierpudding
limão	Zitrone
maça assada	Bratapfel
meloa / melão	Melone
morango	Erdbeere
pêra	Birne
pêssego	Pfirsich
pudim flan	Karamellpudding
salada de fruta	Obstsalat

Getränke

água com / sem gás	Mineralwasser / stilles Wasser
aguardente (velho)	(alter) Branntwein
bagaço	Tresterschnaps
bica / café	Kaffee (Espresso)
café com leite	Milchkaffee
caneca	großes Fassbier
cerveja	Flaschenbier
chá (preto / verde)	Tee (schwarzer / grüner)
galão	Milchkaffee im Glas
imperial	kleines Fassbier
leite	Milch
macieira	Weinbrand
medronho	Erdbeerbaumschnaps
sumo de laranja	Orangensaft
vinho (branco / tinto / verde)	Wein (Weiß-, Rot-, junger)
vinho do Porto	Portwein

Mit ihren Entdeckungsfahrten gingen die Portugiesen in die Geschichte ein – das Bodenmosaik im Lissabonner Stadtteil Belém erinnert an diese ruhmreichen Taten

Wissenswertes für die Reise

Portugal im Internet

www.visitportugal.pt Die übersichtlich gestaltete, umfangreiche Website des portugiesischen Tourismusamts weckt Reiselust. Sie enthält viele grundlegende Auskünfte über das Land, gibt Anreisetipps, unterbreitet thematische Routen- und Reisevorschläge, veröffentlicht Veranstaltungshinweise und verweist auf die Seiten der regionalen Tourismusämter. Zu mehr als 1000 Orten sind Unterkunfts- und Restaurantinformationen aufgelistet. Zusätzlich wird ein persönlicher Internet-Reiseplaner angeboten und als Urlaubseinstimmung lassen sich kurze Videos anschauen oder Podcasts herunterladen.

www.instituto-camoes.pt/cvc Das portugiesische Kulturinstitut gibt einen Abriss über Sprache, Literatur, Musik, jüngste Kulturentwicklungen und stellt herausragende Persönlichkeiten der Kulturgeschichte vor. Zu bevorzugen ist der Link auf die englischsprachige Seite, da die deutschsprachige nur sehr rudimentäre Informationen enthält.

www.ipmuseus.pt Die Seite des staatlichen Museumsinstituts beschreibt in englischer Sprache etwa 30 wichtige Museen im ganzen Land.

http://whc.unesco.org/en/statesparties/pt Ausführliche Darstellungen der zehn Kulturdenkmäler und -landschaften auf dem portugiesischen Festland, die von der Unesco in das Welterbe der Menschheit aufgenommen wurden. Nachzulesen sind auch die detaillierten Begründungen für die Anerkennung.

www.portugal.gov.pt Die portugiesische Regierung gibt Auskünfte über das politische System, das aktuelle Regierungshandeln und nennt interessante, allerdings oft nur portugiesischsprachige Websites. Zusätzlich ist die portugiesische Verfassung in englischer Übersetzung eingestellt. Der Link ›Portugal – Turismo‹ auf der portugiesischsprachigen Seite führt zu den Adressen aller regionalen Tourismusämter (s. u.).

www.auswaertiges-amt.de/diplo/de/laender/portugal.html Das Auswärtige Amt liefert Basisinformationen zur politischen Lage, zur wirtschaftlichen und kulturellen Entwicklung und zur Geschichte Portugals. Aufschlussreich sind die Einschätzungen zum Verhältnis zwischen Portugal und Deutschland.

www.icep.pt Das portugiesische Außenhandelsamt informiert meist auf englisch, teilweise auf deutsch und in knapper Form über wirtschaftliche Belange, aber auch über Kultur, Lebensweise und Tourismus. Allerdings sind die Wirtschaftsdaten nicht immer auf dem aktuellen Stand.

www.wir-in-portugal.de Die Seite einiger in Portugal lebender Deutscher enthält neben praktischen Tipps zum längeren Aufenthalt auch allgemein Wissenswertes für Urlauber, wenn auch nicht immer ganz aktuell.

Regionale Tourismusämter

Derzeit gibt es 23 regionale Tourismusämter mit eigener Website. Sie sollen in den kommenden Jahren zu elf Ämtern zusammengefasst werden. Die aktuellen Adressen nennt die Seite der portugiesischen Regierung (s. o.), sie sind zudem über Links auf www.visitportugal.pt (s. o.) zu erreichen. Die wichtigsten Sites lauten www.visitlisboa.com (Lissabon), www.visitalgarve.pt (Algarve) und www.portoturismo.pt (Porto).

Websites von Stadt- und Gemeindeverwaltungen

Die Websites der Stadt- und Gemeindeverwaltungen lauten **www.cm-Ortsname.pt** (z. B. www.cm-faro.pt). In kleinen Orten sind sie nur in portugiesischer Sprache verfasst, in größeren Städten meist mit englischer Übersetzung und touristischen Hinweisen versehen. Einige lokale Tourismusämter bieten eigene Internetseiten an, die bei den jeweiligen Orten im Reisekapitel genannt werden.

Fremdenverkehrsämter

Die Fremdenverkehrsämter sind Teil des Außenhandelsamts **ICEP,** sollen aber künftig größere Eigenständigkeit erhalten.

In Deutschland

Kaiserhofstr. 10
60313 Frankfurt
Tel. 0180-500 49 30
info@visitportugal.com

Tauentzienstr. 7 b/c
10789 Berlin
Tel. 030-254 10 60
Fax 030-25 41 06 99

In Österreich

Opernring 11/ Stiege R/2 OG
1010 Wien
Tel. 0810-90 06 50
info@visitportugal.com

In der Schweiz

Zeltweg 15
8032 Zürich
Tel. 0800-10 12 12
Fax 043-268 87 60
info@visitportugal.com

Tourismusämter in Portugal

Selbst kleine Gemeinden unterhalten ein Tourismusamt. Allerdings gibt es beträchtliche Unterschiede in der Qualität der Beratung und der erhältlichen Informationsmaterialien. Zimmervermittlungen werden außer in Lissabon nicht angeboten.

Die Öffnungszeiten besonders der kleinen Ämter ändern sich häufig oder werden von den Angestellten freizügig gehandhabt, so dass die Angaben im Reiseteil nicht hundertprozentig verlässlich sein können.

Eine Hotline zum Ortstarif erteilt Informationen für Urlauber auf Englisch oder Französisch: Tel. 808 78 12 12.

Diplomatische Vertretungen in Portugal

Die genannten Botschaften informieren auch über Konsulate in anderen Städten.

Deutsche Botschaft

Campo dos Mártires da Pátria 38
1169-043 Lisboa
Tel. 218 81 92 10
Fax 218 85 38 46
www.lissabon.diplo.de

Österreichische Botschaft

Avenida Infante Santo 43, 4. Stock
1399-046 Lisboa
Tel. 213 94 39 00
Fax 213 95 82 24
lissabon-ob@bmaa.gv.at

Schweizer Botschaft

Travessa do Jardim 17
1350-185 Lisboa
Tel. 213 94 40 90
Fax 213 95 59 45
www.eda.admin.ch/lisbon

Karten

Eine zuverlässige Straßenkarte ist die jährlich aktualisierte »Michelinkarte 733 Portugal« im Maßstab 1 : 400 000. Im Maßstab 1 : 300 000 gezeichnet sind die Karten »Michelin Regional Portugal 591« (Norden), »592« (Mitte) und »593« (Süden), die zusätzlich Stadtpläne enthalten. Für Reisende nach Südportugal empfiehlt sich die »Generalkarte Algarve/Portugal Süd« aus dem Verlag MAIRDUMONT im Maßstab 1 : 200 000.

Kostenlose und häufig mit touristischen Informationen versehene Stadtpläne sind in den Tourismusämtern erhältlich. Hilfreich bei einem Aufenthalt in Lissabon ist der »Falk-Plan«.

Lesetipps

Agustina Bessa-Luís: Sibylle, Suhrkamp. Portugals wichtigste Schriftstellerin beschreibt das nordportugiesische Leben in den 1950er Jahren anhand des Schicksals einer starken, aber zunehmend verbitterten Bäuerin inmitten einer verzagten Männerwelt, die es in die Stadt zieht.

António Lobo Antunes: Das Handbuch der Inquisitoren, Fischer. 18 Familien- und Haushaltsangehörige auf einem abgeschotteten Landgut urteilen über einen siechen Patriarchen, dem die Nelkenrevolution die Lebensgrundlage entzogen hat. Ihre für sich stehenden Berichte mit begleitenden Kommentaren setzen sich zu einem vielschichtigen Bild der politischen und seelischen Verwerfungen der portugiesischen Gesellschaft zusammen.

Luís Vaz de Camões: Die Lusiaden, Elfenbein. Portugals Nationaldichter bettet in seinem 1572 erschienen Versepos die portugiesischen Entdeckungsfahrten in die Gesamtschau der portugiesischen Geschichte ein.

José Maria Eça de Queiroz: Die Maias. Der realistische Gesellschaftsroman von 1888 zeichnet anhand einer Familiengeschichte das satirisch-kritische Sittengemälde des spätfeudalen, dekadenten Portugal.

Pascal Mercier: Nachtzug nach Lissabon, Btb. Ein Schweizer Sprachlehrer philosophiert über das Leben der intellektuellen Elite während der Salazar-Zeit und das menschliche Dasein im Allgemeinen. Das 2004 erschienene Buch zeichnet ein freundliches, leicht idealisiertes Bild der portugiesischen Gesellschaft.

Inês Pedrosa: In deinen Händen, Btb. Die teilweise mit Pathos vorgetragenen, tagebuchartigen Lebensbeschreibungen von drei familiär miteinander verwobenen Frauen aus verschiedenen Generationen werfen ein erhellendes Licht auf den grundlegenden Wandel Portugals seit 1940.

Fernando Pessoa: Das Buch der Unruhe des Hilfsbuchhalters Bernardo Soares, Fischer. Der erste moderne portugiesische Dichter von Weltbedeutung begibt sich im frühen 20. Jh. auf die Suche nach der eigentlichen Bestimmung des Menschen.

Poemas Portugueses. Portugiesische Gedichte, Dtv. Die zweisprachige Ausgabe vereint 86 Gedichte vom Mittelalter bis zur Gegenwart. Weitgehend wortgetreu führt die deutsche Übersetzung an die portugiesische Poesie heran.

José Saramago: Hoffnung im Alentejo, Rowohlt. Die Schilderung des Schicksals einer Tagelöhnerfamilie zwischen Hoffnungslosigkeit während der Diktatur und Traum vom besseren Leben nach der Revolution ist unverzichtbar für alle Reisenden in die südportugiesische Region.

José Saramago: Das Memorial, Rowohlt. In überschwänglichen Bildern und kraftvoller Sprache kontrastiert Saramago in diesem Roman von 1982 den maßlosen Prunk von Krone und Klerus beim Klosterbau in Mafra im 18. Jh. mit dem Elend des Volkes, das unter grenzenloser Ausbeutung und den Inquisitionsgerichten leidet.

José Saramago: Die portugiesische Reise, Rowohlt. Das Glück habe viele Gesichter, und das Reisen sei wohl eines davon, vermutet der Nobelpreisträger in den einführenden Worten zu seiner mehrmonatigen Fahrt durch alle portugiesischen Regionen, auf der er sein Land und seine kulturellen Wurzeln aufzuspüren suchte. Der Bericht (1994) beschreibt versteckte wie bekannte Sehenswürdigkeiten aus einer verblüffenden Perspektive und öffnet überraschende Blicke auf Portugal. Dort ist das Werk auch als Bildband erschienen.

Antonio Tabucchi: Erklärt Perreira, Dtv. Der Bildungsroman (1994) erzählt von der Entwicklung eines unauffälligen alternden Mannes zum Rebellen gegen die Diktatur, der durch sein Handeln zu menschlicher Größe findet.

Weitere Lesetipps enthält das Thema zur portugiesischen Literatur (s. S. 61).

Portugal als Reiseland

Traumhafte Küsten, lebendige Städte, traditionsreiche Dörfer und urtümliche Landschaften – auf überaus vielfältige Urlaubsimpressionen kann man sich in Portugal freuen. Was jedoch dieses Land in besonderem Maße für sich einnimmt und als Urlaubserinnerung nachhaltig im Gedächtnis bleiben wird, ist der ruhige Gleichmut, die oftmals überwältigende Freundlichkeit und die außergewöhnliche Hilfsbereitschaft der Menschen. Dieser begegnet man überall, vorwiegend aber fern der touristischen Zentren in einem abseits gelegenen Stadtteil oder bei einem Ausflug auf engen und kurvigen Straßen ins Landesinnere, zu halb verlassenen Dörfern oder historischen Städten. Auch hier wird man in den ausreichend vorhandenen, persönlich geführten Unterkünften oder in einem versteckten Traditionsrestaurant als Gast herzlich empfangen und erfährt im direkten Kontakt viel über Land und Leute.

Leichte Verständigung

Die sprachliche Verständigung fällt in aller Regel leicht. Jüngere Portugiesen stellen gegenüber dem Urlauber sehr gerne ihr passables Englisch unter Beweis, während ihre Eltern oft Französisch sprechen, das sie in den Jahren der Emigration in Frankreich und der Schweiz erlernt haben.

Überall aber öffnen ein paar Brocken Portugiesisch die Herzen der Bewohner, wobei die Unterhaltung nach der Begrüßung unbeschwert auf Englisch fortgeführt werden kann. Schon ein kurzes *bom dia* sorgt für ein freundschaftliches Lächeln. Da sich das lange angespannte Verhältnis zu den spanischen Nachbarn inzwischen entkrampft hat, ist es auch nicht länger ein Fauxpas, wenn man sich in Ermangelung einer anderen gemeinsamen Sprache des spanischen Idioms befleißigt, das die Portugiesen recht gut verstehen.

Der richtige Urlaubsmix

Das kleine Land an Europas südwestlichem Ende blickt voller Stolz zurück auf seine bewegte Geschichte, die viel zu einer kulturellen Eigenständigkeit beigetragen hat. In unmittelbarer Nachbarschaft findet der Portugalreisende mittelalterliche Stadtzentren, modernes Leben in den Metropolen und abgelegene Ortschaften, die eine kraftvolle Volkskunst oder religiöse Traditionen pflegen. Zwar spricht nichts dagegen, sich an Europas schönster Küste einfach nur entspannt zurückzulehnen, die Seele baumeln und sich von der unendlichen Urgewalt des Meeres beeindrucken zu lassen. Doch bietet der kulturelle und natürliche Reichtum die beste Voraussetzung für eine inspirierende und gleichzeitig erholsame Mischung aus Urlaubsaktivitäten. Friedliche Strandtage wechseln da mit der Erkundung ursprünglicher Dörfer, aufregender Städte und den weiten Landschaften im Landesinneren ab.

Auch der Aktivurlauber findet in Portugal ein reiches Angebot. Zunehmend wurden in der jüngsten Zeit attraktive Wanderwege durch unberührte oder agrarisch genutzte Kulturlandschaften ausgewiesen. Diese kann man auch per Mountainbike oder hoch zu Ross genießen, denn Reiten besitzt eine lange Tradition. Surfer und Kitesurfer finden ihr Dorado an der langen und rauen Atlantikküste, Taucher insbesondere an der Algarve. Und nicht zuletzt haben Golfer aus aller Welt Portugal zu einem ihrer Favoriten erklärt und frönen hier ganzjährig und unter besten Bedingungen ihrer Leidenschaft (s. S. 92 ff.).

Was ist sehenswert?

Landschaftliche Vielfalt

Von Nord nach Süd durchfährt man vielgestaltige Landschaften: im Norden die grünen Gärten des Minho und das tief eingeschnittene Dourotal mit ausgedehntem Weinanbau für den Portwein, in Portugals Mitte karge Gebirgszüge, die südlich des Tejo in die unendlich weite Hügellandschaft des Alentejo übergehen, im äußersten Süden schließlich die mediterrane Pflanzenwelt und spektakuläre Küste der Algarve. Auf einer Fläche nur wenig größer als der von Österreich gehört Portugal drei unterschiedlichen Klimazonen an. Entsprechend dem jeweils vorherrschenden atlantischen, kontinentalen oder mediterranen Einfluss wechselt das Pflanzenkleid – und das ganze Jahr über blüht irgendwo irgendetwas in schönsten Farben. Nicht zuletzt lockt die 832 km lange Küstenlinie von Nordwesten bis Südosten mit skurrilen Felsformationen, mächtigen Plateaus oder weiten, von unberührten Dünenlandschaften gesäumten Sandstränden.

Zeugnisse der Geschichte

Die alten Stadtgründungen Lissabon und Porto sind heute facettenreiche Metropolen und schon für sich alleine eine Reise wert, auf der man außergewöhnliche Kulturdenkmäler, nostalgische Stimmungen und versteckte Schönheiten entdecken kann. Auch die historischen Universitätsstädte Coimbra und Évora lohnen mit ihrer studentischen Lebendigkeit einen Besuch. Vor allem im Norden des Landes, wo die christlichen Rückeroberer schon früh die Mauren vertrieben hatten, findet man mittelalterliche Städte, die noch den Geist der frühen Staatsgründung atmen. Alte Gassen und pittoreske Plätze laden zu entspannten Spaziergängen ein.

Über hundert romanische und gotische Burgen entlang der Grenze zu Spanien legen ein heroisches Zeugnis von der nicht immer friedlichen Nachbarschaft ab und eröffnen phantastische Fernblicke ins Umland.

Doch reichen die frühesten menschlichen Spuren in Portugal noch viel weiter zurück. Hunderte von altsteinzeitlichen Felsritzzeichnungen in Foz Côa hat die Unesco als Welterbe anerkannt, während vor allem im zentralen Alentejo eine Vielzahl von geheimnisvollen Dolmen und Menhiren einen Besuch lohnen. Eine keltische *castro*-Kultur ist im Norden dokumentiert.

Reisen zu Kunst und Kultur

Der kunstgeschichtlich interessierte Urlauber kommt in Portugal voll auf seine Kosten und wird manch unerwartete Entdeckung machen. Römische Ausgrabungen liegen v. a. in Mittel- und Südportugal, während eine Viel-

zahl romanischer Kirchen und Kapellen im Norden des Landes zu bewundern ist. Beeindruckende Beispiele der gotischen Baukunst gibt es in der Umgebung von Lissabon und in Mittelportugal, während man Fenster und Portale mit manuelinischen Verzierungen im ganzen Land findet. Auf besonders reizvolle Beispiele dieser portugiesischen Variante der Spätgotik stößt man in nordportugiesischen Hafenstädten sowie in und nördlich von Lissabon.

Gleichsam entlang einem blauen Faden durch die portugiesische Kunstgeschichte folgt man auf seiner Portugalreise den Azulejos, die in immer neuen Bemalungen Kirchen, Paläste, Bahnhöfe oder Cafés schmücken (s. a. Thema S. 56). Reiche brasilianische Goldfunde im 17. Jh. segneten fast jede portugiesische Kirche mit vergoldeten Schnitzarbeiten. Besonders kostspielig zeigt sich diese portugiesische Spielart des Barocks im Norden.

Ungestüme Naturgewalten und weite Strände am Atlantik

Den besten Überblick zur bildenden Kunst erhält man zweifelsohne in Lissabon, wo sich für Interessierte an alter Kunst das Museu Nacional de Arte Antiga und die Stiftung Gulbenkian empfehlen, die zusätzlich eine moderne Sammlung zeigt. Jüngste Attraktion ist die mit herausragenden Werken der zeitgenössischen Malerei bestückte Colecção Berardo im Kulturzentrum CCB. Darüber hinaus lohnen sich eine Reihe sehenswerter Kunstmuseen oder Sammlungen vor allem im Norden, die zumeist einzelnen Künstlern oder Epochen gewidmet sind.

Historische Dörfer und lebendige Heimatmuseen

Zu den oftmals nur auf kurvigen Straßen erreichbaren Schönheiten zählen die versteckten Dörfer im hügeligen Landesinneren. In der Algarve und dem Alentejo erinnern die weiß gekalkten Orte an eine maurische Vergangenheit. Die Schieferdörfer in der Berglandschaft Mittelportugals nehmen hingegen eine düstere Färbung an. Im Norden des Landes dominiert grauer Granit, aus dem seit der Romanik Wohnhäuser, Adelspaläste, Kirchen und Schandpfähle errichtet wurden.

Sehenswert sind die kleinen Heimatmuseen, die wirklichkeitsnah die Lebens- und Arbeitsweise des einfachen Volkes zeigen und den reichen Fundus an regionalen Trachten und Kunsthandwerk in Erinnerung bringen. Thematisch orientierte Museen widmen sich in liebevoller Weise der Papierherstellung, der Glas- oder Textilproduktion, dem (Port-)Wein, den alten Karavellen, elektrischen Straßenbahnen oder Oldtimern.

Vorschläge für Rundreisen

Von den drei internationalen Flughäfen in Faro, Lissabon und Porto aus können abwechslungsreiche ein- und mehrwöchige Rundreisen in verschiedene Landesteile unternommen werden. Da fast alle Fluggesellschaften auch Gabelflüge ermöglichen, kann man in zwei bis drei Wochen auch weite Teile des Landes von Nord nach Süd bereisen. Im Folgenden werden drei Teilrouten von jeweils zwei Wochen Dauer vorgestellt, die bei einem längeren Aufenthalt zu einer großen Rundreise durch das gesamte Land kombiniert werden können.

Von Lissabon nach Porto

1. Tag: Ankunft in Lissabon. **2. + 3. Tag:** Stadtbesichtigung. **4. Tag:** Weiterfahrt ins romantischen Sintra, dort Schlossbesichtigung und Spaziergang. **5. Tag:** Besichtigung des Klosterpalastes in Mafra, nachmittags zum Küstenort Ericeira. **6. Tag:** Über Óbidos und Caldas da Rainha ins Seebad Nazaré. **7. Tag:** Besichtigung der gotischen Klöster Alcobaça und Batalha. **8. Tag:** Burgviertel von Ourém und weiter nach Tomar. **9. Tag:** Besichtigung des dortigen Christusritterklosters und der Altstadt. **10. Tag:** Die römischen Ausgrabungen von Conimbriga und Weiterfahrt nach Coimbra. **11. Tag:** Stadtbesichtigung von Coimbra. **12. Tag:** Besuch der romantischen Heilbäder und Wälder von Buçaço und Luso und weiter nach Aveiro. **13. Tag:** An den Strand der Costa Nova, ggf. Besichtigung der Porzellanfabrik von Vista Alegre, danach weiter nach Porto. **14. Tag:** Besichtigung der Altstadt von Porto und eines Portweinkellers. **15. Tag:** Besuch der Serralves-Stiftung und der Casa da Música. Rückflug oder Fortsetzung der Reise auf nachfolgender Route.

Von Porto aus durch Nord- und Mittelportugal

1. Tag: Ankunft in Porto, Fahrt nach Vila do Conde. **2. Tag:** Weiter nach Guimarães, Besichtigung der Altstadt. **3. Tag:** Besuch der historischen Altstadt von Braga und der Wallfahrtskirche Bom Jesus. **4. Tag:** Weiterfahrt über Ponte de Lima nach Viana do Castelo.

5. Tag: Ausflug an den Atlantik oder eine Wanderung in den Bergen. **6. Tag:** Fahrt entlang der Atlantikküste nach Valença do Minho, Monção und Melgaço. **7. Tag:** Besuch des Nationalparks Peneda-Gerês. **8. Tag:** Auf Nebenstraßen durch den südöstlichen Teil des Nationalparks nach Chaves. **9. Tag:** Weiter nach Bragança. **10. Tag:** Auf engen kurvigen Straßen nach Miranda do Douro und weiter zu den Felsritzzeichnungen bei Foz Côa. Als Alternative dazu: Fahrt zum Portwein-Anbaugebiet rund um Pinhão. **11. Tag:** Weiter über Guarda in die Serra da Estrela. **12. Tag:** Rundfahrt zu den historischen Dörfern Belmonte, Idanha-a-Velha und Monsanto. **13. Tag:** Über Castelo Branco nach Castelo de Vide. **14. Tag:** Ausflug ins hochgelegene Marvão, ggf. mit Wanderung im Naturpark und weiter nach Portalegre. **15. Tag:** Zurück nach Lissabon und Rückflug oder Weiterfahrt in den Süden (s. u.).

Von Lissabon durch das Alentejo in die Algarve

1. Tag: Von Lissabon nach Estremoz. **2. Tag:** Ausflug in die weißen Marmorstädte Elvas und Vila Viçosa. **3. Tag:** Über die Weinregion von Borba und Redondo nach Évora. **4. Tag:** Besichtigung der historischen Altstadt von Évora. **5. Tag:** Über den Alqueva-Staudamm zu den weißen Städten Moura und Serpa und weiter nach Beja. **6. Tag:** Vormittags Besichtigung von Beja, danach weiter nach Mértola. **7. Tag:** Entlang dem Guadiana-Fluss über Alcoutim und Castro Marim nach Tavira. **8. Tag:** Besichtigung von Tavira und Ausflug auf eine Sandinsel in der Ria Formosa. **9. Tag:** Fahrt durch das Hinterland bei São Brás de Alportel nach Loulé, ggf. mit einer Wanderung. **10. Tag:** Über die weißen Dörfer von Querença, Salir, Alte nach Silves. **11. Tag:** Hinauf ins Gebirge von Monchique, Besichtigung des Ortes und Besuch des Heilbades Caldas de Monchique. **12. Tag:** Über Aljezur an die raue Westküste zum Cabo São Vicente und weiter nach Lagos. **13. Tag:** Besichtigung von Lagos sowie der Felsformationen und Buchten rund um die Ponta da Piedade. **14. Tag:** Zu den traumhaften Stränden rund um Albufeira, Barockkirche von São Lourenço (Almansil) und weiter nach Faro. **15. Tag:** Strand von Faro. Rückflug.

Öffnungszeiten berücksichtigen: Bei der Reiseplanung sollte man berücksichtigen, dass die meisten großen Museen montags und an den wichtigsten Feiertagen wie Neujahr oder Weihnachten geschlossen bleiben. Kleinere private oder städtische Museen haben oft nur werktags geöffnet. Portugiesen kennen keine Siesta und ihre Essenszeiten gleichen den mitteleuropäischen.

Tipps für die Reiseorganisation

Für eine Erkundung Portugals einschließlich seiner Strände und abgelegenen Regionen empfiehlt sich ein eigenes Fahrzeug. Günstige Mietwagentarife erhält man bei einer Buchung bereits in Deutschland, Österreich oder der Schweiz. Dabei ist die Möglichkeit zu bedenken, das Auto nur für einen Teil der Reisezeit zu buchen, denn die großen Städte lassen sich am besten zu Fuß und mit öffentlichen Verkehrsmitteln erkunden. Deshalb kann man bei einem reinen Städteurlaub auf einen eigenen Wagen komplett verzichten, denn die großen Ortschaften sind mit einem dichten Busnetz verbunden. Auf der wichtigsten Bahnstrecke Porto–Lissabon–Algarve verkehren komfortable Züge.

Organisierte Reiseangebote

Alle großen Studien- und Pauschalreiseveranstalter führen Portugal im Programm, letztere allerdings stark konzentriert auf die

Algarve. Der Portugalspezialist Olimar (www.olimar.com) organisiert auch individuelle Paketreiseprogramme.

Einen Blick hinter die Kulissen werfen kleine Veranstalter aus dem ›Forum Anders Reisen‹, die auch in Portugal umwelt- und sozialverträglichen Tourismus praktizieren. Über ihren gemeinsamen Internetauftritt (www.forumandersreisen.de) erhält man einen schnellen Überblick über die vielseitigen Angebote, in denen neben den klassischen Sehenswürdigkeiten auch das Alltagsleben, soziale Aspekte und Umweltfragen eine angemessene Berücksichtigung finden. Zudem geben die Reisen in kleinen Gruppen ausreichend Spielräume für individuelle Interessen.

Reisen mit Kindern

Die kinderlieben Portugiesen heißen kleine Gäste gerne willkommen. Baby- oder Zustellbetten sind in nahezu allen Hotels – teilweise gegen Aufpreis – verfügbar, Kleinkinder schlafen kostenlos im Bett der Eltern. Restaurants stellen eigene Kinderstühle oder kindgerechte Sitze bereit, die am Tisch befestigt werden. Kindermenüs sind eher die Ausnahme, doch sind die nahezu überall angebotenen halben Portionen eine gute Alternative für die kleinen Esser.

Portugiesische Kinder sind stark in das alltägliche Leben der Erwachsenen eingebunden, begleiten diese auch abends und dürfen in den Sommermonaten bis spät nachts herumtollen. Die Spielplätze entsprechen mit ihren elastischen Kunststoffböden den EU-Normen. Selten werden Kinder in der Öffentlichkeit von ihren Eltern gemaßregelt, entsprechend entspannt ist das Verhältnis.

Für Reisen mit kleineren Kindern findet man in der Algarve die beste Infrastruktur. Dazu gehören Apartments mit Kochgelegenheiten und Sandstrände, die sanft ins ruhige Meer abfallen. Alternativ freuen sich die Kleinen über einen Besuch der Freizeit- und Wasserrutschenparks oder über spezielle, kindertaugliche Tauchkurse. In den sommerlichen Ferienmonaten werden an historischen Orten Mittelalterfeste veranstaltet, deren bunten Kostüme, altertümlichen Essgelage oder Ritterturniere auch Kinder begeistern. Dort können sie selbst Knappe und Burgfräulein spielen.

Ein besonderes Urlaubsvergnügen für die gesamte Familie bietet sich in Lissabon mit einer Fahrt auf der historischen Tram oder mit dem Besuch des Zoos und des größten Aquarium Europas. Nach Mittelportugal locken 175 Mio. Jahre alte Dinosaurierspuren in der Serra de Aire.

Reisen mit Handicap

Erst allmählich werden in Portugal behindertenfreundliche Einrichtungen geschaffen. Die Flughäfen sind mit rollstuhlgerechten Zugängen und Toiletten ausgestattet und halten einen besonderen Begleitservice für Körperbehinderte bereit. Nur neu gebaute Hotels verfügen über Zimmer für Behinderte. Zunehmend mehr Museen und staatliche Einrichtungen werden mit Behindertenaufzügen ausgerüstet. Im städtischen Leben werden Rollstuhlfahrer allerdings durch wild parkende Autos beeinträchtigt und der öffentliche Nahverkehr bleibt ihnen weitgehend versperrt.

Auf Transfers, Rundreisen und Ausflüge für Behinderte hat sich das Reiseunternehmen **Accessible Portugal** spezialisiert: Parque da Ciência e Tecnologia Almada, 2829-516 Caparica, Tel. 919 19 56 80 (mobil), Fax 214 71 41 71, www.accessibleportugal.com.

Für grundsätzliche Fragen kann man sich in englischer Sprache an den **portugiesischen Behindertenverband** wenden: Associação Portuguesa de Deficientes, Largo do Rato,1250-185 Lisboa, Tel. 213 88 98 83, Fax 213 87 10 95, www.pcd.pt.

Einreisebestimmungen

Papiere und Aufenthaltsdauer

Zur Einreise nach Portugal benötigen Deutsche, Österreicher und Schweizer einen gültigen Personalausweis oder Reisepass. Die maximale Aufenthaltsdauer beträgt für Schweizer drei Monate und kann bei der Ausländerbehörde verlängert werden. Um eventuellen Schwierigkeiten aus dem Wege zu gehen, sollten sich auch EU-Bürger nach drei Monaten bei der Ausländerbehörde melden. Kinder unter 16 Jahren müssen im Pass der Eltern eingetragen sein oder brauchen einen Kinderausweis.

Bei der Benutzung des eigenen Pkws müssen neben einem Ausweispapier der nationale Führerschein, Fahrzeugschein und Versicherungsnachweis mitgeführt werden. Nicht zwingend vorgeschrieben aber ratsam ist die Internationale Grüne Versicherungskarte. Zusatzversicherungen wie Vollkasko oder Auslandsschutzbrief sind empfehlenswert. Eine beglaubigte Bescheinigung des Besitzers wird notwendig, wenn das Auto nicht auf den Fahrer zugelassen ist. Ein entsprechendes Formular ist bei den Automobilclubs erhältlich. Entsprechend einer EU-Richtlinie darf man maximal sechs Monate mit dem eigenen Fahrzeug in einem fremden Land, also auch in Portugal fahren.

Einfuhr von Tieren

Für die Einreise mit Hunden oder Katzen aus Deutschland und Österreich ist seit 2004 der EU-Heimtierpass notwendig, der von einem behördlich bevollmächtigten niedergelassenen Tierarzt ausgestellt werden kann. Der Pass muss dem Tier eindeutig zuordbar sein. Dafür ist es durch einen Transponder oder eine deutlich sichtbare Tätowierung kenntlich zu machen. Neben Angaben zum Tier und seinem Besitzer muss der tierärztliche Nachweis belegen, dass das Tier über einen gültigen Impfschutz gegen Tollwut verfügt. Aus Deutschland oder Österreich stammende Tiere müssen mindestens 30 Tage und höchstens 12 Monate vor Grenzübertritt geimpft worden sein.

Bei der Einreise aus der Schweiz ist ein höchstens zwei Tage altes und ins Portugiesische übersetzte amtstierärztliche Zeugnis erforderlich, das die Erfüllung aller Einfuhrbestimmungen bestätigt. In Portugal sind Haustiere im öffentlichen Nahverkehr, in Restaurants und an Stränden nicht zugelassen, werden aber manchmal geduldet.

Zollbestimmungen

Die Mitnahme von Waren im privaten Reiseverkehr unterliegt innerhalb der EU keinen Zollbeschränkungen. Für Tabakwaren und alkoholische Getränke gibt es so genannte Indikativmengen: Als persönlicher Bedarf gelten maximal 800 Zigaretten, 400 Zigarillos, 200 Zigarren oder 1 kg Rauchtabak, außerdem 10 l alkoholische Getränke von über 22 % Vol., 20 l von weniger als 22 %, 90 l Wein oder 110 l Bier.

Schweizer Staatsbürger dürfen nur 200 Zigaretten, 100 Zigarillos oder 50 Zigarren ein- oder ausführen, dazu 1 l hochprozentigen oder 2 l niedrigprozentigen Alkohol und zusätzlich 2 l Wein. Auch bei Parfum (50 g), Eau de Toilette (250 ml), Kaffee (500 g) und Tee (100 g) sind die Mengen für Schweizer begrenzt. Der Gesamtwert der zollfreien Waren darf bei ihnen 175 € nicht überschreiten. Als Ausgleich können sich Schweizer max. 59,36 € Mehrwertsteuer rückerstatten lassen.

Anreise

Mit dem Flugzeug

Es gibt augenblicklich drei Flughäfen, die von ausländischen Gesellschaften direkt angeflogen werden: Lissabon, Porto und Faro. Im alentejanischen Beja wird derzeit ein Airport für Billigflieger gebaut. Ganzjährig bestehen zahlreiche Verbindungen, wobei die Charterflieger ihre Frequenz im Sommerhalbjahr deutlich erhöhen. Die Flugzeit von Mitteleuropa aus beträgt etwa 3 Std. Die Ankunfts- und Abflugzeiten aller Flüge können bei der portugiesischen Flughafenverwaltung unter www.ana.pt abgerufen werden.

Tägliche Verbindungen von Frankfurt oder München nach Lissabon und Porto unterhalten Lufthansa (www.lufthansa.de) und die portugiesische TAP (www.flytap.com). Die Kranichlinie fliegt bei rechtzeitiger Buchung in diese beiden Städte oft günstiger als die zusätzlich Faro ansteuernden Charterflieger Air Berlin (www.airberlin.com, von zahlreichen Abflughäfen, aber häufig mit Umsteigen in Palma de Mallorca), LTU (www.ltu.de), Condor (www.condor.de) und die zur TAP gehörende portugiesische Portugália.

Die meisten Billigflugverbindungen stehen im Flugplan von TUIfly (www.tuifly.com), daneben fliegen Germanwings (www.germanwings.com), Ryan Air (www.ryanair.com) und easyJet (www.easyjet.com) von einzelnen deutschen Flughäfen aus Portugal an.

Von Österreich fliegen Austrian (www.austrian.com) sowie gemeinsam Air Berlin und Niki (www.flyniki.com, auch von Regionalflughäfen), von Zürich aus Air Berlin und Swiss (www.swiss.ch) nach Portugal.

Der **Flughafen von Lissabon** liegt nördlich des Zentrums. Der Flughafenbus Aero-Bus 91 fährt im 20-Minuten-Takt in die City; die Fahrt dauert etwa. 30 Min. und kostet ca. 3,50 €. Mit dem Taxi zahlt man inkl. Gepäckzuschlag 15–20 € (s. a. Hinweise S. 86). Auch der **Flughafen von Porto** liegt im Norden der Stadt, von dort gelangt man in ca. 30 Minuten mit der Metro ins Zentrum (Fahrpreis: ca. 1,60 €). Mit dem Taxi kostet die Strecke 25 €. Der **Flughafen von Faro** liegt südwestlich des Zentrums; mit Bus Nr. 14 und Nr. 16 gelangt man in 20 Min. in die Innenstadt; vom dort gelegenen Busbahnhof fahren Busse in alle größereren Urlaubsorte der Algarve.

Mit der Bahn

Die Bahn fährt umweltfreundlich, aber langsam und benötigt je nach Abfahrtsort und Zugwahl etwa 25 bis 40 Std. Fahrtzeit nach Portugal. Zwei Routen stehen zur Alternative, eine durchgehende Verbindung gibt es nicht. Aus dem Norden und Westen Deutschlands geht es nach Paris und von dort mit einer täglichen Direktverbindung über Hendaye im französischen Baskenland, San Sebastian und Salamanca nach Mittelportugal und Lissabon. Aus Ost- und Süddeutschland bzw. Österreich und der Schweiz empfiehlt sich die Fahrt über Lyon bzw. Genf nach Barcelona, Madrid und Lissabon.

Der Normalpreis für eine einfache Fahrt beträgt mehr als 200 €, doch gibt es zahlreiche Ermäßigungen, über die die Reisecenter der Bahngesellschaften informieren. Die Buchung eines preisreduzierten Tickets über das Internet ist aufgrund der komplizierten Rabattsysteme in den verschiedenen Transitländern kaum möglich. Mitunter können sich auch für Erwachsende die Interrail-Angebote lohnen. Die Mitnahme von Fahrrädern in den Schnellzügen ist nicht möglich.

Mit dem Bus

Von vielen Städten in Deutschland und der Schweiz fahren komfortabel ausgestattete Linienbusse der zu den so genannten Eurolines zusammengeschlossenen Reisebüros in alle portugiesischen Regionen. Österreicher müssen in München oder Zürich umsteigen. Die Fahrtdauer liegt etwas unterhalb der Bahnverbindung, die Preise betragen etwa 250 € für Hin- und Rückfahrt. Für Fahrplanauskunft und Ticketverkauf sind verantwortlich:

Deutsche Touring: Tel. 069-79 03-501, www.deutsche-touring.com (für Deutschland)

Reisebüros Alsa+Eggmann: Tel. 0900 57 37 47, www.eurolines.ch (für die Schweiz)

Internorte: Tel. 226 05 24 20, www.internorte.pt, und **Intercentro:** Tel. 213 57 17 45, www.intercentro.pt (für Portugal)

Mit dem eigenem Auto

Die Anreiserouten verlaufen fast parallel zu den Bahnstrecken: von Nord- und Westdeutschland über Paris nach Hendaye / Irún, von Südwestdeutschland über Lyon nach Barcelona, von Bayern, Österreich und der Schweiz über Genf nach Barcelona. Die Weiterfahrt in Spanien ist vom portugiesischen Zielort abhängig. Durch das Baskenland und über Salamanca geht es in den Norden Portugals, über Madrid in alle Regionen und entlang der spanischen Mittelmeerküste in den Süden.

Die Distanz von München nach Lissabon beträgt etwa 2500 km. In der Schweiz wird eine Autobahnvignette benötigt, Autobahnen in Frankreich, Spanien und Portugal sind zumeist mautpflichtig, so dass die Fahrt per Pkw inkl. Benzinkosten die teuerste Anreisevariante darstellt. Sie lohnt sich nur für Wohnmobilfahrer und Langzeiturlauber. Einen Autoreisezug nach Portugal gibt es nicht.

Verkehrsmittel im Land

Züge

Das Streckennetz der Bahn erstreckt sich über ganz Portugal, ist allerdings im Landesinneren nicht sehr dicht. Die Züge auf der Hauptstrecke von Lissabon nach Porto verkehren alle ein bis zwei Stunden, auf allen anderen Strecken sehr selten.

Der schnelle, hochmoderne und teurere **Alfa Pendular** fährt zwischen Braga, Porto, Aveiro, Coimbra, Lissabon und Faro und ist mit TV, Radio und Speisewagen ausgestattet. Von Lissabon nach Porto oder Faro benötigt man jeweils etwa 3 Std. Die gleichen Strecken bedient der ebenfalls bequeme, aber etwas weniger schnelle und preisgünstigere **Intercidades,** der zusätzlich Lissabon mit dem Alentejo, Guarda und Covilhã verbindet. Der langsame **Regional** hält an fast allen Bahnhöfen, die wichtigsten Regionalverbindungen bestehen entlang der Algarve-Küste von La-

Mit der Schmalspurbahn zum Strand

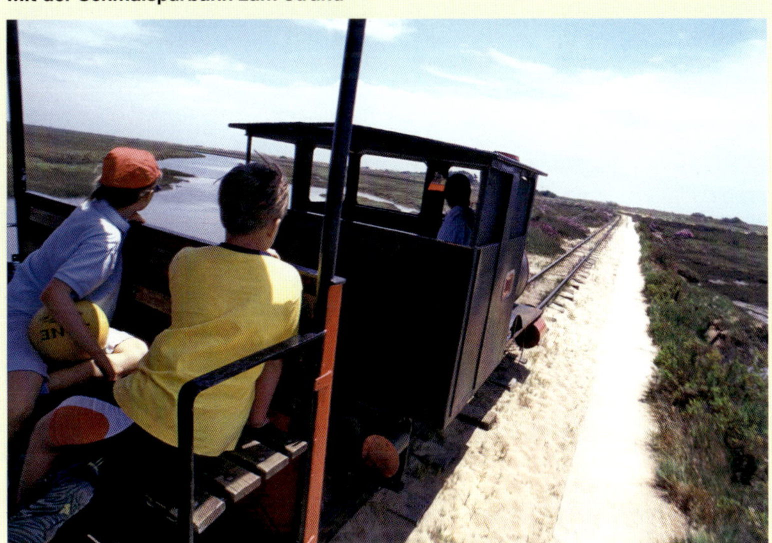

gos nach Vila Real de Santo António und zwischen Porto und der galicischen Grenze. Die Vorortbahnen **Urbanos** verkehren in den Ballungszentren von Lissabon und Porto. Ein Schmankerl für Eisenbahnfreunde sind **Schmalspurbahnen** im Dourotal.

Die Tarife sind äußerst günstig, variieren aber stark nach Zugtyp. Nur Alfa Pendular und Intercidades führen eine zusätzliche 1. Klasse, wobei der Aufschlag etwa 50 % beträgt. Jeweils in der 2. Klasse kostet eine Fahrt von Lissabon nach Porto im Intercidades etwa 30 € und im Alfa Pendular etwa 40 €, von Lissabon nach Faro knapp 20 € bzw. 30 €. Abhängig vom Zugtyp und Reisetag erhalten Jugendliche mit der ›Cartão jovem‹ (s. S. 99) zwischen 10 % und 30 % Rabatt, über 65-Jährige zahlen generell nur die Hälfte des Normalpreises.

Die Adressen der Bahnhöfe und die wichtigsten Zugverbindungen sind den jeweiligen Orten im Reiseteil zugeordnet. Die übersichtlich gestaltete Internetseite der portugiesischen Bahngesellschaft (www.cp.pt) erteilt detaillierte Fahrplan- und Tarifinformationen (in englisch), Auskünfte gibt auch das Call-Center unter Tel. 808 50 85 08 (Ortstarif) oder 213 18 59 90 vom Ausland aus.

Busse

Linienbusse sind eine gute Art, Portugal ohne eigenen Pkw zu erleben. Die Verbindungen zwischen den größeren Städten mit modernen Bussen sind eng getaktet. Die Busbahnhöfe liegen meist verkehrsgünstig in Zentrumsnähe. Von den Distrikthauptstädten aus erreicht man selbst kleine Orte mit allerdings weniger komfortablen Regionalbussen, die auf Nebenstrecken oftmals nur einmal morgens, mittags und abends fahren. Die Fahrpreise liegen durchschnittlich bei 6 bis 10 € pro 100 km, wobei die Kilometertarife bei längeren Fahrtstrecken abnehmen.

Die wichtigsten Verbindungen und die Adressen der Busbahnhöfe sind im Reiseteil aufgeführt. Fahrpläne erhält man in den Busstationen und vielen Tourismusämtern. Die Busse fahren grundsätzlich pünktlich ab. Über alle innerportugiesischen Strecken, Fahrpläne und Tarife gibt www.rede-expressos.pt Auskunft, derzeit allerdings nur auf Portugiesisch, doch auf übersichtliche Art, so dass sich auch Sprachunkundige bei einiger Geduld zurechtfinden sollten.

Taxi

Taxis sind ein preiswertes innerstädtisches Fortbewegungsmittel, eignen sich aber weniger für Überlandfahrten. Die älteren Taximodelle sind schwarz mit grünem Dach, die modernen beigefarben. An den zentralen Plätzen in den Städten findet man Taxistände, im Straßenverkehr ist auch das Heranwinken eines Fahrers per Handzeichen üblich. Die Telefonnummern von Taxiunternehmen sind meist auf den von den Tourismusämtern veröffentlichten Stadtplänen aufgelistet, Vorbestellungen übernehmen die Hotelrezeptionisten.

Alle Fahrzeuge sind mit einem Taxameter ausgerüstet und zeigen per Leuchte auf dem Dach die Zahl der zu durchfahrenden Zonen an. Für viele Überlandfahrten, etwa bei Flughafentransfers an der Algarve, gelten behördliche Festpreise. Zuschläge zu den Kilometergebühren werden für telefonische Bestellung, Gepäcktransport und Fahrten am Wochenende und in der Nacht berechnet.

Die Taxifahrer gelten allgemein als ehrlich. Unrühmliche Ausnahme sind die für den Flughafentransfer in Lissabon lizenzierten Fahrer, die aufgrund ihrer ›kreativen‹ Abrechnungsart leider zu Recht einen sehr schlechten Ruf besitzen. Im Zweifelsfall sollte man nicht zahlen, sondern sich mit der Bitte um Hilfe an die Hotelrezeption wenden.

In Lissabon, Porto und an der Algarve können so genannte T-Taxis gemietet werden, die Urlauber zu den Sehenswürdigkeiten fahren. Meist sind es komfortable Mercedes-Limousinen. Die Chauffeure sprechen englisch und geben einige Erläuterungen. Hotelrezeptionen vermitteln diese Touristentaxis.

Mietwagen

Mietautos gibt es an den Flughäfen, in allen größeren Städten und in vielen Urlaubsorten. Die Altersbeschränkung liegt bei 21 Jahren, der Führerschein muss mindestens ein Jahr alt sein. Die Tarife sind außerhalb der Hochsaison günstig. So kostet eine Woche im Winterhalbjahr kaum mehr als 100 €. Eine Kilometerbegrenzung ist nicht üblich.

Grundsätzlich sind im Mietpreis Vollkaskoversicherung CDW (Collision Damage Waiver) mit Selbstbeteiligung und Diebstahlschutz enthalten. Sinnvoll ist der Abschluss der so genannten Super-CDW, die die Selbstbeteiligung im Schadensfall ausschließt, und bei einem Kleinwagen etwa 11 € pro Tag beträgt. Einzelne Verleihfirmen gehen inzwischen dazu über, diese Zusatzversicherung automatisch in die Verträge aufzunehmen. Ob der Abschluss einer Insassenversicherung (PAI) Sinn macht, hängt vom Versicherungsschutz ab, den man aus dem Heimatland mitbringt.

Die wichtigsten in Portugal vertretenen internationalen Firmen sind Europcar, National, Avis und Hertz. Die Anmietung schon im Heimatland kommt meist günstiger. Dabei sollte man sich auch Angebote der Pauschalreiseveranstalter Olimar und TUI sowie der Internetanbieter einholen. Bei der Abholung des Autos bei der Mietstation müssen eventuelle Mängel sofort beanstandet und in den Mietkontrakt eingetragen werden.

Mit dem Auto unterwegs

Das Straßennetz in Portugal ist eng geknüpft und gut ausgebaut, viele Straßen im Landesinneren sind allerdings sehr kurvig, was bei der Zeitplanung berücksichtigt werden sollte. Schlaglöcher sind dort keine Seltenheit.

Die Zeiten, da Portugal die höchsten Unfallraten in Europa aufwies, sind zum Glück vorbei. Dank einem verschärften Verkehrsrecht, starker Polizeikontrollen und einer wirksamen Medienkampagne liegen die portugiesischen Autofahrer inzwischen im EU-Durchschnitt. Dennoch ist eine defensive Verhaltensweise angebracht, da es immer wieder zu gefährlichen Situationen insbesondere bei Überholmanövern kommt. Auch kann das vielfach dichte Auffahren und Drängeln sehr unangenehm sein, wobei man als Urlauber allerdings berücksichtigen muss, dass zu langsames, den Verkehr behinderndes Fahren verboten ist.

Im Schadensfall bieten zahlreiche kleine Werkstätten ebenso wie die großen Autohäuser schnelle Hilfe an. Eine Panne auf der Autobahn beheben die privaten Autobahnbetreiber, die auf großen Hinweisschildern ihre Notrufnummer angeben und auch über Nottelefone am Straßenrand erreichbar sind. Der größte Konzessionär Brisa beaufsichtigt knapp die Hälfte aller Autobahnkilometer, darunter die Hauptstrecken von Lissabon nach Porto (A 1) und von Lissabon an die Algarve (A 2). Seine rund um die Uhr freigeschaltete Notfallnummer lautet 808 50 85 08.

Der portugiesische Partner des ADAC heißt **Automóvel Clube de Portugal ACP** (www.acp.pt) und ist werktags von 8 bis 20 Uhr unter Tel. 808 50 25 02 erreichbar.

Mautgebühren

Fast alle Autobahnen sind gebührenpflichtig. Die Mautgebühren betragen für Pkws bis zu einer Höhe von 1,10 m durchschnittlich 7 Cents pro Kilometer, wobei ein Campinganhänger frei ist. Eine Fahrt von Lissabon nach Porto kostet etwa 20 €, von Lissabon an die Algarve etwa 17 €. Für Autos von mehr als 1,10 m Höhe, also auch Wohnmobile und Vans, verdoppelt sich die Gebühr nahezu. Mautpflichtig sind weiterhin die Brückenzufahrten nach Lissabon, nicht aber die Ausfahrten. Die Autobahn A 22 entlang der Algarve ist derzeit mautfrei.

Tanken

Es gibt viele Tankstellen, an den kleineren wird man noch vom Tankwart bedient. Sie führen bleifreies Benzin *(gasolina)* und Diesel *(gasóleo)* mit verschiedenen Oktanzahlen. Die meisten Tankstellen betreibt die halbstaatliche Galp, häufig sind auch BP und Repsol zu finden. Die Benzinpreise entsprechen etwa denen in Deutschland, einige Supermärkte v. a. in Nordportugal und im Alentejo locken mit günstigeren Angeboten.

Parken

Die Innenstädte sind im Allgemeinen parkraumbewirtschaftet. Die Parkdauer ist meist auf vier Stunden begrenzt. Trotzdem herrscht Platzmangel. Selbsternannte Parkeinweiser erwarten einen Obolus von 50 Cent aufwärts. Dafür erkauft man sich ihr Wohlwollen. Eine gute Alternative sind die zahlreichen gebührenpflichtigen öffentlichen Parkhäuser. Auf jeden Fall sollte man die Vorschriften beachten, denn immer häufiger legt die Polizei mit Parkkrallen falsch abgestellte Pkws still.

Verkehrsvorschriften

In Portugal herrscht Rechtsverkehr, die Schilder entsprechen den internationalen Normen. An Plätzen, Kreuzungen und Abzweigungen ohne besondere Verkehrsregelung gilt rechts vor links. Allerdings sollte man etwas Vorsicht walten lassen, denn an manchen innerstädtischen Straßen hat sich ein Gewohnheitsrecht durchgesetzt, das nicht immer dieser Regel entspricht. In einem der zahlreichen Kreisverkehre hat Vorfahrt, wer im Kreis fährt.

Die zulässigen Höchstgeschwindigkeiten für Pkws betragen 50 km/h innerhalb geschlossener Ortschaft, 90 km auf normalen Straßen außerhalb der Orte, 100 km auf Schnellstraßen, die nur von Kraftfahrzeugen befahren werden dürfen und 120 km auf Autobahnen. Für Wohnmobile über 3,5 t gelten die zulässigen Höchstgeschwindigkeiten von 50, 80, 90 und 110 km auf den entsprechenden Straßen.

Die Promillegrenze liegt bei 0,5. Das Telefonieren per Handy ohne Freisprechanlage ist verboten, Sicherheitsgurte müssen auf allen Sitzen angelegt werden. Es ist Pflicht, eine Warnweste mit dem europäischen Kontrollzeichen EN 471 mitzuführen und im Schadensfall anzulegen. Auf ihr Vorhandensein ist auch bei der Übernahme eines Mietwagens zu achten. Alle Verkehrs- und Bußgeldbestimmungen sind unter www.dgv.pt auch in Englisch nachzulesen.

Bußgelder

Die Bußgelder bei Verkehrsverstößen dienen der Abschreckung und sind extrem hoch, doch trugen sie wesentlich zum drastischen Rückgang der Unfalltoten bei. Wer auch nur einen Stundenkilometer über der erlaubten Geschwindigkeitsgrenze liegt, kann schon mit 60 € zur Kasse gebeten werden, wer innerhalb einer Ortschaft 20 km oder außerhalb 30 km zu schnell fährt, muss mit bis zu 600 € rechnen. Verboten ist es, Abfall aus dem Wagen zu werfen, was mit bis zu 300 € geahndet wird.

Noch härter sind die Strafen für das Fahren unter Alkoholeinfluss, die von 250 bis 2500 € reichen. Bei mehr als 1,2 Promille Alkohol im Blut kommt man auch als Tourist vorübergehend ins Gefängnis. In jüngster Zeit werden Fahrer auch verstärkt auf Drogen- und übermäßigen Tablettenkonsum geprüft.

Geldbußen müssen sofort vor Ort bezahlt werden, sonst werden Führerschein und Fahrzeugpapiere beschlagnahmt und gegen befristete Ersatzpapiere ausgetauscht. Die Begleichung des Betrages per Kreditkarte ist möglich. Wer sich zu Unrecht bestraft fühlt und Widerspruch einlegen will, hat die Möglichkeit zur Hinterlegung einer Kaution *(depósito)* in Höhe der Mindeststrafe.

Wohnen wie ein König auf der historischen Burg, Übernachten im romantischen Dorfhotel, Schlafen in einer gut ausgestatteten Jugendherberge oder Campen in Strandnähe – Portugal bietet für jeden Geschmack und Geldbeutel das Richtige und selbst in abgelegenen Gebieten befriedigen die gut gepflegten Unterkünfte jeden Wunsch. Einen besonderen Service bietet die Website des portugiesischen Tourismusamtes (s. S. 74) mit einer nach Orten unterteilten Auflistung von fast 3000 Unterkünften inkl. Kurzbeschreibungen und Links auf die Hotelseiten.

Die von der staatlichen Tourismusbehörde vorgenommenen Kategorisierungen müssen am Eingang, Preistabellen deutlich sichtbar an der Hotelrezeption und im Zimmer ausgehängt sein. Dabei handelt es sich um die höchstmöglichen Preise für ein Zimmer, die die Unterkunft gemäß den gesetzlichen Regelungen nehmen darf. Die realen Tarife liegen fast immer deutlich niedriger. Feilschen ist allerdings unüblich. Im Preis ist grundsätzlich das Frühstück eingeschlossen. Einzelzimmer sind in der Regel etwa 15 % günstiger als Doppelzimmer, für Zusatzbetten wird ein Aufschlag verlangt, Kleinkinder im Bett der Eltern sind üblicherweise frei. Während in Städten kaum saisonale Preisunterschiede bestehen, müssen in Küstenorten erhebliche Saisonzuschläge in Kauf genommen werden.

Hotels

Portugal besitzt ein breites Hotelangebot. Staatlicherseits werden die Hotels mit bis zu fünf Sternen klassifiziert, wobei die Anzahl grundsätzlich auch der Qualität des Hauses entspricht. Ein gutes Mittelklassehotel meist mit Klimaanlage und Heizung besitzt drei bis vier Sterne, aber auch alle einfacheren im Reiseteil empfohlenen Hotelzimmer sind mit Fernseher, Bad oder Dusche und WC ausgestattet.

Ein *Residencial* ist ein Hotel ohne Restaurant und mit einfacherem Eingangs- und Gemeinschaftsbereich.

Estalagem und *Albergaria*

Estalagem und *Albergaria* heißen hotelähnliche charmante Unterkünfte mir vier oder fünf Sternen, die sich zum Ziel gesetzt haben, die Traditionen der Region zu bewahren. Ihr größter Zusammenschluss heißt Estalagens de Portugal (www.estalagensdeportugal.com).

Pousadas

Viele der früher staatlichen, inzwischen privat geführten etwa 40 Luxushotels liegen in landschaftlich reizvollen Gegenden oder historisch bedeutsamen Orten. Oft sind sie in majestätische Burgen und Klöster eingezogen, die von portugiesischen Stararchitekten elegant modernisiert wurden. Die stilvolle Innenausstattung wird noch heute königlichen Ansprüchen gerecht. Daneben gibt es neu gebaute, aber nicht weniger komfortable Pousadas. Für erlesene Gaumenfreuden sorgen regionale Spezialitäten in den angeschlossenen Restaurants. Die Preise für ein Doppelzimmer liegen zwischen 120 und 260 €, aber auf der Internetseite der Hotelkette www.pousadas.pt finden sich oft überraschende Angebote.

Reservierung empfohlen: Im Hochsommer empfiehlt sich nicht nur in den Badeorten am Meer, sondern auch in den Naturschutzgebieten im Landesinneren eine frühzeitige Reservierung. Sehr eng wird es im portugiesischen Urlaubsmonat August, zu Silvester und an Ostern. In Lissabon und Porto kann das Angebot außerdem während Großveranstaltungen und Messen knapp sein. Kurzfristige telefonische Reservierungen werden gerne entgegen genommen, viele Rezeptionisten sprechen englisch, deutsch nur wenige.

Übernachten im Adelspalast mit viel Stil und fast wie im Himmel

Herrenhäuser und Landgüter

Wer das Besondere liebt, kann sich auch für ein altes Landgut, einen herrlichen Familienpalast oder ein prachtvolles Herrenhaus entscheiden. Die in der Vereinigung ›Turismo no Espaço Rural‹ (TER, Urlaub im ländlichen Raum) zusammengeschlossenen Häuser zeichnen sich durch eine persönliche Gästebetreuung aus, da die Besitzer vor Ort wohnen und so die einzigartige Möglichkeit bieten, das Land und seine Bewohner kennenzulernen. Es gibt sechs verschiedene Angebote, bei der Buchung sollte man auf das offizielle Zeichen ›TER‹ achten.

Die luxuriöseste Variante sind die vornehmen Villen und Herrenhäuser der ›Turismo de Habitação‹ (TH). Etwas rustikaler geht es beim ›Turismo Rural‹ (TR) zu, deren Landhäuser nicht ganz so vornehm sind, aber viel Flair und persönliche Atmosphäre bieten. ›Agroturismo‹ (AT) ist mit Ferien auf dem Bauernhof vergleichbar. ›Turismo de Aldeia‹ (TA) bedeutet einen Zusammenschluss von mindestens fünf Häusern in einem historischen Dorf. Architektur und Einrichtung der kleineren ›Casas de Campo‹ (CC) und der größeren Landhotels ›Hotel Rural‹ sind liebevoll der jeweiligen Umgebung angepasst. Viele der Häuser sind Mitglied in der zentralen Reservierungsstelle Turihab (Praça da República, 4990-062 Ponte de Lima, Tel. 258 74 16 72, Fax 258 74 14 44, www.turihab.pt und www.solaresde portugal.pt).

Pensionen

Pensionen bieten mit Preisen ab 25 € die günstigsten Übernachtungsmöglichkeiten an. Sie sind in drei Klassen eingeteilt, die *1ª ca-*

tegoria ist die beste. Pensionen ohne Kategorisierung sind nicht lizenziert.

Der Standard ist grundsätzlich niedriger als in Hotels, aber eine Pension der oberen Kategorie kann sich durchaus mit einem 3-Sterne-Hotel messen.

Ferienwohnungen und Privatzimmer

Urlaub in Ferienwohnungen ist in Portugal wenig verbreitet. Ein nennenswertes Angebot findet man nur in den Küstenorten v. a. der Algarve. Da die meisten Häuser nicht den Tourismusbehörden gemeldet sind, ist der Markt sehr unübersichtlich. Einige Tourismusämter stellen dennoch Adressenlisten zur Verfügung. Wer über das Internet mieten will, findet auf den Seiten der Suchmaschinen unter dem Begriff ›Ferienhaus Portugal‹ zahlreiche Anbieter. Auf ausgewählte Apartmenthotels und Ferienanlagen wird im Reiseteil hingewiesen.

Jugendherbergen

Die portugiesischen Jugendherbergen stehen altersunabhängig allen Besuchern offen. Voraussetzung ist ein Jugendherbergsausweis, den man im Heimatland oder in den portugiesischen Herbergen erwerben kann. Der Check-In erfolgt zwischen 18 und 24 Uhr. Die meisten Herbergen liegen in touristisch interessanten Regionen und Städten, sind modernisiert und verfügen zusätzlich zu den Schlafsälen über Zweibett- und Familienzimmer.

Die Preise pro Bett liegen zwischen 9 und 16 €, für ein Zweibettzimmer zwischen 30 und 45 €. Eine Attraktion ist die auf einem früheren Schulschiff der Marine eingerichtete Jugendherberge Navio Gil Eannes im Hafen von Viana do Castelo. Auskünfte erteilt die Reservierungszentrale Pousadas de Juventude, Av. Duque de Ávila 137, 1069-017 Lisboa, Tel. 707 20 30 30, Fax 213 56 81 29, www.pousadasjuventude.pt.

Campingplätze

Portugal verfügt über rund 200 Campingplätze, davon viele in Strandnähe. Nur in den nordöstlichen Landesteilen ist das Angebot spärlich. Viele Plätze verlangen die Vorlage eines nationalen oder internationalen Campingausweises. In den Sommermonaten ist eine frühzeitige Reservierung ratsam. Entsprechend der Ausstattung und der angebotenen Serviceleistungen werden die Plätze in vier Kategorien eingeteilt, wobei vier Sterne den höchsten Standard versprechen.

Die Preise liegen etwa zwischen 2 und 5 € pro Person und pro Zelt. Wildes Campen ist verboten. Einen umfassenden Überblick über alle Plätze gibt der Führer »Camping Portugal – Roteiro Campista«, der in den meisten Buchhandlungen erhältlich ist. Sehr detailliert und übersichtlich gestaltet ist die dazugehörige Website www.roteiro-campista.pt, die auch Buchungsformulare für die einzelnen Plätze enthält.

Pauschalangebote und andere ›Schnäppchen‹: An der Algarve und anderen hochtouristischen Gebieten kommen Pauschalangebote der Reiseveranstalter meist preisgünstiger als eine Reservierung desselben Hotels vor Ort. Höherwertige Unterkünfte locken vielfach mit eigenen lukrativen Internetangeboten oder sind über die deutschen Hotelbroker wie www.hrs.de oder www.expedia.de vorteilhaft zu buchen. Allerdings ist bei Schnäppchen zu berücksichtigen, dass man oft bezüglich der Lage, Größe oder Ausstattung weniger attraktive Zimmer erhält.

Baden

Portugal ist das Land der Traumstrände. Sie liegen nicht nur in landschaftlich reizvoller Umgebung, sondern weisen eine hervorragende Wasserqualität auf und werden während der Saison regelmäßig gereinigt. Über 200 und damit mehr als der Hälfte aller Strände weht die blaue EU-Flagge für besondere Sauberkeit, die an kreisförmig angeordneten Sterne in blauem Grund erkennbar ist.

Kühle Wassertemperaturen sorgen für eine relativ kurze Badesaison, die an der Algarve und südlich von Lissabon von Juni bis Anfang Oktober und in Mittel- und Nordportugal von Juli bis Mitte September dauert. Nur an den belebten Stränden findet man Bars, Restaurants und sanitäre Einrichtungen und es werden Sonnen- und Windschutz vermietet.

Von Mitte Juni bis Mitte September sind die Hauptstrände bewacht. Aufgrund der starken, oftmals von außen nicht erkennbaren Strömungen sollte man nur dort ins Wasser gehen und die folgenden Hinweise beachten: Bei grüner Flagge besteht keine Gefahr, das Schwimmen ist erlaubt. Die gelbe Flagge erlaubt zwar ebenfalls das Badevergnügen, doch ist große Vorsicht geboten, denn es können starke Wellen oder Strömungen auftreten. Sicherheitshalber sollte man sich in Strandnähe aufhalten. Die rote Flagge verbietet das Baden, weswegen auch keine Rettungsschwimmer mehr anwesend sind. Nacktbaden ist nur an einzelnen ausgewiesenen Stränden an der Algarve und rund um Lissabon erlaubt. Oben ohne ist zwar nicht allzu verbreitet, wird aber vielfach toleriert.

Mit dem Mountainbike unterwegs: Für Liebhaber dieses Radsports wurden in ganz Portugal und besonders zahlreich im Hinterland der Algarve und im Alentejo unterschiedlich schwierige Routen angelegt, die mit einem roten Punkt gekennzeichnet sind. In vielen Urlaubsorten sind Mountainbikes zu leihen, auf die jeweiligen Stationen ist im Reiseteil hingewiesen. Eine Herausforderung sind die Downhillkurse in der Serra da Estrela und im Monchiquegebirge.

Fahrradfahren

Dank des milden Klimas eignet sich die Algarve ideal als Wintertrainingsgebiet für Radsportler. Die Algarve-Rundfahrt im Februar bildet den Auftakt der europäischen Radsaison und wird von vielen Profis als erste Standortbestimmung vor den Frühjahrsklassikern genutzt. Bis zu 900 m hoch in die Berge geht es von der Küste aus. Die Straßen sind gut ausgebaut und im Hinterland verkehrsarm. Die vielbefahrenen Küstenstraßen sollte man allerdings meiden.

Vom späten Mai bis September laden die Hügel und Berge Nord- und Mittelportugals zu ausgedehnten Trainingseinheiten ein. Eine sportliche Herausforderung ist der Anstieg auf den 1993 m hohen Torre in Mittelportugal, der Steigungen von über 10 % aufweist und durchaus mit einem Pyrenäenpass vergleichbar ist.

Das eigene Fahrrad sollte man allerdings mitbringen, denn einen ausgewiesenen Verleih für hochwertige Rennräder gibt es derzeit nicht. Radfahrer sind in den Hotels willkommen. Auch wenn diese keine gesonderten Abstellplätze ausgewiesen haben, findet sich immer ein sicherer Ort für den Drahtesel. Zur Vorbereitung können zwei im Kettler-Verlag erschienene Radwanderführer zu Süd- bzw. Nordportugal dienen, in denen der Autor Falk von Kriegsheim durchschnittlich 60 km lange Routen detailliert beschreibt.

Weniger ambitionierte Radler finden angelegte Radstrecken besonders an der mittelportugiesischen Küste. Die Stadtverwaltungen von Cascais und Aveiro stellen kostenlose Räder für Ausflüge ans Meer zur Verfügung. In der Umgebung von Nazaré, Marinha Grande, Mira und Espinho führen Radwege am Strand entlang. Ein vergnügliches Radeln an der Algarve behindert allerdings die große Verkehrsdichte auf den Küstenstraßen, doch soll in naher Zukunft die neue Radstrecke ›Ecovia do litoral‹ auf 214 km Länge von West nach Ost auch hier paradiesische Zustände für Ausflüge schaffen. Fahrradverleihe sind schon jetzt zahlreich vorhanden.

Golf

Mit 67 malerisch gelegenen Plätzen v. a. an der Algarve und rund um Lissabon zählt das portugiesische Festland zu den Top-Golfzielen weltweit. International die höchste Anerkennung finden Penina Golf bei Portimão, São Lourenço bei Faro und Penha Longa bei Cascais. Auf den meisten Plätzen wird ein Handicap von 36 für Frauen und 28 für Männer verlangt. Viele Parcours machen es auch Einsteigern leicht und bieten gute Übungsmöglichkeiten und erfahrene Lehrer. Einen ausführlichen Überblick über alle Golfplätze mit Gebührentabelle liefert in deutscher Sprache die Website www.portugalgolf.pt.

Die hohe Nachfrage nach Spielmöglichkeiten insbesondere während der Golfsaison von Spätherbst bis zum späten Frühjahr hat allerdings auch ihre Schattenseiten, denn die *green fees* sind in teilweise astronomische Höhen gestiegen – über 100 € für eine Runde sind nichts besonderes mehr. Golfausrüstung ist überall zu leihen, auf allen Plätzen sind Schuhe mit Spot-Spikes üblich.

Startzeiten auf den renommierten Plätzen sollte man während der Saison schon von Deutschland aus buchen, bei weniger bekannten reicht die Reservierung einen Tag im Voraus. Preisgünstiger kommen häufig pauschale Angebote von Hotels mit hauseigenem Platz oder komplette Golfreisen, wie sie beispielsweise der Reiseveranstalter Olimar (s. S. 82) in einem gesonderten Katalog zusammengestellt hat.

Reiten

Reiten hat im ländlichen Portugal große Tradition, Pferde galten lange Zeit als Statussymbol des Adels und der Grundbesitzer. Die in Mittelportugal heimischen Lusitanerpferde gehören zu den ältesten europäischen Pferderassen. Heute bilden die Kurse und organisierten Ausritte der zahlreichen Reiterhöfe einen festen Bestandteil des Freizeitangebots.

Besonders in Nordportugal stehen den Gästen von ländlichen Unterkünften oftmals Reittiere für Exkursionen zur Verfügung (entsprechende Hinweise s. Reiseteil). Komplette Reiterferien in ganz Portugal organisiert der Veranstalter Das Urlaubspferd, Wiesenstraße 25, 64331 Weiterstadt, www.urlaubspferd.de.

Segeln und Hochseeangeln

Sportboothäfen gibt es entlang der gesamten portugiesischen Küste, die bedeutendsten in Vilamoura, Lagos und Cascais. Die meisten Schiffseigner kommen aus dem Ausland. Segeltörns, Kreuzfahrten und Yachten können direkt in den Häfen vor Ort gebucht werden. Hier liegen auch die offiziell zugelassenen Schiffe für das Hochseeangeln vor Anker. Geangelt werden z. B. Thunfisch, Hai, Barsch oder Rochen. Buchungen können außer in der Hochsaison kurzfristig erfolgen. Segelschulen sind im portugiesischen Segelverband Federação de Vela Portuguesa, Doca de Belém, 1300-038 Lisboa, www.fpvela.pt, zusammengeschlossen und auch in Englisch unter www.ancruzeiros.pt/ancescolas-vela.html zu finden.

Ski- und Hundeschlittenfahren

Kaum vorstellbar aber wahr: Der weiße Wintersport bildet eine Attraktion auf dem höchsten Berg des portugiesischen Festlandes, dem fast 2000 m hohen Torre in der Serra da Estrela. Die Saison beginnt Mitte November und dauert bis in den April. Zusätzlich werden sogar Ausfahrten mit dem Hundeschlitten angeboten (s. Richtig Reisen-Tipp S. 223).

Surfen und Kitesurfen

Das portugiesische Fremdenverkehrsamt wirbt zu Recht mit einem 850 km langen Surfstrand am ungezähmten Atlantik mit viel Wind und starkem Wellengang, den insbesondere erfahrene Surfer zu schätzen wissen. Sie finden ein traumhaftes Paradies an der Praia de Guincho bei Cascais und rund um Ericeira und Peniche in Mittelportugal. Diese Orte richten regelmäßige internationale Wettbewerbe aus. Der Lissabonner Hausstrand Costa da Caparica war 2007 Schauplatz der Surf-Weltmeisterschaften für Junioren.

Bodyboarder kommen im nordportugiesischen Espinho und an der Algarve auf ihre Kosten. In der östlichen Algarve rollen die Wellen sanfter an die Strände, die deshalb von Anfängern bevorzugt werden. Die Internetseite der portugiesischen Surfvereinigung (www.surfingportugal.com) steht leider nur auf Portugiesisch zur Verfügung, doch kann auch ohne Sprachkenntnisse unter dem Link ›*escolas*‹ eine Adressenliste der ca. 100 offiziellen Schulen und Clubs abgefragt werden.

Immer beliebter wird auch in Portugal das Kitesurfen, bei dem das *kite*, ein Drachensegel, den Surfer über das Meer trägt. Bei Winden von grundsätzlich mindestens 20 bis 25 Knoten liegen die besten *spots* in Nordportugal und an der Westküste südlich von Lissabon bis an die Westalgarve. Kurse gemäß der Regeln der International Kiteboarding Organization bieten die Escolas de Kitesurf Katavento an (www.katavento.net).

Tauchen

Beliebt bei Tauchern ist die westliche Algarve, wo der Meeresgrund schnell abfällt. Zwischen den skurrilen Felsformationen und Grotten vor Sagres und Lagos und im langgestreckten Riff Pedra de Âncora bei Portimão tummeln sich typische Fische des Mittelmeers wie Seebarsch, Tintenfisch oder Seeteufel, in den Gesteinsspalten verstecken sich Krebse und Langusten. Besonders intensiv zeigt sich das Unterwasserleben in gesunkenen Schiffswracks, darunter ein Dampfschiff aus dem Ersten Weltkrieg. Die Sichtweiten liegen meist über 10 m, die maximal zulässige Tauchtiefe beträgt 40 m. Zahlreiche Tauchschulen mit Equipmentverleih bieten Kurse auch in deutscher Sprache an. Der Preis für einen Tauchgang liegt bei 25 € mit und 45 € ohne eigene Ausrüstung. Tauchkurse beginnen bei einem Preis von 100 € pro Tag.

Die Küsten des Alentejo und südlich von Lissabon locken mit zahlreichen Fisch- und Pflanzenarten in tiefgrünem Wasser. Zu bevorzugen ist die Gegend um Troja. Weiter nördlich ist die bunte Unterwasserwelt rund um die Inselgruppe Berlinga vor Peniche attraktiv. Eine gut sortierte Liste der portugiesischen Tauchstationen mit Verweis auf ihre Websites findet sich unter www.tauchbasen.net/tauchen-portugal-66.html.

Wandern

Portugals vielfältige Naturschönheiten laden zum ausgiebigen Wandern ein. In den letzten Jahren sind im ganzen Land reizvolle Wege von unterschiedlicher Schwierigkeit und

Länge angelegt und ausgeschildert worden. Häufig verlaufen sie auf traditionellen Weidepfaden. Fast Hochgebirgscharakter besitzen die Wanderungen durch den Nationalpark Peneda-Gerês im Norden. Im südlichen Alentejo läuft man unter schattenspendenden Korkeichen und Olivenbäumen durch endlose Hügellandschaften. Rauer zeigen sich die Hügelketten des nördlichen Alentejo. Die Algarve reizt mit ihren mediterranen Gartenlandschaften. Auf der geplanten ›Via algarviana‹ kann man ab 2008 das ganze Hinterland von West nach Ost durchlaufen (www.viaalgarviana.org).

Gelb-rote Markierungen zeichnen die lokalen Wege *pequena rota* (PR), weiß-rote die *grande rota* (GR) aus. Detaillierte Wanderkarten gibt es nicht, doch halten die Tourismusämter kostenlose Beschreibungen mit meist groben Übersichtskarten bereit. Ersatzweise kann man sich mit Militärkarten *(carta militar de Portugal)* im Maßstab 1 : 25 000 behelfen. Sie kosten etwa 7 € und können über das Instituto Geográfico Português (www.igeo.pt) bezogen werden. Unbedingt sollte man ausreichend Wasservorrat und Sonnenschutzmittel mitnehmen und gutes Schuhwerk tragen. Im Winter und Frühjahr können starke Regenfälle kleine Bäche anschwellen lassen und die Wanderwege überfluten.

Da die Portugiesen selbst nur wenig wandern und für die Pflege der Wege kaum Mittel zur Verfügung stehen, befinden sich diese oftmals nicht in bestem Zustand. Auch ist die Ausschilderung manchmal sehr kreativ gesetzt. Durch solch kleine Unannehmlichkeiten sollte man sich aber nicht von den herrlichen Wanderungen abhalten lassen, sie vielmehr als zusätzliches Abenteuer begreifen, das es zu bestehen gilt.

Erhabene Bergwelten, wie hier die Serra da Estrela, laden zum Wandern ein

Lebensmittel

Was gibt es schöneres als in einer Markthalle oder auf einem Bauernmarkt die frischen Waren direkt vom Erzeuger zu kaufen? In Portugal kann man diesem Vergnügen selbst in kleinen Ortschaften frönen. Obst, Gemüse, Fisch und Fleisch werden unter lockendem Marktgeschrei ebenso feilgeboten wie regionale Spezialitäten: Mandel- / Feigenpaste an der Algarve, Schafskäse und Chouriço-Wurst im Alentejo, Blutwürste im hohen Norden.

Auch Tante-Emma-Läden gibt es noch, allerdings scheint die Konkurrenz der großen Handelsketten übermächtig. In den beiden Supermarktketten Pingo Doce und Minipreço sind neben Lebensmitteln auch die Waren für den täglichen Bedarf erhältlich, während auch aus dem deutschsprachigem Raum bekannte Discounter preisgünstige Standardware anbieten. Die größte Vielfalt findet man in Einkaufszentren *(centros comerciais)*, in denen die riesigen Geschäfte von Modelo, Continente oder Jumbo auch Feinkost führen.

Souvenirs

Überall im Lande erzählen die angebotenen Handwerksprodukte von der Fingerfertigkeit der Produzenten. Weit verbreitet sind feine Klöppelwaren, aber auch auf uralten Webstühlen gefertigte Wolldecken und Flickenteppiche. Schwarze Töpferwaren gibt es in Nordportugal, rotbraune im Süden. Dort werden zudem schon seit Jahrhunderten Körbe aus Palmblättern und Schilf geflochten und Puppen aus Stoffresten genäht. Ein schönes Mitbringsel sind antike oder moderne Azulejos, die ebenso wie Gebrauchskeramik in unterschiedlichsten Mustern und Farben handbemalt wurden. Ein kleines Schälchen für die Oliven wird bei jedem Essen zu Hause schöne Urlaubserinnerungen wecken. Und für eine Flasche besten Portweins oder hochwertigen Olivenöls sollte sich möglichst auch noch ein Plätzchen im Koffer finden.

Öffnungszeiten

Markthallen: Mo–Sa 8–13/14 Uhr, vereinzelt auch nachmittags und sonntags.
Traditionelle Geschäfte: Mo–Fr 9/10–13, 15–19 Uhr, Sa nur vormittags.
Supermärkte: Mo–Fr 8.30/9 Uhr–20/20.30 Uhr, Sa nur vormittags, *Pingo Doce* tgl.
Große Supermärkte (am Stadtrand oder in den Einkaufszentren): Mo–Sa 9–22/24 Uhr, So 9–13 Uhr.
Einkaufszentren: tgl. 10–22/24 Uhr.

Musik

Eine dauerhafte musikalische Erinnerung an Portugal liefern CDs. »The Art of Amália Rodrigues« versammelt 18 unsterbliche Lieder der Grande Dame des Fado mit englischer Textübersetzung. Dulce Pontes versieht auf ihrer CD »Lágrimas« den Fado mit einem Touch von World Music. Die Aktualität des melancholischen Gesangs stellt die junge Künstlerin Mariza auf der Live-DVD »Concerto em Lisboa« unter Beweis, bei dem sie unter der Leitung des Holländers Jacques Morelenbaum vom Lissabonner Sinfonieorchester begleitet wird.

Die digitalen Urlaubsbilder kann man zuhause mit den Instrumentalaufnahmen des Fadogitarristen Carlos Paredes untermalen, die er unter dem Titel »Guitarra« zusammengestellt hat. Liebhaber experimenteller Musik sollten die CD »Cor« der Jazzmusiker Maria João und Mário Laginha anhören. Portugiesische Rockmusik liefert bereits seit 1978 die Gruppe Xutos e Pontapés (Schläge und Fußtritte), deren Name den Stil eindeutig vorgibt, während sich die ersten bedeutenden Rap-Musiker Da Weasel nennen.

Besonders die lauen Sommernächte können in den Städten lang werden. In den Szenevierteln reiht sich Bar an Bar und Club an Club, Discos genießen höchstes Renommee. Wer es ruhiger mag, trinkt einen Aperitif im Straßencafé. Vom Terrassencafé hoch auf den Lissabonner Aussichtspunkten schweift der romantische Blick über die beleuchtete City, von einem Strandcafé an der weiten Atlantikküste über das vom Sternenhimmel beschirmte Meer.

Das ursprüngliche Portugal spürt man beim nächtlichen Besuch eines Fadorestaurants. Casinos von Weltformat locken mit der Möglichkeit, die Urlaubskasse aufzubessern. Freilich kann der entsprechende Versuch auch das Gegenteil bewirken. Die Landbevölkerung vergnügt sich moralisch untadeliger, aber nicht weniger fröhlich bis tief in die Nacht auf den Dorffesten.

Im Kino laufen die Filme in der Originalfassung, wohingegen die Theater weniger interessante Programme auf die Bühne bringen und der Etat des landesweit einzigen Opernhauses, das seine großen Zeiten schon 1793 in Lissabon erlebte, von den verantwortlichen Politikern so beschnitten wurde, dass es an vielen Tagen geschlossen bleibt.

Casinos

Für aufregende Urlaubsnächte an den Atlantikstränden wünschte sich die europäische High Society des frühen 20. Jh. Casinos von internationalem Niveau. Neben dem Glücksspiel werden in den Traditionshäusern in Póvoa de Varzim, Espinho, Figueira da Foz, Estoril, Praia da Rocha, Vilamoura und Monte Gordo auch Varietéshows und musikalische, literarische und künstlerische Events organisiert. Ganz modern und multifunktional wurde das neue Casino auf dem Lissabonner Weltausstellungsgelände gestaltet. Die Nacht dauert hier bis 3 oder 4 Uhr morgens.

Discos und Musikclubs

Junge Portugiesen sind Nachtschwärmer, besonders am Wochenende geht es in die Disco. Weltruf besitzt das Nightlife in Lissabon und Porto. ›Local heroes and international superstars‹ sorgen laut Werbetext für Stimmung im Indústria in Porto, während für das internationale Flair im Lissabonner Lux schon die Namen der Mitbesitzer Catherine Deneuve und John Malkovich sorgen. Portugals größte Disco Kadoc an der Algarve erblüht im Sommer. Aber auch so manches ›Provinznest‹ verbirgt ein Kleinod. So hat sich in Barcelos ein Diskothekenzentrum rund um den größten portugiesischen Houseclub entwickelt.

Getanzt wird meist zwischen 0 und 6 Uhr, richtig los geht's ab 3 oder 4 Uhr. Nicht abschrecken lassen sollte man sich vom angegebenen Mindestverzehr von manchmal über 100 €. Solche Summen gelten nur für Großereignisse und liegen im ›normalen‹ Discoalltag in durchaus bezahlbarem Rahmen.

Auf eine längere Tradition kann die lebendige Jazzkultur zurückblicken, fast jede Studentenstadt beherbergt einen Club und attraktive Festivals locken die Konzertfreunde nach Lissabon, Estoril, Coimbra, Porto, Braga oder Guimarães.

Fadorestaurants

In schummrigen Lissabonner Kaschemmen wurde der Fado zuerst gesungen, doch bald schon fand er seinen Weg in Revuetheater und vornehme Restaurants. Auch heute gibt es die Wahl zwischen einer einfachen Pinte mit Sängern aus der Nachbarschaft oder den gehobenen Fadohäusern (*casa do fado*), in denen die Lieder professionell interpretiert werden. Meist beginnt das Programm gegen 21 Uhr und dauert auch schon mal bis nach Mitternacht. Zentren sind Lissabon und Coimbra.

Adressen

In Portugal fehlen die Familiennamen an den Haustüren und Briefkästen. Die Klingeln sind nach Stockwerken und der Lage der Wohnung angeordnet, zum Beispiel 1° Esq. *(esquerdo* = links) für 1. Stockwerk links oder 2° Dto. *(direito* = rechts) für 2. Stockwerk rechts. Die Postleitzahlen bestehen aus einer vierstelligen Nummer für die Postleitregion und einer dreistelligen für die Zustellbezirke, wie etwa 8000-210 Faro.

Beschwerden

Restaurants und Hotels führen ebenso wie alle öffentlichen Einrichtungen ein Beschwerdebuch *(livro de reclamações)*, das auf Verlangen vorgelegt werden muss und in das Beschwerden auch in englischer Sprache eingetragen werden können. Ein Durchschlag geht an die zuständigen staatlichen Prüfstellen, so dass häufig schon die Frage nach dem *livro de reclamações* ein Problem beseitigen kann. Allerdings sollte man dabei Zurückhaltung walten lassen und nur in wirklich gravierenden Fällen nach diesem Buch fragen.

Fotografieren

Die Höflichkeit gebietet es, Menschen um Erlaubnis zu bitten, bevor man sie fotografiert. Grundsätzlich verboten ist Fotografieren und Filmen in Einkaufszentren und Supermärkten, dort wird man schnell und freundlich vom lokalen Wachschutz zurechtgewiesen. Dieses Verbot erstreckt sich auch auf Markthallen, doch wird dort schon eher ein Auge zugedrückt. In den meisten Museen und historischen Gebäuden ist Fotografieren erlaubt, allerdings muss der Blitz ausgeschaltet sein. Viele Fotogeschäfte der Innenstädte oder Einkaufszentren bieten den Service an, den Inhalt eines vollen Speicherchips auf eine CD zu brennen oder kurzfristig Papierabzüge davon anzufertigen.

Umgangsformen

Portugiesen sind in der Regel freundliche, aber zurückhaltende Menschen, denen selten ein lautes Wort über die Lippen kommt. Gerne geben sie kleine Hilfeleistungen und bieten auch mal an, bei einer komplizierten Wegstrecke mit dem Auto vorne weg zu fahren oder den Fußgänger zu begleiten. Dafür wird ein freundlicher Dank erwartet, nicht aber Geld, das stolz zurückgewiesen wird. Pluspunkte macht man mit lobenden Worten über das Gastland.

Der Schlüssel zum nervenschonenden Umgang mit Portugal heißt *paciência* (Geduld), denn man pflegt hierzulande oft noch einen ›vormodernen‹ Umgang mit der Zeit. *Paciência* benötigt man beim Warten an den Straßenbahn- oder Bushaltestellen – dort übrigens in einer geordneten Schlange –, und an der Supermarktkasse, wenn der Vordermann zunächst die Einkäufe zeitraubend in unzähligen Plastiktüten verstaut, um erst danach die Geldkarte vorzulegen, die nun erst beim dritten Versuch funktioniert. Oder im kleinen Kramladen, wo Verkäufer und Kunde bald in ein nicht enden wollendes Privatgespräch verstrickt sind und dabei keinen Gedanken an andere wartende Käufer verschwenden.

Als sehr unhöflich empfinden es Portugiesen hingegen, eine Frage klipp und klar zu verneinen. Lieber geben sie die Antwort: *É muito complicado* – das ist sehr kompliziert ... und meinen in Wirklichkeit, dass es unmöglich ist. Der Urlauber sollte dies schlicht akzeptieren und nicht versuchen, wortreich dagegen anzudiskutieren. Denn wer laut oder aggressiv wird, hat in Portugal schon verloren. Dann nämlich werden Portugiesen zu unbeugsamen Dickköpfen.

Geld

Währung ist der Euro, die Untereinheit heißt im Portugiesischen *cêntimos*. Das Netz an Geldautomaten ist dicht. Sie sind auch in Supermärkten, Einkaufszentren, Bahnhöfen und an Tankstellen aufgestellt und am blauen Zeichen *Multibanco MB* zu erkennen. Die Bedienung erfolgt auf Wunsch in deutscher Sprache.

Internationale Kreditkarten (v. a. Visa und Mastercard) sind weit verbreitet. Geldwechsel ist in allen Banken und den seltenen Wechselstuben möglich.

Öffnungszeiten der Banken: Mo–Fr 8.30–15 Uhr.

Reisebudget

Zwar ist Portugal kein Billigreiseland, dennoch lebt man günstiger als in Mitteleuropa. Die Zimmerpreise reichen von 25 € in einer einfachen Pension bis durchschnittlich 350 € in einem 5-Sterne-Hotel. Eine Unterkunft im mittleren bis gehobenen Bereich kostet im Landesinneren 50 bis 100 €, in den Großstädten und an den Küsten 70 bis 200 €. In Strandnähe gibt es erhebliche Saisonzuschläge.

Für ein Hauptgericht in einer einfachen Kneipe zahlt man etwa 5 bis 8 €, in einem Mittelklasselokal 8 bis 20 € und in einem Spitzenlokal 20 bis 35 €. Günstig sind die Getränkepreise: Ein Espresso kostet gewöhnlich 70 Cents, Wasser und Bier 1,30 €, eine Flasche Wein 5 bis 15 €.

Obst und Gemüse sind sehr preiswert, die anderen Lebensmittel liegen im europäischen Durchschnitt, teuer sind Milchprodukte. Süßmäuler sollten sich ihren Schokoladenvorrat mitbringen. In den großen Supermärkten und Discountern kauft man billiger, aber nicht unbedingt besser ein als auf Märkten und in den noch zahlreichen Tante-Emma-Läden.

Spartipps

Sonntags bis 14 Uhr ist der Eintritt in allen nationalen und einigen nichtstaatlichen Museen und Sehenswürdigkeiten frei. Für Jugendliche unter 26 Jahren bringt die ›Cartão jovem‹ zahlreiche Vergünstigungen bei Eintrittspreisen, Konzerten, in Zügen und manchen Geschäften. Sie kann u. a. in Jugendherbergen, Postämtern und der Sparkasse Caixa Geral de Depósitos gegen eine Gebühr von 8 € erworben werden, ein Passbild ist mitzubringen.

Über 65-Jährige erhalten gegen Vorlage des Ausweises Nachlass auf viele Eintrittspreise und beim Zugfahren.

Manche Supermärkte, v. a. im Norden Portugals und im Alentejo, verkaufen verbilligtes Benzin.

Trinkgeld

Trinkgelder für Dienstleistungen in Höhe von 5–10 % der Rechnungssumme sind in Portugal üblich. In Restaurants wird der Betrag auf dem Tisch liegen gelassen.

Sperrung von EC- und Kreditkarten bei Verlust oder Diebstahl*:

0049-116 116

oder 0049-30 4050 40509
(* Gilt nur, wenn das ausstellende Geldinstitut angeschlossen ist, Übersicht: www.116116.eu)
Weitere Sperrnummern:
- MasterCard: 0049-69-79 33 19 10
- VISA: 0049-69-79 33 19 10
- American Express: 0049-69-97 97 1000
- Diners Club: 0049-69-66 16 61 23

Bitte halten Sie Ihre Kreditkartennummer, Kontonummer und Bankleitzahl bereit!

Reisezeit und Reiseausrüstung

Klima

Die verschiedenen Landesteile liegen in sehr unterschiedliche Klimazonen, so dass Portugal je nach den gewünschten Urlaubsaktivitäten durchaus ganzjährig seine Reize entfaltet. Im Norden und in der Mitte unterliegt das Klima atlantischen und kontinentalen Einflüssen. Das Meer sorgt in den küstennahen Gegenden für milde Temperaturen und häufige Niederschläge, während es im Landesinneren zu heißen Sommern und kalten Wintern mit Minusgraden und Schneefällen kommt. Weiter im Süden wird es trocken-mediterran, auch hier sorgt der Atlantik für ausgeglichene Temperaturen in Küstennähe, im Landesinneren steigt das Thermometer im Sommer regelmäßig über 40 °C.

Kultur- und Städtereisen sind im Frühling und Herbst am schönsten. Mit etwas Glück kann man aber auch im Winter die Nachmittagssonne in einem Straßencafé in Lissabon, Coimbra oder Évora genießen, dann versetzt auch das besonders milde Licht jeden Fotografen in Begeisterung. In Porto und Umgebung fällt diese Jahreszeit allerdings überwiegend regnerisch und kühl aus.

Im Hochsommer fährt man am besten ans Meer, das im Norden durchschnittlich 19 °C erreicht, an der Algarve etwa 22 °C. Da der Atlantik also kühler ist als das Mittelmeer, beginnt die eigentliche Badesaison erst im Juni und endet im September oder Oktober. Aber auch dann sind die Strände nicht so überfüllt wie in anderen südlichen Ländern. Strandspaziergänge und Sonnenbaden besonders an der Algarve machen in jedem Monat Spaß und manch Hartgesottener springt auch schon mal bei winterlichen 15 °C in die Fluten. Küstenwanderungen im nördlichen Portugal locken in dieser Jahreszeit die Freunde eines ungezähmten Meeres.

Die ersten Blüten und die immergrünen Bäumen erfreuen Naturfreunde bereits im Winter, wenn in Mitteleuropa alles grau und kahl ist. Die bevorzugten Jahreszeiten für Wanderer sind Frühjahr und Herbst, im regenreichen Bergland des Nationalparks von Peneda-Gerês auch der Hochsommer.

Klimadaten Lissabon

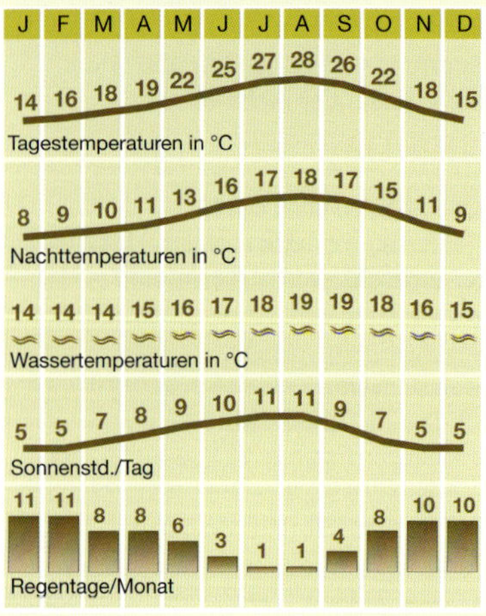

Kleidung und Ausrüstung

Außer im Casino bestehen keine besonderen Kleidungsvorschriften, doch achten viele, v. a. ältere Portugiesen auf ihr korrektes Äußere. In Restaurants trägt Mann lange Hosen, auch in den Gotteshäusern sollte auf entsprechende Umgangsformen geachtet werden. Bei Reisen nach Nordportugal gehört ganzjährig ein Regenschutz in den Koffer, auf den man an der Algarve im Sommer verzichten kann. Immer allerdings ist Sonnenöl mit hohem Lichtschutzfaktor ratsam. Im Frühjahr und Herbst sollte man Kleidung für jede Temperatur mitnehmen. Gute Dienste leistet eine Strickjacke im Sommer in den oft stark klimatisierten Räumen. In Mitteleuropa gebräuchliche Stecker passen ohne Adapter in jede portugiesische Steckdose.

Gesundheit

Apotheken

Die mit einem grünen Kreuz gekennzeichneten, zahlreichen Apotheken *(farmácias)* sind werktags zwischen 9–13 und 15–19 Uhr geöffnet, samstags nur am Vormittag. Zusätzliche Notapotheken *(farmácias de serviço)* sind die ganze Nacht und am Wochenende dienstbereit, bei ihnen ist das grüne Kreuz dann beleuchtet. Sie sind in den Tageszeitungen sowie auf Aushängen an den Eingängen aller *farmácias* mit Adresse aufgelistet. Von den ausgebildeten Apothekern wird man bei kleineren Gesundheitsproblemen fachkundig beraten und erhält die handelsüblichen Medikamente ohne Schwierigkeiten, aber oft unter anderem Namen und zu niedrigerem Preis. Homöopathische und pflanzliche Heilmittel sind allerdings weniger gebräuchlich und gehören in die Reiseapotheke.

Krankenversicherungsschutz und ärztliche Versorgung

Bei einem Unfall oder einer plötzlichen Erkrankung haben EU-Bürger und Schweizer denselben Anspruch auf öffentliche Gesundheitsversorgung wie die Portugiesen. Hierfür wird die Europäische Krankenversicherungskarte (EHIC) benötigt, die von der heimischen Krankenkasse ausgestellt wird. Man muss diese mit dem Reisepass bzw. Personalausweis vorlegen und eine landesübliche geringe Selbstbeteiligung zahlen, um bei kleineren Notfällen in den Gesundheitszentren *(centro de saúde)* allgemeinmedizinisch oder pflegerisch versorgt zu werden. Gleiches gilt für die Notaufnahmen *(urgências)* der öffentlichen Krankenhäuser, an die man sich bei schweren Erkrankungen, Verletzungen, Verbrennungen, Vergiftungen o. ä. wenden sollte, denn nur dort behandeln Fachärzte.

In den öffentlichen Einrichtungen ist jedoch mit Wartezeiten zu rechnen. Diese kann man bei Privatärzten oder -kliniken zumeist umgehen, doch sind dortige Behandlungen grundsätzlich direkt vor Ort zu bezahlen. Selbiges gilt für zahnärztliche Behandlungen, die nicht vom öffentlichen Gesundheitssystem getragen werden. Der Abschluss einer Reisekrankenversicherung ist für diese Fälle dringend empfohlen. Deutschsprachige Ärzte haben sich an der Algarve und in wenigen Großstädten niedergelassen. Adressenlisten erhält man bei den Botschaften und Konsulaten.

Toiletten

Grundsätzlich ist der hygienische Standard von Toiletten *(casa de banho)* in portugiesischen Hotels und Gaststätten gut. Einfacher ausgestattet und kostenlos sind die Toiletten an Busbahnhöfen, Tankstellen und Raststätten, während sich an öffentlichen Plätzen wie Bahnhöfen oder Stadtparks häufig hochmoderne Toilettenhäuschen befinden, deren Nutzung etwa 0,50 € kostet. Die vollautomatische Tür der zumeist grünen oder braunen Kabinen öffnet sich jedoch nur bei exakt passenden Münzen! In Markthallen findet man öffentliche Toiletten, die zwar schlichter sind, doch in der Regel von einer Klofrau sehr sauber gehalten werden. Sie freut sich über ein kleines Trinkgeld. Auf dem Land bzw. in dörflichen Lokalen wirft man das benutzte Toilettenpapier in einen neben der Toilette stehenden Eimer, da die Abflussrohre mit ihrem geringen Durchmesser leicht verstopfen. Die Türen sind mit M *(mulheres)* für Frauen und H *(homens)* für Männer gekennzeichnet.

Wasser

Abgesehen von wenigen abgelegenen Ortschaften sind die portugiesischen Haushalte landesweit an die öffentliche Trinkwasserversorgung und Abwasserentsorgung angeschlossen. Man kann das Leitungswasser also trinken, doch ist es stark gechlort. In Lissabon und Porto leidet die Wasserqualität zudem häufig unter den alten bleihaltigen Leitungsrohren, während an der Küste der Algarve das Wasser durch die intensive Verwendung von Pestiziden in Gewächshäusern und Golfplätzen stark nitratbelastet ist. Zum Zähneputzen oder Obstwaschen kann es problemlos verwendet werden. Zum Trinken empfehlen sich jedoch die preiswerten 1,5 oder 5-l-Flaschen mit Quellwasser, die es in Kiosken und Lebensmittelläden gibt.

Diebstahl

Portugal gilt als relativ sicher, ist jedoch keine kriminalitätsfreie Zone. Schützen muss man sich v. a. vor Trickdiebstahl in den öffentlichen Verkehrsmitteln der Großstädte. Drängeln und Stoßen, aber auch eine besonders freundliche Hilfe beim Einsteigen dienen gerne als Ablenkungsmanöver bei Diebstählen. In touristisch belebten Cafés oder Restaurants sollte man die Handtasche nicht einfach auf den Tisch legen, sondern lieber am Stuhlbein sichern. Wertsachen und Ausweisdokumente gehören besser in den Hotelsafe und Geld befindet sich geschützter in einer Bauchtasche oder einem Brustbeutel am Körper. Auf keinen Fall gehört die Geldbörse in den Rucksack auf dem Rücken.

Notruf

Die kostenlose Notrufnummer für **Polizei, Krankenwagen und Feuerwehr** lautet im Festnetz und Mobilfunk **Tel. 112** und ist rund um die Uhr erreichbar.

Hilfe bei Vergiftungen wird unter Tel. 808 25 01 43 zum Ortstarif geleistet.

Waldbrände kann man unter Tel. 117 melden.

Englisch wird in der Regel verstanden.

Sollte es doch zu einem Diebstahl oder anderen Schadensfall kommen, muss man diesen umgehend der Polícia de Segurança Pública (PSP) melden. Eine Anzeige *(declaração)* ist Voraussetzung für die ggf. notwendige Wiederbeschaffung der Dokumente bzw. für die Ersatzleistung durch eine Versicherung.

In großen Städten befinden sich Sonderdienststellen für Touristen in der Nachbarschaft der Touristenämter. Die dortigen Polizisten sprechen mehrere Fremdsprachen und helfen auch mit den Adressen der öffentlichen Fundbüros, wo oftmals der gestohlene Geldbeutel mit den Dokumenten und nur erleichtert um das Bargeld wieder auftaucht. In Lissabon ist das Fundbüro Secção de Achados an den Werktagen erreichbar unter Tel. 218 53 54 03.

Frauen allein unterwegs

Portugal nennt sich gerne das Land der sanften Umgangsformen *(brandes costumes)*, die insbesondere den männlichen Teil seiner Bewohner deutlich von anderen Südländern unterscheiden. Zwar ist auch den portugiesischen Männern aufgrund der vorherrschenden katholisch-patriarchalen Erziehung ein gewisses Machotum nicht abzusprechen, doch wird dies stärker in der Familie als im öffentlichen Raum ausgelebt.

Anders als in Spanien oder Italien wird eine alleinreisende Frau ihren Urlaub in Portugal in der Regel ohne Aufdringlichkeiten oder Anmache auf der Straße verleben und auch in der Gaststätte mit der gleichen Aufmerksamkeit bedient werden wie die übrigen Gäste. Auch Portugiesinnen nehmen ihr Restaurantessen mitunter alleine zu sich. Allerdings kann es vorkommen, dass alleinreisende Frauen in abgelegenen ländlichen Regionen neugierig beäugt werden, was aber keine unangenehmen Konsequenzen nach sich zieht.

Post

Die portugiesischen Postämter *(correios)* erkennt man an einem roten Schild mit weißer Reiterfigur. Sie sind werktags von 9 bis 18 Uhr geöffnet, die Hauptpostämter der großen Städte grundsätzlich bis 19 Uhr und Samstag vormittags.

Am Eingang der meisten Postämter befindet sich ein roter Automat für die Wartenummern, für den Briefmarkenkauf wählt man dort *atendimento geral*. Die Wartenden werden dann per Leuchtanzeige an die jeweiligen Schalter *(balcão)* dirigiert. Briefmarken *(selos)* können auch aus den roten Automaten gezogen werden. Die Normalpost kommt in den roten, nur die zuschlagspflichtige Eilpost in den blauen Briefkasten. Normalerweise dauert die Post 2 bis 3 Tage nach Mitteleuropa, die Eilpost *(correio azul)* 1 bis 2 Tage. Das Zielland sollte deutlich mit *Alemanha*, *Áustria* oder *Suiça* angegeben werden. Postkarten und Briefe in das europäische Ausland werden derzeit mit 0,61 € frankiert, die Eilpost mit 1,85 €.

Internet

Viele Stadtverwaltungen und das portugiesische Jugendinstitut bieten einen kostenlosen Zugang zum Internet, meist im Rathaus, in Bibliotheken, Jugendherbergen und an gesondert eingerichteten ›Pontos Banda Larga‹. Die Dauer des Surfens ist auf 30 Min. begrenzt. Das Angebot steht auch Urlaubern offen, doch muss man sich in eine Liste eintragen und erhält einen Benutzerausweis gratis.

Gebührenpflichtig ist das Surfen an sog. Netpost-Diensten in Postämtern und an Internetautomaten in allen Bahnhöfen und Flughäfen. Das Netz der kommerziellen Internetcafés ist ebenfalls eng.

Mit einem entsprechend ausgerüsteten Laptop kann man in zahlreichen Hotels und an vielen öffentlichen Orten wie Flughäfen, Parks, Raststätten und Einkaufszentren in den dort deutlich gekennzeichneten *WiFi-Zonas* kostenlos surfen.

Telefonieren

Die Telefonnummern bestehen für Festnetz wie Mobilfunk aus neun Ziffern ohne Ortsvorwahl. Die Mobilfunknummern beginnen mit einer 9, alle Festnetznummern mit 2. Die öffentlichen Telefonzellen funktionieren mit Münzen oder Telefonkarten *(cartão telefónico)*, die man für 3, 6 oder 9 € an Zeitungskiosken erhält. Die Gebühren sind deutlich höher als in Deutschland. Für Auslandsgespräche wählt man die jeweilige Vorwahlnummer des Landes und gibt dann die Ortskennzahl ohne die 0 an.

Internationalen Vorwahlen: Deutschland 00 49, Österreich 00 43, Schweiz 00 41, Portugal 00 351.

Mobiltelefone

Die drei Mobilfunkanbieter TMN, Vodafone und Optimus unterhalten Roaming-Verträge mit den meisten internationalen Netzbetreibern. Wer damit eine portugiesische Nummer von seinem Handy aus anruft, kann auf die Landesvorwahl verzichten. Für ausländische Mobiltelefone können SIM-Karten der portugiesischen Betreiber bereits in den Mobiltelefonläden an den Flughäfen erworben werden.

Zeitungen

Deutschsprachige Zeitungen erhält man das ganze Jahr über an größeren Kiosken in Ferienorten und Großstädten. Die wichtigsten portugiesischen Tageszeitungen sind Público, Diário de Notícias und Jornal de Notícias, die auch Veranstaltungshinweise, Kulturtipps und Kinoprogramme enthalten.

Sprachführer

Ausspracheregeln

Die Betonung liegt im Portugiesischen im Allgemeinen auf der vorletzten Silbe.

ão wie »au«
c vor »a, o, u« wie »k«; vor »e, i« wie »ss«
ç wie »ss«
-em/-im/-om am Wortende nasal gesprochen
es am Wortanfang wie »sch«
g vor »a, o, u« wie »g«; vor »e, i« wie »sch«
h wird nicht gesprochen
j wie »sch«
lh wie »lj«
nh wie »nj«
o wenn unbetont, dann wie »u«
s vor Konsonant wie »sch«; vor Vokal wie »s«

Allgemeines

Guten Morgen	bom dia
Guten Tag	boa tarde (ab mittags)
Gute Nacht	boa noite
Hallo!	olá!
Auf Wiedersehen	adeus, até logo
ja / nein	sim / não
bitte	faz favor
danke	obrigado (als Mann) obrigada (als Frau)
Entschuldigen Sie!	desculpe!

Unterwegs

Haltestelle	paragem
Bus	autocarro
Straßenbahn	eléctrico
Zug	comboio
Fahrkarte	bilhete
Bahnhof	estação
Flughafen	aeroporto
Taxi	táxi
Auto	carro
Benzin / Diesel	gasolina / gasóleo
Tankstelle	posto de gasolina
Eingang	entrada
Ausfahrt, -gang	saída
links	à esquerda
rechts	à direita
geradeaus	em frente
hier	aqui
dort	ali, lá
Stadtzentrum	centro da cidade
Stadtplan	mapa da cidade
Auskunft	informação

Zeit

Stunde	hora
Tag	dia
Woche	semana
Monat	mês
Jahr	ano
heute	hoje
morgen	amanhã
gestern	ontem
Montag	segunda-feira
Dienstag	terça-feira
Mittwoch	quarta-feira
Donnerstag	quinta-feira
Freitag	sexta-feira
Samstag	sábado
Sonntag	domingo
Feiertag	feriado

Notfall

Hilfe!	socorro!
Polizei	polícia
Arzt / Ärztin	médico
Zahnarzt	dentista
Apotheke	pharmácia
Krankenhaus	hospital
Unfall	acidente
Schmerz	dor
Panne	avaria

Übernachten

Hotel	hotel
Pension	pensão
Einzelzimmer	quarto individual
Doppelzimmer	quarto com duas camas
Zimmer mit / ohne Bad	quarto com / sem casa de banho
Toilette	casa de banho

Dusche	duche
mit Frühstück	com pequeno almoço
Halbpension	meia-pensão
Meerblick	vista mar
Empfang	recepção
Ausweis	passaporte
Schlüssel	chave
Gepäck	bagagem
Handtuch	toalha
Rechnung	factura

Einkaufen

Geschäft	loja
Markt	mercado
Bäckerei	padaria
Lebensmittel	alimentos
Geld	dinheiro
Kreditkarte	cartão de credito
Geldautomat	caixa automático
Bank	banco
Telefon	telefone
Telefonkarte	cartão telefónico
Postamt	correios
Briefmarke	selo
geöffnet	aberto
geschlossen	fechado
teuer / billig	caro/ barato
wie viel?	quanto?
Öffnungszeiten	horário (da abertura)

Zahlen

1	um / uma	18	dezoito
2	dois / duas	19	dezanove
3	três	20	vinte
4	quatro	21	vinte e um
5	cinco	30	trinta
6	seis	40	quarenta
7	sete	50	cinquenta
8	oito	60	sessenta
9	nove	70	setenta
10	dez	80	oitenta
11	onze	90	noventa
12	doze	100	cem
13	treze	101	cento e um
14	catorze	150	cento e cinquenta
15	quinze	200	duzentos / duzentas
16	dezasseis		
17	dezassete	1000	mil

Die wichtigsten Sätze

Allgemeines

Ich heiße …	Chamo-me …
Wie heißen Sie?	Como se chama?
Sprechen Sie Deutsch / Englisch?	Fala alemão / inglês?
Ich verstehe nicht.	Não compreendo.
Wie geht's?	Como está?
Danke, gut.	Bem, obrigado/ -a.

Unterwegs

Wie komme ich nach …?	Como se vai para …?
Wo ist …?	Onde está …?

Im Notfall

Können Sie mir helfen?	Pode-me ajudar?
Ich brauche einen Arzt.	Preciso de um médico.
Hier tut es mir weh.	Dói-me aqui.

Übernachten

Haben Sie ein freies Zimmer?	Tem um quarto disponível?
Wie viel kostet das Zimmer pro Nacht?	Quanto custa o quarto por noite?
Können Sie mir ein Hotel empfehlen?	Pode-me recomendar um hotel?

Einkaufen

Wie viel kostet das?	Quanto custa?
Ich hätte gern …	Quero …
Wann öffnet / schließt …?	Quando abre / fecha …?

Beschaulich fließt der Rio Mondego durch die Universitätsstadt Coimbra

Unterwegs in Portugal

Rot leuchten die Dächer der Alfama. Die Häuser des maurischen Viertels wurden teilweise saniert.

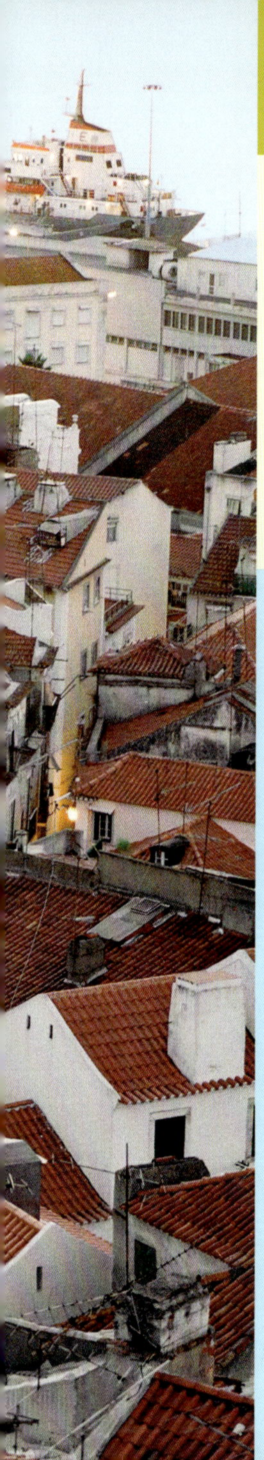

Kapitel 1

Lissabon

Auf einen Blick: Lissabon

Die Stadt des Lichts

Das warme Licht des südlichen Himmels durchflutet Portugals Hauptstadt, die wie kaum eine andere europäische Metropole bei ihren Besuchern eine romantische Saite anschlägt. Bunt gekachelte Häuser säumen enge Gassen und breite Alleen, die auf großzügige Plätze führen. In majestätischem Glanz erstrahlen prachtvolle Kirchen und weiße Marmorpaläste, finanziert aus den unermesslichen Gewinnen der ruhmreichen Seefahrten, die einst das Tor zur Neuzeit öffneten.

Auf sieben Anhöhen erstreckt sich Portugals Hauptstadt, die 590 000 Einwohner zählt. Sanft schaukeln die historischen Trams und Standseilbahnen hinauf. Auf dem weithin sichtbaren Burghügel hatten vor gut drei Jahrtausenden die Phönizier die erste menschliche Ansiedlung hoch über dem Tejo gegründet, geschützt vor den Fluten des 13 km entfernten Atlantiks. Zum Fluss hin ziehen sich die arabisch anmutenden Wohnviertel der kleinen Leute, eine Erinnerung an die maurische Herrschaft zwischen 714 und 1147. Das Gassenlabyrinth ist erfüllt von den Geräuschen südländischen Lebens, und aus urigen Pinten strömt der köstliche Duft gegrillter Sardinen.

Gerade solch kleine Sinnesfreuden am Wegesrand machen Lissabons unverwechselbares Flair aus: eine kunstvoll geschmiedete Straßenlaterne, vielfarbige Wäsche, die in den Gassen im Wind flattert, elegante Straßencafés inmitten des pulsierenden Lebens.

Durchdrungen von dieser ursprünglichen Atmosphäre bemüht sich die alte Dame Lissabon um ein behutsames Facelifting. Moderne Stararchitekten kontrastieren das historische Stadtbild mit kühnen Bauten und entwarfen am Flussufer den Parque das Nações als Stadtteil des 21. Jh. In den vormals verlassenen, rot geziegelten Speicherstätten im Hafengelände haben attraktive Vergnügungszentren mit Restaurants, Cafés, Musikbars und Diskotheken Quartier bezogen. Mancher historische Adelspalast be-

herbergt ein Einkaufszentrum – und ein Klostergebäude auch mal ein zeitgenössisches Kunstmuseum.

Das Miteinander solch unterschiedlicher Lebenswelten hat seine Wurzeln in weit zurückliegenden Zeiten. Im 15. und 16. Jh. stießen die portugiesischen Seefahrer von Lissabon zu unbekannten Küsten vor und brachten neben Gewürzen, Gold und Reichtum auch exotische Lebensentwürfe aus fernen Ländern in die Stadt. Aber das schreckliche Erdbeben von 1755 zerstörte den Traum vom Weltreich, die mentalen Erschütterungen sind bis heute in einem ureigenen Fatalismus spürbar.

Lissabon ist eine helle, lebendige Metropole. Doch liegt über der Stadt des Lichts der musikalische Schleier eines melancholischen Gesangs, des Fado, in dem sich die Lissabonner Seele offenbart. Und die ist, bei aller modernen Tatkraft, doch eher traurig gestimmt.

Highlight

1 **Lissabon:** Die bunte Vielfalt aus Nostalgie und Moderne macht den besonderen Charme von Portugals kultureller Metropole aus.

Empfehlenswerte Routen

Stadtrundfahrt per Straßenbahn: Die Linie 28 der historischen *eléctrico* nimmt ihre Fahrt am Largo Martim Moniz im Stadtzentrum auf und schaukelt durch die engen Lissabonner Gassen in den äußersten Westen. Zu einer Schnupperfahrt lädt die Linie 12 ein, die auf kurzem Wege den Burghügel umfährt (s. S. 121).

Spaziergang durch die Alfama: Lassen Sie sich treiben durch die mittelalterlichen Gassen der Alfama, das maurisch geprägte Stadtviertel, treppauf, treppab durch die engen Gassen. Aus den Häusern schallt Fadomusik, in der Luft liegt der Duft gegrillter Sardinen (s. S. 123 ff.).

Richtig Reisen-Tipps

Lissabonner Kaffeehäuser: Die kleine schwarze *bica,* eine Art Espresso, ist Lissabons Lebenselixier. In stilvollen und volkstümlichen Cafés lernt man die Seele der Stadt kennen (s. S. 114).

Nightlife am Tejo: Glamouröse Diskotheken, dunkle Jazzclubs und hippe Bars versammeln sich am Fluss und im Szeneviertel Bairro Alto (s. S. 118).

Metrostationen – Lissabons unterirdische Kunstgalerien
Die Besucherzahlen stellen selbst den Louvre in den Schatten, in vielen U-Bahnhöfen lässt sich mit dem Metroticket als Eintrittskarte moderne Kachelkunst betrachten (s. S. 144).

Reise- und Zeitplanung

Der Atlantik sorgt für mildes Klima. Im Hochsommer steigen die Temperaturen allerdings häufig auf über 30 °C, im Winter sinken die Werte selten unter 10 °C. Doch fielen 2006 zum ersten Mal nach 50 Jahren wieder Schneeflocken auf Lissabon. Die schönsten Jahreszeiten sind Frühling und Herbst, mit etwas Glück kann man aber auch im Januar die Nachmittagssonne im Straßencafé genießen, dann ist das Licht besonders klar. Die eigentliche Regenzeit beginnt im November und endet im März. Im April, Mai und Frühherbst regnet es nur an einzelnen Tagen, im Hochsommer gar nicht.

Mindestens drei bis vier Tage sollte man für den Stadtbesuch einplanen und dabei nicht nur die bekannten Museen und Kirchenbauten besichtigen, sondern sich Zeit nehmen für Streifzüge durch die Stadtviertel, um das wirkliche Lissabon kennenzulernen. Absolutes Muss sind der Besuch eines Fadolokals und eine Straßenbahnfahrt.

1 Lissabons historisches Zentrum

Karte S. 124/125

Die glanzvollen Plätze Rossio und Praça do Comércio, rechtwinklig angelegte Straßenzüge in der Baixa, elegante Stadtpaläste und Geschäfte im Chiado, Nightlife im alternativen Bairro Alto – unterschiedlicher können Stadtteile eines historischen Zentrums kaum ausfallen, doch von solchen Kontrasten lebt die Hauptstadt Lissabon.

Die Baixa wurde nach dem Erdbeben 1755 im geradlinig-nüchternen Stil des aufgeklärten Absolutismus völlig neu geschaffen. Keine Kirche, kein Adelspalast durchbricht die einheitliche Linie der vier- bis fünfstöckigen Häuserfronten zwischen den weitläufigen Plätzen Rossio und Praça do Comércio. In völlig anderem Gewande zeigt sich der Chiado, der aus den eleganten Träumen des 19. Jh. erwuchs. Hier findet man Theater, schicke Modeboutiquen, edle Luxusrestaurants. Wer nun die paar Schritte hinüber ins Bairro Alto geht, taucht erneut in eine andere Welt ein. Diese Oberstadt ist ein Gegensatz in sich, Luxus trifft sich im Armenviertel. Die jugendliche Disco liegt neben dem verstaubten Haushaltswarengeschäft, die angesagte Modeboutique gegenüber der Traditionsschneiderei. Diese soziale Vielfalt birgt auch Spannungen in sich, doch ebenso die Fähigkeit, sich immer wieder neu mit dem Gegebenen zu arrangieren. Eine umfassende Verkehrsberuhigung brachte dem historischen Viertel Ruhe und Gemächlichkeit zurück, zumindest tagsüber, denn nachts erwacht Lissabons Szeneviertel zu südländischer Lebendigkeit.

Rund um den Rossio

Der 201 m lange und 91 m breite **Rossio** 1 bildet das pulsierende Herz der Stadt. Doch in den Karten findet man ihn unter seinem amtlichen Namen Praça Dom Pedro IV. 1870 wurde zu Ehren dieses Königs, einem Wegbereiter des liberalen Verfassungsstaates, eine Statue aufgestellt und die offizielle Namensgebung besiegelt, die vom Volk aller-

dings nie angenommen wurde. Seit dem Mittelalter ging es auf dem Rossio bei Märkten, Volksfesten oder Stierkämpfen fröhlich zu, todernst bei den Autodafés des Inquisitionsgerichts. 2001 wurde der gesamte Platz neu herausgeputzt, die Gehwege verbreitert, zwei über hundertjährige Brunnen französischen Ursprungs restauriert und die schwarz-weiße Straßenpflasterung erneuert. Das historische Wellenmuster der Pflasterung symbolisiert die Nähe des Meeres und erweckt den Anschein, als würde sich der Platz ins Unendliche fortsetzen. Allerdings wohnen heute nur noch zwei Menschen in den zwar frisch gestrichenen, aber noch immer sanierungsbedürftigen Häusern. An der Längsfront des Platzes entsteht nun über dem Café Suiça ein Luxushotel.

Hinter dem mit neomanuelinischen Elementen reich verzierten **Bahnhof Rossio**, von dem nach erfolgter Sanierung wieder die S-Bahn nach Sintra abfährt, beginnt die **Praça dos Restauradores** 2. Ein künstlerisch eher belangloser Obelisk gedenkt des siegreichen Aufstandes gegen die spanische Herrschaft 1640. In voller Pracht erstrahlen die Gebäude an der Westseite. Das rosafarbene Cinema Eden entstand im Art-déco-Stil zwischen 1930 und 1937 nach den Plänen des modernistischen Architekten Cassiano Branco. Der angrenzende, luxuriöse Palácio Foz aus dem 19. Jh. beherbergt die Hauptstelle des Tourismusbüros.

Weiter nach Norden führt Lissabons 1271 m langer und 90 m breiter Prachtboulevard **Avenida da Liberdade**, an dem sich trotz zahlreicher Bausünden aus den 1980er-Jahren inzwischen zahlreiche Filialen internationaler Modeschöpfer von Hugo Boss bis Ermenegildo Zegna angesiedelt haben und

Am zentralen Rossio-Platz pulsiert das Lissabonner Leben

Richtig Reisen-Tipp: Lissabonner Kaffeehäuser

Portugals Café-Zentrum liegt mitten in Lissabon, auf dem Rossio. Bereits 1787 wurde in Nr. 25 das **Nicola** vom Italiener Nicolau Breteiro eröffnet. Düstere Wandbilder vermitteln die Stimmung der vorliberalen Gründungszeit. 1935 wurden die Räumlichkeiten im Stile des Art déco umgestaltet. Am Ende der Kuchentheke ist noch der Kasten »poste restante« erhalten, wohin sich die Stammgäste ihre Korrespondenz schicken ließen.

Gegenüber liegt das 1923 im Stile der Wiener Kaffeehäuser gegründete Café **Suiça** (Nr. 96–104), dessen Besuch nun allerdings zeitweise durch Baulärm im Hause beeinträchtigt sein wird. Heute bestimmt rosa Plüsch das Interieur. Bei schönem Wetter mag man den freilich teureren Terrassenbetrieb vorziehen, der sich in den späten 1930er-Jahren etabliert hat. Damals strandeten viele Menschen aus Mitteleuropa auf der Flucht vor Hitler in Lissabon. Sie suchten die Freiheit, das Licht und die Wärme, setzten sich entgegen der hiesigen Gepflogenheiten mit ihren Stühlen ins Freie und begründeten ein neues Lebensgefühl.

Auf den Höhen des Chiado in der Rua Garrett 120 ist der enge lange Raum eines der schönsten Lissabonner Cafés in Braun und Gold gehalten und von Messingleuchten und großen Wandspiegeln geziert. Das **Brasileira** wurde 1905 als Handelsunternehmen für brasilianischen Kaffee gegründet. Der Importeur machte es sich zur Angewohnheit, seinen Kunden eine Tasse zur kostenlosen Probe zu reichen. Diese Verkaufsstrategie war so erfolgreich, dass der Laden bereits drei Jahre später in ein Café umgewandelt wurde, das Intellektuelle und Politiker aller Richtungen magnetisch anzog.

Die proletarische Variante des bürgerlichen Cafés ist die *leitaria* (»Milchladen«), in dem zur Stärkung mehr Milch als der einst sündhaft teure Kaffee ausgegeben wurde. Im kleinen **Camponesa** in der Rua dos Sapateiros 115 zieren kraftvolle blaue Kachelbilder mit Szenen ländlichen Lebens die Wände.

Das stilvollste Café liegt etwas außerhalb des städtischen Zentrums in der Avenida da República 15 A nördlich des Saldanha-Platzes. Das **Versailles** wurde vom französischen Art déco beeinflusst. Golden eingefasste Spiegel, dunkles Holz, weißer Stuck und heller Marmor strahlen formvollendete Vornehmheit aus, in diesem Ambiente treffen sich die salonfähigen Damen zum Kaffeeklatsch. Und nach Lissabon zu fahren, ohne einen *pastel de Belém,* ein Blätterteiggebäck mit Sahnefüllung, in der **Antiga Fábrica dos Pasteis de Belém** nahe dem Kloster in der Rua de Belém 84–88 zu essen, ist wie nach Rom zu fahren, ohne den Papst zu sehen. Ein absolutes Muss.

Ein Genuss: Kaffee in Lissabon

der Straße bourgeoises Flair zurückgeben. Die parallele **Rua das Portas de Santo Antão** entwickelte sich zu Lissabons Fressmeile. Kellner locken in allen Sprachen der Welt potenzielle Kunden in die Lokale. Eine wahre Kostbarkeit verbirgt sich allerdings hinter der schmalen Eingangstür der **Casa do Alentejo** (Haus Nr. 58) **3**, die sich zu einem neoarabischen Innenhof wie aus einem Märchen aus Tausendundeiner Nacht öffnet. Anfang des letzten Jahrhunderts als luxuriöses Casino geplant, dient der Stadtpalast inzwischen als Kulturzentrum der Provinz Alentejo. Dazu gehört auch das regionale Essen im empfehlenswerten, der Öffentlichkeit zugänglichen Restaurant im Obergeschoss.

Baixa

Südlich grenzt die pombalinische Straßensymmetrie der Unterstadt an den Rossio. Nach dem Zusammenbruch des Viertels im Erdbeben von 1755 vertraute Premierminister Marquês de Pombal beim Aufbau des neuen Lissabon unübersehbar auf Militäringenieure. Acht parallel laufende geradlinige Hauptstraßen von 560 m Länge kreuzen sich im rechten Winkel mit acht Querstraßen, die sich über 380 m erstrecken.

Die Bauweise war revolutionär. Alle Häuser wurden in standardisiertem Fertigbau errichtet. Manufakturen außerhalb der Stadt fabrizierten die genormten Hausteine, die vor Ort in festgelegter Reihenfolge ineinandergefügt wurden, als wären sie Legosteine. Keine Schmuckelemente zieren die Gebäude, in die Händler und Handwerker einzogen. Sie richteten ihre Läden und Werkstätten im Erdgeschoss ein, in den folgenden zwei Stockwerken befanden sich die Lagerräume, darüber die Wohnräume sowie unter dem neu eingeführten Mansardendach billige Mietwohnungen für die Bediensteten. Eine Fachwerkkonstruktion, die sich hinter dem Putz verbirgt, sorgte für Erdbebensicherheit. Mit einem aufwendigen Sanierungsprogramm soll in den nächsten Jahren die Anerkennung als Welterbe der Unesco erreicht werden.

Mit den Autoren unterwegs

Elevador Santa Justa

Der Aufzug führt seit 1902 hinauf zu einer Aussichtsplattform, von dort geht's weiter in die Oberstadt (s. u.).

Leitaria A Camponesa

Es muss nicht immer eines der großen Kaffeehäuser sein. Im urigen Stadtteilcafé Camponesa glänzen die Kacheln im Jugendstil (s. S. 114).

Benetton-Gebäude

Dank Denkmalschutzauflagen blieben ein vergoldeter Fahrstuhl und Deckengemälde aus dem 19. Jh. im Kleiderkaufhaus erhalten (s. S. 117).

Johannes-Kapelle in der Igreja São Roque

Über hundert italienische Spezialisten schufen Mosaikbilder aus bunten Edelsteinen und Säulen aus Marmor und Lapislazuli in dieser Kapelle (s. S. 119).

Die zentrale Fußgängerzone **Rua Augusta** mit zahlreichen Straßencafés, Traditionsgeschäften und Kettenläden führt zum Tejo hinab. Im Westen überragt der **Elevador Santa Justa** **4** die Baixa. Dieser Aufzug wurde im Jahr 1902 von Mesnier du Ponsard, einem Schüler Gustave Eiffels, konstruiert und zu einem Wahrzeichen der Stadt. Er stellt die Verbindung zur Oberstadt her.

Praça do Comércio

Ein klassizistischer Triumphbogen führt auf die **Praça do Comércio** **5**. Hier öffnet sich Lissabon dem Fluss und dem Meer, hier erhob sich vor dem Erdbeben der Königspalast. Doch der Platz ist so groß geraten, dass er nur schwer mit Leben zu füllen ist. Er wirkt eigentümlich steril. Als Postkartenmotiv zeigt er sich nur vom Fluss aus mit den sich im Hintergrund abzeichnenden Stadthügeln. In Nachahmung des früheren Schlosses werden

In der Dämmerung erstrahlt das beleuchtete Castelo über der Stadt

die umlaufenden klassizistischen Arkadenhäuser von rechteckigen, gedrungenen Türmen abgeschlossen.

Im Postamt an der nordwestlichen Ecke entschieden sich während des deutschen Faschismus viele Schicksale. Hier lief die Post für die deutschen Flüchtlinge ein, eine Geldanweisung konnte die Fortsetzung der Flucht nach Übersee bedeuten, ihr Ausbleiben die Zeiten der Unsicherheit verlängern. Das angrenzende Welcome Center versteht sich als städtisches Schaufenster. Dazu gehören ein Tourismusbüro, das Spezialitätenrestaurant Terreiro do Paço und der 300 m^2 große Weinsaal Vini-Portugal, eine Probierstube für portugiesische Weine (Di–Sa 11–19 Uhr).

An der nordöstlichen Ecke des Platzes würdigt das **Café Martinha do Arcada** seinen berühmten Stammgast Fernando Pessoa mit gerahmten, vom Dichter eigenhändig verfassten Briefen und seinem Konterfei auf Azulejos in Lebensgröße. Die abzweigende Rua da Alfândega führt vorbei am manuelinischen Portal der **Igreja da Conceição Velha** zum einzigen säkularen Gebäude der Frührenaissance in Lissabon. Den merkwürdigen Namen **Casa dos Bicos** 6 – »Haus der Spitzen« – verdankt das Gebäude den nach italienischem Vorbild spitz zulaufenden Steinquadern an der Fassade. Der Legende nach hatte der Bauherr, der uneheliche Sohn des portugiesischen Vizekönigs von Goa und Malaca, in jede der vorstehenden Steinpyramiden einen Diamanten eingelegt.

Chiado

Per Elevador Santa Justa (s. S. 115) oder zu Fuß vom Rossio aus durch die Rua do Carmo

gelangt man auf die Anhöhen des Chiado. Einst ein klerikal geprägtes Viertel mit vielen Kirchen und Klöstern, entwickelte sich der Stadtteil dank einer bunten Mischung aus nostalgischen und hochmodernen Geschäften zum Einkaufsmekka einer einkommensstarken Klientel. Gleich zu Beginn präsentiert sich rechts in Haus Nr. 87 A Lissabons kleinstes Geschäft, der Handschuhladen **Luvaria Ulisses** 7. Daneben hat sich Portugals angesehene Modeschöpferin Ana Salazar mit ihrer Boutique einquartiert. Gegenüber erstrahlt die vom französischen Eklektizismus des frühen 20. Jh. inspirierte Fassade des ehemaligen Kaufhauses Grandella in neuem Glanz und verleiht der Straße eine verführerische Eleganz, auch wenn heute Hennes & Mauritz Einzug gehalten hat. Von hier breitete sich im August 1988 ein verheerender Brand aus, der 18 Häuser zerstörte, die inzwischen originalgetreu wiederaufgebaut wurden. Vornehme Luxusgeschäfte säumen die verkehrsberuhigte Rua Garrett, die zum Largo do Chiado hinaufführt. Dort sitzt vor dem historischen **Café Brasileira** in Bronze gegossen der einsame Dichter Fernando Pessoa, neben dem unzählige Urlauber zum Fototermin Platz nehmen. Ein Kleinod versteckt das Kleiderkaufhaus **Benetton** gegenüber. Ein vergoldeter Aufzug im Erdgeschoss und Deckenmalereien im Jugendstil zeugen vom früheren Zeitgeist. Das **Opernhaus São Carlos** 8 an der zum Tejo hinabführenden Rua Serpa Pinto wurde dank großzügiger Spenden reicher Kaufleute in nur sechs Monaten erbaut und 1793 eröffnet. Die Fassade ahmt die Mailänder Scala nach, im Innenraum im Rokokostil reichen fünf Galerien hinauf zum Theaterhimmel.

Das **Museu do Chiado** 9 ist seit 1911 im früheren Franziskanerkloster untergebracht. Die Gemäldesammlung präsentiert portugiesische Kunst von 1850 bis 1950, darüber hinaus finden in seinen Räumen interessante Wechselausstellungen statt (Di 14–18, Mi–So 10–18 Uhr, Eintritt 3 €).

Largo do Carmo

Geschichtsträchtig ist der Platz im oberen Chiado nicht nur wegen des kleinen **Archäologischen Museums** (Mo–Sa 10–17 Uhr, Eintritt 2,50 €) in der Ruine der **Igreja do Carmo** 10. Sie ist der einzige, wenn auch nur fragmentarisch erhaltene, rein gotische Kirchbau Lissabons und erinnert an die verheerenden Folgen des großen Erdbebens. Ursprünglich war das Gotteshaus mit dem angeschlossenen Karmeliterkloster 1389 in Erfüllung eines Gelübdes von Heerführer Nuno Álvares Pereira nach der siegreichen Schlacht von Aljubarrota errichtet worden.

An das Schlüsselereignis der jüngsten portugiesischen Geschichte erinnert eine Pflasterinschrift vor der angrenzenden Polizeikaserne. Hierher hatte sich der letzte Machthaber der Diktatur, Marcello Caetano, am 25. April 1974, dem Tag der Nelkenrevolution, geflüchtet, bevor er am Abend seine Macht aufgab und ins brasilianische Exil ging.

Richtig Reisen-Tipp: Nightlife am Tejo

Bunt und lebendig gibt sich die Lissabonner Szene in den alten Speicherhallen am Fluss und im In-Viertel Bairro Alto. Weltruf genießen die glamourösen Tanzhallen der Disco **Lux Fragil** am Bahnhof Santa Apólonia, in denen international anerkannte DJs Trance, House und Techno auflegen, zudem geben innovative nationale und internationale Musiker viel beachtete Konzerte (Av. Infante D. Henrique, Armazém A, Cais da Pedra, Di–Sa 22–6.30 Uhr, Mindestkonsum abhängig vom Programm, ca. 15–80 €). Ein Streifzug durch die Nacht darf auch die Hafengegend um den S-Bahnhof Santos nicht auslassen. Zum Essen trifft man sich im durchgestylten **KAIS**. Das mit viel Fantasie im früheren Elektrizitätswerk eingerichtete Restaurant wird nachts von unzähligen Kerzen erhellt, in den großen Fensteröffnungen wachsen Olivenbäume, hinter einem rauschenden Wasserspiel swingt eine Jazzband (Cais da Viscondessa, Rua Cintura do Porto, Tel. 213 93 29 30, So geschl.). Anschließend tanzt der Jetset im nahen **Kapital** zu Dance, Pop und Latino oder genießt den Blick über den Tejo von der Dachterrasse. Die Türsteher gelten allerdings als wählerisch (Av. 24 de Julho 68, Mo, Di, Do–Sa 23–5 Uhr). Fast um die Ecke hat sich der halblegale Rave-Schuppen **Kremlin** der 1980er-Jahre zu einer der herausragenden avantgardistischen Discos des Landes entwickelt. Riesige, von VJs bediente Bildschirme erfreuen bevorzugt jüngeres Publikum (Escadinhas da Praia 5, Mi/Do 0–7, Fr/Sa 0–9 Uhr, Mindestkonsum ca. 20–100 €).

Gediegener, aber kaum weniger angesagt gibt sich **Speakeasy** in einem kleinen Lagerhaus am Cais das Oficinas (Rocha Conde d'Óbidos, Armazém 115, Mo–Sa 20.30–4 Uhr). Bis Mitternacht wird gegessen und getrunken, danach machen die schwungvollen Jazzmusiker dem alteingesessenen **Hot Clube** am anderen Ende der City Konkurrenz. Die Konzerte in diesem legendären Jazz-Schuppen nahe der Avenida da Liberdade beginnen um 23 und 0.30 Uhr (Praça da Alegria 39, Di-Sa 22–2 Uhr). Die Preise sind hier ebenso wie im nahen Bairro Alto günstiger.

Im Bairro Alto ist der neueste Schrei eine Bar in der Rua do Norte 86. Die Besitzer richten den großen Saal regelmäßig neu ein, mal mit Betten, dann mit Küchen-, Wohn- oder Badezimmermöbeln. Entsprechend ändert sich auch der Name, Nachtschwärmer sollten nach dem **BedROOM, KitchenROOM, LivingROOM** oder **BathROOM** Ausschau halten (Mi–Sa 22–3 Uhr). Traditionsreich und doch noch immer eine der interessantesten Bars ist der **Pavilhão Chinês** in einem ehemaligen Lebensmittelgeschäft, das von einem leidenschaftlichen Sammler vollgestellt und berühmt für seine Cocktails ist (Rua Dom Pedro V. 89, Mo–Sa 18–2, So 21–2 Uhr). Einer ganz anderen Leidenschaft frönen die Besucher des **Majong**, eines ehemaligen chinesischen Restaurants mit gewollt karger Deko, heute Treff von Künstlern und Schauspielern. Absolut in ist Tischfußball ab Mitternacht (Rua da Atalaia 3, 21–4 Uhr). Kaum weniger kurios präsentiert sich **WIP (work in progress)**, ein integrierter Bar-Galerie-Webcafé-Frisörsalon mit deutscher Frisörin, wo zu vorgerückter Stunde auch mal das Tanzbein zu Ethnomusik geschwungen wird (Rua da Bica Duarte Belo 47–49, Mo–Sa 19–2 Uhr). Natürlich gibt es im Bairro Alto auch eine reine Disco. Das extravagante **Fragil** greift seit Mitte der 1980er-Jahre die aktuellen Dekorations- und Musiktrends auf. Der zunächst elitäre Treff wurde in den letzten Jahren sehr beliebt in der Schwulen- und Lesbenszene (Rua da Atalaia 126, Mi–Sa 22.30–4 Uhr). Vielleicht liegt es am **Portas Largas** gleich gegenüber in Haus Nr. 105. Die Schwulenkneipe erinnert an eine alte Tasca, in der sich auch Heteros wohlfühlen können. Gerne lauscht man hier Aufnahmen der Fadosängerin Amália Rodrigues (tgl. 20–4 Uhr).

Vom Bairro Alto zum Cais do Sodré

Am Übergang vom Chiado zum Bairro Alto verbirgt sich hinter einer unscheinbaren Fassade eine der prächtigsten Kirchen Lissabons, die vom Jesuitenorden 1566 erbaute **Igreja São Roque 11**. Schon beim Betreten des Kirchenraums richtet sich alle Aufmerksamkeit auf den vergoldeten Hauptaltar. Auffallend ist die mit perspektivischen Malereien verzierte Holzdecke. Die Balken stammten aus Preußen, da entsprechend hohe Bäume auf der Iberischen Halbinsel nicht wuchsen. Die meisten Seitenkapellen wurden im 18. Jh. prunkvoll vergoldet. Das Glanzstück bildet die vierte Kapelle links, die Johannes dem Täufer geweiht ist und 1752 den Übergang vom Rokoko zum Klassizismus markiert. Über hundert italienische Spezialisten schufen in Rom ein Meisterwerk aus verschiedenen Marmorarten, Lapislazuli, Alabaster, Jade, Bronze, Gold und Silber. Einzigartig sind die aus Edelsteinen gefertigten Mosaikgemälde. Nach der päpstlichen Segnung wurde die Kapelle, in Einzelteile zerlegt, auf drei Schiffen nach Lissabon transportiert und an Ort und Stelle wieder zusammengesetzt. Ein angeschlossenes Museum zeigt einen reichen Kirchenschatz aus dem 16. bis 18. Jh. (Kirche tgl. geöffnet, Eintritt frei; Museum bis Ende 2008 wegen Renovierung geschl.).

Die Ursprünge des **Bairro Alto** reichen in die glorreiche Entdeckerzeit zurück, als Lissabon aus allen Nähten platzte. Während der Regierungszeit Manuels I. (1495–1521) verdoppelte sich die Einwohnerzahl. Mit der Judenvertreibung ab 1496 wurde durch die Enteignung jüdischen Grundbesitzes dringend benötigtes Bauland frei. Darauf entstand ein neuer Stadtteil jenseits der mittelalterlichen Stadtmauer, in dem sich portugiesischer Adel, spanische Jesuiten, einheimische Handwerker und Fischer niederließen.

Seit den 1980er-Jahren ist der Bairro Alto bekannt für eine lebendige Kneipenszene und zahlreiche angesagte Geschäfte westlich der Rua da Misericórdia und Rua São Pedro de Alcântara. An deren Beginn fährt eine historische Standseilbahn, **Elevador da Glória 12**, hinab zur Praça dos Restauradores. Direkt neben der Bergstation erstreckt sich auf zwei Ebenen eine kleine Parkanlage. Aus luftiger Höhe schweift der Blick über das Stadtzentrum und die gegenüberliegenden Hügel bis zur machtvollen Burganlage. In der Rua São Pedro de Alcântara 45 lassen sich in der gediegenen Clubatmosphäre des **Portwein-Instituts** über 200 verschiedene Portweine zu moderaten Preisen probieren (Mo–Sa 11–24 Uhr).

Tagsüber flaniert man durch die geradlinigen, verkehrsberuhigten Straßen eines still wirkenden Stadtviertels. Bunt flattert die vor den Fenstern zum Trocknen aufgehängte Wäsche im Wind. Eine vollkommen andere Stimmung erwartet den nächtlichen Besucher, wenn die Bars, Restaurants, Fadokneipen und Diskotheken ihre Pforten öffnen. Spätestens ab Mitternacht sind die Rua do Diário de Notícias, die Rua da Atalaia oder die Rua da Rosa voller Leben.

Etwas versteckt in der Rua Marechal Saldanha hat die portugiesische Apothekervereinigung das **Museu da Farmácia 13** eingerichtet, das bereits mehrfach für seine brillante Präsentation der Herstellung, Verwendung und des Verkaufs von Arzneimitteln ausgezeichnet wurde. Gezeigt werden original erhaltene Apotheken aus dem 18. Jh. und auch aus der letzten portugiesischen Überseeprovinz Macau (Mo–Fr 10–18 Uhr, Eintritt 5 €).

Am südlichen Rand des Bairro Alto schiebt sich eine weitere Standseilbahn, der **Elevador da Bica 14**, durch das volkstümliche Bica-Viertel hinab zum Tejo. Hier setzt sich das Nachtleben rund um die zentrale zweistöckige Markthalle **Mercado da Ribeira 15** fort, in deren Obergeschoss die Stadtverwaltung etwas sterile Räumlichkeiten für die Verbreitung regionaler Produkte, Gastronomie und Kultur geschaffen hat. Hinter dem Bahnhof **Cais do Sodré** sind zahlreiche Restaurants in die früheren Lagerhallen direkt am Wasser gezogen, stadtauswärts rund um den S-Bahnhof Santos zahlreiche Discos und Nachtbars.

Die östliche Altstadt

Karten S. 124/125, 132/133

Auf dem Burghügel wurde Lissabon einst gegründet und hier regierten Portugals Könige. In der engen Mouraria scheint das Mittelalter fortzuleben und in der Alfama fühlt sich der Besucher zurückversetzt in alte arabische Zeiten, als Moslems, Juden und Christen friedliche Nachbarschaft pflegten. Erst nach der Reconquista entstanden ab dem 12. Jh. zunächst maurische, später auch jüdische Ghettos.

Die steile Hanglage und der begrenzte Platz forderten einen besonderen Baustil, der in Einklang mit den arabisch-afrikanischen Traditionen stand. Wie zufällig hingeworfen schmiegen sich die Häuser eng aneinander. Vogelkäfige hängen an den Häuserwänden, Frauen halten ihren Schwatz in winzigen Gemüseläden, in schummrigen Kneipen wird lebhaft debattiert. In diesem Milieu wuchsen viele Fadosänger auf.

Ein ganz anderes Bild vermittelt die Graça. Das Viertel der kleinen Leute hat sich dank der wenig verkehrsgünstigen Hügellage seinen volkstümlichen Charakter bewahrt. Neben eindrucksvollen Klosterbauten und Gotteshäusern fallen die seit dem Ende des 19. Jh. entstandenen sozialen Arbeitersiedlungen auf. Und die Aussichtspunkte *(miradouros)* bieten die schönsten Stadtansichten.

Mouraria

Wer nicht zu Fuß zum Castelo hinaufsteigen will, dem bieten die nostalgischen Straßenbahnen eine erfreuliche Alternative. Von der Praça da Figueira und dem **Largo Martim Moniz** 16 nimmt die Linie 12 den kürzesten Weg durch die schmalen Gassen der **Mouraria**. Nach der christlichen Rückeroberung wurden die zurückgebliebenen Mauren in diesen Stadtteil verwiesen, der sich heute als ein sympathisches Viertel der kleinen Leute zeigt. Einige afrikanische und indische Läden und Restaurants führen die multikulturelle Prägung der Mouraria fort.

Graça

Die *eléctrico* 28 nimmt, ebenfalls vom Largo Martim Moniz aus, den längeren Weg über das traditionelle Arbeiterviertel Graça. Im Mittelalter war der Stadtteil noch von prächtigen Klosterbauten und Adelshäusern bestimmt. Als sich Ende des 19. Jh. Industriebetriebe am Tejo ansiedelten, folgte die proletarische Zuwanderung. Es entstanden die ersten Arbeitersiedlungen – *vilas operárias*, die sozial eingestellte Fabrikbesitzer für ihre Arbeiter erbauen ließen.

Beispielhaft sind der **Bairro Estrella d'Ouro** 17 hinter der Rua da Graça und die schmucke **Vila Berta** 18 an der Rua Sol à Graça, die aus attraktiven Reihenhäusern mit Loggien und begrünten Vorgärten besteht. Der Arbeiterkulturpalast **Voz do Operário** (»Stimme des Arbeiters«) liegt den Straßenbahnschienen folgend hangabwärts.

Sommerlicher Abend in der Altstadt

Mit den Autoren unterwegs

Terrassencafé Miradouro da Graça
Hoch über der Stadt genießt man Kaffee und Cocktails mit Aussicht (s. u.).

Castelo-Viertel
Nach dem Besuch der Burganlage empfiehlt sich ein Spaziergang durch das umliegende hübsch sanierte Häusergeviert. Noch ein Geheimtipp (s. S. 123).

Fadomuseum
So plastisch führt das kreative Museum in Lissabons melancholische Musik ein, dass man am liebsten mitsingen möchte (s. S. 126).

Museu Nacional do Azulejo
Wer an den fantasievoll gekachelten Stadthäusern seine Freude findet, sollte das Kachelmuseum besuchen: Azulejos vom 16. Jh. bis in die Gegenwart (s. S. 126).

Großer Beliebtheit erfreuen sich die Aussichtspunkte von Graça. Dem **Miradouro Nossa Senhora do Monte** 19 wird der schönste Blick auf Lissabon nachgesagt. In einem Terrassencafé am **Miradouro da Graça** 20 genießt man die Aussicht bei einer Tasse Kaffee oder einem nächtlichen Cocktail. Vielleicht ist Lissabon dann am schönsten (tgl. 12–2 Uhr).

São Vicente de Fora

21 König Afonso Henriques ließ nach der Eroberung Lissabons am Bestattungsort für gefallene Kreuzritter eine romanisch-gotische Wehrkirche errichten. Für den Augustiner-Orden wurde das angrenzende Kloster São Vicente de Fora bestimmt. 1290 gründete der Orden hier die erste Universität des Landes, die 1537 nach Coimbra umzog. Der seit 1580 auch über Portugal herrschende spanische König Philipp II. ließ die baufällig gewordene Kirche abreißen und seiner Dynastie ein eigenes, weithin sichtbares Denkmal setzen. Das kühle, ganz aus Marmor erbaute Kirchenschiff trägt die deutliche Handschrift der Gegenreformation. Zu den Architekten dieses neuen Gotteshauses gehörten der Italiener Filippo Terzi und der Spanier Juan de Herrera, und nicht zufällig erinnern Fassade und Innenraum an die Klosterkirche von El Escorial.

Die Igreja São Vicente de Fora ist eine der wenigen Renaissancekirchen der Stadt (Di–So 9–12 und 15–18 Uhr, Eintritt frei). Die beiden Kreuzgänge des Klosters sind mit repräsentativen Kachelpaneelen aus dem 18. Jh. ausgeschmückt. Während sie im Eingangsbereich Szenen aus der Lissabonner Geschichte zeigen, erzählen die 38 Azulejobilder im Obergeschoss die Fabeln von La Fontaine. Das Refektorium wurde 1885 in das Mausoleum der letzten Königsdynastie Bragança umgewandelt (Di–So 10–18 Uhr, Eintritt 3 €).

Dienstags und samstags zieht sich der große Flohmarkt **Feira da Ladra**, zu Deutsch »Markt der Diebin«, von der Kirchenrückseite bis zum **Pantheon Santa Engrácia** 22 hin, in dem als erste Frau auch die Fadosängerin Amália Rodrigues ihre letzte Ruhestätte fand. 1570 wurde mit dem Bau begonnen. Als 1681 kurz vor der Fertigstellung die Altarkapelle einstürzte, wurde kurzerhand eine völlig neue, italienisch inspirierte Kirche geplant, die jedoch erst 1966 vollendet wurde und Elemente der Spätrenaissance, des Manierismus und des Barock vereint. Den schlichten, dank der Verwendung von farbigem Marmor erhaben wirkenden Innenraum auf dem Grundriss eines griechischen Kreuzes schließt eine riesige Kuppel ab. Es lohnt unbedingt der Aufstieg auf die Aussichtsplattform (Di bis So 10–17, Eintritt 2 €, So bis 14 Uhr frei).

Nach der Kirche São Vicente beginnt der abenteuerlichste Abschnitt der Straßenbahnfahrt. Nur Zentimeter sind es, die den Waggon von der nächsten Hauswand trennen, manchmal möchte man in eine Obstauslage greifen oder einer alten Dame beim Hausputz helfen. Doch schon bald ist der **Largo das Portas do Sol** 23 erreicht, Zeit zum Aussteigen für die Burgbesichtigung. Einst stand hier das östliche Stadttor, heute schweift der Blick vom Aussichtspunkt über den Tejo, die Alfama und die mächtigen Gotteshäuser von Graça.

Castelo São Jorge

24 Einige Schritte bergauf führen zu den mächtigen Burgmauern. Der Rundgang durch die Anlage verspricht eine einzigartige Sicht über Stadt, Land und Fluss, die allerdings durch die von der Stadtverwaltung festgesetzten überhöhten Eintrittspreise teuer bezahlt werden muss.

Auf diesem strategisch günstigen Hügel gründeten vor gut drei Jahrtausenden die Phönizier den Ort Olisipo, den nacheinander Griechen, Römer, Westgoten und Mauren bewohnten. König Dinis ließ Ende des 13. Jh. eine mittelalterliche **Wehrburg** errichten, die Manuel I.1506 zugunsten seines neuen Palastes am Hafen aufgab. Von der mittelalterlichen Festung ließ das große Erdbeben nur Ruinen zurück. Das heutige Aussehen erhielt sie durch wirkungsvolle Nach- und Neubauten anlässlich einer großen Staatsfeier im Jahr 1940 (9–21 Uhr, Nov.–März 9–18 Uhr, Eintritt 5 €).

Noch ein Geheimtipp ist der Spaziergang durch die angrenzende Gemeinde Castelo. Nahezu alle Häuser erstrahlen nach einer umfassenden Sanierung in farbigem Glanz.

Alfama

Entlang der Überreste der arabischen Stadtmauer am Largo das Portas do Sol leiten Treppen in das labyrinthische Gassengewirr der Alfama hinab. Der Name lässt sich auf heiße Quellen, arabisch *al-Hama* zurückführen, die bereits im 11. Jh. von arabischen Reisenden gepriesen wurden. Die stimmungsvollen Gassen säumen zahlreiche, kürzlich

Lissabon: Innere City

Sehenswürdigkeiten

1 Praça Dom Pedro IV (Rossio)
2 Praça dos Restauradores
3 Casa do Alentejo
4 Elevador Santa Justa
5 Praça do Comércio
6 Casa dos Bicos
7 Luvaria Ulisses
8 Oper São Carlos
9 Museu do Chiado
10 Igreja do Carmo
11 Igreja São Roque
12 Elevador da Glória
13 Museu da Farmácia
14 Elevador da Bica
15 Mercado da Ribeira
16 Largo Martim Moniz
Nr. 17–20 siehe Cityplan S. 132/133
21 Igreja São Vicente de Fora
22 Pantheon Santa Engrácia
23 Largo das Portas do Sol
24 Castelo São Jorge
25 Fadomuseum
26 Bahnhof Santa Apolónia
27 Museu Nacional do Azulejo (Kachelmuseum)
Nr. 26, 27 siehe auch Cityplan S. 132/133
28 Kathedrale

Übernachten

3 Solar do Castelo
5 Lisboa Regency Chiado
8 Lisboa e Tejo
12 Globo
alle weiteren siehe Cityplan S. 132/133

Essen und Trinken

Nr. 1–14 siehe Cityplan S. 132/133
15 Terreiro do Paço
16 Pap'Açorda
17 Cervejaria da Trindade
18 Cantinha do Bem-Estar
Nr. 19, 20 siehe Cityplan S. 132/133
21 Oriente
24 Tamarind
alle weiteren siehe Cityplan S. 132/133

Lissabon: Cityplan/Innere City

MOURARIA
BAIRRO DO CASTELO
ALFAMA
Rio Tejo
Doca de Marinha
Avenida Infante Dom Henrique
Martim Moniz
Rua Martim Moniz
Liceu Gil Vicente
Igreja do Socorro
Costa do Castelo
Calçada de Santo André
Calçada da Graça
Travessa das Mónicas
Rua V. do Operário
Largo S. Vicente
Igreja d. Castelo
Miradouro de São Jorge
Esplanada do Castelo
Largo S. C. do Castelo
Museu de Artes Decorativas
Santa Luzia
Miradouro da Santa Luzia
Sto. Estêvão
São Miguel
G.N.R.
Museu Antoniano
Santa Maria Madalena
Santo António
Cruzes da Sé
São João da Praça
Largo do Terreiro do Trigo
Igreja da Conceição
Rua da Alfândega
"Doca"-Gebäude
Jardim do Tobaco
Terreira de Paço
Estação Fluvial Sul é Sueste
Rua dos Bacalhoeiros
Rua C. de Santarém
Rua J. do Tabaco
Rua da Regueira
Rua das Escolas Gerais
Largo do Salvador
Rua de São Mamede
Rua da Madalena
Rua dos Fanqueiros
Rua da Prata
São Nicolau
Largo da Achada
São Cristóvão
Largo A.A. d. Costa
Largo Rodrigues Freitas
Largo Santa Marinha
Largo d. Sequeira
Rua do Vigário
Largo Loios
Largo de São Martinho
Rua de Saudade
Praça do Coléginho
R. do Capelão
R. dos Cavaleiros
R. da Guia
R. da Mouraria
Rua das Farinhas
Rua de S. Tomé
Rua d. Salvador
Rua dos Cedros
Rua A. Rosa
Rua do Barão
Rua de São João da Praça
Rua dos Canastras
Rua A. de Albuquerque
Tr. das Merceeiras
Largo d. C. d. Dentro
Largo d. São Miguel
Rua d. Terreiro do Trigo
R. do Inst. Virg.
R. Machado
Largo do C. Mor
Rua das Pedras Negras
Rua do Comércio
20
21
22
23
24
25
26
27
28
3
5
6
16

sanierte Häuser, während gleichzeitig andere Gebäude zu Ruinen verkommen. In jahrhundertealter Praxis wird dann auf derselben Fläche und im gleichen Grundriss ein neues Haus errichtet. So rettete sich ein wenig der mittelalterlich-maurischen Atmosphäre in die Gegenwart hinüber. Am schönsten ist es, sich einfach durch die Gassen treiben zu lassen und das südländische Flair einzuatmen.

Fadomuseum

25 Die Casa do Fado e da Guitarra Portuguesa am Largo Chafariz de Dentro zeichnet überaus anschaulich die Entwicklung dieses melancholischen Gesangs nach. Eine burleske Miniatur über das typische Sozialmilieu in der Alfama führt in die Ausstellung ein. Der Geschichte des zunehmend professionell gesungenen Fado folgend, werden die typischen Aufführungsorte, Medien und Sänger vorgestellt. Zum Hinschmelzen ist ein Kinofilm mit Amália Rodrigues in der Hauptrolle. Auf Knopfdruck erklingen musikalische Beispiele, und ein nachgebautes Fadolokal stimmt mit seiner Geräusch- und Musikkulisse auf einen wirklichen Fadoabend ein (Di–So 10–13, 14–18 Uhr, Eintritt 2,50 €).

In die alten Lagerhallen am Tejo ist neues Leben eingezogen: Restaurants, Bars, Cafés mit Terrassenbetrieb, Discos. Östlich hinter dem früheren Hauptbahnhof **Santa Apolónia** 26 wurde eine Speicherstätte zur In-Diskothek Lux-Fragil umfunktioniert, die Weltruf genießt. In unmittelbarer Nachbarschaft entsteht Europas modernste Anlegestelle für Kreuzfahrtschiffe.

Museu Nacional do Azulejo

Auf halber Strecke zum Expo-Gelände könnte der Standort für ein Museum 27 nicht besser gewählt sein, das in überzeugender Weise den Azulejos jenen Platz in der Lissabonner Stadtarchitektur zuweist, der ihnen gebührt. Das Kloster Madre de Deus wurde 1509 von Königin Leonor gegründet und über die Jahrhunderte mit kostbaren Kachelbildern verziert. 1980 zog das weltweit einzigartige Kachelmuseum ein und dokumentiert die stilistische Weiterentwicklung der Kachel über einen Zeitraum von sechs Jahrhunderten bis in die Gegenwart. Glanzpunkte sind das aus 1498 Kacheln zusammengesetzte Altarbild »Nossa Senhora da Vida« (1580) und eine ca. 20 m lange Stadtansicht aus dem Jahre 1750, die Lissabon vor dem Erdbeben zeigt.

Der Rundgang führt auch in die Barockkirche **Madre de Deus,** die prachtvoll mit flämischen Kachelbildern aus dem 17. Jh. dekoriert ist. Die Gemälde und der aufwendig vergoldete Holzschmuck unterstreichen die königlich feierliche Atmosphäre (Di 14–18, Mi–So 10–18 Uhr, Eintritt 3 €, So bis 14 Uhr frei).

Kathedrale

28 Der Weg von der Alfama in das Stadtzentrum führt durch ein früheres **Judenghetto**, entlang der Rua da Judiaria zum Bischofssitz Sé. Unmittelbar nach der Stadteroberung ließen die christlichen Machthaber die große Moschee abreißen und an ihrer Stelle die Kathedrale errichten. Die Ähnlichkeit mit romanischen Wehrkirchen Nordfrankreichs ist kein Zufall, wurde doch der normannische Kreuzritter Robert zum Baumeister berufen. Zwei zinnenbewehrte Türme unterstreichen den monumentalen Gesamteindruck, der sich im romanischen Tonnengewölbe des Hauptschiffs fortsetzt. Die gotischen Umbauten des 14. Jh. betrafen vor allem den Chorumgang. Es entstand eine Wallfahrtskirche, in der man um den Altar herum zu den Reliquien des hl. Vinzenz pilgerte. Sie sind neben weiteren Kirchenschätzen in der Sakristei zu bewundern.

Links vom Eingang befindet sich ein romanisches Taufbecken, in dem der hl. Antonius (1195–1231) getauft wurde. Schräg daneben beeindruckt die Weihnachtskrippe des barocken Bildhauers Machado de Castro mit Hunderten von Terrakottafiguren. In den Seitenkapellen des Chorumgangs fallen drei anmutige gotische Grabmäler reicher Adliger und eine romanische *reixa* auf, ein aus eleganten Spiralen kunstvoll geschmiedetes Eisengitter. Der gotische Kreuzgang wurde zu Zeiten König Dinis' im 14. Jh. angebaut (10–19 Uhr, Eintritt frei, Kreuzgang 2,50 €).

Fado: Amália und ihre Töchter

Thema

»Es starb die Stimme Portugals, mit Amália ging ein Teil unseres Landes und unseres Volkes dahin« lautete der Nachruf in der Zeitung »Público« auf Amália Rodrigues, die am 6. Oktober 1999 fast 80-jährig verschied. Die Sängerin hatte neue musikalische Wege beschritten und wurde zur nationalen Ikone des Fado.

Amália entstammte einfachsten Verhältnissen: Im Juli 1920 in der Mouraria geboren, besuchte sie kaum drei Jahre die Volksschule und schlug sich als Fabrikarbeiterin und Obstverkäuferin durchs Leben, bis sie 18-jährig bei einem Fadowettbewerb entdeckt wurde.

Sie befreite den Fado aus den ärmlichen Hinterhöfen und zwielichtigen Hafenkneipen und begeisterte die gesellschaftlichen Eliten für ihren Gesang. Sie erlebte im Pariser Olympia ebenso rauschende Erfolge wie in Madrid, New York, Moskau oder Tokio. In den 1960er-Jahren begann Amálias zukunftsweisende Zusammenarbeit mit dem französischen Komponisten Alain Oulman, der maßgeschneidert für ihre Stimmlage virtuose Tonfolgen komponierte. Ihr melodiöser *fado canção* voller Reichtum an Harmonien führte die bislang einfach strukturierten Klanglinien des traditionellen Fado auf die musikalischen Höhen eines Chansons.

Amália war der erste internationale Star Portugals und blieb dabei doch die einfache Frau des Volkes: unpolitisch, gefühlsbetont und sehr religiös. Vom Salazar-Regime wurde sie als nationales Aushängeschild hofiert. Den Vorwurf der Regimetreue wischte sie später resolut beiseite: natürlich würde für Gäste das schönste Tischtuch aufgelegt, was sie nun einmal gewesen wäre – mehr aber auch nicht. Für diese Entschuldigung spricht, dass sie ihre Stimme auch den Versen kritischer Poeten wie David Mourão-Ferreira lieh und in seinem allegorischen Text »Abandono« (dies bedeutet so viel wie »Aufgegeben«) über Gefängnisse und Häftlinge sang. Das Lied fiel der Zensur zum Opfer und führte zur Ausweisung des Komponisten Oulman. Freilich überwogen in ihren Strophen volkstümliche Figuren, wie im Fado »Maria Lisboa«, wo sie pantoffeltragende, sich wie Katzen bewegende Fischfrauen in den Gassen Lissabons besingt, die Träume und Meeresgeruch verkaufen und Stürme anpreisen.

Mit Amálias Tod verlor Portugal zwar die große Stimme, aber fast schlagartig trat eine junge Generation von Fadosängerinnen aus dem bislang übermächtigen Schatten des Vorbildes und entfachte einen wahren Fadoboom. Die exaltierte, mit internationalen Musikpreisen hochdekorierte Mariza führt monatelang die Hitparaden an und bringt auf ihren Konzerten unter Tränen den größten Erfolg Amálias, »Primavera« (Frühling), über eine verflossene Liebe zum Vortrag: »All die Liebe, die uns gegeben war, brach und zerfloss, als wäre sie aus Wachs. Verhängnisvoller Frühling, hättest Du mich, hättest Du uns doch lieber sterben lassen an jenem Tag.« International kaum weniger bekannt ist Mísia, die intellektuelle Texte etwa von José Saramago vertont und den traditionellen Gitarren neue Begleitinstrumente wie Piano und Geige zur Seite stellt. Auch Mafalda Arnauth, Cristina Branco und Kátia Guerreiro zählen zu den neuen Vertreterinnen der melancholischen Musik.

Der Westen Lissabons

Karte S. 132/133

In der Blütezeit der Entdeckungen und nach dem Erdbeben dehnte sich Lissabon gen Westen aus. Die atlantischen Winde sorgten für saubere Luft, die Stadtplaner legten stimmungsvolle Plätze an. Hier wohnen die Wohlhabenden, nahe Parlament, Präsidentenpalast und Kloster von Belém, umgeben von Museen, einem fröhlichen Friedhof in Campo de Ourique und einer famosen Disco-Meile am Tejo.

São Bento, Estrela, Campo de Ourique

Fröhlich gondelt die Straßenbahn 28 in den **Campo de Ourique**. Die Gleise führen am **Parlamentsgebäude São Bento** 29 vorbei, vormals ein Benediktinerkloster. Eindrucksvoll präsentieren sich die lang gestreckte klassizistische Fassade und der weitläufige Treppenaufgang. Ein paar Schritte oberhalb liegt in der Rua de São Bento 193 das **Casa-Museu Amália Rodrigues** 30 im früheren Wohnhaus der 1999 verstorbenen Ikone des Fado. Die Einrichtung vermittelt interessante Einblicke in ihr Privatleben, auch Hunderte ihrer Schuhe, Roben und Parfümfläschchen sind ausgestellt (Di–So 10–13, 14–18 Uhr, Eintritt 5 €).

Die Straßenbahn fährt weiter zur **Basílica da Estrela** 31, dem letzten bedeutenden Bauwerk des vorbürgerlichen Regimes, fertiggestellt im Jahr der Französischen Revolution. Vorbild für das unproportional wirkende Gotteshaus war die Klosterkirche von Mafra. Der Sarkophag der Auftraggeberin Maria I. befindet sich rechts vom Hochaltar, die Bilder malte der Italiener Pompeo Batoni. Seine »Anbetung des heiligen Jesusherzens« am Altar war heftig umstritten, wurde hier doch weltweit zum ersten Mal dem Herzen Jesu gehuldigt (8–12.15, 14–20 Uhr, Eintritt frei).

Romantisch wirkt das harmonische Ensemble aus alten Bäumen, exotischen Pflanzen, künstlichen Seen, Gewächshäusern und einem Terrassencafé in der gegenüberliegenden Parkanlage **Jardim da Estrela**, einem Ort der Entspannung nicht nur für gestresste Urlauber.

Den Berg hinauf nach Norden stößt man auf die baumbestandene Hauptgeschäftsstraße des Campo de Ourique. Gleich zu Beginn der Rua Ferreira Borges schmückt ein farbenfroher Kachelfries im Jugendstil das Eckhaus. Eine unscheinbare Tafel weist darauf hin, dass an diesem Platz am 4. Oktober 1910 die erste Granate der bürgerlichen Revolution explodierte. Noch vor 250 Jahren standen hier lediglich eine kleine Kapelle, vereinzelte Häuser und Windmühlen. Dann entdeckten Adelige die idyllische Gegend. Doch erst 1878 wurde mit dem Anlegen des geometrischen Straßennetzes begonnen.

Casa-Museu Fernando Pessoa

32 In der Querstraße Coelho da Rocha 16 wohnte Fernando Pessoa in den letzten 15 Jahren seines Lebens. Zu seinen Lebzeiten hatte der Dichter nur einige Zeitschriftenartikel und ein einziges Buch veröffentlicht. Nach seinem Tod fand man in zwei Truhen 27 000 Manuskriptseiten. 1993 kaufte und sanierte die Stadt das baufällige Haus. Die Wohnräume sind nicht mehr vorhanden, wohl aber die wenigen persönlichen Gegenstände eines wahren Wortkünstlers, der sein bescheidenes Auskommen als Handelskorrespondent fand.

In regelmäßigen Abständen wird die Einrichtung seines Zimmers von Künstlern neu gestaltet und interpretiert (Mo–Mi, Fr 10–18, Do 13–20 Uhr, Eintritt frei).

Am westlichen Ende der Rua Coelho da Rocha überwölben vier orientalisch wirkende Kuppeln die schönste Lissabonner **Markthalle**. Während viele Märkte aufgrund der billigen Supermarktkonkurrenz schließen mussten, herrscht hier seit 1933 ein munteres Treiben (Mo–Sa 7–13 Uhr).

Cemitério dos Prazeres

33 Vermutlich stammt der ungewöhnliche Name »Friedhof der Freuden« an der Endhaltestelle der Linie 28 von einem früheren Landgut. Ein altes Verbot der Stadtverwaltung weist allerdings darauf hin, dass hier auch noch zwischen den Gräbern fröhlich gevespert und gefeiert wurde. 13 ha umfasst die Stadt der Toten seit 1840, die 80 Straßen säumen palastartige Mausoleen, in denen noble Persönlichkeiten ihre letzte Ruhe fanden. Auch Fernando Pessoa und Amália Rodrigues lagen hier, bevor sie in das Kloster von Belém bzw. das Pantheon umgebettet wurden. Vom westlichen Ende des Friedhofs eröffnet sich ein weiter Blick von der Tejobrücke bis zum Aquädukt (9–18, im Winter bis 17 Uhr).

Amoreiras und das Aquädukt

Nördlich des Campo de Ourique wachsen die Türme des postmodernen **Einkaufszentrums Amoreiras** 34 in den Himmel – es war das erste seiner Art in Lissabon. In den 1980er-Jahren hatte der Architekt Tomás Taveira die drei farbenfrohen Büro- und Geschäftshäuser aus Glas und Kunststoff errichtet.

Weiter nördlich hebt sich auf mächtigen Pfeilern das **Aquädukt** 35 über das Tal, das die Stadt vom grünen Umland trennt. Bis zu 65,29 m Höhe erreichen die mächtigen Bögen, 14 von ihnen aus statischen Gründen spitz zulaufend. Das steinerne Ungetüm, das auf Wunsch des geltungssüchtigen Königs João V. so überdimensional ausfiel, musste mittels einer besonderen Wassersteuer von der Bevölkerung bezahlt werden. 1748 fertiggestellt, überstand es wenige Jahre später das Erdbeben unbeschadet. Als 1880 im Norden neue Wasserquellen erschlossen wurden, verlor die Wasserleitung zwar an Bedeutung, blieb jedoch bis 1967 in Betrieb (April–Okt. 10–18 Uhr, Eintritt 2,50 €).

Über die südliche Rua das Amoreiras wölben sich die prachtvollen Abschlussbögen der 58 km langen Rohrleitungen, die in die »Wassermutter« **Mãe d'Água** 36 münden. Hinter einer streng klassizistischen Fassade verbirgt sich der sakral anmutende, dreischiffige Innenraum einer wahren Kathedrale des Wassers. 5 m dick sind die Wände, die ein 5460 m³ fassendes Wasserbecken von 8 m Tiefe umlaufen. Vom Flachdach aus sieht man Lissabon aus ganz ungewohntem Blickwinkel (Mo–Sa 10–18 Uhr, Eintritt 2,50 €).

Im herrschaftlich anmutenden Gebäude der früheren Königlichen Seidenfabrik am Amoreiras-Park befindet sich die **Kunst-**

Mit den Autoren unterwegs

Jardim da Estrela

Seit 1852 erholen sich die Lissabonner in der städtischen Parkanlage, manchmal gibt's sogar Konzerte im eleganten Musikpavillon (s. S. 128).

Mãe d'Água

Ehrfurcht ergreift den Besucher in der »Wassermutter«. Die Kathedrale des Wassers reizte Adelige einst zu heimlichen Liebestreffen (s. u.).

Versuchung des hl. Antonius

Hieronymus Bosch hielt in seinem Triptychon dem Universum einen Spiegel vor, zu sehen im Museum für Alte Kunst (s. S. 130).

Kreuzgang von Belém

Auch wenn der Kreuzgang des Mosteiro dos Jerónimos im Gegensatz zur Klosterkirche Eintritt kostet, sollte man auf die Besichtigung auf keinen Fall verzichten (s. S. 136).

sammlung Arpad Szenes-Vieira da Silva **37**. Maria Helena Vieira da Silva (1908–1992) gilt als bedeutendste Vertreterin der modernen Kunst in Portugal, deren eigenwilliger Stil die Gegensätze zwischen Abstraktion und Figürlichem überwindet. Zusätzlichen Reiz erlangt das Betrachten ihrer Bilder und der ihres Mannes, des ungarischen Malers Arpad Szenes, durch die besondere Atmosphäre in der einstmaligen Fabrikhalle (Mo–Mi 11–19 Uhr, Eintritt 2,50 €).

Lapa, Alcântara, Belém

In den Stadtteil **Lapa** am Tejo südlich von Campo de Ourique zog es die aristokratische Elite des Landes seit dem 17. Jh. Heute residieren Botschaften, Behörden oder auch Luxushotels in den wappengekrönten, oft von weitläufigen Gartenanlagen umgebenen Stadtpalästen.

Museu Nacional de Arte Antiga

Das landesweit bedeutendste Museum für Alte Kunst **38** öffnete 1884 im prachtvollen Palácio Alvor seine Tore. Neben sakraler Kunst aus wohlhabenden Klöstern von eher durchschnittlicher Qualität lohnen zahlreiche Exponate aus der Entdeckerzeit den Besuch. Herausragend ist das Polyptychon »Die Anbetung des Heiligen Vinzenz«. Das frühe Renaissance-Gemälde (um 1460) des Hofmalers Nuno Gonçalves porträtiert 60 Personen aller sozialen Schichten in so meisterhafter Weise, dass man deren Gesichtszüge noch heute auf Lissabons Straßen wiederzufinden glaubt. Unter sie mischt sich Heinrich der Seefahrer mit einem schwarzen Bologneserhut. Im etwa 1500 entstandenen, surrealistisch anmutenden Triptychon »Die Versuchung des heiligen Antonius« zeigt **Hieronymus Bosch** eine zerrissene, verängstigte Welt inmitten des Jubels über die Entdeckung der neuen Welten. Einen besonderen Blick verdienen neben Dürers »Heiliger Hieronymus« und Lucas Cranachs d. Ä. »Salome« auch japanische Namban-Schirme (16./17. Jh.), auf denen japanische Künstler die portugiesischen Entdecker mit sonderbaren Pluderhosen und langen Nasen abbilden (Di 14–18, Mi–So 10–18 Uhr, Eintritt 3 €, So bis 14 Uhr frei).

Weitere Sehenswürdigkeiten

An der Av. 24 de Julho jenseits der Bahngleise Richtung Tejo dient ein unübersehbarer sechsstöckiger Gebäudeklotz als Ausstellungshalle des neuen **Museu do Oriente**. Die Sammlung besteht aus 14 000 wertvollen Stücken aus orientalischen Ländern, in denen die Portugiesen dank ihrer Entdeckungsreisen Einfluss hatten. Das Museumsgebäude war 1939 ganz im Stil der Salazarzeit als Lagerhalle für *bacalhau* errichtet worden.

Schöne Aussicht an der Ponte 25 de Abril

In dieser Zeit mussten viele Verfolgte des deutschen Faschismus in den benachbarten früheren Hafenabfertigungshallen **Estação Marítima da Alcântara** Abschied von Europa nehmen, wenn die Flüchtlingsschiffe nach Übersee ablegten.

Auf friedliche und fröhliche Weise eroberte in den letzten Jahren die Lissabonner Szene alte Speicherstätten und trifft sich seitdem gerne am stimmungsvollen Tejoufer nahe der **Ponte 25 de Abril** zu einem Drink oder schicken Essen. Die Brücke im Stadtteil Alcântara erfüllte 1966 den Wunsch der Lissabonner nach einer direkten Verbindung in den Süden. Zwei Ebenen teilen sich Zug- und Autoverkehr.

Wenig westlich der Brücke sei Liebhabern nostalgischer Verkehrsmittel das **Carris-Museum** 39 empfohlen, das mit viel Liebe zum Detail die Entwicklung der Schienenfahrzeuge nachzeichnet, die ursprünglich von Pferden gezogen wurden. Einige historische Gefährte darf man auch besteigen (Mo-Sa 10–13, 14–17 Uhr, Eintritt 2,50 €).

Noch älter sind die ausgestellten Fahrzeuge im **Museu Nacional dos Coches** 40 am Praça Afonso de Albuquerque. Das Museum verfügt über eine einzigartige Sammlung königlicher, bischöflicher und aristokratischer Fahrzeuge aus dem 17.–19. Jh., unter denen die Barockkutschen von João V. an Pomp kaum zu überbieten sind (Di–So 10

Lissabon: Cityplan/Übersicht

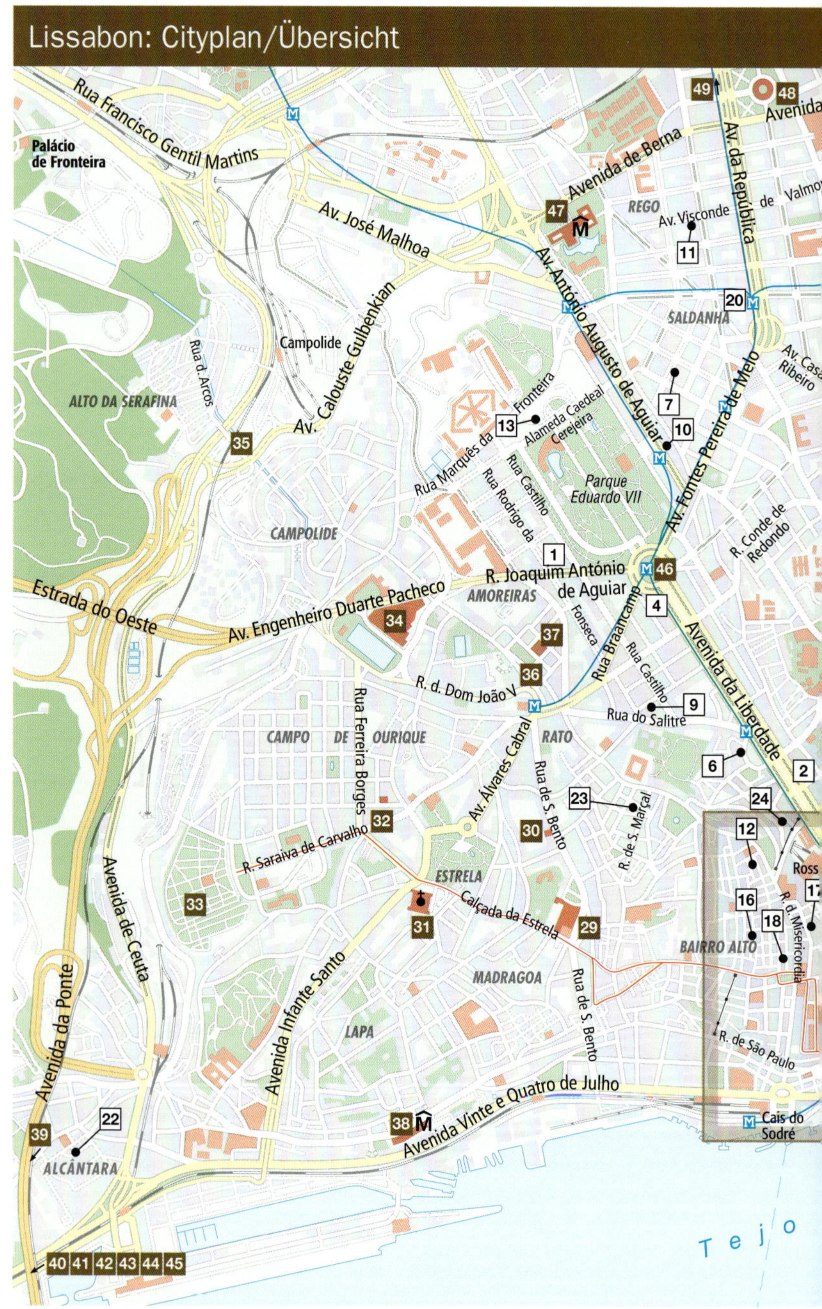

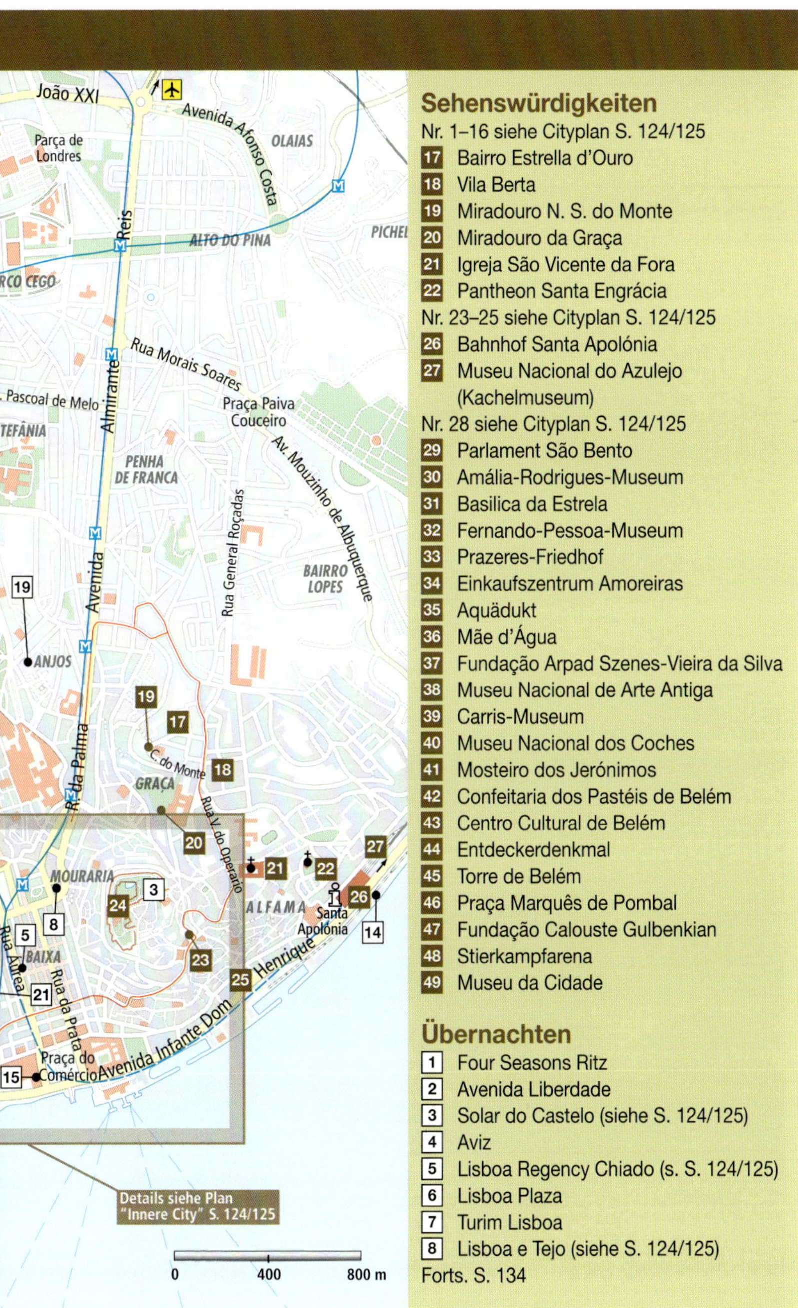

Sehenswürdigkeiten

Nr. 1–16 siehe Cityplan S. 124/125

17 Bairro Estrella d'Ouro
18 Vila Berta
19 Miradouro N. S. do Monte
20 Miradouro da Graça
21 Igreja São Vicente da Fora
22 Pantheon Santa Engrácia

Nr. 23–25 siehe Cityplan S. 124/125

26 Bahnhof Santa Apolónia
27 Museu Nacional do Azulejo (Kachelmuseum)

Nr. 28 siehe Cityplan S. 124/125

29 Parlament São Bento
30 Amália-Rodrigues-Museum
31 Basilica da Estrela
32 Fernando-Pessoa-Museum
33 Prazeres-Friedhof
34 Einkaufszentrum Amoreiras
35 Aquädukt
36 Mãe d'Água
37 Fundação Arpad Szenes-Vieira da Silva
38 Museu Nacional de Arte Antiga
39 Carris-Museum
40 Museu Nacional dos Coches
41 Mosteiro dos Jerónimos
42 Confeitaria dos Pastéis de Belém
43 Centro Cultural de Belém
44 Entdeckerdenkmal
45 Torre de Belém
46 Praça Marquês de Pombal
47 Fundação Calouste Gulbenkian
48 Stierkampfarena
49 Museu da Cidade

Übernachten

1 Four Seasons Ritz
2 Avenida Liberdade
3 Solar do Castelo (siehe S. 124/125)
4 Aviz
5 Lisboa Regency Chiado (s. S. 124/125)
6 Lisboa Plaza
7 Turim Lisboa
8 Lisboa e Tejo (siehe S. 124/125)

Forts. S. 134

Forts. Cityplan/Übersicht
9 Ibis Lisboa Liberdade
10 Horizonte
11 Itália
12 Globo (siehe auch S. 124/125)

Essen und Trinken
13 Eleven
14 Bica do Sapato
15 Terreiro do Paço
16 Pap'Açorda
17 Cervejaria da Trindade
18 Cantinha do Bem-Estar
Nr. 15–18 siehe auch Cityplan S. 124/125
19 Coutada
20 O Moisés
21 Oriente (siehe auch S. 124/125)
22 Casa da Morna
23 Comida de Santos
24 Tamarind (siehe auch S. 124/125)

bis 18 Uhr, Eintritt 3 €, So bis 14 Uhr frei. Da der Umzug des Museums geplant ist, empfiehlt sich vor dem Besuch eine Nachfrage im Tourismusbüro oder bei der Hotelrezeption).

Den angrenzenden rosafarbenen Königspalast **Palácio de Belém** bezogen nach der Ausrufung der Republik 1910 die bürgerlichen Staatspräsidenten. Angeschlossen ist das **Museu da Presidência da República**, das die bisherigen Staatsoberhäupter vorstellt, aber auch Dokumente, Orden, Staatsgeschenke und die präsidialen Kunstsammlungen zeigt (Di–So 10–18 Uhr, Eintritt 2,50 €, So bis 14 Uhr frei). Der **Präsidentenpalast** kann samstags von 11–17 Uhr im Rahmen einer Führung besichtigt werden.

Praça do Império

Der großzügige Platz vor dem Hieronymuskloster ist das Ergebnis einer Jahrhunderte dauernden Landgewinnung. Ursprünglich

stand hier die kleine Kapelle zur Heiligen Maria von Belém (port. für Bethlehem), in der die Seeleute ein letztes Mal für ihre glückliche Wiederkehr beteten. Im windgeschützten Hafen begann 1415 die überseeische Expansion Portugals mit der Eroberungsfahrt in das nordafrikanische Ceuta (s. auch Thema S. 36 f.). Vom gleichen Ankerplatz machten sich am 8. Juli 1497 die drei von Vasco da Gama befehligten Karavellen mit ihrem Versorgungsboot auf, um den Seeweg nach Indien zu entdecken. Die streng geometrischen Grünanlagen wurden erst 1940 anlässlich einer Jubelausstellung für die portugiesische Kolonialwelt gestaltet.

Mosteiro dos Jerónimos

41 Nach der Rückkehr Vasco da Gamas aus Indien reservierte König Manuel I. fünf Prozent aller Einnahmen aus dem künftigen Gewürz-, Gold- und Sklavenhandel für den Bau des prachtvollen Hieronymusklosters. Die offizielle Grundsteinlegung fand am 6. Januar 1502 statt. Das Datum symbolisierte das Bestreben nach einer christlichen Missionierung der neu entdeckten Welten. Die Anlage wurde unter der Leitung von fünf Baumeistern in sieben Jahrzehnten errichtet und markiert den Übergang von der Gotik zur Renaissance. Fantasievolle, orientalisch beeinflusste Steinmetzarbeiten bilden die stilistische Klammer und machen Kirche und Kreuzgang zu Glanzstücken des opulenten manuelinischen Baustils.

Das mit zahllosen plateresken Verzierungen ausgestaltete 32 m hohe **Südportal** des Spaniers João de Castilho steht noch ganz im Zeichen gotischer Frömmigkeit. Über Heiligen, Propheten und Kirchenvätern thronen Erzengel Michael und Jungfrau Maria. Heinrich der Seefahrer als einzige weltliche Figur auf dem Teilungspfeiler des Portals lässt das

Reiche Verzierungen schmücken das Mosteiro dos Jerónimos

Aufstreben der weltlichen Macht erst erahnen. Ganz anders rückt ein selbstbewusstes Königspaar am Westportal, das wenig später im Stil der Renaissance von Nicolas de Chantarène gefertigt wurde, das königliche Wappen als Symbol irdischer Macht ganz dicht an die heilige Krippe heran.

Die 92 m lange und 22 m breite **Hallenkirche Santa Maria** zeigt sich in vollendeter Eleganz und Leichtigkeit. Sechs schmale Säulen verzweigen sich in 55 m Höhe wie ein Palmenwald. Links vom Eingang steht das Grabmal Vasco da Gamas, rechts das Kenotaph des Nationaldichters Luís de Camões. Der 1571 gefertigte Renaissance-Chor setzt mit einer wuchtigen Kassettendecke aus Marmor einen fremden Akzent in den Raum. Die Sarkophage von Manuel I. und weiteren fünf gekrönten Häuptern werden von indischen Elefanten getragen. Der grandiose zweistöckige **Kreuzgang** von 55 m Seitenlänge gleicht einem orientalischen Palasthof. Der Übergang zwischen spätgotischem Erdgeschoss und dem Obergeschoss der Renaissance verläuft dank der überbordenden, in Stein gemeißelten Fabelwesen, wilden Pflanzen und schmückenden Ornamenten angenehm harmonisch. Das schlichte **Grabmal von Fernando Pessoa** wurde an der Nordseite eingelassen (Di–So 10–17, Juni–Sept. bis 18.30 Uhr, Eintritt in die Kirche frei, in den Kreuzgang 4,50 €, So bis 14 Uhr frei).

Orientalische Pracht am Torre de Belém

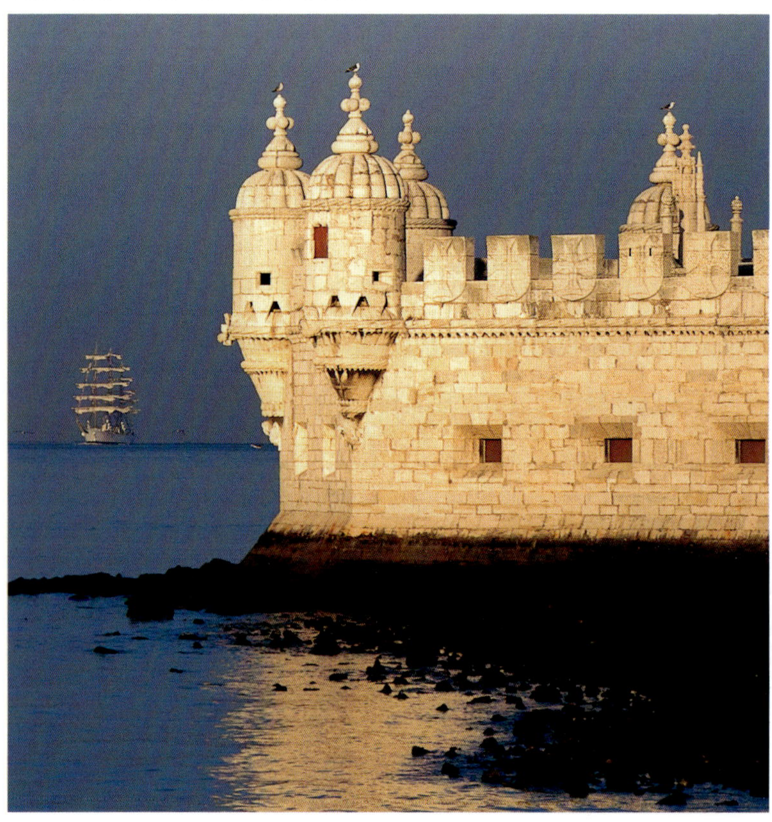

In den Westflügel, in dem die Schlafzellen der Mönche lagen, ist das **Archäologische Museum** eingezogen (Di 14–18, Mi–So 10–18, Eintritt 3 €, So bis 14 Uhr frei).

Etwa 300 m östlich backt die **Confeitaria dos Pastéis de Belém** 42 (Rua da Belém 84–88) seit 1837 die berühmtesten Sahnetörtchen Lissabons, bis zu 15 000 täglich. Das streng gehütete Hausrezept ist nur den vier Chefkonditoren bekannt.

Museu da Marinha

Am Ende des Westflügels liegt das **Marinemuseum,** bei dessen Besuch man vom Lockruf des Meeres gepackt wird. Im Mittelpunkt stehen die portugiesischen Entdeckungsfahrten des 15. und 16. Jh. (s. Thema S. 36 f.). Zu den Exponaten zählen nautische Instrumente und Miniaturen der schnellen Karavellen, die damals die unbekannten Weltmeere erkundeten, u. a. das Modell der São Gabriel, auf der Vasco da Gama nach Indien segelte. Nicht minder beeindruckend ist die reichhaltige Sammlung der früher hoch geschätzten portugiesischen Karten und Globen (Di-So 10–17, Juni–Sept. 10–18 Uhr, Eintritt 3 €).

Centro Cultural de Bélem

43 Für die einen ist das Kultur- und Kongresszentrum Centro Cultural de Belém, kurz CCB, ein architektonisches Wunderwerk, für die anderen ein klotziger Monumentalbau. Unbeschadet dieser Diskussion geht von dem teuersten aus öffentlichen Mitteln finanzierten Gebäude Portugals des 20. Jh. ein bedeutender Einfluss auf das Lissabonner Kulturleben aus. Das portugiesisch-italienische Architektenteam Manuel Salgado und Vittorio Gregotti dämpfte die wuchtige Struktur des Bauwerkes durch die Verwendung von zerfurchtem, rosafarbenem Kalkstein. Die Anlage breiter Wege und offener Plätze soll den monumentalen Eindruck des Gebäudes auflösen.

Colecção Berardo im CCB

Jüngstes Juwel unter den modernen Kunstausstellungen ist die anlässlich der portugiesischen EU-Ratspräsidentschaft am 1. Juli 2007 eröffnete private Sammlung **Colecção Berardo** im CCB. Neben Werken einheimischer Künstler werden »Femme dans un fauteuil« und »Tête de femme« von Pablo Picasso, mehrere Werke von Salvador Dalí, Marcel Duchamp und Joan Miró sowie Gemälde von Francis Bacon, Yves Klein, Roy Lichtenstein und weiterer renommierter Künstler des 20. Jh. gezeigt. (Werke der Sammlung finden sich unter www.berardocollection.com.)

Entdeckerdenkmal

44 Durch einen Fußgängertunnel unter der Uferstraße gelangt man zum **Padrão dos Descobrimentos**, eine architektonische Hommage des Diktators Salazar an Heinrich den Seefahrer. An den Flanken des 52 m hohen Denkmals knien jeweils 16 bedeutende Figuren aus der Zeit der Seefahrer, angeführt von Heinrich selbst, der eine Karavelle trägt. Ein Aufzug im Inneren führt auf eine Aussichtsplattform (Di-So 9–17 Uhr, Juni–Sept. 9–18.30 Uhr, Eintritt 2 €). Im Auditorium präsentiert **lisbonexperience** eine Multimedia-Show mit deutscher Übersetzung zu den Highlights der Stadtgeschichte (Di–So 10, 11, 12, 14, 15, 16, 17 Uhr, Eintritt 4 €). Die Stationen und Daten der portugiesischen Entdeckungsfahrten zeigt eine im Boden vor dem Denkmal eingelassene Weltkarte.

Torre de Belém

45 Vom Entdeckerdenkmal den Fluss hinabblickend, sieht man den nahen Turm von Belém. Das manuelinische Prunkstück wurde 1515 bis 1521 als Wachturm für den Lissabonner Hafen erbaut. Allerdings kümmerten sich die Baumeister mehr um das verspielte Dekor mit orientalischem und venezianischem Gepräge als um die militärische Tauglichkeit, sodass der Bau schon nach 50 Jahren zu Zollstation und Gefängnis umfunktioniert wurde. Durch napoleonische Truppen teilweise zerstört, wurde er noch im 19. Jh. wieder in seinen Originalzustand versetzt (Di–So 10–17, Juni–Sept. 10–18.30 Uhr, Eintritt 3 €)

Das moderne Lissabon

Karten S. 132/133 und 142

Über viele Jahrhunderte hatte sich Lissabon organisch am Tejo entlang entwickelt, dem großen Verkehrsweg, über den die Menschen und Handelsgüter in die Stadt kamen. Mit der Neuordnung der Baixa nach dem Erdbeben begann die Abkehr vom Fluss. Die Landgüter wichen den großen *avenidas* rund um die Praça Marquês de Pombal am nördlichen Stadtrand. Die Renaissance des Tejo wurde mit der Weltausstellung 1998 eingeläutet.

Nördlich des Zentrums

Die **Praça Marquês de Pombal** 46 mit der übergroßen Statue für den Staatslenker bildet den verkehrsreichen Abschluss der Avenida da Liberdade. Oberhalb zieht sich der **Parque Eduardo VII.** den Hügel hinauf. Blumenfreunde finden ihr Paradies im Gewächshaus Estufa Fria. Unterteilt in drei Bereiche gedeihen auf 15 500 m² Pflanzen aus allen fünf Kontinenten (9–17, im Winter bis 16.30 Uhr, Eintritt 1,60 €).

Am nördlichen Ende des Parks bietet sich das hübsch gelegene Terrassencafé Linha d'Água für eine Pause an. Danach ausgeruht, könnte man im benachbarten größten Kaufhaus der Iberischen Halbinsel, **El Corte Inglés,** shoppen, auf jeden Fall aber nur ein paar Schritte weiter das Museum Gulbenkian besichtigen.

Fundação Calouste Gulbenkian

47 Der Besuch der exquisiten Privatsammlung wird zu einem anregenden Gang durch die Kunstgeschichte. Bereits mit 14 Jahren erstand der gebürtige Armenier Calouste Gulbenkian (1886–1955) auf einem türkischen Bazar einige antike Münzen. Als Mitarbeiter der Firma Shell erkannte er früh den Wert des »schwarzen Goldes« und entdeckte eigene Ölquellen im Irak. Diese verkaufte er 1928 an vier große Gesellschaften zugunsten einer Gewinnbeteiligung von 5 %. »Mister Five Percent«, so fortan sein Spitzname, sammelte Bilder, Teppiche, Antiquitäten und Schmuck aus allen Ecken der Welt – mit sicherem Gespür für das Schöne. 1942 musste er aus seinem Pariser Wohnsitz nach Lissabon fliehen, dank guter internationaler Beziehungen rettete er aber sein Lebenswerk vor den Nazis. Aus Dankbarkeit für die portugiesische Gastfreundschaft gründete er eine Stiftung, der er bei seinem Tod 1955 sein Vermögen vererbte. Das Stiftungsvermögen beträgt mehr als 3 Mrd. €, wichtigste Einnahmequelle bleibt das Ölgeschäft.

Der Rundgang durch das Museum beginnt im ägyptischen Saal mit einer 3000 Jahre alten Maske des Pharaos Amenem III. aus Obsidian. Die angrenzenden Säle sind der griechisch-römischen Epoche, Mesopotamien und dem Orient mit farbenprächtigen Seidenstickereien, Teppichen und Fayencen gewidmet. Blickfang ist eine islamische Gebetsnische aus dem 8. Jh. Der armenische und der asiatische Saal leiten in die neun Räume mit europäischer Kunst über. Viele Porträtgemälde, darunter Werke von Rubens und Rembrandt, Watteau und Fragonard, Manet und Monet, Renoir und Degas prägen diesen Teil der Ausstellung, die durch eine Sammlung von Schmuckstücken René Laliques abgerundet wird (Di–So 10–18 Uhr, Eintritt 3 €, So frei).

Ein tropischer Park mit schattigen Plätzen, Wasserläufen und Kunstobjekten stellt die Verbindung zum **Centro de Arte Moderna** her, in dem die Gulbenkian-Stiftung die größte Sammlung zeitgenössischer portugiesischer Kunst zeigt, u. a. das Spätwerk von Amadeo de Souza-Cardoso und Arbeiten von Maria Helena Vieira da Silva. Bereits als klassisch gelten die Werke des Bildhauers João Cutileiro und der Malerin Paula Rego. Temporäre Ausstellungen und eine Werkschau englischer Kunst ergänzen das Programm (Di–So 10–18 Uhr, Eintritt 3 €, So frei).

Campo Pequeno und Campo Grande

Die nördlich vorbeiführende Avenida de Berna läuft direkt auf die **Stierkampfarena** 48 am Campo Pequeno zu, einen arabisch anmutenden roten Ziegelbau aus dem späten 19. Jh., der knapp 9000 Besucher fasst. Im Zuge einer Sanierung wurde der Kampfplatz 2006 um ein unterirdisches Einkaufszentrum erweitert, in dem auch ein deutsches Bratwurstrestaurant auf Gäste wartet. Pro Jahr werden etwa 20 Kämpfe veranstaltet.

Nach 15 Gehminuten die allerdings stark befahrene Avenida da República hinauf oder nach zwei U-Bahnstationen stößt man am südlichen Campo Grande auf zwei interessante Museen. Das **Museu da Cidade** 49 in Haus Nr. 245 präsentiert kurzweilig in einem gut erhaltenen Landsitz von 1748 zwei Jahrtausende Stadtentwicklung. Höhepunkte sind ein detailgetreues Modell Lissabons aus der Zeit vor dem Erdbeben und die original erhaltene Hausküche, die reichlich Platz für die aufwendige aristokratische Kochkunst bot (Di–So 10–13 und 14–18 Uhr, Eintritt 2 €). Vergnüglich anzusehen sind die Werke des scharfsichtigen Karikaturisten und Kachelmalers **Rafael Bordalo Pinheiro** (1846–1905) in seinem Museum, für das auf der gegenüberliegenden Straßenseite der frühere Wohnsitz seines Mäzens saniert wurde. Bordalo Pinheiro hinterließ, auch auf kostbaren Keramikarbeiten, ein ironisches Sittenbild des Lissabonner Lebens im ausgehenden 19. Jh. (Di–So 10–18 Uhr, Eintritt 2 €).

Mit den Autoren unterwegs

Fundação Calouste Gulbenkian

Zu einem anregenden Gang durch die Kunstgeschichte lädt die Privatsammlung des Sammlers Calouste Gulbenkian ein (s. S. 138).

Bahnhof Oriente

Ein Bahnhof wie ein Palmenhain, gebaut vom spanischen Stararchitekten Santiago Calatrava (s. S.140 ff.).

Oceánario

10 000 Fische in 7000 m³ Wasser und ein revolutionäres Aquariumskonzept bieten auch den Besuchern ein aufregendes Erlebnis, die sich eigentlich weniger für Tiere interessieren (s. S. 143).

Casino

Wer nicht spielen will, kann sich von der Architektur berauschen lassen. Um einen 20 m hohen zylindrischen Innenraum gruppieren sich die Räumlichkeiten (s. S. 143).

Expo-Gelände

Die Hinwendung zum Tejo wurde 1980 mit einem stadtplanerischen Ideenwettbewerb eingeleitet und kulminierte in der Weltausstellung Expo 98, die Anlass für die wichtigste städtebauliche Neuordnung Lissabons seit 1755 war.

Das Lissabon des 21. Jh. entsteht auf einer Fläche von 340 ha mit 10 000 Wohnungen für 25 000 Einwohner. Dienstleistungsbetriebe sollen rund 14 000 Arbeitsplätze schaffen. Nur auf einem Teil des weitläufigen **Parque das Nações** befand sich das Ausstellungsgelände, das sich über 5 km entlang dem Tejo ausdehnte. Die Expo anlässlich des 500. Jahrestages der Entdeckung des Seeweges nach Indien lockte 11 Mio. Gäste unter dem Leitgedanken »Ozeane – ein Erbe für die Zukunft« an, der sich wie ein roter Faden auch durch die architektonische Planung zieht (www.parquedasnacoes.pt).

Spiel der Lichter abends am Bahnhof Oriente

Lissabon: Cityplan/Expo-Gelände

Sehenswürdigkeiten

50 Bahnhof Oriente
51 Pavilhão Atlântico
52 Torre Vasco da Gama
53 Oceanário
54 Portugiesischer Pavillon
55 Casino

Bahnhof Oriente

Den künstlerischen Höhepunkt der neuen U-Bahnlinie bildet die Endstation **Oriente** 50. Zehn Künstler aus den fünf Kontinenten gestalteten großformatige Kachelpaneele zum Thema der Expo, darunter ein farbenfrohes Bild Friedensreich Hundertwassers über die sagenhafte Stadt Atlantis.

Der Bahnhof des spanischen Stararchitekten Santiago Calatrava ist ein architektonisches Schmuckstück von zentraler verkehrspolitischer Bedeutung, an dem Zuglinien, Metro, Regional- und Stadtbusse zusammenlaufen. Die Bahnsteige liegen auf einer Brückenkonstruktion, die von Betonstützen getragen wird. Diese kreuzen sich ähnlich wie Baumwurzeln. Über die Gleise hebt sich ein lichtes Dach aus weißem Stahl und durchsichtigem Glas, das in gotischen Spitzbögen zuläuft und dabei gleichermaßen an einen Palmenhain und die Klosterkirche von Belém erinnert.

Weitere Sehenswürdigkeiten

Auch die Architektur des **Einkaufszentrums Vasco da Gama** nimmt Bezug auf die Seefahrt. Wasser umspült das gläserne Dach, den Boden durchziehen Längen- und Breitengrade, Ruhebänke nehmen die Form von Schiffsrümpfen an, man fühlt sich versetzt in den Bauch eines Kreuzfahrtschiffs. Durch die Einkaufsmeile gelangt man auf das frühere Weltausstellungsgelände. Zurück schaut man auf die beiden luxuriösesten Lissabonner Hochhäuser, die das Einkaufszentrum in Form zweier Schiffsrümpfe flankieren. Über die Wohnungspreise redet man eigentlich nicht, doch reichen sie von 480 000 € bis knapp 1,5 Mio. € je nach Lage und Größe.

Gegenüber zieht sich der **Pavilhão Atlântico** 51 bis zum Tejo hin. In äußerer Form und Farbgebung gleicht das Gebäude einer riesigen Miesmuschel. Im Inneren ahmen bis zu

114 m lange gegliederte Bögen aus Holz den Rumpf einer portugiesischen Karavelle nach.

Die links angrenzenden **Messehallen** bestehen aus vier rechtwinkligen Gebäuden von unterschiedlicher Höhe. Die geschwungene Dachkonstruktion aus einzelnen Metallverstrebungen lässt an das Pariser Centre Pompidou denken. Die dahinterliegende Restaurantmeile läuft auf den **Torre Vasco da Gama** 52 zu, der 140 m in die Höhe ragt und ab 2010 Lissabons luxuriösestes Hotel aufnehmen soll. Der schmale Betonmast wird durch weiße, an ein geblähtes Segel erinnernde Metallstreben verstärkt. Wie ein Mastkorb hängt eine Aussichtsplattform in der Spitze, die jedoch derzeit für Besucher geschlossen ist. Wunsch der Expo-Planer war es, als Markstein des neuen Lissabon einen Kontrapunkt zum Torre de Belém zu setzen, der fünf Jahrhunderte zuvor am anderen Ende der Stadt als Symbol für den portugiesischen Entdeckergeist errichtet worden war. Die dahinterliegende **Ponte Vasco da Gama** ist mit einer Länge von 17,2 km und einer Hauptspannweite von 480 m eine der längsten Brücken der Welt.

Eine Gondelbahn und eine Uferpromenade führen zum Aquarium am südlichen Rand des Expogeländes.

Oceanário

53 Ein traumhaftes Meeresparadies öffnet sich hinter den Eingangspforten zum größten Aquarium Europas. Wie eine Insel liegt das Gebäude nach den Plänen des Amerikaners Peter Chermayeff im geschützten Wasser der früheren Dockanlagen. Zylindrische Säulen füllen den unteren Abschnitt aus. Sie tragen einen massiven, ungleichmäßigen und dunklen Mittelteil, eine Anspielung an Form und Farbe der Meeresfelsen. Darüber hebt sich ein lichtdurchlässiges Dach. Metallkabel und Masten wecken Assoziationen an eine Schiffstakelage, der ins Aquarium führende Steg erinnert an eine Landebrücke.

Zunächst erwarten den Besucher die Pflanzen und Tiere der unterschiedlich geformten Küsten des Atlantiks, der Antarktis, des Pazifischen und des Indischen Ozeans. Nun führt der Weg um einen zentralen Wassertank herum in die dunkle Tiefe des Meeres. Angsteinflößende Haie, ungeheuerliche Rochen und bunte Fischschwärme ziehen ihre Bahnen. Der besseren Beobachtung wegen bevölkern die kleinsten Meeresbewohner gesonderte Aquarien, zusammen 10 000 Tiere in 7000 m³ Wasser (10–20 Uhr, im Winter bis 19 Uhr, letzter Einlass eine Stunde früher, Eintritt 10,50 €).

Portugiesischer Pavillon und Casino

Besonders stolz sind die Lissabonner auf die Gestaltung des ehemaligen **Portugiesischen Pavillons** 54 zwischen Aquarium und Einkaufszentrum. Álvaro Siza Vieira hat ein zweigeteiltes Bauwerk geschaffen. Ein lang gestreckter Flachbau geht unmittelbar in einen überdachten Platz über. Das 65 m lange und 50 m breite Dach bildet das eigentliche Glanzstück. Wie ein Segeltuch ist eine weiße, frei hängende Decke gespannt, die aus einzelnen Betonstreifen zusammengesetzt und mit Stahlseilen verstärkt ist.

Das nahe supermoderne **Casino** 55 verfolgt ein minimalistisches Architekturkonzept, dass stark auf Farbgegensätze setzt. Die Fassade ist in glänzendes Schwarz getaucht, über das sich diagonal der rote Schriftzug »Casino Lisboa« zieht. Um einen 20 m hohen zylindrischen Innenraum gruppieren sich konzentrisch die Spielangebote, mehrere Restaurants und Säle für kulturelle Veranstaltungen. Dank eines anspruchsvollen Konzert-, Theater- und Showprogramms wurde das Casino zu einem neuen Bezugspunkt der Lissabonner Stadtkultur (So–Do 15–3, Fr/Sa 16–4 Uhr).

i **Turismo:**
Lisboa Welcome Center, Praça do Comércio, Tel. 210 31 28 10, www.visitlisboa.com, 9–20 Uhr.
Flughafen, Tel. 218 45 06 60, 7–24 Uhr.
Palácio Foz, Praça dos Restauradores, Tel. 213 46 33 14, 9–20 Uhr.
Bahnhof Santa Apolónia, Tel. 218 82 16 06, Di–Sa 8–13 Uhr.

Richtig Reisen-Tipp: Metrostationen – Lissabons unterirdische Kunstgalerie

Seit den 1990er-Jahren verfügt Lissabon über eine Kunstgalerie mit so hohen Besucherzahlen, dass selbst die Ausstellungsmacher des Pariser Louvre vor Neid erblassen dürften. Sie befindet sich im Untergrund der portugiesischen Hauptstadt: in den Eingangshallen und auf den Bahnsteigen der Metrostationen. Die moderne Kunst in der U-Bahn, einem Symbol unseres beschleunigten Alltags, will ein Innehalten im hektischen Verkehrsfluss provozieren.

Häufig beziehen sich die portugiesischen und internationalen Künstler thematisch auf die oberirdische Umgebung der jeweiligen Station. Maria da Fonseca, mit Künstlernamen Menez, stellt auf weißen Fliesen im Bahnhof **Marquês de Pombal** den portugiesischen Reformer neben seine Zeitgenossen Casanova, Bach, Mozart, Kant, Voltaire und Rousseau. In einer lockeren Abfolge von Bildern werden die weitreichenden politischen Reformen skizziert, so der Wiederaufbau Lissabons nach dem Erdbeben, die Schaffung eines öffentlichen Schulsystems, die Gründung von Manufakturen oder die staatliche Festlegung des Anbaugebietes für den Portwein. Zusätzlich werden etwa bei der Vertreibung der Jesuiten und der grausamen Verfolgung aristokratischer Widersacher seine despotischen Züge gezeigt.

Martins Correia zeichnet in **Picoas** an der gelben U-Bahnlinie mit kräftigen Farben und Pinselstrichen Lissabonner Frauen, darunter auch die längst vergessenen schwarzen Straßenverkäuferinnen und Fischhändlerinnen, die ihr Angebot in flachen Bastkörben auf dem Kopf jonglierten. In der übernächsten Station **Campo Pequeno** verweisen Mosaikbilder aus verschiedenfarbigem Marmor auf die oberirdische Stierkampfarena. Am südlichen Ausgang erinnern marmorne Marktfrauen an den Gemüsemarkt, der früher an diesem Ort die Hauptstadt versorgte. Im Bahnhof **Cidade Universitária** skizziert die Grande Dame der portugiesischen Moderne, Maria Helena Vieira da Silva, unter der Universität eine Gemeinschaft von Wissenschaftlern, Philosophen und Künstlern. Sokrates wird mit dem berühmten Satz zitiert: »Ich bin weder Athener noch Grieche, sondern Bürger dieser Welt.« In **Campo Grande** überraschen Eduardo Nerys kollagenartig versetzte Kachelverzierungen. Sie nehmen Bezug auf historische Azulejoabbildungen von Empfangsdamen und -herren, die die Eingangsportale der großen Adelspaläste in diesem Stadtviertel umrahmten.

Fortsetzen sollte man den Besuch der unterirdischen Galerie in der blauen Metrolinie. José de Guimarães begeistert in **Carnide** mit schrill leuchtenden Neonröhren-Skulpturen, während Júlio Resende in der Station **Jardim Zoológico** Affen, Giraffen und Krokodile in zarten Aquarelltönen zu ihren lebendigen Artgenossen im oberirdischen Tierpark lockt.

Françoise Schein aus Belgien und die Französin Federica Matta verwandeln die Station **Parque** in ein fantasievolles und zugleich kritisches Denkmal für die Entdeckungsfahrten, die sie in ein spannungsreiches Verhältnis zum Sklavenhandel und der UN-Menschenrechtserklärung von 1946 setzen. Diese ist im vollen Wortlaut im Gewölbe über den Gleisen nachzulesen. Entlang des Bahnsteigs werden die ideengeschichtlichen und nautischen Etappen der portugiesischen Seefahrt nachgezeichnet.

Die Stationen der roten Linie versetzen den Beschauer ins Meer. Die Verbindung führt zum Gelände der Weltausstellung Expo 98, die unter dem Motto stand: »Die Ozeane – ein Erbe für die Zukunft«. In **Olaias** fühlt man sich zwischen mächtigen, motorkolbenähnlichen Säulen wie im Bauche eines Schiffes. In **Olivais** verlassen auf Kacheln gemalte Ratten das sinkende Schiff, und der Endbahnhof **Oriente** präsentiert eine veritable Werkschau internationaler Künstler.

Kiosk Rua Augusta, Tel. 213 25 91 31, 10–13, 14–18 Uhr.
Kiosk Belém, Tel. 213 65 84 35, Di–Sa 10–13, 14–18 Uhr.

Cityplan Übersicht S. 132/133
Four Seasons Ritz [1]: Rua Rodrigo da Fonseca 88, Tel. 213 81 14 00, Fax 213 81 17 83, www.fourseasons.com. 262 großzügige, mindestens 42 m² große Zimmer, stilvoll-luxuriös eingerichtet, meist mit Balkon und Blick über die Stadt, Wellnessbereich. DZ ca. 350 €.
Avenida Liberdade [2]: Av. da Liberdade 28, Tel. 213 40 40 40, Fax 213 40 40 44, www.heritage.pt. Die 41 unterschiedlich großen Zimmer in einem 2006 aufwendig sanierten Stadtpalast aus dem 18. Jh. sind von einem innovativen portugiesischen Innenarchitekten gestaltet; Wellnessbereich. DZ 220–320 €.
Solar do Castelo [3]: Rua das Cozinhas 2, Tel. 213 21 82 00, Fax 213 47 16 30, www.heritage.pt. Nur 14 elegante Zimmer in einem kleinen pombalinischen Palast am Rande der Burgmauern, romantisch! DZ 210 bis 245 €.
Aviz [4]: Rua Duque de Palmela 32, Tel. 210 40 20 00, Fax 210 40 21 98, www.hotelaviz.com. Traditionshotel in neuem Gebäude mit 70 klassisch-zeitlosen Zimmern, empfehlenswertes Restaurant. DZ 175–235 €.
Lisboa Regency Chiado [5]: Rua Nova do Almada 14, Tel. 213 25 61 00, Fax 213 25 61 61, www.regency-hotels-resort.com. 40 farbenfrohe, orientalisch dekorierte Zimmer, teilweise mit Blick auf die Stadt. DZ 170–200 €.
Lisboa Plaza [6]: Travessa do Salitre 7, Tel. 213 21 82 18, Fax 213 47 16 30, www.heritage.pt. 94 klassisch eingerichtete Zimmer in hellen Brauntönen. DZ 156–235 €.
Turim Lisboa [7]: Rua Filipe Folque 20, Tel. 213 13 94 10, Fax 213 13 94 19, www.turimhotels.com. Neu erbautes Haus in einer Wohngegend mit 56 großzügigen Zimmern. DZ ca. 150 €.
Lisboa e Tejo [8]: Poço do Borratem 4, Tel. 218 86 61 82, Fax 218 86 51 63, www.hotellisboatejo.com. Historisches Stadthaus mit 58 unterschiedlich großen, funktionalen Zimmern in kräftigen Blau- und Rottönen. DZ 90 bis 130 €.
Ibis Lisboa Liberdade [9]: Rua Barata Salguero 53, Tel. 213 30 06 30, Fax 213 30 06 31, www.ibishotel.com. 70 funktionale Zimmer dem Stil der französischen Kette entsprechend. DZ 55–75 € ohne Frühstück.
Horizonte [10]: Av. António Augusto de Aguiar 42, Tel. 213 53 95 26, Fax 213 53 84 74, www.hotelhorizonte.com. 61 frisch renovierte, praktisch eingerichtete Zimmer, nach hinten ruhig, nach vorne größer und teilweise mit Balkon. DZ ca. 65 €.
Itália [11]: Av. Visconde de Valmor 67, Tel. 217 97 77 36, Fax 217 61 14 99, www.residencialitalia.com. Einige der 44 unterschiedlich großen, einfach und modern gestalteten Zimmer gehen auf einen begrünten Innenhof. DZ 50–65 €.
Globo [12]: Rua do Teixeira 37, Tel./Fax 213 46 22 79, www.pensaoglobo.com. 15 kleine, saubere Zimmer in einer ruhigen Nebenstraße im Bairro Alto. DZ 30–45 €.

Cityplan Übersicht S. 132/133
Eleven [13]: Rua Marquês da Fronteira, Jardim Amália Rodrigues, Tel. 213 86 22 11, So/Mo geschl. Lissabons unbestrittenes Spitzenrestaurant, der deutsche Koch Joachim Koerper verzaubert mit portugiesisch-mediterraner Küche, etwa. Zickleincarré in alentejanischer Olivenkruste. Hauptgerichte ab 24 €, Mittagsmenu ca. 30 €, Abendmenus ab 70 €.
Bica do Sapato [14]: Av. Infante D. Henrique, Armazém B, Cais da Pedra, Tel. 218 81 03 20, So und Mo mittags geschl. Farbenfrohes Design in alten Speicherhallen am Tejo, Mit-

Essen im Museum
Fast alle großen Museen bieten einen schmackhaften und preiswerten Mittagstisch, meist im Self-Service-Betrieb. Besonderen Ruf genießen das Centro de Arte Moderna und das Museu Nacional de Arte Antiga; besonders schön sitzt man im begrünten Innenhof des Azulejo-Museums.

besitzer sind Catherine Deneuve und John Malkovich. Fantasievolle Mittelmeerküche. Hauptgerichte um 30 €, in der angeschlossenen Cafeteria ab 15 €.

Terreiro do Paço 15: Praça do Comércio, Tel. 210 31 28 50, Sa abends und So geschl. Das zeitgenössische Restaurant in alten Gemäuern besticht durch die kreative portugiesische Küche des aktuellen Starkochs Portugals, Vitor Sobral. Jahreszeitlich wechselnde Menüs. Hauptgerichte ca. 20 €, mittags ca. 9 €.

Pap'Açorda 16: Rua da Atalaia 57-59, Tel. 213 46 48 11, nur abends, So/Mo geschl. Seit 1981 ausgewiesenes In-Lokal. Feines portugiesisches Essen wie die namensgebende *açorda* (dickflüssiger Brotbrei) mit Garnelen, Langusten oder *bacalhau*. Kenner essen die Schokoladenmousse zum Nachtisch. Hauptgerichte 14–30 €.

Cervejaria da Trindade 17: Rua Nova da Trindade 20-C, Tel. 213 42 35 06, tgl. 12–1.30 Uhr (durchgängig). Mit Azulejos geschmücktes Bier- und Meeresfrüchtelokal im Refektorium eines alten Klosters, laut, beliebt, voller Atmosphäre. Hauptgerichte ab 8 €.

Cantinha do Bem-Estar 18: Rua Norte 46, Tel. 213 46 42 65, So mittags und Mo geschl. Gegrillte Fische und Reisgerichte in dem kleinen Lokal sorgen oft für Warteschlangen vor der Tür. Die Hauptgerichte ab 12 € reichen meist für zwei!

Coutada 19: Rua Bempostinha 18, Tel. 218 85 20 54, So geschl. Verstecktes Schmuckstück mit Traditionsküche und bestem Preis-Leistungs-Verhältnis, eindrucksvoll sind die Spieße und am Wochenende lockt *bacalhau à presidente* mit Sahnesauce und Garnelen. Hauptgerichte ab 7 €.

O Moisés 20: Av. Duque de Ávila 121–123, Tel. 213 14 09 62, Sa geschl. Reichhaltige und schmackhafte portugiesische Küche zu günstigen Preisen. Hauptgerichte ab 6 €, am Tresen ab 4,50 €.

Vegetarisch:

Oriente 21: Rua Ivens 28, Tel. 213 43 15 30. Vielseitiges Buffet und leckere Nachspeisen in japanisch beeinflusstem Ambiente. Mittags ca. 10, abends ca. 12 €.

Afrikanisch:

Casa da Morna 22: Rua Rodrigues Faria 21, Tel. 213 64 63 99, Mo–Sa 19.30–2 Uhr. Das Restaurant des Musikers Tito Paris ist eine Institution mit kapverdischem Essen und häufig Live-Musik. Hauptgerichte ab 12,50 €.

Brasilianisch:

Comida de Santos 23: Calçada Eng. Miguel Pais, 39, Tel. 213 96 33 39. Delikat zubereitete Spezialitäten, auch vegetarisch. Hauptgerichte 13–16 €.

Indisch:

Tamarind 24: Rua da Glória 43-45, Tel. 213 46 60 80, tgl. geöffnet, Sa/So nur abends. Der etwas andere Inder: gestyltes Ambiente und verfeinerte Küche ab 12 €.

Fadolokale:

Viele Fadorestaurants befinden sich in den Stadtteilen Alfama und Bairro Alto. Reservierungen sind hier meist empfehlenswert.

Sr. Vinho: Rua do Meio à Lapa 18, Tel. 213 97 26 81, So geschl. Exklusives Traditionshaus, in dem auch landesweit bekannte Fadointerpreten auftreten. Hauptgerichte ab 18 €, Mindestverzehr 23 €.

Parreirinha de Alfama: Beco do Espirito Santo 1, Tel. 218 86 82 09. Kleines Lokal der bekannten Sängerin Argentina Santos mit sehr gutem, professionellem Fado. Hauptgerichte ab 14 €.

Esquina de Alfama: Rua de São Pedro 4, Tel. 218 87 05 90, Mi–So geöffnet. Der Sänger Lino Ramos hat vor Kurzem sein eigenes, uriges Fadohaus eröffnet. Begleitet wird er von Nachbarn und Freunden. Hauptgerichte ab 10 €.

Já Disse: Rua Diário de Notícias 42–48, Tel. 213 47 05 42, So geschl. Volkstümliches Restaurant mit sehr gutem Essen. Hauptgerichte ab 10 €.

Tasca do Chico: Rua Diário de Notícias 39, keine Reservierung, nur Mo und Mi. Amateurfado in uriger Kneipe.

Die eléctrico schaukelt durch Lissabons Straßen

carris
28
DEUS
JERÓNIMOS
P. COMÉRCIO

Das moderne Lissabon

Zahlreiche attraktive Traditionsgeschäfte finden sich in den Stadtteilen Baixa, Chiado und Bairro Alto. Die schönsten **Markthallen** liegen in der Rua Coelho da Rocha (Campo de Ourique) und am Cais do Sodré (Mercado da Ribeira). Zahlreiche **Antiquitätengeschäfte** gibt es in der Rua da Escola Politécnica und den benachbarten Rua do Alecrim, Rua Dom Pedro V. und Rua de São Bento.

Livraria Buchholz: Rua Duque de Palmela 4. Internationale Buchhandlung mit fachkundiger Beratung auch in Deutsch.

FNAC: Rua do Carmo 2 (Armazéns do Chiado). Riesige Auswahl an CDs und Büchern.

A Carioca: Rua da Misericórdia 9. Kleine Kaffeerösterei im Familienbesitz, auch mit großer Teeauswahl. Die nach Wunsch des Kunden zusammengestellte Kaffeemischung wird frisch gemahlen und extra verschweißt.

Coisas do Vinho do Arco: Rua Bartolemeu Dias (Centro Cultural do Belém). Bestsortierte Weinhandlung mit Qualitätsweinen.

Mercearia da Atalaia: Rua da Atalaia 64 A (Bairro Alto). Moderner Feinkostladen mit regionalen und biologischen Spezialitäten.

Sant'Anna: Rua do Alecrim 95 (Chiado). Handbemalte Kacheln mit klassischen Mustern.

Ana Salazar: Rua do Carmo 87 (Chiado). Klassisch-moderne Kreationen von Portugals bekanntester Modeschöpferin.

El Corte Inglés: Av. Antônio Augusto de Aguiar 31. Größtes Kaufhaus der Iberischen Halbinsel.

Einkaufszentren: Centro Comercial Colombo, die größte Shoppingmall der Iberischen Halbinsel liegt an der Metrostation Colégio Militar, das **Centro Comercial Vasco da Gama** auf dem Expo-Gelände und das postmoderne **Centro Comercial Amoreiras** befindet sich in der Av. Eng. Duarte Pacheco nahe Rato.

Teatro Nacional de São Carlos: Largo de São Carlos (Chiado), Tel. 213 25 30 00, www.saocarlos.pt. 1793 eingeweihtes Opernhaus im italienischen Stil, Gastspiele und Klassikkonzerte.

Goethe-Institut: Campo dos Mártires da Pátria 36 (Santa Ana), Tel. 218 82 45 10, www.goethe.de/lissabon, Sa/So geschl. Interessantes Ausstellungs-, Kultur- und Diskussionsprogramm. Schönes Gartencafé.

Chapitô: Costa do Castelo 7, Mo geschl. Alternatives Kulturzentrum mit Theater, Jazzclub, Café, Restaurant und Aussichtsterrasse.

Feste & Veranstaltungen:

Festas de Lisboa: Anfang Juni – Anfang Juli. Musikspektakel in der ganzen Stadt von Hip-Hop über Worldmusic bis Fado. Höhepunkt ist das Fest zu Ehren des hl. Antonius am 12. Juni mit dem farbenprächtigen Umzug *marchas populares* auf der Avenida da Liber-

dade und ausgelassenem Treiben in der Alfama und im Burgviertel.

Jazz at the Gulbenkian: August. Hochkarätige portugiesische und internationale Musiker spielen in der Stiftung.

Gay and Lesbian Film Festival: Sept./Okt. Das ambitionierte Festival präsentiert neben Mainstream auch eine hochwertige Auswahl an Außenseiterfilmen.

Silvester: 31. Dez. Feuerwerke und Rockkonzerte auf dem Expo-Gelände und Praça do Comércio.

Stadtrundfahrten: Carristur, www.carristur.pt. Das städtische Verkehrsunternehmen bietet Rundfahrten im offenen Doppeldeckerbus (ca. 15 €) und der historischen Straßenbahn (ca. 18 €) an, Tickets in den Tourismusbüros.

Stadtführungen: Persönliche Führungen nach individuellen Wünschen organisieren die Reisebuchautoren Lydia Hohenberger und Jürgen Strohmaier, Tel. 218 40 30 41, www.portugal-unterwegs.de.

Lisbon Walker bietet fünf thematische Stadtwanderungen von 2 bis 3 Std. Dauer in engl. Sprache an, Tel. 218 86 18 40, www.lisbonwalker.com, ca. 15 €.

Schiffsfahrt: Transtejo, Kiosk am Praça do Comércio, www.transtejo.pt. Zweistündige Fahrten auf dem Tejo von April bis Okt., Abfahrt 15 Uhr, ca. 20 €.

Fado wird voller Inbrunst vorgetragen

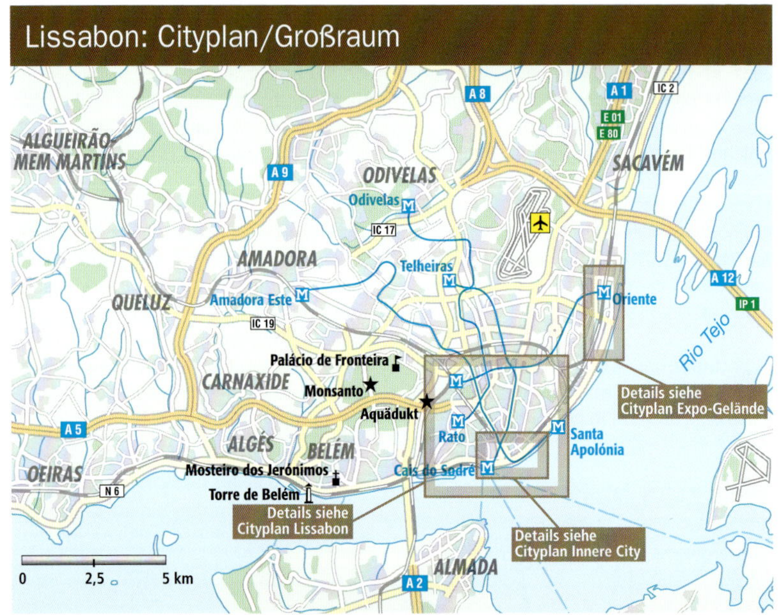

Detaillierte Auskünfte zum gesamten Nah- und Fernverkehr liefert die Internetseite www.transporlis.sapo.pt. Hier finden sich exakte Tarifauskünfte, Fahrpläne für Metro, Bus, Straßenbahn, Fähren, Züge, außerdem Flugpläne. Die Seite gibt auch nach individuellen Wünschen die bestmöglichen Verbindungen mit dem ÖPNV an, inkl. Fahrtzeit und Preis.

Flughafen: Portela, nördlicher Stadtrand, Auskunft Tel. 218 41 37 00, www.ana.pt. Der Flughafenbus Aero-Bus 91 fährt vom Ankunftsterminal zwischen 7 und 21 Uhr im 20-Minuten-Takt ins Stadtzentrum, Fahrtzeit etwa 30 Min., Tickets gibt es beim Schaffner für ca. 3,50 €.

Bahnhof: Züge aus Paris, Madrid und Nordportugal halten an den Bahnhöfen Gare do Oriente (Parque das Nações) und Santa Apolónia (Rua Caminho do Ferro), Züge aus der Algarve an den Bahnhöfen Entrecampos (Av. da República) und Oriente.

Bus: Rua Prof. Lima Bastos (Sete Rios) für die meisten regionalen sowie alle überregionalen Busse.

Taxi: Taxis sind ein preiswertes Verkehrsmittel. Die Fahrer werden per Handzeichen angehalten. Leider sind viele Taxifahrer am Flughafen für ihre »kreative Art der Berechnung« berüchtigt. Die Fahrt ins Zentrum kostet etwa 10–15 € inkl. Gepäckzuschlag. Bei einer überhöhten Rechnung bitten Sie vor dem Bezahlen die Hotelrezeption um Hilfe. Als Alternative bietet das Tourismusbüro im Flughafengebäude ein Taxivoucher für allerdings recht teure 15–19 € an.

Parken: Die Lissabonner Straßen sind parkraumbewirtschaftet. Im Innenstadtbereich finden sich ausreichend Parkhäuser.

Metro: Es gibt vier U-Bahnlinien. Die Zugfolge ist dicht, die Züge fahren von ca. 5 Uhr früh bis 1 Uhr nachts (Tel. 213 55 84 57, www.metrolisboa.pt).

Straßenbahn: Die romantische Art, Lissabon mit den fünf Linien 12, 15, 18, 25 und 28 zu erkunden (www.carris.pt).

Bus: Das Busnetz ist eng, aber schwer zu überschauen und gedruckte Infos selten erhältlich (www.carris.pt).

Standseilbahn: Eine Lissabonner Spezialität

sind die Standseilbahnen Glória, Bica und Lavra, die sich besonders steile Hügel hinaufschieben. Der Aufzug Elevador Santa Justa verbindet die Baixa mit dem Chiado (www.carris.pt).

Fähre: Ab Cais do Sodré, Belém, Praça do Comércio und Expo-Gelände setzen Fähren auf die gegenüberliegende Tejoseite über (www.transtejo.pt).

S-Bahn: Nach Cascais bzw. Sintra fahren S-Bahnen durchschnittlich alle 15 Min. von den Bahnhöfen Cais do Sodré bzw. Rossio (bis Anfang 2008 von Entrecampos) ab.

Fahrscheine:

Die Chipkarte »7 colinas« kann in den U-Bahnhöfen und den gelben Kiosken des Busunternehmens Carris erworben werden (0,50 €). Sie ist wieder aufladbar und gilt für einzelne Fahrten (mit Umsteigen bis zu einer Stunde Dauer) oder für einen, zwei bzw. fünf Tage (ca. 3,50, 7 und 14 €) und in allen innerstädtischen Verkehrsmitteln. Der Chip muss vor jeder Fahrt über die elektronischen Zugangssysteme in der Metro bzw. über die Automaten in Bussen, Straßen- und Seilbahnen geführt werden. Für S-Bahnen und Fähren sind gesonderte Fahrscheine nötig.

Lisboa Card

Das Tourismusbüro hat eine **Lisboa Card** für 24, 48 oder 72 Stunden (ca. 15/25/30 €) aufgelegt, die den Fahrschein für die öffentlichen Verkehrsmittel und freien oder ermäßigten Eintritt in vielen Bussen und Baudenkmälern beinhaltet. Die Karte lohnt, wenn man viele eintrittspflichtige Sehenswürdigkeiten in kurzer Zeit besuchen will. Zusätzlich gibt es die **Lisboa Shopping Card** und die **Lisboa Restaurant Card.**

Zeitschriften in Lissabon

Monatlich erscheinen das Touristenmagazin »**Follow Me**« (engl.) und die Kulturzeitschrift »**Lisboa LX**« (portug.) mit aktuellen Infos zu Veranstaltungen und einer Auflistung der wichtigsten Sehenswürdigkeiten und Kultureinrichtungen, kostenlos erhältlich in den Hotels und Tourismusbüros.

Aufmerksame Kellner in der Pastelaria de Belém (s. Richtig Reisen-Tipp S. 114)

Verwunschen: der Park am Palácio da Pena in Sintra

Kapitel 2

Lissabons Umgebung

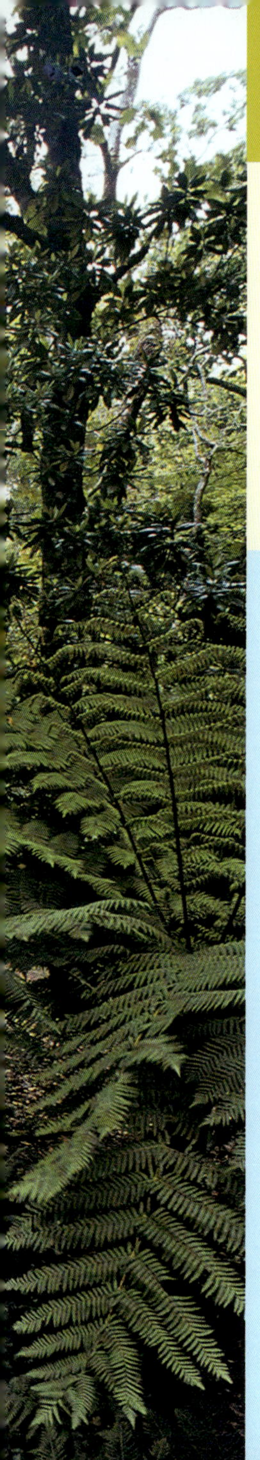

Auf einen Blick: Lissabons Umgebung

Wo der Süden auf die Mitte trifft

Gemeinsam haben die Nachbarn südlich und nördlich des Tejo eines: ihre Nähe zu Lissabon. Gänzlich unterschiedlich aber zeigen sich Landschaften und Klima, Städte und Dörfer, selbst das Meer und die Küste.

Die Halbinsel von Setúbal südlich der Flussmündung ist geprägt von ausgedehnten Sandstränden entlang der Costa da Caparica und sanftem Wellengang. Hierher fahren die Lissabonner zum Baden, Promenieren und Wandern durch duftende Pinienwälder hinter dem Meer. Fast mediterranes Klima lässt Mittelmeerpflanzen gedeihen, selbst auf den Berghöhen der romantischen, steil in den Atlantik abfallenden Serra da Arrábida. Unten verstecken sich romantische Badebuchten zwischen den Felsen.

Die Distrikthauptstadt Setúbal ist eine Industrie- und Hafenstadt, aber mit lebendiger Altstadt. Weiß gekalkt sind die Häuser in den umliegenden Dörfern und Städten, auf den fruchtbaren Böden wird Wein angebaut. Man spürt die Verbundenheit mit dem Nachbarn Alentejo, den das sommerlich-heiße Klima prägt.

Ganz anders zeigt sich die Lissabon zugewandte Flussseite nördlich der Tejo-Mündung. Nur die mondänen Badestädte Estoril und Cascais atmen noch südländisches Flair. Gleich dahinter schlagen die Meereswellen wild gegen die Praia do Guincho, die nicht nur aktive Surfer und Bodyboarder lockt. Gourmets von weit her finden ihre Lieblingsspeisen in den erstklassigen Fisch- und Meeresfrüchtelokalen. Die Küstenstraße windet sich bald die rauen Felsen hinauf zum Cabo da Roca, dem westlichsten Punkt des europäischen Kontinents, »wo das Land endet und das Meer beginnt«, wie Nationaldichter Luís de Camões sang.

Fast mitteleuropäisch wirkt Sintra, und es verwundert nicht, dass es gerade Romantiker aus Deutschland, England und Holland waren, die ab dem 18. Jh. die verschlafene Königsresidenz zu neuem Leben erweckten und nahe dem königlichen Schloss ihre eigenen Paläste errichteten. In den Parks und Wäldern gedeihen Bäume und Pflanzen aus

allen fünf Erdteilen, begünstigt durch das feuchte, kühlere Mikroklima. Darüber hebt sich Portugals Neuschwanstein, das Lustschloss Palácio da Pena aus dem 19. Jh. Dank der strategisch außergewöhnlichen Hügellage nahe am Meer hatten bereits die Mauren den Ort befestigt und einen Alcazar errichtet. Die portugiesischen Könige bauten ihn nach der Rückeroberung zu ihrer Residenz aus. Inzwischen ist dieser Palácio Nacional das am meisten besuchte historische Bauwerk Portugals. Ein monumentales Kloster mit angeschlossenem Königspalast ließ der prunkliebende João V. in der Nachbarstadt Mafra erbauen, größer als der Escorial wurde es. Doch der graue Stein wirkt kalt, auch ihm fehlt die Leuchtkraft des Südens.

Highlight

2 **Sintra:** »In Sintra ist alles himmlisch«, heißt es in dem Roman des portugiesischen Schriftstellers Eça de Queirós. Und das ist kaum übertrieben angesichts der romantischen Paläste, königlichen Schlösser und des Pflanzenreichtums in den Wäldern (s. S. 170 ff.).

Empfehlenswerte Routen

Durch die Serra da Arrábida: Ein spektakuläres Panorama auf das Meer und die bewaldeten Hügel eröffnet die Küstenstraße, die sich im Naturpark die Klippen hinaufwindet (s. S. 159).

Küstenstraße von Guincho: Von Cascais führt die N 247-7 vorbei an den wellenumtosten Felsformationen der Boca do Inferno und dem Dünenstrand von Guincho bis zum Leuchtturm des Cabo da Roca am westlichen Ende des europäischen Festlandes (s. S. 169 f.).

Straßenbahnfahrt an den Strand: Eine historische Tram entlang den romantischen Parks und dichten Wäldern verbindet Sintra und Colares mit den Stränden des Atlantiks (s. S. 175).

Richtig Reisen-Tipps

Spitzenküche am Atlantikstrand: Einige der besten portugiesischen Restaurants für Fisch und Meeresfrüchte befinden sich an der Praia do Guincho, dazwischen versteckt sich ein französisches Feinschmeckerlokal (s. S. 169).

Wanderungen durch die Gärten Edens: Exotische Parks und Wälder rund um die Paläste von Sintra auf Schusters Rappen zu durchstreifen ist ein besonderes Erlebnis (s. S. 174).

Reise- und Zeitplanung

Für einen Ausflug auf die **Halbinsel von Setúbal,** nach **Cascais, Sintra** und **Mafra** sollte jeweils ein Tag eingerechnet werden, zusätzlich eventueller Strandaufenthalte. Da es ein reiches Angebot an Übernachtungsmöglichkeiten gibt, bietet sich Urlaubern die Möglichkeit, ihr Quartier in einem dieser Orte zu beziehen und **Tagesausflüge nach Lissabon** zu unternehmen – insbesondere jenen, die Ruhe und Strände der großstädtischen Hektik vorziehen. Allerdings liegen die Hotelpreise an den attraktiven Küsten tendenziell über denen der portugiesischen Hauptstadt. Dies gilt in besonderem Maße für die Badesaison von Juli bis September.

Strandspaziergänge, Wanderungen in den Wäldern und Besichtigungen der Bauwerke sind das ganze Jahr über möglich, die Temperaturen sind mit denen in Lissabon vergleichbar, wenn sich auch das Klima südlich der Wetterscheide Tejo etwas wärmer und stabiler zeigt. An Regentagen in Sintra kann in Setúbal durchaus die Sonne scheinen. Badefreunde sollten die südlichen Strände vorziehen, Wellengang und Winde sind dort ruhiger.

Die Halbinsel von Setúbal

Karte S. 161

Zwischen der Mündung der Flüsse Tejo und Sado, zwischen der Hauptstadt Lissabon und dem ländlichen Alentejo erstreckt sich die Halbinsel. Das beliebte Ausflugsziel der Lissabonner vereint auf engem Raum lange Sandstrände, wilde Felsküsten, ausgedehnte Pinienwälder und Weinberge, weiße Dörfer, historische Städte, aber auch bedeutende Industriezentren.

Cacilhas

Der Ausflug auf die andere Uferseite beginnt an der Lissabonner Schiffsanlegestelle Cais do Sodré. Die Boote bringen werktags Tausende zu ihrer Arbeit nach Lissabon, am Wochenende setzen Lissabonner gerne für den Besuch eines der Ausflugslokale über. Auf der etwa 15-minütigen Überfahrt spürt man die Faszination, die das majestätische Lissabon schon vor Jahrhunderten auf die heimkehrenden Seefahrer ausgeübt haben muss. Wenn möglich, sollte man den Abend in **Cacilhas** 1 genießen, wenn die Sonne die gegenüberliegende Stadt in orangefarbenes Licht taucht, Lissabon langsam in der Dämmerung verschwindet und die städtischen Lampen schließlich die Häusersilhouette in die dunkler werdende Nacht zeichnen.

Die Dorfstraße durch den höher gelegenen historischen Ortskern beginnt bei den krisengeschüttelten Werften und führt hinauf zur **Statue des Cristo Rei**. Auf einem 82 m hohen Sockel erhebt sich die weithin sichtbare Christusstatue aus Marmor weitere 28 m in die Höhe. Sie wurde 1959 von der katholischen Kirche Portugals als Zeichen ihrer Dankbarkeit dafür errichtet, dass Portugal nicht in den Zweiten Weltkrieg eingetreten war. Per Lift gelangt man auf die Aussichtsplattform, von der man einen Postkartenblick über Lissabon, auf das Mündungsgebiet des Tejo und die Hügel der Umgebung genießt (tgl. 9.30–18 Uhr, Eintritt 4 €, erreichbar von Cacilhas mit dem Linienbus 101).

Ponto Final: Cais do Ginjal 72, Tel. 212 76 07 43, Di geschl. Von der alentejanischen Küche beeinflusste Gerichte werden auf der Flussterrasse serviert. Hauptgerichte ab 12 €.
Cervejaria Farol: Largo Alfredo Dinis Alex 1–3, Tel. 212 76 52 48. Lebendige Kneipe mit Spezialitäten aus Meeresfrüchten, etwa der Reiseintopf *arroz de marisco* mit Muscheln, Garnelen und Krebsen. Hauptgerichte ab 7 €.

Costa da Caparica

Dem gesichtslosen Badeort Caparica, der über die Autobahnbrücke Ponte 25 de Abril zu erreichen ist, fehlt die mondäne Atmosphäre von Estoril, das sich auf der gegenüberliegenden Tejo-Seite befindet. Doch die 24 feinsandigen Badestrände gehören zu den schönsten Portugals. In den Sommermonaten bedient eine schnuckelige Eisenbahn die ersten acht Strandkilometer. An bestimmten Strandabschnitten finden sich Gleichgesinnte ein, Nudisten, Familien mit Kindern, Schwule oder Singles haben jeweils ihre ›eigenen‹, auch für Nicht-Eingeweihte unschwer erkennbaren Strände. Aber es wird niemand dumm angeschaut, der nicht zur Gemeinschaft gehört.

Auch Geologen und Wanderern bietet die **Costa da Caparica** 2 viel Interessantes. Die Sedimentschichten der bis zu 70 m hohen, abrupt aus dem Meer sich hebenden Felsen schließen Überreste aus den verschiedenen Entwicklungsepochen der Küste ein. Lassen sich an der einen Stelle versteinerte Lebewesen vom Meeresgrund finden, liegen nur wenige Zentimeter entfernt Fossilien aus der Lagunenlandschaft, die sich hier erstreckte.

Ausgangspunkt für Spaziergänge und Wanderungen entlang dieser Felsen und durch einen duftenden Pinienwald sind entweder der Sandstrand am nördlichen Ortsende oder das wenige hundert Meter nordöstlich gelegene **Convento dos Capuchos**. Das 1558 erbaute Kapuzinerkloster war zwar zahlreichen baulichen Änderungen unterworfen, doch blieb das Portal aus dem 16. Jh. erhalten. Formvollendete Kachelbilder illustrieren den Alltag der Mönche, spektakulär weit reicht der Panoramablick über die Küste. Im Sommer finden vor dieser traumhaften Kulisse klassische Konzerte statt.

Auf ausgewiesenen Wanderwegen kann man ohne große Anstrengungen durch die Wälder am Rande und oberhalb der Küste bis zum Binnensee **Lagoa de Albufeira** streifen. Dessen Abfluss ins Meer lässt sich nur schwimmend überwinden, doch wer dieses Wagnis auf sich nimmt, gelangt bis zum **Strand von Meco,** der heute zwar kein Geheimtipp mehr ist, doch immer noch ein faszinierender Strand in einer bezaubernden Dünenlandschaft. Weniger Abenteuerlustige erreichen Meco von Sesimbra aus per Auto.

O Peralta: Aldeia do Meco, Tel. 212 68 36 96. Viele Vorspeisen, Fisch- und Meeresfrüchte frisch aus dem Meer, empfehlenswert: Wolfsbarsch in Salzkruste (35 €/kg).

Bus: Im Hochsommer der städtische Bus 75 ab Metrostation Campo Grande in Lissabon. Ab Cacilhas regelmäßige Verbindung mit dem Regionalbus 124 der Firma Sul do Tejo.
Fähre: Ab Anlegestelle Belém nach Trafaria, von dort weiter mit dem Regionalbus Nr. 129.

Mit den Autoren unterwegs

Cacilhas bei Sonnenuntergang

Vom Tejoufer schweift der Blick auf die erhabene Silhouette von Lissabon, die die im Meer versinkende Sonne in orangefarbenes Licht taucht (s. S. 156).

Costa da Caparica

Hinter einem der längsten Sandstrände Portugals lädt ein Pinienwald zum Wandern ein (s. links).

Museu do Trabalho

Das Museum der Arbeit in einer stillgelegten Konservenfabrik legt plastisch Zeugnis vom harten Leben des einfachen Volkes ab (s. S. 162).

Gezeitenmühle in Mouriscas

Noch heute wird der Tidenhub genutzt, um das Korn zu mahlen (s. S. 164).

Cabo Espichel

Auf der N 379 erreicht man das südwestliche Ende der Halbinsel, das **Cabo Espichel** 3. Die Felsen fallen steil ins Meer ab. Von Weitem ist die rote Kappe des Leuchtturms sichtbar, einer der vielen, die Staatsmann Marquês de Pombal errichten ließ, um die Seefahrer nächtens vor den gefährlichen Klippen der Westküste zu warnen. Befeuert wurde er bis 1886 mit Olivenöl, das später von Petroleum, Gas und elektrischem Strom abgelöst wurde.

Die barocke Wallfahrtskirche **Nossa Senhora do Cabo** liegt direkt auf den Felsen über der Brandung. Der Kirchenraum erstrahlt nach einer aufwendigen Restaurierung in freundlichen weiß-goldenen Tönen. Die zehn Seitenkapellen sind mit Ölbildern geschmückt, hübsch anzusehen ist die bemalte Holzdecke (tgl. 9.30–13.30 und 14.30–18.30 Uhr, im Winter bis 17 Uhr). Die verfallenen Nebengebäude dienten seit dem 18. Jh. als Pilgerherberge.

Sesimbra

Der sympathische Fischer- und Ferienort **Sesimbra** 4 mit knapp 6000 Einwohnern liegt 15 km östlich des Cabo Espichel an einer kleinen, durch die Serra da Arrábida windgeschützten Bucht. In 240 m Höhe hält ein mächtiges Maurenkastell Wacht.

Das **Castelo** wurde während der Reconquista heiß umkämpft. Erst im zweiten Anlauf gelang König Sancho I. im Jahr 1200 der endgültige Sieg über die Mauren. Er ließ einen Bergfried errichten und die Mauern verstärken, die den mittelalterlichen Ort umschlossen. Mitte des 16. Jh. zogen die Bewohner hinunter an die Küste, und die Burg war fortan dem Verfall preisgegeben. Bei einer Rekonstruktion in den Jahren 1934 bis 1944 wurden Zinnen und Schießscharten hinzugefügt. Ein reizvoller Spazierweg führt vom Tourismusbüro hinauf (tgl. 8–18 Uhr, Juni–Sept. bis 21 Uhr, Eintritt frei).

Schön bummelt es sich auch entlang der Hafenmole, farbenfroh bemalte Fischkutter schaukeln sanft in den Fluten. Am westlichen Ende erhebt sich die mächtige **Fortaleza de**

Vorbereitung auf den nächsten Fang

Santiago, die den wohlhabenden Ort seit dem 17. Jh. vor Piratenangriffen schützte. Heute wird Sesimbra gerne dank der zahlreichen Fischrestaurants an der Uferpromenade besucht.

Turismo: Largo da Marinha 26/27, Tel. 212 28 85 40, Fax 212 28 82 65, tgl. 9 –12.30, 14–17.30 Uhr, Juni–Sept. 9–20 Uhr.

Sana Park Sesimbra: Av. 25 de Abril, Tel. 212 28 90 00, www.sanahotels.com. Modernes Haus in fröhlichen Farben mit 100 Zimmern und Health-Club. DZ 90 bis 130 €.

Ribamar: Av. dos Naúfragos 29, Tel. 212 23 48 53. Traditionsreiches Fischrestaurant mit eigener Meeresfrüchtezucht. Spezialität ist der Fischeintopf *sopa rica de peixe.* Hauptgerichte ab 12 €.

Senhor das Chagas: 4. Mai. Eine der größten Prozessionen in Portugals Süden zu Ehren des Schutzheiligen der Fischer.

Baden: Praia da Sesimbra. Langer heller Sandstrand mit ruhigem Meer.

Bus: Av. da Liberdade 21B, Tel. 212 23 30 36. Häufig nach Lissabon und Setúbal.

Parque Natural da Arrábida

Der Küstenabschnitt zwischen Sesimbra und Setúbal wurde auf einer Fläche von 10 820 ha unter Naturschutz gestellt. Das bewaldete Kalksteinmassiv hebt sich beim Alto do Formosinho auf eine Höhe von 501 m. Unter den Oliven-, Lorbeer-, Johannisbrot- und Erdbeerbäumen, den knorrigen Eichen und Mastixsträuchern im **Parque Natural da Arrábida** 5 fühlen sich Füchse, Dachse, Ginster- und Wildkatzen zu Hause. Über 300 Schmetterlingsarten erfreuen in ihrem bunten Kleid das Auge. Zwar wurden Wanderwege durch das Naturparadies angelegt, doch lassen sich die Markierungen nur schwer finden. So bleibt man weitgehend auf das Auto angewiesen. Von der kurvenreichen Küstenstraße eröffnen sich spektakuläre Ausblicke auf den nahen Atlantik. In der sichelförmigen Bucht der **Praia do Portinho da Arrábida** mit feinem weißem Sand kann man in die Fluten des Atlantiks eintauchen und die grün bewaldete Küste vom Wasser aus bewundern.

Nur einen Steinwurf entfernt hebt sich der **Convento da Arrábida** über das Meer. Von einem spanischen Franziskanermönch 1542 schmucklos erbaut und im Anschluss sukzessive erweitert, wirkt er mit seinen zahlreichen Kapellen und Nebengebäuden wie ein kleines Klosterdorf mitten im Wald. Für manch einen portugiesischen Film diente dieses himmlische Stückchen Erde schon als romantische Kulisse.

Im Jahr 1990 wurde das Kloster von der privaten Stiftung Oriente erworben und in eine elitäre Bildungsstätte umgewandelt. In klösterlicher Abgeschiedenheit finden hochkarätig besetzte gesellschaftspolitische Seminare und Kulturveranstaltungen statt (Besichtungen Mi–So um 15 Uhr, nur nach Voranmeldung möglich, Tel. 212 19 76 20, www.foriente.pt).

Azeitão

In einem fruchtbaren Tal nördlich des Naturparks liegt **Azeitão** 6. Die 9000 Einwohner verteilen sich auf die zwei Ortsteile Vila Nogueira und Vila Fresca. Schleckermäuler schätzen Azeitão für seine gastronomischen Spezialitäten. Im 18. Jh. aus der Serra da Estrela zugewanderte Schäfer brachten die Rezeptur für einen kräftigen Käse mit. Aus Honig und Frischkäse hergestellt werden die kleinen Küchlein *queijinhos*. Auch die hiesigen Weine genießen einen guten Ruf. Seit 1834 produziert das portugiesische Familienimperium **José Maria Fonseca** bis zu 18 Mio. Liter Rebensaft jährlich. In den hauseigenen Kellern wurde einst der schwere Dessertwein »Moscatel de Setúbal« aus der Taufe gehoben, der aus Muskatellertrauben gekeltert und – ähnlich dem Portwein – mit Branntwein versetzt wird. Eine Führung durch das Gut zeigt das Hausmuseum und den imposanten Weinkeller (Rua José Augusto Coelho 11–13, Mo–Fr 10–12 und 14.15–16 Uhr, Eintritt frei).

Einige der stilvollen Renaissancepaläste des Ortes stehen Besuchern offen. Der repräsentative **Palácio da Bacalhoa** in Vila Fresca de Azeitão ist mit kostbaren polychromen Kachelbildern verziert. Der Sohn des indischen Vizekönigs, der auch die Casa dos Bicos in Lissabon erbauen ließ (s. S. 116), errichtete das Gebäude 1554 auf den Grundmauern eines mittelalterlichen Königspalastes. Labyrinthische Wege durchziehen die Gartenanlage, vorbei an plätschernden Wasserspielen und dekorativen Marmorbalustraden (Di–Sa 9–17 Uhr nach Voranm. unter Tel. 212 18 00 11, Führung 5 €).

i **Turismo**: Rua José Augusto Coelho 27, Tel. 212 18 07 29, Mo–Sa 10–13, 14–18, So 10–13 Uhr.

Quinta das Torres: Vila Fresca de Azeitão, Tel. 212 18 00 01, Fax 212 19 06 07, www.azeitao.net/quintas/torres.htm. Der Renaissancepalast aus dem Jahr 1570 liegt inmitten eines idyllischen Parks. 12 mit Antiquitäten eingerichtete Gästezimmer. DZ um 100 €.

Portugals Molekularküche

Quinta de Catralvos: EN 379 (bei Azeitão), Tel. 212 19 76 10, www.quintadecatralvos.com, Di–So mittags, Fr/ Sa auch abends. Der experimentierfreudige Luís Baena ist Vorreiter der kreativen Küche in Portugal mit Einflüssen der Molekularküche. Man stellt sich die Menüs aus kleinen Gerichten zusammen, die jeweils um 8 € kosten, z. B. Berliner Pfannkuchen mit Creme vom Krebs gefüllt und mit Miesmuscheln und Riesengarnelen ummantelt. Auch thematische Kochkurse werden veranstaltet und Zimmer vermietet.

Setúbal

Die schmale N 10 führt von der Serra da Arrábida hinab nach **Setúbal** 7, von Lissabon kommend erreicht man die Hafen- und Industriestadt mit 88 000 Einwohnern über die Südautobahn. Hat man erst einmal die hässlichen Vorstädte und rauchenden Fabrikschlote hinter sich gelassen, überrascht eine lebendige Altstadt am Rio Sado, der sich in seinem Mündungsbecken auf stattliche 1600 m

verbreitert. Manche Perle der Gotik und manch ein manuelinischer Türbogen verbirgt sich in den schmucken Gassen.

Nach der christlichen Rückeroberung, der Reconquista, betrieb der Santiago-Orden die Besiedlung von Setúbal, der Hafen erlangte große Bedeutung. Das Erdbeben aus dem Jahr 1755 legte das historische Zentrum weitgehend in Trümmer, doch wurde die Stadt seit der Industrialisierung im 19. Jh. zu einem bedeutenden Wirtschaftszentrum und lockte viele arbeitslose Landarbeiter aus dem Alentejo an.

Convento e Igreja de Jesus

Verschont vom Erdbeben blieb das kunsthistorisch wichtigste Bauwerk an der Praça Miguel Bombarda am nordwestlichen Altstadtrand. Die Klosterkirche (1492) gilt als erstes manuelinisches Bauwerk Portugals. Diogo de Boytac, der auch Baumeister des Lissabonner Hieronymus-Klosters war, hatte sich in dem noch geduckten niedrigen Kirchenbau an dem neuartigen portugiesischen Dekorationsstil versucht. Der kleine Innenraum der Kirche wird von wuchtigen gedrehten Säulen aus dem Marmor der Arrábidaberge beherrscht, während in der entwickelten Manuelinik grazil ornamentierte Pfeiler bezaubern. Den schlichten gotischen Hauptchor ziert ein grün-weiß kariertes Kachelmuster, das aus der Renaissance stammt. Barocke Azulejobilder an den Seitenwänden erzählen Episoden aus dem Leben Marias (Di–Sa 9–12 und 13.30–17.30 Uhr, Eintritt frei).

In das Klarissenkloster zog das **Museu de Setúbal** mit einem reichen Bestand an Gemälden, Kunstgewerbe, Möbeln und Goldschmiedearbeiten seit dem 16. Jh. Zeitweise ist es wegen Renovierungsarbeiten geschlossen. Das Hauptwerk, das 14-teilige Renaissance-Gemälde »Retábulo do Convento de Setúbal« wird währenddessen in der angrenzenden **Galeria de Pintura Quinhentista** ausgestellt. Königin Dona Leonor hatte es beim Hofmaler Jorge Afonso in Auftrag gegeben und dem Kloster vermacht. Erzählt werden Kindheit und Leidensweg Christi sowie die Geschichte des Franziskanerordens (Di–Sa 9–12 und 13.30–17.30 Uhr, Eintritt frei).

Einkaufs- und Kneipenviertel

Dem größten Sohn der Stadt, dem 1765 geborenen, von den Inquisitionsgerichten verfolgten Dichter Manuel de Bocage, ist eine Statue auf der zentralen, aber etwas überdimensionierten **Praça do Bocage** gewidmet.

Zahlreiche Stadtpaläste säumen die freundliche Einkaufsmeile rund um die Rua Castelões. Auf dem **Largo Dr. Francisco** Soveral verbreiten Straßencafés unter einer Riesenplatane eine fast französische Atmosphäre. Das quirlige Nachtleben spielt sich gleich unterhalb in der baumbestandenen Avenida Luisa Todi ab, hier reihen sich unzählige Fisch- und Meeresfrüchtelokale aneinander.

Am Ende der Avenida werden im **Museu de Arqueologia e Etnologia** archäologische Fundstücke aus der Region und Gerätschaften gezeigt, die bei der Salzgewinnung, dem Fischfang und in der Landwirtschaft eingesetzt wurden (Di–Sa 9–12.30 und 14–17.30 Uhr, Eintritt frei).

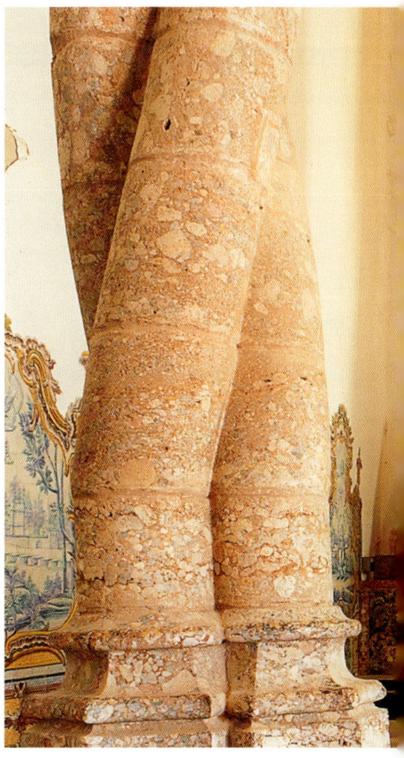

Museu do Trabalho

Zu den bedeutenden Industriemuseen Portugals zählt das Museum der Arbeit am Largo dos Defensores da República. Der Ethnologe Michel Giacometti und ein Team freiwilliger Mitarbeiter hatten im Revolutionssommer von 1975 im ganzen Land Trachten, Werkzeuge und Arbeitsmaschinen zusammengetragen.

Die hohen Hallen einer stillgelegten Fischkonservenfabrik bilden nun den angemessenen Rahmen für die Ausstellung der Exponate, die die harte Lebenswirklichkeit des einfachen Volkes dokumentieren. Komplett nachgestellt ist eine Konservenfabrik, lebensechte Puppen zeigen die Arbeitsabläufe (Di–Sa 9–12.30 und 14–18 Uhr, Eintritt frei).

Manuelinische Säulen winden sich in der Igreja de Jesus in Setúbal gen Himmel

Fortaleza de São Felipe

Die westlich über dem Ort thronende Verteidigungsanlage erreicht man nach 20-minütigem Fußweg. Philipp II. ließ sie zum Schutz des Hafens vor Piratenangriffen Ende des 16. Jh. vom italienischen Festungsbaumeister Filippo Terzi erbauen. Mit zwei Mauerringen zählt sie zu den am besten erhaltenen Festungen Portugals. Den Innenraum der kleinen Burgkirche überzog der barocke Kachelmaler Policarpo de Oliveira Bernardes 1736 mit wundervollen Azulejos, die die Geschichte des hl. Philipp erzählen. Heute ist in den wehrhaften Burgmauern eine **Pousada** untergebracht, von deren öffentlich zugänglicher Restaurantterrasse man einen umwerfenden Blick auf Setúbal und die Sado-Mündung genießt.

Turismo: Praça do Quebedo, Tel. 265 53 44 02, Mo–Sa 9.30–12.30, 14–18, So 14–18 Uhr.

Esperança Centro: Av. Luisa Todi 220, Tel. 265 52 17 80, Fax 265 52 17 89, www.lunahoteis.com. Modernes Hotel mit zeitgenössischer Kachelkunst im Treppenhaus und 80 freundlich gestalteten Zimmern, die teilweise über Meerblick verfügen. DZ 60–80 €.

Residencial Setubalense: Rua Major Afonso Pala 17 (1. Stock), Tel. 265 52 57 90, Fax 265 52 57 89. Gepflegte Familienpension mit 30 Zimmern. DZ um 60 €.

Casa do Hugo: Rua Barão do Vale 7, Tel. 265 53 42 98, Mo geschl. Fang-

frische Fische in beeindruckender Auswahl zu günstigen 22–28 € pro Kilo, Hummer landen im *arroz de lagostas c/camarãos* (Hummerreis mit Garnelen, ca. 65 €/2 Pers.).
Marisqueira do Fernando: Av. Luísa Todi 510–512, Tel. 265 52 71 02, Do geschl. Hier wird der *arroz de marisco* ganz nach Wunsch des Gastes zusammengestellt, der Preis richtet sich dann nach der Menge der gewählten Meeresfrüchte.
Beco: Largo da Misericórdia 24, Tel. 265 52 46 17, Di und So abend geschl. Traditionslokal mit günstigem Mittagsmenü und Tagesgerichten, empfehlenswert ist der Entenreis *pato de arroz*. Hauptgerichte ab 7 €

Baden: Praia Figueirinha. Der feinsandige Strand ca. 2 km westlich ist wegen Waldbrandgefahr im Sommer für Privatautos gesperrt und dann nur mit öffentlichem Bus zugänglich (ab Busbahnhof oder Parque Secil).
Delfin-Beobachtungen: **Vertigem Azul:** Rua Praia da Saúde 11 D, Tel. 265 23 80 00, www.vertigemazul.com. Auch Kanuexkursionen im Sadobecken und Schiffsausflüge entlang der Küste.

Zug: Praça do Brasil. Fernzüge nach Lissabon und Algarve, S-Bahn »Fertagus« nach Lissabon.
Bus: Av. 5 de Outubro 52, Tel. 265 53 84 45. Häufig nach Faro, Lissabon u. in den Alentejo.
Fähre: Doca do Comércio. Regelmäßig zu den Stränden der Halbinsel Tróia.

Reserva Natural do Estuário do Sado

Das **Naturschutzgebiet** um das Mündungsgebiet des **Rio Sado** 8 reicht bis Alcácer do Sal im Alentejo. Auf einer Fläche von rund 23 160 ha umfasst es Küsten- und Feuchtgebiete, Dünen u. Reisfelder. Zahlreiche Fischarten leben und laichen in dem sauerstoffreichen Gewässer, sogar Delfine, derzeit 24 an der Zahl, fühlen sich wohl. Wasservögel wie Flamingos, Meerpfaue, Rot- oder Graureiher lassen sich besonders gut bei Ebbe beobachten, wenn sie den schlammigen Flussboden nach Futter durchsuchen. Ein günstiger Ausgangspunkt für Vogelbeobachtungen ist die etwa 10 km östl. von Setúbal gelegene Küste von Mitrena, die von verlassenen Salzfeldern und Fischzuchtbecken geprägt wird.

Die nur etwa 5 km entfernte **Gezeitenmühle Moinho de Maré de Mouriscas** wurde im Jahr 1601 errichtet, mehrfach erweitert und schließlich 1995 restauriert. Zwei der acht historischen Mühlsteine wurden von der Parkverwaltung wieder in Betrieb gesetzt (Estrada do Faralhão, Mo–Fr 9.30–12.30 und 14–18, Sa/So nur bis 17 Uhr, Eintritt 1,50 €).

Fünf **Wanderwege** führen durch das Naturschutzgebiet, eine Broschüre ist im **Parkbüro** in Setúbal erhältlich (Praça da República, Tel. 265 54 11 40, Mo–Fr 9–12.30 und 14–17.30 Uhr).

Palmela

Die pittoresken Gassen ziehen sich durch das romantische Weinstädtchen **Palmela** 9 zum Castelo hinauf. Bei schönem Wetter schweift der Blick weit über die Landschaft, von den Bergen Sintras nach Lissabon und bis zur alentejanischen Hafenstadt Sines. Ursprünglich von den Mauren auf der strategischen Anhöhe errichtet, wurde die Festung 1210 von König Sancho I. dauerhaft für das christliche Portugal gesichert. Die weitläufigen Burgmauern umgeben den Bergfried aus dem 14. Jh., die Reste der ursprünglich romanischen Igreja Santa Maria do Castelo, die spätgotische Igreja de São Tiago und ein Klostergebäude des Santiago-Ordens, in das inzwischen eine Pousada eingezogen ist.

Im Jahr 1995 tat Palmela einen riesigen Sprung ins Industriezeitalter. Zu Füßen des Burghügels nahm das supermoderne Volkswagenwerk »Autoeuropa« seinen Betrieb auf und produziert hier das Cabrio Eos.

Turismo: Castelo de Palmela, Tel. 212 33 21 22, Fax 212 33 33 42, Mo–Fr 9.30–12.30, 14–18, im Winter bis 17, Sa/So 9.30–12.30, 14–19 Uhr.

Pousada: Castelo de Palmela, Tel. 212 35 12 26, Fax 212 33 04 40, www.pousadas.pt. 28 sehr luxuriöse Zimmer in einem Neubau innerhalb der Burgmauern, einige verfügen über Ausblick. DZ 150–230 €.

Weinfest: Erstes Wochenende im Sept. Die frisch geernteten Trauben werden gesegnet und mit fröhlichen Umzügen und Konzerten wird gefeiert.

Weit schweift der Blick vom Kastell von Palmela

Nördlich der Tejo-Mündung

Karte S. 161

Die mondänen Küstenorte Estoril und Cascais locken seit 150 Jahren Erholungssuchende an die rauen Atlantikküsten. Von jeher besingen Dichter die Parks und glanzvollen Schlösser des romantischen Sintra, das 1995 von der Unesco als Welterbe anerkannt wurde. Ob ihrer Monumentalität auch Kritik verdient die Klosteranlage von Mafra.

Von Lissabon nach Cascais

Palácio Nacional de Queluz

10 15 km westlich von Lissabon ließ die Königsfamilie im 18. Jh. eine Sommerresidenz bauen, dem damaligen Zeitgeist folgend im Rokokostil von Versailles. Auch die Einrichtungsgegenstände entsprechen dem französischen Geschmack. Heute werden im früheren Thronsaal unter mächtigen Kristallleuchtern Staatsempfänge abgehalten. Die ehemalige Schlossküche liefert die dazugehörenden Speisen.

Ebenfalls französisch inspiriert sind die geometrisch angelegten **Gartenanlagen.** Wasserläufe durchziehen geradlinig die Rasenflächen und Blumenbeete, Springbrunnen plätschern. Eine portugiesische Note geben bunte Azulejos. Das erhabene Ambiente wird allerdings stark durch die umliegenden Hochhausbauten beeinträchtigt, in königlichen Zeiten wurden hier noch sommerliche Konzerte vor der verträumten Kulisse im Freien veranstaltet (Mi–Mo 9.30–17 Uhr; die Gärten im Sommer bis 18 Uhr, Eintritt 4 €).

Zug: S-Bahn, Bahnhof Queluz, von dort ca. 20 Gehminuten.

Estoril

Estoril 11 mit 23 000 Einwohnern gilt als mondänster Badeort Portugals. Die Königsfamilie fand hier sommerliche Entspannung, ein frühes Spielkasino lockte die wohlhabenden Bürger selbst aus Frankreich an. Der Fernzug aus Paris legte für sie einen Extrahalt ein. Monarchen aus Italien, Spanien, Serbien und Brasilien, von den bürgerlichen Revolutionen zu Beginn des 20. Jh. zur Abdankung gezwungen, fanden hier Exil. Der spanische König Juan Carlos verbrachte seine Kindheit in einem Haus direkt hinter dem heutigen Casino. 1000 *slot machines* stehen hier den täglich 10 000 Besuchern zur Verfügung, in den Roulettesälen besteht Kleiderzwang. Das Luxushotel Palácio am Rande der subtropischen Gartenanlage rund um den Spieltempel war während des Zweiten Weltkrieges Hauptquartier des englischen wie des deutschen Geheimdienstes.

Zahlreiche prunkvolle Villen und Stadtpaläste, umgeben von gepflegten Gärten und kleinen Parks, ziehen sich zwischen palmengesäumten Alleen den 100 m hohen **Monte Estoril** hinauf und erinnern an die guten alten Zeiten. Sportliche Großereignisse wie der Lauf zur Motorradweltmeisterschaft auf der ehemaligen Formel-1-Rennstrecke im September oder internationale Tennis- und Golfturniere sorgen für den Duft der weiten Welt.

Einzige kunsthistorische Sehenswürdigkeit ist die barocke Kirche **Santo António** mit vergoldetem Altar und blau-weißen Kachelbildern (Av. Marginal, Mo-Sa 10–12.30, 16.30–18, So 16.30–18 Uhr, Eintritt frei). Hinter dem S-Bahnhof beginnt die hübsche Strandpromenade mit einigen einfachen Restaurants;

über die Promenade kann man in einer halben Stunde das benachbarte Cascais zu Fuß erreichen.

Turismo: Arcadas do Parque, Tel. 214 66 38 13, Fax 214 67 22 80, www.visiteestoril.com. Mo–Sa 9–19, Juni–Sept. bis 20, So 10–18 Uhr.

Inglaterra: Rua do Porto 1, Tel. 214 68 44 61, Fax 214 68 21 08, www.hotelinglaterra.com.pt. 61 frisch renovierte, modern eingerichtete, geräumige Zimmer in einem hundertjährigen Stadtpalast, teilweise mit Balkon und Meerblick. DZ 80 bis 150 €.

Mandarim: Casino, Tel. 214 66 72 70, Di geschlossen. Verfeinerte chinesische Kochkunst in elegantem Ambiente. Hauptgerichte ab 18 €.

Casino: Praça José Teodoro de Santos, tgl. 15–3 Uhr. Häufig Shows und kostenlose Konzerte nationaler und internationaler Musiker, auch Kunstausstellungen.

Estoril Jazz: Juli. Internationales Festival mit hochklassigen Musikern.
FIARTIL: Juli, August. Älteste portugiesische Kunsthandwerksmesse mit begleitenden Festveranstaltungen.

Zug: S-Bahn, Av. Marginal. Regelmäßig nach Lissabon.

Cascais

Der Mönch Antonius aus dem Heilig-Geist-Orden musste nach dem Erdbeben 1755 berichten, der Ort sei »in Schutt und Asche gelegt, ohne dass irgendein Haus stehen geblie-

Auch Staatsgäste besuchen den Palácio National de Queluz

Mit den Autoren unterwegs

Restaurante Porto de Santa Maria

Mit wunderbarem Blick auf den Atlantik genießt man frische Meeresfrüchte in einer Vielfalt, die man sonst nur in biologischen Fachbüchern findet (s. Richtig Reisen-Tipp S. 169).

Cabo da Roca

114 m über dem Abgrund steht man am westlichen Rand des europäischen Festlands (s. S. 170).

Palácio da Pena

Das Lustschloss ist eine Qual für Stilpuristen. Doch zeigt es eindrucksvoll, wie Könige noch kurz vor ihrer Absetzung in Saus und Braus zu leben wussten (s. S. 172 f.).

Klassikfestival

Vor der historischen Kulisse des Klosterpalasts von Mafra musizieren internationale und nationale Orchester (s. S. 177).

ben wäre.« Der dörfliche Ortskern wurde anschließend komplett neu aufgebaut, während die zahlreichen Hochhäuser am Stadtrand erst in den letzten Jahren aus dem Boden sprossen. Viele gut betuchte Deutsche und Engländer haben sich in **Cascais** 12 niedergelassen und sorgen für internationales Flair. Die Boutiquen und Juweliere in der pittoresken Fußgängerzone sind darauf eingestellt.

Doch nach wie vor hat der Fischfang seine ökonomische Bedeutung behalten. Nach der abendlichen Rückkehr der Boote in die zentrale Hafenanlage beginnen die lautstarken Versteigerungen des Fanges. Überragt wird der Hafen von einer mächtigen Zitadelle aus dem 17. Jh. Hinter der Fischhalle birgt die **Igreja da Misericórdia** ein überdimensionales, in Gold und Blau gehaltenes Marienbildnis, während das **Rathaus** wenige Schritte westlich am adretten Largo 5 de Outubro mit reizvollen Kachelbildern von Heiligen und Evangelisten geschmückt ist. Rund um den benachbarten **Largo de Camões** reihen sich charmante Straßencafés und englische Bars. Die **Igreja dos Navegantes** noch ein paar Schritte Richtung Westen zeigt auf zwei barocken Kachelbildern den portugiesischen Schutzheiligen der Seefahrer, Pedro Gonçalves. Das wichtigste Gotteshaus der Stadt passiert man auf dem Weg zurück zum Meer. Die **Igreja da Nossa Senhora da Assunção** wurde Ende des 18. Jh. auf den Ruinen einer im Erdbeben zerstörten Kirche errichtet. Sehenswert sind der goldverzierte Altar und kunstvolle Azulejos in der Sakristei (tgl. 11–13, 17–19 Uhr, Eintritt frei).

Am Rande des weitläufigen Parque Municipal Gandarinha liegt das moderne städtische Kulturzentrum mit ansprechenden Wechselausstellungen. In einem kleinen Palast, der Ende des 19. Jh. in mittelalterlicher Bauweise errichtet wurde, vermittelt das **Museu Condes de Castro Guimarães** aufschlussreiche Einblicke in die aristokratische Lebensweise kurz vor der bürgerlichen Revolution. Es zeigt archäologische Funde, asiatische und portugiesische Möbelstücke, eine kleine Porzellansammlung und eine 25 000 Bände zählende Bibliothek. Das **Museu do Mar** am nördlichen Rande des Parks ist der Seefahrt, der Meeresforschung und dem Fischfang gewidmet. Neben Schriftstücken und Abbildungen sind Miniaturboote und Fischertrachten ausgestellt (beide Di–So 10–17 Uhr, Eintritt 2 €).

i **Turismo:** Rua Visconde da Luz 14, Tel. 214 84 40 86, www.visiteestoril.com. Mo–Sa 9–19, Juni–Sept. bis 20, So 10–18 Uhr.

Farol Design: Av. Rei Humberto II de Itália 7, Tel. 214 82 34 90, Fax 214 84 14 47, www.farol.com.pt. 34 von jungen Modeschöpfern und Designern durchgestylte, luxuriöse Zimmer ruhig am Stadtrand über dem Meer. Etwas Besonderes für Anhänger der Moderne. DZ 190–300 €.

Casa da Pérgola: Av. Valbom 13, Tel. 214 84 00 40, Fax 214 83 47 91, www.pergolahouse.com, von Dez. bis Feb. geschlossen. Zehn geschmackvolle Zimmer in einem hun-

Richtig Reisen-Tipp: Spitzenküche am Atlantikstrand

Zugegeben, teuer sind die Feinschmeckerrestaurants an der Uferstraße Estrada do Guincho, aber besser zubereitet gibt's frischen Fisch und Meeresfrüchte nur selten. Unbestrittener Stern ist **Porto de Santa Maria** (Tel. 214 87 94 50, Mo geschl.) mit großer Glasfront zum Atlantik und legerer Atmosphäre. Hierher führt die portugiesische Regierung so manchen Staatsgast; gereicht werden frischeste Muscheln in einer Artenvielfalt, die sonst nur in biologischen Fachbüchern zu finden ist. Um den Eigengeschmack zu erhalten, sind sie ganz einfach in bestem Olivenöl zubereitet und zurückhaltend gewürzt. Als Hauptgericht empfehlen sich Eintöpfe mit Meeresfrüchten und Fisch in Salzmantel oder Brotteig. Für ein Essen muss man allerdings 50 € (ohne Wein) einrechnen.

Förmlicher wird bei ähnlichen Preisen in der **Fortaleza do Guincho** aus dem 17. Jh. gespeist (Tel. 214 87 04 91, tgl.). Die Verantwortung für die französische Küche mit portugiesischem *toque* trägt Antoine Westermann, Chef des Straßburger Buerehiesel, die Küchenleitung obliegt dem jungen Franzosen Vincent Farges. Die *foie-gras* aus der Region Landes in Südwestfrankreich wird mit geliertem Moskatellerwein und Birnenchutney serviert, die im Dampf gegarte Goldbrasse mit Fenchel gefüllt und die Taubenbrüstlein an kandierten Zitronen gereicht. Die Karte wechselt entsprechend dem Marktangebot. Wer nach solch frugalem Mahl ein Bett benötigt, kann sich im zugehörigen Luxushotel einmieten, die meisten Zimmer weisen auf den Atlantik (DZ 160–280 €).

Unter den vielen benachbarten Meeresfrüchtelokalen sind **Panorama**, **Furnas do Guincho** und **Mestre Zé** hervorzuheben. Wer ein günstigeres, aber dennoch schmackhaftes Essen bevorzugt, wird sich im Restaurante **O Púcaro** am nördlichen Ende der Küstenstraße gut aufgehoben fühlen (Tel. 214 87 04 97, tgl.). Zwar fehlt der Blick aufs Meer, dafür sitzt man auf der Terrasse unter Nadelbäumen. Die Hauptspeisen beginnen bei 10 € und verdienen es durchaus, kreativ genannt zu werden, etwa wenn der Tintenfisch in der Pfanne und mit Muscheln garniert auf den Tisch kommt *(lulas na canoa com ameijoas)*.

dertjährigen Herrenhaus mit Laubengängen im hübschen Garten. DZ 85–130 €.

Visconde da Luz: Jardim Visconde da Luz, Tel. 214 84 74 10, Di geschl. Frische Meeresfrüchte und Fische werden in einem hübsch in einem Park gelegenen Chalet gereicht. Hauptgerichte ab 12 €.

Fahrrad: 7 km Radweg nach Guincho, kostenlos können Räder am städtischen Kiosk vor dem Bahnhof ausgeliehen werden, die Räder sind aber leider schlecht gepflegt (tgl. 9–17 Uhr).

Zug: S-Bahn, Rua Sebastião J. Carvalho. Regelmäßige Verbindung nach Lissabon.

Bus: Av. 25 de Abril, etwa zweistündlich nach Sintra und Cabo da Roca.

Praia do Guincho und Cabo da Roca

Der Weg zur traumhaften Dünenlandschaft von **Guincho** 13 führt über die Küstenstraße an einem kleinen Naturwunder vorbei. 2 km westlich des Leuchtturms von Cascais bilden ausgespülte, von kleinen Grotten durchbrochene Felsklippen und ein Felskessel die **Boca do Inferno,** den Höllenschlund. Bei rauem Meer spritzt die Gischt 20 m bis zur Besucherplattform hinauf.

Wegen der gefährlichen Strömungen ist das Baden an den kleinen Buchten und am langen Sandstrand von Guincho kaum möglich, doch sind sie ein Paradies für geübte Surfer. Nicht nur diese finden sich in der angesagten **Bar do Guincho** (tgl. bis 2 Uhr, Fr/Sa bis 4 Uhr) zu Kaffee, Cocktail oder einfachem Essen am nördlichen Strandende ein und genießen den Blick auf die Meeresklippen, die wenige Kilometer nördlich am **Cabo da Roca** 14 die schwindelnde Tiefe von 114 m erreichen. Der rot-weiße Leuchtturm weist den Weg dorthin, »wo das Land endet und das Meer beginnt, und wo der Geist des Glaubens und des Abenteurers lebt, der die Karavellen Portugals hinführte zu den neuen Welten für die Welt«, wie der Nationaldichter Luís de Camões vor fünf Jahrhunderten den westlichsten Punkt des europäischen Festlandes besang. Weniger poetisch verleiht die kleine Informationsstelle den Besuchern auf Wunsch eine Urkunde.

2 Sintra

»In Sintra ist alles himmlisch«, rief der literarische Held der portugiesischen Familiensaga »Die Maias« im 19. Jh. aus. Wer reich war, baute sich in Sintra eine Sommerresidenz und traf sich in den Restaurants und Spielsälen. Einen halben Tag dauerte die Fahrt von Lissabon mit der eigenen Kutsche oder dem öffentlichen Pferdebus. Zahlreiche ausländische Reisende wie Lord Byron oder Hans Christian Andersen zeigten sich fasziniert von den Stadt- und Landschaftsansichten, und der portugiesische Prinzgemahl Ferdinand von Sachsen-Coburg-Gotha fand seine Lebensaufgabe im Bau eines Märchenschlosses und der Anlage eines romantischen Parks. 1995 wurde Sintra als Welterbe anerkannt.

Verspielt wirkt das neomanuelinische **Rathaus** nahe dem Bahnhof. Erbaut wurde es im frühen 20. Jh., doch die Ausschmückungen und die Sphärenkugel auf der Turmspitze versuchen, das Goldene Zeitalter der Seefahrten zumindest architektonisch wiederzubeleben. Die Straße ins historische Zentrum passiert unterhalb des hübschen Parque da Liberdade eine mit neomaurischen Kacheln verzierte Quelle.

Der Blick fällt auf das Wahrzeichen der Stadt, den **Nationalpalast** mit seinen zwei markanten, 33 m hohen Türmen – den Rauchfängen der königlichen Küche, »dem Schlunde eines Königs angemessen, der täglich ein gesamtes Königreich verspeist«, wie ein Kritiker adeliger Verschwendungssucht einst formulierte.

Palácio Nacional de Sintra

Der einzige in Portugal vollständig erhaltene mittelalterliche Herrscherpalast basiert auf den Fundamenten einer maurischen Wohnburg aus dem 10. Jh. Die reizvolle Vielfalt der Baustile resultiert aus den Um- und Anbauten der portugiesischen Könige bis ins 19. Jh. Das verbindende Element sind einzigartige

Ein Paradies für geübte Surfer ist die Praia do Guincho

Azulejos im maurischen, spätgotischen und Renaissance-Stil.

Durch die Anlage wird man auf einem Rundweg geleitet. Der mit einem Wasserspiel und geometrisch angeordneten grünen und weißen Kacheln verzierte **arabische Saal** ist der älteste. Von besonderer kunsthistorischer Bedeutung sind die Holzdecke und die alten Bodenfliesen im Mudejarstil der Schlosskapelle, während der ausgetretene Fußboden im Gefängniszimmer eher kurios anmutet. Hier hielt König Pedro II. seinen Bruder Afonso im Streit um die Königskrone 16 Jahre lang gefangen. Ein imposanter Wappensaal wurde im frühen 16. Jh. eingerichtet, die weiß-blauen Kachelbilder mit Jagdszenen im 18. Jh. hinzugefügt. Um das königliche Staatswappen im Zentrum der achteckigen, holzgetäfelten Kuppeldecke gruppieren sich die Wappen der acht Kinder des Königs Manuel und der 72 wichtigsten Adelsfamilien. Ein fein gearbeitetes gotisches Zwillingsfenster gibt den Blick auf einen der vielen hübschen Patios frei. 27 Schwäne zieren die Holzdecke des prächtigen Schwanensaals, die wohl die Sehnsucht des Bauherrn nach seinen ins Ausland verheirateten Töchtern symbolisieren. Im Elsternsaal gibt König João I. der Legende nach eine hintersinnige Antwort auf den Klatsch der 136 Hofdamen, nachdem er eine von ihnen geküsst hatte. 136 Elstern schweben in der Kassettendecke und tragen das Schriftband *»por bem«* (»nichts für ungut«) im Schnabel (Do–Di 10–17.30 Uhr, Eintritt 4 €).

Dem Palast gegenüber schlängeln sich schmale Gassen durch die enge **Altstadt**. Überteuerte Andenkenläden verstellen mitunter den Blick auf die bezaubernden Details der Häuser. Doch bereits ein paar Schritte

Bizarr: der Palácio da Pena in Sintra

jenseits des touristischen Hauptweges setzt romantische Stille ein. Hier beginnt auch der ausgeschilderte, zuweilen recht steile und felsige Fußweg zum Maurenkastell und Pena-Schloss. Bequemer geht es per Bus 434 (Abfahrt am Bahnhof oder gegenüber dem Turismo) oder per Pferdekutsche, die vor dem Nationalpalast auf Gäste wartet.

Castelo dos Mouros

Die weithin sichtbaren, zinnenbesetzten Mauern und Türme des **Castelo dos Mouros** sind Ausdruck romantischer Weltanschauung. Die Ruinen der maurischen Festung ließ Prinzgemahl Ferdinand konservieren (19. Jh.), ohne allerdings an einen vollständigen Wiederaufbau zu denken, ähnlich wie es bei den romantischen Burgruinen im Rheintal geschah. Der Weg über den doppelten Mauerring wird bei klarem Wetter durch einen herrlichen Ausblick bis Mafra versüßt (Mai–Mitte Juni und Mitte Sept.–Okt. 9–19, Mitte Juni–Mitte Sept. 9–20, Nov.–April 9.30–18 Uhr, Eintritt 4 €, Gemeinschaftskarte für Maurenkastell, Convento dos Capuchos, Parks von Pena und Monserrate 12 €).

Palácio da Pena

Das Lustschloss wächst scheinbar aus den Felsen empor. Häufig pfeift ein kühler Wind vom Atlantik herauf, wärmere Kleidung ist empfehlenswert. Weit schweift das Auge vom umlaufenden Wehrgang und den Aussichtsterrassen über die grüne Landschaft und die Atlantikstrände bis Lissabon.

Das ursprüngliche Hieronymitenkloster (1513) wurde im 18. Jh. aufgegeben. Erhalten blieben ein doppelstöckiger manuelinischer Kreuzgang und eine kunstvoll gekachelte Kapelle aus dem 16. Jh. Der jüngst restaurierte Altar, von Nicolas Chantarène aus weißem und dunklem Alabaster gearbeitet, zählt zu den Hauptwerken der Renaissance auf der Iberischen Halbinsel. Um die Klosterruine ließ Prinzgemahl Ferdinand von Sachsen-Coburg-Gotha (1816–1885) den Palast errichten, in dem sich alle in Deutschland und Portugal bekannten Baustile wiederfinden sollten. Das Ergebnis steht stellvertretend für eine romantische Baukunst, die ihre eigene Stillosigkeit hinter einem wilden Stilmix versteckte, dabei gewohnte Vorstellungswelten sprengte und sich im Pena-Palast doch zu einer überraschenden Einheit fügt.

Die bürgerlichen Revolutionäre von 1910 ließen den königlichen Feriensitz unzerstört. Bei einem Rundgang durch die königlichen Gemächer kann man sich ein Bild vom aufwendigen Lebensstil des Adels machen, das einfache Volk hungerte zu jener Zeit (Di–So 10–17.30, Juli–Mitte Sept. bis 19 Uhr, Eintritt 7 €, inkl. Park).

Convento dos Capuchos

Der Convento dos Capuchos gilt als Beispiel für den in Portugal seit dem 16. Jh. weit verbreiteten religiösen Pietismus. Er versteckt sich im artenreichen Wald am südlichen Abhang der Serra von Sintra und wird nach ca. 10 km über die Nebenstraße 247-3 erreicht. Die prunklose Bauweise ist Ausdruck der religiösen Askese der Kapuziner, hinter dem einfachen Portal befinden sich winzige Klosterzellen. Durch die Eingänge musste man auf Knien rutschen, so niedrig waren sie.

Die Klosterräume sind als bescheidener Schutz gegen winterliche Kälte und Feuchtigkeit mit Korkrinde ausgekleidet. Einzig die mit blauen Kacheln ausgeschmückte Klosterkapelle brachte etwas Pracht in den Alltag der Ordensbrüder (Öffnungszeit und Eintritt wie Castelo dos Mouros).

Paläste und Parks im Westen

Die N 375 in Richtung Atlantik säumen großzügig angelegte Paläste und Parks. In den klassizistischen **Palácio de Seteais,** den der holländische Konsul Gildemeister 1783 erbauen ließ, ist heute ein Luxushotel eingezogen. Der neomanuelinische Fantasiebau **Palácio da Regaleira** aus dem frühen 20. Jh. bildet ein Paradies für spiritualistisch orientierte Besucher, die in der Architektur des Gebäudes und den Gärten eine Vielzahl mythologischer und esoterischer Symbole entdecken können (Mai–Sept. 10–20, Feb.–April, Okt. 10–18.30, Nov.–Jan. 10–17.30 Uhr, Eintritt 5 €, mit empfehlenswerter Führung in engl. Sprache 10 €).

Weltlich präsentiert sich hingegen der jüngst restaurierte **Palácio de Monserrate**, 1858 vom Engländer Francis Cook in Auftrag gegeben. Neogotische Stilelemente kontrastieren mit indischen Dekorationen, die roten Kuppeln der Dächer ragen zwischen den Bäumen hervor. Insgesamt 3000 Pflanzenarten, romantische Wasserkaskaden und sanft fließende Bachläufe laden zum Wandeln auf verwunschenen Wegen ein (Park: Öffnungszeiten und Eintritt wie Castelo dos Mouros. Palast: Führungen 10 und 15 Uhr, Eintritt 7 €, Tel. 219 23 73 00, nur nach Voranmeldung).

Museu de Arte Moderna

Sintra hält auch noch eine moderne Überraschung parat. Das bedeutende Museum für Moderne Kunst präsentiert die private Colecção Berardo. Neben vereinzelten Werken aus dem 19. Jh. sind alle bedeutenden Kunstströmungen des 20. Jh. vertreten. Das Museum muss sich allerdings seit Mitte 2007 die Ausstellungsstücke mit der neuen Berardo-Galerie im Lissabonner Centro Cultural de Belém teilen (Di–So 10–18 Uhr, Eintritt 3 €, So bis 14 Uhr frei).

i **Turismo:** Praça da República 23 und Außenstelle im Bahnhof, Tel. 219 23 11 57, Fax 219 23 87 87, tgl. 9–19, Juni–Sept. bis 20 Uhr.

Casa Miradouro: Rua Sotto Mayor 55, Tel. 219 10 71 00, Fax 219 24 18 36, www.casa-miradouro.com. Ruhiger Landsitz aus dem Jahre 1890 am Ortsrand mit sechs hellen und geräumigen Zimmern. DZ 90 bis 130 €.

In einige der romantischen Paläste rund um Sintra sind bei stolzen Preisen von 200 bis 350 € pro DZ Luxushotels eingezogen; etwa **Palácio de Seteais** (www.tivolihotels.com) und **Lawrence's** (www.portugalvirtual.pt/lawrences).

Richtig Reisen-Tipp: Wanderungen durch die Gärten Edens

Wanderwege durchziehen den **Parque da Pena**. Infoblätter hält das Tourismusbüro bereit. Etwa 1,5 Stunden benötigt man für den Aufstieg zum Lustschloss, gute Laufschuhe sind empfehlenswert. Ausgangspunkt ist die schmale Rua das Padarias gegenüber dem Palácio Nacional von Sintra. Der zunächst abwechselnd geteerte und gepflasterte Weg ist ausgeschildert und führt vorbei an einer hübsch gekachelten Quelle, der dreischiffigen Igreja de Santa Maria und dem Urlaubsdomizil Hans Christian Andersens von 1866, bevor er schließlich im Wald spürbar ansteigt. Hinter dem Abzweig zum Castelo dos Mouros muss ein kurzes Stück die Fahrstraße benutzt werden. Bald ist Eintritt für den inneren Parkbereich zu zahlen (Öffnungszeit und Eintritt wie Castelo dos Mouros). Die gelb-roten Zeichen werden durch kleine Hinweistafeln zu den Naturschönheiten ersetzt, etwa zum Gipfel von Cruz Alta. Von dieser Felsformation in 529 m Höhe schweift der Blick über die Atlantikküsten, das Lustschlösschen von Pena und die weiten Wälder, die Erinnerungen an frühe Landschaftsbilder Schinkels wecken. Wie ein Spiegelbild des Hermannsdenkmals von E. von Bandel wirkt die weithin sichtbare Statue des Schlossarchitekten Baron von Eschwege. Wohlhabende, von den romantischen Naturvorstellungen ihrer Zeit faszinierte Engländer, Holländer und Friedrich II. waren im 18. und 19. Jh. die Pioniere der kunstvoll angelegten Wälder. Steile Felsabfälle und verstreut liegende Granitbrocken verstärken den durchaus erwünschten Eindruck eines wild entstandenen Urwaldes. Die exotische Seite des Parks zeigen südamerikanische Araukarien, australischen Eukalyptus und riesige amerikanische Lebensbäume mit ausladendem, über der Erde hingestrecktem Wurzelwerk. Den sanften Kontrast hierzu bilden lichte Farnwälder, rote Kamelien und blauer Rhododendron. Plätschernde Quellen, maurisch anmutende Tempelbauten, still liegende Seen vervollständigen das verträumte Paradies.

Piriquita II: Rua das Padarias 18, Tel. 219 23 06 26. Kleine Gerichte und Salate ab 5 €, Terrassenbetrieb.
Casa de Chá Raposa : Rua Conde Ferreira, Di–Fr 12–18, Sa/So 16–20 Uhr. Gestyltes Teehaus im Gesellschaftsraum eines früheren Patrizierhauses, in dem auch Einrichtungsgegenstände verkauft werden.

Klassikfestival: Juni, Juli. Konzerte in den Palästen von Sintra und Queluz.
Ballettfest: Aug., Sept. vor dem historischen Palast von Seteais.

Zug: S-Bahn, häufig nach Lissabon.
Bus: S-Bahn-Station Portela de Sintra; etwa stündlich an die Strände, seltener nach Cabo da Roca, Cascais und Mafra.
Straßenbahn: Historische Tram nach Colares und Praia das Maças (Fr–So).

Ausflug an den Atlantik

Wer der schmalen Nationalstraße, der N 375, in westlicher Richtung folgt, erreicht bald **Colares** 15 mit einer hübschen Oberstadt rund um den alten Kirchplatz. Der gleichnamige Weißwein besitzt einen sehr guten Ruf und wird in zwei Kellereien im unteren Stadtteil produziert. Von dort führt die Straße weiter über Almoçageme an die hübsche **Praia Adraga**, einen romantischen Sandstreifen zwischen hohen Felsen. Ein kleines Fischrestaurant ist hier für seine einfachen Grillspeisen bekannt.

Wer es lebhafter liebt, sollte von Colares an die nordwestliche **Praia Grande** fahren, deren Charme auch Wim Wenders erlag, der seinen Film »Der Stand der Dinge« drehte. Der Regisseur fand damals noch die von ihm geschätzte morbide Szenerie vor, inzwischen jedoch sind die Häuser hinter der Strandpromenade schmuck restauriert. Der lang gestreckte Strand eignet sich zum Baden und Surfen.

Eine hübsche Alternative bietet die Fahrt mit einer **historischen Straßenbahn** vom Ortsteil Estefânia in Sintra nach Colares und **Praia das Maças** (nur Fr–So im Zwei-Stunden-Takt). Dieser inzwischen leider arg verbaute Küstenort ist dank seiner Vielzahl von Restaurants erklärtes Ausflugsziel für Liebhaber von Fisch und Meeresfrüchten. Dagegen ist das angrenzende **Azenhas do Mar** ein hübscher, stiller Ort oberhalb der Klippen geblieben, allerdings fehlen hier touristische Angebote.

Arribas: Praia Grande, Tel. 219 29 21 45, Fax 219 29 24 20, www.hotelarribas.com. Alle 58 geräumigen Zimmer des direkt in die Klippen gebauten Hotels zeigen auf den Atlantik, großer Meerwasserpool im Sommer. Hier spielt Wim Wenders' Film »Der Stand der Dinge«. DZ 65–120 €.

Naútilus: Rua Gonçalves Zarco 1, Praia das Maças, Tel. 219 29 18 16, Mo geschl. Schmackhaft gegrillter Fisch, der am Tisch filetiert wird, ca. 9 €.

Baden: Praia Adraga und Praia Grande.
Surfen: Praia Grande. Verleih von Equipment an der Strandpromenade.
Wandern: Wanderweg von Praia Grande über Adraga nach Cabo da Roca (ca. 3 Std.). Beginn ist eine in den Fels gebaute Treppe am nördlichen Strandende.

Mafra

Das 18. Jh. läutete Portugals zweite Blütezeit ein, als enorme Goldvorkommen in der Kolonie Brasilien entdeckt wurden. Königshaus, Adel und Klerus schwelgten in unermesslichem Reichtum. Die von der Inquisition geknechtete Bevölkerung verharrte in geistiger Armut, Hungersnöte durchzogen das Land.

Doch auch der König hatte zu leiden. João V. war schon drei Jahre verheiratet und noch immer stellte sich kein Nachwuchs ein. Helfen sollten himmlische Kräfte. In **Mafra** 16 plante der Franziskanerorden schon lange den Bau eines Klosters. Nun versprach der Monarch bei der Geburt eines Kindes dieses Vorhaben zu finanzieren. Sein Gelübde führte offensichtlich rasch zur Zeugung einer Tochter und der Klosterbau wurde per Dekret am 26. November 1711 angeordnet und 1717 begonnen, nachdem auch noch ein Sohn das Licht der Welt erblickt hatte. Aus dem ganzen Land wurden Arbeiter auf Europas größte Baustelle fast militärisch rekrutiert. In Mafra arbeiteten etwa 45 000 Bauleute, 7000 Soldaten verhinderten jeden Fluchtversuch. 1400 Arbeiter kamen während der Bauzeit ums Leben. Dieses Leiden kontrastiert José Saramago in seinem Roman »Das Memorial« mit der Prunksucht von Königshaus und Klerus.

Unter der Leitung des Regensburger Kirchenbaumeisters Johann Friedrich Ludwig übertraf der **Klosterpalast** nach nur 13-jähriger Bauzeit sogar den Escorial bei Madrid an Größe. Auf einer Grundfläche von 232 m Länge und 221 m Breite erheben sich die Klosterkirche, die Klosteranlage und ein Palast für die Königsfamilie in streng gegliederter Gigantomanie, die durch zwei vorspringende Eckbauten eingefasst und durch zwei zentrale Glockentürme durchbrochen wird (Besteigung So 15 Uhr bei genügend Interessenten). Sonntags um 16 Uhr geben die 114 Bronzeglocken aus Antwerpener Produktion ein Konzert. Die riesenhafte Größe des Palastes, der fast 900 Säle sowie 4500 Fenster und Türen zählt, wirkt eher erdrückend als anziehend, obwohl die ursprünglichen, darüber hinausgehenden Pläne gar nicht vollständig umgesetzt worden waren. Die immensen Baukosten konnten selbst mit sämtlichen Goldeinnahmen nicht aufgebracht werden und stürzten die Staatsfinanzen in eine tiefe Krise. Daher wurden auch die anfänglichen Pläne verworfen, einen Prachtboulevard vom Schlossplatz über die hügelige Landschaft hinweg bis zum Meer anzulegen. Bewohnt wurde das Kloster von 450 Mönchen und Nonnen. In der Eingangshalle der einschiffigen **Klosterkirche** stehen 14 bis zu 4 m hohe Heiligenfiguren aus Marmor, geschaffen von italienischen und portugiesischen Bildhauern unter der Anleitung des Italieners Alexandre Gusti. 62 Pfeiler tragen eine kassettierte Decke unter einem Tonnengewölbe. Die klare Gliederung des Inneren im klassizistischen Stil wird durch die geometrische Anordnung verschiedenfarbiger Marmorarten unterstützt (tgl. 10–13, 14–17 Uhr, Eintritt frei).

Die prunkvollen Wohngemächer und Aufenthaltsräume der Königsfamilie und die Klostereinrichtungen können nur im Rahmen einer Gruppenführung besichtigt werden, die in der wundervollen **Bibliothek** endet. Der lichtdurchflutete, gut 83 Meter messende Saal beherbergt nahezu 40 000 Bände aus dem 16. bis 18. Jh., darunter 2000 Handschriften und Frühwerke des Buchdrucks, etwa eine dreisprachige Bibel aus dem Jahre 1514, die Erstausgabe der »Lusiaden« von Luís de Camões und die älteste erhaltene Homerausgabe in griechischer Sprache (Mi–Mo 10–17 Uhr, Eintritt 4 €). Nördlich grenzt ein offen zugänglicher botanischer Garten an, der in einen romantisch-wilden Naturpark übergeht. Dieses Wildgehege, **Tapada de Mafra,** wurde 1747 für die königliche Jagdgesellschaft angelegt. Das von einer 20 km langen Mauer umschlossene Gelände steht nur Besuchergruppen nach Voranmeldung offen (Tel. 261 81 70 50).

i **Turismo:** Terreiro Dom João V (im Kloster), Tel. 261 91 71 70, Fax 261 91 71 79, tgl. 9.30–13, 14.30–18 Uhr.

Die Atlantikküste bei Ericeira – ein Ort zum Träumen

Klassikfestival: Okt. Portugiesische und internationale Orchester sowie Solisten spielen an den Wochenenden im Kloster. Nähere Infos bei der Touristeninformation.

Bus: Haltestelle vor dem Kloster, regelmäßige Verbindung nach Lissabon, Sintra, Ericeira.

Ericeira

Wenige Kilometer westlich zieht sich das ursprüngliche Fischerstädtchen die zerklüfteten Felsen hinauf. Geschichte machte es 1910, als vom kleinen Hafen aus die Königsfamilie vor den bürgerlichen Revolutionären floh. Heute leben nur noch wenige der knapp 5000 Einwohner in **Ericeira** 17 von der Fischerei, auch wenn viele Restaurants an den Stränden und in der hübschen Altstadt frischen Fisch anbieten. Zu den wichtigsten Einkommensquellen entwickelten sich der Fremdenverkehr und die Langustenzucht vor der Küste.

Zentrum des städtischen Lebens ist der baumbestandene und von Bänken umsäumte Platz der Republik. Nördlich davon erstreckt sich der älteste Ortsteil bis zum Meer, rund um die blau-weiß gekachelten Kapellen zu Ehren des hl. Antonius und des hl. Sebastião und die Pfarrkirche **Igreja Matriz** aus dem 17. Jh. Eine kleine Küstenstraße führt vom Fischerhafen die Klippen hinauf zum **Stadtpark Santa Maria** mit Minigolfplatz. Nicht nur frisch Verliebte finden versteckte Ruheplätze in den Felsen. In der Umgebung laden sandige Buchten zum Baden ein. Häufig ist Ericeira auch Schauplatz von internationalen Surfwettbewerben.

Turismo: Rua Dr. Eduardo Burnay, 46, Tel. 261 86 31 22, Fax 261 86 41 36, www.ericeira.net, 15. Juli–15. September tgl. 10–24, sonst tgl. 10–13 und 14.30–18.30 Uhr.

Vila Galé Ericeira: Largo dos Navegantes, Tel. 261 86 99 00, Fax 261 86 99 30, www.vilagale.pt. Jüngst renoviertes, komfortables Hotel im Kolonialstil mit 202 Betten direkt über dem Meer. DZ 105–170 €.
Camarão: Av. Espírito Santo, Tel. 261 86 26 65, Fax 261 86 44 02, www.residencialcamarao.com. 24 einfache, aber ansprechende Zimmer in einer freundlichen Pension. DZ 45–70 €.

Esplanada Furnas: Rua das Furnas, Tel. 261 86 48 70, Mo geschl. Die Terrasse, auf der fangfrischer Fisch und Meeresfrüchte gereicht werden, liegt wunderschön über dem Meer. Hauptgerichte ab 12 €.

Surfen: Ericeira Surf, Foz do Lizandro, Tel. 916 00 90 04 (mobil), www.ericeirasurf.com, Kurse und Equipmentverleih.

Ein Ausdruck von Lebensfreude: die Manuelinik in Batalha

3

Portugals Mitte

Aveiro
Guarda
Coimbra
Tomar
Batalha
Tejo

Auf einen Blick: Portugals Mitte

Königsstädte, Klöster, Küsten und Gebirge

Die Mitte Portugals beginnt wenig oberhalb von Lissabon, reicht hinauf bis fast zum Douro und umfasst die Bezirke Estremadura, Ribatejo, Beira Litoral und Beira Interior. Auf rund 24 000 km² leben 1,8 Mio. Einwohner. Zwei historische Begebenheiten in der Region waren von großer Bedeutung für die Entwicklung des gesamten Portugals. Die in Frankreich verbotenen Templer betrieben 1319 eine Neugründung ihres Ordens als Ritter Christi mit Sitz in Tomar. Ihre sagenhaften Reichtümer sollten zur finanziellen Basis und ihre Schwerter zur militärischen Absicherung der portugiesischen Entdeckungsfahrten beitragen.

Das zweite Ereignis war die Schlacht von Aljubarrota, in der 1385 die Truppen von König João I. ein zahlenmäßig weit überlegenes kastilisches Heer besiegten und damit die Unabhängigkeit der jungen portugiesischen Nation sicherten.

Ihrer kulturhistorischen Bedeutung entsprechend sollten Klöster und Königsstädte im Mittelpunkt einer Reise in diese Region stehen. Óbidos ist ein mittelalterliches Juwel. Die Sakralbauten der Christusritter in Tomar sowie die königlichen Klostergründungen von Alcobaça und Batalha zählen zu den herausragenden portugiesischen Nationaldenkmälern. Die Universitätsstadt Coimbra bildet seit dem 16. Jh. das geistige Zentrum des Landes. Schließlich gilt Millionen von Katholiken der Wallfahrtsort Fátima als spirituelles Ziel.

Darüber hinaus gibt es zahlreiche seltener beschriebene kulturelle Attraktionen und Naturschönheiten zu entdecken. In zehn »Historischen Dörfern« nahe der Grenze zu Spanien und abseits großer Touristenrouten könnten Realityshows über mittelalterliches Leben angesiedelt werden. In den »Dörfern des Schiefers« unweit von Coimbra wurden kulturelle Traditionen und Handwerke wiederbelebt. In einigen Städten wie Tomar und

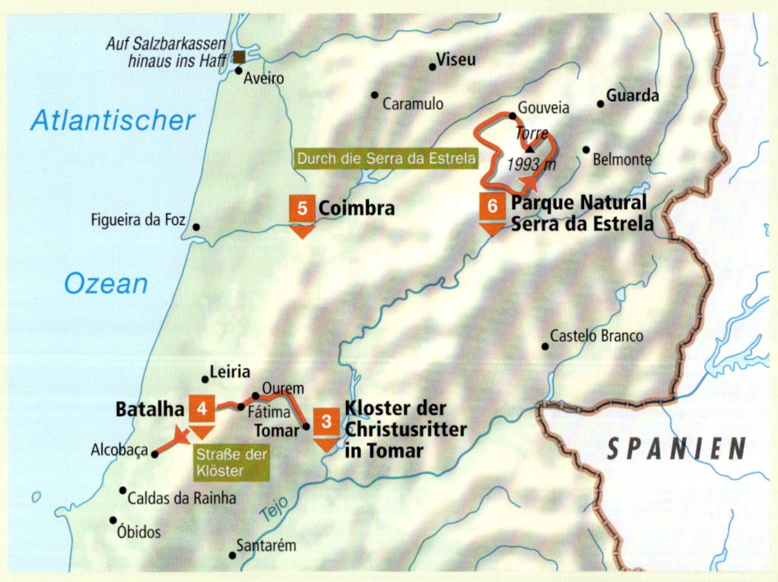

Belmonte blieb jüdisches Leben bis in die Gegenwart bewahrt, Synagogen und Ausstellungen stehen allen Besuchern offen.

Bedeutende Museen finden sich auch in der Provinz. Dazu zählen ein zeitgenössisches Kunstmuseum in Caramulo mit angeschlossener Abteilung für Oldtimer (!) oder eine Sammlung von Gemälden des von der Manuelinik inspirierten Künstlers Grão Vasco in seiner Heimatstadt Viseu.

Von dieser ehemaligen Königsresidenz aus sind in der Ferne bereits die höchsten Berge des portugiesischen Festlandes zu sehen. Der Gipfel des Torre in der Serra da Estrela bringt es auf 1993 m, ein ideales Gebiet zum Wandern, Radeln und Skifahren.

Sandstrände säumen den gesamten Küstenabschnitt von Peniche bis Aveiro. Nazaré, São Pedro de Moel, Figueira da Foz, Mira und Costa Nova heißen die wichtigsten Badeorte.

Highlights

3 **Kloster der Christusritter in Tomar:** Das berühmteste Fenster Portugals und ein Labyrinth aus sieben Kreuzgängen machen die Klosteranlage zu einem Meisterwerk der Manuelinik (s. S. 189 f.).

4 **Batalha:** Die Klosteranlage ist die steinerne Offenbarung des goldenen Zeitalters Portugals, das die strenge Gotik in die vor Lebensfreude überschäumende Manuelinik überführte (s. S. 193 f.).

5 **Coimbra:** Ein unsterbliches Liebespaar, die portugiesische Traditionsuniversität, charmante Altstadtgassen voll studentischen Lebens, imposante Sakralbauten, sehenswerte Museen und eine jüngst herausgeputzte Uferpromenade am Mondego machen die Stadt liebenswert (s. S. 199 ff.).

6 **Serra da Estrela:** »Es war einmal ...«, so beginnt auch die Geschichte der Serra da Estrela. In Portugals größtem Naturschutzgebiet wird gewandert, geradelt und Ski gefahren, aber auch ein herzhafter Schafskäse produziert (s. S. 222).

Richtig Reisen-Tipps

Auf Salzbarkassen hinaus ins Haff: Auf den bunt bemalten Booten der Tangfischer geht es in das naturgeschützte Haff Ria de Aveiro (s. S. 209).

Ski und Rodel gut! Neun Pisten für Skifahrer, Kinkrails für Snowboarder und Ausfahrten mit dem Hundeschlitten für weniger Bewegungsfreudige, auch das gibt es in Portugal (s. S. 223).

Empfehlenswerte Routen

Straße der Klöster: Auf 73 km verbinden die N 113, N 356 und N 8 die Klosterstädte Tomar, Batalha und Alcobaça (s. S.189 ff.).

Durch die Serra da Estrela: Die Rundfahrt durch das Gebirge führt auf eine Höhe von 1993 m (s. S. 222).

Reise- und Zeitplanung

Angesichts der Größe der Klostergebäude und der reizvollen Altstadt sollte für **Tomar** ein ganzer Tag eingeplant werden, nur bei rasantem Besuchstempo wären auch noch **Alcobaça** und **Batalha** zu schaffen. In **Coimbra** lohnt sich aufgrund der Vielfalt an Sehenswürdigkeiten und der fröhlichen Kneipenszene mindestens eine Übernachtung. Letzteres gilt auch für **Aveiro**. Wer den Osten zwischen **Viseu, Guarda** und **Castelo Branco** erforschen will, sollte sich möglichst zwei bis drei Tage Zeit nehmen. Hinzu kommen Aufenthalte an den Atlantikstränden und im Gebirge je nach persönlichem Interesse.

Die beste Reisezeit reicht in den küstennahen Regionen von April bis Oktober, im Landesinneren von Mai bis Anfang Oktober. Das Klima in den Höhenlagen der Berge zeigt sich rau, von Dezember bis April liegt Schnee auf den Gipfeln der Serra da Estrela.

Estremadura und das Land der Klöster

Reiseatlas S. 3,5

Klöster in Tomar, Batalha und Alcobaça, gotische Kirchen in Santarém und Wallfahrten nach Fátima prägen eine Region, die von den Sandstränden am Atlantik bis zum Tejo reicht. Zu entdecken gibt es aber auch die Keramikkünstler von Caldas da Rainha, das Mittelalter in Ourém und Óbidos sowie Fußspuren von Dinosauriern im Naturpark von Candeeiros.

Peniche

Reiseatlas: S. 5, A 2

Von Ericeira führt die kurvige N 247 zeitweise entlang der Küste nach **Peniche**, ein Zentrum des portugiesischen Fischfangs. Bekannt ist auch die lokale Spitzenklöppelei, deren Fortbestand durch eine eigene Schule neben dem Tourismusbüro gesichert wird. Berüchtigt war Peniche während der Salazar-Diktatur, als die **Zitadelle** aus dem 16. Jh. als Kerker für politische Gefangene diente. Der kommunistische Parteiführer Álvaro Cunhal begründete seinen Ruhm auf einer erfolgreichen Flucht aus diesem Gefängnis. Das **Städtische Museum** innerhalb der Festungsmauern erinnert an diese Zeit. Daneben sind archäologische Fundstücke sowie Erinnerungen an traditionelle Erwerbszweige ausgestellt (Di 14–17.30, Mi–Fr 9–12.30 und 14–17.30, Sa/So erst ab 10 Uhr, Eintritt 1,50 €).

In der nahen Umgebung finden Wassersportler zehn ausgezeichnete **Bade- und Surfstrände** mit unterschiedlichen Schwierigkeitsgraden. Reizvoll ist die 40-minütige Überfahrt zur **Inselgruppe Berlenga**, dem einzigen portugiesischen Meeresschutzgebiet. Sie dient vielen Vogelarten als Nistplatz und erfreut Botaniker mit 80 teilweise endemischen Pflanzenarten. Eine kleine Bucht lädt zum Baden und Tauchen ein, sogar einen Sprungturm gibt es (Ablegeplatz am Hafen von 15.5.–15.8., ca. 18 €).

Turismo: Rua Alexandre Herculano (am Park), Tel./Fax 262 78 95 71, tgl. 10–13, 14–17 Uhr.

Maciel: Rua José Estêvão 38, Tel. 262 78 46 85, Fax 262 08 47 19, www.residencial-maciel.com. Kleine Familienpension mit einfachen, aber geschmackvoll eingerichteten Zimmern. DZ 35–60 €.

Estelas: Rua Arquitecto Paulino Montez, 21, Tel. 262 78 24 35, Mi geschl. Mehrfach preisgekrönt wurden die Fisch- und Meeresfrüchteeintöpfe, um 20 €.

Surfen: Baleal Surf Camp, Praia do Baleal, Tel. 262 76 92 70, www.balealsurfcamp.com.
Wandern: Wanderweg bis Óbidos.
Fahrradverleih: Duas Rodas, Rua da Ponte Velha, Tel. 262 78 13 85.

Bus: Rua Dr. Ernesto Moreira. Häufige Regionalverbindungen, seltener nach Coimbra und Porto.

Óbidos

Reiseatlas: S. 5, A/B 2

Die romantischen Ingredienzien für Portugals Rothenburg ob der Tauber sind: ein vollständig erhaltener Stadtkern aus der Zeit der Renaissance hoch über der Ebene, verkehrsberuhigte, blumengeschmückte Gassen zwischen ehrwürdigen Patrizierhäusern, zahlreiche Kirchen, eine Burg und eine begehbare, 1,6 km lange und 13 m hohe, zinnenbewehrte Stadtmauer. Hinzu kommen Restaurants, Hotels und Souvenirläden. Bereits Kelten, Römer, Westgoten und Mauren nutzten die herausragende strategische Lage für ihre Befestigungsanlagen, ebenso der Templerorden nach der christlichen Rückeroberung. Bald wurde **Óbidos** zum beliebten Urlaubsort der portugiesischen Königinnen, die sich in dem zum Palast umgebauten Kastell einquartierten. Von dort bietet sich ein Postkartenblick über die Dächer des 600 Einwohner zählenden historischen Zentrums.

Der Stadtrundgang sollte am Parkplatz vor dem Stadttor **Porta da Vila** beginnen, das 1380 erbaut und im 17. Jh. mit einer vergoldeten Gebetsnische und Kacheln ausgeschmückt wurde. Die Sehenswürdigkeiten gruppieren sich rund um die Rua Direita und den Hauptplatz Santa Maria. In der gleichna-

Ruhige Gasse in Óbidos

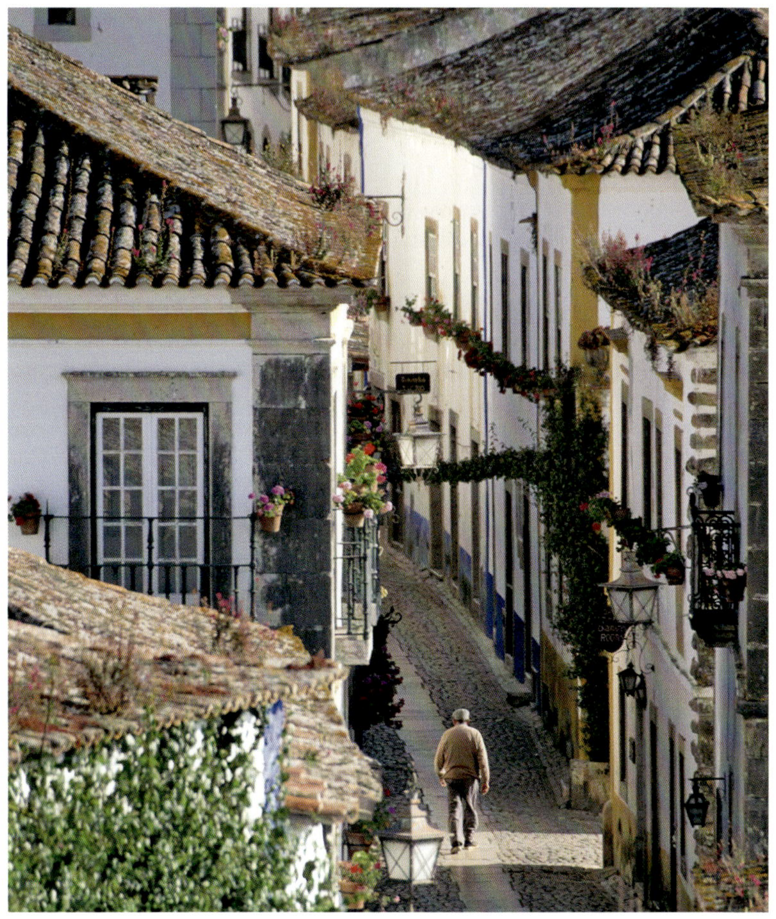

Mit den Autoren unterwegs

Stadtmuseum Peniche

Eingerichtet im Kerker für politische Gefangene, beleuchtet das Museum die dunkle Seite der jüngeren portugiesischen Geschichte (s. S. 182).

Schokoladenfest in Óbidos

Chocolatiers aus ganz Europa zeigen ihre süßen Kreationen in den mittelalterlichen Gassen (s. S. 185).

Museu Hebraico

In der mittelalterlichen Synagoge von Tomar erinnert das zwar kleine, aber ausgesprochen eindrucksvolle Museum an die großen jüdischen Traditionen in der Hauptstadt der Christusritter (s. S. 189).

Ginjinha de Ourém

Der Besuch der mittelalterlichen Festungsstadt findet seinen krönenden Abschluss beim heimischen Kirschlikör *Ginjinha,* der im uralten Dorfladen ausgeschenkt wird (s. S. 190).

Gegensätze in Batalha

In der Klosteranlage beeindruckt der Gegensatz von filigraner Märchenpracht im Königlichen Kreuzgang – steinerner Ausdruck für die glorreichen Entdeckungsfahrten – und den Unvollendeten Kapellen, die, nur einige Jahre später erbaut, bereits den einsetzenden Niedergang der Seemacht Portugal symbolisieren (s. S. 193 f.).

Grabmäler in Alcobaça

Um vor dem Jüngsten Gericht wieder vereint zu sein, fanden die Protagonisten von Portugals traurigster Liebesgeschichte ihre letzte Ruhestätte in zwei sich gegenüberstehenden Grabmälern, Perlen der gotischen Steinmetzkunst (s. S. 194).

migen **Renaissancekirche** verdienen der im 17. Jh. hinzugefügte Katharinenaltar und vier Bilder der Josefa d'Óbidos (1630–1684) besondere Beachtung, ist sie doch eine der wenigen weiblichen Künstlerinnen ihrer Zeit. Der Schandpfahl auf dem Vorplatz trägt das Wappen der Königin Leonor, die die benachbarte **Igreja da Misericórdia** errichten ließ. Das Barockportal wurde nachträglich angebaut (beide Kirchen 9.30–12.30 und 14–19, Okt.–März bis 17 Uhr, Eintritt frei). Einen modernen Gegenpunkt setzt die Galerie **casadopelourinho**, die der Kirche gegenüberliegt und in einem entkernten Bürgerpalast zeitgenössische Kunstausstellungen organisiert.

Noch im Mittelalter reichte die **Lagune von Óbidos** bis an den Ort heran. Durch Versandung des Abflusses etwa 6 km in Richtung Atlantik zurückgedrängt, ist das ökologische Gleichgewicht durch schädliche Algenvermehrung und Urbanisierungsdruck akut gefährdet. Während einer zweistündigen Wanderung können dennoch zahlreiche Wasser- und Zugvögel beobachtet werden. Nördlich schließt der attraktive Sandstrand **Foz do Arelho** an die Lagoa an, an dem früher auch Portugals Könige ein Sonnenbad nahmen.

Turismo: Parkplatz an der Porta da Vila, Tel. 262 95 92 31, Mai–Sept. tgl. 9.30–19.30, Okt.–April Mo–Fr 9.30–17.30, Sa/So 9.30–12.30, 13.30–17.30 Uhr. Dort sind Audio-Guides (engl.) erhältlich.

Pousada: Paço Real, Tel. 262 95 50 80, Fax 262 95 91 48, www.pousadas.pt. Neun luxuriöse, unterschiedlich große Zimmer in der historischen Burg, frühzeitiges Buchen ist ratsam. DZ 190–300 €.
Casa do Fontanário: Largo Chafariz Novo de Dona Maria, Tel. 262 95 83 56, Fax 262 95 83 57, www.casadofontanario.net. Das Bürgerhaus aus dem 16. Jh. mit Innenhof ist mit Stilmöbeln eingerichtet. DZ 60–75 €.

Privatzimmer: Viele Aushänge an den Altstadthäusern weisen auf Vermietungen hin. DZ ab 25 € o. Frühstück.

A Ilustre Casa de Ramiro: Rua Porta do Vale, Tel. 262 95 91 94, Do geschl. Vielfach ausgezeichnetes Restaurant mit portugiesischen Spezialitäten wie Zicklein, Entenreis, *bacalhau.* Hauptgerichte ab 8,50 €.

Loja do Oeste: Rua Direita 87. Ländliche Produkte und Kunsthandwerk.

Opernfestival: Aug. Aufführungen in den Burgmauern.
Schokoladenfest: Nov. Chocolatiers aus ganz Europa zeigen ihre Kreationen vor der mittelalterlichen Stadtkulisse.

Wassersport: Escola de Vela, Rua Dr. João Soares, Foz do Arelho, Tel. 262 97 85 92, www.escoladeveladalagoa.com.
Wandern: Infos über Wanderwege zur Lagoa und entlang der Küste im Tourismusbüro.
Reiten: Quinta da Foz, Largo do Arraial, Foz do Arelho, Tel. 262 97 93 69, http://quintadafoz.free.fr.

Zug: Der Bahnhof liegt 500 m nördl. des Zentrums, Ticketverkauf nur im Zug, mehrfach tgl. nach Lissabon.
Bus: Porta da Vila. Regelmäßig in die umliegenden Städte und ans Meer.

Caldas da Rainha

Reiseatlas: S. 3, A 4
Nur 10 km nördlich führt **Caldas da Rainha** (25 000 Einw.) ein touristisches Mauerblümchendasein. Auf den ersten Blick wirkt das Stadtbild wenig spektakulär, doch vormittags tobt auf der zentralen Praça da República das Leben. Dann ist auf dem offenen **Markt** von Obst bis Kunsthandwerk all das erhältlich, was in den umliegenden Orten erzeugt wird. Gerade dieses städtische Alltagsleben bildet einen wohltuenden Kontrast zum benachbarten Óbidos, auch wenn die Fassaden zahlreicher **Jugendstilhäuser** dringend sanierungsbedürftig sind. Sehenswert ist ein königliches Badehaus aus dem 15. Jh., das mehrfach verändert wurde. Gleich dahinter erhebt sich der frei stehende Glockenturm der manuelinischen **Igreja Nossa Senhora do Populo**.

Im 19. Jh. entwickelte sich Caldas zu einem Zentrum der Keramikproduktion. Auch der Begründer der modernen Kachelkunst, Rafael Bordalo Pinheiro, eröffnete eine Fabrik. In deren Nachbarschaft wurde in einem Adelspalast am Rande des **Stadtparks Dom Carlos** das reizvolle **Museu de Cerâmica** mit einer Sammlung von Azulejos aus dem 16. Jh. bis zu Jugendstilkeramik eingerichtet (Di–So 10–12.30 und 14–17 Uhr, Eintritt 2 €). In der Nachbarschaft befindet sich ein kurioses **Museu do Ciclismo,** in dem ein früherer Radrennfahrer seine Sammlerstücke zeigt (Mi–Mo 9–13 und 14–17 Uhr, Eintritt frei). Auch Kachelkunst, aber vor allem die während der Diktatur bevorzugte naturalistische Malerei ist im **Museu de José Malhão** ausgestellt (Di– So 10–12.30 und 14–17 Uhr, Eintritt 2 €).

Turismo: Rua Eng° Duarte Pacheco, Tel. 262 83 97 00, Fax 262 83 97 26, Mo–Fr 9–19, Sa/So 10–13, 15–19 Uhr.

Cristal: Rua António Sérgio 31, Tel. 262 84 02 60, Fax 262 84 26 21, www.hoteiscristal.pt. Modernes Geschäftshotel mit 113 Zimmern. DZ 50–70 €.

Sabores D'Itália: Rua Eng° Duarte Pacheco 17, Tel. 262 84 56 00, Mo geschl. Preisgekrönte portugiesische und italienische Küche. Hauptgerichte 6–16 €.

Fayencen: Fábrica Bordalo Pinheiro, Rua Bordalo Pinheiro.

Zug: Av. 1° de Maio. Regelmäßig nach Lissabon, Coimbra, Óbidos und nach Figueira da Foz.
Bus: Av. dos Combatentes, Tel. 262 83 10 67. Häufig nach Lissabon und an den Atlantik.

Santarém

Reiseatlas: S. 5, B 2
Die N 114 führt weiter nach **Santarém** (30 000 Einw.), dessen hübsche Altstadt sich auf einem Hügel oberhalb des Tejo erstreckt. Die einstige Königsresidenz ist reich mit Kirchenbauten vor allem der Gotik gesegnet, als deren Hauptstadt sie sich gerne bezeichnen lässt.

Ein Stadtrundgang könnte am nördlichen Altstadtrand an der **Markthalle** beginnen, die rundum mit blau-weißen Kachelbildern aus den 1930er-Jahren verziert ist. Das nahe frühere **Franziskanerkloster** wurde zur Kaserne umfunktioniert, von der aus der Offizier Salgueiro Maia im Morgengrauen des 25. April 1974 mit seinem Panzerregiment nach Lissabon zog und wesentlich zum friedlichen Sturz des Salazarregimes beitrug.

Am benachbarten Praça Sá da Bandeira erhebt sich die schlichte manieristische Fassade der jesuitischen **Seminarkirche**. Im überbordenden barocken Innenraum mit vergoldeten Schnitzarbeiten, aufwendigen Marmorintarsien und spektakulären Deckengemälden wussten sich die Jesuitenpriester geschickt in Szene zu setzen (Mo–Fr 10–12.30, 14.30–17.30, Sa/So 10–12.30 Uhr).

Die verkehrsberuhigte Geschäftsstraße Rua Serpa Pinto führt zur spätgotischen **Igreja de Marvila.** Durch ein elegantes manuelinisches Portal betritt man den dreischiffigen, vollständig mit gemusterten Azulejos aus dem 17. Jh. ausgeschmückten Kirchenraum (Mi–So 9–12.30, 14–17.30 Uhr). Die nahe **Igreja da Graça** erinnert mit ihrer kunstvollen gotischen Rosette an die Kirche von Batalha. Ein paar Stufen steigt man zum Kirchenraum hinab, in dem der Brasilienentdecker Álvares Cabral begraben liegt. Vom **Torre das Cabaças**, einst maurisches Minarett und heute Wahrzeichen der Stadt, führt die Avenida 5 de Outubro zur Aussichtsterrasse **Portas do Sol** mit einem prachtvollen Panorama über das fruchtbare Tejotal.

Turismo: Rua Capelo Ivens 6, Tel. 243 30 44 79, Fax 243 30 44 81, Mo 9–12.30 und 14–17.30, Di–Fr 9–19, Sa/So 10–12.30 und14.30–17.30 Uhr.

Casa da Alcáçova: Largo da Alcáçova 3, Tel. 243 30 40 30, www.alcacova.com. Acht mit Stilmöbeln edel ausgestattete Zimmer in einem Herrenhaus mit Panoramablick. DZ 100–160 €.
Hotel Alfageme: Av. Bernardo Santareno 38, Tel. 243 37 08 70, Fax 243 37 08 50, www.hotelalfageme.com. Die 67 Zimmer des modernen, zentrumsnahen Hauses sind geschmackvoll eingerichtet. DZ 70–80 €.

Santo Beco: Beco do Fleijo 13, Tel. 243 30 67 33, Mo geschl. Kleines Lokal mit wechselnden Tagesgerichten ab 7 €, auch Terrassenbetrieb.

Gastronomiefestival: Mitte Okt. Hunderttausende kosten die Spezialitäten, die Restaurants auf einem historischen Landgut kredenzen.

Bahnhof mit Eisenbahnmuseum: 2 km außerhalb. Häufig nach Coimbra, Porto und Lissabon.
Bus: Av. do Brasil, Tel. 243 33 32 00. Häufig nach Lissabon und in die Nachbarstädte.

Den Tejo hinauf

Reiseatlas: S. 5, C 1/2
Die schmale N 365 führt durch das weite Tal des Tejo. In **Azinhaga** erblickte der spätere Träger des Literaturnobelpreises, José Saramago, das Licht der Welt. Nach weiteren 8 km ist **Golegã** erreicht, das die Zucht der **Lusitanerpferde** berühmt gemacht hat. Zahlreiche Gestüte haben sich in der Agentur Lusitanus zusammengeschlossen (Tel. 249 97 66 89, lusitanus@horsefairlusitano.org). Bemerkenswert ist auch das manuelinische Portal der Pfarrkirche, das Diogo Boytac zugeschrieben wird.

Kurz vor dem Städtchen Entroncamento quert die N 3 und führt nach rechts den Tejo entlang. Auf einer kleinen Felseninsel hinter

Tancos erhebt sich das wehrhafte **Castelo de Almourol** über den Fluss. Die Templer ließen im 12. Jh. die weitläufigen Festungsmauern und zehn Türme errichten. Boote setzen bei Bedarf über. Am Zufluss des Zêzere ziehen sich die blumengeschmückten Gassen von **Constância** anmutig einen Hügel hinauf. In diese Stille flüchteten die Könige bei Pestepidemien in Lissabon und in ihrem Gefolge auch Adel und Künstler. Nationaldichter Luís de Camões (1524/25–1580) durchlebte hier eine heftige Romanze mit Dona Catarina de Ataíde, die er als Natércia in seinen »Lusiaden« unsterblich machte. Ihm selbst wurde am Fluss ein Denkmal gesetzt. Die heutige Flussansicht wird allerdings ein wenig von einem rauchenden Fabrikschlot eingetrübt.

... in Constância:
Turismo: Av. das Forças Armadas, Tel. 249 73 00 52, Mo–Fr 9.30–12.30, 14–17.30, Sa/So 14.30–18 Uhr.

... in Constância:
Remédio D'Alma: Largo 5 de Outubro 4, Tel. 249 73 94 05, Mo u. Di mittags geschl. Verfeinerte portug. Küche mit azorianischem Einfluss, lauschige Esplanade unter Orangenbäumen. Hauptgerichte um 10 €.

... in Golegã:
Feira Nacional do Cavalo: Nov. Pferdemesse, Stierkampf und Folklore.
... in Constância:
Nossa Senhora da Boa Viagem: Ostermontagsprozession mit geschmückten Booten.

Abrantes

Reiseatlas: S. 5, D 1

Durch unwirtliche Industrieviertel und Vorstädte muss man sich zum historischen Zentrum dieser 13 000 Einwohner zählenden Stadt vorkämpfen. Die Mühe lohnen blumenverzierte Gassen und Fassaden sowie verkehrsberuhigte Plätze, die zeitgenössische Skulpturen lokaler Bildhauer schmücken. Die Misericórdia-Kirche besitzt ein prächtiges Renaissanceportal sowie sechs Gemälde aus dem 16. Jh. von Gregório Lopes (Schlüssel im Turismo erhältlich). Über den Ort ragen weithin sichtbar die Ruinen des Kastells (14. Jh.) mit gepflegter Gartenanlage. Das Burgkirchlein **Santa Maria do Castelo** innerhalb der Mauern wirkt unscheinbar, doch wurde es in einen sehenswerten Ausstellungsort für Kirchenkunst verwandelt (Di–So 10–18 Uhr, Eintritt frei). Chor und Altarraum sind vollständig mit wertvollen sevillanischen Mudejarfliesen ausgeschmückt (16. Jh.). Drei spätgotische Grabmäler ziehen sich im Flamboyantstil fast bis zum Gewölbe hoch, während in Glasvitrinen putzig-kleine, seidene Kleidungsstücke für barocke Jesusfiguren an Barbiepuppen erinnern.

Auf der Weiterfahrt nach Tomar lohnt der Umweg über die N 358-2, die bei Constância abzweigt. Der Rio Zêzere wird 10 km flussaufwärts bei **Castelo de Bode** gestaut und verwandelt sich in einen von Pinienwäldern gesäumten, buchtenreichen Stausee von 60 km Länge. Sein kristallklares Wasser, zahlreiche gepflegte Flussstrände und ein umfangreiches Freizeitangebot machen ihn zu einem beliebten Ausflugsort.

Turismo: Largo 1° de Maio, Tel. 241 36 25 55, Mo–Fr 9–18, Sa 9.30–12.30 und 14–17 Uhr.

Hotel de Turismo de Abrantes: Largo de Santo António, www.hotelabrantes.pt, Tel. 241 36 12 61, Fax 241 36 52 18. Renoviertes Hotel mit 40 Zimmern und Panoramarestaurant. DZ 65–90 €.
... zwischen Abrantes und Tomar:
Estalagem Lago Azul: Castanheira bei Ferreira do Zêzere, Tel. 249 36 14 45, Fax 249 36 16 64, www.estalagensdeportugal.com. Direkt am Fluss mit 20 rustikal möblierten Zimmern. DZ 72–110 €.

... zwischen Abrantes und Tomar:
Ausflugsboote: Barco São Cristóvão für 164 Pers. Reservierung in der Estalagem Lago Azul (s. o.).
Wassersport: Clube Náutico do Zêzere, Trízio, Tel. 274 80 21 72, www.centronauticozezere.com.

Steingewordene Märchenwelten: die Manuelinik

Thema

Felix Krull erhöhte sich der Sinn angesichts der »Spitztürmchen und fein-feinen Pfeilerchen (...), seiner gleichsam von Engelshänden aus mild patiniertem weißem Sandstein geschnitzten Märchenpracht, die nichts anderes tat, als könne man mit dünnster Laubsäge in Stein arbeiten und Kleinodien durchbrochenen Spitzenzierrats daraus verfertigen.«

Die Romanfigur Thomas Manns in den »Bekenntnissen des Hochstaplers Felix Krull« bewundert mit dieser euphorischen Bekundung den Höhepunkt der portugiesischen Architektur, die spätgotische Manuelinik, als deren herausragende Beispiele die Christusritterkirche inTomar und der Königliche Kreuzgang der Klosterkirche von Batalha – beide in der Estremadura gelegen – sowie das Lissabonner Hieronymus-Kloster gelten. In diesem Baustil hatte sich einiges »an Maurischem, Gotischem, Italienischem, mit einer Zutat sogar von Nachrichten über indische Wunderlichkeiten zusammengemischt«.

Diese hatten die portugiesischen Entdecker in ihren begeisterten Berichten aus den neuen Welten mitgebracht, ebenso wie jede Menge faszinierender Souvenirs von den fernen Küsten Afrikas, Asiens und Südamerikas. Die beeindruckende orientalische Pracht und Herrlichkeit hinterließ in der abendländischen Kunst und Architektur ihre Spuren und tat dies in Portugal mit besonderer Intensität und Fantasie.

Benannt nach König Manuel (1495–1521) öffnet sich dieser dekorative Stil erstmals im christlichen Abendland außereuropäischen Einflüssen. Seine überschwänglichen Ornamente wie Korallen, negroide Gesichter, Fabelwesen, exotische Pflanzen und Blätter sind zugleich Symbol und Zeugnis des Kontakts mit den fremden Kulturen. In den Vordergrund treten indische Motive, hatten sich doch die Gewürze und Kostbarkeiten Indiens als eigentlicher Motor für die portugiesische Seefahrt erwiesen und die Gewinne aus dem »Pfefferimperium« den Bau der verschwenderisch ausgeschmückten Kirchen und Paläste erst ermöglicht. Folglich werden auch Karavellen, wie Schiffstaue gedrehte Säulen, Anker, Korallen und Muscheln zu einem Schmuckelement.

In dieser euphorischen Aufbruchsstimmung wurde das europäische Mittelalter verabschiedet. Der portugiesische Weltumsegler Magellan widerlegte das christliche Dogma, nach dem die Erde eine Scheibe sei. Kunst und Wissenschaft der Renaissance emanzipierten sich von der Dominanz der Kirche. Als *Faber mundi*, Schöpfer und Beherrscher der Welt, versteht sich forthin der neuzeitliche Mensch. Diesen optimistischen Zeitgeist drücken in der manuelinischen Symbolik die Erdkugel und das Astrolabium aus, die zugleich Sinnbild für König Manuels Anspruch auf Weltherrschaft sind.

Die verschwenderischen Ornamente ranken sich besonders gerne um Portale oder Fenster oder tauchen die vormals kargen, klösterlichen Kreuzgänge in eine fast orientalische Pracht und Anmut. So gelingt der portugiesischen Manuelinik ein heiterer Brückenschlag von der Ehrfurcht heischenden mittelalterlichen Gotik zur Renaissance, die das selbstbewusste Individuum feiert. Und bis heute den Betrachter verzaubert.

Tomar

Reiseatlas: S. 5, C 1
Besuchermagnet des Städtchens (20 000 Einw.), das schon Römer und Mauren bewohnten, ist die als Welterbe anerkannte Burg- und Klosteranlage. 150 000 Besucher werden jährlich gezählt. Doch hat Tomar mehr zu bieten. Die engen Straßen ziehen sich nahezu geradlinig durch die Altstadt um die zentrale Praça da República. Beeindruckend ist das manuelinische Portal der dortigen **Pfarrkirche**. Einen Straßenzug entfernt befindet sich in der Rua Dr. Joaquim Jacinto das Jüdische Museum.

Museu Hebraico Abraão Zacuto

Namensgeber war ein berühmter sephardischer Gelehrter aus Salamanca, der die astronomischen Tafeln und das Astrolabium weiterentwickelte. Columbus und Vasco da Gama bedienten sich seiner Arbeiten. 1492 floh er vor der kastilischen Inquisition nach Portugal, wo er 1515 starb. Im Jahr der Reichspogromnacht in Deutschland wurde in der Synagoge aus dem 15. Jh. auch als Zeichen des Widerstandes das kleine Museum eröffnet. Ausgestellt sind Gegenstände aus dem religiösen und weltlichen Leben der Juden in Portugal sowie jüdische Grabsteine aus dem 14. und 15. Jh. (10–13, 14–18 Uhr, Eintritt frei).

Sehenswertes im Zentrum

Viele Wohnhäuser in den umliegenden Straßenzügen stammen aus dem 15. bis 17. Jh. Beachtenswert sind verzierte Eckfenster im oberen Stockwerk. Im letzten Jahrhundert wurden in Baulücken zahlreiche Gebäude im Stile des **Art déco** eingefügt. Besonders sehenswert sind das Café Paraíso (Rua Serpa Pinto 127), heute Treff von Jung und Alt, sowie das gleichnamige Cine-Teatro. Passend dazu liegt ein Schwerpunkt des **Modernen Kunstmuseums** auf dem Surrealismus, sehenswert ist der von Eduardo Nery und José Guimarães gestaltete Eingang (Di–So 12–17, Juli–Sept. 10–19 Uhr, Eintritt 2 €). Ein kurioses **Streichholzmuseum** (Museu dos Fosfores) befindet sich am südlichen Stadtausgang nahe dem Bushalt. 60 000 Zündhölzer und Schachteln aus 115 Ländern sind hier zu bewundern (10–17 Uhr, Eintritt frei).

Erholung bietet die mit alten Bäumen bewachsene Flussinsel **Parque do Mouchão**. Ein haushohes Wasserrad schöpft für die Bewässerung mithilfe dutzender Tongefäße stündlich 50–70 Hektoliter.

3 Castelo Templário e Convento de Cristo

Der Ritterorden der Templer war eine der wichtigsten Stützen der christlichen Rückeroberung in Portugal. Als Dank erhielt die Bruderschaft das Gebiet über dem Fluss Nabão als königliches Geschenk. Sie errichtete eine vierfach eingefasste Wehranlage, einige Mauerreste und die Templerkirche blieben erhalten. Die festungsartige Kirche wurde in Anlehnung an die Grabeskirche von Jerusalem auf 16-seitigem Grundriss erbaut. Der achteckige Innenraum ist prächtig mit Fresken und Blattgold verziert.

Nach dem päpstlichen Verbot des Ordens 1312 ging sein Besitz in den portugiesischen Christusritterorden über, dem später bedeutende Seefahrer wie Vasco da Gama und Pedro Álvares Cabral angehörten, Heinrich der Seefahrer war ihr Großmeister. 1356 wurde Tomar Ordenssitz und im 15. und 16. Jh. wurden Kloster und Kirche zu einer fast labyrinthischen Anlage mit sieben Kreuzgängen umgestaltet. Der älteste, *claustro do cemitério,* ist mit wertvollen Azulejos im Mudejarstil ausgeschmückt.

Der Bau der neuen Kirche begann 1515 nach Plänen von João do Castilho und gilt als Meisterwerk der Manuelinik. In das Kircheninnere wurde die Rotunde der ursprünglichen Templerkirche als Chorraum integriert. Portal und Außenfassade sind überreich mit steinernen Menschenfiguren, Baumstämmen, Wurzeln, Algen, Muscheln und Fabelwesen ausgeschmückt. Berühmt ist das Fenster zum alten Kapitelsaal, dessen üppig verzierte Umrahmung vom gegenüberliegenden Kreuzgang der hl. Barbara aus zu bewundern ist.

Der ausgeschilderte Weg führt den Besucher durch alle offen stehenden Kreuzgänge und die Mönchszellen. Der erst gegen Ende der Bauzeit fertiggestellte Kreuzgang D. João III. vollzieht bereits den Übergang zur Renaissance.

Von der Terrasse im Obergeschoss öffnet sich der Blick über die gesamte Klosteranlage. Seit dem frühen 17. Jh. erfolgte die Wasserversorgung über ein eigenes **Aquädukt** auf 180 Rundbögen, das von einigen Außenfenstern, besser aber von der Straße N 113 nach Pegões zu sehen ist (April–Sept. 9 –19, Okt.–März 9–17 Uhr, Eintritt 4,50 €, So bis 14 Uhr frei, Gemeinschaftsticket inkl. Alcobaça und Batalha 12 €).

Turismo: Av. Dr. Cândido Madureira (städtisches Amt), Tel. 249 32 24 27, Fax 249 32 24 27, www.tomartourism.com, Mai–Sept. Mo–Fr 10–19, Sa/So und Okt.–April 10–13, 14–18 Uhr.
Rua Serpa Pinto 1 (regionales Amt), Tel. 249 32 90 00, Fax 249 32 43 22, www.rttemplarios.pt (Info-Heft in dt. Sprache, 156 S., zum Herunterladen), Mo–Fr 9.30–12.30 und 14–18 Uhr.

Dos Templários: Largo Cândido dos Reis 1, Tel. 249 31 01 00, Fax 249 32 21 91, www.hoteldostemplarios.pt. 171 sehr geräumige, elegante Zimmer mit großem Komfort, teilweise mit Blick auf das Kloster. DZ 80–120 €.
Santa Iria: Parque do Mouchão, Tel. 249 31 33 26, Fax 249 32 12 38, www.estalagemiria.com. Das Plus ist die Lage im Stadtpark. 13 etwas kleine, aber angenehme Zimmer mit Balkon. DZ 55–87 €.

Chico Elias: Algarvias, N 349-3, 1,5 km südl., Tel. 249 31 10 67, Di geschl. Gastronomisches Aushängeschild der Region dank fantasievoll modifizierter Traditionsgerichte wie Kaninchen im ausgehöhlten Kürbis. Farbfotos erleichtern die Wahl, bei Reservierung muss allerdings das Wunschgericht bereits angegeben werden. Hauptgerichte um 15 €.

Bela Vista: Rua Marquês de Pombal 68, Tel. 249 31 28 70, Mo abends, Di geschl. Hervorragende Hausmannskost, große Vorspeisenauswahl, ausreichende halbe Portionen ab 5,50 €.

Galeria do Mundo Rural: Rua Infantaria 77. Hochwertiges Kunsthandwerk und Regionalprodukte.

Congresso de Sopa: Mai. Alle lokalen Restaurants kochen im Park Suppe für Zehntausende Feinschmecker.
Festa dos Tabuleiros: Alle 4 Jahre im Juli, erst wieder 2011. Frauen tragen riesige, über 20 kg schwere Blumenkronen auf dem Kopf.

Zug: Av. Combatentes da Grande Guerra. Oft nach Lissabon u. Santarém.
Bus: Av. Combatentes da Grande Guerra, Tel. 249 31 27 38. Regelmäßig nach Lissabon, Santarém, Ourém und Fátima.
Fortbewegung in der Stadt:
Bus TUT verkehrt in der gesamten Altstadt.

Ourém

Reiseatlas: S. 3, B 4
Romantik pur erwartet die Besucher im historischen Teil von Ourém auf dem Burghügel oberhalb der N 113. 15 Familien leben noch in den alten Häusern. Der schmucke Dorfladen ist ihr Lebensmittelpunkt, denn dort gibt es auch den traditionellen Kirschlikör *Ginjinha de Ourém*. Zum Flanieren laden die winkligen Gassen ein. Im Sommer bietet das städtische Unternehmen VerOurém auch Führungen für Einzelreisende an. Anmeldung ist ratsam, der Sitz ist in der Städtischen Galerie, in der im Sommerhalbjahr moderne Kunst ausgestellt wird (Tel. 249 54 43 15). Die mächtige **Burganlage** (12. Jh.) wurde rund um eine arabische Zisterne aus dem 7. Jh. gebaut. Besonders ins Auge fallen dank ihres Bogenumlaufs drei wuchtige Wehrtürme. Des

Manuelinisches Fenster am Castelo in Tomar

Weiteren sehenswert sind die alte Krypta unterhalb der Igreja da Nossa Senhora das Misericórdias sowie ein Pranger (15. Jh.).

Turismo: Zona de Castelo, Tel. 249 54 46 54, Juni–Sept. Di–So 10–13, 15–19, Okt.–Mai 14–18 Uhr.

Pousada: Zona de Castelo, Tel. 249 54 09 20, Fax 249 54 29 55, www.pousadas.pt. 30 wohnliche Zimmer in einem mittelalterlichen Häuserensemble, empfehlenswertes Restaurant. DZ 120–180 €.

Condes de Ourém: Zona de Castelo. Einfache Speisen, man fühlt sich wie im Wohnzimmer der Besitzer. Komplettessen mit Hauswein ca. 10 €.

Herz-Jesu-Fest: Letztes Augustwochenende. Religiöses Fest mit Prozession, Essen, Musik und Kunsthandwerk.

Fátima

Reiseatlas: S. 3, B 4
Fátima im Frühjahr und Herbst 1916: Drei Hirtenkinder wollen Friedensengel am Himmel gesehen haben. Cova da Iria nahe dem kleinen Dorf am 13. Mai 1917: Den Kindern erschien die Jungfrau Maria. Dieses Ereignis wiederholte sich am 13. Juni, Juli, September und Oktober, dann bereits vor Zehntausenden von Gläubigen. Während vor Ort sofort mit dem Bau einer Kapelle begonnen wurde, taten sich die katholischen Kirchenhäupter in Rom zunächst schwer im Umgang mit dem Ereignis. Eine offizielle Anerkennung der Marienerscheinung erfolgte erst 1927. Ein Jahr später wurde in Erfüllung eines Auftrages der Himmelserscheinung an die Hirten der Grundstein für eine neobarocke **Basilika** gelegt, die 1953 geweiht wurde. Gegenwärtig besuchen jährlich mehr als vier Millionen Gläubige die etwa 6500 Messen. Viele rutschen auf Knien zum Gotteshaus. 1994 wurde am Eingang des Heiligtums ein Modell der Berliner Mauer enthüllt, denn Maria soll den Kindern den »Triumph ihres unbefleckten Herzens« über das kommunistische Russland prophezeit haben. Auch deshalb benutzte Salazar das Heiligtum als ideologische Untermauerung seines Regimes und stützte sich auf die drei F: Fátima, Fado, Fußball.

Ein Wachsfigurenmuseum **Museu de Cera** bildet in 31 Szenen insbesondere die religiöse Seite der Stadtgeschichte nach (April–Okt. 9.30–17.30, Nov.–März 10–17 Uhr, Eintritt 4,50 €).

Turismo: Av. Dom José Alves Correio da Silva, Tel. 249 53 11 39, Mai, Juni, Sept. 10–13, 15–19, Juli, Aug. 10–19, Okt.–April 14–18 Uhr.
Infos für Wallfahrer: Santuário de Fátima, Tel. 249 53 96 23, www.santuario-fatima.pt.

Rund um das Heiligtum gibt es 10 000 Betten in Hotels, Pensionen und Pilgerunterkünften.
Dom Gonçalo: Rua Jacinto Marto 100, Tel. 249 53 93 30, Fax 249 53 93 35, www.estalagemdomgoncalo.com. 42 moderne, angenehme Zimmer in einem familiär geführten Hotel. DZ ca. 80 €.

Tia Alice: Rua do Adro, Tel. 249 53 17 37, So abends und Mo geschl., Reservierung ist zu empfehlen. Das familiäre Lokal im Dorf Fátima, 2 km südwestl., ist dank seiner verfeinerten Traditionsküche ein kulinarisches Aushängeschild. Hauptgerichte 15–20 €.

Zug: Bhf. Caxarias, 12 km außerhalb von Fátima.
Bus: Av. Dom José Alves Correio da Silva. Etwa stdl. nach Lissabon, Coimbra, Porto und die umliegenden Städte.

Serra de Aire

Reiseatlas: S. 3, A/B 4
Südlich der Verbindungsstraße N 356 nach Batalha erhebt sich der Naturpark Serra de Aire e Candeeiros bis auf 485 m. Das wich-

tigste Kalksteinmassiv Portugals umfasst eine Fläche von etwa 38 500 ha. Zahlreiche Wanderwege durchziehen die Hügelkette mit ihrer reichhaltigen Tier- und Pflanzenwelt.

Eine weitere Attraktion bilden zwei **Tropfsteinhöhlen** in Alvados (Okt.–März 9.30 bis 17.30, April/Mai bis 18, Juni/Sept. bis 19, Juli/Aug. bis 20 Uhr, Eintritt 4,50 €). Hauptort ist **Porto de Mós**, dessen Burg wie eine Verkleinerung der Festung von Ourém erscheint. Sie wurde vom gleichen Baumeister entworfen. Berühmt wurde die Gegend, als 1994 im östliche gelegenen Bairro mehrere hundert 175 Mio. Jahre alte Fußabdrücke von **Dinosauriern** entdeckt wurden (tgl. 10–12.30 und 14–19, Sa/So im Sommer bis 20 Uhr, www. pegadasdedinossaurios.org, Eintritt 2 €).

Turismo: Jardim Público, Tel. 244 49 13 23, 10–13, 15–18 Uhr.

Wandern: Wanderbroschüre im Turismo (engl. 5 €).

4 Batalha

Reiseatlas: S. 3, B 4

Es war der 14. August 1385: Drüben stand eine zahlenmäßige Übermacht kastilischer Truppen, hüben das kleine portugiesische Heer im Kampf um die Unabhängigkeit. Da erflehte der portugiesische König João I. Beistand bei der Jungfrau Maria – und siegte wider alles Erwarten. Vielleicht weniger dank himmlischer Hilfe als aufgrund der Unterstützung durch englische Bogenschützen. Dieser Erfolg gilt den Portugiesen als historischer Markstein.

Der Ort des Kriegsgeschehens lag in der Gemeinde São Jorge. Eine kleine Kapelle wurde dort vom Heerführer Nuno Álvares Pereira gestiftet. Doch das portugiesische Königshaus hatte Größeres im Sinn. 3 km nördlich vom Schlachtfeld wurde 1386/87 mit dem Bau des herrschaftlichen Dominikanerklosters von Batalha begonnen, das erst 1580 vollendet wurde und heute als Unesco-Welterbe der Menschheit anerkannt ist.

Batalha ist die steinerne Offenbarung des goldenen Zeitalters Portugals, Ausdruck der Aufbruchstimmung der jungen Seefahrernation, die in Abgrenzung zu Kastilien die strenge Gotik in die tiefe Lebensfreude ausdrückende Manuelinik überführte. Das Hauptportal der Kirche **Santa Maria da Vitória** aus ockerfarbenem Kalkstein ist geradezu verschwenderisch ornamentiert. Die zwölf Apostel stehen auf steinernen Podesten, musizierende Engel, biblische Könige und Propheten umringen den majestätisch wirkenden Christus, die Krönung der Jungfrau Maria wird durch eine bezaubernde Figurengruppe dargestellt. Auffallend schmal, aber 83 m lang ist das Mittelschiff der dreischiffigen Kirche. Beachtenswert sind die farbigen Glasfenster, die zumeist noch aus der Entstehungszeit der Kirche stammen. Die Kapelle des Stifters *(capela do fundador)* rechts vom Eingang wurde zwischen 1426 und 1434 erbaut und beherbergt neben den monumentalen Grabmälern von König João I. und seiner Frau Filipa de Lencastre auch die letzten Ruhestätten ihrer Kinder, darunter die Heinrich des Seefahrers.

Der 50 mal 55 m messende Königliche Kreuzgang (*claustro real*) stammt aus der ersten Bauphase. König Manuel I. ließ im 16. Jh. die gotischen Spitzbögen mit feinsten, in Stein gehauenen Ornamenten ausfüllen und ein vollkommenes Meisterwerk der Manuelinik schaffen. Der geräumige, 19 m lange Kapitelsaal wird von einem spektakulären Kreuzrippengewölbe ohne Stützpfeiler überspannt. Es soll während der Erbauung zweimal zusammengebrochen sein. Etwas deplatziert wirkt allerdings das Grab des Unbekannten Soldaten, vor dem Armeeangehörige die Ehrenwache abhalten. Im früheren Refektorium befindet sich ein Soldatenmuseum.

Durch den angrenzenden Kreuzgang von Afonso V. (15. Jh.), der einen schlichten Kontrapunkt setzt, führt der Weg zu den Unvollendeten Kapellen (*capelas imperfeitas*). Sie liegen außerhalb des Klosters und wurden nie fertiggestellt, symbolhaft für den während der

Bauzeit einsetzenden Niedergang Portugals fehlt das Gewölbe. Die Kapellen umlaufen einen achteckigen Raum und bieten Platz für jeweils zwei Gräber für die Mitglieder der Dynastie von Aviz (April–Sept. 9–19, Okt.–März 9–17 Uhr, Eintritt 4,50 €, So bis 14 Uhr frei, Gemeinschaftsticket inkl. Alcobaça und Tomar 12 €).

Turismo: Praça Moutinho de Albuquerque, Tel. 244 76 51 80, Mai–Sept. 10–13, 15–19, Okt.–April 10–13, 14–18 Uhr.

Mestre Afonso Domingues: Largo do Mestre Afonso Domingues 6, Tel. 244 76 52 60, Fax 244 76 52 47, www.estalagemmestreafonso.com. 19 mit Stilmöbeln eingerichtete Zimmer in Klosternähe. DZ 75–100 €. Angeschlossen ist ein edles Restaurant mit Klosterblick.
Casa do Outeiro: Largo Carvalho do Outeiro 4, Tel. 244 76 58 06, Fax 244 76 88 92, www.casadoouteiro.com. 15 einfache, aber angenehme Zimmer in ruhiger Lage. DZ 45 bis 60 €.

ADAE: Regionalprodukte direkt vom Hersteller in einem kleinen eigenständigen Laden im Tourismusbüro.

Bus: Estrada de Fátima, Tel. 244 76 55 05. Regelmäßig nach Leiria, seltener nach Fátima, Tomar, Lissabon.

Alcobaça

Reiseatlas: S. 3, A 4

Abtei Santa Maria

Die zum Welterbe der Unesco zählende frühgotische Abtei Santa Maria in **Alcobaça** am Zusammenfluss der Flüsse Alcoa und Baça zählt zu den Meisterwerken der europäischen Zisterzienserbaukunst. Der Ordensgründer Bernhard von Clairvaux entstammte wie der erste portugiesische König einem burgundischen Rittergeschlecht, und seiner diplomatischen Hartnäckigkeit verdankte das junge Portugal 1144 die damals notwendige Anerkennung durch Papst Innozenz II. als Nation. König Afonso revanchierte sich mit dem Klosterneubau und der Schenkung weiter Ländereien.

In der für den Orden typischen Verbindung von spiritueller Askese und manueller Arbeit besiedelten die Mönche das durch die Glaubenskriege verwüstete Land, förderten Handwerk, gründeten Schulen und Apotheken und legten den Grundstein für die bis heute blühende Landwirtschaft der Estremadura.

Eine schnell errichtete Klosterkirche war für den rasant wachsenden Zisterzienserorden schon bald zu klein geworden. Deswegen wurde 1178 der Grundstein für eine neue, großzügige Klosteranlage gelegt, die im Jahre 1222 vollendet war. Sie erfuhr in den folgenden Jahrhunderten noch mehrmals Veränderungen.

Der weitläufige, autofreie Vorplatz erlaubt einen ungetrübten Blick auf die 221 m lange Gebäudefront. Die Fassade der Klosterkirche wurde im 16. und 18. Jh. umgestaltet, erhalten blieben nur die Rosette und das gotische Portal, flankiert von den Statuen der Ordensgründer Benedikt und Bernhard. Zwei Barocktürme wirken monumental, nahezu festlich. Im Gegensatz hierzu überrascht der helle Kirchenraum mit seiner zierdelosen, den Regeln der Zisterzienser entsprechenden Schlichtheit. Das Hauptschiff ist mit 106 m das längste in ganz Portugal und lenkt mit seiner geringen Breite von 21,5 m den Blick unwillkürlich in die Höhe zum allmächtigen Schöpfer. Im Querschiff halten zwei Juwele der gotischen Steinmetzkunst aus dem 14. Jh. die Erinnerung an die tragische Liebe zwischen Dom Pedro I. und Inês de Castro wach (s. S. 200). Sechs Löwen tragen das Grabmal des portugiesischen Königs, das in seinem Kopfende verschiedene Episoden des gemeinsamen Glücks zeigt. Inês ruht im Grabmal direkt gegenüber, so können sich beide am Tag des Jüngsten Gerichts gleich in die Augen sehen. Ihre Grabstätte wird von fratzenhaften Fabelwesen getragen, wohl eine Anspielung auf ihre Mörder.

Durch den Königssaal, in dem barocke Azulejobilder auf die Klostergeschichte einstimmen, betritt man den sogenannten Kreuzgang der Stille *(claustro do sîlencio)*. Er wurde zu Beginn des 14. Jh. unter wuchtigen Bögen errichtet und zwei Jahrhunderte später im grazilen, manuelinischen Stil aufgestockt.

Zwischen den Klosterräumen besticht die 18 m hohe, vollständig weiß gekachelte Küche mit einem kolossalen offenen Kamin. Hier wurden die fleischlosen Mahlzeiten für bis zu 999 Mönche zubereitet. Fließend Wasser erhielt man durch die Umleitung des nahen Flusses. Ein graziler, gotischer Brunnen liegt unmittelbar vor dem angrenzenden Refektorium. Von einer kleinen Kanzel, zu der eine Treppe mit feingliedrigen Rundbögen führt, wurde während der Mahlzeiten aus der Heiligen Schrift vorgelesen. Nur in einem einzigen Sprechraum, dem *parlatório* (13. Jh.), durften die Mönche ihr Schweigen stundenweise unterbrechen (April–Sept. 9–19, Okt.–März 9–17 Uhr, Eintritt für den Kreuzgang 4,50 €, So bis 14 Uhr frei, Gemeinschaftsticket inkl. Batalha und Tomar 12 €).

Weinmuseum

Etwa 1,5 km außerhalb von Alcobaça, an der Straße nach Leiria, liegt das **Nationale Weinmuseum**. Neben 10 000 Ausstellungsstücken kann man sich in verschiedenen original eingerichteten Räumen anschauen, wie die Erntehelfer gewohnt haben, wie Weine gegoren oder Fässer gezimmert wurden (Mo–Fr 9–12.30, 14–17.30 Uhr, Eintritt 1,50 €).

i **Turismo:** Praça 25 de Abril, Tel. 262 58 23 77, Mai–Sept. 10–13, 15–19, Okt.–April 10–13, 14–18 Uhr.

Challet Fonte Nova: Rua da Fonte Nova, Tel. 262 59 8300, Fax 262 59 84 30, www.challetfontenova.pt. Romantisches Chalet mit zehn stilvoll-wohnlichen Zimmern. DZ 115 €.

Hübsch sitzt man in den zahlreichen auf Touristen eingestellten **Straßencafés** und den einfachen **Tascas** am neu gestalteten, mit Marmor gepflasterten Platz gegenüber dem Kloster.

Steinerne Engel auf dem Grabmal halten das Haupt Dom Pedros

Nazaré

Reiseatlas: S. 3, A 4

Dank eines herrlichen Strandes hat sich das 14 km westlich gelegene Nazaré in den letzten Jahren vom pittoresken Fischerdorf zum kosmopolitischen Feriendomizil entwickelt. Doch viele Einwohner ernähren sich weiterhin vom Fischfang. Sichtbares Zeugnis sind die Holzgestelle am südlichen Strandabschnitt, auf denen der Fisch zum Trocknen liegt.

Die Familien der Fischer hatten und haben ein bescheidenes Auskommen. Ihren Frauen wurde als Anerkennung für die alltäglichen Leistungen ein eigenes Denkmal am Largo dos Cedros im Stadtzentrum gesetzt.

Nach Nazaré fährt man wegen des langen Strandes und der zahlreichen Fischrestaurants. Auch hat die Altstadt ihren Charme behalten. Einen herrlichen Blick bietet sich vom höher gelegenen Ortsteil Sítio. Hinauf fährt auf einer Strecke von 310 m die Standseilbahn **Elevador da Nazaré**. Erbauer war Mesnier Ponsard, der auch den Lissabonner Elevador de Santa Justa konstruierte.

Sítio, einst das Wohnviertel der reichen Gesellschaft, beherbergt das **Museu Etnográfico e Arqueológico Dr. Joaquim Manso.** Ein Schwerpunkt liegt auf dem Leben der

Typische Frauenarbeit in Nazaré: das Trocknen der Fische am Strand

Fischer, die auch heute noch durch ihre besondere Tracht auffallen. Männer tragen in Schottenmustern karierte Hemden und weite Hosen, die ihnen viel Freiheit gewähren, aber keine Taschen haben. Ihre Habseligkeiten verschwinden deswegen in den Zipfelmützen. Frauen ziehen über ihren weißen Unterrock mindestens zwei, oft aber bis zu sieben baumwollene farbige, in Trauerzeiten schwarze Überröcke (Di–So Okt.–März 10–13 und 14.30–18, April–Sept. 11–19 Uhr, Eintritt 2 €).

Turismo: Av. da República, Tel. 262 56 11 94, Sept.–März 9.30–13, 14.30–18, April–Juni bis 19, Juli/Aug. 9–21 Uhr.

Miramar: Rua Abel da Silva, Tel. 262 55 00 00, Fax 262 55 00 01, www.hotelmiramar.pt. Sehr komfortables Haus in einem ruhigen, ursprünglichen Stadtteil oberhalb des Zentrums, ca. 1 km in die Altstadt und zum Strand. Viele der 40 Zimmer mit Meerblick. DZ 50–110 €.

Maré: Rua Mouzinho de Albuquerque 8, Tel. 262 56 12 22, Fax 262 56 17 50, www.marehotel.com. 36 renovierte Zimmer in Strandnähe, manche mit Balkon. DZ 45 bis 100 €.

São Miguel: Av. da República, Tel.262 56 24 03. Am nördlichen Ende der Küstenstraße, direkt über dem Meer, frischer Fisch und Meeresfrüchte werden in lockerer Atmosphäre gereicht, ab 12 €.

Mar Bravo: Praça Sousa Oliveira 71, Tel. 262 56 91 60. Neben Fisch und Meeresfrüchten gibt es 15 verschiedene Steaks und Schnitzel mit unterschiedlichen Saucen, Terrassenbetrieb. Hauptgerichte ab 11 €.

Rund um den Platz befinden sich weitere Terrassenrestaurants.

Bar Blá-Blá: Rua do Guilhim 3. Junge Leute, DJ, Tanzfläche.

Karneval: Februar/März. Die bunten Umzüge zählen zu den attraktivsten in Portugal.

Nazaré em Festa: Anfang Sept. Rockkonzerte rund um das Stadtfest am 8. Sept. mit Prozessionen und Stierkampf.

Surfen: Im Hochsommer werden am Strand Surfkurse von privaten Anbietern angeboten.

Fahrrad: Im Vorort Sítio beginnt der 45 km lange Radweg Estrada Atlântica entlang der Costa da Prata, leider kein Fahrradverleih im Ort.

Zug: Bahnhof liegt 6 km außerhalb in Valado.

Bus: Av. Vieira Guimarães. Sehr gute Verbindungen in die Nachbarstädte.

Beira Litoral

Reiseatlas S. 3

Vielfalt bestimmt den küstennahen Landstrich der Region Beira. Kiefern säumen die weiten Sandstrände, bukolische Wälder überziehen die Bergwelten bei Coimbra, das in der Zeit der Renaissance zum geistigen Zentrum Portugals heranwuchs. Die Römer hinterließen sichtbare Spuren im nahen Conimbriga. Und auf der Burg von Montemor lebt das Mittelalter fort.

Leiria

Reiseatlas: S. 3, A/B 3

In der Provinzhauptstadt Leiria 11 km nördlich von Batalha ist das **Kastell** aus dem Jahre 1385 erwähnenswert, das wuchtig auf dem Burghügel thront. Im 14. Jh. ließ König Dinis einen königlichen Palast hinzufügen, der im letzten Jahrhundert restauriert wurde (Di–So April–Sept. 10–18, Okt.–März 9.30–17.30 Uhr, Eintritt: 2,25 €). Ein kleiner Abstecher in den nördlichen Vorort Marrazes führt zu einem kuriosen **Schulmuseum**. Auf 200 m² sind Gegenstände aus dem Schülerleben seit der Monarchie ausgestellt, so auch die Schuluniformen während der Diktatur (Di–Fr 9–12.30 und 14–17.30, Sa/So 14–17 Uhr, Eintritt 1 €).

Marinha Grande und die Küste

Reiseatlas: S. 3, A 3

Lohnenswert ist die Weiterfahrt durch ausgedehnte Pinienwälder zu den Atlantikstränden. An die wirtschaftliche Blütezeit dieses Zentrums der Glasindustrie im 18. und 19. Jh. erinnert das **Glasmuseum** im eleganten Palácio Stephens, dessen Säle hüfthoch mit alten pombalinischen Kacheln ausgeschmückt sind. Neben wechselnden Ausstellungen moderner und historischer Glasobjekte, Maschinen und Werkzeugen zeigt ein Film in englischer Sprache die Fertigungstechniken (Di bis So 10–18, Juni–Sept. bis 19 Uhr, Eintritt 1,50 €). Zeitgenössische Glaswaren verkauft der angeschlossene Laden. Das Museum ist Ausgangspunkt für eine **Glas-Route**, in deren Verlauf verschiedene Fabriken besucht werden (http://rotadovidro-rt.leiriafatima.pt).

Durch den bis an den Strand reichenden Wald wird nach 10 km der hübsche Badeort **São Pedro de Moel** erreicht, noch ein touristischer Geheimtipp, der allerdings im Hochsommer viele Portugiesen anlockt. Eine örtliche Spezialität ist der *galão do Sr. António*, Milch und Kaffee getrennt in zwei Schichten übereinander im Glas.

Dank seines attraktiven kilometerlangen Sandstrandes und eines Wasserparks zeigt sich der kleine Ort **Praia da Vieira** 17 km nördlich touristischer, doch gerade Strandwanderer kommen hier voll auf ihre Kosten.

Turismo: Praça Stephens, Tel. 244 56 66 44, Fax 244 84 87 79, Di–So Okt.–Mai 10–13 und 14–18, Juni–Sept. 10–13 und 15–19 Uhr, im Juli/Aug. Außenstellen in São Pedro de Moel und Praia da Vieira.

... in São Pedro de Moel:

Mar & Sol: Av. da Liberdade 1, Tel. 244 59 00 00, Fax 244 59 00 19, www.hotelmaresol.com. Die Einrichtung der 63 Zimmer wirkt etwas altbacken, dafür entschädigen Komfort, die strandnahe Lage und Balkon. DZ 45 bis 85 €, 5 € Aufschlag für Meerblick.

... in Praia da Vieira:

Cristal: Av. Marginal, Tel. 244 69 90 60, Fax 244 69 52 11, www.hoteiscristal.pt. Modernes Wellnesshotel mit 100 Zimmern und großem Hallen- und Freiluft-Pool. DZ 65–95 €.

... in São Pedro de Moel:

Estrela do Mar: Av. Marginal, São Pedro, Tel. 244 59 92 45, Di geschl. Herausragendes Restaurant für köstlichen Fisch und Meeresfrüchte nach kg-Preisen. Hauptgerichte ab 12 €. Toll ist die Terrasse direkt über der schäumenden Gischt.

Fahrrad: Drei ausgeschilderte Fahrradrouten zwischen 7 und 10 km Länge. Fahrradverleih in der Außenstelle des Turismo in São Pedro (kostenlos) und im Hotel Estrela do Mar.

Baden: Die lang gestreckte Praia Velha nördlich von São Pedro wurde von der Umweltschutzorganisation Quercus als besonders sauber klassifiziert.

Surfen: H2O Surf Shop, Rua Alexandre Herculano 14, Kurse, Equipmentverleih.

Mit den Autoren unterwegs

Restaurante Estrela do Mar

Die kleine Terrasse des Restaurants in São Pedro de Moel liegt direkt über dem tosenden Meer. Frischer Fisch und Meeresfrüchte sind köstlich zubereitet (s. links).

Palácio Sotto Mayor

Das Patrizierhaus in Figueira da Foz zeigt die ästhetischen Lebensentwürfe des wohlhabenden Bürgertums zu Beginn des letzten Jahrhunderts (s. S. 206).

Porzellanfabrik Vista Alegre

Seit zwei Jahrhunderten blüht in Portugal die Porzellanherstellung. Das Museum des portugiesischen Pendants zu Rosenthal lässt diese Erfolgsgeschichte lebendig werden (s. S. 208).

Strände an der Costa Verde

Die Sandstrände von Mira (s. S. 208) und Torreira (s. S. 215) sind traumhaft. Mit dem hellgelben Sand kontrastieren bunt gestreifte Wohnhäuser besonders schön in Costa Nova (s. S. 214 f.).

Conimbriga

Reiseatlas: S. 3, B 2

Etwa 15 km vor Coimbra gelangt man über die Autobahnausfahrt Condeixa zur römischen Ruinenstadt Conimbriga. Zwar wirkt das dazugehörige Museum, das Grabungsfunde zeigt, etwas düster, doch die **Ausgrabungen** selbst gehören zu den wertvollsten auf der Iberischen Halbinsel.

Im 2. Jh. v. Chr. hatten die Römer ein *castro* errichtet, etwa 100 Jahre später entwickelte sich daraus eine wohlhabende, von einer 2 km langen Mauer geschützte Stadt, die schließlich im 5. Jh. von den angreifenden Sueben weitgehend zerstört wurde. Gut erhalten sind die Mosaike der vier reichsten Villen, hübsch anzusehen ist die »Casa dos Repuxos« (Haus der Fontänen) mit ihren teilweise rekonstruierten Wasserspielen (Juni bis Sept. 9–20, Okt. bis Mai 9–18, Museum 10–18 Uhr, Eintritt 3 €, So bis 14 Uhr frei).

5 Coimbra

Reiseatlas: S. 3, B 2, **Cityplan:** S. 203

Steil ziehen sich die schmalen Altstadtgassen vom Flussufer des Mondego den Stadthügel hinauf und münden auf romantischen Plätzen. Studenten der ältesten Universität Portugals prägen die Atmosphäre und mit ihnen zahlreiche Bars, Kneipen, Restaurants und ein Fadogesang, der in studentischen Traditionen wurzelt und im Gegensatz zum Lissabonner Fado nur von Männern gesungen wird. Der Spaziergang durch das ehrwürdige Coimbra (90 000 Einw.) führt aber ebenso zu beeindruckenden Bauwerken, meist aus der Zeit der Renaissance, die sich von Coimbra über ganz Portugal ausbreitete. Die Geschichte der Stadt reicht jedoch viel weiter zurück. Nacheinander errichteten Kelten, Römer und Mauren ihre Siedlungen strategisch günstig am Fluss. König Afonso Henriques ernannte Coimbra im 12. Jh. vorübergehend zur Hauptstadt des neuen portugiesischen Königreiches.

Immer wieder stößt man auf ein historisches Liebespaar, dessen tödliche Tragik in Filmen und Theaterstücken besungen wird und das ganze Land bis heute aufwühlt. Thronfolger Dom Pedro verliebte sich 1340 unsterblich in die wunderschöne Inês de Castro aus Galicien, sehr zum Unwillen seines Vaters und des portugiesischen Adels. Sie fürchteten sich vor erstarkenden galicisch-kastilischen Einflüssen und ließen Inês 1355 im Garten der Quinta das Lágrimas vor den Toren Coimbras so brutal ermorden, dass ihr Blut das Quellwasser der Fonte dos Amores, heute Pilgerort von Liebespaaren, rot färbte. So weit die historische Wahrheit, und nun beginnt die noch grausigere Legende. Nach dem Tode des Vaters ließ der rachedurstige Pedro aus Anlass seiner Inthronisierung den exhumierten Leichnam von Inês in der Kathedrale von Coimbra auf einen Thron setzen. Der Hofadel musste ihre verweste Hand küssen, die Herzen der Mörder verspeiste Pedro öffentlich. In einer schauerlichen Prozession überführte er seine tote Geliebte in die Klosterkirche von Alcobaça.

Im Zentrum

Der **Largo da Portagem** 1 ist Ausgangspunkt für die Stadterkundung. Die verkehrsberuhigte Rua Ferreira Borges mit hübschen alten Geschäften, mit Buchläden und Cafés führt in die geschäftige Altstadt. Architektonisch interessant ist die Eisenkonstruktion des Gebäudes Chiado (Nr. 83), das das **Museu da Cidade** 2 mit einer privaten Kunstsammlung und wechselnden thematischen Ausstellungen beherbergt (April–Sept. Mo–Fr 11–19, Sa/So 11–13 und 14–19, Okt.–März 10–18, Sa/So 10–13 und 14–18 Uhr, Eintritt 1,50 €). Nach links führen einige Stufen hinab auf den einstigen Marktplatz, die **Praça do Comércio**, die von attraktiven Handelshäusern, zahlreichen Restaurants und Straßencafés gesäumt und von der romanischen Santiago-Kirche begrenzt wird.

Igreja de Santa Cruz

Das ursprünglich romanische **Augustinerkloster** 3 aus dem Jahre 1131, damals ein kulturelles Zentrum von landesweitem Rang, wurde im 16. Jh. von den wichtigsten Baumeistern der Manuelinik und Renaissance Boytac, Chantarène, Marcos de Pires und Diogo de Castilho grundlegend umgestaltet. Sichtbares äußeres Zeichen ist der wuchtige Portalvorsatz. Das einschiffige Kircheninnere wurde manuelinisch ausgeschmückt. In der Hauptkapelle stehen die kunstvollen Grabmale der ersten portugiesischen Könige Afonso Henriques (1139–1185) und Sancho I. (1185–1211). Aus dem 18. Jh. stammen die Azulejobilder in Hauptschiff und Sakristei, in der wertvolle Ölgemälde wie das Pfingstwunder von Grão Vasco, die Kreuzabnahme von Andre Gonçalves oder das »Ecce Homo« von Cristóvão de Figueiredo zu sehen sind. Durch den Kapitelsaal gelangt man in den zweistöckigen manuelinischen Kreuzgang der Stille (*claustro do silêncio),* benannt nach dem Schweigegelöbnis der Mönche (Mo–Sa 9–12 und 14–17.45, So 16–17.45 Uhr, Eintritt frei, Kreuzgang und Kapitelsaal 2,50 €).

Nach der Kirchenbesichtigung empfiehlt sich die Einkehr im angrenzenden **Traditionscafé Santa Cruz** unter gotischen Gewölben oder auf der Terrasse. Anschließend geht es einige Schritte die Fußgängerstraße zurück zum maurischen Stadttor **Arco de Almedina**, das von einem gotischen Turm überbaut wurde. Hier beginnt der Aufstieg zu den Sehenswürdigkeiten der Oberstadt.

Sé Velha

4 Der Baubeginn der dreischiffigen Bischofskirche datiert auf das Jahr 1162. Das romanische Westportal ähnelt denen der Kathedralen von Lissabon und Évora. Der In-

Barocke ›Kathedrale‹ für Bücher: die Universitätsbibliothek in Coimbra

nenraum besticht durch das harmonische Zusammenspiel der wuchtigen Säulen mit der hohen Kuppel und dem Laufgang über den Seitenschiffen. Die mit Pflanzen- und Tiermotiven dekorierten Kapitelle machen das Gotteshaus zum herausragenden Beispiel der portugiesischen Romanik. Doch auch hier sind die Veränderungen des 16. Jh. unübersehbar. Das Nordportal aus weißem Marmor, 1540 von Jean de Rouen erbaut, gilt als ein Hauptwerk der portugiesischen Renaissance. Zur gleichen Zeit gestaltete Chantarène den Seitenaltar rechts vom Eingang, die Hochaltäre wurden bereits ein halbes Jahrhundert früher von flämischen Künstlern geschaffen. Der schlichte Kreuzgang aus dem 13. Jh. gilt als erster gotischer Bau in Portugal (Mo–Do 10–18, Fr 10–13, Sa 10–17, Kreuzgang 13–14 Uhr geschl., Eintritt Kreuzgang 1 €).

Museu Machado de Castro

5 Die Rua Borges Caneiro führt von der alten Kathedrale zum ehemaligen, über römischen Grabgewölben erbauten Bischofspalast und zur ältesten Kirche São João de Almedina, die 1129 am Ort der Moschee errichtet worden war. Beide beherbergen die bedeutendste portugiesische Skulpturensammlung von der römischen Epoche bis in die Neuzeit, darunter auch Werke des Namensgebers und wichtigsten portugiesischen Bildhauers Joaquim Machado de Castro (1731–1822). Darüber hinaus werden Schmuck, Gemälde portugiesischer und flämischer Meister, Keramik wie auch Einrichtungsgegenstände ausgestellt (Mo–Fr 9–12.30 und 14–17.30 Uhr, Eintritt 3 €, zeitweise wegen Renovierung geschlossen).

Sé Nova

An der Nordseite des angrenzenden Largo da Sé Nova erhebt sich die barocke **Neue Kathedrale** **6**, deren Bau die Jesuiten Ende des 16. Jh. begannen. Die Fertigstellung dauerte nahezu ein Jahrhundert. Nach der Ausweisung der Jesuiten aus Portugal wurde sie Bischofskirche. Beeindruckend sind die Kassettendecke und der vergoldete Altar (Di–Sa 9.30–12, 14–18 Uhr, Eintritt frei).

Universidade Velha

Über die Rua de São João gelangt man durch das eiserne, von allegorischen Figuren geschmückte Renaissancetor Porta Férrea (1633) auf den Vorplatz der alten **Universität** **7**, die am Ort des römischen Kastells und der maurischen Burganlage erbaut wurde. 1290 gründete König Dinis die Universität, die zunächst ihren Sitz in Lissabon hatte, 1537 wurde sie endgültig nach Coimbra verlegt. Neben dem 34 m hohen Uhrenturm (1733), im Studentenjargon wegen des meckernden Geläuts *cabra* (Ziege) genannt, sind die Eintrittstickets erhältlich.

Durch ein prächtiges Barockportal betritt man die **Alte Bibliothek** (1717) mit 250 000 wertvollen Bänden von der Antike bis zur Gegenwart, die in kunstvoll gefertigten Regalen aus seltenen Hölzern stehen. Die drei miteinander verbundenen Säle sind überschwänglich mit Gold verziert, der Boden mit farbigem Marmor belegt.

Ähnlich prächtig zeigt sich die **Universitätskapelle** São Miguel (1517–1522). Der vergoldete Hauptaltar, die Gemälde, die das Leben Christi thematisieren, und eine reich verzierte Orgel wurden nachträglich hinzugefügt. In der Sala dos Capelos werden noch heute Prüfungen abgenommen, ausgestellt sind Ölporträts sämtlicher portugiesischen Könige. In der angrenzenden Sala do Exame Privado hängt die Ahnengalerie der Rektoren (Anfang März–Okt. 9–19, Nov.–Anfang März 10–17 Uhr, Eintritt 4 €, nur für die Bibliothek 2,50 €).

Botanischer Garten und Flussufer

Nach der Universitätsbesichtigung kann man direkt hinab zur Fußgängerzone zurückgehen oder den westlich gelegenen **Botanischen Garten** **8** (Jardim Botânico, Eingang Calçada Martim de Freitas) aufsuchen. Im 18. Jh. von Marquês de Pombal angelegt, gruppieren sich subtropische Pflanzen und Bäume um romantische Brunnen (Mai–Sept. 9–20, sonst 9–17.30 Uhr, Sa/So unregelmäßig, Eintritt 2 €, Gewächshaus und Museum zusätzlich 2 €). Neu geschaffen wurde südlich des Botanischen Gartens die hübsche Flaniermeile **Parque Verde do Mondego** mit Bars und Restaurants direkt am Fluss. Eine Fußgängerbrücke führt auf die andere Uferseite, wo im weitläufigen **Parque Portugal dos Pequenitos** **9** die wichtigsten portugiesischen Baudenkmäler und repräsentative Wohnhäuser im Miniaturformat nachgebaut wurden (März–Mai 10–19, Juni–15. Sept. 9–20, 16. Sept.–Feb. 10–17 Uhr, Eintritt 6 €).

Von hier aus sind es einige hundert Meter stadtauswärts zur **Quinta das Lágrimas,** wo einst Inês de Castro gemeuchelt wurde. Nur wenige Schritte stadteinwärts stehen die Ruinen des 1330 geweihten, aber bald im Schwemmland des Flusses versunkenen Klosters **Santa-Clara-a-Velha**. Es wurde im 17. und 18. Jh. an erhöhter Stelle als **Santa-Clara-a-Nova** **10** wieder errichtet. Sehenswert sind der vergoldete Altar, ein silberner Grabschrein der hl. Isabel (s. S. 328 f.) sowie ihr ursprüngliches Grabmal aus dem Jahre 1330, das zunächst im alten Kloster stand. Hübsch begrünt ist der barocke Kreuzgang (tgl. 8.30–18 Uhr, Eintritt frei; Kreuzgang Di–Sa 9.30–12, 14–17 Uhr, Eintritt 1 €).

i **Turismo do Centro:** Largo da Portagem, Tel. 239 48 81 20, Fax 239 48 81 29, Ostern–Sept. Mo–Fr 9–19, Sa/So 10–13, 14.30–17.30, Okt.–Ostern Mo–Fr 9.30–13, 14–17.30, Sa/So erst ab 10 Uhr.

Turismo Municipal: Largo de Dom Dinis, Tel. 239 83 25 91, Fax 239 70 24 96, Mo–Fr 9–18, Sa/So 9–12.30, 14–17.30 Uhr.

Turismo Municipal: Mercado D. Pedro V, Tel. 239 83 40 38, Fax 239 70 24 96, Mo–Fr 9–18 Uhr.

Quinta das Lágrimas 1**:** Rua António Augusto Gonçalves, Tel. 239 80 23 80, Fax 239 44 16 95, www.quintadaslagrimas.pt. Luxus in einem Palast aus dem 18. Jh. inmitten des Parks, in dem einst Inês de Castro ermordet wurde. 49 Zimmer. DZ 150–210 €.

Tivoli Coimbra 2**:** Rua João Machado 4, Tel. 239 85 83 00, Fax 239 85 83 45, www.tivolihotels.com. Modernes, sehr komfortab-

Coimbra: Cityplan

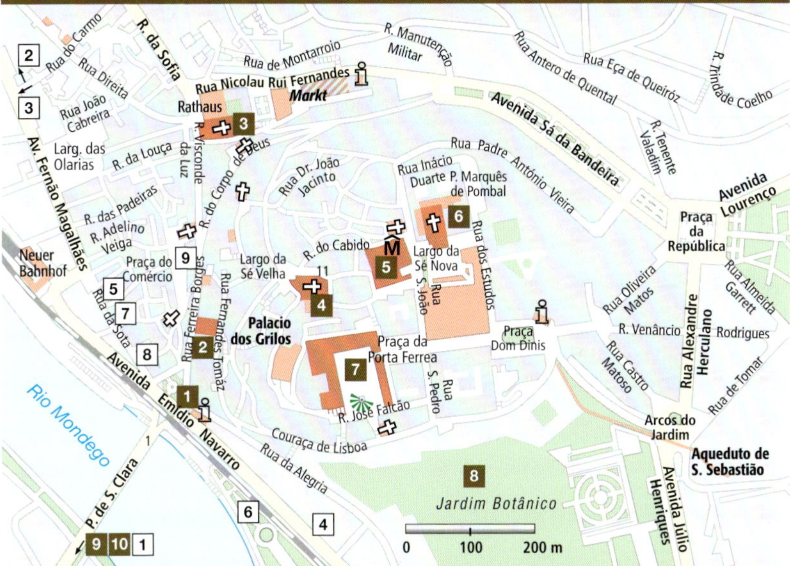

Sehenswürdigkeiten

1 Largo da Portagem
2 Museu da Cidade
3 Igreja de Santa Cruz
4 Sé Velha
5 Museu Machado de Castro
6 Sé Nova
7 Universidade Velha
8 Botanischer Garten
9 Parque Portugal dos Pequenitos
10 Santa-Clara-a-Nova

Übernachten

1 Quinta das Lágrimas
2 Tivoli Coimbra
3 Quality Inn Hotel
4 Ibis
5 Flôr de Coimbra

Essen und Trinken

6 taberna do PARQUE
7 O Serenata
8 Zé Manel dos Ossos
9 Praça Velha

les Stadthotel mit 95 geräumigen Zimmern. DZ 80–180 €.

Quality Inn Hotel 3: Av. Fernão de Magalhães 199, Tel. 239 85 55 00, Fax 239 82 99 06, www.residencial-almedina.pt. Zentral gelegenes Hotel mit 75 ordentlichen Zimmern, die nach hinten liegen ruhig. DZ 50–70 €.

Ibis 4: Av. Emídio Navarro 70, Tel. 239 85 21 30, Fax 239 85 21 40, www.accor-hotels.com. Hotel der Kette, preislich aber sehr attraktiv. 110 Zimmer, 40–60 € ohne Frühstück.

Flôr de Coimbra 5: Rua do Poço 5, Tel. 239 82 38 65, Fax 239 82 15 45. Familiäre Atmosphäre, einfache Zimmer mit Bad für Junge oder Junggebliebene. DZ 30–35 €.

Quinta das Lágrimas: s. Unterkünfte, nur abends von Di–Sa. Eines der Spitzenrestaurants Portugals, mediterran-portugiesische Kost vom deutschen Koch Joachim Koerper zubereitet, darunter auch mal Stockfisch mit Gänseleberpastete. Hauptgerichte ab 30 €.

taberna do PARQUE [6]**:** Parque Verde do Mondego, Av. da Lousa, Tel. 239 84 21 40. Gestyltes Restaurant mit großer Glasfront zum Fluss. Mo–Fr beliebte Mittagsmenüs für 13 € inkl. Getränk, sonst Fleischgerichte ab 11 €, Fisch in Brotmantel oder Salzkruste nach kg-Preisen.

O Serenata [7]**:** Largo da Sota 6–7, Tel. 239 82 67 29, So geschl. Mit Weinflaschen dekoriertes und von Tischkerzen beleuchtetes Restaurant mit Spezialitäten aus Coimbra, wie *chanfana* – Zicklein oder Hahn in Weinsauce, ab 8 €.

Zé Manel dos Ossos [8]**:** Beco do Forno 12, Tel. 239 82 37 90, Sa abends und So geschl. Kleine Tasca voller Studenten, Spezialität sind deftige Fleischgerichte ab 7,50 €.

Praça Velha [9]**:** Praça do Comércio 67, Tel. 239 83 67 04. Das unspektakuläre Restaurant besucht man wegen seiner Terrasse auf dem Platz. Grillgerichte ab 7 €.

Diligência-Bar: Rua Nova 30, tgl. 18–22 Uhr. Häufig mit Live-Musik verschiedener Richtungen, auch Fado.

Quebra Club: Parque Verde do Mondego, Rua da Lousã, tgl. 12–4 Uhr, ultramoderner Jazzclub, auch DJs und Kunstausstellungen, auch bei homosexuellem Publikum beliebt.

àCapella: Rua Corpo de Deus, tgl. 13–3 Uhr, Fado live um 21.30, 22.30, 23.30 Uhr in einer alten Kapelle.

Jazzfestival: Mai. Hochangesehene internationale und nationale Musiker verwandeln die Stadt in ein Dorado des Jazz.

Teatro Académico Gil Vicente: Praça da República. Klassisches Theater und Tanz, angeschlossenes Programmkino, Tel. 239 85 56 30, www.uc.pt/tagv.

Queima das Fitas: 2. Maiwoche. Studentisches Fest mit farbenfrohen Umzügen, Rock- und Fadokonzerten bei hohem Bierkonsum.

Festa da Rainha Santa: Anfang Juli zu den geraden Jahreszahlen. Feuerwerk-Wettbewerb, Theater- und Musikfestival, Prozessionen zu Ehren der hl. Isabel.

Stadtrundfahrt: In den Sommermonaten fährt ein offener Doppeldeckerbus zu den Sehenswürdigkeiten. Infos im Tourismusbüro.

Schiffsausflüge: Basófias, Parque Dr. Manuel Braga, Tel. 239 91 24 44.

Reiten: Centro Hípico de Coimbra, Mata do Choupal, Tel. 239 83 76 95.

Zug: Coimbra A, Estação Nova. Innerstädtischer Bahnhof mit Anbindung an den Fernbahnhof Coimbra B, Estação Velha am Stadtrand. Von dort etwa stdl. nach Lissabon, Porto und Aveiro.

Bus: Gute regionale und überregionale Verbindungen. Die Zentralen der beiden Busgesellschaften RBL (Tel. 239 85 52 70) und Joalto (Tel. 239 82 01 41) liegen nördlich des Zentrums, die meisten Busse halten am Bahnhof Coimbra A.

Fortbewegung in der Stadt: 18 Buslinien, Tickets im Bus, bei der Verkehrsgesellschaft und in den Tourismusbüros.

Parken: Zahlreiche Parkplätze entlang dem Flussufer, auf der Stadtseite kostenpflichtig, auf der gegenüberliegenden Seite kostenlos.

Die Bergwelt um Coimbra

Reiseatlas: S. 3, B 2

Die Ausläufer verschiedener Bergketten reichen bis Coimbra. Knapp 30 km südöstlich liegt das kleine Städtchen **Lousã** eingebettet in die dicht bewaldeten Hügel der gleichnamigen Serra, die eine Höhe von 1202 m erreicht. In den letzten Jahren unterstützte der portugiesische Staat ein umfassendes Programm zum Erhalt von 23 benachbarten historischen Dörfern, deren Häuser aus Schiefer gebaut wurden. In diesen **»Aldeias do Xisto«** (Dörfer des Schiefers) wurden Privathäuser und Kirchen saniert sowie kulturelle Traditionen und Kunsthandwerk wiederbelebt. Durch die Aufwertung des ländlichen Raums soll die Abwanderung in die Städte gestoppt werden. Aufgrund erster Erfolge wurde das Programm inzwischen entlang dem Fluss Zêzere nach Osten ausgedehnt. Die lohnenswerte Rundfahrt durch die Dörfer, auf der viel vom ursprünglichen Leben zu entdecken ist, hat eine Länge von ungefähr 70 km (detaillierte Infos im Tourismusbüro).

... in Lousã:

Turismo: Rua João Luso, Tel. 239 99 00 40, Fax 239 99 00 49, Mo–Fr 9 bis 12.30, 14-17.30, Sa 10–12.30, 14.30–16, So 10.30–12.30 Uhr.

Meliá Palaço: Rua Viscondessa do Espinal, Tel. 239 99 08 00, Fax 239 99 08 01, www.solmelia.com. 2005 im früheren Palast des Grafen von Espinal eröffnetes, sehr komfortables Hotel mit 50 Zimmern, die unterschiedlich von stilvoll bis aktuell eingerichtet sind. DZ 75–110 €.

A Azenha: Ermida da Srª da Piedade, Tel. 239 99 11 62. Auch als »Burgo« bekanntes Restaurant mit regionaler Küche. Hauptgerichte ab 8 €.

Wandern: Faltblätter zu Wanderungen in der Serra mit unterschiedlichem Schwierigkeitsgrad gibt es im Tourismusbüro.

Die Heilbäder Luso und Curia

Reiseatlas: S. 3, B 1/2

Knapp 20 km nördlich von Coimbra gelangt man in den bukolischen Wald von Buçaco und zu den Heilbädern Luso und Curia. **Curia** ist eine Ansammlung ehrwürdiger, von Bäumen beschatteter Kurhotels, die sich mit Namen wie Grande Hotel oder Palace schmücken. Die Thermen bieten neben Kuren auch verschiedene Wellnessprogramme an (www.termasdacuria.com). Lebhafter präsentiert sich **Luso**, aus dem das gleichnamige, in Plastikflaschen im ganzen Lande verkaufte Wasser stammt.

Der angrenzende **Parque Nacional de Buçaco** scheint auf105 ha der Fantasie eines Märchendichters entsprungen. Ausgeschilderte Spazierwege schlängeln sich vorbei an Quellen und Seen, durch dunklen Tann und über lichte Wiesen, Treppen hinauf, Abhänge hinab. Unbeschreiblich ist die Vielfalt der 700 einheimischen und exotischen Pflanzen innerhalb der Anlage, in der sich bereits im 17. Jh. Karmelitermönche ihr Refugium schufen und eine frühe Maßnahme zum Naturschutz erfanden. Jedem, der fortan einen Baum fällen sollte, drohte die Exkommunizierung. Klosterkirche und Teile des Kreuzgangs sind zu besichtigen, ebenso ein kleines Militärmuseum zur Erinnerung an einen Sieg über napoleonische Truppen.

Gegen Ende des 19. Jh. ließ König Carlos ein verspieltes Jagdschloss im neomanuelinischen Stil errichten, um die Größe des portugiesischen Königreiches in Stein zu meißeln, das allerdings dem Untergang bereits nahe war. Seit 1909 beherbergt es ein Nobelhotel. Einen packenden Rundblick, der bei klarem Himmel vom Meer bis zur Serra da Estrela reicht, bietet die Cruz Alta.

... in Curia:

Turismo: Largo Dr. Luís Navega, Tel. 231 51 22 48, Fax 231 51 29 66, www.turismo-curia.pt, Mo–Fr 9–12.30, 14–17 Uhr, Sa/So bis 15 Uhr.

... in Luso:

Turismo: Rua Emídio Navarro 136, Tel. 231 93 91 33, Fax 231 93 90 07, www.jtluso-bucaco.pt, Sa/So 10–13, 15–17 Uhr, Mo–Fr von Juni–Sept. 9–19 Uhr, sonst 9.30–12.30 und 14–18 Uhr.

... in Curia:

Grande Hotel da Curia: Av. dos Plátanos, Tel. 231 51 57 20, Fax 231 51 53 17, www.grandehoteldacuria.com. Von einem Park umgeben, erstrahlt das 1888 erbaute 81-Zimmer-Hotel nach Renovierung in altem Glanz und neuem Komfort, Wellnessangebote. DZ 80–95 €.

... in Buçaco:

Palace Hotel do Bussaco: Floresta do Buçaco, Tel. 231 93 79 70, Fax 231 93 05 09, www.almeidahotels.com. Eleganter Luxus im königlichen Jagdschloss, das sich im Wald von Buçaco versteckt. 60 DZ, 150–250 €.

... in Curia:
Dom Ferraz: Largo Dr. Luís Navega, Tel. 231 50 41 20, Mi geschl. Vorwiegend Fleischgerichte, Spezialität ist Zicklein. Hauptgerichte ab 8 €.

Bus/Zug: Jeweils vier Bus- und Zugverbindungen nach Coimbra, Guarda und zwischen Curia und Luso.

Am Atlantik in Richtung Norden

Montemor-o-Velho

Reiseatlas: S. 3, B 2

Nach Nordportugal führen von Coimbra aus die direkte Autobahn A 1 oder ein gemächlicher Weg entlang der Küste. Auf der Fahrt zum Atlantik erhebt sich nach etwa 30 km das Kastell des weißen Städtchens Montemor-o-Velho über die ausgedehnten Reisfelder am Rio Mondego. Die Burganlage gehört mit ihrer doppelten, zinnenbekrönten Mauer und quadratischen Verteidigungstürmen zu den mächtigsten in Portugal. Sie wurde im 11. und 12. Jh. auf maurischen Grundmauern errichtet und im 14. Jh. ausgebaut. Zwischen dem Bergfried und der Nordseite entwarf vermutlich Boytac die dreischiffige manuelinische **Igreja da Santa Maria da Alcáçova**. Unter den Heiligenfiguren im Inneren der Kirche fällt das Werk des Mestre Pero ins Auge. Die schwangere Maria hält anmutig ihre linke Hand über den gewölbten Bauch (Juli–Sept. 10–20, sonst 10–12.30 und 14–17 Uhr, Eintritt frei).

Liebenswert sind die engen, von mittelalterlichen Mauern, Orangenbäumen und Gemüsegärten gesäumten Gassen unterhalb der Burg. Einen Kontrapunkt hierzu setzt die ehemalige Markthalle am zentralen Rathausplatz, nachdem sie von einem fantasievollen Architekten in eine moderne Kunstgalerie verwandelt wurde. Am nordöstlichen Stadtrand gelangt man zur Klosterkirche **Nossa Senhora dos Anjos** mit sehenswerten Renaissance-Kapellen, einem meisterhaften Grabmal für den Seefahrer Diogo de Azambuja und einem zweistöckigen Kreuzgang.

Ramalhão: Rua Tenente Valadim 24, Tel. 239 68 94 35, So abends und Mo geschl. Ein gastronomisches Aushängeschild der Region, in einem rustikalen mittelalterlichen Haus. Köstliche Speisen nach Traditionsrezepten, z. B. Aal-Eintopf, Neunauge und auch Zickleinbraten. Hauptgerichte ab 12 €.

Vogelbeobachtung: Im Feuchtgebiet Paúl do Taipal überwintern zahlreiche Zugvögel, darunter 3000 Enten, Haselhühner, Wasserschnepfen. Geführte Touren nach Anmeldung: Naturschutzbehörde ICN, rnap.santosmf@icn.pt

Figueira da Foz

Reiseatlas: S. 3, A 2

Nur etwa 13 000 Einwohner zählt Figueira da Foz, und doch zieht der alte Badeort dank des Casinos und der weitläufigen Sandstrände kosmopolitisches Publikum an. Die Küstenstraße wird von Hochhäusern gesäumt, wohingegen kostspielige Stadtvillen die vom Strand abgewandten Viertel zieren. Prunkvollstes Gebäude ist der **Palácio Sotto Mayor** in der gleichnamigen Straße, der im frühen 20. Jh. nach französischem Vorbild in einen Park am Stadtrand gesetzt wurde. Bedeutende Künstler ihrer Zeit waren mit der Ausgestaltung der Säle beauftragt, deren Besichtigung einen plastischen Eindruck von den Lebensentwürfen der portugiesischen Großbourgeoisie vermittelt (Juni–Sept. Di–So 14–18, ansonsten nur Sa/So 14–18 Uhr, Eintritt 1 €).

Nicht weit entfernt bildet das in eine Rasenanlage eingebettete **Centro de Artes e Espectáculos** einen modernen architektonischen wie inhaltlichen Kontrapunkt und organisiert neben Theater-, Musik- und Tanzaufführungen interessante Kunstausstellungen (Rua Abade de Pedro, Di–So 10–18 Uhr). Direkt gegenüber zeigt das **Museu Municipal**

Eine Burganlage thront über Montemor-o-Velho

antike Funde aus der Region sowie Keramik, Möbel und Volkskunst aus Übersee (Juni bis 15. Sept. Di–So 9.30–17.15, sonst Sa/So nur 14.15–17.15 Uhr, Eintritt: 1,30 €).

Mit meisterhaft bemalten Delfter Kacheln ist die vornehme, im 17. Jh. vom Bischof von Coimbra in Auftrag gegebene **Casa do Paço** ausgekleidet. Sie zeigen Landschaften und Szenen aus dem religiösen und adeligen Leben (Largo Prof. Vítor Guerra 4, Mo–Fr 9–12.30 und 14–17 Uhr, Eintritt 1 €).

Hübsch anzuschauen ist auch der nördlich angrenzende, von engen Gassen durchzogene Fischerort **Buarcos**. Die Verteidigungswälle wurden einst gegen Seeräuber errichtet und scheinen heute vor den bedrohlich nahenden Hochhäusern zu schützen.

i **Turismo:** Av. 25 de Abril, Tel. 233 40 28 27, Fax 233 40 28 28, www.figueiraturismo.com, Mo–Fr 9–12.30, 14–17.30 Uhr, Sa/So 10–12.30 und 14.30–18.30 Uhr, Juli–Aug. tgl. 9–24 Uhr.

Wellington: Rua Dr. Calado 23–27, Tel. 233 42 67 67, Fax 233 42 75 93, www.sabirhoteis.pt. 32 geschmackvolle Zimmer in ruhiger Innenstadtlage. DZ 60–90 €.
Pensionen: Zahlreiche einfache Pensionen versammeln sich rund ums Casino.

Quinta Santa Catarina: Rua Joaquim Sotto Mayor 92, Tel. 233 42 34 68, So geschl. Kleines Haus in einem Park, angenehm helle Atmosphäre und variantenreiche portugiesische Küche. Tagesgerichte um 9 €, sonst ab 12 €.
Caçarola 1: Rua Cândido dos Reis 65, Tel. 233 42 48 61. Die sehr schmackhaften Spezialitäten v. a. aus Fisch und Meeresfrüchten entschuldigen die wenig gemütlichen Räumlichkeiten. Hauptgerichte ab 8 €.

Casino: Rua Bernardo Lopes, www.casinofigueira.pt, tgl. 15–4 Uhr.

Bergantim: Rua Dr. António Lopes Guimarães 28, Fr/Sa 2–8 Uhr, im Juli/Aug. tgl. angesagte Disco mit House, Alternativpop.

Markthalle: Großes Angebot in architektonisch interessanter Eisenkonstruktion von 1890. In den umliegenden Straßen gibt es zahlreiche Handwerkerläden.

Stadtfest: 24. Juni. Mit Handwerkermarkt, Folklore, Tanz.

Sommerkarneval: Juli oder Aug. Brasilianische Aufzüge.

Baden: Kilometerlange Stadtstrände mit hellem Sand, allerdings mit Hochhäusern als Kulisse.

Surfen: Escola de Surf, Rua de Cabedelo 36, Cabedelo, Tel./Fax 233 41 24 13, www.surfingfigueira.com, Equipment-Verleih.

Wandern: Infoblätter zu sechs thematischen Wanderwegen zwischen 4 und 13 km, zum Beispiel durch die Salinen oder zu jungsteinzeitlichen Funden, hält das Tourismusbüro bereit.

Reiten: Centro Hípico da Figueira da Foz, Quinta do Monte Alto de Baixo, Quiaios, Tel. 233 91 01 04.

Radverleih: Sancti Rent, Largo de Buarcos, Tel. 233 92 08 21.

Zug: Largo da Estação, Av. Saraia de Carvalho. Sehr häufig Verbindung nach Coimbra.

Bus: Innerstädtischer Busverkehr auch an die Strände, Haltestellen u. a. am Bahnhof und vor dem Tourismusbüro.

Mira

Reiseatlas: S. 3, B 1

40 km nördlich von Figueira erreicht man über die N 109 mit **Praia de Mira** einen der schönsten Strände Mittelportugals. Zusätzliche Attraktionen sind ein etwa 20 km langer Radweg entlang der Küste und den pinienumstandenen Binnenseen sowie das Heimatkundemuseum im ersten Stock des Tourismusbüros. Fahrräder können am Infostand am Strand und im Hotel Mira Villas gemietet werden.

Turismo: Av. da Barrinha Mira, Tel. 231 47 25 66, Fax 231 45 81 85, Sept.–Juni Mo–Fr 9–12.30, 14–17.30, Sa/So 14–18, Juli und Aug. tgl. 9.30–12.30, 14–20 Uhr.

Mira Villas: Aldeamento Miravillas, Tel. 231 47 01 00, Fax 231 47 01 09, www.miravillas.com. 30 nach ökologischen Maßstäben mit hellen Möbeln eingerichtete Studios und Apartments mit Kitchenette in Strandnähe, saisonabhängig 66–100 €. Fahrrad- und Kajakverleih.

Ílhavo (Vista Alegre)

Reiseatlas: S. 3, B 1

Bei der Weiterfahrt über die N 109 passiert man etwa 8 km vor der Universitätsstadt Aveiro den Stammsitz der angesehenen **Porzellanmanufaktur Vista Alegre** bei Ílhavo. In einem angeschlossenen Museum dokumentieren Hunderte von Ausstellungsstücken und historische Dokumente anschaulich die Geschichte der portugiesischen Porzellanfertigung seit 1824 (Di–Fr 9–18, Sa/So 9–12.30 und 14–17 Uhr, Eintritt 1,50 €).

Aveiro

Reiseatlas: S. 3, B 1

Verträumt schaukeln die liebevoll bemalten Boote der *moliceiros*, der Tangfischer, auf den drei Kanälen, die der Universitätsstadt **Aveiro** (35 000 Einw.) einen unverwechselbaren Charakter verleihen.

Altstadt

Unbedingt sollte man durch die Altstadtgassen hinter den Wasserläufen spazieren und in einem der alten Kaffeehäuser die süße Spezialität *ovos moles* aus Eigelb, Zucker und Reismehl probieren. Noch zu römischen Zeiten lag der Talabriga genannte Ort direkt am Meer, später versandete das Haff. Über 47 km erstreckt es sich und erreicht eine Breite

Richtig Reisen-Tipp: Auf Salzbarkassen hinaus ins Haff

Die Tangfischer und Salzbauern mussten früher harte Arbeit auf ihren Booten verrichten, heute bereitet die Fahrt auf ihren bunt bemalten *moliceiros* viel Vergnügen – vorbei an Salzfeldern und jahrhundertealten Dünenstränden, die die wild wachsenden Pinienwälder, Schwarzpappeln, Erlen und Weiden hinter dem Küstenstreifen vor allzu heftigen Winden schützen. Die ersten Bäume wurden 1888 gepflanzt, seit 1979 stehen die ausgedehnten *Dunas de São Jacinto* unter Naturschutz, ausgewiesene Spazierwege sind angelegt.

Eco Ria nennt die Firma Turaveiro (Rua da Saudade, Torreira, Tel. 234 83 83 97, www.turaveiro.pt) ihre sommerlichen Ausflüge durch die Kanäle, entlang der verlassenen Salinen und der Atlantikküste und zu den Wäldern. Los geht's wahlweise am *canal central* vor dem Tourismusbüro von Aveiro und in den Häfen von Torreira oder Costa Nova. Die Programme dauern zwischen einer und acht Stunden, dann ist auch ein Strandaufenthalt vorgesehen. Wie zu alten Zeiten sind es Ochsen, die das Boot an Land ziehen. Die vielfältige Vegetation in den schützenden Dünen lockt Insekten und Vögel an, in Beobachtungshäuschen können sich Vogelkundler auf die Lauer legen. Besonders stark zeigt sich die Reiherpopulation, seltener sind Flamingos.

Außerhalb der Sommersaison unternehmen die Schiffe nur Kurztripps durch den Kanal und das Haff. Der Preis für die Exkursionen beträgt zwischen 8 und 12 € je nach Länge, Auskünfte erteilen auch die Tourismusbüros.

Salzfischer bei Aveiro

Kanäle verleihen Aveiro seinen besonderen Charme

Clube dos Galitos
100
ANOS
1904 · 2004
nunca se faz a mordaça para
a consciência humana
cultura • desporto • recreio
PESCA TURÍSTICA
RESERVAS

von 7 km. Früh gelangten die Menschen durch Salzgewinnung, Fischfang und Seefahrten zu einem Reichtum, der in schönen Bürgerhäusern seinen steinernen Ausdruck fand. Ein besonderer Erwerbszweig war das Aufsammeln des Tangs mit flachen Booten, der getrocknet als Dünger Verwendung fand. Allerdings blieb die Durchfahrt zum Meer nach Sturmfluten häufig blockiert, viele Fischer mussten in der Folge abwandern, v. a. an die Algarve.

Erst durch den Bau eines Kanals im 19. Jh. wurde eine sichere Verbindung zum Meer geschaffen, gleichzeitig entwickelte sich in der Umgebung eine bedeutende Porzellan- und Keramikindustrie. Von diesem neuen Wohlstand zeugen der Azulejoschmuck an vielen Gebäuden und zahlreiche Häuser im Stile des Art déco, besonders schön in der Rua João Mendonça am Hauptkanal und den angrenzenden Altstadtstraßen. Während in diesen engen Gassen rund um die **Fischmarkthalle** 1, die bei der Restaurierung mit modernen Elementen versehen worden ist, einst die Fischer wohnten, ließen sich Adelige und reiche Bürger südlich des Kanals in der Umgebung der großen Kirchengebäude nieder.

Igreja da Misericórdia

Schon von Ferne fällt die **Igreja da Misericórdia** 2 dank ihres blau-weißen Kachelschmucks ins Auge. Sie diente von 1775 bis 1826 als Bischofssitz. Die Kirche wurde im 16. Jh. vom italienischen Renaissance-Baumeister Filippo Terzi entworfen, doch aufgrund Geldmangels zog sich der Bau hin. Im Inneren ist die Kirche vollständig mit polychromen Kacheln aus dem 17. Jh. ausgekleidet. Neben dem prächtigen Hochaltar fällt die kunstvolle Figur einer schwangeren Maria auf (Mo–Fr 9–12.30, 14–17.30 Uhr).

Convento de Jesus

In das Kloster der Dominikanerinnen **Convento de Jesus** 3 trat 1472 Dona Joana, Tochter König Afonsos V., ein, um ihr Leben jenseits der höfischen Prunksucht in tätiger Andacht zu verbringen. Schon mit 38 Jahren starb sie, aber dank ihrer ungewöhnlichen Bescheidenheit lebt sie in den Herzen vieler Einwohner weiter. Vom ursprünglich gotischen Kloster blieb nur wenig, doch die im 18. Jh. umgebaute Klosterkirche gehört mit ihrem üppig vergoldeten Schnitzwerk zu den eindrucksvollsten Zeugnissen der portugiesischen Barockkunst. Die Kachelbilder erzählen Lebensstationen Joanas. Ihr kostbares, mit farbigem Marmor besetztes und mit Edelsteinen verziertes Grabmal wurde Anfang des 17. Jh. geschaffen.

Eine Kuriosität bildet im Hochchor eine kahlköpfige Jesusfigur mit einer lachenden und einer weinenden Gesichtshälfte. In die Klosteranlage wurde im Jahr 1911 das **Museu de Aveiro** integriert, das sakrale Kunst, Schmuck und Mobiliar aus dem 15. bis zum 19. Jh. ausstellt (Di–So 10–17.30 Uhr, Eintritt 2 €, So bis 14 Uhr frei).

Igreja de São Domingos

Ein schmuckes gotisches Wegkreuz erhebt sich vor der gegenüberliegenden **Igreja de São Domingos** 4, die ein Geschenk des Infanten Dom Pedro an die Dominikaner war. Bereits 1464 fertiggestellt, wurde sie Anfang des 18. Jh. grundlegend umgestaltet. Aus dieser Zeit stammt auch das barocke Portal.

Turismo: Rua João Mendonça 8, Tel. 234 42 36 80, Fax 234 42 83 26, www.ovosmoles.net, Mo–Fr 9–19, Sa 9.30–13, 14–17.30, So 10–13, im Hochsommer tgl. 9–20 Uhr.

Moliceiro 1: Rua Barbosa de Magalhães 15, Tel. 234 37 74 00, Fax 234 37 74 01, www.hotelmoliceiro.com. 20 geschmackvoll-moderne Zimmer nach vorne zum Kanal, nach hinten auf den Marktplatz. DZ 90–115 €.

Residêncial do Albôi 2: Rua da Arrocheira 6, Tel. 234 38 03 90, Fax 234 38 03 91, www.residencial-alboi.com. Ruhiges Stadthaus mit 22 detailverliebt gestalteten Zimmern, je nach Ausstattung 55–70 €.

Salpoente 3: Rua Canal São Roque 83, Tel. 234 38 26 74, So ganztägig und Mo mittags geschl. Originelles, modernes Restaurant in einem rustikalen Salzspeicher, vor allem Fisch und Meeresfrüchte ab 11 €.

A Barca 4: Rua José Rabumba 5, Tel. 234 42 60 24, Sa abends und So geschl. Kleines, aber mit vielen Auszeichnungen dekoriertes Lokal, verführerische Traditionsküche mit viel frischem Fisch ab 11 €.

Sonatura 5: Rua Clube dos Galitos, Tel. 234 42 44 74, Mo–Fr 8–19 Uhr. Einfacher Vegetarier in einem Ökoladen. Tgl. drei Gerichte für ca. 6 €.

Frutos da Terra: Rua de Agostino Pinheiro 42. Riesige Auswahl an Obst und frisch gepressten Säften.

Bars: Zahlreiche Bars befinden sich um den Fischmarkt und am Kanal São Roque.

Estação da Luz: E. N. 335, Quintas, 5 km südl., Fr/Sa 22–6 Uhr. Angesagte Disco mit verschiedenen Musikrichtungen.

Festas da Ria: Abhängig von den Gezeiten im Hochsommer. Regatta der geschmückten Fischerboote, begleitet von festlichen Aktivitäten in der ganzen Stadt.

Fahrrad: Kostenloser städtischer Verleih (»BUGA«) gegen Vorlage eines Ausweises an den Kiosken Praça Dr. Joaquim de Melo Freitas und Einkaufszentrum Forum.

Zug: Av. Dr. Lourenço Peixinho, 1,5 km westl. d. Stadtzentrums. Tel. 808 20 82 08. Regelm. nach Porto, Coimbra u. Lissabon. **Bus:** Rua Dr. Luís Gomes Carvalho, nahe Bahnhof, Tel. 234 42 29 43. Häufige Regionalverbindungen.

Costa da Prata

Reiseatlas: S. 3, B 1

Ein Besuch der Stadt Aveiro lässt sich mit einem Ausflug an die bunten Badedörfer entlang der herrlichen Sandstrände der Costa da Prata verbinden. Die vierspurige IP 5 führt zum Leuchtturm von **Barra,** mit 62 m der zweithöchste Europas. Etwas südlich liegt das reizvolle Dorf **Costa Nova**. Die weißen Holzhäuser sind mit kräftigen Farben längsgestreift bemalt. Der Strand ist traumhaft,

Beeindruckende Brandung an der Costa da Prata

über die Dünen führen Holzstege. Um in den preisgünstigeren Nachbarort **Torreira** zu gelangen, muss man allerdings von Aveiro aus nördlich um die Ria, das Haff, herumfahren. Vielleicht gerade wegen einer sympathisch-ungeplanten Mischung verschiedener Baustile blieb er ein angenehmer, wenn auch etwas gesichtsloser Ferienort ohne Hochhäuser. Zahlreiche Fischrestaurants gruppieren sich um die autofreie Strandpromenade, dahinter erstreckt sich feinster Sandstrand.

Im Norden begrenzt **Ovar** die Ria de Aveiro. Das Provinzstädtchen, das vom Durchgangsverkehr fast erdrückt wird, ist für seine bunten Karnevalsumzüge berühmt. Zahlreiche Christuskapellen aus dem 18. Jh. verteilen sich über das ganze Stadtgebiet. Sehenswert ist das Stadtmuseum, das das Leben und Arbeiten der einfachen Leute in den vergangenen Jahrzehnten anhand von Trachten, Werkzeugen und Puppen dokumentiert (Rua Heliodoro Salgado, Mo–Fr 9.30–12.30 und 14.30–17.30 Uhr, Sa 9–12 Uhr, Eintritt 2 €).

... in Torreira:
Turismo: Av. Hintze Ribeiro 30, Tel. 234 83 82 50, Mo–Fr 9.30–12.30, 14.30–17.30, Sa 10–12.30, im Hochsommer Di–Sa 9–19, So/Mo 10–13, 14.30–17.30 Uhr. In Costa Nova gibt es nur im Juli und Aug. eine Außenstelle.

... in Ovar:
Turismo: Rua Elias Garcia, Tel. 256 57 22 15, Mo–Fr 9.30–12.30, 14–17.30 Uhr.

... in Torreira:
Pousada da Ria: Bico do Muranzel, Tel. 234 86 01 80, Fax 234 83 83 33, www.pousadas.pt. Ruhig am Haff gelegene luxuriöse Unterkunft mit 19 Zimmern. DZ 120–180 €.

... in Costa Nova:
Azevedo: Rua Arrais Ançã 16, Tel. 234 39 01 70, Fax 234 39 01 71. Familiäre Atmosphäre in diesem Neubau mit 16 Zimmern. DZ 55–95 €.

... in Costa Nova:
Praia do Tubarão: Av. Marginal 136, Tel. 234 36 96 02, Mo geschl. Fisch u. Meeresfrüchte frisch gegrillt od. im Eintopf, ab 14 €.

... in Torreira:
O Alberto: Av. António Aug. Almeida, Tel. 234 83 84 92, Mo geschl. Beliebtes Lokal in Strandnähe. Gegrillte Fische ab 6,50 €.

... bei Ovar:
Oxalá: Carregal Sul, Tel. 256 59 13 71, Mo geschl. Vorzügl. Strandlokal. Frischer Fisch und Meeresfrüchte. Hauptgerichte ab 12 €.

Beira Interior

Karte S. 219

Ländlich geprägt ist die von hohen Gebirgen durchzogene Region, die bis zur spanischen Grenze reicht. Dort findet man fast unberührte, von gewaltigen Festungsanlagen aus dem 13. Jh. bewachte Ortschaften. Nur zögerlich entwickelt sich der Tourismus selbst in der Königsresidenz Viseu und dem Naturpark Serra da Estrela. Genau dies könnte der Anlass für einen Besuch sein.

Caramulo

Von Coimbra und Aveiro führen die gut ausgebauten IP 3 und IP 5 in die Innere Beira. Auf dem Weg in die Königsresidenz Viseu bietet sich ein Abstecher nach **Caramulo** 1 auf 800 m Höhe inmitten einer waldreichen Berglandschaft an, die hervorragend auf Schusters Rappen durchstreift werden kann. Doch es sind nicht die ausgeschilderten sechs **Wanderwege**, die jährlich eine Mio. Besucher anlocken, sondern das **Museu do Caramulo**. Eigentlich sind es zwei Museen, die kaum unterschiedlicher ausfallen könnten und 1959 von zwei ungleichen Brüdern gegründet wurden. Abel Lacerda sammelte Kunst, João Lacerda hingegen Autos. Ersterer errichtete ein Gebäude für seine 500 Kunstwerke, Letzterer einen Anbau für seine 100 Fahrzeuge, die von einem Benz Baujahr 1886 bis zu einem schnittigen Ferrari 456 reichen. Jährlich im September findet eine Oldtimerrallye statt.

Das älteste Ausstellungsstück in der Kunstabteilung ist die drei Jahrtausende alte Darstellung eines Stierkopfes aus Ägypten. Zu sehen sind in einem Streifzug durch die Kunstgeschichte alte griechische Keramiken, Gemälde von Grão Vasco, Bilder von Picasso, Léger, Chagall, Dalí und portugiesischen Künstlern des 20. Jh. Herausragend sind vier großformatige Wandteppiche aus dem Entdeckerzeitalter, geknüpft im flandrischen Tournai, die die Seefahrten thematisieren (tgl. 10–13, 14–17, im Sommer bis 18 Uhr, Eintritt 6 €).

Turismo: Av. Dr. Abel Lacerda, Tel. 232 86 14 37, tgl. 9.30–12.30 und 14–17.30 Uhr.

Caramulo: Av. Dr. Abel Lacerda, Tel. 232 86 01 00, Fax 232 86 12 00, www.hoteldocaramulo.pt. Ein Krankenhaus wurde in ein klassisch-modernes, mehrfach prämiertes Hotel mit 87 Zimmern umgewandelt, zum Angebot zählen Wellness- und Stressabbauprogramme. DZ 100–140 €.

Wandern: Infos zu Wanderungen durch die Serra im Tourismusbüro.

Viseu

Eine quirlige, schön restaurierte Altstadt, die von einer wuchtigen Kathedrale überragt wird, das außergewöhnliche Museum Grão Vasco und verführerische Restaurants empfehlen die Provinzhauptstadt mit gut 20 000 Einwohnern für einen Besuch.

Bereits früh hatten die Kelten die strategische Lage für ein befestigtes *castro* genutzt. Portugals Freiheitsheld Víriato organisierte von hier aus den Widerstand gegen die römischen Eroberer. **Viseu** 2 war ab dem 13. Jh.

Königsresidenz und im 16. Jh. ein Zentrum der portugiesischen Malerei.

Vom Rathausplatz **Rossio,** der von einem langen Kachelbild geschmückt wird, zweigen die gepflasterten Gassen ins historische Zentrum ab. So schmal sind sie an manchen Stellen, dass sich die schmiedeeisernen Balkonvorbauten der gegenüberliegende Wohnhäuser fast berühren. Dann wieder zeugen prächtige Renaissance- und Barockbauten von Reichtum. Die Rua Formosa, die lebendige Rua Direita und die Rua Augusto Hilário führen schließlich hinauf zum Kirchplatz, der von der wehrhaften Kathedrale nach Osten und der Igreja da Misericórdia (18. Jh.) nach Westen begrenzt wird.

Kathedrale

Im 12. Jh. wurde die dreischiffige Bischofskirche auf Betreiben von König Afonso Henriques erbaut, aus dieser Zeit stammen der linke Turm und die Säulen im Inneren. König Manuel I. ließ die Sé im 15. Jh. im spätgotischen Stil umgestalten. Allerdings stürzte die neue Vorderfront 1635 während eines Unwetters ein und wurde durch eine dreigeteilte manieristische Fassade ersetzt. In dieser Zeit wurde auch der schmucklose Kreuzgang erbaut, der durch ein frühgotisches Portal betreten wird. Der in der Barockzeit hinzugefügte Hochaltar umrahmt eine Marienfigur aus dem 14. Jh. (tgl. 8–12, 14–18.30 Uhr, Eintritt frei). Die Kirchenschätze sind im angeschlossenen **Museu de Arte Sacra** ausgestellt (Di–So 10–17 Uhr, Eintritt 2,50 €).

Museu Grão Vasco

Das seitlich angrenzende Museum ist dem Maler Vasco Fernandes (1480–1543), Künstlername Grão Vasco, gewidmet. Der künstlerische Repräsentant der portugiesischen Entdeckerzeit schuf ausdrucksstarke, farbintensive Gemälde und begründete die Schule von Viseu, die nachhaltig von der flämischen, deutschen und später auch italienischen Renaissance beeinflusst war.

Der Museumsbau wurde von Eduardo Souto de Moura zwischen 2001 und 2004 dezent restauriert. Den Bildern wird nunmehr viel Raum gegeben, um zu einer konzentrierten Betrachtung zu verführen. Im zweiten Obergeschoss zeigt der brillante 14-teilige Gemäldezyklus die Lebensgeschichte Jesus. Im Gemälde »Jesus im Hause von Martha und Maria« finden sich Motive aus Stichen Albrecht Dürers kopiert. Im ersten Stockwerk werden Exponate aus der bischöflichen Sammlung gezeigt, darunter volkstümliche

Mit den Autoren unterwegs

Museu Grão Vasco

Architekt Eduardo Souto de Moura bezog die Gemälde des Malers des 16. Jh. in die behutsame Restaurierung des Museumsgebäudes in Viseu ein und gab ihnen auffallend viel Raum (s. u.).

Penedono

In dem befestigten Ort nahe dem Dourotal sagen sich Hase und Igel »Gute Nacht«, ein Plätzchen zum Entspannen bietet das Dorfhotel (s. S. 219).

Belmonte

10 % der Einwohner sind sog. Kryptojuden, die seit den Inquisitionsgerichten vor 500 Jahren heimlich ihrem Glauben treu geblieben waren und eine ganz eigene Lebensweise entwickelt haben (s. S. 225).

Olivenölmühle in Idanha

Zwei riesige Baumstämme dienten als mächtige Hebel, um Druck auf das Mahlwerk auszuüben. Eindrucksvoll! (s. S. 226 f.)

Museu Cargaleiro

Poetischen Realismus von Manuel Cargaleiro, dazu Werke von Picasso und Sonia Delaunay findet man in einem historischen Stadthaus in Castelo Branco (s. S. 228).

Bar Património

Die farbenfrohe Alternativbar mit Jazzkeller und Disco ist eine Empfehlung für alle jungen und jung gebliebenen Urlauber (s. S. 229).

Heiligenfiguren, gediegener Gold- und Silberschmuck sowie portugiesische Malerei vom 17. bis 20. Jh. (Di 14–18, Mi–So 10–18 Uhr, Eintritt 3 €, So bis 14 Uhr frei).

Turismo: Av. Gulbenkian, Tel. 232 42 09 50, Fax 232 42 09 57, Mo–Fr 9–12.30, 14.30–18, Sa 10–13, Mai–Sept. auch So 10–13 Uhr.

Grão Vasco: Rua Gaspar Barreiros, Tel. 232 42 35 11, Fax 232 42 64 44, www.hotelgraovasco.pt. 109 Zimmer, viele mit Balkon im örtlichen Traditionshotel. DZ 80–90 €.
Villa Meã: Povolide, 8 km südöstl. von Viseu, Tel. 232 93 00 39, Fax 232 93 10 81, www.villamea.com. Komfortables Landhotel im historischen Gebäude eines früheren Weingutes, 24 Zimmer u. Apartments. DZ ca. 90 €.

Muralha da Sé: Adro da Sé 24, Tel. 232 43 77 77, So abends und Mo geschl. Moderne Einrichtung in altem Granitgemäuer, kreativ verfeinerte Regionalküche. Hauptgerichte um 13 €.
Cortiço: Rua Augusto Hilário 47, Tel. 232 42 38 53. Kleines Traditionslokal, an der Wand hängen die Gästekommentare. Ausreichende halbe Portion 6–9 €.

Cesta da 5ª: Adro da Sé 11. Wein, Käse, Kekse aus der Region.

Noite Biba: Rossio, Fr/Sa 22–6 Uhr. House, Hip-Hop, Rock.

Bus: Av. Dr. António José de Almeida, Tel. 232 42 74 93. Selten nach Lissabon und Porto, regelmäßig nach Coimbra und in die Serra da Estrela.
Fortbewegung in der Stadt:
Die Strecke des ÖPNV wird durch eine blaue Linie auf den Straßen gekennzeichnet.

Umgebung von Viseu

Gut 20 km westlich von Viseu an der N 16 umgeben bewaldete Hügelketten die Thermen von **São Pedro do Sul** 3 im grünen Tal des Flusses Vouga. Bereits die Römer kurten hier, Reste ihrer Anlage sind zu besichtigen. Die Legende weiß zu erzählen, dass sich König Afonso Henriques 1169 in der Schlacht von Badajoz ein Bein gebrochen hatte und erst nach dem Bad in den Thermalwassern Heilung fand. In der Folgezeit suchten viele Mitglieder der königlichen Familie, unter ihnen Heinrich der Seefahrer, den Ort auf.

Turismo: Largo dos Correios, Tel. 232 71 13 20, Mo–Fr 9.30–12.30 und 14–17.30, Sa 9.30–12.30 Uhr.

Quinta da Comenda: Comenda, 3 km südl. von São Pedro do Sul, Tel. 226 17 98 89, Fax 226 18 34 91, www.quintadacomenda.com. Ferien auf einem ökologischen Bauernhof, der bekannt für seine Bio-Weine ist. Das uralte Anwesen gehörte einst der Mutter des ersten portugiesischen Königs. DZ um 85 €.

Adega da Ti Fernanda: Av. da Estação, Tel. 232 71 24 68, Mo geschl. Rustikales Traditionslokal mit Schwerpunkt *bacalhau.* Hauptgerichte ab 9 €.

Estação de Artes e Sabores: Av. José Vaz 2. Zusammenschluss der örtlichen Kunsthandwerker.

Wandern: Infoblätter zu zwei Wanderwegen in Vouzela, 3 km südlich, gibt es im Tourismusbüro.

Ein Abstecher Richtung Dourotal

Zwei Möglichkeiten bieten sich für die Weiterreise ins Dourotal an. Direkt geht es auf der neuen Autobahn A 24 nach Lamego. Die alternative Route ins **östliche Dourotal** führt zunächst auf der IP 5 durch die Beira. In Celorico da Beira, östlich von Viseu, nimmt man die N 102 und biegt nach 15 km auf die N 226 Richtung **Trancoso** 4 ab. Im dortigen Castelo heirateten einst König Dinis und Dona Isa-

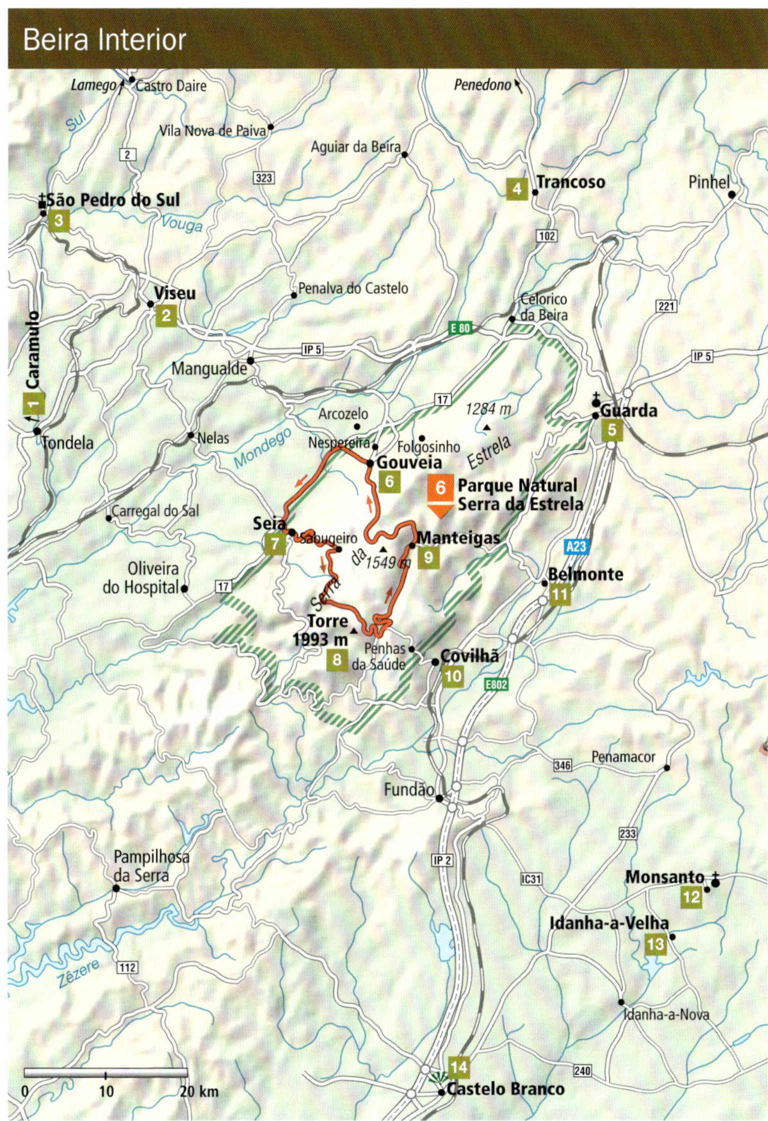

bel de Aragon, ein Ausdruck für die damalige militärische und wirtschaftliche Bedeutung der Stadt, die noch heute von einem Mauerring geschützt wird. Nach weiteren 32 km ist **Penedono** am Rande des Dourotals erreicht. Wer sich auf seiner Entdeckungsfahrt ein wenig erholen möchte, findet in dieser mittelalterlichen Stadt auf 1000 m Höhe ein ruhiges Plätzchen. Auch hier überragt die ausgesprochen gut erhaltene Festungsanlage auf einem Granitfelsen die engen Gassen des Dorfes und gibt den Blick auf die fruchtbare Hochebene frei. Berühmt machte Penedono das Nationalepos »Lusiaden« von Luís de Camões. Deren sechstes Lied besingt den Auszug des Burgherrn Álvaro Gonçalves und elf Adeliger von dieser Stätte nach England, um die Herzen begehrenswerter hoffähiger Frauen zu erobern. Wahr oder nicht wahr – in Penedono ist man stolz auf diese Geschichte.

Estalagem de Penedono: Praça 25 de Abril, Tel. 254 50 90 50, Fax 254 50 90 59, www.estalagempenedono.com. 13 ruhige Zimmer im modernen Anbau eines historischen Stadthauses. DZ 60–80 €. Angeschlossen ist das empfehlenswerte Restaurant O Magriço mit Traditionsküche ab 10 €, Mo geschl.

Guarda

Auf einem Berg nur 16 km östlich von Celorico da Beira thront auf über 1000 m Portugals höchstgelegene Stadt: **Guarda** 5 (25 000 Einw.). Häufig weht selbst im Sommer ein kalter Wind herauf. Während die Römer die strategische Lage für eine Festungsanlage nutzten, ließen die Mauren die Ansiedlung verfallen. Nach der Gründung Portugals 1139 benötigte man einen Verteidigungsposten gegen Kastilien. Das Gebiet wurde erneut besiedelt, ein Bischofssitz begründet und mit dem Bau einer ersten **Kathedrale** begonnen, die allerdings 1374 einem neuen wehrhaften Gotteshaus aus ockerfarbenem Granit weichen musste.

Trutzig erheben sich die beiden achteckigen Türme, zwischen die später ein manuelinisches Portal gesetzt wurde – eine Anspielung auf den Klosterbau von Batalha. Von dort waren Arbeiter nach Guarda zwangsverpflichtet worden. Im dreischiffigen Innenraum beeindruckt der steinerne Altar, der mit 110 Figuren die Geschichte der Christenheit erzählt. Baumeister war von 1550 bis 1552 Jean de Rouen, die Vergoldung erfolgte im 18. Jh. (9–12.30, 14–17.30 Uhr, Eintritt frei). Vom großzügigen Vorplatz führen schmale Gassen nach Norden in das frühere **Judenviertel** um den Largo da Judiaria. Eine alte Inschrift weist das Haus Nr. 57 als Tribunal dos Judeus aus.

Am östlichen Altstadtrand erhebt sich ein alter Festungsturm, wenige Schritte weiter ist im früheren Bischofspalast das **Museu da Guarda** untergebracht, das einen umfassenden Überblick über die Regionalgeschichte gibt, von archäologischen Funden bis zur Malerei aus dem 20. Jh. (Di–So 10–12.30, 14–17.30 Uhr, Eintritt 2 €, So bis 14 Uhr frei).

Turismo: Praça Luís de Camões, Tel. 271 20 55 30, Fax 271 20 55 33, tgl. 9.30–12.30, 14–17.30 Uhr.
Parkverwaltung Serra da Estrela: Rua Dom Sancho I. 3, Tel. 271 22 54 54.

Solar de Alarcão: Rua Dom Miguel de Alarcão, Tel. 271 21 12 75, Fax 271 21 43 92. Drei Zimmer in einem Herrenhaus aus dem 17. Jh. an der Kathedrale, mit Garten. DZ 70–100 €.

Belo Horizonte: Largo de São Vicente 1, Tel. 271 21 14 54. Schmackhafte Regionalküche, auch Wild und *bacalhau,* wird in zwei Speisesälen serviert. Hauptgerichte 7–14 €.

Loja do Concelho: Largo Passo do Biu 20. Städtischer Laden zur Förderung des traditionellen Handwerks, auch Käse- und Wurstverkauf.

Wandern: Ein durchgehender Wanderweg führt von Guarda über die Serra da Estrela nach Covilhã. Eine Karte ist im Tourismusbüro erhältlich, weitere Infos bei der Parkverwaltung.

Angeln: Gute Fischgründe in Seen und Bächen der Umgebung. Auskünfte bei Direcção Regional de Agricultura, Bairro Sr.ª dos Remédios, Tel. 271 20 54 50.

Zug: Bahnhof 4 km südöstlich, etwa 5 x tgl. nach Coimbra und Gouveia.

Bus: Rua Dom Nuno Álvares Pereira, Tel. 271 22 17 54. Regelmäßig nach Viseu, Belmonte und Serra da Estrela, selten nach Coimbra, Porto, Lissabon.

Raue Landschaft der Serra da Estrela

6 Serra da Estrela

Es war einmal ein junger Schäfer, der hatte nur einen Wunsch. Er wollte ein riesiges Gebirge entdecken, das ihn über den engen Horizont seines Lebens hinausheben sollte. Da träumte ihm von einem Stern, der ihn führen würde. Er machte sich auf die Suche, nur mit seinem Stern als treuem Begleiter. Eines Nachts verstarb er, doch sein Stern leuchtete umso heller über den Bergen, die fortan den Namen Serra da Estrela – »Gebirge des Sternes« – tragen sollten.

Mit 101 060 ha ist die Serra das größte portugiesische Naturschutzgebiet, das den Norden des Landes vom Süden trennt. Doch existieren Regierungspläne, das geschützte Gebiet zu verkleinern, um mehr Raum für Hotel- und Apartmentkomplexe zu schaffen. Dominiert wird der Gebirgszug vom 1993 m hohen **Torre,** der höchsten Erhebung des portugiesischen Festlandes. Raue Granitformationen prägen das Bild, die mittleren Höhen sind von Eichenwäldern bestanden, allerdings sind weite Flächen den Waldbränden der letzten Jahre zum Opfer gefallen. In den höheren Regionen wachsen Ginster und Heidekraut. Vier Flüsse graben tiefe Täler in die Bergwelt und machen sie zum wichtigsten portugiesischen Wasserreservoir. Die Serra ist berühmt für ihren Schafskäse, traditionell die Haupteinnahmequelle der Bewohner. Ihre Hirtenhunde sind eine rehbraune portugiesische Schäferhundrasse. Einen weiteren wichtigen Erwerbszweig bildet die Wollindustrie.

In den letzten Jahren wurden einige **Wanderwege** markiert, doch zu einem wirklichen Wanderparadies wurde die Serra damit noch nicht. Langstreckenwanderer allerdings können sich zu einer 88 km langen Durchquerung von Guarda nach Vide aufmachen. Auskünfte erteilt das Büro der Parkverwaltung mit Hauptsitz in Manteigas und Außenstellen in Seia, Gouveia und Guarda. Sportliche **Radfahrer** können den Torre erklimmen, der jährlich den Höhepunkt der Radrundfahrt »Volta de Portugal« bildet. Die Steigungen erreichen 12 %. Im Winter wird **Skisport** groß geschrieben.

Gouveia

Eine Entdeckungstour durch die Serra könnte in dem 4000 Einwohner zählenden Städtchen **Gouveia** 6 mit verkehrsberuhigtem Altstadtkern beginnen, das für seine Gastronomie bekannt ist. Das städtische **Museum Abel Manta,** untergebracht in einem Adelspalast aus dem 17. Jh., besitzt neben den Bildern des heimischen Malers und Namensgebers eine feine Auswahl portugiesischer Gegenwartskunst, darunter Werke von Júlio Resende, Paula Rego, Helena Vieira da Silva und Júlio Pomar (Di–So 9.30–12.30, 14–18 Uhr, Eintritt frei).

Sehr liebevoll hat die Volksmusikgruppe von Nespereira ca. 4 km nördlich ein privates **Heimatkundemuseum** eingerichtet. Dank der plastischen Ausgestaltung der verschiedenen Räume erfährt man viel über die traditionellen Berufszweige vom Schneidern bis zum Hüten der Tiere. Im Museumsladen kann Kunsthandwerk und Wein erworben werden (unregelmäßige Öffnungszeiten, im Tourismusbüro nachfragen).

Nach weiteren 4 km beginnt in Arcozelo ein **archäologischer Wanderweg.** Der PR 3 führt auf 18 km Länge an einem wuchtigen Dolmengrab und den Resten einer prähistorischen Siedlung vorbei.

i **Turismo:** Av. 25 de Abril, Tel. 238 49 02 43, Fax 238 49 46 86, Mo–Sa 9.30–12.30, 14–19, So 10–12.30, 14–16 Uhr.
Parkverwaltung: Rua Bombeiros Voluntários 8, Tel. 238 49 24 11, Fax 238 49 41 83.

Monteneve: Rua Bombeiros Voluntários 12, Tel. 238 49 03 70, Fax 238 49 03 71, www.monteneveresidencial.com. Zwölf in hellen Brauntönen gehaltene, moderne Zimmer in zwei sanierten Altbauten. DZ 50–85 €.

O Júlio: Travessa do Loureira 11–A, Tel. 238 49 80 16, Di geschl. Originelle Regionalküche, z. B. ist die Reisbeilage mit den Blüten des Stechginsters gewürzt. Hauptgerichte ab 10 €.
O Albertino: Folgosinho, Tel. 238 74 52 66,

Richtig Reisen-Tipp: Ski und Rodel gut

Wer hätte das gedacht – Sikfahren in Portugal? Neun Pisten unterschiedlicher Schwierigkeit, vier Schlepp- und ein Sessellift, die pro Stunde bis zu 3700 Skifahrer befördern, machen es auf dem Gipfel des Torre möglich. Und natürlich der Schnee, der von Dezember bis April fällt. Schneehöhen von mehr als 3 m sind keine Seltenheit. Und zur Not erzeugen zusätzlich 43 Schneekanonen die weiße Pracht. Natürlich sind die Abfahrten nicht mit denen in den Alpen zu vergleichen, sie überwinden gerade einmal 137 Höhenmeter, die längste Piste bringt es auf 1 664 m. Dafür ist Gedränge außer an Weihnachten und Ostern ein Fremdwort, und unter dem gleißenden Licht der südlichen Sonne macht das Wedeln doppelt Spaß. Ideal sind die Hänge für Anfänger, die ohne Angst vor allzu wilden Pistenjunkies die ersten Schwünge üben oder in der Skischule einen Kurs machen wollen.

Snowboarder kommen auf den »Kink Rails« und »Boxes« und den »Salto Zones« auf ihre Kosten, die Bretter können ebenso wie Skier und Schuhe an der Bergstation Chalé das Pistas ausgeliehen werden. Auch für weniger bewegungsaktive Besucher ist gesorgt: Für sie gibt es Hundeschlitten!

Die Zufahrtsstraße von Covilhã und Seia wird geräumt, die Lifte sind von 9 bis 16.30 Uhr in Betrieb, Informationen über Schneehöhen, Unterkünfte und Après-Ski erteilt das Callcenter der Betreiberfirma turistrela, Tel. 707 27 57 07 (Ortstarif), www.turistrela.pt. Der Skipass kostet saisonbedingt 26 bis 30 € pro Tag und ist bei Übernachtung in einem angeschlossenen Hotel sogar kostenlos.

Mo geschl. Die Fahrt ins 8 km entfernte Dorf Folgosinho lohnt sich. Ein deftig-ländliches Komplettmenu inkl. Getränke gibt es hier für ca. 14 €.

Loja do Mundo Rural: Largo Dr. Alípio de Melo. Delikatessen und Kunsthandwerk aus örtlicher Produktion.

Wandern: Faltblätter mit Infos im Tourismusbüro.

Zug: Bahnhof 5 km außerhalb. Selten nach Guarda und Coimbra.

Bus: Rua Cidade da Guarda, Tel. 238 49 36 75. Selten nach Seia, Guarda und nach Coimbra.

Seia

7 Das am Fuße des Torre gelegene, unspektakuläre Städtchen (7000 Einw.) lebte bisher von der Bekleidungsindustrie und leidet nun unter der aktuellen europäischen Textilkrise. Das **Museu do Pão,** das Brotmuseum, erzählt die Kulturgeschichte dieses Grundnahrungsmittels, allerdings vielfach anhand von Dokumenten in portugiesischer Sprache (nahe Hospital, Di–So 10–18 Uhr, Eintritt 2,50 €).

8 km südlich an der Hauptstraße zum Torre liegt auf 1050 m Portugals höchstes und von daher viel besuchtes Dorf **Sabugueiro.** Entlang der Straße reihen sich Andenkenshops, die auch kräftigen Bergkäse verkaufen.

Turismo: Rua Pintor Lucas Marrão, Tel. 238 31 77 62, Mo–Sa 9–12.30 und 14–17.30, So unregelmäßig 9–13 Uhr.

Parkverwaltung: Praça da República 28, Tel. 238 31 04 40, Fax 238 31 04 41.

Casa das Tílias: São Romão (4 km südlich von Seia gelegen, Tel. 238 39 00 55, Fax 238 39 01 23, www.tilias.com. Vornehmes Herrenhaus von 1820 mit sieben schmucken Zimmern von 70–90 €.

Camelo: Av. 1° de Maio 16, Tel. 238 31 01 00, So abends und Mo geschl. Viel gerühmtes Hotelrestaurant mit schmackhafter Regionalküche und umsichtigem Service, Hauptgerichte ab 9 €. Auch Zimmervermietung.

Wandern: Von Mai bis Juli bietet die Stadt geführte Wanderungen für 5 € (inkl. Transport) an. Informationen bei CISE, Largo Os Doze de Inglaterra 40, Tel. 238 31 02 30.

Torre

Die N 339 führt in engen Kurven vorbei an lang gestreckten Bergseen auf den **Torre** 8 Immer rauer wird die von Granitfelsen überzogene Landschaft, schließlich tauchen in der Ferne zwei goldene Kuppeln der Fernmeldestation auf. Wie es sich für den höchsten Berg Kontinentalportugals gehört, bietet er dem Auge ein prachtvolles Panorama.

Von Mitte Juli bis Oktober leitet der portugiesische Mountainbikeprofi Marco Fidalgo einen **Bikepark** mit Downhill- und Freestyle-Pisten und einem kleinen Slopestyle-Bereich. Ein Lift sorgt für den Hochtransport von Rad und Fahrer, Räder können ausgeliehen werden. Stärkung gibt's im Restaurant sowie in Andenken- und Proviantläden (Tel. 707 27 57 07, www.turistrela.pt). Für Profiradfahrer ist die Bergankunft der Höhepunkt der jährlichen »Volta de Portugal«.

Manteigas

7 km unterhalb des Gipfels in südlicher Richtung besteht die Möglichkeit, auf der abzweigenden N 338 über **Manteigas** 9 zurückzufahren. Die Straße führt durch das atemberaubend tief eingeschnittene **Gletschertal** des Rio Zêzere in den Thermalort. Die nahe Fonte Santa mit einer Wassertemperatur von 42 °C soll Rheuma, Muskelverspannungen und Atemwegserkrankungen heilen. Ein beeindruckendes Naturschauspiel bieten der Wasserfall **Poço do Inferno** (›Höllenbrunnen‹) etwa 7 km südöstlich von Manteigas und die Felsformation **Cabeça do Velho** (›Kopf des Alten‹) auf halbem Wege nach Gouveia. Der mächtige Stein gleicht einem menschlichen Schädel.

Ebenfalls zur Gemeinde von Manteigas zählt **Penhas da Saúde** am Südhang der Serra, ein ansprechendes touristisches Dorf, das sich sanft in die Landschaft einpasst. Die Neubauten ahmen den Stil der traditionellen Häuser nach

Turismo: Rua Dr. Esteves de Carvalho, Tel. 275 98 11 29, Di–Sa 9–12.30, 14–17.30 Uhr.

Parkverwaltung (Hauptsitz): Rua 1° de Maio, Tel. 275 98 00 60, Fax 275 98 00 69, http://portal.icn.pt.

Serra da Estrela: Penhas da Saúde, Tel. 275 31 01 00, Fax 275 31 01 09, www.turistrela.pt. Kürzlich renoviertes Haus, die 60 Zimmer sind in Rot und Hellbraun gehalten. DZ 50–80 €, deutlicher Nachlass ab drei Nächten.

Covilhã

Seit 800 Jahren ist **Covilhã** 10 (19 000 Einw.) am südöstlichen Fuße der Serra ein Zentrum der Wollverarbeitung. Die wichtigste Sehenswürdigkeit ist folglich auch das Wollmuseum **Museu de Lanifícios** in der Rua Marquês d'Avíla e Bolama. Untergebracht in einem Fabrikgebäude aus dem Jahre 1764, einer Gründung von Marquês de Pombal, dokumentiert es anschaulich die Entwicklung, Techniken und Maschinen der Wollindustrie seit dem 17. Jh. (Di–So 9.30–12 und 14.30–18 Uhr, Eintritt 2 €).

Turismo: Av. Frei Heitor Pinto, Tel. 275 31 95 60, Fax 275 31 95 69, Mo–Fr 9–17.30, Sa 9–12.30, 14–17.30 Uhr.

Reiten: Quinta da Moreirinha, Escadas de São Silvestre 3, Tel. 963 06 69 38 (mobil), www.passeios-cavalo.com.

Zug: Zona da Estação. Regelmäßig nach Lissabon.

Bus: Rua Marquês d'Avíla e Bolama, Tel. 275 31 35 06. Gute Verbindung nach Lissabon, Porto, Guarda, Castelo Branco. Im Hochsommer zweimal auf den Torre.

Beliebt ist der Bergkäse der Region

Belmonte

11 Ein Schmuckstück ist dieser versteckte Ort 19 km nordöstlich von Covilhã und abseits der touristischen Routen. Im **Kastell** auf dem Burghügel, von dem der Blick bis zu den Bergen der Serra da Estrela schweift, verbrachte der Entdecker Brasiliens, Pedro Álvares Cabral, seine Kindheit. Ein fein dekoriertes manuelinisches Zwillingsfenster an der Westseite erinnert an die goldenen Zeiten. Der Schlüssel zur Burganlage ist in einem Laden des kleinen **Cabral-Museums** am Eingang erhältlich (tgl. 10–12.30, 14–17 Uhr).

Die Gräber seiner nahen Verwandten befinden sich in der romanischen **Igreja São Tiago** der Burg gegenüber, in der zudem Fresken aus dem 16. Jh. und eine gotische, meisterhaft aus Granit gemeißelte Pietà zu bewundern sind (Schlüssel im Turismo im Castelo). Ein Bildnis der Mutter Gottes, das Cabral mit auf seine Fahrt nach Brasilien nahm, ist in der neuen Pfarrkirche im Ortszentrum zu sehen.

Im 13. Jh. verhalf die Ansiedlung einer großen jüdischen Gemeinde dem Ort zu wirtschaftlicher Blüte. Das historische **Judenviertel** schließt sich östlich an die Burg an. Trotz 1496 einsetzender Verfolgung und Zwangstaufe behielten die Juden heimlich ihre Rituale bei, bis der polnische Ingenieur Samuel Schwarz 1917 auf diese Gemeinschaft stieß und sie aus der Geheimhaltung herausholte. Schließlich wurde 1989 die jüdische Gemeinde mit 200 Gläubigen, ca. 10 % der Einwohner, und eigenem Rabbiner wieder gegründet und 1997 eine neue Synagoge geweiht (So–Do, unregelmäßige Öffnungszeiten).

Ein einzigartiges **Jüdisches Museum** vermittelt mit zeitgenössischem Ausstellungskonzept einen umfassenden Einblick in das Alltagsleben der sog. Kryptojuden. Es waren vor allem die Frauen, die deren verbotene Rituale in den Familien über viele Jahrhunderte hinweg bewahrten. Es werden liturgische Kultgegenstände, Bücher, Münzen, Schmuck, Trachten und traditionelle Arbeitsgeräte gezeigt. Auf einer schwarzen Tafel sind die Namen aller Inquisitionsopfer des Ortes mit Altersangabe dokumentiert (Di–So 10 bis 12.30 und 14.30–18 Uhr, Eintritt 2,50 €).

Turismo: Castelo, Tel. 275 91 14 88, tgl. 9–12.30, 14–17.30 Uhr.

Pousada: Convento de Belmonte, Tel. 275 91 03 00, Fax 275 91 20 60, www.pousadas.pt. Sehr ruhig gelegen, die Gesellschaftsräume sind im Kloster aus dem 13. Jh. untergebracht, die 24 luxuriösen Zimmer in einem modernen Anbau, hervorragende regionale Küche. DZ 170–230 €.

Historische Dörfer

Monsanto

Wie ein Adlerhorst schmiegt sich das kleine Städtchen südöstlich von Covilhã an den felsigen **Mons Sanctus,** den 758 m hohen Heiligen Berg. Die Antennen sind in **Monsanto** 12 von den Dächern verschwunden, Stromleitungen unter die Erde gelegt. Es ist ein Museumsdorf – pittoresk, sauber, aufgeräumt –, in dem nur noch so wenige Menschen ihren festen Wohnsitz haben, dass sich nicht einmal eine ordentliche Busverbindung in die nächste Stadt lohnt. Aber deswegen ist ein Spaziergang über die steilen, kurvigen Pflasterstraßen zwischen den granitenen Häusern nicht weniger idyllisch.

Archäologische Funde belegen ein frühes *castro* der Lusitaner, während Römer, Westgoten und Mauren später in der Ebene siedelten. Nach der christlichen Rückeroberung begannen die Tempelritter 1165 mit dem Bau des Kastells auf der Bergspitze, das allen spanischen Angriffen widerstand, doch im 19. Jh. durch eine ungewollte Explosion von Munition in Ruinen gelegt wurde.

Ein grandioser Blick öffnet sich auf die fruchtbare Ebene und über die Dächer der mittelalterlichen Kirchen, Kapellen und Häuser, die heute vielfach von wohlhabenden Städtern als Feriensitz genutzt werden.

Turismo: Rua Marquês da Graciosa, Tel. 277 31 46 42, tgl. 10–13 und 14 bis 18 Uhr.

Estalagem de Monsanto: Rua da Capela 1, Tel. 277 31 44 71, Fax 277 31 44 81, www.estalagemdemonsanto.pt. Zehn moderne, wohnl. Zimmer in einer früheren Pousada. DZ 50–85 €. Hauptgerichte im angeschlossenen Restaurant ca. 13 €.

Festa das Cruzes: 3. Mai oder darauf folgender Sonntag. Volksfest zur Erinnerung an eine siegreiche Schlacht über kastilische Truppen.

Wandern: Vier kleinere Wege führen in die Umgebung, eine ausgeschilderte Streckenwanderung nach Idanha-a-Velha.

Idanha-a-Velha

Ebenso wie Monsanto zählt Idanha-a-Velha 13 zu den zehn **Historischen Dörfern** in abgeschiedenen Landstrichen der Beira. Mit Hilfe staatlicher Finanzierungsprogramme wird unter der Leitung des Denkmalschutzamtes die alte Bausubstanz erhalten und den Orten durch Förderung soziokultureller Aktivitäten eine Perspektive eröffnet. Der Tourismus spielt dabei eine zentrale Rolle.

Kaum vorstellbar ist heute, dass Idanha einst ein bedeutender römischer Verwaltungssitz war, mit Forum, Venustempel und Thermen, denn es lag an der wichtigen Verbindungsstraße von Braga nach Merida. Erhalten blieben die **römische Stadtmauer,** eine Brücke und die Ruinen eines Wohnhauses. Die Sueben machten die Siedlung 585 zu einem Bischofssitz.

Das Taufbecken am Südportal der alten **Kathedrale** stammt aus dieser Zeit, das Nordportal wurde während der maurischen Herrschaft erbaut (Di–Sa 9–16.30 Uhr, Eintritt frei). An die Kathedrale grenzt die **Ölmühle.** Sie wurde zu einem kleinen, aber außer-

Nur noch wenige Menschen leben in Monsanto

gewöhnlichen Museum umgebaut. Imposant sind zwei riesige Baumstämme, mit deren Hebelwirkung die Mahlsteine den notwendigen Druck erzeugten (tgl. 10–13, 14–18 Uhr, Eintritt frei).

Turismo: Rua da Sé, Tel. 277 91 42 80, tgl. 10–12.30, 14–18.30 Uhr.

Castelo Branco

Die Distrikthauptstadt liegt gut 50 km südlich von Covilhã und 65 km südwestlich von Idanha. Der Ortsname, **Castelo Branco** 14, zu Deutsch »Weißes Kastell«, geht vermutlich auf das luso-römische Wehrdorf Castra Leuca zurück. Nach der Gründung Portugals errichteten die Templer eine neue Befestigungsanlage, die im 14. Jh. erweitert wurde. Zwei Türme und die Burgmauer überragen das 32 000 Einwohner zählende Zentrum einer der wichtigsten Agrarregionen Portugals.

Altstadt

Die **Altstadt** zeigt sich wenig spektakulär, auch sind viele Häuser sanierungsbedürftig. Doch wurde, in der schmalen Rua dos Cavaleiros, versteckt in einem Stadtpalast aus dem 18. Jh., Ende 2005 das **Museu Cargaleiro** begründet, ein wahres Kleinod für Kunstliebhaber. Der in der Nähe geborene poetische Realist Manuel Cargaleiro (1927 geb.) zählt zu den erfolgreichsten portugiesischen Gegenwartskünstlern. Seine Bilder bestechen durch ihre fröhliche Farbgebung. In vier Räumen wird in wechselnden Ausstellungen das Kunstschaffen des Meisters präsentiert, im Eingangssaal zusätzlich seine Privatsammlung, u. a. mit Werken von Pablo Picasso, Helena Vieira da Silva und Sonia Delaunay (Di–So 10–13, 14–18 Uhr, Eintritt 2 €).

Jardim und Bischofspalast

In nördlicher Richtung grenzt der zum einstigen Landbesitz des Bischofs gehörende **Jardim do Paço** an die Altstadt. Ab 1720 nach italienischem Vorbild geschaffen, zählt er zu den originellsten Gartenanlagen der Barockzeit. Um Teiche und Treppenaufgänge, zwischen grünen Hecken und Orangenbäumen gruppieren sich kunstvoll gestaltete Figuren: Heilige und Apostel, Allegorien auf die Tugenden, Tierkreiszeichen und Kontinente. Einen besonderen Blick verdient die Ahnengalerie der Könige. Die spanischen Herrscher über Portugal aus der Zeit von 1580 bis 1640 erscheinen als Miniaturen neben den portugiesischen Monarchen (Di–So 9–17 Uhr, Eintritt 1,50 €).

Der lang gestreckte Bischofspalast beherbergt seit 1910 das **Museu de Francisco Tavares Proença.** Der Namensgeber sammelte archäologische Funde, daneben sind Bischofsroben, sakrale Malerei, Münzen und Wandteppiche ausgestellt. Die eigentliche Attraktion jedoch sind die *colchas,* aus Leinen gewebte Decken und Überwürfe. Sie

sind kunstvoll mit farbiger Seidenstickerei verziert und werden bis heute von den Bräuten getragen. Seit dem 16. Jh. sind die Stickerinnen aus Castelo Branco für ihre Kunstwerke berühmt, die Seide wurde in der Umgebung produziert. Im Museum befindet sich eine kleine Handwerksstätte (Di–So 10–12.30, 14–17.30 Uhr, Eintritt 2 €).

Turismo: Praça do Município, Tel. 272 33 03 39, Fax 272 33 03 50, Mo bis Fr 9.30–19.30, Sa/So 9.30–13 und 14.30 bis 18 Uhr.

Tryp Colina do Castelo: Rua da Piscina, Tel. 272 34 92 80, Fax 272 32 97 59, www.solmelia.com. 103 funktional-komfortable Zimmer, sehr ruhig, oberhalb der Stadt, viele mit Blick, Healthclub. DZ 60–90 €.

Praça Velha: Praça Luís de Camões 17, Tel. 272 32 86 40, So abends und Mo geschlossen Edles Ambiente in einem früheren Getreidespeicher des Christusritterordens, außerordentliche Traditionsküche, etwa Rebhuhn mit Pilzen gefüllt. Hauptgerichte ab 10 €.

Bar Património: Praça Luís de Camões. Farbenfrohes Alternativzentrum mit Disco (nur Fr/Sa) und Jazzbar in einem historischen Stadtpalast, 21–4 Uhr.

Zug: Largo Rei Dom Carlos. Regelmäßig nach Lissabon, selten nach Guarda.
Bus: Rua Rodrigo Rebelo 3, Tel. 272 34 01 26. Regelmäßig in die Nachbarstädte.

Originell ist der Garten von Castelo Branco

Die Uferzeile von Porto strahlt mediterranes Flair aus

Kapitel 4

Porto und die Douromündung

Porto
Espinho

Auf einen Blick: Porto und die Douromündung

Die Hauptstadt des Nordens

In Porto wird das Geld verdient, das anschließend mit vollen Händen in der portugiesischen Kapitale Lissabon von den ungeliebten Bürokraten verschwenderisch und sehr auf den eigenen Vorteil bedacht wieder ausgegeben wird. Diesen Spruch führen die 233 000 Portuenser gerne im Mund, und zumindest ein Körnchen Wahrheit lässt sich darin finden. Nirgends sonst zeigt sich Portugal so offen und geschäftig wie im nordportugiesischen Ballungszentrum. Trotzdem sind jene Zeiten vorbei, als in Lissabon nur eine unproduktive Verwaltung saß, in Porto hingegen die finanzstarken Großunternehmen. Nur zwei sind nicht in Portugals Hauptstadt umgezogen: die Bank BPI und der Telekommunikations- und Handelsriese Sonae.

Schon früh entwickelte sich die Region zum wichtigen Handelszentrum. Die Römer nannten ihre Gemeinde am Dourooufer Porto Cale, zu Deutsch: schöner Hafen. Nacheinander eroberten Sueben, Westgoten und Mauren das Siedlungsgebiet, um das ab 868 heftige Kämpfe mit christlichen Truppen ausbrachen. Diese trugen schließlich 997 den endgültigen Sieg davon und gründeten die Grafschaft Condado Portucalense, die zur Keimzelle und Namensgeberin des späteren Portugal avancierte.

Im frühen Mittelalter wurde die Stadt Porto vom Bischof regiert, und noch heute überragt der mächtige Bischofspalast die pittoreske Altstadtsilhouette, wie sie sich vom Dourofluss darbietet. Im Mittelalter erblühte der Handel mit England und Flandern. Das lukrative Geschäft mit dem Portwein sorgte im 17. und 18. Jh. für zusätzlichen Aufschwung, der auch ausländische Händler, allen voran die Engländer, in die Stadt zog. Die weltoffene Handelsmetropole Porto durchwehte der Geist eines liberalen Bürgertums, das bis ins 20. Jh. hinein gegen König und Adel rebellierte, letztlich also gegen Lissabon.

Mit der aufstrebenden Wirtschaft wuchs die kulturelle Bedeutung der Stadt. Es ist kein Zufall, dass einige der bedeutendsten kreativen Köpfe Portugals aus Porto und den Nachbarstädten stammen: Schriftsteller, Maler und Musiker. Die ideenreiche Portuenser Architektenschule wurde in den 1970er-Jahren von Fernando Távora begründet, seine illustren Schüler setzen Zeichen im ganzen Land, ebenso wie in Porto selbst. Álvaro Siza Vieira entwarf für die Serralves-Stiftung den spektakulären Bau eines modernen Kunstmuseums, Eduardo Souto de Moura wurde die Planung für das neue Metronetz unterstellt. Einen zusätzlichen kulturellen Schub verliehen die Ernennung des historischen Zentrums zum Welterbe (1996) und die Erhebung zur europäischen Kulturhauptstadt (2001).

Im Schatten der Metropole rüsten auch die Nachbarstädte kulturell auf. Espinho im Süden besitzt nicht nur die schönsten Strände und ein reges Nachtleben, sondern richtet im Juli ein erstklassiges Festival für moderne klassische Musik aus. Santa Maria da Feira lädt in einem Wissenschaftsmuseum zu experimentellen Abenteuern und die Besucher des Papiermuseums zum eigenhändigen Papierschöpfen ein. Nördlich von Porto ehrt das reich mit Baudenkmälern gesegnete Vila do Conde seine Traditionen und entwickelte sich zur lebhaften Museumsstadt.

Highlight

7 **Porto:** Die Altstadt ist als Welterbe der Unesco anerkannt, die Kirchen zählen zu den schönsten des Landes, die Museen zu den modernsten, der Blick vom Douroufer aus ist spektakulär (S. 234 ff.). Herausragend ist die 2005 eröffnete Konzerthalle Casa da Música (s. S. 245).

Empfehlenswerte Route

Wanderung am Atlantik: 14 km führt der Weg durch die Dünenlandschaft von Espinho bis Vila Nova de Gaia am südlichen Ufer des Douro (s. S. 254 f.).

Reise- und Zeitplanung

Für die Stadtbesichtigung von Porto sollte man sich mindestens zwei, besser drei Tage Zeit nehmen. Eine neue Metro erleichtert die Fahrten innerhalb des Stadtgebiets, zum Flughafen und in die Nachbarstädte **Vila do Conde** und **Póvoa de Varzim.** Auf das eigene Gefährt sollte man wegen der vielen innerstädtischen Einbahn- und unübersichtlichen Ausfahrtsstraßen und Autobahnen verzichten. Erholung vom Besuchsprogramm bieten weitläufige Parks, traditionsreiche Cafés und die Gestade des Atlantiks am Stadtrand. Zum Baden eignen sich die Strände zwischen Porto und Póvoa de Varzim jedoch aufgrund mangelnder Wasserqualität nicht. Selbiges gilt leider auch für die citynahen Strände am westlichen Vorort Foz. Sehr beliebte und saubere Sandstrände säumen die Küste südlich von **Vila Nova de Gaia** bis **Espinho.**

Richtig Reisen-Tipps

Ein Gang durch die Casa da Música: Die Führungen durch die Konzerthalle vermitteln eindrücklich, wie der holländische Stararchitekt Rem Koolhaas moderne Baukunst subtil mit portugiesischer Tradition verbindet (s. S. 245).

Ein nostalgischer Einkaufsbummel: Jugendstil- und Art-déco-Fassaden, beflissene Fachverkäufer hinter langen Tresen und eine schier unbegrenzte Produktauswahl: Portos Läden sind ein Paradies für moderne Zeitgenossen, die auch das Vergangene schätzen (s. S. 248).

Eine Führung zum süßen Wein: Die Besichtigung eines Portweinkellers in Vila Nova de Gaia am linken Douroufer gehört zum touristischen Pflichtprogramm (s. S. 254).

Die touristische Infrastruktur der Region Porto ist bestens ausgebaut. Unterkünfte gibt es in allen Kategorien. Nur an Festtagen und im Hochsommer kommt es an den Küsten zu Engpässen, dann ist Vorbuchen angeraten. Dies ist auch die schönste Zeit für einen Badeurlaub, das Meer erreicht mit 20 °C seinen Höchstwert. Die besten Monate für einen Kultururlaub sind April bis Juni und September bis Mitte Oktober.

Das Atlantikklima sorgt für ausgeglichene Lufttemperaturen, sie reichen von durchschnittlich 13 °C in den Wintermonaten bis 25 °C im Sommer, Spitzenwerte von 35 °C sind im Juli und August aber durchaus möglich. In der kalten Jahreszeit ist mit häufigem Nebel und Regen zu rechnen, selbst im August kommt es manchmal zu Niederschlägen. Dafür kann man mit etwas Glück aber auch einen herrlichen Sonnentag an Weihnachten erleben.

7 Porto

Karte S. 242/243

In fröhlich-bunten Farben und mediterranem Flair präsentiert sich die alte Handelsstadt rund um das Hafenviertel Ribeira. Mittelalterliche Gassen ziehen sich malerisch hinauf zum Bischofspalast. Dort hüllt sich Porto in das strenge Grau des Granits, aus dem die Häuser der Oberstadt erbaut sind. Es ist eine liebenswerte und selbstbewusste Stadt der Kontraste.

Legendär ist der Lokalstolz. Mit dem Adjektiv *invicta,* das zugleich arbeitsam und unbesiegbar bedeutet, schmücken sich die Einwohner bereits seit dem Mittelalter. Einem frühen geschichtlichen Ereignis verdanken sie auch ihren Spitznamen *tripeiros* (Kuttelesser). Als sich die portugiesische Flotte mit Heinrich dem Seefahrer an der Spitze im Jahre 1415 aufmachte, das marrokanische Ceuta zu erobern und die koloniale Epoche Portugals einzuläuten, sollen die Portuenser ganz selbstlos ihre Fleischvorräte abgeliefert und die zurückgelassenen Kutteln *(tripas)* zu ihrer Lieblingsspeise erklärt haben. Sie dürfen heute auf keiner Speisekarte fehlen.

Mit den üppigen Gewinnen aus dem Portweinhandel wurden im 18. Jh. die ursprünglich schlichten, gotischen Kirchen mit überbordendem Goldschmuck überzogen. Auch das strenge, vom dunklen Granit geprägte Stadtbild erhielt einen Schuss barocker Eleganz. Verantwortlich zeichnete der italienische Baumeister Nicolau Nasoni (1691 bis 1773), der die Stadt zu seiner zweiten Heimat gemacht hatte.

Aber nicht alles glänzt in Porto. Viele innerstädtische Häuser warten in jahrelangem Leerstand vergeblich auf ihre Sanierung, und selbst die Einwohner beklagen den Schmutz auf den Straßen. Das jedoch schmälert ihren ausgeprägten Patriotismus mitnichten. Besondere Genugtuung finden sie, wenn der Fußballverein FC Porto den rivalisierenden Lissabonner Clubs wenigstens ein Tor voraus ist. Meistens hat dies in den letzten Jahren auch geklappt.

Portos Zentrum

Die breite **Avenida dos Aliados** bildet die zentrale Verkehrsachse in Portos Innenstadt. Während des Ersten Weltkriegs angelegt, erinnert ihr Name an die siegreichen Alliierten, denen sich Portugal noch 1917 angeschlossen hatte. Die Straße wird von monumentalen Bank- und Bürogebäuden im Zuckerbäckerstil gesäumt und gilt als präsentables Besuchszimmer der Stadt. Im Süden geht sie in die **Praça da Liberdade** über, die vom bronzenen Reiterdenkmal des liberalen Königs Dom Pedro IV. geschmückt wird. Dieser hatte die Stadt 1833 aus einer entbehrungsreichen Belagerung durch absolutistische Truppen befreit. Die Nordseite überragt der 70 m hohe Turm des **Rathauses** 1, das zwischen 1920 und 1957 erbaut wurde und sich mit einer wuchtigen, dunklen Fassade stark an nordeuropäische Vorbilder anlehnt (Führung durch die Festsäle: 1. So im Monat um 10 und 11 Uhr, Eintritt 1 €). Die Rua Formosa führt in östlicher Richtung zum **Mercado do Bolhão** 2. In dieser volkstümlichen Markthalle aus dem Jahre 1917 wechseln täglich Früchte, Fische, Fleisch, Kutteln oder Blumen ihre Besitzer. Die zuletzt einsturzgefährdete Eisenkonstruktion wird zeitweise einer umfangreichen Renovierung unterzogen. Vier Metrostationen von der Markthalle entfernt liegt die Casa da Música (s. Tipp S. 245).

Rua de Santa Catarina

Wenige Meter östlich der Markthalle stößt man auf die verkehrsberuhigte Einkaufsmeile Rua de Santa Catarina. Zahlreiche einheimische Geschäfte wechseln sich mit modernen Franchising-Läden ab. Nachmittags und abends ist kaum ein Durchkommen. An der Kreuzung zur Rua de Fernandes Tomás fallen die großflächigen blau-weißen Azulejobilder der **Capela das Almas** ins Auge. Sie wurden im vergangenen Jahrhundert gefertigt und erzählen Episoden aus dem Leben von Franz von Assisi und der hl. Katharina. Das Messerrad, auf dem diese frühchristliche Märtyrerin aus Alexandrien gefoltert wurde, ist ihr Attribut, das häufig an den Häuserfassaden angebracht ist. Sie wird in Porto als Schutzheilige der Schneiderinnen verehrt.

Café Majestic

3 Portugals glanzvollstes Traditionscafé öffnete 1921 seine Pforten in Haus Nr. 112 und avancierte schnell zum bevorzugten Treffpunkt für politisch-literarische Gesprächsrunden, den *tertúlias*. Mitte der 1990er-Jahre aufwendig restauriert und unter Denkmalschutz gestellt, lädt es Urlauber wie Einheimische im spiegelverzierten Gastraum unter majestätischen Lüstern zu einer unvergesslichen, nostalgischen Kaffeepause ein. Vielleicht spürt man einen Hauch von Magie durch den illustren Raum schweben, denn an diesen Tischen erfand die Autorin J. K. Rowling das Abenteuer von »Harry Potter und der Stein der Weisen« (Mo–Sa 9.30–24 Uhr).

Praça da Batalha

4 Der Platz am südlichen Ende der Rua de Santa Catarina entwickelte sich im 18. und 19. Jh. zum zentralen Treffpunkt der Portuenser Bürger. Angesteckt vom überraschenden Erfolg eines italienischen Ensembles, das den Portugiesen zum ersten Mal eine Oper zu Gehör brachte, eröffneten die Stadtväter 1795 das **Teatro Nacional de São João**. Nach einem Großfeuer 1908 wurde das Gebäude in einer damals beliebten, eklektizistischen Stilmischung neu errichtet und erstrahlt nach gründlicher Sanierung wieder in frischem Glanz (Tel. 223 40 19 10, www.tnsj.pt, Theaterkasse Di–So 13–19 Uhr).

Mit den Autoren unterwegs

Café Majestic

Im spiegelverzierten Gastraum unter majestätischen Lüstern entstanden Teile des ersten Bandes von Harry Potter (s. links).

Relaxen am Douro

Im historischen Hafenviertel Ribeira mit den Cafés und Restaurants am Fluss zeigt sich Porto postkartenschön (s. S. 238 ff.).

Igreja de São Francisco

In so viel echtem Blattgold erstrahlt nur die prunkvollste Barockkirche Portugals (s. S. 240).

Torre dos Clérigos

Stadt, Meer und Fluss zu Füßen hat man auf dem 76 m hohen Kirchturm, allerdings müssen davor nahezu 200 steile Stufen überwunden werden (s. S. 241).

Casa da Música

Die Führung durch das Konzerthaus gewährt viele Blicke hinter die Kulissen und macht Lust auf eine Wiederkehr zur abendlichen Vorstellung (s. Richtig Reisen-Tipp S. 245).

Museu de Arte Contemporânea

Portugals wichtigstes Museum für Gegenwartskunst ist in eine weitläufige Parkanlage eingebettet (s. S. 246).

Buchhandlung Lello & Irmão

Vielleicht die ästhetisch ansprechendste Buchhandlung der Welt, 1906 eröffnet und im Originalzustand erhalten (s. S. 241, 248).

Das gegenüberliegende modernistische **Cinema Batalha** war lange Zeit das wichtigste Kino in Porto. Nach Jahren des Leerstandes wurde es um eine Disco, Bar und ein Restaurant mit Dachterrasse erweitert und 2006 neu eröffnet. Damit verfügt Porto wieder über ein Programmkino im Innenstadtbereich. Hingegen verfällt das angrenzende Jugendstilkino Águia d'Ouro zusehends und träumt nur mehr von seinen goldenen Zeiten, als auch mal ein Zirkus oder Theaterensemble in den Räumen gastierte. Neue Besitzer haben nun die Sanierung versprochen.

Am Rande des Platzes präsentiert die 1737 fertiggestellte Barockkirche **Igreja de São Ildefonso** ihre fast 200 Jahre später von Jorge Colaço blau-weiß gekachelte Außenfassade.

Bahnhof São Bento

Die Rua 31 de Janeiro führt vorbei an einigen fantasievoll gestalteten Geschäftsfassaden aus der Zeit des Jugendstils zur **Igreja dos Congregados**, einem noch immer rege frequentierten Gotteshaus aus dem 17. Jh., das ebenfalls von Jorge Colaço mit Azulejos verziert wurde. Kurz zuvor hatte der Künstler bereits sein Meisterwerk vollendet und den 1915 eröffneten innerstädtischen **Bahnhof São Bento** 5 (Estação de São Bento) mit etwa 20 000 Kacheln originell geschmückt. Die Zugstation war nach aufwendigen Tunnelsprengungen für die Eisenbahnlinie in das seit dem Jahr 1892 leer stehende Frauenkloster São Bento de Avé Maria hineingebaut worden.

Die großflächigen Bilder erzählen romantisierende Szenen aus dem ländlichen und religiösen Leben, die Entwicklung der Verkehrsmittel und historische Begebenheiten. Auf der rechten Wand erkennt man die nahe romanische Kathedrale in ihrem ursprünglichen Aussehen. Im Vordergrund macht der Bischof dem einziehenden König João I. und seiner englischen Angetrauten Filipa von Lencastre deutlich, wer in der Stadt das Sagen hat. Denn der Kirchenvater selbst hält die Zügel der beiden königlichen Pferde in der Hand.

Kathedrale

6 Vor mehr als zwei Jahrtausenden siedelten die Römer auf dem 78 m hohen Granithügel Pena Ventosa, den im 12. Jh. eine 750 m lange Stadtmauer schützte. Im Jahre 1120 legte die galicische Gräfin Dona Teresa und Mutter des ersten portugiesischen Königs den Grundstein für eine romanische Bischofskirche (Sé) mit zwei trutzigen Türmen, wehrhaften Schießscharten und Zinnen. Von hier aus regierten die Bischöfe und bewahrten in Allianz mit dem wohlhabenden Handelsbürgertum die Stadt vor der Dominanz von König und Adel, die sich bis 1509 nicht länger als drei Tage in Porto aufhalten durften.

In den folgenden Jahrhunderten schufen zahlreiche An- und Umbauten durch geltungssüchtige Bischöfe ein stilistisch uneinheitliches, von außen eher irritierendes Gotteshaus. Die schwungvolle Loggia an der Nordfassade und das barocke Hauptportal wurden vom Italiener Nicolau Nasoni zugefügt. Der streng-düstere dreischiffige Innenraum wirkt trotz seiner Höhe beengter, als es die wuchtige Fassade erwarten lässt. Auch die bunten Fresken im manieristischen Hauptchor stammen von Nasoni. Im linken Querschiff verborgen befindet sich mit dem »Retábulo do Sacramento« ein wahres Jahrhundertwerk: Zwischen 1632 und 1732 schufen portugiesische Silberschmiede aus 800 kg massivem Silber den prachtvollen Altaraufsatz der Sakramentskapelle. Vor den napoleonischen Beutezügen versteckte ein listiger Küster dieses Prunkstück hinter einer weißen Gipsschicht. Sehenswert ist der gotische Kreuzgang, der im 18. Jh. kunstvoll mit blau-weißen Kachelpaneelen überzogen wurde. Sie stellen einige der Ovid'schen Metamorphosen und Szenen aus jüdischen Hochzeitsliedern dar (Kirche: April–Okt. tgl. 8.45–12.30, 14.30–19, Nov.–März bis 18 Uhr; während des Gottesdienstes um 11 Uhr keine Besichtigung; Kreuzgang: April–Okt. Mo–Sa 9–12.15, 14.30–18, Nov.–März bis 17.30, im Sommer bis 18 Uhr, So nur nachmittags, Eintritt 2 €).

Überwältigende Kachelkunst im Bahnhof São Bento

Terreiro da Sé

Die engen mittelalterlichen Wohnhäuser rund um die Kathedrale ließ Diktator Salazar in den 1930er-Jahren abreißen, um das Gotteshaus auf dem neu geschaffenen Platz monumentaler erscheinen zu lassen. Auch der neomanuelinische Schandpfahl wurde neu errichtet. Bei den Bauarbeiten stieß man auf die Grundmauern eines mittelalterlichen, wehrhaften Patrizierhauses. Dieser Torre da Cidade wurde 15 m versetzt westlich der Sé wieder aufgebaut und beherbergt heute das Ausflugsunternehmen Portotours.

Heftig umstritten war die moderne Umgestaltung der benachbarten **Casa da Câmara,** des ersten Rathauses und mittelalterlichen Versammlungsorts von Handwerkern. Der renommierte Portuenser Architekt Fernando Távora versah die Ruine mit einem 20 m hohen klotzig-modernen Aufbau, in dem nun eine Touristeninformation untergebracht ist.

Der zum Fluss weisende **Bischofspalast**, ebenfalls von Nicolau Nasoni, zählt zu den schönsten zivilen Barockbauten Portugals, auch wenn er bereits Elemente des Rokoko und des Klassizismus aufnimmt. Der Bischof wurde 1910 nach der bürgerlichen Revolution als Hausherr vertrieben; die festlichen Räumlichkeiten beherbergten bis 1956 das Rathaus. Inzwischen ist das Generalvikariat eingezogen.

Igreja de Santa Clara

Bevor es hinab zum Fluss geht, bietet sich ein Umweg zur **Klarissenkirche** 7 am nahen Largo 1° de Dezembro an. Einem Gelübde seiner verstorbenen englischen Gattin entsprechend, gründete König João I. 1416 die gotische Kirche für den in großer Abgeschiedenheit lebenden Frauenorden. Die überbordenden, vergoldeten Holzschnitzereien aus dem 17. Jh. verwandeln die Kirche in ein barockes Schatzkästchen mit Anklängen an orientalischen Prunk. Die soziale Berufung des Ordens zeigt rechts vom Eingang eine mittelalterliche Babyklappe, das sog. Rad der Ausgesetzten. Mit dem angehängten Glöckchen wurden die Nonnen auf das Baby aufmerksam gemacht. Eine Toreinfahrt links der Kirche führt zu einem imposanten Aussichtspunkt über dem Douro und zu den Resten der gotischen Stadtmauer (Mo–Fr 9.30–11.30, 15–19 Uhr, Eintritt frei).

Bairro da Sé

Von der Kathedrale geht es über Treppen hinab zur Jesuitenkirche **Igreja de São Lourenço** 8. Aufgrund des anhaltenden bürgerlichen Widerstandes gegen eine »religiöse Verführung« der rechtschaffenen Jugendlichen durch die Jesuiten zog sich die Bauzeit von 1573 bis 1709 hin. Manieristisch zeigt sich der lichte Innenraum, während die wuchtige, unvollendet gebliebene Fassade bereits den Barock ankündigt. Nach der Vertreibung der Jesuiten 1759 zogen die Barfüßigen Augustiner ein, deren Ordenssitz in der Lissabonner Rua dos Grilos lag. Seitdem heißt die Kirche im Volksmund **Igreja dos Grilos** (Kirche der Grillen) (Di–Sa 10–12, 14–17 Uhr, Eintritt frei).

Hier nimmt die Rua de Santana ihren Ausgangspunkt, eine der ältesten Straßen der Stadt. Die wichtige Verbindung zwischen Bischofskirche und Hafen war bereits im Mittelalter gepflastert. Doch das umliegende Bairro da Sé wurde in den letzten Jahrzehnten zum sozialen Brennpunkt mit blühendem Drogenhandel und Straßenkriminalität. Eine architektonisch vorbildliche Altstadtsanierung versucht inzwischen, in Verbindung mit sozialen Maßnahmen und Einrichtungen gegenzusteuern. Trotzdem ist von einem nächtlichen Bummel abzuraten.

Die Ribeira

Auf der Rua dos Mercadores gelangt man zur **Praça da Ribeira** 9 mitten im pittoresken Hafenviertel. Der großzügige, rechtwinklige Platz öffnet sich zum Fluss und sollte den ankommenden, meist englischen Händlern das Eingangstor zu einer wohlhabenden Stadt sein. Dafür mussten im 17. und 18. Jh. die niedrigen Fischerhäuser klassizistischen Repräsentationsbauten weichen. Entlang dem Ufer boten über viele Jahrhunderte die Markt-

Barocker Prunk in der Igreja São Francisco

frauen ihre frische Ware feil, von dort gelangten Handelsgüter auf Ochsenkarren die steilen Straßen hinauf in die Oberstadt. Lange Zeit stand der Stadtteil wegen seiner dunklen, regelmäßig vom Hochwasser heimgesuchten Wohnungen in schlechtem Ruf. Doch umfangreiche Sanierungsmaßnahmen verwandelten seit den 1980er-Jahren die Ribeira in ein höchst begehrtes, urbanes Viertel, das leuchtende Kalkfarben in mediterranen Glanz tauchen.

An diesem zentralen Ort verabredet man sich gerne für ein Abendessen oder einen Aperitif, bevor man in Richtung Flussmündung die angesagten Bars und Diskotheken ansteuert. An der Hafenfront **Cais da Ribeira** empfehlen sich unzählige Restaurants und Bars mit anmutigem Blick auf die alten Portweinboote *(rabelos)* und Kellereien auf der anderen Douroseite. Und ein Bummel durch die rückwärtigen Gassen gewährt manchen Einblick ins Portuenser Alltagsleben.

Unterhalb der eisernen Brücke erinnert das schwarze Reliefbild **Alminhas da Ponte** an einen unheilvollen Tag der Stadtgeschichte. Im März 1809 versuchten sich die Bewohner Portos vor den herannahenden napoleonischen Soldaten auf die andere Flussseite zu retten. Panik brach aus und die damalige Schwimmbrücke unter der Last zusammen. Tausende ertranken in den Fluten. Gegenüber zeigt der zeitgenössische Maler Júlio Resende auf dem 54 m langen Kachelbild »Ribeira Negra« die heitere, farbenfrohe Seite der Ribeira.

Portos historische Brücken

Maßgeblich bestimmt wird die Hafenkulisse von der kühnen Eisenkonstruktion der **Ponte Dom Luís I.** Erbaut von Théophile Seyrig, einem Mitarbeiter und Teilhaber bei Gustave Eiffel, war der mächtige Schmiedeeisenbogen der Brücke bei der Einweihung 1886 der weltweit größte. Ideal an die Hügellage der Stadt angepasst, führt die untere 1724 m lange Fahrbahn für Autos und Fußgänger von der Ribeira direkt hinüber zu den Portweinkellern von Vila Nova de Gaia, während die obere Fahrbahn mit einer Länge von 392 m die Metro und Fußgänger von der Bischofskirche auf die südliche Flussseite bringt und dabei das bezaubernde Panorama auf Portos historisches Hafenviertel gleich mitliefert. Ein wenig flussaufwärts spannt sich eine weitere rekordverdächtige Eisenbahnbrücke über den Douro. 1876 von Gustave Eiffel selbst konstruiert, misst die **Ponte D. Maria Pia** eine Länge von 353 m.

Igreja de São Francisco

Die **Igreja de São Francisco** 10 am nordwestlichen Rand der Ribeira gilt als Portugals prunkvollste Barockkirche. Ursprünglich vom Bettelorden der Franziskaner in aller Schlichtheit als erstes gotisches Gotteshaus von Porto errichtet, werden heute die Sinne vom allgegenwärtigen, vergoldeten Schnitzwerk schier überwältigt. Von den opulenten Seitenkapellen bis hoch hinauf in das Kreuzgewölbe reichen die barocken Verzierungen, die von einflussreichen Patrizierfamilien finanziert wurden. Sie sicherten sich damit auch einen exklusiven Bestattungsort in den Klosterkatakomben. Zwei bemerkenswerte Seitenaltäre stellen plastisch das blutrünstige Abschlachten von fünf Franziskanermönchen durch marokkanische Moslems und den Stammbaum Jesse dar. Die darunter in einem Schiff ruhende *Senhora da Boa Viagem* ist für das Wohl der Seeleute und Urlauber zuständig.

Im Anbau sind das Beinhaus und ein feines Museum für Sakrale Kunst zu besuchen, das von der Skulptur eines offensichtlich sehr milde gestimmten Gottvaters überblickt wird (Kirche und Museum Febr.–Juni tgl. 9–18, Juli/Aug. 9–20, Sept./Okt. 9–19, Nov.–Jan. 9 bis 17.30 Uhr, Eintritt 3 €).

Rund um den Börsenpalast

Das Franziskanerkloster fiel 1832 in den kriegerischen Auseinandersetzungen zwischen liberalen und absolutistischen Truppen einem Brand zum Opfer. Auf den Grundmauern errichtete die örtliche Handelsvereinigung den klassizistischen **Börsenpalast** 11, der ihre ökonomische Macht selbstbewusst zum Ausdruck bringt. Der frühere Kreuzgang wurde als »Pátio das Nações« mit einer gewagten Kuppel aus Glas und Eisen überspannt. Als Prunkstück gilt der maurische Saal, der die Alhambra mehr oder weniger kunstvoll im Zuckerbäckerstil imitiert. Hier werden offizielle Staatsgäste empfangen, manchmal finden auch Konzerte statt (April–Okt. 9–19, sonst bis 18 Uhr, Eintritt 5 €).

Die gegenüberliegende Markthalle **Mercado Ferreira Borges** steht stellvertretend für die industrielle Eisen-Glas-Architektur im 19. Jh., in Funktion trat sie allerdings nie. Zwar sollte sie den Marktfrauen am Flussufer hygienische Verkaufsbedingungen schaffen, doch diese wollten nicht von ihren angestammten Plätzen weichen. Gegenwärtig bietet die Halle sporadischen Ausstellungen Raum.

Eine Statue Heinrichs des Seefahrers erhebt sich auf dem Vorplatz. Er soll im Jahre 1394 in der **Casa do Infante** in der abzweigenden Rua da Alfândega das Licht der Welt erblickt haben. Das Stadthaus aus dem 14. Jh. diente einst als königliches Gäste- und Lagerhaus, später als Münze und Zollamt. Heute lässt sich die gelungene Sanierung eines mittelalterlichen Repräsentationsbaus bewundern, der das Stadtarchiv und moderne Ausstellungsräume zur Stadtgeschichte aufgenommen hat (Di–Sa 10–12.30 und 14–17.30, So 14–17.30 Uhr, Eintritt 2 €).

Die westliche Altstadt

Die **Rua das Flores** gilt als schönste Straße des alten Porto. Sie wurde 1521 auf Geheiß von König Manuel I. als moderne Verbindung zwischen den Klöstern São Domingo und São Bento angelegt. Gehobenes Bürgertum und Adelsfamilien siedelten sich an, zu ihnen gesellten sich zahlreiche Juweliere, Silber- und Goldschmiede. Die **Igreja da Misericórdia** 12 wurde in schlichter Renaissance erbaut, die auch den einschiffigen Innenraum dominiert. Der Baumeister Nicolau Nasoni verpasste dem Gotteshaus eine raumgreifende Barock-Fassade. Im angeschlossenen Museum ist das bizarre Renaissance-Gemälde »Fonte da Vida« ausgestellt: Vor dem gekreuzigten Christus, dessen Blut in einen Lebensbrunnen fließt, kniet König Manuel I. nebst Gattin und acht Kindern (Kirche Di–So 8–12, 14.30–17.30 Uhr; Museum So–Fr 8–12, 14.30–17.30 Uhr, Eintritt 1,50 €).

Altes Universitätsviertel

An der höchsten Stelle des historischen Universitätsviertels schuf Nicolau Nasoni das Wahrzeichen seiner Wahlheimat Porto und sich selbst die Grabstätte. Der frei stehende Kirchturm der **Igreja dos Clérigos** 13 ist mit knapp 76 m der höchste des Landes und diente ankommenden Seeleuten als Orientierungspunkt. Im Volksmund wird er Portos mahnender Zeigefinger genannt, von dessen schwindelerregender Spitze sich nach rund 200 steilen Stufen ein eindrucksvolles Stadtpanorama bietet.

Das spätbarocke ovale Kirchenschiff versprüht eine mondäne Leichtigkeit. Vielleicht hat Meister Nasoni auch an den Blick aus seiner letzten Ruhestätte seitlich des Altarraums gedacht, als er die Jungfrau Maria schuf: Auf dem treppenartigen Hauptaltar erscheint sie wie eine leichtfüßige Tänzerin (Turm: April–Okt. 9.30–13 und 14.30–19, Aug. durchgehend; Nov.–März Mo–So 10–12 und 14–17 Uhr, Eintritt 1,50 €; Kirche: Mo–Sa 9–12 und 15.30–19.30, zusätzlich Nov.–März So. 9–12.45 und 18–19.45, April–Okt. So 10–13 und 21–22 Uhr).

Hinter dem klassizistischen Universitätsgebäude liegt die ungewöhnliche Doppelkirche **Igreja do Carmo e dos Carmelitas** 14. Die Ordenskirche der Unbeschuhten Karmeliten aus dem Jahr 1628 erkennt man an ihrer schlichten Renaissance-Fassade. Den einschiffigen Innenraum schmücken kostbare polychrome Kacheln aus dem 17. Jh. Etwa 140 Jahre später ließ der weltliche Karmeliterorden im verspielten Rokokostil die Carmokirche rechts anbauen. Ein blau-weißes Kachelpaneel leuchtet seit 1912 an der seitlichen Außenwand. Der Innenraum dagegen wirkt seltsam leer, seitdem napoleonische Truppen fast alle Kunstgegenstände raubten (Karmeliterkirche: Mo-Sa 8.30–11, 15–17, So 17–19 Uhr; Carmokirche: Mo–Fr 8–12, 14–17, Sa 8–12, So 7.30–13 Uhr, Eintritt frei).

Hinter einer neogotischen Fassade erweist sich die angesehene, 1906 eröffnete **Buchhandlung Lello & Irmão** 15 in der Rua dos Carmelitas 144 als ein wahres Kleinod des Jugendstils. Eine schwungvoll gewundene rote Treppe verbindet die drei Etagen bis hoch zu einer kleinen Bar. Auch in den angrenzenden Geschäftsstraßen weisen zahlreiche Kachelfriese die Elemente des Jugendstils auf.

Portos Kunstmeile

Über die volkstümliche Fußgängerzone Rua de Cedofeita erreicht man die **Rua de Miguel Bombarda**. Die etwa 15 Kunsthandlungen dieser Galerienmeile ermöglichen wie kaum ein anderer Ort einen Einblick in das aktuelle künstlerische Schaffen Portugals.

In der Parallelstraße Rua D. Manuel II. wurde 1833 Portugals erstes Kunstmuseum, das **Museu Nacional de Soares dos Reis** 16 eingeweiht. Im Mittelpunkt der Sammlung stehen die eindrucksvollen Marmorskulpturen des Namensgebers António Soares dos Reis (1847–1889) und die Malerei des 19. und frühen 20. Jh., zumeist Landschaftsbilder und Porträts. Außergewöhnlich ist die Kollektion im oberen Stockwerk, wo preziöse Möbel, Textilien, Schmuck, Keramik ein erstaunliches Zeugnis vom üppigen Lebenswandel der Oberschicht seit dem 17. Jh. ab-

Porto: Cityplan

Rua de Fernandes Tomás
Rua Sá de Bandeira
Rua de Santa Catarina
Coloseu
Rua Formosa
Rua da Alegria
Rua Dom João IV.
Rua de Passos Manuel
Rua de São Ildefonso
Igreja São Ildefonso
Janeiro
Jardim M. Oliveira
Cimo de Vila
Theatro São João
Rua Porta Sol
Rua de Augusto Rosa
Rua de Alexandre Herculano
Rua das Fontainhas
Rua do Sol
Rua de São Luis
Passeio das Fontainhas
Avenida de Gustavo Eiffel
Rua Cabo Simão
Mosteiro da Serra do Pilar
0
200
400 m
Sehenswürdigkeiten
1 Rathaus
2 Mercado do Bolhão
3 Café Majestic
4 Praça da Batalha
5 Bahnhof São Bento
6 Kathedrale
7 Igreja de Santa Clara
8 Igreja de São Lourenço
9 Praça da Ribeira
10 Igreja de São Francisco
11 Börsenpalast
12 Igreja da Misericórdia
13 Igreja dos Clérigos
14 Igreja do Carmo e dos Carmelitas
15 Buchhandlung Lello & Irmão
16 Museu Nacional de Soares dos Reis
17 Museu Romântico
18 Museu do Vinho do Porto
19 Museu dos Transportes e Comunicações
20 Museu do Carro Eléctrico
21 Museu de Arte Contemporânea
Übernachten
1 Infante de Sagres
2 Pestana Porto
3 Eurostars das Artes
4 Grande Hotel do Porto
5 Casa do Poema
6 Quality Inn Batalha
7 Internacional
8 Residencial Pão de Açúcar
9 Pensão Cristal
Essen und Trinken
10 Bull & Bear
11 Sessenta Setenta
12 D. Tonho
13 Cafeína
14 Peixes & Cª
15 A Grade
16 Abadia
17 Casa Nanda
18 Ateneu
19 Suribachi

legen (Mi–So 10–18, Di 14–18 Uhr, Eintritt 3 €, So bis 14 Uhr frei).

Romantisches Porto

Am Ende der Straße hatte im 19. Jh. der deutsche Gartenbauarchitekt Emile David die idyllische Parkanlage **Jardins do Palácio de Cristal** mit einheimischen und tropischen Bäumen, verschlungenen Pfaden und Ententeichen angelegt. In ihrer Mitte lag von 1865 bis 1952 ein spektakulärer Kristallpalast, der dem klotzigen Sportpalast Pavilhão Rosa Mota aus Beton weichen musste. Schöne Ausblicke auf den Douro bieten sich im südlichen Teil, in Sommernächten finden hier Open-Air-Konzerte statt.

Romantischer Zeitgeist des 19. Jh. lebt auch im **Museu Romântico** 17 in der Rua de Entre Quintas 220 westlich des Parks fort. In der großbürgerlichen Villa Quinta da Macieirinha verbrachte der exilierte König von Piemont und Sardinien, Carlos Alberto, seine letzten drei Lebensmonate (Di–Sa 10–12 und 14–17.30, So 14–17.30 Uhr, Eintritt 2,10 €, Sa/So frei). Im Untergeschoss lassen sich im **Solar do Vinho do Porto** über 200 Portweine bequem in hellen Sesseln mit Blick aufs Grüne probieren (Mo–Do 14–20, Fr/Sa 14 bis 24 Uhr).

Museen am Douroufer

Ein reizvoller Spazierweg führt auf der kopfsteingepflasterten Rua de Entre Quintas zum Douro und **Museu do Vinho do Porto** 18 in der Rua do Monchique 45 hinab. Wuchtige Granitgewölbe vermitteln den Eindruck einer Weinkellerei, anhand von historischen Dokumenten und moderner Computeranimation wird der Einfluss des Portweinhandels auf das städtische Leben gezeigt (Di–Sa 10–12.30 und 14–17.30, So 14–17.30 Uhr, Eintritt 2,10 €, Sa/So frei).

Das historische Zollgebäude an der Rua Nova da Alfândega, wenige Fußminuten in Richtung Ribeira, hat der gefeierte Architekt Eduardo Souto de Moura in ein zeitgenössisches **Museu dos Transportes e Comunicações** 19 umgewandelt. Gezeigt werden Oldtimer und historische Werbemittel, in einer originalen Reparaturwerkstatt kann man an modernste Kontrollgeräte treten. Zugleich befasst sich die Ausstellung mit dem Einfluss des Automobils auf unser Leben und wagt einen Blick auf das Verkehrswesen der Zukunft (Di–Fr 10–12, 14–18, Sa/So 15–19 Uhr, Eintritt 3 €).

Museu do Carro Eléctrico

Gegenüber dem Transportmuseum nimmt die historische Straßenbahnlinie 1 ihre Fahrt zum charmanten **Museu do Carro Eléctrico** 20 in der Rua Alameda Basílio Teles 51 auf. Immerhin war Porto die erste Stadt der Iberischen Halbinsel, in der ab 1895 die elektrisch betriebene Straßenbahn zum Einsatz kam. Noch älter sind die ausgestellten Pferdebahnen. Sie stammen aus dem Jahr 1872 (Di–Fr 9.30–12.30, 14.30–18, Sa/So 15–19 Uhr, Eintritt 3,50 €).

Im Juli und August verwandeln sich die Museumshallen während des Musikfestivals **Noites de Massarelos** in ein Dorado für Klassikfans.

Westliche Vororte

Die Straßenbahn fährt weiter in den Stadtteil Foz, heute Portos besseres Wohnviertel an der Atlantikküste mit zahlreichen extravaganten Restaurants. Vor einem Jahrhundert wandelte sich das bescheidene Fischerdorf zu einem mondänen Badeort. Eine schmückende Pergola vor dem Hauptstrand stammt aus dieser Zeit. Die engen Straßen des alten Ortskerns atmen noch volkstümliches Flair, der hübsche Stadtteilmarkt an der Rua do Diu erfreut sich einer treuen Klientel.

Zwischen den Festungen **Forte de São João Baptista** im Süden und **Castelo do Queijo** im Norden, beide einst als Schutz vor Piraten errichtet, erstrecken sich felsige Buchten und kleine Sandstrände. Aufgrund der schlechten Wasserqualität ist das Meer zwar nicht zum Baden geeignet, doch an der Uferpromenade kann man promenieren, und die Strandlokale laden zum genüsslichen Verweilen ein.

Richtig Reisen-Tipp: Ein Gang durch die Casa da Música

Die 2005 eröffnete Konzerthalle soll nach der Intention des holländischen Architekten Rem Koolhaas einem Objekt aus dem Weltraum gleichen, despektierlich wird sie aber auch weiße Schuhschachtel genannt. Der Architekt selbst bezeichnete sein Meisterwerk als verrückt. Der Stadt und ihren Einwohnern öffnen will sich der transparente Kulturpalast. Aus diesem Grunde sind selbst die Probe- und Aufenthaltsräume der Künstler von außen einsehbar, auch während der regelmäßigen, höchst lebendigen Führungen von etwa einer Stunde Dauer. Beeindruckend sind Akustik und Ausgestaltung des Auditoriums. Umgeben von einer doppelten Glasfront in Wellenlinien, öffnet sich während der Konzerte der Blick auf die städtische Außenwelt. Die 1238 hellen Samtsitze sind ausfahrbar, ihre Armlehnen aus Silikon beleuchtet, um das Mitlesen der Partituren zu ermöglichen. Die Innenwände aus Pinienholz sind mit Gold verziert, zwei Orgeln im Stile des Barocks und der Romantik zieren die Wände – im Moment noch als Attrappen, für die Originale werden Sponsoren gesucht. Oberhalb des Auditoriums befindet sich ein Babysitterraum, in dem die Kleinen Blickkontakt zu den musikalischen Eltern haben. Für Unterhaltungsmusik und Theateraufführungen stehen zusätzlich ein kleiner Saal und die Tiefgarage zur Verfügung. Historische Kachelbilder verschönern den Presseraum.

Das Gebäude liegt zentrumsnah an der Praça de Mousinho de Albuquerque mit eigener Metro-Station, vier Haltestellen entfernt von der Markthalle Bolhão (Führungen in Engl. um 11.30 und 16 Uhr, 2 €, Tel. 220 12 02 20, www.casadamusica.pt).

Ein »verrückter Bau«? – die Casa da Música

Parque de Serralves und Museu de Arte Contemporânea

21 An der Grenze zum Stadtteil Boavista in der Rua D. João de Castro 210 erstreckt sich der pflanzenreiche Parque de Serralves. Die 18 ha große Anlage wurde in den 1930er-Jahren im französischen Stil um die Art-déco-Villa des Textilfabrikanten Carlos Cabral angelegt und dient heute als erhabene Kulisse für moderne Skulpturen, wie die peppige Gartenschaufel von Claes Oldenburg. Ein erholsamer Spaziergang durch den gepflegten Landschaftspark erhält somit gleichermaßen eine künstlerische und botanische Note. Mitten hinein setzte Portugals Stararchitekt Álvaro Siza Vieira 1999 in seiner unverwechselbaren puristisch-weißen Bauweise Portugals bedeutendstes Museum für Gegenwartskunst, dessen hochkarätige Wechselausstellungen jährlich etwa 300 000 Kunstfreunde anziehen. Besucherrekorde stellten Retrospektiven von Andy Warhol u. Paula Rego auf.

Für den Bau sind die großflächigen weißen Wände und die scheinbar zufällige Anordnung der einzelnen kubischen Baukörper und Fenster charakteristisch. Sie geben immer neue Blicke auf den Park frei und lassen Natur und Kultur in eine schöpferische Beziehung treten. Die sehr unterschiedlich großen elf Säle passen sich flexibel den jeweiligen Ausstellungskonzepten an (Di–So 10–19, im Sommer Fr/Sa bis 22, So bis 20 Uhr, Eintritt Museum und Park 5 €, nur Park 2,50 €, www.serralves.pt).

Matosinhos

Die neue Metrolinie lässt die Küstenstadt, die bereits jenseits der Stadtgrenzen von Porto liegt, wie eine Eingemeindung erscheinen. Der Ort steht ganz im Schatten des zweitgrößten Industriehafens Portugals. Nett sind die Geschäftsstraßen rund um die Markthalle. Die Tascas und Restaurants entlang der zentralen Avenida Serpa Pinto und in Hafennähe sind beliebt wegen ihres frischen und preiswerten Fisches, der zum Glück auf hoher See gefangen wird. Denn aufs Baden an der Küste sollte man lieber verzichten, zu belastet ist das Wasser.

Turismo:
Hauptstelle: Rua Clube dos Fenianos 25, Tel. 223 39 34 72, Fax 223 32 33 03, www.portoturismo.pt, Mo–Fr 9–17.30, im Sommer bis 19, Sa/So 9.30–16.30 Uhr.
Flughafen: Ankunftshalle, Tel. 229 41 25 34, 8–23.30 Uhr.
Ribeira: Rua Infante Dom Henrique 63, Tel. 222 06 04 12, Mo–Fr 9–17.30, im Sommer bis 19, Sa/So 9.30–16.30 Uhr.
Kathedrale: Casa da Câmara, Tel. 223 32 51 74, Mo–Fr 9–17.30, im Sommer bis 19 Uhr.
Baixa: Praça Dom João 43, Tel. 222 05 75 14, Mo–Fr 9–19.30, Sa/So 9.30–15.30 Uhr.

Infante de Sagres [1]: Praça D. Filipa de Lencastre 62, Tel. 223 39 85 00, Fax 223 39 85 99, www.hotelinfantesagres.pt. Elegantes Luxushotel, 64 mit erlesenen Antiquitäten eingerichtete Zimmer. DZ 175 bis 225 €.

Pestana Porto [2]: Praça da Ribeira, Tel. 223 40 23 00, Fax 223 40 24 00, www.pestana.com. Vier historische Häuser an der Ribeira wurden restauriert, miteinander verbunden und beherbergen nunmehr 48 modern gestaltete Zimmer. DZ 150–180 €.

Eurostars das Artes [3]: Rua do Rosário 160, Tel. 222 07 12 50, Fax 222 07 12 59, www.eurostarshotels.com. 89 Zimmer in modernem Design. DZ ca. 150 €.

Grande Hotel do Porto [4]: Rua de Santa Catarina 197, Tel. 222 07 66 90, Fax 222 07 66 99, www.grandehotelporto.com. Traditionshaus, in dem schon gekrönte Häupter nächtigten. 92 unterschiedlich große, modern eingerichtete Zimmer, eleganter Salon und Speisesaal. DZ 104–122 €.

Casa do Poema [5]: Rua Pero Covilhã, Tel. 226 17 06 56, Fax 226 17 06 57, www.casadopoema.com. Ein besonderes Gästehaus im Stadtteil Foz, in den 1960er-Jahren vom angesehenen Architekten Viana de Lima im futuristischen Stil entworfen. Die drei Zimmer und vier Suiten mit Blick auf Meer oder Garten wurden von einem Kunstliebhaber originell eingerichtet. DZ 110–130 €.

Quality Inn Batalha [6]: Praça da Batalha 127, Tel. 223 39 23 00, Fax 222 00 60 09, www.choicehotelseurope.com. 113 geräumige Zimmer in zentraler Lage. DZ 50 bis 120 €.

Internacional 7**:** Rua do Almada 131, Tel. 222 00 50 32, Fax 222 00 90 63, www.hiporto.com. Gemütliche Unterkunft mit frisch renovierten 35 Zimmern. DZ 75– 85 €.

Residencial Pão de Açúcar 8**:** Rua do Almada 262, Tel. 222 00 24 25, Fax 222 01 15 89, www.residencialpaodeacucar.com. Mit altem Mobiliar eingerichtete Unterkunft, die Zimmer im obersten Stock mit eigener Dachterrasse. DZ 50–70 €.

Pensão Cristal 9**:** Rua Galeria de Paris 48, Tel. 222 00 21 00, Fax 222 08 98 25. Freundliche Unterkunft mit 20 ansprechenden Zimmern. DZ 55–65 €.

Bull & Bear 10**:** Av. da Boavista 3431 (in der Börse), Tel. 226 10 76 69, Sa mittags und So geschl. Portugiesische Küche auf höchstem Niveau mit einem Tick Kreativität verfeinert, etwa wenn den Curryreis mit Garnelen ein Apfel-Tomaten-Chutney begleitet oder als Nachtisch zu einer Käsecreme in Portwein eingelegte Birnen gereicht werden. Hauptgerichte ab 18 €, im angeschlossenen Bistro werden kleine Speisen geboten.

Sessenta Setenta 11**:** Rua Sobre o Douro 1A, Tel. 223 40 60 93, Sa mittags und So geschl. Kreative Küche, Rinderfilet in Rotwein-Kapern-Soße oder mit Fenchel gefüllte Kalmars, wird zwischen schwarz gestrichenen Granitmauern mit Douroblick gereicht, Terrassenbetrieb. Hauptgerichte ab 16 €.

D. Tonho 12**:** Cais da Ribeira 13–15, Tel. 222 00 43 07. Verfeinerte portugiesische Speisen im schicken Ambiente an der Dourobrücke. Empfehlenswerte, aber teure Auswahl an Vorspeisen. Hauptgerichte ab 14 €.

Cafeína 13**:** Rua do Padrão 100, Tel. 226 10 80 59, tgl. bis 1.30 Uhr. Café-Bar-Restaurant in dunklen Tönen, aufgelockert mit moderner Kunst. In-Treff für Politiker, Künstler und Intellektuelle. Kreative Salate, Kuchen und mediterrane Hauptgerichte ab 15 €.

Ein paar Minuten Ruhe im Café Majestic

Richtig Reisen-Tipp: Ein nostalgischer Einkaufsbummel

Portos Unterstadt Baixa bildet ein unvergleichliches Biotop aus herrlich romantischen Fachgeschäften. Bei einem Einkaufsbummel fühlt man sich in die Kindheit versetzt und kann jedes noch so abseitige Objekt der Kaufbegierde aufstöbern. Zusätzlich und *en passant* erfreuen farbenfrohe Jugendstilfassaden und einladende Reklame- und Ladenschilder im Stile des Art déco das Auge.

Rund um die geschäftige Markthalle Mercado Bolhão gruppieren sich schmucke **Lebensmittelläden**. Auf Kacheln gebrannte, von Blumen umrankte und mit Federn geschmückte Frauengestalten an der Schaufensterumrahmung locken in die Pérola do Bolhão (Rua Formosa 270), berühmt für die hochwertige Auswahl an Stockfisch, die im Eingangsbereich auf die Käufer wartet. Die Casa Chineza (Rua Sá da Bandeira 343) hält neben einem überwältigenden Angebot an würzigem Schafskäse, geräucherten Würsten, Trockenfrüchten und Weinen extra für den deutschen Touristen dunkles Vollkorn- und Knäckebrot bereit. Seit 1804 strömt aus der Casa Cristina (Rua Sá da Bandeira 401) der betörende Duft frisch gemahlener Kaffeemischungen, von Kräuter- und Schwarztees, dazu gibt es als Souvenir entzückende Espresso-Sammeltassen aus den 1950er-Jahren. In der nächsten Querstraße links folgen weitere Lebensmittelläden des alten Stils, etwa das A Favorita do Bolhão (Rua Fernandes Tomás 785), in dessen langer Holztheke Glasbehälter für lose verkaufte Bonbons (5–15 €/kg) eingelassen sind.

Auch **Haushaltswaren** werden in diesem Geviert gehandelt. Nortel (Rua Fernandes Tomás 803) lässt von der Single- bis zur Großküche keine Wünsche offen. Die Auslagen und Regale des Messergeschäfts Casa de Guimarães um die Ecke (Rua do Bonjardim 464) versammeln alle nur erdenklichen Produkte mit Klinge: Scheren, Messer, Utensilien für den Herrenfrisör, Metzgerhaken und Büchsenöffner jeweils in ungezählten Größen und Preislagen. Das **Elektrogeschäft** Renor schräg gegenüber (Rua do Bonjardim 367) preist auf einer alten Leuchtreklame Lampen, Radios und Tonbänder aus Japan an. Noch immer kann man für wenig Geld einen zu Hause vergessenen Wecker oder ein Taschenradio ersetzen, jetzt allerdings »Made in China«.

In der Rua do Almada westlich der Praça da Trindade schlägt das Herz passionierter **Heimwerker** höher. Wer auf der Suche nach besonderen Wasseruhren, Plastikschläuchen, Unterlegscheiben, Elektrosicherungen, Rollen, Lampen oder Werkzeugen ist, wird in Dutzenden von Handwerkerläden fachmännisch beraten. Nach Geschäftsschluss drapieren die eifrigen Verkäufer die Elektrobohrer und Schraubendreher liebevoll hinter der Eingangstür.

Im **Antiquariat** Candelabro (Rua da Conceição 3) wühlt man unter alten Büchern, Stichen oder Jugendstilplakaten und einige Häuser weiter in westlicher Richtung werden im Traditionsgeschäft Margaridense (Travessa de Cedofeita 20 A) aus einer schlichten Holzeinrichtung die besten hausgemachten **Marmeladen** und die luftigsten Rührkuchen, *pão de ló,* von Porto hervorgezaubert. Sicher noch ein Geheimtipp, während Portugals schönste und berühmteste **Buchhandlung** Lello & Irmão (Rua dos Carmelitas 144) sogar eine eigene Broschüre auf Deutsch für ihre Kunden aufgelegt hat.

Die angrenzende Rua Cândido dos Reis wollten die Stadtplaner ursprünglich mit Glas überdachen, um den Pariser Passagen nachzueifern. Das Dach fehlt, doch umso hübscher fallen die Jugendstilfassaden der Wohn- und Handelshäuser aus. Ein Kleinod versteckt sich in Haus 34–42. Camões & Moreira, der letzte von ursprünglich vier Stoffgrossisten, beliefert Schneider in ganz Portugal mit erlesenen **Tuchwaren** aus aller Welt.

Peixes & Cª 14**:** Rua do Ouro 133, Tel. 226 18 56 55, So geschl. Beliebtes Fischrestaurant am Douro mit gemütlicher Atmosphäre, schmackhafte Vorspeisen. Hauptgerichte um 12 €.

A Grade 15**:** Rua de S. Nicolau 9, Tel. 223 32 11 30, So geschl. Ein sympathisches Restaurant mit nur vier Tischen. Gute Hausmannskost und leckere Vorspeisen. Hauptgerichte ab 10 €.

Abadia 16**:** Rua do Ateneu Comercial do Porto 22–24, Tel. 222 00 87 57, So geschl. Beliebtes Traditionsrestaurant mit riesiger Auswahl von Sardinen bis Wildschwein. Hauptgerichte ab 8 €.

Casa Nanda 17**:** Rua da Alegria 394, Tel. 225 37 05 75, So abends und Mo geschl. Familiäres Stadtteilrestaurant, das auch einen kleinen Anmarsch lohnt, einfaches portugiesisches Essen aus besten Zutaten. Hauptgerichte ab 8 €.

Ateneu 18**:** Rua de Passos Manuel 48, Tel. 222 00 41 06. Self-Service-Büfett versteckt im obersten Stock eines Clubhauses der Portuenser Gewerbetreibenden. Suppe, Salate, Hauptgerichte und Desserts für ca. 6,50 €/ Pers. Geheimtipp, man muss allerdings die Schwellenangst überwinden!

Suribachi 19**:** Rua do Bonfim 136/140, Tel. 225 10 67 00, So geschl. Ältestes vegetarisches Restaurant in Porto mit angeschlossenem Bioladen. Angenehmer Speiseraum und begrünte Veranda im ersten Stock. Essen gibt es nur, solange der Vorrat der frischen Zutaten reicht. Hauptgerichte um 6 €.

s. Richtig Reisen-Tipp S. 248: »Ein nostalgischer Einkaufsbummel«.

Kunsthandwerk: CRAT: Rua da Reboleira 37 (Sa/So geschl.). Das Centro Regional de Artes Tradicionais erforscht, lehrt und verkauft regionales Kunsthandwerk. Im Sommer bietet es Di und Do nachmittags dreistündige Kurse zur Bemalung von Azulejos (25 €/ Pers.).

Bücher: Bücherstube: Rua de Diu 158, nur Di–Do geöffnet. Große Auswahl von deutschen Übersetzungen portugiesischer Literatur.

Maus Hábitos: Rua dos Passos Manuel 178, 4. Stock, Tel. 222 08 72 68, Mi–So 22–2 Uhr. Über den Dächern der Baixa gelegenes, alternatives Kulturprojekt mit Bar, Kunstausstellungen, Musik- und Theateraufführungen.

Café Lusitano: Rua de José Falcão 137, Mo–Do 12–1.30, Fr/Sa 12–3.30 Uhr. Angesagte Bar für altersmäßig gemischtes Publikum, tagsüber Café-Betrieb, abends Tanzmusik vom Rock der 1980er bis House, Mi ab 23 Uhr Tango, Fado oder Live-Musik.

Indústria: Av. do Brasil 843, Praia do Molhe, Foz, Tel. 226 17 68 06, Do–Sa ab 23 Uhr. Schon über ein Jahrzehnt eine Institution unter den Portuenser Discos, von Techno bis experimentell.

Boy'R'Us: Rua Dr. Barbosa de Castro 63, Tel. 917 54 99 88 (mobil), Mi, Fr–So 23–4 Uhr. Beliebteste Schwulenbar und Disco. Weitere Adressen unter www.portugalgay.pt.

Über das reiche Kulturangebot Portos informiert die vierteljährlich erscheinende, in Hotels und Touristenbüros kostenlos erhältliche **Agenda do Porto**, www.agendadoporto.pt.

Fantasporto: Ende Februar/Anfang März. Festival für anspruchsvolle Fantasy-Filme (www.fantasporto.pt).

Queimas das Fitas: 1. Maiwoche. Traditionelles Studentenfest mit Umzügen und Rockkonzerten.

Stadtfest São João: 23./24. Juni. Porto ist außer Rand und Band, man schlägt sich mit

Porto Card

Die Karte gewährt Ermäßigung oder freien Eintritt in viele Museen und Baudenkmäler und Nachlass in einigen Geschäften und Restaurants. Der in den städtischen Tourismusbüros und zahlreichen Hotels erhältliche Pass kostet für einen Tag 3,50 €. Zu einem Aufpreis ist zusätzlich die Benutzung aller öffentlichen Verkehrsmittel eingeschlossen, dann beträgt der Preis 7,50 €, 11,50 € und 15.50 € für ein, zwei bzw. drei Tage.

Plastikhämmern auf die Köpfe und isst gegrillte Sardinen und Zicklein.

Noites do Palácio: Mitte Juni–Ende Juli. Open-Air-Konzerte mit portugiesischen und internationalen Gruppen und Sängern im Park des Kristallpalasts.

Jazz no Parque: Juli. Anspruchsvoller Jazz im Parque de Serralves.

Bootsausflüge: Bei der knapp einstündigen **6-Brücken-Tour** kann man Porto aus der Flussperspektive betrachten (Tickets am Cais da Ribeira, ca. 10 €).

Tagesausflüge auf dem Douro: s. Richtig Reisen-Tipp S. 303.

Flughafen Francisco Sá Carneiro: Etwa 15 km nördlich der Innenstadt, Tel. 229 43 24 00, Flugplanauskunft Tel. 229 41 31 41 oder www.ana.pt.

Vom Flughafen in die Innenstadt:

Metro: Abfahrt vor der Ankunftshalle zwischen 6.30 und 0.30 Uhr, Fahrtzeit etwa 30 Min. ins Zentrum und zum Bahnhof Campanhã. Fahrpreis ca. 1,60 €.

Taxi: Tarif in die Innenstadt ca. 25 €.

Zug:

Bahnhof Campanhã: 4 km westlich des historischen Stadtzentrums mit Metroanbindung. Häufig nach Lissabon, Braga, Viana do Castelo.

Bahnhof São Bento: Stadtzentrum. Regelmäßig nach Braga und Guimarães, seltener ins Dourotal.

Fortbewegung in der Stadt:

Loja da Mobilidade (Informationsstellen des ÖPNV): Rua Clube dos Fenianos 25, in der Tourismusinformation. Ticketverkauf und Info-Broschüre (auch auf Engl.), kostenlose Hotline 800 22 09 05.

Bus: Information und zentraler Ticketverkauf der Betreibergesellschaft **STCP** gegenüber dem Bahnhof São Bento, Praça Almeida Garrett 29, Tel. 808 20 01 66, www.stcp.pt, Mo–Fr 8–19.30, Sa 8–13 Uhr.

Metro: Es gibt fünf Linien, die farblich gekennzeichnet sind. Zentraler Umsteigebahnhof ist Trindade. Infos Tel. 808 20 50 60 oder 225 08 10 00, www.metrodoporto.pt.

Straßenbahn: Linie 1 E von der Igreja São Francisco nach Foz, Linie 18 von der Igreja do Carmo zum Douroufer.

Taxis: Taxis sind ein preiswertes Verkehrsmittel und kosten ca. 4–5 € im Innenstadtbereich. Die Fahrer werden per Handzeichen angehalten.

Parken: Die Straßen in Porto sind parkraumbewirtschaftet. Im gesamten Bereich der Innenstadt finden sich ausreichend Parkhäuser. Günstig ist der öffentliche Parkplatz Parque Municipal an der Alfândega am Douroufer.

Drahtseilbahn Funicular dos Guindais: Verbindung von der Praça da Batalha zur Ribeira (So–Do 8–20, Fr/Sa 8–24 Uhr).

Fahrkarten:

Andante-Karte: Die aufladbare Chip-Karte gilt in der Metro, Straßenbahn, Drahtseilbahn und in vielen innerstädtischen Bussen. Erhältlich ist sie für 0,50 € in den Fernbahnhöfen, in den Metro-Stationen (So nur Trindade), im Loja da Mobilidade (Haupttourismusbüro) und in den Läden der Verkehrsgesellschaft STCP. An Automaten in den Metrostationen oder in den Vorverkaufsstellen wird sie mit der gewünschten Anzahl von Fahrten (ca. 1 € pro Fahrt im Stadtbereich) oder für 24 Stunden (ca. 3 €) aufgeladen. Der Chip muss vor jeder Fahrt über die elektronische Zugangssperre der Metro und der Drahtseilbahn bzw. über die Kontrollautomaten in Bussen und der Straßenbahn geführt werden.

Euro 1 und **Euro 3:** Ein- und Dreitageskarten (ca. 4 bzw. 9 €) für alle Verkehrsmittel des Großraums Porto (Euro 1 erhältlich im Bus, Euro 3 an den Andante-Verkaufsstellen).

Eines von vielen nostalgischen Delikatessgeschäften in Porto: A Pérola do Bolhão

Portos Umgebung

Karte S. 258

Auch Portos Umland ist eine Reise wert. Am südlichen Ufer des Douro reift der Portwein in Vila Nova de Gaia, wenig weiter locken die wunderbaren Sandstrände von Espinho, jenseits des historischen Santa Maria da Feira beginnt das Wandergebiet von Arouca. Vila do Conde nördlich von Porto ist ein liebenswertes Städtchen mit vielen Museen und noch mehr Festveranstaltungen.

Von Porto nach Süden

Vila Nova de Gaia

Die Stadt zieht sich die Hügel auf der südlichen Seite des Douro hinauf, allerdings weit weniger romantisch als in Porto. Doch Vila Nova de Gaia **1** trägt maßgeblich zum Reichtum der Region bei: Hier lagern Millionen Liter Portwein. Bis zum EG-Beitritt hatte eine mächtige Händlerlobby dafür gesorgt, dass nur jene Firmen Portwein exportieren durften, die ihre Kellerei in der Stadt hatten.

Auf der unteren Fahrbahn der Eisenbrücke Dom Luís I. gelangt man von der Ribeira, auf der oberen von Portos Kathedrale auf das andere Flussufer. Die Stadtansicht auf die Silhouette Portos ist atemberaubend. Zahlreiche moderne Restaurants, Bars und Cafés laden zu einem Drink oder Kaffee ein, einige haben Liegestühle an den Fluss gerückt, auf dem die historischen Transportboote schaukeln. Diese *rabelos* brachten den kostbaren Rebensaft aus dem Anbaugebiet zu den Weinkellern. Heute übernehmen moderne Tankwagen reichlich unprosaisch diese Aufgabe.

Das lang gestreckte ehemalige Klostergebäude der Augustiner neben der oberen Fahrbahn der Brücke fällt weithin ins Auge. Zwischen 1540 und 1602 erbaut, wird das **Mosteiro des Serra do Pilar** inzwischen militärisch genutzt. Dies erschwert noch die

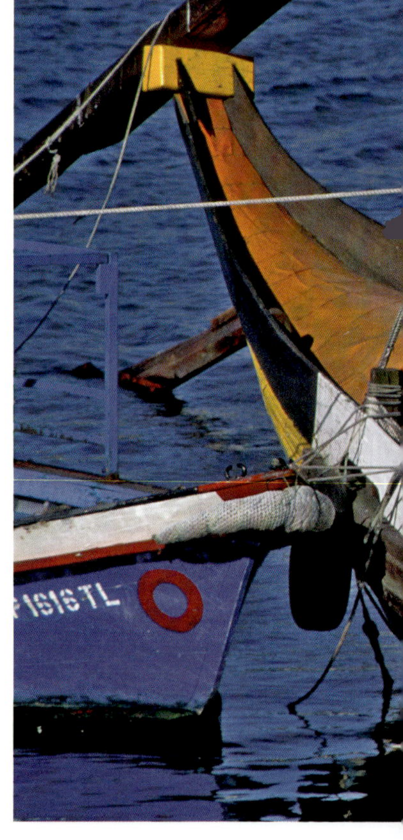

Besichtigung des Renaissanceklosters mit einem außergewöhnlichen runden Kreuzgang und einem ebenso runden Kirchenraum, doch in naher Zukunft soll ein Militärmuseum in den Räumlichkeiten eröffnet werden. Bis es soweit ist, muss man sich mit dem Panoramablick aus schwindelnder Höhe zufriedengeben.

Turismo: Av. Diogo Leite 242, Tel. 223 70 37 35, tgl. 10–18 Uhr, Okt.–April So geschl.

Zahlreiche Restaurants liegen an der Uferstraße, an deren Ende mit dem **Cais de Gaia** ein moderner Bar- und Restaurantkomplex eröffnet wurde. Edel gibt sich die **Bar-Restaurant D. Tonho** nahe der Brücke, eine Dependance des gleichnamigen Restaurants an der Ribeira.

El Corte Inglés: Av. da República (Metro-Endhaltestelle). Konsumtempel der spanischen Kaufhauskette. Interessant ist ein Luftbild von Vila Nova de Gaia, das vor dem Eingang in den Boden eingelassen ist.

Hard Club: Cais de Gaia 1158. Alternative Rockmusik, auch Live-Konzerte.

Früher wurden die Portweinfässer auf den Rabelo-Booten transportiert

Richtig Reisen-Tipp: Eine Führung zum süßen Wein

Den Besuch eines Portweinkellers sollte man sich nicht entgehen lassen. Meist erfolgt die Führung in englischer Sprache und kostet etwa 2 €, darin eingeschlossen die Probe eines weißen und eines roten Portweins. Die Tourismusbüros in Porto und Vila Nova de Gaia halten ein Faltblatt mit Lage, Öffnungszeiten und Eintrittspreisen aller 17 ansässigen Weinproduzenten bereit (im Internet unter www.cavesvinhodoporto.com). Zu beachten ist, dass sich die Besichtigungen deutlich in Dauer (10–30 Min.) und Kompetenz der Führer unterscheiden. Viele Häuser imponieren zwar mit einer modern-eleganten Gestaltung oder eindrucksvollen Museumsräumen, jedoch werden die Besucher in Rekordzeit durch die Weinkeller in den anschließenden Verkaufsraum geschleust. Meist passiert dies in jenen Firmen, für die aufdringlich entlang der Uferpromenade geworben wird.

Empfehlenswert auch bezüglich der Qualität der Portweine ist **Taylor's,** 1692 gegründet und seither im Besitz der gleichen Familien. Erklärt werden die verschiedenen Herstellungsverfahren, Reifeprozesse und die unterschiedlichen Qualitäten des alkoholverstärkten Weins. Zu sehen sind Fässer mit einem Fassungsvermögen bis über 100 000 Liter. Der Anmarsch auf den Hügel zu den feudalen Bewirtungsräumen lohnt sich, auch wegen der Aussichtsterrasse mit Blick auf Porto. Eine virtuelle Führung steht unter www.taylor.pt im Netz (Rua do Choupelo 250, Tel. 223 74 28 00, Mo–Fr 10–18 Uhr, im Sommer auch Sa).

Weinproduzent **Ferreira** (Av. Ramos Pinto 70, Tel. 223 74 61 06, tgl. 10–12.30 und 14–18 Uhr) zeigt zusätzlich zur Kellerbesichtigung historische Gerätschaften und Fotografien. Dona Antónia, auch genannt Ferreirinha (kleine Ferreira), war im 19. Jh. die erste Frau, die die Leitung einer Portweinfirma übernahm, damals eine Sensation. Sie maß gerade einmal 1,40 m und wird auf Gemälden nur sitzend dargestellt.

Wer sich für die künstlerische Gestaltung der Flaschen interessiert, sollte **Ramos Pinto** besuchen (Av. Ramos Pinto 380, Tel. 223 77 50 11, www.ramospinto.pt, 1.6.–30.9. Mo–Sa 10–18, sonst Mo–Fr 9–13 und 14–17 Uhr) Dieses Unternehmen hat für seine Etiketten, Werbeschilder und Plakate im Jugendstil ein feines Museum eingerichtet. Für alle Besichtigungen der kühlen Keller gilt, dass man selbst im Sommer ein langärmeliges Kleidungsstück mitnehmen sollte.

Espinho

Traumstrände für Badende und Surfer, Portugals ältestes Casino, ein reges Nachtleben, populäre Fischlokale und eine ausgezeichnete Verkehrsanbindung machen aus Espinho 2, etwa 20 km südlich von Porto, das beliebteste Seebad der Portuenser. Einst ein Fischerdorf, änderte sich das Stadtbild mit der Ankunft der Eisenbahn im Jahre 1867 grundlegend. 13 illegale Spielhöllen gab es damals, in denen auch angesehene Bürger aus der Großstadt ihr Glück versuchten. Im Schachbrettmuster wurden die Straßen angelegt, ohne Namen, aber mit Nummern versehen. Hübsch sind der mit Kachelpaneelen verzierte Bahnhof, die Szenen aus dem Alltagsleben zeigen, und die Fußgängerzone Rua 19 mit alten Cafés und Geschäften anzuschauen, darunter auch der Kolonialwarenladen Alves Ribeira in Nr. 294. Ebenfalls an alte Zeiten erinnern allmorgendlich die Fischer, die am südlichen Praia dos Pescadores per Traktor ihre Netze aus dem Meer ziehen; bis vor wenigen Jahren erledigten diese Arbeit noch Ochsen.

An den feinsandigen Stränden werden in der warmen Jahreszeit Strandkörbe und Hütten vermietet, entlang der autofreien Strandpromenade verläuft ein Fahrradweg. Über die Dünen führt ein 14 km langer **Wanderweg** teilweise auf Holzstegen bis an die Strände von Vila Nova de Gaia.

Turismo: Rua 23, Tel. 227 33 58 72, Mai–Sept. Mo–Fr 9–18, Sa/So 9.30 bis 12.30 und 14–17.30, Okt.–April Mo–Fr 9.30–12.30 und 14–17.30, Sa 9.30–12 Uhr.

Aparthotel Solverde: Rua 21, Nr. 77, Tel. 227 31 31 44, Fax 227 31 31 53, www.solverde.pt. Wohnliche Studios und Apartments in einem Hochhaus im Casinokomplex, teilweise mit Meerblick. Studios (1 bis 2 Pers.) 70–90 € ohne Frühstück. 3 km nördlich liegt in Granja das Luxushotel Solverde mit 166 großzügigen Zimmern für 120-190 €/DZ.
De Espinho: Rua 19 Nr. 326, Tel. 227 34 00 02, Fax 227 31 26 36. Einfache Pension in der Fußgängerzone mit sauberen Zimmern. DZ 30–50 €.

Zahlreiche Spezialitätenlokale für frische Fischgerichte und Meeresfrüchte reihen sich an der Uferpromenade Rua 2 aneinander. Empfehlenswert sind die **Marisqueira Golfinho** in Nr. 663 mit Terrassenbetrieb (Hauptgerichte ab 8 €) und die etwas günstigere **Marisqueira Espinhomar 1** in Nr. 799.

Casino: Rua 19, Nr. 85. So–Do 15–3, Fr/Sa 16–4 Uhr. Zahlreiche Konzerte und Shows.

Festival Internacional de Música: 4 Wochen im Juli. Festival der modernen klassischen Musik.

Baden: Beliebtester der acht Strände ist Praia Pop zwischen Rua 7 und 9, ruhiger sind die südlichen Strände Silvade und Paramos.
Surfen: Nortada, Rua do Paço Velho 267, Tel. 917 41 22 41 (mobil), www.nortada-spot.com. Kurse, Equipmentverleih.
Wandern: 14 km langer Wanderweg am Meer.
Fallschirmspringen: Aeroclube da Costa Verde, Flughafen Paramos, Tel. 227 34 20 60, Equipmentverleih.

Zug: Avenida 8, Tel. 227 32 12 19. Etwa halbstündlich nach Porto, häufig nach Aveiro.

Santa Maria da Feira

Die Kleinstadt Santa Maria da Feira 3 mit 12 000 Einwohnern, knapp 20 km südöstlich von Porto, liegt an der Autobahn A 1. Hier verbindet sich Geschichte mit Gegenwart, Baudenkmäler mit einem modernen Messezentrum, das historische Papiermuseum mit dem modernsten Wissenschaftsmuseum Portugals.

Adrett zeigen sich die Gassen zwischen der blau gekachelten Pfarrkirche und dem Kloster Lóios (16. Jh.) am südlichen Rand der Altstadt und der nördlich gelegenen Igreja da Misericórdia (17. Jh.). Über allem thront eine monumentale Befestigungsanlage, deren Ursprünge bis ins späte 9. Jh. zurückreichen. Seit 1117 wurde vor den Toren ein bedeutender Markt (portugiesisch: *feira*) abgehalten, und der Ort bekam seinen Namen. Auch wenn noch einzelne Gebäudeteile aus dieser frühen Epoche stammen, erhielt das **Kastell** sein heutiges Aussehen durch spätere Ausbauten im 15. Jh. Allerdings zerstörte ein Brand 1722 einen Wachturm und die Wohnräume (Di–So 9–12, 14–18 Uhr, Eintritt 3 €). Weithin geschätzt und in den einheimischen Konditoreien erhältlich sind die **Fogaças,** süße Brote aus Mehl, Zucker, Butter, Eiern, Zitrone und Salz. Aus seiner runden Grundform wachsen vier Spitzen empor, die die Türme der Burg darstellen. Immer am 20. Januar wird dieses Gebäck mit einem eigenen Fest gefeiert.

Wenig zu feiern hatte die Stadt allerdings im April 2006. Genau 10 Jahre und einen Monat nach der Eröffnung schloss der größte Arbeitgeber, eine deutsche Schuhfirma, ihr Werk, um sich einen billigeren Standort samt Fördergeldern in Osteuropa zu suchen. Das Datum war kein Zufall, denn das Unternehmen hatte neben finanzieller Unterstützung das Fabrikgelände von der Gemeinde geschenkt bekommen – gegen die Verpflichtung, mindestens ein Jahrzehnt vor Ort zu produzieren.

Mehr Nutzen bringt der Stadt das Messegelände Europarque nahe der Autobahn, etwa 4 km westlich. Am Rande wurde das supermoderne **Visionarium** eingerichtet, das die Besucher unter dem Motto »Wo das Spiel real ist« zu einem »großen wissenschaftlichen Abenteuer« einlädt. Dank futuristischer Museumstechniken und anhand von spannenden und unterhaltsamen Experimenten werden die Entwicklung der Erde und des Sonnensystems hier auch physikalischen und chemischen Laien verständlich. Nebenbei erfährt man sein Körpergewicht auf dem Mars. Museologischer Ausgangspunkt, wie könnte es in Portugal auch anders sein, ist die Odyssee der portugiesischen Entdeckungsfahrten (Mo–Fr 9–18, Sa/So 14–20 Uhr, Eintritt 6,50 €).

Ein unterhaltsames **Papiermuseum** in einer früheren Fabrik erzählt alles über einen Industriezweig, der noch heute große Bedeutung in Portugal hat. Für die Besucher werden die alten Maschinen noch einmal in Schwung gesetzt, in einem Bottich kann man selbst Papier schöpfen. Dafür lohnt sich die etwas komplizierte Anfahrt in den nördlichen Vorort Paços de Brandão, erreichbar über die entsprechende Ausfahrt an der IC 1 (Di–Fr 9.30 und 14–17, Sa/So 15–18 Uhr, Eintritt 2,50 €).

Turismo: Praça da República, Tel. 256 37 08 01, Fax 256 37 08 03, Mo–Fr 9–18, Sa 10–17 Uhr.

Dos Lóios: Rua Dr. António C. Ferreira Soares 2, Tel. 256 37 95 70, Fax 256 37 95 79, www.residencialdosloios.com. 32 großzügige und moderne Zimmer in einem Wohnblock. DZ ca. 50 €.

Trave Velha: Rua Dr. Roberto Alves 42–46, Tel. 256 37 50 81. Rustikale Einrichtung und deftige Traditionsküche. Ausreichende halbe Portion ab 8 €.

Viagem Medieval: Beweglicher Termin im Sommer. Mittelalterfest mit einem nächtlichen Abendessen im Burghof, auf das man kostümiert als Ritter und Burgfräulein geht.

Zug: Estação da Piedade. Regelmäßig nach Espinho.
Bus: Haltestelle vor dem Hotel Nova Cruz in der Rua São Paulo da Cruz. Häufig nach Arouca, Espinho und Porto.

Arouca

Abseits der touristischen Routen war Arouca 4, gut 30 km östlich von Santa Maria da Feira, noch bis vor wenigen Jahren ein Zentrum der krisengeschüttelten Textilindustrie. Als die wichtigsten Fabriken schließen mussten, machten die Stadtverantwortlichen aus der Not eine Tugend und setzen seither verstärkt auf Naturtourismus. In den umliegenden grünen Hügeln wurden zahlreiche **Wanderwege** von unterschiedlicher Länge und Schwierigkeit ausgeschildert. Zusätzlichen Anreiz für einen Besuch liefert ein einst einflussreiches **Zisterzienserkloster**. Zu Beginn des 13. Jh. machte König Sancho I. den Bau seiner Tochter Mafalda zum Geschenk. Daraus folgten zahlreiche Gaben und Stiftungen, die nun hier in einem der wichtigsten Museen für sakrale Kunst auf der Iberischen Halbinsel ausgestellt sind. Mafalda selbst wurde in einem kostbaren Sarg in der im 17. und 18. Jh. umgebauten Klosterkirche beigesetzt. Beeindruckend sind die kostbar vergoldeten Altäre, eine barocke Orgel mit 24 Registern und 1352 Pfeifen und das meisterhaft geschnitzte Chorgestühl (Di–So 9.30–12, 14–17 Uhr, Eintritt 2,50 €). In den südöstlich inmitten der rauen Berge gelegenen und nur über ungeteerte Straßen erreichbaren **Traditionsdörfern** Janada, Regoufe, Drave und Covêla ist für den Besucher noch zu erahnen, wie die portugiesische Landbevölkerung in klösterlichen Zeiten gelebt und gearbeitet hat.

Turismo: Rua Alfredo Vaz Pinto, Tel. 256 94 35 75, Mo–Fr 9.30–17.30, Sa 9.30–12.30 Uhr.

 **São Pedro:** Av. Reinaldo Noronha, Tel. 256 94 45 80, Fax 256 94 30 54, www.rspedro.aroucanet.com. Einzige Unterkunft im Ort, 33 einfache Zimmer. DZ 40 bis 45 €.

Einige einfache ländliche Unterkünfte finden sich in der Umgebung.

Mit den Autoren unterwegs

Baden und Surfen

Jung und Alt trifft sich in Espinho, an 20 km langen Sandstränden wird gebadet, gesurft, promeniert, relaxed und gut gegessen. Von Porto sind es nur 27 Minuten per Vorortzug (s. S. 254).

Museen in Santa Maria da Feira

Aufregendes über das Universum und sich selbst erfährt man im Wissenschaftsmuseum Visionarium. Und im Papiermuseum stehen Wasserbottich und Lumpen zum Schöpfen bereit (s. S. 255).

Fogaças

Himmlisch! Ein süßes Brot aus Mehl, Zucker, Butter, Eiern, Zitrone und Salz in der Form eines Kastells – gebacken in Santa Maria da Feira (s. S. 255).

Vila do Conde

Unscheinbar wirkt Vila do Conde beim ersten Hinsehen, auf den zweiten Blick zeigen sich die versteckten Schönheiten (s. links).

Von Porto nach Norden

Vila do Conde

Über die vierspurige IC 1 erreicht man von Porto aus nach knapp 30 km Vila do Conde **5** mit 25 000 Einwohnern. Dank zahlreicher historischer Sehenswürdigkeiten, seiner hübschen Lage zwischen Rio Ave und Atlantik und des kulturellen Engagements der Gemeinde hat sich die »Stadt des Grafen« zu einem attraktiven Reiseziel entwickelt. Mit der 2006 abgeschlossenen Neugestaltung der Ufermeile Frente Atlântica durch Álvaro Siza Vieira wurde eine neue Attraktion am Wasser geschaffen. Davor ankert der Nachbau eines Schiffes aus dem 15. Jh. Einziger Wermutstropfen ist das durch Industrieabfälle belastete Meer. Vom Baden ist also leider abzuraten.

Die Stadt wird von einem imposanten **Klarissenkloster** überragt, das nach seiner Gründung 1318 dem Ort zu wirtschaftlichem Aufschwung verhalf. Denn die Nonnen entpuppten sich als geschickte Handelsfrauen, die sogar ihre städtischen Konkurrenten mit Steuern belegten. Zudem waren sie berühmt für ihr Süßgebäck, das die örtlichen Konditoreien bis heute nach überlieferten Rezepten backen. Das Klostergebäude, das nicht besichtigt werden kann, erhielt sein heutiges Aussehen erst im 18. Jh., während die angeschlossene einschiffige Wehrkirche mit dem Sarg der Ordensgründerin noch im Originalzustand erhalten ist und Besuchern offen steht.

Besonders wenn es nachts sanft angestrahlt wird, beeindruckt ein 7 km langes, aus dem frühen 18. Jh. stammendes **Aquädukt** auf 999 Bögen, das das Kloster einst mit Wasser versorgte.

Rund um das Rathaus und die Pfarrkirche **Igreja Matriz** mit einem sehenswerten Museum für sakrale Kunst (Di-So 9–12 und 14–18 Uhr, Eintritt frei) bilden manuelinisch verzierte Wohnhäuser das historische Zentrum. Am granitenen Schandpfahl (1582) droht ein schwertschwingender Arm potenziellen Übeltätern. Die prächtigen **Paläste** der Adeligen, die es einst in den wohlhabenden Ort gezogen hatte, sind über das ganze Stadtgebiet verstreut. Auch zahlreiche Künstler ließen sich seit dem 19. Jh. in Vila do Conde nieder, unter ihnen Antero de Quental, Camilo Castelo Branco, J. M. Eça de Queirós, José Régio oder Sonia Delaunay. Eine beschilderte »**Rota d'Escritas**« (Route der Schriftsteller) führt an ihren Wohnhäusern vorbei. Kurios wirkt die **Capela de Nossa Senhora do Socorro** über dem Fischerhafen, denn mit ih-

ren Rundkuppeln gleicht sie eher einer Moschee als einer christlichen Kirche, in der die Fischer vor ihrer Ausfahrt die Jungfrau Maria um eine glückliche Heimkehr baten.

Insgesamt acht Museen beherbergt die Stadt, der Eintritt ist kostenlos. Hervorzuheben ist das **Museu da Construção Naval em Madeira**, zu Deutsch: das Museum für den Schiffsbau aus Holz. Ein Schwerpunkt liegt auf der Darstellung der frühen Handwerke, die bei der Konstruktion von Schiffen zum Einsatz kamen, zusätzlich sind Schiffskarten und Modelle ausgestellt (Rua do Caís da Alfandêga, Di–So 10–18 Uhr). Das **Klöppelmuseum** (Museu das Rendas de Bilros) ist dem Handwerk gewidmet, das in Vila do Conde ein wichtiges Zentrum gefunden hat. Neben alten Gerätschaften beeindruckt die wertvolle Sammlung heimischer und internationaler Klöppel- und Häkelarbeiten (Rua de São Bento 70, Mo–Fr 9–12 und 14–18, Sa/So 15–18 Uhr). Das**Telekommunikationsmuseum** (Museu Vivo da Comutação Manual) dokumentiert anhand historischer Apparaturen die Entwicklung des Telefonierens in Portugal von den Anfängen bis zur Einführung der automatischen Verbindung (im südlichen Vorort Vilar, Rua Alberto Moreiro, Di–Do 10–12 und 14–16 Uhr).

Turismo: Rua 25 de Abril 103, Tel. 252 24 84 73, Fax 252 24 84 22, Mo–Fr 9–18, Sa/So 10–13, 14–17.30 Uhr. Außenstelle in der Rua 5 de Outubro 207.

Forte de São João Baptista: Av. Brasil, Tel. 252 24 06 00, Fax 252 24 06 09, www.hotelfortesjoao.com. Die sieben supermodern ausgestatteten Zimmer von großer Eleganz in einem Fort aus dem 17. Jh. sind etwas Besonderes. DZ 100–150 €.
Do Brazão: Av. Dr. João Canavarro 14, Tel. 252 64 20 16, Fax 252 64 20 28, www.estalagemdobrazao.com. 26 wohnliche Zimmer in einem Adelshaus aus dem 16. Jh., nach hinten recht ruhig. DZ ca. 55 €, Juli/Aug. ca 85 €.

Caximar: Av. Brasil, 2 km nördl., Tel. 252 64 24 92, Mo geschl. Ausgezeichnete Fische und Meeresfrüchte ab 10 €.
Ramon: Rua 5 de Outubro 176/8, Tel. 252 63 13 34, Di geschl. Einfache, aber ausgesprochen schmackhafte Regionalküche in einem Speisesaal, der mit Fußballdevotionalien geschmückt ist. Ausreichende halbe Portion ab 7 €.

Klöppelware: Außenstelle des Turismo, Rua 5 de Outubro 207.

Festas de São João: 23./24. Juni. Die Nacht wird durchgefeiert, wobei man sich nach altem Brauch zur Austreibung der bösen Geister mit Plastikhämmerchen sanft auf den Kopf haut und mit übel riechenden Pflanzen bestreut.
Kunsthandwerksmesse: Ende Juli/Anfang Aug. Eine der größten Messen in Portugal.
Gastronomiemesse: 3. Augustwoche.

Metro: Largo Delfim Ferreira. Verkehrt regelmäßig nach Porto und Póvoa de Varzim.

Póvoa de Varzim

Als ein »Meer des Wohlgefallens« preist sich die 30 000 Einwohner große Küstenstadt in einem Prospekt. Allerdings sollte man unter diesem Begriff keineswegs romantische Abgeschiedenheit verstehen, denn Póvoa de Varzim 6 ist der einzige vom Massentourismus geprägte Ort der Region. Verantwortlich dafür sind der endlos lange, von einer Promenade und vielen Hochhäusern gesäumte Sandstrand und das **Casino**, das 1934 in einem klassizistischen Bau seine Pforten öffnete.

Im Gegensatz dazu steht das frühere Fischerviertel hinter dem Hafen. Eng drängen sich die schmalen Häuser, in den Hinterhöfen lagerten die Arbeitsmaterialien. Die Fischer schotteten sich von der übrigen Umgebung ab, selbst Eheschließungen wurden nur innerhalb der Zunft zugelassen. Ein plastisches Bild ihres Gemeinschaftslebens vermittelt anhand alter Fotos und Kinderpuppen das Museu Municipal de **Etnografia e História** (Ethnografisches Museum, Rua Visconde de Azevedo, Di–So 10–12.30 und 14.30–18 Uhr, Eintritt 1 €).

Nur wenige Schritte südlich steht das **Geburtshaus** des größten portugiesischen Erzählers des 19. Jh., **J. M. Eça de Queirós**. Im gleichen Jahrhundert entstanden die Häuser in der **Fußgängerzone** Rua da Junqueira. Hübsch anzusehen sind die mit Eisengittern verzierten Fenstervorbauten.

Turismo: Praça Marquês de Pombal, Tel. 252 29 81 20, Mo–Fr 9–13, 14–19, Sa/So 9.30–13, 14.30–18 Uhr, Mitte Juni–Sept. Mo–Fr 9–19, Sa/So 10–13, 14–19 Uhr. Vom 1.7. bis 31.8. ist eine Außenstelle an der Strandpromenade Esplanada do Carvalhos geöffnet.

Mercure: Largo do Passeio Alegre 20, Tel. 252 29 04 00, Fax 252 29 04 01, www.mercure.com. 86 sehr moderne Zimmer im Kettenhotel der Mittelklasse strandnah neben dem Casino. DZ 50–85 €.

04#: Av. Infante Dom Henrique 236 (an der Stadtgrenze zu Vila do Conde), Tel. 913 31 65 00 (mobil), Mo geschl. Während der Wirt nach einem Namen für sein Restaurant suchte, musste er an einer Klingelanlage den Code 04# drücken, et voilà! Terrasse zum Meer, minimalistische Inneneinrichtung in Weiß, moderne Fisch- und Fleischküche, mittags ab 6 €, abends ab 9 €.

Budda Club: Av. dos Banhos Edifício Maresia, Fr, Sa 0–6, Juli/Aug. Mo–Sa 0–6 Uhr. House, Latino.
Casino: Av. de Braga, tgl. 15–3 Uhr.

Woche der Dichtung: Mitte Februar. Lesungen nationaler und internationaler Dichter.
Festival Internacional de Música: Juli. Klassische Konzerte in der ganzen Stadt.
São Pedro: 28. Juni. Folklore, Musik, Umzüge, Essen.

Bus: Rua Dona Maria I, Tel. 252 61 84 00, sehr häufig nach Porto, Braga, Guimarães und umliegende Orte.
Metro: Rua Almirante Reis, regelmäßig nach Porto.

Umgebung von Póvoa de Varzim

Nördlich grenzen die Küstenorte **Aver-o-Mar** und **Aguçadouro** an. Am Strand sammeln Gruppen von Frauen und Männern den angeschwemmten Seetang und legen ihn zum Trocknen aus. Anschließend wird er in afrikanisch anmutenden Hütten aufbewahrt, um später auf den bis ans Meer reichenden Feldern ausgestreut zu werden – eine an der gesamten nordportugiesischen Küste verbreitete Düngemethode.

Etwa 7 km ins Landesinnere liegt an der N 205 in **Rates** die reich verzierte romanische Kirche São Pedro, ein wahres Kleinod der romanischen Architektur mit beeindruckendem Hauptportal. Sie wurde von burgundischen Baumeistern im späten 12. Jh. an jenem Ort errichtet, an dem der hl. Pedro, von Apostel Jakobus d. Ä. nach Lusitanien entsandt, während einer Predigt von römischen Soldaten umgebracht wurde (9–17 Uhr, Eintritt frei). Vom nahen 202 m hohen **Monte São Felix** eröffnet sich ein weiter Panoramablick.

Ein Wächter auf dem Dach der Casa Mateus bei Vila Real

Kapitel 5

Der grüne Norden

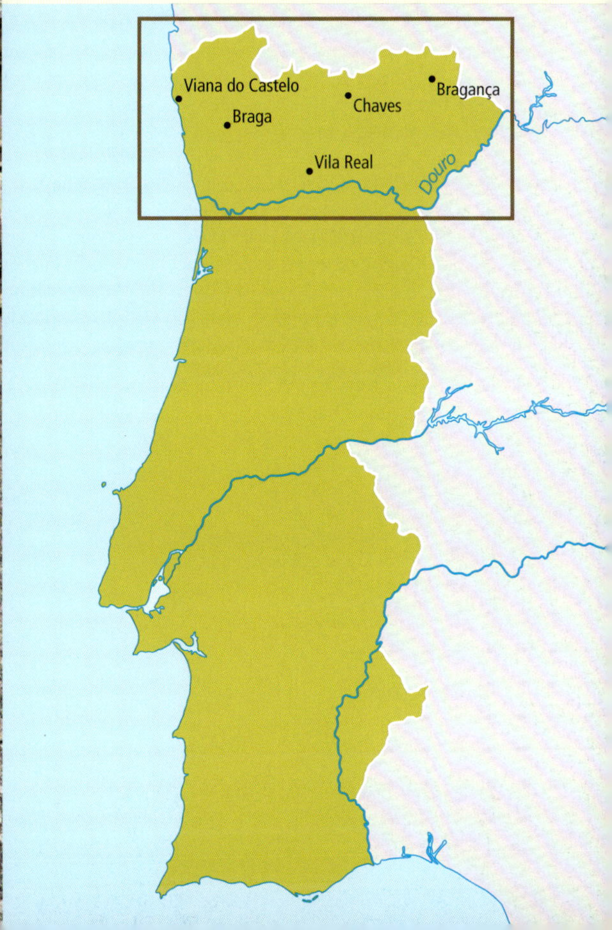

Viana do Castelo
Braga
Chaves
Bragança
Vila Real
Douro

Auf einen Blick: Der grüne Norden

An Portugals Wiege

Nirgends zeigt sich Portugal so abwechslungsreich wie in seinen nördlichen Provinzen Minho und Trás-os-Montes. Endlose Strände, waldreiche Gebirge und historische Städte fügen sich zu einem harmonischen Dreiklang. Im Westen bildet der Atlantik eine natürliche Grenze, im Süden der Douro, der in Spanien entspringt. Im Norden und Osten liegt das heute friedlich gesinnte Spanien. Das Verhältnis war allerdings nicht immer freundschaftlich, und so krönen mittelalterliche Burganlagen viele nordportugiesische Städte. Unter ihnen gebührt Guimarães besondere Anerkennung, wurde sie doch 1139 vom ersten portugiesischen König zur Hauptstadt seines jungen Reiches gekürt. 2012 wird sie Europäische Kulturhauptstadt.

Kulturinteressierte Besucher werden aber ebenso die beachtlichen Kirchenbauten in der ganzen Region bewundern, die bis in die frühchristliche Zeit zurückreichen. Am Meer laden saubere, lang gestreckte Sand- und Dünenstrände, die nur selten von felsigen Badebuchten unterbrochen werden, zu ausgedehnten Spaziergängen oder einem Bad in den atlantikkühlen Wellen ein. Der küstennahe Bereich um die Flüsse Ave und Cávado bildet Portugals zweitwichtigstes Industriezentrum. Allerdings steckt die vorherrschende Textilindustrie aufgrund der asiatischen Billigkonkurrenz in einer tiefen Krise. Im Landesinneren stößt der Urlauber dagegen auf fast vergessene Welten. Nicht selten bearbeiten Bauern ihren Boden noch mit dem Ochsengespann.

Unberührt sind die Berglandschaften, die sich in Portugals einzigem Nationalpark Peneda-Gerês bis über 1500 m erheben. Ein Paradies für Wanderer. Weinkenner finden ihr Himmelreich im Minho mit seinem spritzigen Vinho Verde – und natürlich im Dourotal, wo die Trauben für den weltberühmten Portwein gedeihen.

Highlights

8 **Guimarães:** Verträumte Gassen, romantische Plätze, majestätische Bauten – Portugals Geburtsstadt hat sich ihr mittelalterliches Flair bewahrt (s. S. 265 ff.).

9 **Parque Nacional Peneda-Gerês:** Portugals einziger Nationalpark ist ein Paradies für Naturliebhaber und Bergwanderer (s. S. 292 ff.).

10 **Dourotal:** Tief schneidet sich der Fluss durch steile Berghänge, an denen die schweren Trauben des Portweins wachsen (s. S. 298 ff.).

Empfehlenswerte Routen

Durch das Tal des Rio Lima: Die Route berührt die Städte der Manuelinik und Renaissance, streift romanische Kapellen, führt durch grüne Landschaften und verläuft auf der Straße des Vinho Verde. Von Viana do Castelo geht es auf der N 202 über Ponte de Lima nach Ponte da Barca (s. S. 286).

Im Dourotal: Ursprüngliches Portugalfeeling findet man auf den kurvenreichen Sträßchen, die sich entlang dem Douro und über die Weinberge in die verträumten Landschaften des Trás-os-Montes schlängeln. Die Reise von Amarante auf der N 101 nach Peso da Régua, auf der N 222 weiter nach Pinhão und über Sabrosa auf der N 323 nach Vila Real ist ein Erlebnis. Dabei bietet sich ein Abstecher auf der N 2 von Régua nach Lamego an (s. S. 299).

Nach Trás-os-Montes: In den entlegenen Nordosten und die Städte Chaves (S. 310) und Bragança (S. 308) sowie zu den Ritzzeichnungen von Foz Côa (S. 306) fährt man am schnellsten auf der autobahnähnlichen IP 4 über Vila Real (s. S. 299 f.). Steht etwas Zeit zur Verfügung, so empfiehlt sich ein Umweg durch das Dourotal.

Reise- und Zeitplanung

Wer den ganzen Norden Portugals bereisen möchte, sollte sich 14 Tage Zeit nehmen. Die Region lässt sich allerdings sehr gut unterteilen. Für die größten historischen Städte **Guimarães** und **Braga** ist möglichst je ein voller Tag mit einer Übernachtung einzuplanen. Eine Fahrt entlang der Küste und am Grenzfluss Lima dauert zwei bis drei Tage zuzüglich einem Strandaufenthalt. Als Ausgangsorte bieten sich **Viana do Castelo** oder **Ponte de Lima** an, von wo aus schöne Ausflüge in die schroffe **Serra de Arga** mit einsamen Wanderwegen möglich sind.

Auch entlegene Gebiete sind per Bus zu erreichen, die zwischen den großen Städten meist stündlich verkehren. Nahe der Küste verläuft zusätzlich eine wichtige Zuglinie.

Auch bei einem Aufenthalt von vier bis fünf Tagen im **Nationalpark von Peneda-Gerês** wird Wanderern die Zeit nicht lang. Eine Fahrt ins **Dourotal** lässt sich zwar an einem Tag bewältigen, wenigstens eine Übernachtung sollte man sich dort aber gönnen. Reisende ins nordöstliche **Trás-os-Montes** sollten zwei bis drei Übernachtungen ansetzen.

Die küstennahen Gebiete sind während des ganzen Jahres eine Reise wert, die Badezeit reicht von Mitte Juni bis Mitte September, im August wird es allerdings sehr voll. Auch dann kann es ab und zu regnen. Die Reise durch das Dourotal empfiehlt sich in der warmen Jahreszeit, wenn die Weinstöcke ihr grünes Laub tragen. Über Trás-os-Montes sagen die Portugiesen, dass es zwei Monate größte Hitze und den Rest des Jahres tiefe Kälte gibt. Die Sommertemperaturen liegen bei 40 °C, im Winter fällt nicht selten Schnee.

Richtig Reisen-Tipps

Pilgern nach Santiago de Compostela: Ein wichtiger Pilgerweg führt von Ponte de Lima in den galicischen Wallfahrtsort (s. S. 290).

Wandern auf Weidepfaden: Auf uralten Weidepfaden geht es auf die zerklüfteten Gipfel über Gerês. Einsamkeit und ein wildes Bergpanorama sind garantiert (s. S. 296).

Douro – Eine Fahrt aus anderen Zeiten: Eine Reise per Schiff und Schmalspurbahn durch das Dourotal wird bei einem Gläschen Portwein besonders romantisch und unvergesslich (s. S. 303).

Im Zentrum des Minho

Reiseatlas S. 1/2

Das Städtedreieck Guimarães, Braga, Barcelos bildet den geografischen Mittelpunkt des Minho und gleichzeitig das historische Zentrum Portugals. In Guimarães wurde das portugiesische Königreich gegründet, Braga war die erste Bischofsstadt und Barcelos ist berühmt für einen der ältesten und größten Wochenmärkte des Landes.

Natürlich werden Besucher einer Region, die so viel portugiesische Geschichte atmet, zunächst von den bemerkenswerten Baudenkmälern angezogen; von frühen keltischen Siedlungen, Resten römischer Befestigungen, christlichen Burganlagen, mittelalterlichen Straßenzügen, adeligen Stadtpalästen und katholischen Sakralbauten. Tiefe Religiosität prägt bis heute das Leben vieler Menschen. Ausdruck sind zahlreiche kirchliche Feste, Prozessionen und Pilgerstätten. Braga sieht sich selbst als Portugals religiöse Hauptstadt.

Aber dank der Ausstrahlung der einflussreichen Universität von Braga und moderner Industrieansiedlungen im Umland, auch von Bosch und Siemens, haben sich die Städte inzwischen der Gegenwart geöffnet und versprühen eine geradezu jugendliche Vitalität. Sicherlich trägt der spritzige Vinho Verde aus der Region zu diesem Lebensgefühl bei und eine Küche, die landesweit hohe Anerkennung findet.

Die Landschaft weist wegen der starken Zersiedelung weniger Reize auf. Nur an den östlichen Stadträndern von Braga und Guimarães laden bewaldete Hügel zu Spaziergängen mit Fernblick ein. Doch wer eine Reise nach Porto oder an den nahen Atlantik unternehmen will, sollte einen Ausflug in dieses Herz des Minho einplanen. Auch dank der hervorragenden Verkehrsanbindung per Bahn und Straße ist dieser Abstecher zu empfehlen.

Von Porto nach Guimarães

Etwa 30 km nördlich von Porto zweigt die Autobahn A 5 nach Guimarães ab. Hier lohnt ein kurzer Abstecher zum **Textilmuseum** in Vila Nova da Famalicão. In den heutigen Krisenzeiten bedarf es schon eines Museums zur Erinnerung an einstige Blütezeiten der nordportugiesischen Textilindustrie. In alten Fabrikhallen vermitteln meterhohe Webstühle und Spinnmaschinen, Dokumente und Fotografien profunde sozialgeschichtliche Einblicke (Rua José Casimira da Silva, Di–Fr 10–12 und 14.30–18, Sa/So 14–18 Uhr, Eintritt frei).

8 Guimarães

Reiseatlas: S. 1, B 2, **Cityplan:** S. 268
Enge Gassen und von mittelalterlichen Häusern umrahmte Plätze prägen den charmanten Stadtkern, wenige hundert Meter östlich

Mittelalterliche Häuserfassaden an der Praça São Tiago in Guimarães

erhebt sich schützend die alte Burganlage, den Hintergrund bilden die tiefgrünen Hügel von Penha. An der Stadtmauer prangt in großen Lettern: »Aqui nasceu Portugal« – Hier wurde Portugal geboren. Unübersehbar stolz sind die knapp 60 000 Einwohner auf das bestimmende Ereignis der Stadtgeschichte im Jahr 1139, als das neue Königreich mit Guimarães als erster Hauptstadt ausgerufen wurde. Die nahen Ruinen keltischer Befestigungsanlagen allerdings belegen eine wesentlich frühere Besiedlung. Im 10. Jh. ließ die Gräfin Mumadona aus dem Königshaus León ein Kloster und eine Verteidigungsburg errichten, in deren Schutz sich viele Menschen niederließen. Der Ort gewann schnell an Bedeutung und wurde gut hundert Jahre später von Dom Henrique, Graf von Portucale, zu seiner Residenz erwählt. Sein Sohn Afonso Henriques schlug 1128 auf dem nahen Schlachtfeld von São Mamede galicische Truppen. Pikant war, dass er damit seine eigene Mutter besiegte, die die Grafschaft Portucale Galicien zuführen wollte. Als er 1139 auch die maurischen Truppen vernichtend geschlagen hatte, war der Weg frei für die Gründung des eigenständigen Königreichs.

Alle Sehenswürdigkeiten sind leicht zu Fuß zu erreichen. Ausgangspunkt könnte das Kastell aus dem 10. Jh. sein. Unterhalb bieten sich gute Parkmöglichkeiten.

Castelo und Kapelle São Miguel

Das **Castelo** 1, Portugals bedeutendste romanische Befestigungsanlage, erhebt sich mit acht wuchtigen Wehrtürmen über die Stadt. Ursprünglich zum Schutz der ersten christlichen Gemeinschaft unter Gräfin Mumadona gegen Angriffe der Mauren und Normannen errichtet, wurde sie bis zum 15. Jh. mehrfach verstärkt. Die von Zinnen bekrönten Mauern und der 27 m hohe Bergfried können bestiegen werden (Burg: tgl. 9.30–17.30, Eintritt frei; Turm: tgl. 9.30–12 und 14–17 Uhr, Eintritt 1,30 €).

Laut Überlieferung wurde Portugals erster König Afonso Henriques in den Burgmauern geboren und in der benachbarten romanischen **Kapelle São Miguel** 2 (12. Jh.) getauft. Einige seiner Getreuen sollen unter den dortigen Grabplatten liegen (tgl. 9.30–17.30 Uhr, Eintritt frei).

Paço Ducal

3 Ins Auge fallen 39 skurrile Kamine, die die steilen Dächer des herrschaftlichen Gebäudes umkränzen. Erbaut zwischen 1420 und 1442 vom unehelichen Sohn König Joãos I. und späteren Herzog von Bragança, stellt der Paço Ducal, der Palast der Herzöge, in seinem architektonischen Stilmix ein iberisches Unikum dar. Die großzügigen Säle präsentieren sich in überschwänglicher Pracht. Die Decken sind kunstvoll aus dunklem Holz gefertigt. Flämische Gobelins mit antiken römischen Motiven gehen auf Entwürfe von Peter Paul Rubens zurück. Vom portugiesischen Renaissancemaler Nuno Gonçalves entworfene Wandteppiche zeigen die nordafrikanischen Feldzüge des Auftraggebers. Zu bewundern sind wertvolle Möbelstücke, Porzellanvasen aus Delft und China sowie eine Sammlung historischer Waffen (tgl. 9.30–12.30 und 14–17, im Sommer 9.30–18.30 Uhr, Eintritt 3 €, So bis 14 Uhr frei).

Mehrere kleine Säle am Eingang beherbergen eine Ausstellung der bunten Figuren und abstrakten Farbmalereien des international geachteten Künstlers José Guimarães (geb. 1939), ein ästhetisch durchaus reizvoller Kontrast (Eintritt frei, ein heimlicher Blick in den von Arkaden gesäumten Palasthof ist von hier möglich).

Vom Burghügel ins Zentrum

Schon in den frühen Zeiten der Gräfin Mumadona führte die schmale **Rua de Santa Maria** vom Burghügel in die tiefer gelegenen Stadtviertel. Erstmals im 12. Jh. urkundlich erwähnt, wird sie von mächtigen Granithäusern gesäumt. In einer Häusernische wenige Schritte nördlich des Klostergebäudes von Santa Clara, in dem heute der Bürgermeister residiert, fällt ein volkstümlicher Hausaltar auf. Im Jahre 1727 ließ eine christliche Bruderschaft auf den öffentlichen Wegen sieben Kreuzwegstationen errichten. Fünf dieser über die Stadt verteilten **Kapellen des Leidensweges Christi** dienen bis heute den Gläubigen zum Gebet.

Die Straße führt vorbei an der Casa dos Arcos mit eigenem Torbogen auf die zentrale **Praça São Tiago** (oder Santiago). Umstanden von granitenen Palästen und mit bunten Balkonen geschmückten Handwerkerhäusern, verbreitet der Platz mittelalterlichen Charme. Mehrere Straßencafés und Restaurants laden zum Verweilen ein. Die Sage erzählt, dass der Apostel Jakobus d. Ä. (portugiesisch: São Tiago) einst ein Bildnis der Jungfrau Maria nach Guimarães gebracht und in einem heidnischen Tempel auf dem Platz aufgestellt habe.

Die Arkaden des **Alten Rathauses** **4** schließen den Platz nach Süden ab. Das gedrungene Gebäude aus dem 14. Jh. wurde drei Jahrhunderte später grundlegend umgestaltet. Reizvoll sind eine aufwendig bemalte Holzdecke im Inneren und ein kleines Museum für Naive Kunst (Mo–Fr 9–12.30 und 14–17.30 Uhr, Eintritt frei).

Largo und Igreja Nossa Senhora da Oliveira

Genauso schön wie der Largo da Oliveira inmitten der Altstadt ist seine Entstehungslegende. Im 7. Jh. wurde der ortsansässige Adelige Wamba zum König der Westgoten ernannt. Der leidenschaftliche Bauer verspürte freilich wenig Lust zum Herrschen. Also steckte er einen Olivenzweig (*oliveira* heißt Ölbaum) in die fruchtbare Erde und wollte das Amt erst nach dem Austreiben des Sprosses annehmen. Was zum Leidwesen Wambas augenblicklich geschah.

Der Platz wird beherrscht von einem gotischen Säulengang zum Gedenken an eine 1340 gewonnene Schlacht gegen arabische Truppen sowie von der Hauptkirche, der **Igreja Nossa Senhora da Oliveira** **5**, die als Dank für den militärischen Triumph über Kastilien bei Aljubarrota ab 1385 errichtet wurde. Ein romanisches Kirchlein wurde für dieses neue Gotteshaus abgetragen, das in der Folgezeit mehrfache Umgestaltungen erfuhr. Unverändert blieb das gotische Westportal. Der Turm stammt aus dem Jahr 1523, Hauptkapelle und Hauptaltar aus dem späten 17. und 18. Jh. (tgl. 7.15–12 und 15.30–19.30 Uhr, Eintritt frei).

Sehenswert sind zunächst einmal der seltsam asymmetrisch angelegte Kreuzgang und die Klosterräume der Oliveira-Kirche, die das **Museu Alberto Sampaio** **6** beherbergen. Gezeigt wird Bildhauerkunst vom Mittelalter bis ins 18. Jh., dazu kostbare Gold- und Silberschmiedearbeiten, wertvolle Heiligenbilder und Grabstätten. Besondere Aufmerksamkeit gilt einer nationalen Reliquie, dem Kettenhemd, das João I. in der Schlacht von Aljubarrota schützte. Überraschend klein von Wuchs war der damalige König (Di–So 10–18, im Juli und Aug. bis 24 Uhr, Eintritt 1,50 €, So bis 14 Uhr frei).

Mit den Autoren unterwegs

Kaffee im Kreuzgang

Gregorianische Gesänge erklingen im Kreuzgang des ehemaligen Augustinerklosters, in den heute das Café der Pousada vor den Toren von Guimarães eingezogen ist. Kontemplation ist garantiert (s. S. 269, 270).

Keltische Siedlungen

Bereits im 8. Jh. v. Chr. errichteten die Kelten ihre Siedlungen im Norden Portugals. Eine der wichtigsten war Briteiros. Knapp 200 Hausfundamente sind erhalten, zwei Häuser wieder aufgebaut (s. S. 272).

Jazzfeste

Viele Portugiesen sind Jazzfreunde, die Festivals von Guimarães und Braga werden im November und März zu ihrem Dorado (s. S. 272 und S. 276).

Nachtleben

Einige der angesagtesten Diskotheken gibt's im sonst eher provinziellen Barcelos. Fürs Abhotten im Vaticano reisen House-Freunde sogar aus Lissabon an. Richtig los geht's ab 2 Uhr morgens (s. S. 278).

Guimarães: Cityplan

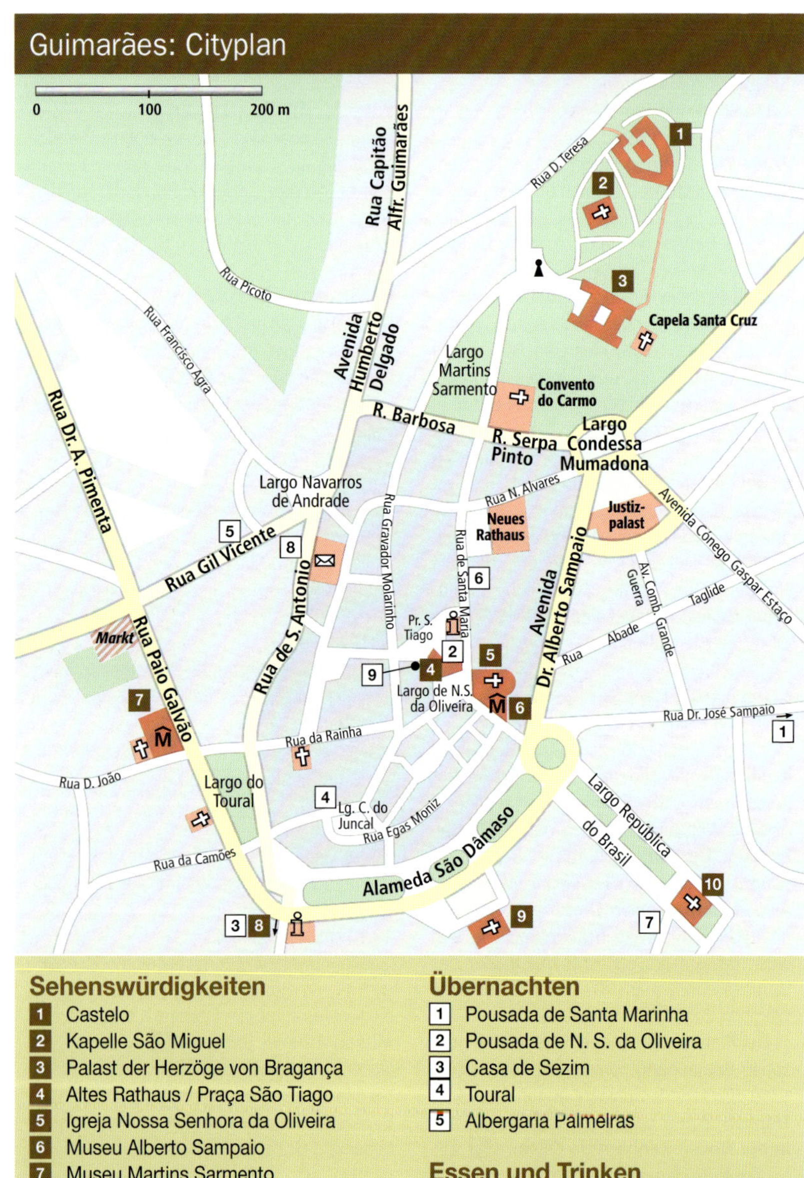

Sehenswürdigkeiten

1 Castelo
2 Kapelle São Miguel
3 Palast der Herzöge von Bragança
4 Altes Rathaus / Praça São Tiago
5 Igreja Nossa Senhora da Oliveira
6 Museu Alberto Sampaio
7 Museu Martins Sarmento
8 Palácio de Vila Flor
9 Igreja São Francisco
10 Igreja São Gualtar

Übernachten

1 Pousada de Santa Marinha
2 Pousada de N. S. da Oliveira
3 Casa de Sezim
4 Toural
5 Albergaria Palmeiras

Essen und Trinken

6 Solar do Arco
7 Etc
8 Nora do Zé da Curva
9 Cinecittá

Weitere Sehenswürdigkeiten

Vom südwestlichen Platzende führt die enge, von uralten Häusern gesäumte Rua Egas Moniz zum Largo do Toural. Bis 1791 wurde auf diesem Platz der städtische Rindermarkt abgehalten, erst im 18. Jh. entstanden nach Lissabonner Vorbild die umlaufenden Prachtbauten. Etwa weitere 200 m stadtauswärts befindet sich in der Galerie oberhalb des ehemaligen Dominikanerklosters das **Museu Arqueológico Martins Sarmento** 7 mit Fundstücken aus den Keltensiedlungen Briteiros und Sabroso (Rua Paio Galvão, Di–Sa 9.30 bis 12 und 14–17 Uhr, So ab 10 Uhr, Eintritt 1,50 €). Vor dem Rückweg empfiehlt sich ein Abstecher zum südlich gelegenen **Palácio de Vila Flor** 8 in der Avenida Dom Afonso Henriques. Nach jahrelanger Sanierung wurde der Adelspalast aus dem 18. Jh. Ende 2005 als Kulturzentrum wieder eröffnet. Die Außenfassaden und die herrlichen Gartenanlagen sind im Originalzustand erhalten (Mo–Fr 8–12 und 14–16 Uhr, Eintritt frei).

Wer anschließend auf der Alameda São Dâmaso zurückgeht, muss sich zwar dem Verkehrslärm aussetzen, kommt aber an der ursprünglich gotischen **Igreja São Francisco** 9 vorbei. Zahlreiche Um- und Anbauten ließen ein eigentümlich verschachteltes Gotteshaus mit sehenswertem Altar, eindrucksvollen Azulejopaneelen und wertvollen vergoldeten Schnitzarbeiten entstehen. Wenige Schritte weiter fällt die **Igreja São Gualtar** 10 aus dem 18. und 19. Jh. mit ihren verspielten weißen Türmen und Azulejoverkleidungen ins Auge.

i **Turismo de São Tiago:** Praça de São Tiago, Tel. 253 51 87 90, Fax 253 51 51 34, www.guimaraesturismo.com. Mo–Fr 9.30–18.30, Sa 10–18, So 10–13 Uhr.
Turismo da Alameda: Alameda de São Dâmaso 83, Tel. 253 41 24 50, nur Juli/Aug. Mo–Fr 9.30–12.30 und 14–18.30 Uhr.

Pousada de Santa Marinha [1]: Costa (3 km östl. von Guimarães), Tel. 253 51 12 49, Fax 253 51 44 59, www.pousadas.pt. Die Pousada mit 49 Zimmern erhielt einen europäischen Architekturpreis für die moderne Erweiterung der alten Klostergebäude (s. Thema S. 270 f.). Auch Nicht-Gästen steht das stilvolle Café im Kreuzgang offen. DZ 170–260 €.
Pousada de Nossa Senhora da Oliveira [2]: Rua de Santa Maria, Tel. 253 51 41 57, Fax 253 51 42 04, www.pousadas.pt. 10 geschmackvolle Zimmer im Herzen der Altstadt im mittelalterlichen Ambiente. DZ 120–180 €.
Casa de Sezim [3]: Santa Amaro (5 km südwestlich), Tel. 253 52 30 00, Fax 253 52 31 96, www.sezim.pt. Neun edle Gästezimmer in historischem Landgut mit eigener Weinkelterei; Reitpferde (s. Aktivitäten). DZ ca. 110 €.
Toural [4]: Largo A. L. de Carvalho, Tel. 253 51 71 84, Fax 253 51 71 49, www.hoteltoural.com. Die Hauptfassade zeigt auf die Praça do Toural, der Eingang versteckt sich in einer kleinen Gasse dahinter. 25 moderne, geräumige Zimmer. DZ 85–90 €.
Albergaria Palmeiras [5]: Rua Gil Vicente, Centro Comercial Palmeiras, Tel. 253 41 03 24, Fax 253 41 72 61, www.albergariapalmeiras.com. Im 4. Stock eines Einkaufszentrums, von außen keine Augenweide, aber 25 ordentliche Zimmer mit Klimaanlage und Minibar. DZ 35–65 €.

Solar do Arco [6]: Rua de Santa Maria 48, Tel. 253 51 30 72, So abends geschl. Traditionsküche mit wechselnder Speisekarte, auf der Fisch dominiert. Hauptgerichte ab 8 €.
Etc [7]: Rua da Ramada 50, Tel. 253 41 20 22, So geschl. Etwas versteckt und trotzdem immer voll. Es gibt Fisch und Fleisch vom Holzkohlengrill (ab 6 €) und 35 verschiedene Salate (3–25 €).
Nora do Zé da Curva [8]: Travessa Gil Vicente, Tel. 253 41 44 57, So abends geschl. Zu dem einfachen Restaurant gelangt man durch das Einkaufszentrum in der Rua Santo António 117. Nur fünf wechselnde Tagesgerichte (ab 6 €), darunter immer *bacalhau.*
Cinecittà [9]: Largo São Tiago 26, Tel. 253 41 41 73, Mo geschl. Mit Filmplakaten dekorierte Snackbar mit Terrasse auf dem mittelalterlichen Platz. Salate und Sandwichs ab 5 €.

Neues Leben in alten Gemäuern

Die Umgestaltung historischer Bauwerke besitzt eine lange Tradition in Portugal. Nicht immer stilsicher wurden im 18. Jh. schlichte gotische Kirchen mit üppigem barockem Dekor überzogen und im 19. Jh. säkularisierte Klöster zu Kasernen, Krankenhäusern, Bahnhöfen, Fabriken oder Bierbrauereien umgebaut.

Seit den 1980er-Jahren sehen portugiesische Architekten das bauliche Erbe als Herausforderung und versuchen, zeitgemäße Antworten zum Thema Denkmalschutz zu liefern. Sie verstehen die vorgefundene Bausubstanz als Rohmaterial für die Neugestaltung der Gebäude und kontrastieren alte und neue Materialien, um sie schließlich zu einem harmonischen, zeitgemäßen Ganzen zu amalgamieren. Durch die kreative Umwandlung von Klosterruinen in Hotels und Museen werden die historischen Gebäude ihrer Unantastbarkeit enthoben und dem Kulturtourismus geöffnet. Den alten Gemäuern wird neues Leben eingehaucht.

Als architektonischer Meilenstein gilt der 1988 vollendete Umbau des Klosters São Gonçalo in **Amarante**. Während die Außenansicht weitgehend erhalten blieb, setzte der Architekt Alcino Soutinho zwischen die beiden Kreuzgänge einen wohlproportionierten modernen Gebäudetrakt. Die schlichte Konzeption des Neubaus betont die Würde der historischen Mauern, in die Stadtbibliothek, Touristeninformation und ein modernes Kunstmuseum zu Ehren des kubistisch-futuristischen Künstlers Amadeu de Souza-Cardoso eingezogen sind.

Etwa zur gleichen Zeit verfolgte der Begründer der Portuenser Architektenschule, Fernando Távora, bei der Umwandlung des Augustinerklosters Santa Marinha da Costa nahe **Guimarães** in eine Pousada eine andere Idee. Weithin sichtbar lehnt sich die rostrote Metallfassade des modernen Zimmertrakts an das Ursprungsgebäude. Stilistische Unterschiede werden nicht kaschiert, sondern fast provozierend betont. Dennoch oder gerade dadurch gewinnt die Anlage eine kontemplative Ausstrahlung, die zusätzlich durch den Klang gregorianischer Gesänge im klösterlichen Kreuzgang betont wird.

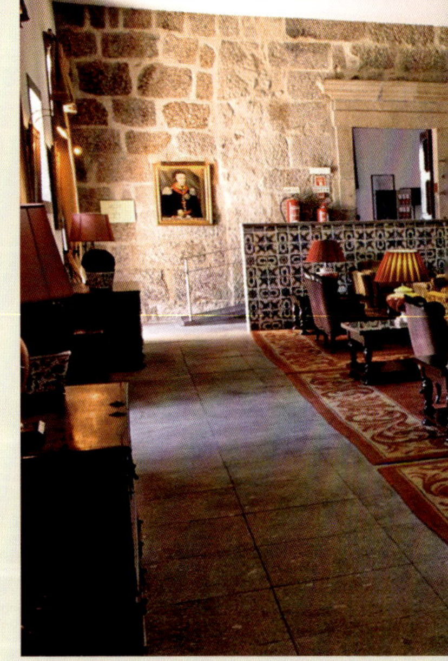

Thema

Noch einen Schritt weiter ging Távoras Schüler Eduardo Souto de Moura bei der Planung der Pousada Santa Maria do Bouro (1989-1997) in den Ruinen des Zisterzienserklosters von **Terras do Bouro** aus dem 12. Jh. Auf den ersten Blick scheint es sich bei den wuchtigen Mauern aus Granitquadern um die schlichte Restaurierung eines alten Gebäudes zu handeln. Doch tatsächlich schuf der nordportugiesische Baumeister einen Hotelneubau, für den er allerdings die klösterlichen Überreste als Steinbruch benutzte und sie dezent mit modernen Materialien und Designelementen wie roten Metalldecken und rahmenlosen Fenstern kombinierte. Gespeist wird in der alten Klosterküche, aus der der meterlange Tisch aus schwerem Granit stammt, auf dem das Frühstücksbüffet serviert wird. Erhalten blieben die Bewässerungskanäle im Kreuzgang und den Klostergärten, in denen nun wieder längst vergessene Orangensorten reifen. Zwei fundamentale Widersprüche zwischen meditativem Klosterleben und luxuriösem Hotelaufenthalt wurden durch die geschickte Einbeziehung von Baumreihen und einem Wasserreservoir aufgelöst. Sie verdecken dezent den Klosterfriedhof und den Swimmingpool. (Nähere Informationen auch über www.pousadas.pt.)

Ihre ganz eigene Atmosphäre hat die neu gestaltete Pousada bei Guimarães

Sabores com Arte, Rua Santa Maria 61, und das **Centro Regional de Artesenato**, Rua do Retiro 27, bieten ländliche Produkte und Kunsthandwerk.
Markt: Offene Stände unterhalb der Straßenkreuzung Conde Margarida und Paio Galvão, Mo–Fr vormittags.

Século XIX: Lugar da Bornaria, Stadtteil Azurém. Drei Tanzflächen, vor allem Dance und House, tgl. 22.30–6 Uhr.

Guimarães Jazz: Mitte Nov. Konzerte nationaler und internationaler Künstler.
Stadtfest Gualterianas: Erstes Wochenende im Aug. Folklore, Tiermarkt, Umzüge und festliche Illuminierung der Stadt.

Wandern: Im Tourismusamt gibt es Faltblätter zu zwei Wanderungen in der Umgebung.

Reiten: Sociedade Hípica de Sezim (s. Unterkünfte: Casa de Sezim).

Zug: Av. Dom João IV. Etwa stdl. nach Porto und Braga (mit Umsteigen).
Bus: Alameda Mariano Felgueiras, neben Einkaufszentrum GuimarãeShopping. Häufig nach Porto, Braga, Póvoa de Varzim.

Auf dem Weg nach Braga

Reiseatlas: S. 1, B 2
6 km nördlich von Guimarães zweigt im Thermalort **Caldas das Taipas**, dessen schwefelhaltiges Wasser schon den Römern Linderung verschaffte, die schmalere N 310 von der Hauptstraße N 101 nach Braga ab. Auch sie führt Richtung Braga, doch vorbei an der keltischen Siedlung **Citânia dos Briteiros** aus dem 8. Jh. v. Chr. Enge Straßenzüge ver-

Steiler Aufstieg zu Bom Jesus do Monte

binden etwa 200 Häuserruinen, deren Mauerreste bis zu 1 m hochragen. Der Verlauf der Befestigungsmauern wurde bei ihrer Rekonstruktion beibehalten. Ob zwei im 19. Jh. wieder aufgebaute Rundhäuser den Ursprungsgebäuden entsprechen, ist allerdings zweifelhaft (tgl. 9.30–12.30, 14–17, Juni–Sept. bis 18 Uhr, Eintritt 2 €). Die benachbarte kleinere Siedlung in **Sabroso** ist frei zugänglich.

Wenige Kilometer weiter auf der N 309 begrüßt eine hünenhafte Papstfigur vor der stillosen Wallfahrtskirche **Nossa Senhora do Sameiro** jährlich mehr als eine halbe Million Pilger. Ihr Bau wurde 1876 begonnen, nachdem Papst Pius IX. eine Statue der Jungfrau von Sameiro geweiht hatte.

Nach nur fünf Autominuten oder einer halben Stunde auf dem Rücken eines der Pferde, die am Straßenrand gemietet werden können, erreicht man **Bom Jesus do Monte**. Die Wallfahrtskirche ist zwar kunsthistorisch unbedeutend, aber umgeben von grünen Wäldern öffnet sich von der Aussichtsplattform und einem Terrassencafé ein weiter Blick über das im Tal liegende Braga. Hinauf führt außer der Straße eine pittoreske, doppelläufige Treppe mit den 14 Stationskapellen des Kreuzwegs.

Hotel do Elevador: Monte de Bom Jesus, Tel. 253 60 34 00, Fax 253 60 34 09, www.hoteisbomjesus.web.pt. Viele der eleganten und großzügigen Zimmer haben Balkon und Blick auf Braga, ebenso das Panoramarestaurant. DZ 75–90 €.

Braga

Reiseatlas: S. 1, B 2, **Cityplan:** S. 275

Mit rund 65 000 Einwohnern ist Braga Verwaltungssitz und größte Stadt des Minho. Die Studenten der Universität pflegen eine blühende Jugendkultur in den zahlreichen Bars und Diskotheken. Gleichzeitig sorgt der ungebrochene Einfluss der katholischen Kirche für ebenso ungebrochene Religiosität. Stolz bezeichnet sich Braga als jüngste Stadt Europas und christlichen Mittelpunkt des Landes. Bereits 27 v. Chr. wurde Bracara Augustus zur Hauptstadt der römischen Provinz Galécia und zu einem bedeutenden Handelsort. 409 erhoben die Sueben die Siedlung zu ihrem religiösen Zentrum. Nach langen kriegerischen Auseinandersetzungen übernahmen 1040 die christlichen Rückeroberer die Stadt endgültig von den Mauren. Sie ernannten Braga offiziell zur Königsresidenz und inoffiziell zum portugiesischen Rom. Glanzvolle Kirchen und Paläste wurden zum ehernen Ausdruck des neuen Wohlstands.

Fast alle wichtigen Baudenkmäler befinden sich im Altstadtbereich zwischen dem Stadttor **Porta Nova** 1 im Westen und der großzügigen **Praça da República** (s. u.) im Osten. Die Kathedrale lohnt unbedingt einen Besuch, und beim Schlendern durch die Gassen lassen sich zahlreiche Schönheiten entdecken.

Museu dos Biscainhos

2 Dazu zählt der Adelspalast aus dem 17. Jh. in der Rua dos Biscainhos nördlich des Stadttores. Noch bis 1963 von den Eigentümern bewohnt, sind ihre luxuriösen Besitztümer nun der Öffentlichkeit zugänglich. Eine unerwartete Oase der Ruhe bilden die barocken Gartenanlagen mit gepflegtem Baumbestand (Di–So 10–17.30 Uhr, Eintritt 2 €, So bis 14 Uhr frei).

Kathedrale

Im 12. Jh. wurde der Grundstein gelegt, im 18. Jh. wurde die **Kathedrale** 3 vollendet. Dazwischen wurde sie immer wieder erweitert und umgebaut, denn Bragas Bischöfe wollten ein Gotteshaus, das sich mit den größten Kirchen der Welt messen sollte. Südportal und Kirchenschiff sind romanisch, die Vorhalle gotisch, Chor und Hochaltar manuelinisch. In üppigem Barock wurden große Teile der Kirche und die zweigeteilte Orgel ausgeschmückt. Der ursprünglich gotische Kreuzgang musste einem barocken Platz machen. Prachtvolle Nebenkapellen und das Kirchenmuseum mit dem Domschatz schließen sich an. In portugiesischen Augen findet ein eisernes Kreuz besondere Aufmerksamkeit, das Álvares Cabral 1500 bei seiner Entdeckung Brasiliens getragen hat. In der im 18. Jh. mit vergoldeten Holzschnitzarbeiten und Azulejos ausgekleideten Capela de São Geraldo aus dem 13. Jh. ruht der erste Bragenser Bischof. In der Capela da Glória liegt ein Nachfolger, Gonçalves Pereira, in einem kostspielig verzierten Sarkophag. Die Deckenfresken sind im maurischen Stil gehalten, hatte der Bischof doch einst christliche Truppen gegen arabische Heere befehligt. Nur die Königskapelle, die Capela dos Reis, präsentiert sich schlicht. Hier ruhen Dona Teresa und Dom Henrique, die Eltern des ersten portugiesischen Königs, in ihren Grabmälern (tgl. 8.30–18.30, im Winter bis 17.30 Uhr, Eintritt 2 € für das Museum). Besondere Aufmerksamkeit verdient die seltene Figur einer stillenden Maria an der Außenmauer des Chores. Zwischen dem Wappen des Königs und des Erzbischofs reicht die Jungfrau Maria dem Jesuskind die Brust (Senhora do Leite).

Rund um die Rua do Souto

Barocke Atmosphäre strahlt die autofreie Rua do Souto aus, einst Bragas Prachtstraße. Von wohlhabenden Zeiten erzählen die zweistöckigen Häuser mit den schmiedeeisernen Balkongittern. Auffälligstes Gebäude ist der **Palast des Erzbischofs** 4 (17./18. Jh.). Die rückwärtigen Palastteile zum Jardim de Santa Bárbara stammen aus dem 14. und 15. Jh. Ein wappengeschmückter Brunnen (1723) ziert den Vorplatz. Heute leben nur noch zwei (!) Bewohner in der ganzen Straße. Doch die Geschäfte sind meist gut besucht. In mehreren Auslagen kann man geschnitzte Heiligenfiguren und Hausaltäre bewundern, Bragas Kunsthandwerker verkaufen sie in alle Welt.

Praça da República

Den Zugang zum Platz bewacht die **Torre de Menagem** 5, Zeugnis einer mittelalterlichen Befestigungsanlage, die Anfang des 20. Jh. abgerissen wurde. Der weitläufige und begrünte Platz bildet das Herzstück der Stadt, seitdem der Durchgangsverkehr unter die Erde verlegt wurde. Der Besuch eines der zahlreichen Straßencafés, besonders des herrlich alten A Brasileira, gehört fast zum Pflichtprogramm.

Solar und Casa dos Coimbras

Viele Stadthäuser sind mit Wappen dekoriert. Ein kurioses Beispiel findet sich am Largo de São João do Souto. **Solar** und **Casa dos Coimbras** 6 gehörten schon im 16. Jh. einer adeligen Familie. Manuelinische Fenster schmücken die wuchtige Granitfassade. Eine gotische Kapelle überhöht die Gebäude. Und dazwischen glänzt ein Wappenschild, das von nackten Mädchenfiguren und lustig blinzelnden Drachen getragen wird.

Römisches Braga

Im schräg gegenüberliegenden Café **Frigideiras do Cantinho** mit himmlischer Kuchenauswahl und der Spezialität Würstchen in Blätterteig *(frigideiras)* sieht man unter Glasplatten die Grundmauern eines römisches Hauses. Die nahe römische Quelle **Fonte do Ídolo** 7 diente als frühchristliche Kultstätte zu Ehren einer regionalen Flussgöttin. Sie wird durch einen in lange Gewänder gehüllten weiblichen Körper von 1,10 m Höhe symbolisiert (Rua do Raio, Okt.–Mai Mo–Fr 9–12.30, 14–17.30, Juni–Sept. zusätzlich Sa/So 14–20 Uhr, Eintritt 1,60 € inkl. Filmvorführung über das römische Braga).

In der gleichen Straße besticht der lang gestreckte **Palácio do Raio** (1754) mit einer aufwendig ornamentierten und mit blauen Azulejos geschmückten Barockfassade. **Römische Thermen** sind knapp 1 km südwestlich an der Rua Dr. Rocha Peixoto zu besichtigen.

Sehenswertes am Stadtrand

Am nördlichen Stadtrand, erreichbar über die Umgehungsstraße, lehnt sich Bragas modernes Schmuckstück an ein Felsmassiv. Über 70 Mio. € war der Stadt der Bau eines **Fußballstadions** anlässlich der Europameisterschaft 2004 wert, für das Stararchitekt Souto de Moura 1,7 Mio. m³ Steinbrocken sprengen ließ und den Sportplatz mit zwei Längstribünen hineinsetzte. Das Ergebnis brachte die

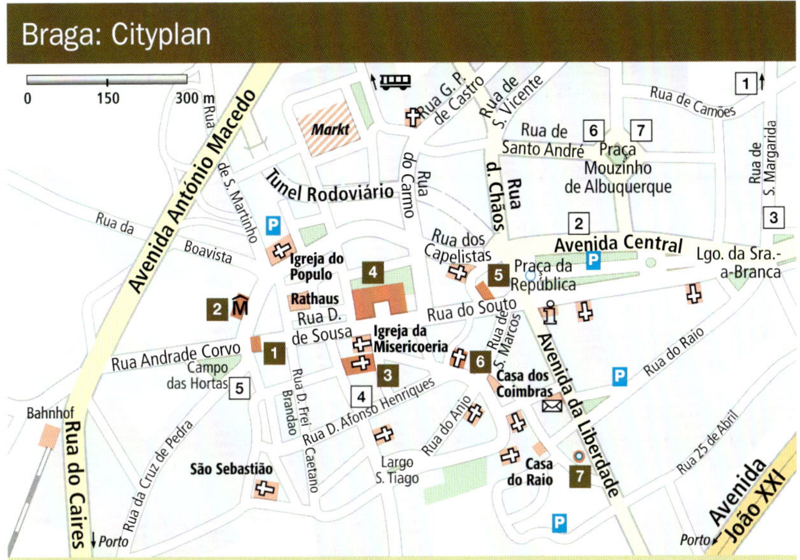

Sehenswürdigkeiten

1 Porta Nova
2 Museu dos Biscainhos
3 Kathedrale
4 Palast des Erzbischofs
5 Torre de Menagem (Praça da República)
6 Solar und Casa das Coimbras
7 Fonte do Ídolo

Übernachten

1 Quinta de Infias
2 Bracara Augusta
3 Albergaria Senhora-a-Branca
4 Albergaria da Sé

Essen und Trinken

5 Inácio
6 Abade de Priscos
7 Gosto Superior

Stadt zwar an den Rand des finanziellen Ruins, ist aber architektonisch beispiellos.

Nur etwa 500 m westlich davon findet sich die **Kapelle São Frutuoso**, Mausoleum für den gleichnamigen westgotischen Bischof aus dem 7. Jh. und einer der seltenen vorromanischen Sakralbauten in Portugal (Av. São Frutuoso, Di–So, im Winter Mi–So 10–12.30, 14–17.30 Uhr, Eintritt 0,50 €).

Nach weiteren 5 km auf der N 205-4 in Richtung Barcelos führt ein Abzweig zum **Mosteiro de Tibães,** dem Mutterhaus der portugiesischen Benediktiner. Die weitläufige, 1661 fertiggestellte Klosteranlage mit einer verschwenderisch mit Gold ausgekleideten Kirche zählt zu den bedeutendsten frühbarocken Bauten des Landes (tgl. 10–18.30, im Winter bis 17.30, Eintritt 1 €, So bis 14 Uhr frei).

Turismo: Praça da República 1, Tel. 253 26 25 50, Fax 253 61 33 87. Juni–Sept. Mo–Fr 9–19, Sa/So 9–12.30, 14–17, Okt.–Mai tgl. 9–12.30, 14–17.30 Uhr.

Quinta de Infias 1: Largo de Infias, Tel. 253 20 95 00, Fax 253 20 95 09, www.quintainfias.com. Acht antik möblierte Zimmer im Herrenhaus aus dem 19. Jh. etwa 800 m außerhalb, dazu 16 modern eingerichtete Zimmer in einem Anbau, teilweise zum Garten mit Pool. DZ 80–110 €.

Bracara Augusta 2: Avenida Central 134, Tel. 253 20 62 60, Fax 253 20 62 69, www.bracaraaugusta.com. 19 unterschiedlich eingerichtete Zimmer und Suiten in einem histor. Patrizierhaus im Stadtzentrum. DZ 50–80 €.

Albergaria Senhora-a-Branca 3: Largo da Senhora-a-Branca 58, Tel. 253 26 99 38, Fax 253 26 99 37, www.albergariasrabranca.pt. 18 klassisch dekorierte Zimmer, davon viele zum ruhigen Innenhof in einem attraktiven Patrizierhaus. DZ 40–70 €.

Albergaria da Sé 4: Rua Dom Gonçalo Pereira 39–45, Tel. 253 21 45 02, Fax 253 21 45 01. Zwölf einfache, aber ansprechende Zimmer in einem historischen Bürgerhaus direkt hinter der Kathedrale. DZ 40–60 €.

Inácio 5: Campo das Hortas 4, Tel. 253 61 32 35, Di Ruhetag. Gastronom. Institution mit vielen Auszeichnungen, in der neben Stockfisch verfeinerte Hausmannskost gereicht wird. Hauptgerichte ab 13 €.

Abade de Priscos 6: Praça Mouzinho de Albuquerque 7, Tel. 253 27 66 50, tgl. geöffnet, So/Mo nur abends. Über eine knarrende Treppe gelangt man in den Gastraum im 1. Stock. Ein Künstler führt in der Küche Regie und bringt fantasievoll bereicherte Traditionsküche auf den Tisch, darunter auch mal Schweinefüßchen oder Tintenfisch mit Bohnen. Hauptgerichte um 10 €.

Gosto Superior 7: Praça Mouzinho de Albuquerque 29, Tel. 253 21 76 81, Mo–Sa 12.30–15 Uhr. Einer der wenigen Vegetarier in Nordportugal, mit Terrasse. Hauptgerichte um 5,50 €.

Terra Mãe: Rua Dom Frei Caetano Brandão 120. Hochwertige Lebensmittel wie Käse, Öl, Oliven. Angeschlossen ist eine Probierstube für Weine.

Viele Bars befinden sich im östl. Universitätsviertel. Im Stadtzentrum liegen:

Populum: Campo da Vinha 115, Do–Sa 22–5 Uhr. Latin- und Hitparadenmusik sowie Standard in einem gesonderten Saal.

Sardinha Biba: Lugar dos Galos Carandá, Fr/Sa 22–4 Uhr. Techno und Latin, mit eigenem Swimmingpool.

Deslize: Rua Dom Paio Mendes 81, Mo–Fr 23–2 Uhr. Künstlerbar, die Jazz und Blues bietet.

Festival Braga Jazz: März. Mit hochrangigen nationalen und internationalen Musikern.

Mimarte: 1. Julihälfte. Angesehenes internationales Theaterfest.

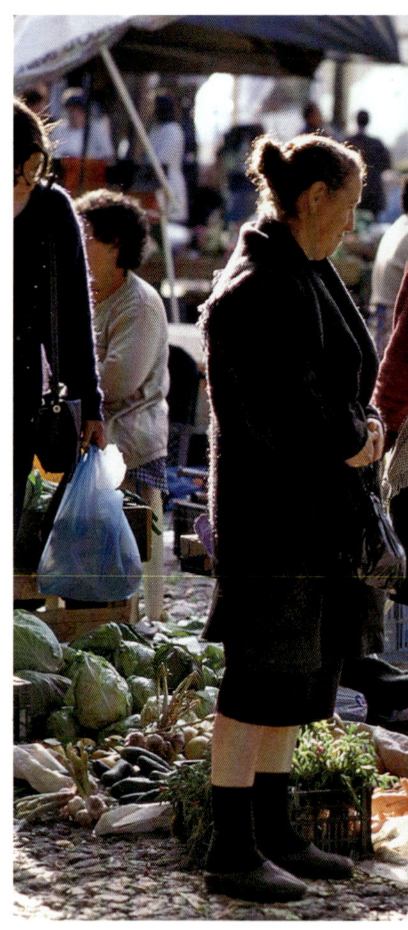

Semana Santa: Karwoche. Portugals größtes kirchliches Fest (s. Thema S. 282 f.)

Zug: Largo da Estação. Sehr oft nach Porto, Lissabon und in die umliegenden Städte.
Bus: Av. General Norton de Matos, Tel. 253 20 94 00. Halbstündlich Porto, regelmäßig in alle wichtigen Minho-Städte.
Parken: Zentrales Parkhaus unter der Praça da República, mehrere gebührenpflichtige Parkplätze am Rand der Altstadt.

Barcelos

Reiseatlas: S. 1, A 2
Auf halber Strecke zum Meer liegt die hübsche Provinzstadt, die in ganz Portugal berühmt ist – dank eines bunten Gockels, der in keinem Andenkenladen fehlen darf. Die dazugehörige Geschichte ist die folgende: Einst wurde ein frommer Pilger in Barcelos des Diebstahls bezichtigt und von einem hungrigen Richter zum Tode verurteilt, der mehr an einem knusprigen Brathähnchen als

Auf dem größten Markt des Landes: in Barcelos

an einem fairen Prozess interessiert war. Nach der Verkündung des Fehlurteils prophezeite der Wallfahrer: Wenn Ihr mich henkt, wird der Hahn auf Eurem Teller als Zeichen meiner Unschuld krähen. Und so geschah es! Da glücklicherweise der Strick um den Hals des Todeskandidaten schwach geknüpft war, überlebte er zur Erleichterung aller Beteiligten. Und zur heutigen Freude zahlreicher Urlauber, die auf den portugiesischen Märkten den bunten Hahn aus Keramik erwerben.

Donnerstags wird auf dem baumbestandenen zentralen Campo da República Portugals größter **Wochenmarkt** abgehalten, ein wirkliches Erlebnis. Wer jedoch nicht an dem trubeligen Marktgeschehen interessiert ist, sollte besser an anderen Wochentagen die dann ruhige Atmosphäre genießen.

Auffälligstes Bauwerk von Barcelos ist der **Templo do Senhor Bom Jesus da Cruz,** eine frei stehende Kirche auf oktogonalem Grundriss direkt neben dem Campo da República. Sie entstand im 16. und 17. Jh., als ein schwarzes Kreuz auf dem Erdboden erschienen sein soll. Wenige Schritte südlich hat in dem wuchtigen Turm – **Torre da Porta Nova**, Teil der früheren Stadtmauer – ein **Kunsthandwerkszentrum** Quartier bezogen. Man kann beim Weben und Klöppeln zuschauen. In der Rua Cónego Joaquim Gaiolas empfiehlt sich der Besuch des **Töpfermuseums**. Gezeigt werden auch Tonwaren aus dem Alltagsleben, um die Erinnerung an frühere Lebensweisen wachzuhalten (Di–So 10–12.30 und 14–18 Uhr, Do durchgehend, Eintritt 1,50 €).

Die **Pfarrkirche** am westlichen Stadtrand glänzt mit romanischen Elementen und eindrucksvollen Azulejobildern. Von den kirchlichen Gartenanlagen um den mittelalterlichen Schandpfahl eröffnet sich ein schöner Blick auf die Landschaft und die kleine Brudergemeinde **Barcelinos** auf der anderen Seite des Rio Cávado. Oberhalb der hinüberführenden gotischen Brücke errichteten die Grafen von Barcelos ihren wehrhaften Palast. In dessen Ruinen sind archäologische Funde ausgestellt, darunter ein Wegkreuz, das der vom Hahn gerettete Pilger als Dank gespendet haben soll (Rua Duques de Bragança, tgl. 9–17 Uhr, Eintritt frei).

Turismo: Largo Sr. José Novais, Tel. 253 81 18 82, Fax 253 82 21 88, Mo–Fr 9–12.30 und 14.30–18, Sa 10–12.30 und 14.30–17 Uhr.

Solar Real: Praça de Pontevedra 15, Tel. 253 81 34 39, Mo geschl. Die Tapeten in den stilvollen Speiseräumen im ersten Stock eines Wohnhauses zeigen ländliche Szenen, die Decke ist stuckverziert, auf den Tisch kommen *bacalhau,* aber auch Meeresfrüchte ab 14 €. Tagesgerichte kosten etwa 10 €.
Bagoeira: Av. Dr. Sidónio Pais 57, Tel. 253 81 12 36. Traditionsküche wie Stockfisch und Braten von Lamm oder Zicklein. Hauptgerichte ab 8,50 €.

Wochenmarkt: Campo da República, jeden Donnerstag.
Centro de Artesanato: Torre da Porta Nova. Reiche Auswahl an Kunsthandwerk.

Das Nachtleben ist landesweit berühmt. Die Clubs und Discos verteilen sich über das ganze Stadtgebiet.
Vaticano: Rua Cândido da Cunha de Barcelos, Fr/Sa ab 22, So ab 15–21 Uhr. Einer der größten House-Clubs Portugals.
Mambo Club: Largo da Porta Nova 4, tgl. ab 23 Uhr. Latinmusic.
Concilium: Rua Duque de Bragança 171, Fr/Sa ab 22 Uhr. Hitparade.

Festas das Cruzes: In der ersten Maiwoche schmücken Blumenteppiche den Templo Bom Jesus; Prozessionen, Kunsthandwerk, Feuerwerk.

Zug: Largo Marechal Gomes da Costa, am östlichen Stadtrand von Barcelos. Häufig nach Porto, Braga, Viana do Castelo.
Bus: Av. das Pontes, 1 km nördl. Halbstündlich nach Braga, regelmäßig in die Umgebung.

Der Obere Minho

Karte S. 280

Historische Städte, sandige Strände und stille Berglandschaften bestimmen das abwechslungsreiche Bild des portugiesischen Nordens. Ebenso vielfältig zeigt sich die in vielen Gastronomiewettbewerben gepriesene Küche – oft als Begleitung zu bunten Feiern! Der Besuch eines der zahlreichen Dorffeste verspricht immer ein unvergessliches Erlebnis.

Der Rio Lima bildet die natürliche Grenze zu Spanien. Die mächtigen Befestigungsanlagen in Melgaço, Monção, Valença, Vila Nova de Cerveira oder Caminha verweisen auf kriegerische Zeiten. Heute sind sie nur mehr friedlichen Besuchern kunsthistorisches Objekt der Begierde. Während am Meer Handel und Fischfang das Leben über die Jahrhunderte prägten, ernährten sich die Bewohner des Landesinneren vom fruchtbaren Boden. Sichtbare Symbole sind die Maisspeicher, *espigueiros,* und die hoch rankenden Weinreben für den spritzigen Vinho Verde.

Die in den vergangenen Jahrzehnten entstandene Textil- und Schuhindustrie sieht sich heutzutage von asiatischer Billigkonkurrenz in ihrer Existenz gefährdet. Auch deutsche Investoren wie die Deutsche Schuhunion oder Rohde haben jüngst ihre Werke geschlossen, nachdem ein durch Fördergelder bedingter Bestandsschutz abgelaufen war.

Mit zunehmenden touristischen Angeboten hofft man neue Erwerbsbereiche zu schaffen. Wanderwege wurden in den Hügeln der Serra de Arga und in den Bergen des Nationalparks Peneda-Gerês markiert, die attraktiven Strände werden sorgsam gepflegt, fast alle sind mit der Blauen Flagge für ihre Sauberkeit ausgezeichnet, zahlreiche Angebote für Sportaktivitäten und erste Wellnesshotels entstehen.

Am Mündungsdelta des Rio Cávado

Traumhafte Strände umgeben das Mündungsdelta des Rio Cávado. Die **Praia da Apúlia** 1, von Dünen sanft umsäumt, wird von Windmühlen überragt. Auch wenn vor wenigen Jahren ein Strandhotel und ein Spezialitätenrestaurant entstanden sind, lebt es sich hier ruhiger als am nördlich angrenzenden, von herrlichem Pinienwald umgebenen Strand von **Ofir** mit Luxushotels, Diskotheken und reichlichem Sportangebot.

Esposende 2 heißt der einnehmende Hauptort nördlich der Flussmündung. Zum Strand sind es allerdings 1,5 km. Dank dieser Entfernung blieb das ruhige Städtchen von massentouristischen Großbauten weitgehend verschont. An ökonomisch erfolgreichere Zeiten erinnert nahe der Pfarrkirche ein in Bronze gegossenes, in seiner proletarischen Wucht beeindruckendes Denkmal für die lokalen Werftarbeiter. Schon im 13. Jh. wurden in Esposende Karavellen gebaut. Leider meist verschlossen ist die **Igreja da Misericórdia** aus dem 16. Jh., deren Kapelle zum »Herrn der Seefahrer« (Senhor dos Mareantes) mit einem Goldaltar und einer hölzernen Kassettendecke prächtig ausgeschmückt ist.

... in Esposende:
Turismo: Av. Eng. Arantes de Oliveira,

Tel./Fax 253 96 13 54, Mo–Fr 9–12.30 und 14.30–18, Sa bis 17.30 Uhr, So unregelmäßig im Aug.

... in Esposende:

Suave Mar: Av. Eng. Arantes de Oliveira, Tel. 253 96 94 00, Fax 253 96 94 01, www.suavemar.com. Zwischen Ort und Strand gelegen. 84 geschmackvolle Zimmer, gegen Aufpreis auch mit Meerblick, Sportangebot und Panoramarestaurant. DZ 55 bis 100 €.

... in Apúlia:

Apúlia Praia: Av. da Praia 45, Tel. 253 98 92 490, Fax 253 98 92 949, www. pugliatur. com. 2004 eröffneter, von außen wenig attraktiver Betonbau, aber mit modern-komfortablen Zimmern mit Balkon und Meerblick. DZ 50–80 €.

... in Apúlia:

Camelo: Rua do Facho, Tel. 253 98 76 00, tgl. außer Mo. Sehr beliebtes Restaurant auf mehreren Stockwerken in einem Glaspalast am Strand, Spezialitäten sind Meeresfrüchte und Fisch. Hauptgerichte ab 9 €.

... in Ofir:

Pacha de Ofir: Lugar das Pedrinhas, www.pacha-portugal.com. Fünf Tanzflächen mit insgesamt 47 000 m² Fläche, 12 Bars, ein Restaurant sowie DJs von Weltruf.

Romaria de São Bartolomeu do Mar: 24. Aug. Unter dem Schutz geschmückter Heiligenfiguren werden Kinder für das »Heilige Bad« bekleidet ins Meer getaucht.

Bootsfahrten: Ins naturgeschützte Flussdelta fährt APLE, Esposende, Rua 1° de Dezembro 65, Tel. 253 96 58 30. **Reiten/Fahrräder:** Hotel Ofir, Av. Raul de Sousa Martins, Strand von Ofir, Tel. 253 98 98 00, www.hotel-ofir.com.

Bus: Regelmäßig von Esposende nach Porto und in die Nachbarstädte.

Viana do Castelo

Cityplan: S. 285

In den Esplanadencafés auf der zentralen **Praça da República** 1 von **Viana do Castelo** 3 sitzt man einer geballten Granitpracht aus der Zeit der Manuelinik und der Renaissance gegenüber. Die Platzmitte ziert ein von João Lopes d. Ä. 1551 meisterhaft gestalteter Brunnen, den ein feingliedriges Astrolabium bekrönt. Die nordöstliche Seite begrenzt das spätgotische **Rathaus,** das mit seinen wuchtigen Steinquadern einer Wehrburg gleicht und *en miniature* dem venezianischen Dogenpalast nacheifert. Die wenigen Dekore, etwa Sphärenkugel und Karavelle, verweisen auf die Bedeutung des Ortes während der portugiesischen Entdeckungsfahrten im 15. und 16. Jh. Damals vibrierte der elegante Platz unter höfischen Festen, extra für sie war er – gleichsam als öffentlicher Ballsaal – von König Manuel angelegt worden.

Seitlich schließen sich die Gebäude der **Misericórdia** (16. Jh.) an. Der Innenraum der Kirche wurde im Barock mit kostbaren Kachelpaneelen ausgeschmückt, auf denen die guten Taten eines gläubigen Christen abgebildet sind. Ins Auge sticht die üppig verzierte Fassade des früheren Armenhauses, das noch bis ins Jahr 1982 als städtisches Krankenhaus fungierte. Atlanten und Karyatiden schultern die Last der drei Stockwerke. Hier zeigt sich der Einfluss der flandrischen Renaissance, waren doch Flamen die bevorzugten Handelspartner.

Von ihren guten Gewinnen erbauten die heimischen Kaufleute die Prunkhäuser, die den Platz säumen und die die gesamte, weitgehend verkehrsberuhigte Innenstadt prägen. Zahlreiche hübsch gestaltete manuelinische Fenster- und Türumrandungen lassen sich bei einem Rundgang durch die historische Altstadt bewundern. An der südwestlichen Seite der Praça sind im **Museu do Traje** die festlichen Trachten der Frauen von Viana ausgestellt, die ebenso wie deren filigraner Goldschmuck im ganzen Land berühmt sind (Di–So 9.30–12, 14–17 Uhr, Eintritt 1 €).

Mit den Autoren unterwegs

Manuelinik und Renaissance

Repräsentative Paläste und kostspielige Gotteshäuser leisteten sich die Kaufleute entlang der Küste. Der genuin portugiesische manuelinische Stil harmoniert wundervoll mit Einflüssen der Renaissance, die dank eines regen Handels mit Italien und Flandern ihren Weg nach Nordportugal fand. Hervorzuheben sind Viana do Castelo, Ponte de Lima und Caminha (s. u., S. 286, 289).

Palast des Weins

Freunde eines besonderen Tropfens werden im Solar do Alvarinho in Melgaço willkommen geheißen. Hier genießt man einen außergewöhnlichen Vinho Verde als Begleitung zu einheimischem Räucherschinken oder Schafskäse (s. S. 292).

Bade- und Aktivurlaub

Die schönsten Strände liegen in Apúlia, Ofir (s. S. 279) und Moledo (s. S. 289). Surfer sollten die Küste nördlich von Viana do Castelo aufsuchen. Ein Hauch von Hochgebirge liegt über dem Nationalpark Peneda-Gerês (s. S. 292 ff.) mit gut markierten Wanderwegen, von den einsamen Pfaden der Serra de Arga eröffnen sich weite Blicke auf den Atlantik.

Inbrünstige Heiligenverehrung: Feste im Minho

Die Nordportugiesen sind gläubige, gesellige Menschen und halten den landesweiten Rekord an religiösen Festen, Wallfahrten und Heiligenkulten. Von April bis September kündigt die regionale Tourismusbehörde allein für den Oberen Minho über tausend Festivitäten an, die oftmals im Mittelalter wurzeln.

Die tiefe Religiosität findet ihren ausgeprägten Ausdruck in den nächtlichen Umzügen der **Semana Santa** von Braga. Diese beginnen am Gründonnerstag und finden einen ersten Höhepunkt in der Karfreitagsprozession des »Enterro do Senhor«, wenn schwarze Kapuzenmänner in Büßerhemden durch die mit Fackeln beleuchteten Straßen der Altstadt ziehen und der Beisetzung Jesu gedenken. Am Ostermorgen löst sich der Spannungsbogen bei der Auferstehungsfeier, wenn die Gläubigen ein prunkvoll geschmücktes Kreuz küssen und durch die Stadt tragen.

Das **Coca-Fest** von Monção inszeniert seit dem 16. Jh. zu Himmelfahrt den Kampf zwischen Gut und Böse. Der heilige Georg, Schutzpatron der Krieger, kämpft hoch zu Ross mit Helm und Lanze gegen das Böse in Gestalt des Drachen Coca. Das 5 m lange Holztier mit riesigem Maul und bunt bemaltem Panzer wird von zwei Männern manövriert und gilt dann als geschlagen, wenn es dem heiligen Krieger unter dem Jubel der vielen Schaulustigen gelingt, dem Ungeheuer ein Ohr abzuschlagen.

Im Limatal werden bunte **Prozessionen** veranstaltet, um die Schutzheiligen an ihre konkreten Aufgaben zu erinnern. So soll der hl. Silvester doch bitte die ihm anbefohlenen Weidetiere nicht vergessen und der hl. Antonius gegen falsche Beschuldigungen und böse Nachbarn beistehen, die eine der schlimmsten Gefahren in den auf wechselseitige Hilfe angewiesenen Dorfgemeinschaften darstellen. Johannes der Täufer möge gegen Kopfschmerzen und die hl. Luzia bei nachlassender Sehschärfe helfen, der hl. Mamede für ausreichend Muttermilch sorgen. Die Gebete werden auf dem Bittgang in möglichst lautem Stimmenchor vorgetragen, um so die fernen himmlischen Ohren sicher zu erreichen. Üblicherweise enden die Aufzüge weit außerhalb der Ortschaften, etwa in einer Kapelle des Schutzpatrons auf einer Anhöhe oder gar in einer im tiefen Gebirge liegenden Wallfahrtskirche wie der Igreja Senhora da Peneda bei Castro Laboreiro.

In den abgelegenen Bergen entzogen sich die Teilnehmer der dörflichen Sozialkontrolle und konnten umso ausgelassener feiern. Manche Unschuld ging dabei verloren. Die mystische Wallfahrt des **São João** in der Serra de Arga (28./29. August) dankt Johannes dem Täufer mit besonderen Opfergaben wie geklauten Dachziegeln und Salz für die Weidetiere. Bei Tanzwettbewerben und fröhlicher Volksmusik, die nach dem Verspeisen eines Lammbratens erklingt, wird die Nacht in den Bergen lang.

Aber auch in die festlichen Rituale an der Küste mischt sich manch eine Portion an Aberglauben. Zu Ehren des **São Bartolomeu do Mar** werden in Esposende (23./24. August) drei- bis elfjährige Kinder ins Meer getaucht, um sie gegen Angstzustände, Epilepsie, Rachitis und Stottern immun zu machen, Krankheiten, die dem Teufel zugeschrieben

Thema

werden. Zu den traditionellen Opfergaben zählen schwarze Hühner.

Die sogenannten Mitternachtstaufen resultieren aus der Angst, der Teufel könnte die Seele eines noch ungetauften Säuglings rauben. An alten Brücken im Bergland warten aber nur noch selten hochschwangere Frauen auf einen zufälligen Passanten, der bei der Taufe des Ungeborenen unter Mondschein als Pate fungiert.

Ein heiteres Spektakel erzeugt das eindrucksvollste aller Feste in Viana do Castelo (um den 20. August). Auf der **Romaria da Senhora da Agonia** tragen die Frauen farbenfrohe Familientrachten und stellen stolz ihren filigranen Goldschmuck zur Schau. Über blumengeschmückte Straßen wird die Figur der Senhora da Agonia auf ein Fischerboot gebracht und auf hoher See gesegnet, um so dem Meer für die gewährte Gnade zu danken. Riesige Dickköpfe aus Pappmaschee, die lustigen *cabeçudos,* betrachten das Spektakel in der Stadt.

Der Schlüssel für die ungebrochene Popularität der Feste liegt neben der zunehmenden touristischen Bedeutung in der großen Heimatverbundenheit der Bewohner und der vielen Arbeitsemigranten. Ihr finanzieller Beitrag ist Voraussetzung für die Durchführung der aufwendigen Feiern, auf denen sie ihre in der Ferne vielleicht sogar erstarkten Heimatgefühle in großer Gemeinschaft ausleben können. Deswegen auch wurden viele lokale Veranstaltungen, die auf den Juni, Juli oder September datiert waren, kurzerhand in den August verlegt, den klassischen Urlaubsmonat der Ausgewanderten.

Schön gekleidet für ein großes Fest

Die nahe **Kathedrale** 2 wurde zu Beginn des 15. Jh. von galicischen Baumeistern errichtet und wirkt dank ihrer romanischen Türme äußerst wehrhaft. Sechs Apostel flankieren das Hauptportal, über dem das Jüngste Gericht thront. Nach dem schweren Brand von 1809 wurde das Kircheninnere wenig ansprechend neogotisch ausgeschmückt. Unversehrt blieb die Seefahrerkapelle im linken Querschiff mit einer Hamburger Galeone. Eine farbige Holzschnitzerei mit der Grablegung Jesu wurde im Jahr 1530 in Antwerpen gefertigt.

Die innerstädtische Avenida dos Combatentes da Grande Guerra trennt das großbürgerliche Viana vom einstigen Handwerker- und Fischerviertel. Einen Blick sollte man in die **Igreja São Domingos** 3 aus dem späten 16. Jh. mit ihrem gewaltigen Barockaltar im nördlichen Querschiff werfen. Schräg gegenüber beherbergt ein barockes Bürgerhaus das Stadtmuseum, das **Museu Municipal** 4, mit einer beeindruckenden Sammlung von Fayencen, Stilmöbeln und großflächigen Kachelbildern (Di–So 9.30–12 und 14–17 Uhr, Eintritt 2 €).

Landeinwärts erhebt sich die **Serra de Santa Luzia** über die 16 000 Einwohner zählende Stadt. Die 2005 teilweise abgebrannten Wälder werden derzeit mit widerstandsfähigeren Bäumen neu aufgeforstet. Unbeschädigt blieb die **Wallfahrtskapelle,** die per Auto, zu Fuß über 600 Stufen oder auch mit einer Standseilbahn erreicht wird. Die Basilika imitiert Sacré-Cœur (19. Jh.) in Paris und wurde erst 1954 vollendet. Weit reicht der Panoramablick von der Kuppel. Oberhalb sind die Mauern von etwa 40 Häusern der kelt-iberischen Siedlung **Citânia de Santa Luzia** freigelegt, die bis ins 4. Jh. n. Chr. bewohnt war (Di–So 10–12 und 14–17 Uhr, Eintritt 1,50 €). Wunderbar Kaffeetrinken kann man auf der Aussichtsterrasse der benachbarten Pousada.

Turismo: Rua do Hospital Velho, Tel. 258 82 26 20, Fax 258 82 78 73, Nov. bis April Mo–Fr 9–12.30 und 14–17.30, Sa 9.30–13 und 14–17.30, So 9.30–13 Uhr; Mai bis Okt. Mo–Sa 9.30–12 und 14.30–18, So 9.30–13 Uhr, Aug. durchgehend. Die Eröffnung eines neuen Tourismusbüros im großen Verwaltungszentrum am Largo 5 de Outubro ist geplant.

Casa Melo Alvim 1: Av. Conde da Carreira 28, Tel. 258 80 82 00, Fax 258 80 82 20, www.meloalvimhouse.com. 16 unterschiedlich große, stilvoll möblierte Zimmer in dem ältesten Patrizierhaus der Stadt aus dem Jahre 1509. DZ 115 bis 155 €.

Flôr de Sal 2: Av. de Cabo Verde, Praia Norte, Tel. 258 80 01 00, Fax 258 80 01 01, www.hotelflordesal.com. Neues Wellnesshotel an der Felsküste, 2 km außerhalb mit 60 Zimmern, komfortabel durchgestylt. 2000 m^2 Spa-Bereich. DZ 90–150 €.

Viana Sol 3: Largo Vasco da Gama, Tel. 258 82 89 95, Fax 258 82 34 01, www.hotelvianasol.com. Sachlich eingerichtete Zimmer um einen verspiegelten Innenhof, zentral und ruhig gelegen. DZ 50–70 €.

Turismo de Habitação: Mehrere Herrenhäuser in unmittelbarer Umgebung vermieten Zimmer zu 70 bis 130 €. www.solaresdeportugal.pt.

Cozinhas das Malheiras 4: Rua Gago Coutinho 19, Tel. 258 82 36 80, Di geschl. In der früheren Hauskapelle eines Bürgerhauses, spezialisiert auf Meeresfrüchte und Fisch. Hauptgerichte ab 9 €, Langusten und Hummer sind deutlich teurer.

O Pescador 5: Largo São Domingos 35, Tel. 258 82 60 39, Di geschl. Fischgerichte und Meeresfrüchteeintöpfe ab 8 €, unbedingt empfehlenswert Robalo aus dem Meer für ca. 25 € für zwei Personen.

Taberna do Valentim 6: Rua Monsenhor Daniel Machado 180, Tel. 258 82 75 05, Mo–Sa. Nur fangfrischer Fisch direkt vom Fischerhafen, ca. 35 €/kg.

Pastelaria Caravela 7: Praça da República 62, Tel. 258 82 55 75. Ein Patrizierhaus wurde entkernt und architektonisch anspruchsvoll in ein modernes Café verwandelt, das auch

Viana do Castelo: Cityplan

Sehenswürdigkeiten

1 Praça da República
2 Kathedrale
3 Igreja São Domingos
4 Museu Municipal

Übernachten

1 Casa Melo Alvim
2 Flôr de Sal
3 Viana Sol

Essen und Trinken

4 Cozinhas das Malheiras
5 O Pescador
6 Taberna do Valentim
7 Pastelaria Caravela

leckere Snacks und Salate für 3–6 € auch auf der Terrasse serviert.

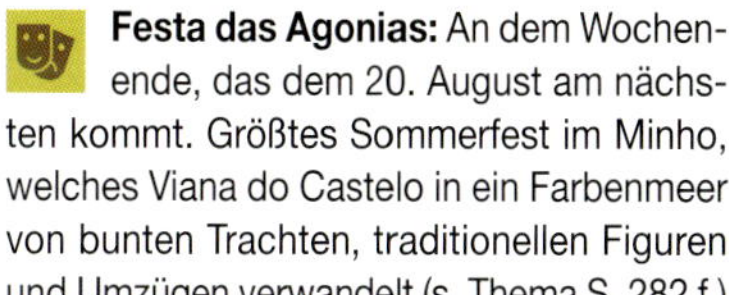

Festa das Agonias: An dem Wochenende, das dem 20. August am nächsten kommt. Größtes Sommerfest im Minho, welches Viana do Castelo in ein Farbenmeer von bunten Trachten, traditionellen Figuren und Umzügen verwandelt (s. Thema S. 282 f.)

Baden: Die schönsten Strände sind im Norden Carreço (4 km), Paço (6 km) und Afife (8 km). Den südlich des Limaflusses gelegenen Strand von Cabedelo steuert etwa stündlich eine Fähre vom zentralen Hafen in Viana an.

Surfen: Surf Clube de Viana, Praia de Afife, Tel. 258 82 62 08, Verleih und Kurse.

Wandern: Das Tourismusbüro hält Faltblätter zu mehreren Wanderungen in der Serra de Arga und am Strand bereit.

Zug: Av. dos Combatantes da Grande Guerra. Häufig nach Porto, Barcelos und Richtung Galicien.

Bus: Estação Viana Shopping, direkt neben dem Zugbahnhof, Tel. 258 81 72 77, regelmäßig in alle Minho-Städte.

Granitbauten rahmen die Praça da República in Viana do Castelo

Durch das Tal des Rio Lima

Von Viana aus empfiehlt sich ein Ausflug ins Limatal. Die neue Autobahn ist die Belohnung für einen oppositionellen Parlamentsabgeordneten aus Ponte de Lima, der mit seiner Stimme der Regierung zur Mehrheit verhalf. Dennoch sollte man die N 202 bevorzugen, die am **Solar de Bertiandes** vorbeiführt. Um einen manuelinischen Turm gruppieren sich zwei im 18. Jh. angebaute Herrenhäuser. Dahinter breitet sich die vogelreiche Seenlandschaft **Lagoas de Bertiandos** aus, durch die anregend angelegte Lehrpfade führen.

Ponte de Lima

Eingebettet in grün bewachsene Hügel bezaubert das knapp 3000 Einwohner zählende **Ponte de Lima** 4 mit einem Ensemble ma-

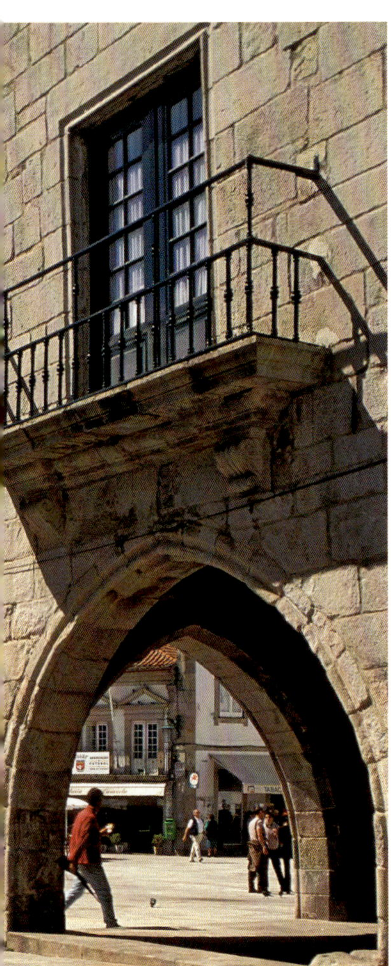

nuelinischer Herrenhäuser. Für die behutsame Stadtsanierung gab es sogar höchste EU-Auszeichnungen. Herrlich sitzt man in den Straßencafés auf der Praça de Camões wie in einer prächtigen Theaterkulisse mit Blick auf die **römisch-romanische Brücke**. Kaiser Augustus ließ sie im 1. Jh. n. Chr. als Teil einer Militärstraße erbauen. Acht römische Rundbögen sind auf der gegenüberliegenden Uferseite erhalten, teilweise im Flusssand versunken. Daran reihen sich 22 romanische Pfeiler als Brückenverlängerung des 14. Jh.

Die Überquerung der autofreien Brücke ist Teil des portugiesischen Pilgerweges nach Santiago de Compostela (s. Richtig Reisen-Tipp S. 290) und lohnt wegen des herrlichen Blicks auf die Stadtsilhouette. Sie führt zum botanischen **Parque do Arnado** mit Mustergärten verschiedener Stilepochen (Eintritt frei). Einige hundert Meter flussabwärts konzipieren internationale Landschaftsarchitekten, solange Sponsorengelder fließen, fantastische sommerliche **Gartenfestivals** (Eingang beim Clube Náutico, Eintritt 0,50 €).

Durch das mittelalterliche Zentrum der Stadt, die 1125 und somit noch vor der portugiesischen Staatsgründung die Stadtrechte erhielt, kann man sich herrlich treiben lassen. Die letzten Zeugnisse der gotischen **Stadtbefestigung** sind das Stadttor Porta Nova und die Wachtürme Torre de São Paulo und Cadeia Velha mit einem kleinen Stadtmuseum. Die sehenswerte frühgotische **Igreja Matriz** wurde mit barocken Altären ergänzt, das blau-weiße Kachelpaneel an der Außenmauer zeigt König João IV. Die Stadtverwaltung hat einen historischen Stadtrundgang markiert.

i **Turismo:** Praça do Marquês (im Palast), Tel. 258 94 23 35, Fax 258 94 23 06, Mo–Sa 9.30–12.30 und 14–17.30 Uhr, So nur vormittags.

Solares de Portugal: Praça da República, Tel. 258 74 16 72, Fax 258 74 14 44, www.solaresdeportugal.pt. Nationale Vermittlung für Urlaub in Herrenhäusern mit großer Auswahl vor Ort ab 70 €.

Paço de Calheiros: Calheiros, Tel. 258 94 71 64, www.pacodecalheiros.com. 7 km nordwestlich. 15 stilvolle Zimmer und Apartments im 1336 erbauten Adelspalast, im Besitz des Gründers der Vereinigung der Herrenhäuser. Garten mit Pool und Tennisplatz, auch Pferde. DZ etwa 130 €.

A Carvalheira: Arcozelo (2 km nördl.), Tel. 258 74 23 16, Mo geschl. Spezia-

lität ist die reiche Vorspeisenauswahl; Zicklein ein empfehlenswertes Hauptgericht, ab 10 €.
Alameda: Alameda de São João, Tel. 258 94 16 30, Mo geschl. Deftige Traditionsküche in urigem Lokal ab 6 €.

Wochenmarkt: Jeden 2. Mo. am gesamten Flussufer.
Kunsthandwerk: Schöne, regionaltypische Auswahl im Tourismusbüro.

Vaca das Cordas: Am Abend vor Fronleichnam werden als Kühe »verkleidete« Rinder durch den Ort getrieben.

Reiten: Centro Equestres Vale do Lima, Feitosa, Tel. 258 74 36 20.

Bus: Rua Quinta Graciosa, an der nördlichen Stadtgrenze. Stündl. nach Viana, regelmäßig nach Braga und Ponte da Barca.

Ponte da Barca

Auch das benachbarte **Ponte da Barca** 5 ist stolz auf seine mittelalterliche Brücke und ähnelt im Übrigen Ponte de Lima. Nur ist hier alles sehr viel bescheidener. Eine Arkadenhalle aus dem Jahre 1752 diente lange als Marktplatz und das angrenzende Piloto-Viertel geht auf die Blütezeit des Ortes im 16. Jh. zurück. In einem der manuelinischen Häuser übernachtete einst sogar der Seefahrerkönig Manuel I. Hübsch liegt der Picknickplatz am Fluss.

Dämmerung über dem Fluss in Ponte de Lima

Turismo: Rua Dom Manuel I, Tel. 258 45 28 99, Mo–Sa 9–12.30, 14.30–18 Uhr, im Winter nur Di–Sa.
ADERE: Largo da Misericórdia 10, Tel. 258 45 22 50, Fax 258 45 24 50, www.adere-pg.pt, Mo–Fr 9–12.30, 14–18 Uhr. Infos über Wanderungen und Unterkünfte im Nationalpark Peneda-Gerês.

Fumeirinho da Barca: Largo do Corro 20. Regionalprodukte und Delikatessen.

Arcos de Valdevez und Bravães

Trotz einer erstaunlichen Anzahl von Kirchen und einem mittelalterlichen Schandpfahl wirkt

Arcos de Valdevez 6, 6 km nördlich, weniger romantisch.

Besuchen sollte man hingegen das Kirchlein São Salvador am Ortsrand von **Bravães**, 4 km westlich an der N 203. Die Portale, überreichlich mit Menschengestalten, Vögeln und abstrakten Mustern verziert, zählen zu den wertvollsten Schöpfungen der portugiesischen Romanik.

An der Küste nach Norden

Vila Praia de Âncora

Vila Praia de Âncora 7 ist mit etwa 5000 Einwohnern der nächste große Badeort nördlich von Viana. Am Stadtrand sind Reste einer Festungsanlage aus der Bronzezeit und das imposante Dolmengrab von Barrosa zu besichtigen, dessen Decke auf neun Säulensteinen ruht.

Weitere 4 km nördlich zweigt von der N 13 ein kleines Sträßchen zur wunderschönen feinsandigen **Praia de Moledo** ab. An die goldenen Zeiten, als sich hier die bessere Gesellschaft von Porto erholte, erinnern vornehme Villen. Durch einen duftenden Pinienwald führt ein Fußweg zum Mündungsdelta des Rio Minho mit weiteren Bademöglichkeiten.

Ancoradouro: Rua João Silva 522, Moledo, Tel. 258 72 24 77, 1. Juli – 30. Sept. tgl. außer Mo, sonst nur Fr–So. Köstlich gegrillte Fische, auch einheimisches Rindfleisch. Hauptgerichte ab 10 €.

Caminha

Das schmucke Städtchen **Caminha** 8 mit 2000 Einwohnern wird von einer mächtigen Stadtmauer geschützt, einst vor fremden Truppen, heute vor der lärmenden Umgehungsstraße. Ruhig geht es hinter den Mauern in den engen Altstadtgassen zu, die in die zentrale **Praça Conselheiro Silva Torres** rund um einen manuelinischen Brunnen münden. Die Cafés stellen bei schönem Wetter ihre Tische auf den verkehrsberuhigten Platz. Am

Richtig Reisen-Tipp: Pilgern nach Santiago de Compostela

Kaum betritt man Ponte de Lima, so fallen auch schon die gelben Pfeile an Hauswänden, Torbögen oder Straßenlaternen ins Auge. Es sind die Markzeichen für den viel begangenen »Caminho português«, den wichtigsten Pilgerpfad von Portugal nach Santiago de Compostela, der hier nach einer Zusammenführung der Wege aus Lissabon über Porto bzw. von Braga über Guimarães beginnt.

Das rührige Pilgerbüro Associação dos Amigos do Caminho Português de Santiago (Rua do Carrezido 7, Tel. 258 90 06 00) bietet organisierte Wanderungen und ein Büchlein mit Wegbeschreibungen an, zwar nur auf Portugiesisch, doch anhand der Kartenskizzen sind sie auch ohne Sprachkenntnisse nachvollziehbar. Im Büro ist auch der Pilgerausweis erhältlich. Die Website der Vereinigung bietet die Beschreibung der Route auf portugiesischem Territorium zusätzlich in englischer Sprache als Download an: www.caminhoportuguesdesantiago.com.

Sechs Teilstrecken führen von Ponte de Lima zum spanischen Grenzort Tui, doch wegen der begrenzten Übernachtungsmöglichkeiten empfehlen sich teils längere Tagesmärsche. In diesem Falle geht es erst einmal von Ponte de Lima über 22 km nach São Roque, sodann folgen 25 km nach Valença do Minho und schließlich 5 km nach Tui. Nun schließen sich vier Etappen in Galicien an. Informationen zu den Unterkünften finden sich auf der deutschen Homepage www.jakobus-info.de/jakobuspilger/96-spain-portugal.htm. Der Weg auf portugiesischer Seite führt durch die herrliche Hügellandschaft des Oberen Minho, etwa zur Hälfte auf Sand- und Waldwegen, sonst auf meist wenig befahrenen Teer- und Pflasterstraßen, Informationen zum spanischen Abschnitt sind unter www.xacobeo.es zu finden.

südwestlichen Platzende erhebt sich neben dem Rathaus der **Torre de Relógio**, einzig erhaltener der einst zehn romanischen Wachtürme, die Glocken stammen aus dem 17. Jh. Dahinter beginnt die anmutige **Rua Direita**. Kunstvoll gestaltete Hausfassaden verstecken zahlreiche Bars und Restaurants.

Am Ende der Gasse erreicht man die dreischiffige **Igreja Matriz**. Mit ihrem zinnenbesetzten Glockenturm wirkt Nordportugals bedeutendstes Bauwerk der Frührenaissance wie eine Mischung aus Festung und Sakralbau. Süd- und Hauptportal sind verschwenderisch mit manuelinischen Figuren, Engelsköpfen und Tieren geschmückt. Ein grotesker Wasserspeier entblößt sein Hinterteil nach Nordwesten, also unverkennbar in Richtung Spanien. Das Kircheninnere glänzt mit einer Decke im Mudejarstil.

Turismo: Rua Ricardo Joaquim de Sousa, Tel. 258 92 19 52, Mo–Sa 9.30–12.30 und 14.30–18, im Winter bis 17.30, So 9.30–12.30 Uhr.

Quinta da Graça: Lugar da Graça, Vilarelho, Tel. 258 92 11 57. 2 km oberhalb von Caminha. 4 Zimmer und 3 Apartments im Herrenhaus aus dem 17. Jh. DZ ca. 80 €.

Duque de Caminha: Rua Ricardo Joaquim de Sousa 111, Tel. 258 72 20 46, Mo geschlossen Verfeinerte Küche, in der Meeresfrüchte, frischer Fisch und Lamm die Hauptrolle spielen. Hauptgerichte ab 11 €.

Rio Coura: Av. Saraiva de Carvalho 1–5, Tel. 258 92 11 42, So abends und Mo geschl. Einfach, deftig, günstig und voller Einheimischer. Hauptgerichte ab 5,50 €.

Baden: Praia da Caminha, etwa 1 km außerhalb.

Wandern: Im Tourismusbüro gibt es Faltblätter zu Wanderungen in der Serra de Arga.

Zug: Av. Manuel Xavier. Regelmäßig nach Valença und Porto.
Bus: Corgo-Vilarelho, Tel. 258 92 27 90. Stdl. nach Viana, regelmäßig nach Valença.
Fähre: Av. Marginal, Tel. 258 71 03 00. Regelmäßig nach Galicien.

Am Rio Minho

Vila Nova de Cerveira

Enge Gassen laufen ins historische Zentrum von **Vila Nova de Cerveira** 9. Die robusten Festungsmauern des Ortes, von König Dinis 1320 erbaut, haben bis heute allen Angriffen standgehalten. In der Pfarrkirche ist ein goldener Barockaltar zu bewundern, in der benachbarten Misericórdia-Kirche ein »Ecce-Homo«-Bildnis. Ein Museum für zeitgenössische Kunst ist am Wochenende geöffnet (Sa/So 10–18 Uhr, Eintritt 2,50 €).

Pousada Dom Diniz: Largo do Terreiro, Tel. 251 70 81 20, Fax 251 70 81 29. Kleine Altstadthäuser wurden zu luxuriösen Zimmern umgestaltet, jedes mit eigenem Garten. DZ 120–180 €.

Bienal de Cerveira: Mitte Aug.–Mitte Sept. alle zwei Jahre (gerade Jahreszahlen) Internationales Kunst- und Kulturtreffen.

Valença do Minho

Vor allem spanische Besucher lockt das auf einem Hügel thronende **Valença do Minho** 10 an. Parkplätze stehen unterhalb der Befestigungswälle aus dem 17. und 18. Jh. zur Verfügung. In den Altstadtgassen beherbergen fast alle der wuchtigen Herrenhäuser Restaurants oder Souvenirläden. Am schönsten, aber auch am meisten touristisch geprägt zeigt sich die Stadt um die Praça da República und in der Rua da Direita.

Sehenswert sind die romanische **Igreja de Santa Maria dos Anjos** und die gotische **Igreja da Colegiada,** deren klassizistische Elemente aus einer späteren Restaurierung stammen. Ansonsten lieben die spanischen Urlauber den weiten Ausblick auf ihr Heimatland, das sie über eine doppelstöckige, von Gustave Eiffel erbaute Brücke erreichen. Eisenbahnfreunde sollten in all dem Trubel auch einen Blick ins Eisenbahnmuseum am Bahnhof werfen (Mo–Fr 9–13 und 14–17 Uhr, Anmeldung unter Tel. 221 05 24 51, Eintritt frei).

Turismo: Av. da Espanha, Tel. 251 82 33 29, Fax 251 82 43 21, tgl. 9.30–12.30 und 14.30–18, Okt.–April bis 17.30 Uhr.

Pousada São Teotónio: Baluarte de Socorro, Tel. 251 80 02 60, Fax 251 82 43 97. Direkt an den Befestigungswall gebaut, herrliches Panorama. DZ 120–180 €.

Radfahren: 13 km langer Fahrradweg auf der früheren Eisenbahnstrecke nach Monção.

Zug: Largo da Estação. Häufig nach Viana do Castelo.

Monção

Weiter ins Landesinnere führt die N 101 nach **Monção** 11. Eine schöne Geschichte ehrt die listigen Frauen des Ortes, die *heroinas.* 1369 hatten kastilische Truppen die Stadt eingeschlossen, eine Hungersnot drohte. Da kam der Bäckerin Deu-la-Deu Martins die Idee, den Belagerern das letzte Brot zu schenken, begleitet von dem Angebot, bei Bedarf davon noch mehr herauszureichen. Beeindruckt von den vermeintlichen Essensvorräten zogen die Feinde ab. Der Heldin brachte ihre Großtat eine Grabstätte in der romanisch-gotischen Pfarrkirche ein, den Nachfahren das Brötchen *pãozinho de monção,* erhältlich in jeder Bäckerei.

Von den Festungsmauern, die mit den Jahrhunderten erweitert wurden, kann man heute friedlich den Blick über den Rio Minho nach Spanien schweifen lassen. Die Thermalquellen, schon von den Römern besucht, wurden in den letzten Jahren restauriert, haben aber ungeachtet moderner Wellnessangebote ihre einstige Bedeutung nicht wiedererlangt. Mit dem benachbarten Melgaço bildet der Ort die Weinregion des Alvarinho. Aus den Trauben wird ein besonders hochwertiger Vinho Verde gewonnen.

Als richtiges Château präsentiert sich der **Palácio de Brejoeira** 3 km südlich an der Straße nach Ponte da Barca. Zwischen 1804 und 1828 erbaut, eiferte er stilistisch dem Königspalast Ajuda in Lissabon nach. Der Palast, in dem schon König Manuel II. übernachtet hat, sich aber auch die Diktatoren Franco und Salazar getroffen haben, ist nicht zu besichtigen.

Turismo: Casa do Curro, Praça Deu-la-Deu, Tel. 251 65 27 57, Fax 251 65 27 51, Mo–Sa 9.30–12.30, 14–18 Uhr.

Das Termas: Av. das Caldas, Tel. 251 64 01 10, Fax 251 64 01 19, hoteltermasmoncao@sapo.pt. Moderner Hotelbau und gestylte, komfortable Zimmer. DZ 84 bis 105 €.

Sete à Sete: Rua Conselheiro João da Cunha, am Stadttor, Tel. 251 65 25 77, Mo geschl. Regionale Küche, empfehlenswerte Fische aus dem Fluss. Ab 7 €.

Festa da Coca: Fronleichnam. Schon seit dem 13. Jh. kämpft der hl. Georg gegen den bösen Drachen Coca.

Melgaço

Der Landflecken **Melgaço** 12 atmet mittelalterliche Atmosphäre. In den engen Gassen verstecken sich die schmucken romanischen Kirchen **Igreja Matriz** (12. Jh.) und **Igreja da Misericórdia** (13. Jh.). Über den ruhigen Ort erhebt sich, umgeben von Burgmauern, schützend ein frei stehender romanischer Wachturm, der ein kleines archäologisches Museum beherbergt und bestiegen werden kann (Di–So 10–12.30 und 14.30–18 Uhr, Eintritt 1 €, Zutritt zur Burganlage tgl. 10–18.30 Uhr, Eintritt frei).

Freunde eines edlen Tropfens sollten den **Solar do Alvarinho** in einem ebenso edlen granitenen Stadtpalast besuchen. Es werden zur kostenlosen Probe drei Weine aus der Alvarinho-Traube angeboten und dazu zahlreiche Informationen gereicht. An einer Theke gibt es zudem delikate regionale Würste und Käse. Natürlich kann der Wein auch gekauft werden.

Eine Kostbarkeit romanischer Baukunst findet sich etwa 1 km nördlich an der N 301. »Aber die Kirche **Nossa Senhora da Orada**«, urteilt der Schriftsteller José Saramago, »ist ein solches Meisterwerk an Bildhauerei, dass jedes Wort zu viel wäre, weil es zu wenig sagen würde.«

Turismo: Rua Loja Nova, Tel. 251 40 24 40, Fax 251 40 24 37, Mai–Sept. Mo–Sa 9.30–18, sonst Mo–Fr 9.30–17.30 und Sa 14.30–17.30 Uhr.

Monte Prado: Monte Prado, 1,5 km außerhalb, Tel. 251 40 01 30, Fax 251 40 01 49, www.hotelmonteprado.pt. Im Jahr 2004 eröffnet, ruhig, geräumige Zimmer, Hallenbad sowie Fitnessraum. DZ 70–95 €.

Panorama: Markthalle, Tel. 251 41 04 00, So abends und Mo geschl. Weithin gerühmte, verfeinerte Regionalküche. Hauptgerichte ca. 12 €.

Ceia Medieval: Aug. Mittelalterliches Gelage auf der Burg.

9 Parque Nacional Peneda-Gerês

Von Braga oder Arcos de Valdevez gelangt man bequemer in den einzigen Nationalpark Portugals. Doch die landschaftlich reizvollste Anfahrt führt von Melgaço über die N 202. Zahlreiche Dolmen sind steinernes Zeugnis für frühe Besiedlung. Der Ort **Castro Laboreiro** ist für die Zucht einheimischer Schäferhunde bekannt. Vom eigentlichen *castro* sind nur Ruinen geblieben.

1971 auf einer Fläche von 72 000 ha gegründet, besteht der *parque nacional* aus den Gebirgszügen Peneda, Gerês, Soajo, Laboreiro und Amarelo. Nur etwa 9000 Bewohner zählt der Park, viele leben noch von der Landwirtschaft. Die heimischen Barroso-Rinder liefern ein wohlschmeckendes Fleisch, während aus der Milch der Cachena-Kühe eine lokale Käsespezialität bereitet wird. Die zahlreichen Maisspeicher *(espigueiros)* liefern einen augenfälligen Beweis für die Bedeutung des Maisanbaus.

Über 1500 m erreichen die Berge an Höhe, die rauen Granitfelsen und eine niedrige Baumgrenze lassen an die französischen Pyrenäen denken. Mit einer jährlichen Niederschlagsmenge von 3000 mm zählt die Region zu einer der feuchtesten Europas. Wanderer müssen also auch im Sommer mit Regen rechnen, dafür werden sie mit einer unvergleichlichen Pflanzenvielfalt entschädigt. Nur hier gedeiht die endemische Gerês-Schwertlilie, die das Land im späten Frühjahr blau färbt.

Zahlreich ist auch die Tierpopulation. Nicht selten stößt man auf kleine halbwilde Pferde, die autochthonen *garranas*. Etwa 50 Wölfe besiedeln den Park. Sie werden allerdings von den Schäfern bedroht, denn jährlich reißen sie über 1000 Weidetiere. Bären sind vor einem Jahrhundert ausgestorben. Raubvögel durchziehen die Lüfte, bisweilen ist auch ein Steinadler unter ihnen, in den Bäumen und an den Seen hört man das Zwitschern der kleinen und großen Piepmätze. Vogelkundler erhalten nähere Informationen in der Parkverwaltung. Inzwischen hat sich der Nationalpark zu einem Dorado für Aktivurlauber entwickelt. An den Seen ist ein Mekka für Wassersportler entstanden, zahlreiche Wanderwege wurden markiert. Viele Orte, die schon zu verfallen drohten, erleben eine überraschende Renaissance.

Im Zentrum des Nationalparks

Die Trümpfe des alten Thermalortes **Vila do Gerês** sind seine Lage in einem engen Tal auf 400 m Höhe, ein überzeugendes touristi-

In den *espigueiros* wird der Mais luftig und mäusesicher aufbewahrt

Parque Nacional Peneda-Gerês, der einzige Nationalpark Portugals

Richtig Reisen-Tipp: Wandern auf Weidepfaden

Kommunitäre Weidewirtschaft war der Schlüssel zum Überleben der Viehbauern in den rauen Bergregionen. Sie trieben ihr Vieh gemeinschaftlich auf die Weiden, Ziegen ganzjährig, Rinder und Schafe von Mai bis September. Die Beaufsichtigung der Tiere übernahmen die Besitzer abwechselnd, gemeinsam wurden die Wege gesäubert, Schutzhütten und Gehege *(currais)* zum Schutz gegen Wölfe eingerichtet.

Die Rundwanderung **»Trilho dos Currais«** folgt den historischen Weidepfaden und führt zu Einzäunungen, die bis heute genutzt werden. Auf 10 km Länge sind etwa 600 Höhenmeter zu überwinden, Wanderschuhe sind Voraussetzung. Die abwechslungsreiche Route ist rot-gelb markiert, eine allerdings nur bedingt hilfreiche Beschreibung ist im Tourismusbüro erhältlich.

Ausgangspunkt ist die nördliche Ortsausfahrt von Gerês, von dort folgt man gut 10 Min. der Straße in Richtung Spanien. In der ersten scharfen Rechtskurve beginnt die Ausschilderung, es geht vorbei an einem Picknickplatz in den Wald und bald noch einmal über die Fahrstraße. Nun setzt der Anstieg ein, zunächst noch auf einem Forstweg. Doch nach weiteren 15 Min. zweigt ein schmaler Pfad rechts ab und verläuft unter Erdbeerbäumen und Pyrenäeneichen etwa eine halbe Stunde steil bergan. Nun ist durchaus Kondition gefragt. Schließlich stößt man fast überraschend auf eine unbefestigte Forststraße, der man links nun aber weniger steil hinauffolgt.

Bald ist ein Plateau erreicht, zum Greifen nahe scheinen zackige Granitfelsen im Osten, auf die der Pfad über eine saftige Weidewiese zusteuert, der richtige Ort für eine zünftige Rast mit Blick auf die raue Berglandschaft. Der Weg ist auf der waldfreien Hochfläche nicht zu verlieren, bald führt er hinab und erreicht den Aussichtspunkt Pedra Bela, auf den auch eine Autostraße führt. Das Panorama öffnet sich auf den blau-grünen Stausee von Caniçada und das tief eingeschnittene Tal von Gerês. Jetzt ist etwas Aufmerksamkeit nötig, denn der schwer zu findende Pfad windet sich gegenüber dem kleinen Picknickplatz steil bergab durch den schattigen Nadelwald, quert in der Folge mehrmals eine Teerstraße und verbreitert sich langsam zu einem Forstweg. Etwa eine Stunde dauert der in manchen Abschnitten abschüssige Abstieg, dann ist das Ortszentrum von Gerês erreicht.

sches Angebot und die frisch markierten Wanderwege. Goldene Zeiten gab es Anfang des letzten Jahrhunderts. Die gesunden Quellwasser, die unter dem Namen »Fastio« in ganz Portugal verkauft werden, lockten wohlhabende Kurgäste an. Gekurt wird noch immer, die entsprechende Infrastruktur steht auch Aktivurlaubern offen. Etwa der hübsche Kurpark mit einem Waldschwimmbad oder Wellnessangebote im Kurhaus. Wassersportler sollten den romantischen Stausee Caniçada bei **Rio Caldo** am südlichen Talausgang aufsuchen, der eigentlich für die Energieerzeugung inmitten der Bergwelt angelegt wurde.

i **Turismo:** Av. Manuel Ferreira da Costa, Tel. 253 39 12 82, Fax 253 39 12 82, wechselnde Öffnungszeiten, Kernzeit 9–12, 14–17.30 Uhr, Do, Sa, So häufig geschl. Zweigstelle am See von Rio Caldo, Tel. 253 39 15 03, 9.30–13, 14–17.30 Uhr, im Winter Di, Mi geschl.

Parkverwaltung: N 308-1, 1,5 km nördlich, Tel. 253 39 01 10, Fax 253 39 14 96, Mo–Fr 9–12, 14–17.30 Uhr. Viele Infoblätter zum Nationalpark.

Pousada de Amares: Santa Maria do Bouro, 15 km westl. Tel. 253 37 19 71, Fax 253 37 19 76, www.pousadas.pt. Eine architektonisch höchst interessante Pousada mit 32 exquisiten Zimmern. DZ 140–230 € (s. S. 270 f.).

Universal: Av. Manuel Francisco da Costa, Tel. 253 39 02 20, Fax 253 39 11 02, www.ehgeres.com. 50 angenehme, um einen attraktiven Innenhof gruppierte Zimmer in einem Kurhotel von 1890, eigenes Waldschwimmbad und Tennisplatz. DZ 50–70 €.

Quinta de Souto Linho: Vilar da Veiga, Tel. 253 39 20 00, www.geocities.com/souto_linho. Einfache Zimmer mit schicken Bädern in einer renovierten Gründerzeitvilla am Ortsrand. DZ 45–60 €.

Privatzimmer: Neben Dutzenden von einfachen Pensionen mit Zimmerpreisen von 30 bis 40 € weisen viele Hausbesitzer mit Schildern auf Privatzimmer *(quartos)* um 20 € hin.

Baltazar: Av. Manuel Francisco da Costa, Tel. 253 39 11 31. Mai–Okt. tgl., sonst unregelmäßig offen. Anregende Appetizer und Traditionsgerichte wie Bergforelle oder Lamm. Hauptgerichte ab 7,50 €, auch Pensionsbetrieb.

A Roda: Rua Boavista, Tel. 253 39 11 40, im Sommer tgl. außer Mo, sonst nur unregelmäßig. Riesige Grillteller und ein toller Blick von der Sommerterrasse. Hauptgerichte ab 6 €.

Wandern: Die Tourismusbüros halten Infoblätter zu neun Wanderungen bereit, die Parkverwaltung zu weiteren zwei. Im Hochsommer veranstaltet das Tourismusbüro geführte Wanderungen (ca. 5 €).

Reiten: Gerês Equi'Desafios, Büro in Terras de Bouro, Tel. 253 35 28 03, www.equidesafios.com.

Wassersport: Mehrere Veranstalter an der Marina de Rio Caldo, u. a. Rota Náutica, Tel. 253 68 61 37, www.rota-nautica.com.

Ballonfahrten: Quinta da Caniçada, Fornelos, Tel. 253 64 03 74, Fax 253 64 71 85.

Wellness: Centro de Animação Termal, Av. Manuel Francisco da Costa, Tel. 253 39 20 30, und Spa Termal, Av. Manuel Francisco da Costa, Tel. 253 39 11 13.

Bus:
Häufig nach Braga.

Auf der Via Romana

Vom See aus führt die landschaftlich reizvolle N 304 über den viel besuchten Pilgerort **São Bento** nach **Covide**, Ausgangspunkt für zwei der schönsten, aber auch anstrengendsten Wanderungen im Nationalpark. Die jeweils fünfstündigen, sehr steilen Rundwege »Trilho do Castelo« und »Trilho da Cidade da Calcedônia« führen vom Ortszentrum auf die südlich und westlich gelegenen Berge. Vom 1. bis 4. Jh. verlief hier der römische Hauptweg XVIII von Braga nach Astorga in Spanien. Zahlreiche militärische Meilensteine markieren die Straße.

In **Campo de Gerês**, dem die engen Gassen und Granithäuser ein mittelalterliches Gepräge verleihen, hält ein kleines Heimatkundemuseum die Erinnerung an das frühere Leben im Nachbarort **Vilarinho das Furnas** wach, der 1972 vom Stausee geflutet wurde. In trockenen Sommern ragen die Hausruinen aus dem Wasser (Di bis So 10–12, 14–17 Uhr, Eintritt 0,50 €).

Am Ende des Sees folgt die nun ungeteerte Waldstraße dem römischen Weg in Richtung **Portela do Homem** an der spanischen Grenze, gut 11 km nördlich von Gerês. Ins frühere Zollhäuschen ist eine Bar eingezogen, ein Denkmal erinnert an den hier Abschied nehmenden, portugiesischen Auswanderer. Etwa 1 km unterhalb Richtung Gerês wird man bei einer hochsommerlichen Wassertemperatur von erfrischenden 19 °C zu einem Sprung ins romantische Naturbadebecken zwischen Granitfelsen verleitet.

Richtung Norden führt die Straße über Spanien nach **Lindoso**. Hoch über diesem unscheinbaren Dorf thronen die Ruinen einer Befestigungsanlage, in der historische Waffen und archäologische Funde ausgestellt sind (unregelmäßige Öffnungszeiten, Eintritt 1 €). Faszinierend sind die 64 alten Maisspeicher aus Granit. Sie stehen, um den dörflichen Dreschplatz gruppiert, auf mäusesicheren steinernen Pfeilern und gehören jeweils einer Familie.

10 Dourotal und Trás-os-Montes

Karte S. 300/301

Trás-os-Montes bedeutet »Hinter-den-Bergen«, was sich im abgeschiedenen Nordosten durchaus auch auf dessen Rückständigkeit übertragen lässt. Ursprünglichkeit, aber auch Armut prägen das dortige Leben. Das Tal des Douroflusses hingegen zeigt sich als lieblich-romantische Weingegend. Und die Steinzeichnungen von Foz Côa sind Zeugnis für menschliche Besiedlung vor 30 000 Jahren.

Setzt man die durchschnittliche Kaufkraft eines Portugiesen mit 100 % an, so liegt sie in Lissabon bei 311,5 % und im Bezirk Bragança, der Hauptstadt des östlichen Trás-os-Montes, bei 78,4 %. Unterentwickelt ist die Region, nicht selten bewegen sich die Einwohner noch per Esel fort. Sogar eine eigene Regionalsprache hat bis heute überlebt, das Mirandês.

Den Douro hinauf

Ein anderes Bild zeigt sich im Dourotal, das von der Unesco als Welterbe anerkannt wurde. Lieblich schlängelt sich der Fluss zwischen den steil aufsteigenden Weinbergen hindurch. Erstklassiger Port- und Dourowein haben die Gegend wohlhabend gemacht, und inzwischen entstehen zahlreiche romantische Unterkünfte im hochpreisigen Segment. Die historischen Innenstädte von Amarante, Bragança, Chaves, Lamego, Miranda do Douro oder Vila Real blieben von der modernen Bauwut weitgehend verschont, und auch in abgelegenen Dörfern findet sich manch kunsthistorisches Kleinod. Ruhig und vom Menschen beinahe unberührt erheben sich die rauen Berglandschaften des portugiesischen Nordostens bis auf 1300 m Höhe. Schade nur, dass hier touristisches Potenzial ungenutzt bleibt und bislang keine Infrastruktur für Wanderer geschaffen wurde.

Romantische Reisende sollten per Schiff und Zug durch das Dourotal fahren. Autofahrern empfiehlt sich die Anfahrt auf der A 4 nördlich des Flusses über Amarante und Vila Real nach Peso da Régua.

Amarante

Zu schnell scheint das 8000 Einwohner zählende Städtchen **Amarante** 1 in den vergangenen Jahren gewachsen zu sein, wie Krakenarme legen sich die Neubausiedlungen auf die umliegenden Hügel. Doch das historische Zentrum entlang dem Rio Tâmega blieb davon unberührt. Viele der romantischen Bürgerhäuser aus dem 17. und 18. Jh. beherbergen Cafés und Restaurants mit Flussblick. Eine wuchtige Granitbrücke führt hinüber zu den Hauptsehenswürdigkeiten. Das **Renaissancekloster** von **São Gonçalo** mit anmutigem Kreuzgang wurde 1620 vollendet, die Königsloggia über dem Seitenportal, Orgel und Goldaltar in der Barockzeit hinzugefügt. Verliebte müssen das Grabmal des Namensgebers neben dem Hauptaltar aufsuchen. Zwar ist der Heilige nicht wirklich hier bestattet, doch wer seine Statue berührt oder noch besser küsst, dem wird ewiges Liebesglück lachen! Zu Ehren dieses Schutzpatrons der Liebenden beschenkt man sich zum Stadtfest Anfang Juni mit phallusförmigem Gebäck!

Hinter der Kirche ist im umgebauten Dominikanerkloster (vgl. Thema S. 270 f.) ein Museum für moderne portugiesische Kunst untergebracht, das auch archäologische Fundstücke zeigt. Dieses **Museu Municipal** ist nach dem frühen Kubisten Amadeo de Souza-Cardoso (1887–1918) benannt, der von Amarante nach Paris ging und dort mit führenden Avantgardisten zusammenarbeitete (Di–So 10–12.30, 14–17 Uhr, Eintritt 1 €).

Von der Anmut Amarantes kann man sich bei schönem Wetter auch auf dem Fluss verzaubern lassen. Tretboote mit romantischem Sonnenschutz werden am Ufer vermietet, lauschige Flussauen laden zu einem sommerlichen Picknick ein. Mehrere romanische Gotteshäuser verstecken sich in den Tälern rund um Amarante. Besonders reizvoll ist die Wehrkirche von **Travanca** mit üppig ornamentiertem Portal etwa 20 km nordwestlich, erreichbar über die N 211-1.

Hinter Amarante kann man zwischen zwei landschaftlich reizvollen Straßen wählen. Die kurvige N 101 führt direkt nach Peso da Régua, von dort kann es dann weitergehen nach Pinhão (s. S. 305) und über Sabrosa auf der N 323 nach Vila Real. Oder man nimmt die autobahnähnliche IP 4, sie führt über die dicht bewaldete Serra do Marão nach Vila Real.

Mit den Autoren unterwegs

Auf dem Rio Tâmega

Sonnenbeschirmte Tretboote werden am Flussstrand von Amarante verliehen. Gemächlich kann man auf dem romantischen Rio Tâmega dahingleiten (s. links).

Moderne Kunst in Mirandela

In der Provinz am Rande Portugals versteckt sich ein feines Museum für moderne portugiesische Kunst. Ausgestellt sind u. a. Werke von Helena Vieira da Silva und Almada Negreiros (s. S. 302).

Steinzeitliche Ritzzeichnungen

Die Ritzzeichnungen bei Vila Nova de Foz Côa sind bis zu 30 000 Jahre alt. Das Besondere: Sie sind nicht in einer Höhle oder Grotte versteckt, sondern erscheinen auf frei stehenden Schieferfelsen (s. S. 306).

Solar Bragançano

Das stilvolle Restaurant ist in einen Stadtpalast am Hauptplatz von Bragança gezogen. Auf den Tisch kommt verfeinerte ländliche Küche, etwa Fasan mit Kastanienpüree (s.S. 309).

Turismo: Rua Alameda Teixeira de Pascoaes, Tel. 255 42 02 46, Fax 255 42 02 03, Mai–Sept. Mo–Fr 9–19, Sa/So 10–19, sonst 9–12.30 und 14–17.30 Uhr.

Casa da Calçada: Largo do Paço 6, Tel. 255 41 08 30, Fax 255 42 66 70, www.casadacalcada.com. Großzügiges Herrenhaus, 26 luxuriöse Zimmer. DZ 135–170 €.
Albergaria Dona Margaritta: Rua Cândido dos Reis 53, Tel. 255 43 21 10, Fax 255 43 79 77. Es lohnen nur die zwar schlichten, aber sehr ruhigen Zimmer zum Fluss. DZ 40–60 €.

Casa da Calçada: (s. Unterkünfte). Subtile portugiesische Spitzenküche. Hauptgerichte ab 15 €.
Tasquinha da Ponte: Rua 31 de Janeiro, Tel. 255 43 37 15. Kleine Speisen (ab 2,50 €) und Hauptgerichte (ab 8 €) werden an langen Holzbänken serviert.

Stadtfest: 1. Wochenende im Juni mit Jahrmarkt, Tanz und Prozession.
Sommerfestival: Juli/Aug. mit Konzerten und Theaterstücken im Kreuzgang und auf Freilichtbühnen.

Wochenmarkt: Mi und Sa. jeweils vormittags.

Zug: Rua Paulino António Cabral. Regelmäßig nach Porto und ins Dourotal, die Tickets müssen im Zug gekauft werden.
Bus: Largo das Navarras. Sehr oft nach Porto und Vila Real, seltener nach Braga, Guimarães, Chaves und Bragança.

Vila Real

2 Den Namen »Königliche Stadt« verdankt die lebendige Universitätsstadt (17 000 Einw.) am Zusammenfluss des Rio Corgo und des Rio Cabril ihrer Gründung durch König Dinis im späten 13. Jh. Zahlreiche wappenverzierte Adelspaläste im unprätentiösen, aber durchaus sehenswerten Zentrum erinnern an die wohlhabenden Zeiten. Auch eines prominenten Sohnes kann sich der Ort rühmen. In der zentralen Avenida Carvalho Araújo Nr. 17 wurde der Seefahrer Diogo Cão geboren, der 1482 die Kongo-Mündung entdeckte.

In der Nachbarschaft erhebt sich die dreischiffige, frühgotische **Kathedrale São Domingos** aus dem 15. Jh., die in der üppigen Ornamentierung der Pfeiler und Kapitelle noch romanische Elemente aufweist. Die im nördlichen Zentrum erbaute **Igreja São Pedro** (16. Jh.) ist mit polychromen Renaissance-Kacheln ausgeschmückt, während die in der Fußgängerzone gelegene **Igreja do Clérigo** (17. Jh.), auch Capela Nova genannt, prächtige blau-weiße Azulejos aus dem Barock zieren. Ihre prunkvolle Fassade wird Nicolau Nasoni zugeschrieben und verbindet Stilelemente des Rokoko mit dem Klassizismus. .

i **Turismo**: Av. Carvalho Araújo 94, Tel. 259 32 28 19, Fax 259 32 84 15. Mai–Sept. tgl. 9.30–19, sonst Mo–Sa 9.30– 12.30 und 14–18 Uhr.

Mira Corgo: Av. 1° de Maio 76, Tel. 259 32 50 01, Fax 259 32 50 06, http://hotelmiracorgo.com.sapo.pt. 166 moderne Zimmer in zwei Gebäuden, die im Neubau sind größer und komfortabler. DZ ca. 73 €.

Residencial Real: Rua Combatentes da Grande Guerra 5, Tel. 259 32 58 79, Fax 259 32 46 13. Einfache, geräumige Zimmer in der Fußgängerzone. DZ 35–40 €.

Pucarinho: Rua de Macau, lote 8, loja 1, Tel. 259 32 79 87, So abends und Mo geschlossen Das stilvoll-rustikale Restaurant des Besitzers der Portweinfirma Ramos Pinto erfreut mit entsprechend guter Weinauswahl und verfeinerter Regionalküche, auch *bacalhau* ab 12 €.

Terra de Montanha: Rua 31 de Janeiro 16–18, Tel. 259 37 20 75, So geschl. Deftiges wie Saubohnen und Schweinsfüße gibt es ab 7 €

für die ausreichende halbe Portion. Man sitzt in halbierten Weinfässern!

Fronleichnam: Mittelalterliche Prozession.
Stadtfest: 10.–13. Juni mit Folklore und Feuerwerk.

Ausflug in die Umgebung

Einen durchaus größeren Umweg lohnt das vermutlich von Nicolau Nasoni entworfene Herrenhaus an der N 322 in Richtung Sabrosa, die **Casa de Mateus.** Bewohnt wird Portugals wichtigster Profanbau der Barockzeit mit seinen überschwänglichen Verzierungen von den Nachfahren des Bauherrn Graf von Mangualde, doch stehen im Rahmen von Führungen die reizenden Gartenanlagen und viele Gebäudeteile zur Besichtigung offen. Die edle Bauweise mit den aus Kastanienholz geschnitzten Decken und Türen sowie die luxuriöse Inneneinrichtung spiegeln den Zeitgeist des reichen Adels im 18. Jh. wider. Vom Feinsten sind Möbel, Teppiche, Porzellan, Heiligenfiguren, Gemälde, Gold- und Silberarbeiten. Aufbewahrt werden originale Druckplatten von einer Ausgabe des portugiesischen Nationalepos »Lusiaden« aus dem Jahre 1817. Noch heute fördert die Familie Kultur. Das traditionsreiche sommerliche Musikfestival ist durch die Kürzung staatlicher Zuschüsse allerdings akut gefährdet.

Die parkähnlichen Gartenanlagen erstrecken sich um ein Bassin, in dessen Wasser sich der zweistöckige Palast spiegelt. Die Skulptur der badenden Schönen wurde von João Cutileiro modelliert. Von einer Tenne öffnet sich der Blick auf die umliegende Bergwelt, Kamelien blühen rot im Frühjahr, ein Tunnel aus Zedern bildet eine gotische Kathedrale nach (Juni– Sept. 9–19.30, Nov.–Feb. 9–13, 14–17, sonst bis 18 Uhr, Eintritt mit Führung in Port., Engl. oder Franz. 6,50 €, nur Garten 3,50 €). Der weltweit gleichermaßen berühmte wie wegen seines Zuckergehalts berüchtigte Wein Mateus Rosé, auf dessen Etikett das Herrenhaus prangt, wird allerdings in einem Nachbargebäude gekeltert.

Nach weiteren 5 km auf der N 322 folgt ein Abzweig zum **Santuário de Panóias**. Auf drei Granitsteinen schlachteten die Römer im 2. und 3. Jh. n. Chr. Opfertiere, um die Götter milde zu stimmen, den Inschriften nach besonders Sarapis, einen orientalischen Gott der Unterwelt. Deutlich sind die Rinnen zu erkennen, in denen das Blut abfloss (Mi–So 9–12.30 und 14–17 Uhr, Di nur nachmittags, Eintritt 1,30 €).

4 km westlich von Vila Real am Rande des rauen Naturparks von Alvão, in dem noch Wölfe heimisch sind, erhebt sich in **Vila Marim** der wuchtige Wehrturm Torre de Quintela aus dem 13. Jh. In der Dorfkirche finden sich hübsche, gut erhaltene Fresken. Die nahen **Handwerkerdörfer** Agarês und Bisalhães sind für ihre Leinenweberei bzw. ihre anthrazitfarbenen Töpferwaren berühmt.

... in Agarês und Bisalhães:
Kunsthandwerk: Töpferwaren und Webprodukte können direkt in den Handwerkerdörfern (siehe oben) erworben werden.

Von Vila Real nach Bragança

Wer nach einem Besuch in Vila Real auf der IP 4 direkt nach Bragança (s. S. 308) fährt, kann im ländlich geprägten **Murça** an der »Rota do Azeite«, der Straße des Olivenöls, eine Pause einlegen. Den Olivenpflückern ist ebenso ein Denkmal gewidmet wie einem historischen Schwein. Es steht in Granit gemeißelt auf dem städtischen Hauptplatz. Im 7. Jh. soll der Ort von kolossalen Wildschweinen heimgesucht worden sein, die erst nach aufreibenden Treibjagden vom Grafen von Murça erlegt wurden.

In **Mirandela,** auf halber Strecke nach Bragança, beherbergt das Centro Cultural Municipal eines der herausragenden Kunstmuseen Portugals, das **Museu Municipal Armindo Teixeira Lopes,** benannt nach dem bekanntesten einheimischen Maler. Ausgestellt sind 460 Gemälde und Plastiken von 286 nationalen und internationalen Künstlern des 20. Jh., etwa von Almada Negreiros, Abel Mata und Domingos Sequeiras (Av. João Pimentel, Mo–Fr 9.30–19, Sa bis 18 Uhr, Eintritt frei).

Peso da Régua

Aufregende Panoramablicke eröffnen sich von der kurvigen N 2 zwischen Vila Real und **Peso da Régua** 3. Schneller, aber wenig romantisch verläuft die Fahrt auf der neuen Autobahn.

Das 6000 Einwohner zählende Portweinzentrum zeigt sich sehr geschäftig, ist städtebaulich aber von geringem Interesse, von

Richtig Reisen-Tipp: Douro – Eine Fahrt aus anderen Zeiten

8 Uhr! Die Schiffsglocke läutet an der Ribeira von Porto. Das Boot nimmt Kurs auf Peso da Régua den Douro hinauf. Noch ist der Fluss breit, strömt sanft dahin. Bei Crestuma wird eine erste Staustufe überwunden, 14 m Fallhöhe. Vor Castelo de Paiva erinnert ein Memorial an einen Brückeneinsturz. 2001 wurde ein voll besetzter Ausflugsbus in die Tiefe gerissen, 59 Menschen ertranken und Portugal fiel in eine schwere Krise, die mit dem Sturz der Regierung endete. Etwas weiter den Douro hinauf folgt die Schleuse von Carrapatelo, 35 m hoch.

Das Flusstal verengt sich. Rechts und links wachsen die weinbestandenen Schieferberge steil in die Höhe. Eine der spektakulärsten Regionen Portugals wird durchschifft, Welterbe der Menschheit. Jetzt ist ein Glas Portwein auf dem Sonnendeck willkommen. Die großen Weingüter werden passiert. Letzter Halt ist Pinhão, Endstation. Zurück nach Porto geht es per Zug.

Oder man bucht ein Anschlussprogramm, besonders für Eisenbahnfreunde zu empfehlen. Samstags von Mai bis Oktober zieht eine Dampflok Henschel 0187/0186 oder Diesel 1424 den 54 Personen fassenden Waggon ACDt 484, Baujahr 1912 nach Régua und Tui. Auch die Fahrt mit der regulären Schmalspurbahn wird zu einem spannenden Erlebnis. Allerdings hat die Bahngesellschaft die Schließung der Linie angekündigt.

Unter den diversen Veranstaltern ist Douroazul zu empfehlen (Rua de São Francisco, Porto, Tel. 223 40 200, www.douroazul.pt). Hier, wie an jedem Bahnhof, kann auch die Zugfahrt gebucht werden. Eine Wochentour auf einem komfortablen Hotelschiff kostet rund 850 €, ein Tagesausflug etwa 90 € inkl. Mittagessen an Bord und Portwein. Dabei sollte man sich trotz des etwas höheren Preises eine Fahrt nach Pinhão statt nur bis Régua gönnen, denn der letzte Flussabschnitt ist der schönste.

einigen Adelshäusern aus dem 18. Jh. einmal abgesehen. Doch der Ort eignet sich als Ausgangspunkt für Erkundungsfahrten in die Umgebung und Ausflüge auf dem Douro, der in der Abenddämmerung feinfühlige Herzen erklingen lässt.

Wirklich sehenswert ist das **Museu do Douro**. Ein früheres Weinlager beherbergt das Heimatkundemuseum, das sich in wechselnden Ausstellungen insbesondere der Weinproduktion, aber auch den sozialen Lebensbedingungen, der Tier- und Pflanzenwelt sowie Umweltfragen der Douroregion widmet (Di–So 10–12.30 und 14–18 Uhr, Eintritt 1 €).

Vom Ort aus startet die Weinstraße **»Rota do Vinho do Porto«**, auf der über 60 kleine Portweinproduzenten besucht werden können. Ein Faltblatt hierzu gibt das Portweininstitut heraus (Rua dos Camilos 90, Tel. 254 32 01 45).

Turismo: Rua da Ferreirinha, Tel. 254 31 28 46, Mai–Sept. tgl. 9–12.30 und 14–17.30 Uhr, sonst Sa/So geschl.

Régua Douro: Largo da Estação da CP, Tel. 254 32 07 00, Fax 254 32 07 09, www.hotelreguadouro.pt. 67 moderne Zimmer in einem Betonbau, teils schöner Blick über den Fluss. DZ 58–100 €, Fr/Sa ca. 20 € und für Flussblick ca. 3 € Aufschlag.

Douro In: Av. João Franco, Tel. 254 32 39 51. Raffinierte, junge Küche wie Entenbrust mit Nüssen und Honig in durchgestyltem Speisesaal mit Douroblick. Hauptgerichte ab 12 €.

Lugar do Vinho: Av. João Franco. Exklusiver Wein- und Delikatessladen, der eigene Portweine der Quinta de Ventozelo vertreibt.

Zug: Largo da Estação. Regelmäßig nach Porto, Pinhão, seltener nach Vila Real.

Bus: Largo da Estação, Vorverkauf in der Adega do Quim. Regelmäßig in die Nachbarorte und nach Porto.

Lamego

Zwar stört die auf hohen Pfeilern über dem Tal schwebende neue Autobahn das Auge, trotzdem sind die Ausblicke von der N 2 Richtung **Lamego** 4 atemberaubend. Auch das 10 000 Einwohner zählende Städtchen selbst bietet viel Sehenswertes.

Im Jahre 1143 erkannte die erste portugiesische Ständevertretung in der **Igreja de Almacave** Afonso Henriques als rechtmäßigen portugiesischen König an. Dieses romanische Kirchlein kann ganzjährig besichtigt werden, die benachbarte Burgruine nur im Sommer. In der Folgezeit entwickelte sich Lamego, begünstigt durch eine lebendige jüdische Gemeinde, zum wichtigen Handelszentrum. Repräsentative Bürgerhäuser und die

Hoch hinauf zur Wallfahrtskirche von Lamego

wuchtige **Kathedrale** sind Zeugnis des Wohlstandes. Ihr Baubeginn datiert auf das Jahr 1129, aus dieser Zeit stammt der massive Kirchturm. Die gotische Fassade mit drei prächtig ausgeschmückten Portalen wurde zu Beginn des 16. Jh., der Renaissance-Kreuzgang ein halbes Jahrhundert später erbaut. Im gegenüberliegenden früheren Bischofspalast (1786) befindet sich das **Stadtmuseum**. Wertvollste Ausstellungsstücke sind fünf Altarbilder, die Grão Vasco in Öl auf Walnussholz zwischen 1501 und 1511 für die Kathedrale gemalt hatte. Daneben werden Brüsseler Wandteppiche, Münzen, archäologische Funde und Gemälde gezeigt (Mi–So 10–12.30 und 14–17 Uhr, Di nur nachmittags, Eintritt 2 €).

Über der Stadt erhebt sich auf stolzen 600 m Höhe die spektakuläre **Wallfahrtskirche Nossa Senhora dos Remédios**. Das barocke Gotteshaus, einer der wichtigsten Pilgerorte Portugals, wurde im Jahre 1761 vollendet. Eine von Statuen und Brunnen unterbrochene kachelverzierte Treppe mit beinahe 700 Stufen führt vom Ortszentrum Lamegos hinauf.

Turismo: Av. Visconde Guedes Teixeira, Tel. 254 61 20 05, Fax 254 61 40 14, Mo–Fr 9.30–12.30 und 14–17 Uhr, Sa nur vormittags, Aug. tgl. 10–19 Uhr.

Casa de Santo António: Britiande, ca. 5 km südöstlich, Tel./Fax 254 69 93 46. Edles Herrenhaus mit vier antik eingerichteten Zimmern und eigener Kachelkapelle aus dem 17. Jh. DZ etwa 110 €.

Parque: Santuário de Nossa Sra. dos Remédios, Tel. 254 60 91 40, Fax 254 61 52 30. Renoviertes Hotel, neben der Wallfahrtskirche gelegen. Die 42 komfortablen Zimmer sind mit traditionellem Mobiliar eingerichtet. DZ 55–70 €.

Albergaria Solar dos Pachecos: Av. Visconde Guedes Teixeira, Tel. 254 60 03 00, Fax 254 60 03 09, www.solar-pachecos.com. 15 sachlich-moderne Zimmer in einem behutsam sanierten Bürgerhaus im Stadtzentrum. DZ 40–70 €, im Aug. 90 €.

Trás da Sé: Rua Virgílio Correia 12, Tel. 254 61 40 75, Mi abends zu. Einfaches Lokal mit einheimischer Küche ab 5,50 €. Kommentare der Gäste, auch in Deutsch, werden auf Zetteln an die Wand geklebt.

Nossa Senhora dos Remédios: 3. Augustwoche bis 9. Sept. Kulturveranstaltungen, Umzüge und Prozessionen zu Ehren der Schutzheiligen.

Bus: Rua do Regimento de Infantaria, regelmäßig nach Peso da Régua.

Umgebung von Lamego

Etwa 12 km südwestlich von Lamego, an der N 226 liegt das erste Zisterzienserkloster Portugals. Das **Mosteiro São João de Tarouca** wurde 1124 gegründet, die dreischiffige spätromanische Kirche hat die Zerstörungen der Säkularisierung unbeschadet überstanden (Mai–Sept. Di–So 10–12.30 und 14–18, Okt.–April 9.30–12.30 und 14–17.30 Uhr, während der Sonntagsmesse kein Besuch, Eintritt frei).

Pinhão

Hoch über den Douro windet sich die N 222 und eröffnet atemberaubende Blicke auf das im Tal ruhende Provinznest **Pinhão** 5. Nichts ist am geografischen Mittelpunkt der Portweinregion von der Geschäftigkeit des benachbarten Peso da Régua zu spüren. Verträumt ziehen sich die weißen Häuser die Weinhänge hinan. Trauben von höchster Qualität gedeihen hier, alle großen Weinhäuser besitzen in der Umgebung eigene Güter. Sehenswert ist der Bahnhof, werden doch auf 24 Kachelbildern Motive rund um den Weinanbau gezeigt. Bei **Alijó,** 15 km nördlich, sind mehrere Dolmen und Felszeichnungen zu sehen.

Turismo: Largo da Estação, Tel. 254 73 19 32, nur im Sommer 10–12 und 14–18 Uhr.

Vintage House: Lugar da Ponte, Tel. 254 73 02 30, Fax 254 73 02 38, www.hotelvintagehouse.com. Traumhotel im früheren Landsitz der Portweinfirma Taylor's aus dem 18. Jh., idyllisch am Fluss, 41 lichtdurchflutete Luxuszimmer. DZ 115–180 €, in der Saison mit Wochenendzuschlag.
Casa do Visconde de Chanceleiros: Chanceleiros, ca. 4 km nordwestl., Tel. 254 73 01 90, Fax 254 73 01 99, www.chanceleiros.com. Neun von einem freundlichen deutschen Paar geschmackvoll restaurierte Zimmer in einem ruhigen Landhaus. DZ 100 bis 125 €.
Burmester: Quinta Nova de Nossa Senhora do Carmo, ca. 15 km westl., Tel. 254 73 04 30, Fax 254 73 04 31, www.quintanova.com. Elf luxuriöse Zimmer in einem restaurierten Herrenhaus auf dem Landgut des Portweinproduzenten Burmester oberhalb des Douro. DZ 90–130 €.

Zug: Largo da Estação, regelmäßig nach Régua und Porto.

Vila Nova de Foz Côa

Im Jahr 1991 wurde der Wasserspiegel des Rio Côa in der Nähe von **Vila Nova de Foz Côa** 6**,** einem wenig attraktiven Städtchen etwa 45 km östlich von Pinhão, für die Arbeiten an einem Staudamm abgesenkt. Als die steilen Schieferfelsen daraufhin frei aus dem Wasser ragten, entdeckten Forscher **steinzeitliche Ritzzeichnungen**, die von der Unesco inzwischen als Welterbe anerkannt wurden. Insgesamt sollen es 5000 sein, einige von ihnen sogar 30 000 Jahre alt.

Die ältesten Gravuren sind eingeritzt, später wurden sie mit Meißeln in den Stein getrieben. Urzeitliche Tiere, Pferde, Rinder und Ziegen bilden die beliebtesten Motive. Einer Sensation gleich kommen 16 Zeichnungen menschlicher Figuren, die teilweise Tierköpfe tragen. Von den 31 Fundstellen wurden drei der Öffentlichkeit zugänglich gemacht. Sie können im Rahmen von etwa zweistündigen Führungen wie in einem Freilichtmuseum besichtigt werden. Da die geringe Zahl an ausgebildeten Führern die Zahl der Besucher auf etwa 300 pro Woche begrenzt, ist vorherige Anmeldung beim Parque Arqueológico unbedingt nötig. Eine spontane Anreise macht keinen Sinn.

Turismo: Av. Cidade de Nova, Tel. 279 76 52 43, tgl. 9–12.30, 14–17.30 Uhr.
Parque Arqueológico: Av. Gago Coutinho 19, Tel. 279 76 82 60, www.ipa.min-cultura.pt/pavc, tgl. 9–12.30, 14–17.30 Uhr.

Albergaria Vale do Côa: Av. Cidade de Nova 1, Tel. 279 76 00 10, Fax 279 76 00 19, www.albergariavaledocoa.net. 2001 erbaute Unterkunft mit modernen Zimmern. DZ 50–60 €.

O Bruiço: N 102, Lugar do Frango, 4 km südl., Tel. 279 76 43 79, So abends und Mo geschlossen. Schmackhafte Regionalküche ab 10 €.

Bus: Av. da Misericórdia, 2 x tgl. nach Bragança, 1 x tgl. nach Porto.

Umgebung von V. N. de Foz Côa

Auf dem Weg nach Norden lohnt der Besuch der respektablen Pfarrkirche von **Torre de Moncorvo,** die 1644 nach hundertjähriger Bauzeit vollendet wurde. 400 Jahre dauerte der Kirchbau im alten Städtchen **Freixo de Espada à Cinta** etwas abseits der Hauptrouten, östlich von Torre de Moncorvo, an der N 221. Entsprechend zeigt sie alle Baustile seit der Romanik.

Miranda do Douro

7 Einige Eigenheiten zeichnen die gut 2000 Einwohner der Grenzstadt zu Spanien aus. Sie sprechen neben dem Portugiesischen ihre eigene Sprache Mirandês, eine Mischung aus Spanisch, Portugiesisch und Latein. Und sie führen die Tradition eines keltischen Schwertertanzes fort, allerdings eine rein

männliche Angelegenheit mit drei Musikern und acht Tänzern. Spektakulär ist der Durchbruch des Douro zwischen tiefen, im Sonnenlicht farbig schillernden Felswänden. Hübsch säumen wappenverzierte Wohnhäuser aus dem 15. und 16. Jh. die gepflasterten Gassen im Ortskern. Das **Heimatkundemuseum** zeigt passend hierzu historische Alltagsgegenstände, Trachten und Musikinstrumente (Di–So 10–12.15 und 14–17.45 Uhr, Eintritt 1,50 €).

Die dreischiffige **Kathedrale** am südlichen Ende der Fußgängerzone stammt aus dem späten 16. Jh. Zwei wehrhafte Türme begrenzen das lang gestreckte Renaissanceportal, im Inneren wird eine Figur des Jesuskindes mit roter Schärpe, silbernem Schwert und Zylinderhut angebetet. In dieser Aufmachung soll im 17. Jh. Gottes Sohn persönlich die spanischen Belagerer zurückgeschlagen haben! Von dem benachbarten Bischofspalast sind nach einem Brand nur noch Teile der Arkaden stehen geblieben, die heute von einem hübschen Park umgeben werden.

i **Turismo**: Largo Menino Jesus de Cartolinha, Tel. 273 43 11 32, Mo–Sa 9–12.30, 14–17.30 Uhr.

Estalagem Santa Catarina: Largo da Moagem, Tel. 273 43 12 55, Fax 273 43 10 65, www.estalagensdeportugal.com. Zwölf geschmackvolle Zimmer mit herrlichem Blick auf den Douro. DZ 80–110 €.

Capa d'Honras: Travessa do Castelo 1. Tel. 273 43 26 99. Mehrfach prämierte Regionalküche, etwa Hammel-, Zicklein- oder Wildschweinbraten ab 9 €.

Heitere Weinernte

Flussfahrten: Europarques Hispano Luso, Tel. 273 43 23 96, www.europarques.com. Tgl. 16 Uhr, Wochenende und Aug. auch 12 Uhr.

Bus: Halt an der Stadteinfahrt. 1 x tgl. nach Bragança, Vila Real, Porto.

Bragança

8 Die mit 23 000 Einwohnern größte Stadt in Trás-os-Montes weist viele schöne Ecken und Sehenswürdigkeiten auf, allerdings auch einige Bausünden. Die Kathedrale bildet den Mittelpunkt der Unterstadt, die Burganlage das Zentrum der Oberstadt. Aus dem Adelsgeschlecht der Braganças entstammten von 1640 bis zur Abschaffung der Monarchie 1910 die portugiesischen Könige. Im Jahr 1780 wurde die Stadt Bischofssitz. Der so bevorzugte Ort lebte in Wohlstand, zahlreiche repräsentative Stadthäuser sind der granitene Ausdruck. Das änderte sich in den vergangenen Jahrzehnten, als viele Einwohner die Stadt aus ökonomischen Gründen auch Richtung Frankreich verlassen mussten. Eine Folge ist die regelmäßige Flugverbindung vom städtischen Airport nach Paris.

Im Zentrum der Unterstadt

Die schlichte **Kathedrale** wurde im 16. Jh. erbaut. Sehenswert sind die vergoldeten Holzschnitzarbeiten im Hauptchor, der einst zum Jesuitenkolleg gehörende Kreuzgang und die Sakristei, in der 39 Bilder das Leben des Begründers des Jesuitenordens Ignatius von Loyola darstellen. Der Schandpfahl auf dem

Umgeben von einer fast unberührten Landschaft: Bragança

hübschen Vorplatz wurde 1689 aufgestellt. Der prachtvolle frühere Bischofspalast auf dem Weg zur Oberstadt beherbergt das sehenswerte **Heimatkundemuseum Abade de Baçal**, das archäologische Funde aus der Römerzeit, kostbares Mobiliar (17.–19. Jh.) und Volkskunst zeigt (Di–Fr 10–17, Sa/So bis 18 Uhr, Eintritt 2,50 €, So bis 14 Uhr frei).

Eine besondere Kunstform findet sich nur wenige Schritte weiter in der Klosterkirche **São Bento** (16. Jh.) unterhalb der Burg. Über den vergoldeten Altar erhebt sich eine Stuckdecke im geometrischen Mudejarstil, geschaffen von arabischen Handwerkern in christlichem Auftrag.

Oberstadt

Der erste Mauerring der gut erhaltenen **Burganlage** wurde zwischen 1187 und 1189 errichtet, eine zweite Schutzmauer im 14. Jh. hinzugefügt. Sie umschlossen das mittelalterliche Bragança bis ins 15. Jh., die kleinen Häuser sind noch heute bewohnt. Im stolze 33 m hohen **Burgturm** befindet sich ein kleines Militärmuseum (tgl. außer Do 9–11.45, 14–17 Uhr, Eintritt 1,50 €). Davor wächst ein gotischer **Schandpfahl** aus dem Rücken eines granitenen Schweins, ein Fruchtbarkeitssymbol aus kelt-iberischen Zeiten, das in dieser Region häufig vorkommt. Der gedrungene, von romanischen Arkaden durchbrochene **Domus Municipalis** aus dem 13. Jh. gilt als der älteste erhaltene Profanbau Portugals. Auf einer langen Steinbank versammelten sich die Stände mit dem König und später die Ratsherren (Fr–Mi 9–12.30, 14–17.30 Uhr, Eintritt frei). Neueste Errungenschaft ist das auf der Iberischen Halbinsel einzigartige **Museu Ibérico da Máscara e do Trajo,** das den Masken und Trachten der winterlichen Umzüge gewidmet ist.

Parque Natural de Montesinho

Von den Burgmauern bietet sich ein weiter Blick auf den 75 000 ha großen Naturpark. Unberührt sind die Berge, kaum je von Menschen bestiegen. Viele der flachen Häuser in den 92 Dörfern sind inzwischen von ihren Besitzern auf der Suche nach einem besseren Leben verlassen worden, doch haben sich auch seltsame Traditionen erhalten. So ziehen junge Männer an Weihnachten in bunten Umhängen und mit Furcht einflößenden Masken laut schreiend durch die Gassen, ein Initiationsbrauch aus römischen Zeiten. Das typische Musikinstrument ist der keltische Dudelsack.

Turismo: Av. Cidade de Zamora, Tel. 273 38 12 73, Mai–Sept. Mo–Fr 10–12.30, 14–18.30, Sa bis 17, So 9–13, Okt.–April Mo–Fr 9–12.30, 14–17, Sa 9–12.30 Uhr. **Parkverwaltung**: Bairro Salvador N. Teixeira, lote 5, Tel. 273 38 14 44, Fax 273 38 11 79.

Pousada de São Bartolomeu: Estrada de Turismo, Tel. 273 33 14 93, Fax 273 32 34 53, www.pousadas.pt. 28 Zimmer mit allem Komfort in einem modernen Gebäude 2 km außerhalb. DZ 120–180 €. **Residencial Tulipa**: Rua Dr. Francisco Felgueiras 8–10, Tel. 273 33 16 75, Fax 273 32 78 14. Freundliche, schlichte Familienpension mit 25 Zimmern. DZ 38–45 €.

Solar Bragançano: Praça da Sé 34, Tel. 273 32 38 75. Herausragendes Restaurant, stilvoll im 1. Stock eines Stadtpalastes aus dem 18. Jh. Die kreativ verfeinerte Regionalküche mit Schwerpunkt Wild wird von klassischer Hintergrundmusik begleitet. Mittagsmenus ca. 13 €, sonst Hauptgerichte ab 9 €.

Feira das Cantarinhas: 2.–4. Mai. Kunsthandwerks- und Viehmarkt. **Wochenmarkt**: Am 3., 12. und 21. eines jeden Monats.

Festa da Cidade: 12.–22. Aug. Prozessionen, Folklore und Kunsthandwerk.

Bus: Av. João da Cruz, Tel. 273 30 01 83. Mehrfach nach Porto, selten ins Dourotal. Das städtische Verkehrsunternehmen STUB fährt die Umgebung an.

Chaves

Mitten in einer fruchtbaren Ebene liegt das reizende Thermalstädtchen **Chaves** 9 am Rio Tâmego. 73 °C heiß sind die Quellwasser. Schon die Römer kurten hier und nannten den Ort nach ihrem Kaiser Aquae Flaviae. An diese Zeiten erinnert eine gut erhaltene **römische Brücke** aus dem 2. Jh. mit 18 granitenen Bögen, von denen sechs versandet sind. Sie war Teil der wichtigen Verbindung von Braga über Astorga im heutigen Kastilien bis nach Rom. Die Säulensteine mit lateinischen Inschriften in der Brückenmitte sind Kopien der im Regionalmuseum ausgestellten Originale.

Nur knapp 20 000 Einwohner zählt Chaves, doch wirkt es dank seines ländlichen Einzugsbereichs und vieler Kurgäste geschäftig und quirlig. Verträumt hingegen zeigt sich die verkehrsberuhigte **Altstadt** um die schmale Rua Direita. Wegen der umlaufenden Stadtmauer herrschte im Mittelalter großer Platzmangel, folglich konnten Häuser nur auf schmalem Grund errichtet werden. Zum Ausgleich wurden sie in die Höhe gebaut und in den oberen Stockwerken balkonähnliche, in kräftigem Rot und Grün bemalte Erker aus Holz angebracht.

Vom **Kastell**, das König Dinis im 14. Jh. als Bollwerk gegen die Spanier an der Stelle der römischen Befestigungsanlage erbauen ließ, stehen noch einige Mauerreste und der Wachturm, der einer Waffensammlung Raum bietet. Heute schweift der Blick friedlich über Stadt und Land.

Um den Hauptplatz **Praça da República** gruppieren sich die beiden bedeutendsten Gotteshäuser. Die ältere dreischiffige **Igreja Matriz de Santa Maria Maior** wurde im 16. Jh. grundlegend umgestaltet, an den romanischen Ursprungsbau aus dem 12. Jh. erinnern der Turm und das mit Pflanzenmotiven verzierte Portal. Die einschiffige **Igreja da Misericórdia** (17. Jh.) schräg gegenüber weist alle Merkmale eines überbordenden Barock auf. Sie ist reich mit Gold ausgeschmückt, doch besonders hübsch sind die großflächigen Kachelpaneele mit Szenen aus dem Evangelium.

Im früheren Palast der Herzöge von Bragança an der nahen Praça de Camões mit mittelalterlichem Schandpfahl ist das **Regionalmuseum** untergebracht. Gezeigt werden v. a. archäologische Funde (Di–Fr 9–12.30 und 14–17.30, Sa/So 14–17.30 Uhr, Eintritt 1 €).

Innerhalb der Mauern des **Forte de São Francisco** nördlich der Altstadt erfreut eine der vielen großen Gartenanlagen. Das einstige Franziskanerkloster wurde im 17. Jh. zu einer Befestigungsanlage ausgebaut, in die inzwischen ein Luxushotel gezogen ist.

i **Turismo**: Av. Teniente Valadim 39, Tel. 276 34 06 61, Fax 276 90 73 59, Mo–Sa 9–12.30, 14–17.30 Uhr.

Forte de São Francisco: Alto da Pedisqueira, Tel. 276 33 37 00, Fax 276

33 37 01, www.forte-s-francisco-hoteis.pt. 56 bis ins Detail luxusmodernisierte Zimmer in der romantischen Burganlage von 1662, Panoramarestaurant. DZ 95–145 €.

Casa de Samaiões: Samaiões, 5 km südlich von Chaves, Tel. 276 34 04 50, Fax 276 34 04 53, E-Mail: hotel-casadesamaioes@clix.pt. Ruhiges Landhotel mit 18 sehr komfortablen Zimmern mit altem Mobiliar. DZ 75–95 €.

[illegible]no: Travessa Cândido dos Reis, Tel. 276 [illegible]40, Fax 276 3270 02, www.hotel[illegible]m. Die einfachen, aber renovierten [illegible]ind sehr unterschiedlich in Größe [illegible]ng. DZ etwa 50 €.

[illegible]: Alameda do Tabolado, Tel. [illegible]/ 27, Do geschl. Mit zahlrei[illegible] Auszeichnungen dekorierte verfeinerte Regionalküche, die Mutter und Tochter gemeinsam führen. Hauptgerichte ab 10 €.

Festa do Folar: Ostersamstag. Dann werden salzige Blätterteigtaschen *(folares)* auf den Straßen angeboten.

Töpferware: In Nantes 7 km südöstl. an der N 213 wird schwarze Tonware in Handarbeit produziert und verkauft.

Bus: Rua Joaquim Delgado, Tel. 276 33 34 91. Häufig nach Porto, Vila Real, Amarante, seltener nach Braga, Guimarães.

Umgebung von Chaves

Ein Kleinod verbirgt sich in **Outeiro Seco** gut 3 km nördlich. Zwar wurden die meisten Fresken der romanischen Igreja Nossa Senhora da Azinheira nach Porto ausgelagert, geblieben sind jedoch die dekorativen Tier- und Menschenabbildungen an der Außenmauer.

Sanft geschwungene Hügel im Dourotal

Frühlingshafter Blütenrausch im Alentejo

Kapitel 6

Alentejo

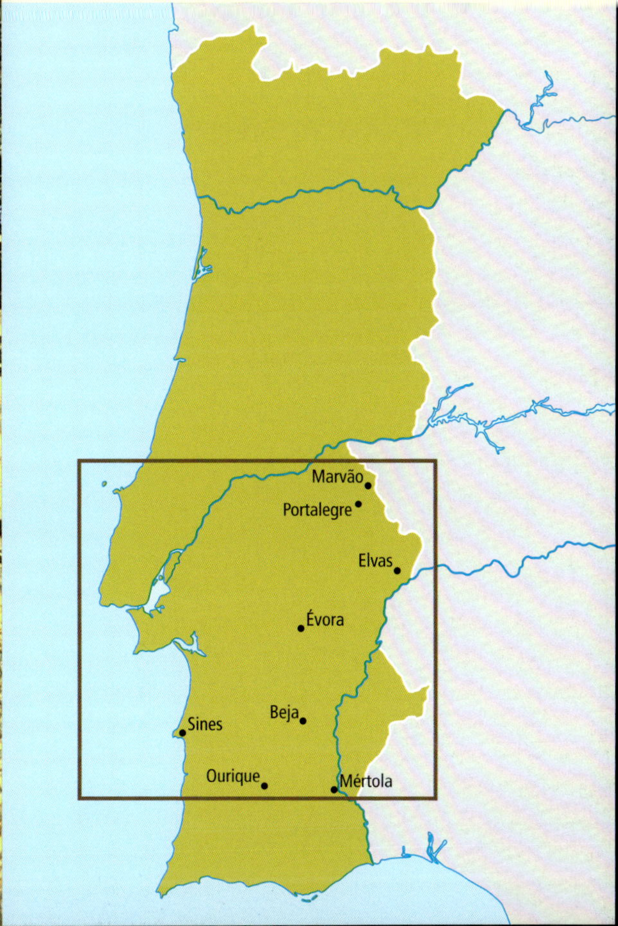

Marvão
Portalegre
Elvas
Évora
Sines
Beja
Ourique
Mértola

eichenhaine weiten sich ins Endlose. Zinnenbekrönte Festungen erheben sich über die historischen Ortschaften. Die feinen Sandstrände der alentejanischen Costa Azul ziehen sich bis zur Algarve. Die Region, die in den Oberen und Unteren Alentejo (Alto e Baixo Alentejo) unterteilt wird, bietet dem Urlauber alles und ist zugleich ein Geheimtipp geblieben.

Auch die Zeit scheint sich hier zu strecken. Süffisant greift ein Fernsehspot das gemächliche Leben auf: Ein alter Mann sitzt still vor seinem Häuschen, ein langsam vorbeiradelndes Kind grüßt: »Guten Tag, Großvater!« Keine Reaktion. Längst ist der Enkel aus dem Bild herausgefahren, als der Herr endlich den ein Drittel des portugiesischen Festlandes, zählt aber nur 8 % der Einwohner. Arme Landarbeiter zumeist, die nach der Nelkenrevolution ihre Geschicke selber in die Hand nahmen und Kooperativen gründeten. Die Landreform wurde bald von der Lissabonner Regierung rückgängig gemacht, die »Hoffnung im Alentejo«, so ein Buchtitel von José Saramago, erfüllte sich nicht. Weiterhin müssen viele Menschen ihr Auskommen in der Fremde suchen und auswandern.

Als Alternative werden Wein- und Kulturtourismus gefördert. Die weißen Dörfer und uralten Städte, manche erbaut aus reinem Marmor, putzen sich heraus, Baudenkmäler werden restauriert, unterhaltsame Heimat-

kundemuseen eingerichtet. Viele Restaurants pflegen die gastronomische Tradition. In Évora, dem Juwel des Alentejo, nehmen ausgearbeitete Routen zu frühzeitlichen Hünengräbern und in die umliegenden Weinregionen ihren Ausgang. Am Horizont zeichnen sich die Berge des Naturparks und Wandergebiets Serra de São Mamede ab.

Highlights

11 **Évora:** Die historische Königsstadt inmitten der Weinregion versprüht dank ihrer Universität jugendlichen Charme. Das älteste Bauwerk ist ein Römertempel, der über Jahrhunderte als Schlachthof diente (s. S. 318 ff.).

12 **Marvão:** Das Wehrdorf liegt wie ein Adlerhorst auf steil abfallenden Felsen und verzaubert mit grandioser Burganlage und romantischen Altstadtgassen (s. S. 331 ff.).

13 **Mértola:** Ein weißes Städtchen präsentiert sich als spannend aufbereitetes, begehbares Museum. Phönizier, Römer, Westgoten und Mauren haben deutliche Spuren hinterlassen (s. S. 350 ff.).

Empfehlenswerte Routen

Serra de São Mamede: Die Nationalstraße 359 von Portalegre nach Marvão windet sich über die Berge des waldreichen Naturparks mit Fernblicken bis nach Spanien (s. S. 331).

Serra de Grândola: Sanfte Hügel mit Kork- und Steineichen, ein alentejanisches Vorzeigedorf und eine betriebsame Windmühle machen den Reiz eines kurvigen Sträßleins aus, das von Grândola nach Santiago do Cacém führt (s. S. 340).

Reise- und Zeitplanung

In einer Woche lässt sich der küstenferne Teil des Alentejo gründlich erforschen. Als Ausgangspunkt sollte man **Évora** wählen und dort ein bis zwei Tage für die Stadtbesichtigung einplanen, dazu weitere zwei Tage für die Reise in die benachbarten historischen Orte und die Weinregion. In wiederum jeweils zwei bis drei Tagen sind der nördliche Alentejo rund um **Castelo de Vide** und der südliche um **Beja** und **Mértola** zu erkunden.

Der Besuch der anmutigen Städte an der alentejanischen **Costa Azul** von Alcácer do Sal bis Santiago de Cacém ist in einem Tag zu bewältigen, sinnvoll ist die Kombination mit einem Aufenthalt an den Stränden.

Im Alentejo gab es bei der letzten Zählung lediglich 122 offiziell registrierte Hotels. Rar sind empfehlenswerte Mittelklassehäuser, während zahlreiche luxuriöse Pousadas in historische Gebäude eingezogen sind. Eine ausgezeichnete touristische Infrastruktur bietet hingegen Évora.

Im Frühjahr taucht eine bunte Blütenpracht die Landschaft in ein Meer von Farben. Sommer und Frühherbst sind ideal für den Strandaufenthalt, den August verbringen allerdings auch viele Lissabonner am Atlantik. Von Mai bis September fällt kaum Niederschlag, im Juli und August regnet es gar nicht, dafür steigen die Temperaturen im Landesinneren auf über 40 °C. Der Winter verspricht klare Sonnentage und Tageshöchsttemperaturen um 15 °C. Die Nächte sind allerdings kalt und man muss sich auf manchmal ergiebigen Regen einstellen.

Richtig Reisen-Tipps

Weinstraße »Rota dos Vinhos do Alentejo«: Die Weinstraße führt durch historische Städte und schöne Landschaften, die Weinkeller entlang der Strecke stehen für Verköstigungen und Besichtigungen offen (s. S. 325).

Eine Reise in die Steinzeit: Menhire, Cromlechs und Dolmen haben unsere Urahnen im Alentejo hinterlassen, besonders zahlreich zwischen Évora und Elvas. Das Denkmalschutzamt bietet eine unterhaltsame Führung an (s. S. 328).

Alto Alentejo

Karte S. 331

Burgen, Burgen, Burgen. Fast jede Stadt überragt eine mächtige Befestigungsanlage, ursprünglich errichtet gegen die Spanier, die heute als friedliche Besucher willkommen sind. Évora ist die Hauptstadt und ein städtebauliches Kleinod. In der Umgebung werden einige der besten portugiesischen Weine und hervorragendes Olivenöl erzeugt.

In Richtung Évora

Von Lissabon kommend, gelangt man auf dem Weg nach Évora schnell in eine ländliche Region, die alte Traditionen bewahrt. Nach einer knappen Stunde Fahrt auf der Autobahn A 6 ist **Montemor-o-Novo** **1** erreicht. Trotz des Namensanhangs o Novo – der Neue – hatten schon die Römer an jener Stelle ein Kastell, an dem später die portugiesischen Könige eine Burg errichteten, von der noch Ruinen zu sehen sind. Bekannt wurde der Widerstand der Einwohner gegen Salazar und ihre treibende Rolle bei der Landreform im Zuge der Nelkenrevolution. Bei der letzten Kommunalwahl errangen die Kommunisten wieder die absolute Mehrheit.

Einen kleinen Umweg lohnt die **Gruta de Escoural** nahe dem südlichen Nachbarort Santiago do Escoural mit paläolithischen Wandmalereien in mehreren Sälen. Die ältesten figürlichen Strichzeichnungen in der Höhle zählen 30 000 Jahre (9–12, 13.30–17 Uhr, Eintritt 2,50 €). In der Umgebung finden sich zahlreiche Megalithgräber. Der **Cromlech von Almendres** nahe der Ortschaft Guadalupe setzt sich aus 95 Menhiren zusammen, einige sind mit symbolischen Zeichen versehen. Der nur wenige Kilometer südlich gelegene Dolmen **Anta Grande do Zambujeiro** bildet mit einem Durchmesser von 50 m und einer Höhe von 6 m die größte Megalithanlage Portugals, eine wahrhafte Kathedrale der Steinzeit.

... bei Montemor-o-Novo:
Monte do Chora Cascas: 4 km südwestl., Tel. 266 89 96 90, Fax 266 89 96 99, www.montechoracascas.com. Elegantes Landhaus mit sieben geschmackvoll eingerichteten Zimmern. DZ 115–150 €.

Arraiolos

Arraiolos 2 25 km nordöstlich ist berühmt für farbenfrohe Wollteppiche, in einer Art von festem Kreuzstich bestickt. Ende des 15. Jh. wurden die Mauren nach ihrer Vertreibung aus der Lissabonner Mouraria in der Gemeinde wohlwollend empfangen. Sie blieben und ihr Handwerk lebt bis heute fort. Die schönsten Meisterwerke sind im Museu de Arte Antiga in Lissabon ausgestellt.

Bedeutendstes Baudenkmal ist das **Convento Nossa Senhora da Assunção** aus dem 16. Jh., das eine Pousada beherbergt (siehe unten). Die Klosterkirche wurde im Jahre 1700 mit blau-weißen Kachelbildern ausgeschmückt, die in weiß bemalte Netzgewölbe übergehen. Ebenfalls mit Azulejos ausgekleidet zeigt sich die **Igreja da Misericórdia** nahe dem Rathaus. Und über den weiß glänzenden Wohnhäusern und engen Gassen thront die Burgruine aus dem 14. Jh.

Zahlreiche Menhire bestimmen den Cromlech von Almendres

Turismo: Praça Lima Brito, Tel. 266 49 02 40, Fax 266 49 02 57, tgl. 9–17 Uhr.

Pousada Nossa Senhora da Assunção: Quinta dos Loíos, Tel. 266 41 93 40, Fax 266 41 92 80, www.pousadas.pt. 32 modernistisch gestaltete Zimmer im Kloster aus dem 16. Jh. DZ 170–260 €.
Solar Cor de Rosa: Rua Melo Mexia 29, Tel./Fax 266 41 90 50. Zwei hübsche Zimmer in einem Stadthaus aus dem 19. Jh. DZ 50 bis 60 €.

A Moagem: Rua da Fábrica 2, Tel. 266 49 96 46, So abends geschl. Regionale Kost in ländlichem Ambiente. Hauptgerichte ab 5 €.

Reiten: Centro Hípico, Moinho da Boavista, Tel. 938 54 94 89 (mobil), Fax 266 49 95 20.

Fracoop: Praça Lima Brito. Kooperative der Teppichproduzenten.

Bus: Tickets in der Bar Diana erhältlich, Praça Lima Brito 28. Häufig nach Évora.

11 Évora

Cityplan: S. 320
Als prächtiges Open-Air-Museum präsentiert sich das weitläufige Stadtensemble der frühen Königsresidenz Évora mit zahllosen Adelspalästen, Kirchen und Klöstern. Allein innerhalb des mittelalterlichen Mauerrings wurden 365 Gebäude unter Denkmalschutz gestellt, die Unesco erkannte die Altstadt bereits 1986 als Welterbe an.

Mit der 1979 wiedereröffneten Universität erhielt Évora (40 000 Einw.) einen Schuss jugendlicher Spritzigkeit. Die mit gastronomischen Leckerbissen und kulturellen Highlights reich gesegnete Stadt empfiehlt sich durchaus für einen mehrtägigen Aufenthalt.

Bereits die Kelten gründeten einen Handelsort, der auch unter römischer und maurischer Herrschaft florierte. Der Ritter Giraldo Sempavor, zu Deutsch: Gerhard Ohnefurcht, eroberte Évora 1165 für König Afonso Henriques, nachdem er das arabische Stadtoberhaupt nebst Tochter eigenhändig enthauptet hatte. Zwei abgeschlagene Köpfe zieren noch heute das Stadtwappen von Évora. Eine Blütezeit im 15. und 16. Jh. lockte viele Adelige in die Stadt, die prächtige Stadtpaläste in einer wundersamen Mischung aus Gotik, Manuelinik, Mudejarstil und Renaissance erbauten. Manch portugiesischer König verbrachte hier mit seinem Hofstaat mehr Zeit als in der Hauptstadt Lissabon. Die Gründung der Jesuitenuniversität 1559, die sich schnell zur zweitwichtigsten Hochschule des Landes entwickelte, machte Évora zur Stadt des Wissens.

Templo romano

Ein Stadtrundgang könnte beim römischen **Tempel** 1 in der nordöstlichen Altstadt beginnen. Évoras ältestes Bauwerk stammt aus dem 1. oder 2. Jh. Von den Westgoten wurde es teilweise zerstört, die Götterstatuen wurden geraubt. Ein Jesuitenpater im 17. Jh. vermutete eine Kultstätte für die römische Jagdgöttin Diana, weswegen sie lange und wohl zu Unrecht als Diana-Tempel bezeichnet wurde. Neuere Forschungen gehen von einer Verehrung Jupiters an diesem Ort aus.

Unbestritten ist dabei, dass es sich bei den 14 von ursprünglich 18 korinthischen Säulen auf einer Fläche von 25 x 15 m um den am besten erhaltenen römischen Tempel Portugals handelt. Hierzu trug nicht unwesentlich die Tatsache bei, dass man im Mittelalter die Freiräume zwischen den Säulen zumauerte und in dem so geschaffenen Gebäude über mehrere Jahrhunderte das städt. Schlachthaus untergebracht war. Erst im Jahr 1870 wurde die antike Sehenswürdigkeit wieder freigelegt.

Palácio Duques de Cadaval und Convento dos Lóios

2 Der schräg gegenüberliegende Adelspalast im Privatbesitz der Gräfin von Cadaval diente den portugiesischen Königen als Quar-

tier. Eine Pousada hat die angeschlossenen Klostergebäude bezogen und macht den mit Orangenbäumen bepflanzten Kreuzgang und die Klosterkirche des ehemaligen Convento zugänglich, zu der ein versenktes Portal neben dem Hoteleingang führt (Di–So 10–12.30, 14–18 Uhr, Eintritt 3 € [nur Kirche], 5 € [einschließl. Palast]).

Museu de Évora

3 An der Stelle des römischen Forums am Largo Conde de Vila Flor ließ im 16. Jh. der Erzbischof seinen Palast errichten, in dessen Räumlichkeiten mittlerweile das Stadtmuseum eine umfassende Sammlung von Malerei aus dem 18. Jh. präsentiert. Stillleben, Porträts und Landschaften bilden einen Schwerpunkt.

Die archäologische Abteilung umfasst vor allem römische Fundstücke aus dem Alentejo. Bis zum Abschluss der aktuellen Renovierungsarbeiten wird eine Auswahl in der Igreja Santa Clara in der Rua Serpa Pinto gezeigt (10–18 Uhr, Eintritt 1,50 €).

Kathedrale

Wie eine wuchtige Trutzburg aus Granit überragt Portugals größte mittelalterliche **Kathedrale** **4** aus dem 13. Jh. die umliegenden Häuser. Der ungewöhnliche, weithin sichtbare Kirchturm ähnelt einem spitz zulaufenden Helm und wird von acht kleinen Türmchen bekränzt. Zwölf kunstvolle Apostelfiguren zieren das gotische Hauptportal. Der dreischiffige Kirchenraum strahlt eine wohltuende Harmonie aus, der die baulichen Ergänzungen aus späteren Epochen keinen Abbruch tun.

Die Seitenkapelle Nossa Senhora da Piedade überwölbt ein manuelinischer Bogen, die mächtige Orgel wurde im 16. Jh. eingefügt. Der barocke Hochchor aus Marmor stammt vom Regensburger Johann Ludwig, dem Architekten des Klosterbaus von Mafra. An der linken Seite des Hauptschiffes blickt von erhöhter Stelle die Nossa Senhora do Ó auf die Gemeinde hinab, eine seltene Darstellung der schwangeren Maria (9–12.30 und 14–17 Uhr, Eintritt 1 €).

Mit den Autoren unterwegs

Alentejanische Küche

Traditionen werden großgeschrieben, insbesondere in der Küche. Klassische Speisen auf höchstem Niveau kredenzen Fialho in Évora (s. S. 321) sowie die Restaurants der Pousadas. A Bolota Castanha bei Elvas (s. S. 327) gelingt die Verbindung mit moderner Kochkunst.

Praça do Giraldo

Der vornehme Hauptplatz von Évora strahlt eine heitere Atmosphäre aus. Es gibt keinen besseren Ort als eines der Terrassencafés, um alentejanischen Lifestyle zu beobachten (s. S. 321).

Castelo von Évoramonte

Vier zylindrische Türme verleihen der Befestigungsanlage ein ungewöhnliches Äußeres. Ein kleiner Spaziergang durch die Dorfgassen führt hinauf (s. S. 329 f.).

Festas do Povo

Das größte alentejanische Fest wird ein halbes Jahr lang vorbereitet, aber nur dann, wenn es das Volk will. So steht es in der Satzung. Dies mag erst nach Jahren der Pause sein, aber dann steht das geschmückte Campo Maior Kopf (s. S. 328).

Museu da Tapeçaria Guy Fino

In Portalegre wird moderne Kunst zu wertvollen Teppichen geknüpft, die feine Wolle stammt aus Australien. Kostbare Exemplare sind in einem der schönsten Museen Portugals ausgestellt, und das in der entlegenen Provinz (s. S. 330).

Universität

In einem Renaissancebau aus dem Jahr 1551 etwa 150 m hinter der Kathedrale war bis 1759 die von Jesuiten geleitete **Universität** **5** untergebracht. Erst 1979 und nun unter staatlicher Regie öffnete sie den Studenten wieder ihre Tore. Wenn möglich, sollte man

Évora: Cityplan

Sehenswürdigkeiten

1 Templo romano
2 Palácio Duques de Cadaval / Convento dos Lóios
3 Museu de Évora
4 Kathedrale
5 Universität
6 Igreja de São Francisco
7 Praça do Giraldo
8 Aquaeduto da Água de Prata
9 Ermida de São Bras

Übernachten

1 Pousada dos Lóios
2 Albergaria Solar de Monfalim
3 Residencial Riviera

Essen und Trinken

4 Fialho
5 Luar de Janeiro

einen Blick in die mit reichem Marmor- und Azulejoschmuck verzierten Hörsäle wagen. Auf der Rua Conde Serra da Tourega geht es anschließend hinab zum **Largo da Porta de Moura**, auf dessen Mitte ein Renaissancebrunnen mit riesiger Weltenkugel den Beginn der Neuzeit symbolisiert.

Igreja de São Francisco

Die manuelinische **Franziskanerkirche** 6 wurde zwischen 1480 und 1510 in der südlichen Altstadt errichtet. Ungewöhnlich ist der granitene Vorbau mit fünf Bögen, teilweise in der Hufeisenform des Mudejarstils. Die Gemälde im Innenraum berichten von den heroischen Taten der portugiesischen Seefahrer (Eintritt 1,50 €). Ein makabres Spruchband über der dreischiffigen **Knochenkapelle,** der Capela dos Ossos, gibt zu verstehen: »Wir, Knochen, die wir hier sind, warten auf die Euren«. Im 17. Jh. kleideten die Mönche das Bethaus mit fein säuberlich getrennten Knochen von etwa 5000 Skeletten geradezu schmuckvoll aus (9–13, 14.30–18 Uhr, Eintritt zur Knochenkapelle 1,50 €)

Praça do Giraldo

Wenige Straßenzüge nördlich gelangt man zum lebendigen Mittelpunkt Évoras, der **Praça do Giraldo** 7, benannt nach dem furchtlosen Stadteroberer. Umgeben von eleganten Patrizierhäusern und dominiert von der **Igreja de Santo Antão** mit breiter Renaissancefassade, wirkt der Platz überaus festlich. Traditionsgeschäfte unter schattenspendenden Arkadenbögen laden zum Bummeln und Straßencafés zum kontemplativen Verweilen ein. Zentraler Treffpunkt ist der markante Marmorbrunnen, an dessen Stelle sich noch bis zum 16. Jh. ein römischer Triumphbogen wölbte. Der heiteren Atmosphäre von heute nicht anzumerken sind die grausamen Prozesse und blutigen Hinrichtungen, die die Inquisition hier veranstaltete.

Aquaeduto da Água de Prata

Reine Freude bereitet der Spaziergang durch die engen Gassen, vorbei an Innenhöfen und Arkaden zum **»Aquädukt des silbernen Wassers«** 8, das seit 1537 das kostbare Nass vom Nordwesten in die Stadt führte. Der Bau der 18 km langen Wasserleitung wurde vom örtlichen Adel finanziert. Teils verläuft sie unterirdisch. Eine kuriose Ansicht geben die schmucken Fassaden von Wohnhäusern, die die bis zu 26 m hohen Bögen ausfüllen.

Ermida de São Brás

Vor den Toren der Stadt fällt ganz in Weiß die wehrhafte **Ermida de São Brás** 9 auf. 1485 erbaut, zeigt sie eine Mischung aus arabischen und gotischen Stilelementen. Maurische Zinnen bekrönen das Dach, darüber erhebt sich der Glockenturm. Die gotischen Pfeiler sind mit maurischen Rundungen versehen, hübsch kleiden geometrische Azulejos den christlichen Kirchenraum aus (Mo–Fr 8.30–13 und 14–17.30, Sa/So 14–17.30 Uhr, Eintritt frei).

i **Turismo**: Praça do Giraldo, Tel. 266 73 00 30, www.cm-evora.pt/guiaturistico, tgl. 9–19, Winter bis 18 Uhr. Es wird ein Audio-Guide angeboten.

Pousada dos Lóios 1**:** Largo do Conde de Vila Flor, Tel. 266 73 00 70, Fax 266 70 72 48, www.pousadas.pt. Luxus im Kloster, je zwei Mönchszellen wurden zu einem modernen Schlafraum mit Badezimmer umgebaut. DZ 150–230 €.
Albergaria Solar de Monfalim 2: Largo da Misericórdia 1, Tel. 266 75 00 00, Fax 266 74 23 67, www.monfalimtur.pt. Ruhiges Herrenhaus aus dem 16. Jh. mit idyllischem Patio und 25 gemütlichen Zimmern. DZ 65–85 €.
Residencial Riviera 3**:** Rua 5 de Outubro 49, Tel. 266 73 72 10, Fax 266 73 72 12, www.riviera-evora.com. Renoviertes, familiäres Stadthaus in der Fußgängerzone mit 21 stilvollen Zimmern. DZ um 70 €.

Fialho 4**:** Travessa das Mascarenhas 14–16, Tel. 266 70 30 79, Mo geschl. Hier kredenzt einer der bekanntesten Küchenchefs Portugals eine verfeinerte alentejanische Küche. Erlesene Weinkarte. Hauptgerichte ab 13 €.

In einem Straßencafé auf der Praça do Giraldo in Évora

Luar de Janeiro [5]: Travessa do Janeiro 13, Tel. 266 74 91 14, Do geschlossen. In dem kleinen, schlichten Restaurant kommen alentejanische Spezialitäten auf den Tisch, reiche Auswahl an Vorspeisen. Hauptgerichte ab 13 €.

Praxis: Rua de Valdevinos 21, Mi–Sa ab 0 Uhr. Studentische Disco mit zwei Tanzflächen, bevorzugt House.

Fundação Eugénio de Almeida: Pateo de São Miguel, Tel. 266 74 83 00, www.fea-evora.com.pt. Sozial und künstlerisch engagierte Stiftung mit eigenem Weingut; wechselnde Kunstausstellungen, Jazz- und Klassikkonzerte, Kunstführungen und Weinproben.

Stadtfest: 2. Junihälfte. Kunsthandwerk, Theater, Konzerte und politische Veranstaltungen.

Orientalisches Musikfestival: Anfang Juli. Während 4 Tagen öffnet der Cadavalpalast seine Tore für klassische Musik aus dem Orient, www.festivalevoraclassica.com.

Fahrradverleih: Bike Lab, Centro Comercial Vista Alegre, Tel. 266 73 55 00.

Reiten: Centro Equestre Equeturi, Quinta do Bacelo, Santo António, Tel. 266 74 28 84.

Ausflüge, Stadtführungen: Policarpoviagens, Rua 5 de Outubro 63, Tel. 266 74 69 70, www.policarpo-viagens.pt. Ausflüge zu den prähistorischen Dolmen, Weintouren und Wanderungen.

Zug: Largo de Estação. 3 x tgl. nach Lissabon, selten nach Beja und an die Algarve.

Bus: Avenida Túlio Espanca, Tel. 266 76 94 10. Sehr oft nach Lissabon, häufig in die Nachbarstädte, selten an die Algarve.

Monsaraz

Unübersehbar spielt der Weinanbau die wichtigste Rolle auf der dünn besiedelten Hochebene östlich von Évora. Einer der typischen, aber wenig spektakulären Weinorte ist Reguengos an der N 256. Wenige Kilometer dahinter zweigt die Regionalstraße nach **Monsaraz** 3 ab. Bald strahlen in der Ferne die weiß gekalkten Wohnhäuser hinter einer langen, mit Wehrtürmen befestigten Stadtmauer, die Mitte des 13. Jh. vom Templerorden erbaut wurde.

Wie aus aller Zeit enthoben fühlt man sich bei einem Spaziergang durch die Dorfgassen von Monsaraz. Die rote Blütenpracht der Bougainvilleen, die sich die Hauswände hinaufziehen, erfreuen die Sinne. Besonders hübsch ist die Rua Direita. Wohlhabende Lissabonner haben in den alten Gebäuden ihre Ferienresidenzen eingerichtet, dabei allerdings viele alteingesessene Bewohner verdrängt, die nun ihrerseits Wohnung und Arbeit in der Hauptstadt suchen. Laut wird es nur in den Festwochen im Juli mit Ausstellungen, Theateraufführungen, Konzerten und Reitwettbewerben.

In der Umgebung wurden zahlreiche Zeugnisse früher Besiedlung entdeckt. Hervorzuheben ist der 5 m hohe **Menir de Outeiro** etwa 3 km nördlich.

Turismo: Largo D. Nuno Álvares Pereira 5, Tel. 266 53 71 36, tgl. 10–13 und 14–17.30 Uhr.

Estalagem de Monsaraz: Largo de São Bartolomeu 5, Tel. 266 55 71 12, Fax 266 55 71 01, estmonsaraz@hotmail.com. 19 großzügige, rustikal eingerichtete Zimmer am Fuß der Stadtmauer. DZ 85–100 €.

Monte Alerta: Monte Alerta, 2 km östl. von Monsaraz, Tel. 266 55 01 50, Fax 266 55 73 25, www.montealerta.pt. Acht geräumige, etwas plüschig eingerichtete Zimmer. DZ 70 bis 80 €.

Santiago: Rua de Santiago 3, Tel. 266 55 71 88, Di geschl. Bodenständige alentejanische Küche wird hier gereicht, die Spezialität sind *migas,* Terrassenbetrieb. Hauptgerichte ab 8 €.

TEAR: Estrada de Monsaraz, etwa 1 km außerhalb von Monsaraz. Laden der Regionalen Vereinigung der Kunsthandwerker, handgewebte Teppiche, Töpferwaren, Schreinerarbeiten – vor Ort gefertigt.

Museu Aberto: Juli. Zwei Wochen Kultur im Freien.

Reiten: Horta da Moura, 2,5 km südlich, Tel. 266 55 01 00, www.hortadamoura.com. Auch Zimmervermietung auf dem Gutshof.

Bus: Estrada de Monsaraz. Selten nach Reguengos.

Vila Viçosa

Über die N 255 bei Reguengos geht es vorbei am stark befestigten **Alandroal** nach **Vila Viçosa** 4, wörtlich übersetzt: »vor Kraft strotzende Stadt«. Auch das Attribut »Die Schöne« wird dem einstigen Sitz der Dynastie Bragança beigefügt, nicht nur dank des in der Umgebung gebrochenen Marmors, der für den Bau der Häuser verwendet wird. Im stillgelegten Bahnhof wurde dem wertvollen Stein zu Ehren ein **Marmormuseum** eingerichtet (Di–Fr 10–17, Sa/So 10.30–17 Uhr, im Winter 12.30–14 Uhr geschl., Eintritt 1 €).

Doch nicht das Stadtbild ist die Hauptattraktion oder die **Burganlage,** die unter König Dinis angelegt und im 17. Jh. erheblich verstärkt wurde. Ihr begehbarer Mauerring umschließt eine kleine, mit Azulejos geschmückte Kirche, ein Jagd- und ein Archäologiemuseum (April–Sept. Di 14.30–17.30, Mi–Fr 10–13, 14.30–17.30, Sa/So 9.30–13, 14.30–18, Okt.–März Di 14–17, Mi–Fr 10–13, 14–17, Sa/So 9.30–13, 14–17 Uhr, Eintritt 2,50 €).

Vila Viçosa besucht man vorrangig wegen des **Paço Ducal**. Mit dem Bau des Nordflügels wurde 1501 begonnen, doch erst im 18. Jh. wurde der dreistöckige königliche Palast der Braganças mit einer Vorderfront von 110 m Länge vollendet. Als ab 1580 Portugal vom spanischen Königshaus regiert wurde, verließ der Adel die Residenz Lissabon. Es begann die Zeit des *corte na aldeia,* des »Hofstaates auf dem Dorf«. Die Braganças bildeten das mächtigste Adelsgeschlecht, folglich wurde ihr Schloss zum Zentrum der portugiesischen Aristokratie. Verschwenderische Festgelage wurden ausgerichtet, Stierkämpfe auf dem Vorplatz veranstaltet. Der Prunk machte vor der Ausschmückung im Inneren nicht halt. Im Rahmen einer Führung (auf Portug.) sind die 50 Säle zu bestaunen, ausgeschmückt mit Azulejos, Wandteppichen, bemalt mit Deckenfresken und ausgestattet mit kostbarem Mobiliar (Öffnungszeiten wie Archäologisches Museum, letzter Einlass jeweils 1 Std. früher).

Die Bibliothek des 1910 ins Exil getriebenen Manuel II. umfasst 50 000 historische Bände. Das Schloss beherbergt zusätzlich ein Waffen- und ein Kutschenmuseum sowie die königliche Schatzkammer. (April–Sept. Di–Fr 9.30–13 und 14.30–17.30, Sa/So bis 18, Okt.–März tgl. 9.30–13 und 14–17 Uhr, letzter Einlass jeweils 1 Std. früher, Eintritt 5 € inkl. Führung. Für jedes Museum wird zusätzlicher Eintritt erhoben: Kutschenmuseum 1,50 €, Waffenmuseum und Schatzkammer je 2,50 €, Führung in Letzterer von Okt.–März nur um 12.15 und 15.30 Uhr, sonst Öffnungszeiten wie im Schloss).

Im Augustinerkloster gegenüber dem Palast sind die männlichen Abkömmlinge der

Richtig Reisen-Tipp: Weinstraße »Rota dos Vinhos do Alentejo«

Körperreich, fruchtig und lagerfähig geben sich die Lieblingsweine der Portugiesen. Jede zweite in Portugal getrunkene Flasche wird im Alentejo erzeugt. Das kontrollierte Anbaugebiet (DOC) wird in die Regionen Portalegre, Borba, Redondo, Vidigueira, Reguengos, Granja, Moura und Évora unterteilt. Vermutlich schon in der vorrömischen Zeit angebaut, begann der Siegeszug des alentejanischen Weins 1958, als die Bauern erste Kooperativen bildeten.

Zahlreiche Winzer haben sich zur Weinstraße »Rota dos Vinhos do Alentejo« zusammengeschlossen, nicht nur um ihre Landgüter und Produkte zu präsentieren, sondern auch um die Besucher zu den kulturellen und natürlichen Schönheiten des Alentejo zu führen. Selbstverständlich erfährt man bei den Verköstigungen vieles über Boden, Klima, Anbauweise und die wichtigsten Rebsorten des Alentejo: Trincadeira, Aragonês, Periquita, Alicante Bouchet und Cabernet Sauvignon. Übrigens: Portugiesen bevorzugen Rotweine.

In drei Einzelrouten wird die Weinstraße unterteilt. Die nördliche Strecke führt durch das Naturschutzgebiet der Serra de São Mamede, die südliche an den Rio Guadiana. Von der Qualität der Weine und kulturellen Bedeutung der Gegend dürfte die »Rota Histórica« die interessanteste sein. Ausgangspunkt ist Évora, besucht werden die herausragenden Weinorte Reguengos, Redondo und Borba und Weingüter nahe der historischen Städte Vila Viçosa, Estremoz, Arraiolos und Montemor-o-Novo. Eines der angesehensten Weingüter ist die **Herdade do Esporão** in Reguengos, denn nach dem Kauf 1973 hat der Besitzer, ein früherer Präsident des Fußballvereins Sporting Lissabon, in seinen Kellern modernste Techniken eingeführt und damit eine technologische Revolution im portugiesischen Weinbau ausgelöst. Die International Wine Challenge in London ehrte seinen Touriga Nacional 2001 als den besten Wein Portugals mit einer Goldmedaille. Das hauseigene Restaurant reicht zum Mittagessen alentejanische Köstlichkeiten, allerdings muss man für das Hauptgericht um die 20 € berappen (Weinkeller tgl. 10–18.30 Uhr, Anmeldung sinnvoll, Restaurant Mo geschl., Tel. 266 50 92 80, www.esporao.com).

Eines der wenigen Weingüter, das von einer Frau geleitet wird, ist **Roquevale** in Redondo. Aus 2 Mio. kg Trauben werden jährlich 2,5 Mio. Liter Wein gegoren. In jedem Supermarkt erhältlich ist der durchaus trinkbare Landwein Terras de Xisto (Tel. 266 98 92 90, www.roquevale.pt, Voranmeldung ist erforderlich). Im Ortszentrum hat die Stadtverwaltung ein modernes **Weinmuseum** und die Probierstube Enoteca eingerichtet (Praça da República, April–Okt. Di–So 10–20, Nov.-März 10–18, Enoteca 17–21 Uhr).

Ganz andere Eindrücke erhält man bei **Biomonte** nahe Montemor-o-Novo. Wolfgang Delfs baut seit den 1990er-Jahren auf 36 ha biologische Trauben an, auf der deutschen Weinmesse Mundus Vini 2005 wurden seine Weine mit dem Gütesiegel »sehr gut« prämiert. Aus den Pflanzen auf seinem Landgut gewinnt er Tees und natürliche Kosmetikprodukte, außerdem züchtet er in Zusammenarbeit mit der Frankfurter Zoologischen Gesellschaft afrikanische Büffel, Antilopen und Lamas in Freilandhaltung (Tel. 266 50 92 80, www.biomonte.com, Voranmeldung ist empfehlenswert).

Die bequemste Möglichkeit, sich auf die Weinroute zu begeben, beginnt mit dem Besuch der großzügigen Ausstellungsräume der Winzervereinigung im Zentrum von Évora. Hier erhält man nicht nur eine Informationsbroschüre in Deutsch, sondern die freundlichen Mitarbeiterinnen übernehmen auch die gesamte Organisation der Fahrt: Rota dos Vinhos do Alentejo, Praça Joaquim António de Aguiar 20–21, Tel. 266 74 64 98, Fax 266 74 66 02, www.vinhosdoalentejo.pt.

Dynastie Bragança beigesetzt, die weiblichen ruhen im Convento das Chagas de Cristo an der Ostseite des Schlossplatzes, das heute eine Pousada beherbergt (s. u.).

Turismo: Praça da República, Tel. 268 88 11 01, tgl. 9–17.30 Uhr.

Pousada Dom João IV: Terreiro do Paço, Tel. 268 98 07 42, Fax 268 98 07 47, www.pousadas.pt. 36 Luxuszimmer in der großzügigen Anlage des königlichen Klosters Chagas de Cristo aus dem frühen 16. Jh. Im Restaurant werden Rezepte der Klarissen nachgekocht. DZ 150 bis 230 €.

Bus: Largo Dom João IV, Tel. 268 98 01 20. Regelmäßig nach Évora und Estremoz, selten nach Elvas.

Elvas

6 km nördlich stößt man nahe dem bescheidenen Weinstädtchen **Borba** auf die N 4, die nach **Elvas** 5 nahe der spanischen Grenze führt. Aus den zahlreichen Steinbrüchen entlang der Straßen wird feiner Marmor geschlagen. Kurz vor dem Erreichen von **Elvas** passiert man das **Aquädukt** von Amoreira. 1622 wurden nach 124-jähriger Bauzeit 843 Bögen vollendet, bezahlt aus einer Sondersteuer auf Lebensmittel. Die bis zu vier übereinander laufenden Arkadenreihen erreichen eine Höhe von 31 m und sind 7540 m lang. Die im 19. Jh. restaurierte Leitung versorgt bis heute den Brunnen Fonte da Misericórdia am westlichen Stadtrand mit dem kostbaren Nass.

Kastell

Die Stadt mit 15 000 Einwohnern rühmt sich, der am stärksten befestigte Ort Portugals zu sein, seitdem sie eine Schlüsselstellung im Unabhängigkeitskampf gegen die spanische Herrschaft zwischen 1580 bis 1640 innehatte. Das Kastell wurde von den Mauren auf den Ruinen einer römischen Befestigung erbaut und in den Folgejahrhunderten von den portugiesischen Königen erweitert. Zusätzliche Forts wurden im 17. und 18. Jh. als Abschreckung gegen die Spanier errichtet (9–17, im Sommer bis 18 Uhr, Eintritt 1,50 €).

Altstadt

Doch während der mehrfache Mauerring eher kühle Strenge ausstrahlt, scheinen sich in der verwinkelten Altstadt maurische Geschäftigkeit und südliche Gelassenheit in die heutige Zeit gerettet zu haben. Nicht selten führen die engen Gassen unter Torbögen hindurch und münden auf hübsche Plätze. An der Stirnseite der zentralen, mit schwarzem und weißem Marmor gepflasterten Praça da República erhebt sich festungsartig die dreischiffige einstige Bischofskirche **Nossa Senhora da Assunção**. Der erste Gottesdienst wurde 1537 abgehalten, bis ins 18. Jh. wurde sie erweitert und verändert, sodass sich Stilelemente von der Manuelinik bis zum Rokoko finden. Der Boden ist mit Marmor belegt, die Wände sind mit hübschen Kacheln verziert (Mo–Fr 10–12.30, 14–17.30 Uhr, Eintritt frei).

Außergewöhnlich ist die Ausschmückung der **Dominikanerkirche** Nossa Senhora da Consolação am nördlich angrenzenden Largo Santa Clara. Ihr ungewöhnlicher achteckiger Zentralbau wird von bemalten Säulen gestützt, die Kuppel ist vollständig mit symmetrisch gemusterten Azulejos ausgekleidet (Mo–Fr 10–12.30 und 14–17.30 Uhr, Eintritt frei).

Neuer Stolz der Stadt ist das im Mai 2007 im ehemaligen Krankenhaus des Misericórdia-Ordens in der Rua da Cadeia eröffnete **Museum für Moderne Kunst.** Darin wird mit der Colecção António Cachola eine der wichtigsten Privatsammlungen für zeitgenössische portugiesische Kunst der Öffentlichkeit zugängig gemacht.

Turismo: Praça da República, Tel. 268 62 22 36, Fax 268 62 51 57, Mo–Fr 9–18, Sa/So 10–12.30, 14–17.30 Uhr.

São João de Deus: Largo São João de Deus 1, Tel. 268 63 92 20, Fax 268 62 18 80, www.hotelsaojoaodeus.com. 52

Marmorsteinbruch bei Vila Viçosa

großzügige, unterschiedlich möblierte Zimmer in einem historischen Militärkrankenhaus des Johanniterordens. DZ ca. 70 €, Wochenendzuschlag 10 €.

Zahlreiche weitere Hotels, darunter eine moderne Pousada, befinden sich an der Nationalstraße N4.

Die herausragenden Restaurants liegen außerhalb von Elvas und lohnen einen Umweg.

... in Terrugem:

A Bolota Castanha: Quinta das Janelas Verdes, 14 km westl. von Elvas, Tel. 268 65 61 18, Mo geschl. Raffinierte alentejanische Kochkunst auf höchstem Niveau. Hauptgerichte wie Schweinefilet mit Feigen und Nüssen gefüllt ab 15 €.

... in Vila Fernando:

Taberna do Adro: Largo da Igreja, 15 km nordwestl. von Elvas, Tel. 268 66 11 99, Mi geschl. Familiäres Landrestaurant, das ausgezeichnetes bodenständiges Essen bietet. Hauptgerichte ab 8 €.

Zug: 3 km nordöstl. Selten nach Lissabon, Portalegre, Porto.

Bus: Praça da República, Tel. 268 62 28 75. Häufig nach Estremoz.

Campo Maior

Natürlich hebt sich auch über den nördlichen Nachbarort **Campo Maior** 6 eine unter König Dinis erbaute Trutzburg. Allerdings explodierte Anfang des 18. Jh. die Waffenkammer im Wehrturm. 800 Häuser wurden zerstört, 600 Einwohner getötet, der Turm wieder aufgebaut (Juni–15.Sept. 9.30–13, 16.30–19.30, sonst 9.30–13, 14.30–17.30 Uhr, Eintritt 1,50 €). Ebenso von Weitem sichtbar ist die weiß leuchtende, gotische Pfarrkirche mit einer schaurigen Knochenkapelle. In die aus Gebeinen kunstvoll zusammengesetzten Seitenaltäre wurden vollständige Skelette gestellt.

Campo Maior nennt sich Hauptstadt des Kaffees, beheimatet sie doch mit Delta-Cafés die größte portugiesische Kaffeeröste-

Richtig Reisen-Tipp: Eine Reise in die Steinzeit

Bis zu 6000 Jahre sind die steinernen Kolosse alt, die unsere Urahnen im Alentejo der Ewigkeit hinterlassen haben: Menhire (bretonisch: Großer Stein), Cromlechs (Ansammlung von Menhiren) und Dolmen (Menhire mit Deckstein). Das für den Erhalt der Funde zuständige Denkmalschutzamt IPPAR hat zwei »Archäologische Rundfahrten« zu den steinzeitlichen Kultstätten rund um Elvas ausgearbeitet. Aus Schiefer sind die Grabmäler entlang dem südlichen »**Circuito do Guadiana**« errichtet, aus Granit diejenigen entlang dem nördlichen »**Circuito de Barbacena**«, darunter auch der mit einem imposanten Abschlussstein überdachte Dolmen (portug.: *anta*) von Coutada. Bestattet wurden die Toten in Rückenlage, beigegeben waren ihnen Lebensmittel, Waffen und Schmuck, der heute im Städtischen Museum von Évora (s. S. 319) ausgestellt ist. Insgesamt wurden 93 frühe Heiligtümer entdeckt und freigelegt.

In geländegängigen Fahrzeugen werden die Teilnehmer der organisierten Tour unter kundiger Führung zu den Kultstätten geleitet, einige Wegabschnitte müssen zu Fuß zurückgelegt werden. Die Betrachtung der Landschaft wird in den dreistündigen Ausflug einbezogen, denn die damaligen Lebensbedingungen auf dem ärmlichen Boden waren nicht unähnlich den heutigen: betrieben wurden Schafzucht und Gemüseanbau.

Informationen beim Denkmalschutzamt IPPAR: www.ippar.pt/english, Abfahrten Mi, Sa, So, 1. April–30. Mai 10 und 15.30 sowie 1. Juni–15. Okt. 10 und 17 Uhr. Treffpunkt ist das Castelo von Elvas, dort auch Vorverkauf zwischen 9.30 und 17 Uhr, Fahrpreis ca. 17,50 €.

rei. Auf dem Firmengelände wurde das einzige **Kaffeemuseum** der Iberischen Halbinsel eingerichtet, in dem auch die Kolonialgeschichte Portugals unter dem Blickwinkel der Kaffeeproduktion aufgearbeitet wird (Mo–Sa 9–12.30, 14.30–18.30 Uhr, Eintritt frei).

Die Herstellung von Olivenöl ist ein anderer traditioneller Produktionszweig in Campo Maior. 2006 wurde dazu im Grafenpalast von Olivã ein lehrreiches, wenn auch in seiner Modernität etwas steril wirkendes Museum eröffnet. Der Besichtigung schließt sich eine Olivenölprobe an (Di–Fr 10–12, 15.30–17, Sa/So 14–16, im Hochsommer Di–Fr 10–12, 16–18, Sa/So 15 bis 18 Uhr, Eintritt frei).

Doch wahrlich berühmt hat die Stadt ein besonderes Fest gemacht. Die **Festas do Povo** werden »abgehalten, wenn das Volk es will«, wie es in der Ausschreibung heißt. Deswegen dauert es oft jahrelang bis zur nächsten Veranstaltung. Doch dann basteln die Einwohner ab Februar bunte Papierblumen, mit denen sie die Stadt schmücken, um schließlich Ende August eine Woche lang noch etwas ausgelassener zu feiern als im sowieso schon festfreudigen Portugal (Terminauskunft im Tourismusbüro).

i **Turismo:** Fonte Nova, Tel. 268 68 94 13, tgl. 10–12.30, 14–18 Uhr.

Estremoz

Luxus wird in **Estremoz**  zur Normalität. Viele Häuser sind aus feinstem Marmor erbaut – dank der zahlreichen Steinbrüche in der Umgebung. Große Geschichte hat das Provinzstädtchen zwischen Elvas und Évora, das mit 8000 Einwohnern weit über den schützenden Mauerring hinausgewachsen ist, im 14. Jh. erlebt. Estremoz wurde Königsresidenz, als König Dinis seiner angetrauten Isabel von Aragon einen Palast direkt an den 27 m hohen **Bergfried** bauen ließ. Von den zinnenbekrönten Balkonen öffnet sich ein herrlicher Panoramablick. In der links angrenzenden **Capela Rainha Santa Isabel** aus dem 18. Jh. sind auf Azulejobildern die Lebensstationen der wundertätigen, später heilig gesprochenen Isabel abgebildet – unter anderem hatte sie nach der Legende Brot in Rosen verwandelt.

Gegenüber steht die gedrungene dreischiffige manieristische Hallenkirche **Santa Maria**. Den Schlüssel für beide Gotteshäuser gibt es in der angrenzenden **Galeria de Desenho**, die im mittelalterlichen Audienzsaal des Königs untergebracht ist und Wechselausstellungen zeitgenössischer Malerei zeigt. Die Galerie ist Teil des **Stadtmuseums**. Hunderte kleine, sogenannte **Estremozfiguren** aus bemaltem Ton, eine Besonderheit der örtlichen Handwerkskunst, lohnen den Besuch. Sie bilden lebensecht das ländliche und religiöse Leben nach. In den neun Ausstellungsräumen sind zusätzlich archäologische Funde, Keramikarbeiten und Wohnungseinrichtungen zu sehen (April–Sept. Di–So 9–12.30 und 15–18.30, Okt.–März Di–So 9–12.30 und 14–17.30 Uhr, Eintritt 1,20 €).

Durch die mittelalterlichen Gassen der Oberstadt gelangt man auf den städtischen Hauptplatz Rossio. In der Kirche des Franziskanerordens **Igreja São Francisco** liegt das Herz Königs Pedro I. begraben, der 1367 in diesem Kloster verstarb und sein Lebensorgan dem Orden stiftete. Pedro hatte einen Hang zu solch obskuren Einfällen, in Coimbra und Alcobaça weiß man Lieder davon zu singen (s. S. 194 und 200).

Turismo: Largo da República 26, Tel. 268 33 35 41, Fax 268 33 40 10, Mo–Fr 9.30–13, 14–18 Uhr.

Pousada da Rainha Santa Isabel: Largo Dom Diniz, Tel. 268 33 20 75, Fax 268 33 20 79, www.pousadas.pt. Wohnen wie die Königin im Schloss, eine Kombination aus Romantik und Luxus in 29 Zimmern, hervorragendes Restaurant. DZ 170 bis 260 €.

O Gadanha: Largo General Graça 56, Tel. 268 33 91 10, Fax 268 33 91 19, www.residencialogadanha.com. 2004 eröffnete Unterkunft mit zwölf einfachen, angenehmen Zimmern, drei davon verfügen über eine Terrasse. DZ ca. 35 €.

Adega do Isaías: Rua do Almeida 21, Tel. 268 32 23 18, So geschl. Weinkeller mit alentejanischer Hausmannskost. Der frühere Staatspräsident Mario Soares versprach nach einem Besuch, in der ganzen Welt Werbung für die Spezialität *migas* zu machen. Hauptgerichte ab 6 €.

Fiape: Ende März. Kunsthandwerks- und Landwirtschaftsmesse inkl. Gastronomiewettbewerb.

Bus: Rossio Marquês de Pombal 88, Tel. 268 32 22 82. Regelmäßig nach Lissabon und Évora.

Évoramonte

Die N 18 in Richtung Évora erreicht nach 17 km das Dorf **Évoramonte** 8. Auf dem Burghügel überblickt das mittelalterliche, von einer Stadtmauer geschützte Dorf die weite Ebene.

Steile Gassen steigen hinauf zum **Castelo,** das König Dinis 1306 auf den Resten einer maurischen Befestigung erbauen ließ und das nach einem Erdbeben 1531 verstärkt wurde. Charakteristisch sind die zylindrischen Türme an den vier Seiten des wehrhaften

Artists in Residence

Aus dem Landgut Herdade da Marmeleira hat ein holländisches Paar die alternative Kulturstätte Artists in Residence geschaffen. Das ganze Jahr über treffen sich Künstler, Musiker, Tänzer aus aller Welt, um ihre Kreativität zu entfalten oder Workshops zu besuchen. Aber auch Urlauber können sich eines der acht Zimmer mieten und das künstlerische Umfeld auf sich wirken lassen.

Das ruhige Anwesen liegt 3 km östl. von Évoramonte nahe der N 18, Tel. 268 95 90 07, www.obras-art.org.

Palastes. Auch hier wurde portugiesische Geschichte geschrieben, als 1834 der absolutistische König Miguel im Bürgerkrieg gegenüber seinem liberalen Bruder Dom Pedro kapitulierte (10–13 und 14–18, im Winter bis 17 Uhr, Eintritt 1,50 €, So bis 14 Uhr frei). In der engen Altstadt sind insbesondere die Azulejos in der **Igreja da Misericórdia** sehenswert.

Portalegre

9 Auf einem Hügel knapp 60 km nördlich von Estremoz hebt sich die beeindruckende Silhouette der kleinen Distrikthauptstadt (17 000 Einw.) über die weite Ebene. Ein mittelalterlicher **Mauerring** umläuft die angenehm unspektakuläre Altstadt. Von den einst zwölf Türmen und sieben Stadttoren sind jeweils noch drei erhalten.

Kirchen und Klöster

Auf der höchsten Stelle wurde im 16. Jh. die dreischiffige **Kathedrale** im manieristischen Stil errichtet. Die Heiligenfiguren und Gemälde stammen aus dieser Zeit, während Portale, Fassade und die Kachelpaneele im Innenraum im 17. und 18. Jh. hinzugefügt wurden (8–12 und 14.30–17.30 Uhr, So nachmittags und Mo geschl., Eintritt frei).

Zu dieser Zeit bildete Portalegre ein Zentrum des religiösen Lebens. Das **Zisterzienserkloster São Bernardo** wurde im Jahre 1518 gegründet, die Klosterkirche vom namhaften Renaissance-Bildhauer Nicolas Chantarène ausgeschmückt. Dieser zeichnete auch für das üppig dekorierte Marmorgrab des Klosterstifters Bischof Jorge de Melo verantwortlich. Mit seiner Höhe von 12 m und einer Breite von 7 m sorgte es wegen seines verschwenderischen Luxus einst für reichlich Gesprächsstoff unter den Gläubigen. Die beiden Renaissance-Kreuzgänge strahlen nach ihrer Renovierung eine zeitlose Ruhe aus. Da das Kloster heute als Kaserne dient, kann man es nach höflicher Nachfrage bei den Wachposten am Eingang unter Polizeischutz besichtigen (Mo–Fr 9–12 und 14–17 Uhr, Eintritt frei).

Museu da Tapeçaria Guy Fino

Die Herstellung kostbarer Teppiche hat Portalegre bekannt gemacht und ist bis heute ein wichtiger Industriezweig. Das hier angesiedelte Teppichmuseum zählt zu den wertvollsten und schönsten Museen ganz Portugals, auch wenn in großer Bescheidenheit kein Schild auf das Haus in der Rua da Figueira 9 hinweist.

Guy Fino, ein französischer Teppichfabrikant, war in den 1940er-Jahren mit dem ortsansässigen Manuel do Carmo Peixeiro in Kontakt gekommen, der eine neue Knüpftechnik entwickelt hatte. Aus ihrer fruchtbaren Zusammenarbeit entstanden und entstehen in Portalegre Teppichkunstwerke, die in die ganze Welt exportiert werden. Die feine Wolle stammt aus Australien und Neuseeland, die Fäden werden vor Ort gesponnen und in 7000 unterschiedlichen Tönen gefärbt. Zwei Monate Zeit benötigt die Fertigung von einem Quadratmeter. Die Webstühle sind bis 22 m breit und können im Museum bewundert werden.

Doch im Mittelpunkt steht die Ausstellung der wollenen Kreationen, u. a. von Le Corbusier, Eugenio Granell, Helena Vieira da Silva, José de Guimarães oder Manuel Cargaleiro (Di–So 9.30–13, 14.30–18 Uhr, Eintritt 2 € inkl. Führung).

Weitere Museen

Zusätzlich wartet Portalegre mit zwei weiteren interessanten Museen auf. Im Sommer 2006 öffnete nach längerem Umbau die **Casa Museu José Régio**. Zu sehen ist die private Sammlung von Kunsthandwerk, Möbeln und v. a. Christusfiguren im Wohnhaus des 1969 verstorbenen, ins Deutsche übersetzten Lyrikers (Di–So 9.30–12.30 und 14–18 Uhr, Eintritt 2 €). Auch im städtischen **Museu Municipal** unweit der Kathedrale liegt der Schwerpunkt – neben portugiesischen Fayencen – auf sakraler Kunst (Di–So 9.30–12.30 und 14 bis 18 Uhr, Eintritt 2 €, zeitweise wegen Renovierung geschl.).

Turismo: Rua Guilherme Gomes Fernandes 22, Tel. 245 30 74 45, tgl. 10–13 und 14–18 Uhr.

Mansão Alto Alentejo: Rua 19 de Junho 59, Tel. 245 20 22 90, Fax 245 30 92 69, www.mansaoaltoalentejo.com.pt. 12 einfache Zimmer in einem sanierten Stadthaus, Mobiliar in alentej. DZ 40–50 €.

O Escondidinho: Travessa das Cruzes 1–3, Tel. 245 20 27 28, So geschl. Alentejanische Spezialitäten und große Auswahl an Grillspeisen. Hauptgerichte 7–13 €.

Feira de Doçaria: Ende März. Klösterliche Süßspeisen werden in den Kreuzgängen serviert.

Zug: 12 km südl. mit Busanbindung. Selten nach Lissabon, Porto, Elvas.
Bus: Rua Nuno Álvares Pereira, Tel. 245 33 07 23. Selten nach Lissabon und in die Nachbarstädte.

Umgebung von Portalegre

Die schmale N 359 windet sich durch den **Naturpark Serra de São Mamede**, der sich auf 56 000 ha zwischen Portalegre, Castelo de Vide und Marvão ausdehnt. Die einsamen Berglandschaften mit einer Höhe von bis zu 1025 m bilden ein wenig bekanntes, aber attraktives **Wandergebiet**. Informationen gibt es in den Naturparkbüros in Portalegre (Rua General Conde Jorge de Avilez 22, Tel. 245 20 36 31, E-Mail: pnssm@icn.pt) und Castelo de Vide (Rua de Santo Amaro 25). Es werden auch Wanderhütten vermietet.

12 Marvão

Kaum ein anderer Ort darf sich einer derart exponierten Lage rühmen, von Weitem schon sieht man das mächtige Kastell auf einem 849 m hohen, steil ins Tal stürzenden Felsen. Auch wenn die mit viel Verve betriebene Kandidatur zum Welterbe der Unesco vorerst gescheitert scheint, zählt das mittelalterliche, von Festungsmauern umlaufene Städtchen zum romantischsten, was Portugal zu bieten hat. Schmale, gepflasterte Gassen werden von weißen Häusern gesäumt und öffnen sich auf stille Plätze. Der spektakuläre Fernblick reicht bei klarer Luft bis zur Serra da Estrela, dagegen scheinen Castelo de Vide, Estremoz und die Dörfer im benachbarten Spanien zum Greifen nahe.

Der Ortsname stammt von dem maurischen Herrscher Ibn Maruam. Direkt nach der christlichen Rückeroberung begannen die Könige mit dem Bau des **Kastells**, König Dinis erweiterte es im 14. Jh. zu der großzügigen, gut erhaltenen Anlage. Der teilweise dreifache Mauerring ist begehbar, der Bergfried zu besteigen. Die geheimnisvolle Atmosphäre im dunklen Gemäuer um die Zisterne mag Erinnerungen an Geistergeschichten aus der Kindheit wecken, eine Treppe führt zum Brunnen hinab. Der Wasservorrat reichte im Belagerungsfall für ein halbes Jahr (durchgehend geöffnet, Eintritt frei).

In der benachbarten Pfarrkirche vereint das **Museu Municipal** archäologische Funde, sakrale Kunst, Trachten und Alltagsgegenstände (Di–So 9–12.30 und 14–17.30 Uhr, Eintritt 1 €).

Mitten im Gassengewirr der Altstadt verwandelte sich das frühere Gefängnisgebäude in ein begehbares Museum zur lokalen Justizgeschichte: im ersten Stock wurde in einem winzigen Gerichtssaal Recht gesprochen.

Turismo: Largo de Santa Maria, Tel. 245 99 38 86, Fax 245 99 35 26, Juni–Sept. 9–19, ansonsten Mo–Fr 9–17.30 Sa/So 9–12.30, 14–17.30 Uhr.

Pousada: Rua 24 de Janeiro 7, Tel. 245 99 32 01, Fax 245 99 34 40, www.pousadas.pt. 29 mit traditionellem Mobiliar schmuck eingerichtete Zimmer in zwei miteinander verbundenen Stadthäusern, romantisch und komfortabel. DZ 120–180 €.
Ein Panoramarestaurant bietet verfeinerte alentejan. Küche. Hauptgerichte zwischen 14 und 18 €.
El-Rei D. Manuel: Largo de Olivença, Tel. 245 90 91 50, Fax 245 90 91 59, www.turismarvao.pt. Familiäre Unterkunft mit 15 angenehmen Zimmern, teilweise mit weitem Blick. DZ 50–75 €.
Im Restaurant werden alentejanische Spezialitäten serviert. Hauptgerichte 7–12 €.

Festa da Castanha: Mitte Nov. Gastronomische Spezialitäten rund um die Esskastanie und Kunsthandwerk auf den Straßen.

Bus: Stadttor, 2 x tgl. nach Castelo de Vide.

Castelo de Vide

Auch bei der Annäherung an die hübsche Kleinstadt **Castelo de Vide** 10 mit etwa 3000 Einwohnern fällt der Blick, wenn auch nicht ganz so spektakulär, schon von Ferne auf die mächtige **Burg** in 600 m Höhe. Eine Inschrift weist den Baubeginn mit 1327 aus. Von der ursprünglichen maurischen Befestigung ist noch das Lüftungssystem zu sehen. Trotz einiger Umbauten und Beschädigungen im Unabhängigkeitskampf gegen Spanien hat die Festung ihre mittelalterliche Struktur behalten.

Im südöstlichen Abschnitt erhebt sich der Bergfried über die Außenmauern. Zwei der vier Türme blieben erhalten, der einstige

Wohnbereich liegt allerdings in Ruinen. Die einschiffige **Igreja de Nossa Senhora da Alegria** ist vollständig mit Azulejos ausgekleidet (9–19 Uhr, Eintritt frei).

Altstadt

Anregend ist der Spaziergang durch die unzerstörte Altstadt. Um die romantische Atmosphäre noch zu fördern, wetteifern die Hausbesitzer in den verwinkelten, oftmals steil hinauf- und hinabführenden Gassen um den schönsten Blumenschmuck. Hervorzuheben sind die gotischen Hauseingänge in der Rua do Arçário.

Unklarheiten gibt es über die Entstehung des Ortsnamens – wurde nach dem Bau der Burg das ursprüngliche Vide zum Castelo de Vide oder leitet sich der Name aus dem früheren Castelo Davide her? So nannte die im 15. und 16. Jh. bedeutende jüdische Gemeinde den Ort. Das ehemalige **Judenviertel** zieht sich von der Pfarrkirche an der zentralen, von respektablen Bürgerhäusern umrahmten **Praça Dom Pedro V** zur Burg hinauf.

Eine sanfte Hügellandschaft erstreckt sich um Marvão

In die alte Synagoge in der Rua da Fonte soll nach umfassendem Umbau ein Museum zur jüdischen Geschichte des Ortes einziehen. Eine zweite, heimliche Synagoge wird in einem Nebenraum der christlichen Hauskapelle des Stadtpalasts **Casa do Morgado** in der Rua Nova 24 vermutet, in den zu Ehren des Revolutionärs des 25. April das Museum Salgueiro Maia einziehen soll. Er wurde in dieser Stadt geboren. Im städtischen **Atelier de Bordados** im 1. Stock fertigen vier Frauen in traditioneller Handarbeit Stickerei- und Patchworkprodukte.

Bekannt ist Castelo de Vida für gesundes Wasser, auch wenn die Thermen an Bedeutung verloren haben. Historischen Berichten zufolge gab es im 18. Jh. rund 300 Quellen und Brunnen. Viele plätschern noch heute, so der monumentale Stadtbrunnen **Fonte da Vila** aus dem 16. Jh. am Rande des Judenviertels, dessen Dach von sechs Marmorsäulen getragen wird.

Umgebung von Castelo de Vide

Zahlreiche **Menhire** und **Hünengräber** zeugen von der frühen Besiedlung der fruchtbaren Landschaften in der Umgebung. Die mit blau-weißen Kacheln ausgekleidete älteste Kirche des Ortes, **Igreja São Salvador do Mundo,** nördlich der Festungsmauern, beherbergt das informative **Museum der Megalithkulturen** (Estrada da Circunvalação, 10–13 und 14.30–18 Uhr, Eintritt frei). Im doppelten Wortsinn herausragend ist der

In der weiten Landschaft des Alentejo

5000 Jahre alte **Menir de Meada** nahe der Straße nach Póvoa e Mendes mit einer Höhe von 7 m und einem Gewicht von 15 Tonnen.

Turismo: Praça Dom Pedro V, Tel. 245 90 13 61, Fax 245 90 18 27, Okt.–Mai 9–17.30, sonst 9–19 Uhr.

Sol e Serra: Estrada de São Vicente, Tel. 245 90 00 00, Fax 245 90 00 01. www.grupofbarata.com. In hellen Tönen gehaltene, angenehme 86 Zimmer im alentejanischen Stil, empfehlenswertes Restaurant. DZ 70–85 €.

Melanie: Largo do Paço Novo 3, Tel./Fax 245 90 16 32, www.rtsm.pt/casa_melanie/index.htm. Fünf einfache, nett eingerichtete Zimmer mit für den Preis überraschend viel Komfort. DZ ca. 30–40 € ohne Frühstück.

Dom Pedro V: Praça Dom Pedro V 10, Tel. 245 90 12 36, Mo geschl. Alentejanische Küche in rustikalem Ambiente. Hauptgerichte um 8 €.

Marino's: Praça Dom Pedro V 6, Tel. 245 90 14 08, So geschl., im Winter nur abends. Interessante Kombination aus italienischer und alentejanischer Küche. Hauptgerichte ab 9 €.

Bus: Av. da Aramenha (Parque José da Luz). Selten nach Lissabon und in die Nachbarstädte.

Baixo Alentejo

Karte
S. 344/345

100 km südlich von Lissabon prägen weiße Städte, hellgelbe Strände und ein türkisfarbenes Meer die alentejanische Costa Azul. Hinter der Küste dehnt sich die Planície Dourada, die Goldene Hochebene, bis zur spanischen Grenze aus. Sanft geschwungene Hügelketten verlieren sich am Horizont, dünn besiedelt ist das Land.

Einsame Strände finden sich südlich von Comporta, die Küstenorte besitzen den Charme alter Fischerdörfer. Den Sado-Naturpark und die Serra de Grândola durchziehen Wanderwege. Fast schnurgerade verbinden wenig befahrene Straßen die Städte im dünn besiedelten Landesinneren. Goldgelb gedeiht der Weizen seit römischen Zeiten, unter Korkeichen und Olivenbäumen grasen Schafe, Ziegen und halbwilde schwarze Schweine. Von den Anhöhen überblicken die *montes,* die alentejanischen Gehöfte, den weitläufigen Besitz. Tagelöhner mussten auf den Latifundien unmenschliche Fronarbeit verrichten, bis im politisch heißen Sommer von 1975 rund um die Distrikthauptstadt Beja eine Landreformbewegung einsetzte. Die revolutionären Landbesetzungen waren nur von kurzer Dauer, mit Unterstützung der Regierung in Lissabon kehrten die alten Besitzer nach wenigen Jahren zurück. Zwar haben sich die Arbeitsbedingungen seither grundlegend gebessert, geblieben aber ist die Armut.

Die Weite der Landschaft und die sommerliche Hitze strahlen Ruhe und eine gewisse Demut auf die Menschen aus. Langsam verläuft das Leben, man trifft sich auf dem Dorfplatz und die Zeit scheint stehen zu bleiben.

Alcácer do Sal

In den Lüften ziehen Störche ihre Kreise über den Reisfeldern im breiten Mündungsgebiet des Rio Sado. Die fischreichen, mäandrierenden Wasserläufe waren seit jeher die Lebensader des beschaulichen Städtchens **Alcácer do Sal** 1 mit etwa 8000 Einwohnern und boten den Schiffen Schutz vor Unwettern. Deshalb führte bereits in der Jungsteinzeit eine befestigte Ansiedlung Handel mit den Mittelmeervölkern. Unter den Phöniziern, Griechen und Karthagern schon Verwaltungsstadt, hatte das römische Wehrdorf Urbes Salacia Imperatoria eine eigene Münze. Sogar in die Auseinandersetzungen zwischen Cäsar und Pompejus griff Salacia ein, auf Seiten von Pompejus. In jener Zeit wurde Salz gewonnen und die Konservierung von Lebensmitteln zur Haupteinnahmequelle. Aus der Verbindung des maurischen Ortsnamens Al Qasr Abru Danis mit dem portugiesischen Wort für Salz *(sal)* entstand schließlich Alcácer do Sal (d. i. Salzburg).

Nach der Vertreibung der Mauren wurde die Stadt zu einem Landwirtschafts- und Handelszentrum und brachte im 16. Jh. zwei große Söhne hervor: Bernardim Ribeiro, wich-

Sieht man hier oft: Störche

Mit den Autoren unterwegs

Störche von Alcácer do Sal

Hunderte von Störchen finden reichlich Nahrung im Mündungsgebiet des Rio Sado. Als Dank bewacht das schwarz-weiße Federvieh die Burg von Alcácer do Sal (s. S. 336 f.).

Praia da Comporta

Das Meer färbt sich am schönsten Strand der alentejanischen Küste türkisblau, fast weiß ist der feinkörnige Sand. Im nahen Carrasqueira stehen merkwürdige, nur aus Schilf gebaute Fischerhütten (s. S. 339).

Klösterliche Süßspeisen in Beja

Die Nonnen des Convento da Conceição waren berühmt für ihre Backkunst. Die Konditorinnen von Beja bereiten die kleinen Küchlein nach den unverfälschten Rezepturen noch heute zu – einfach himmlisch (s. S. 347)!

Olivenölmuseum in Moura

Hochwertiges Olivenöl aus Moura wird auch nach Deutschland exportiert. Das Museum zeigt die historischen Mahlwerke (s. S. 349).

tigster portugiesischer Dichter vor Camões, und Pedro Nunes, als Astronom und Mathematiker maßgeblich an der Weiterentwicklung der Seefahrt beteiligt. Nach dem Bau der Eisenbahn verlor der Fluss an Bedeutung und Alcácer fiel im 20. Jh. in einen Dornröschenschlaf.

Auch wenn dem Städtchen eine grundlegende Verkehrsberuhigung gut täte, ist der Spaziergang am Flussufer und in den engen Gassen entlang der Fischerhäuschen und Adelspaläste ein Vergnügen. Ein kleines **Archäologiemuseum** mit interessanten Funden von der Steinzeit bis zur Maurenherrschaft und Keramiken des 18. Jh. befindet sich in der früheren Igreja do Espírito Santo, die ein manuelinisches Fenster ziert (Di–So 9–12.30 und 14–17.30 Uhr, Eintritt frei. Zeitweise wg. Renovierung geschl.).

Die weißen Häuser ziehen sich zum **Castelo**, das von Dutzenden Störchen bewacht wird. Steile Straßen führen hinauf, die Fahrt per Auto ist dem Fußmarsch vorzuziehen. Die erste große Bewährungsschlacht fand 966 statt, als eine Kriegsflotte der Wikinger zum Sturm ansetzte – vergeblich. Auch die christlichen Truppen taten sich schwer, erst 1217 gelang der Sieg gegen die Mauren, 70 lange Jahre nach der Rückeroberung des nahen Lissabon.

Die Burganlage beherbergt heute eine Pousada. Mit Erlaubnis der Rezeptionisten können dennoch die Hauskapelle, der Kreuzgang und Reste der westgotischen Stadtmauer besichtigt werden. Bei Ausgrabungen anlässlich eines Erweiterungsbaus für die Pousada wurden verschiedene Ebenen menschlicher Besiedlung gefunden, von der Jungsteinzeit bis zum Mittelalter. Sie sind in einem **Freilichtmuseum** zugänglich (Di–So 9–12.30 und 14–17.30 Uhr, Eintritt frei).

Die benachbarte dreischiffige romanisch-gotische **Igreja de Santa Maria do Castelo** wurde auf den Grundmauern einer heidnischen Kultstätte errichtet. Sehenswert sind vergoldete Holzaltäre aus dem 16. Jh. (Mi–So 9–12 und 14–17 Uhr, Mo, Di nur vormittags, Eintritt frei).

i **Turismo:** Praça Pedro Nunes, Tel. 265 61 00 70, Fax 265 61 30 74, Mo–Sa 10–18 Uhr.

Pousada D. Afonso II: Tel. 265 61 30 70, Fax 265 61 30 74, www.pousadas.pt. Eine der schönsten Pousadas mit 35 Zimmern auf der Burg. Modernes Design harmoniert mit den historischen Räumlichkeiten. Regionale Reisgerichte im Restaurant. DZ 170–260 €.

A Descoberta: Av. João Soares Branco 15, Tel. 265 62 38 77, Mo geschl. Alentejanisch-mediterrane Speisen von den deutsch-belgischen Besitzern zubereitet, auch ökologische Zutaten und vegetarische Gerichte, farbenfrohes Design. Tagesgerichte ab 9 €, sonst ab 13 €.

Bootsausflüge: Restaurante A Descoberta (s. o.) organisiert Fahrten auf dem Rio Sado.

Reiten: Turiquestre, Ameira, Tel. 265 62 20 14, edu.costa@clix.pt.

Zug: Bahnhof Estação de Ameira (2 km westl.). Selten nach Lissabon und in die Algarve.

Bus: Av. José Saramago, Tel. 265 62 24 51. Regelmäßig nach Lissabon und Sétubal, häufig nach Sines und Grândola.

Alentejanische Costa Azul

Topfeben und fast kurvenlos führt die N 253 durch ausgedehnte Kiefernwälder entlang der südlichen Grenze des Sado-Naturparks (s. S. 164 f.) an beinahe unberührte Küstenabschnitte. Noch unberührt, muss leider hinzugefügt werden, denn zwischen den Orten Comporta und Melides ist die Einrichtung von 100 000 (!) Touristenbetten geplant. In großflächigen Anzeigen versprechen die (inter)nationalen Investorengruppen Tausende von Arbeitsplätzen und ein Paradies auf Erden. Wer von einem Paradies allerdings etwas Abgeschiedenheit erwartet, sollte sich beeilen.

Vom weiten Sandstrand **Praia da Comporta** öffnet sich der Blick auf ein meist türkisblaues Meer und die Serra da Arrábida. Der außer im Hochsommer und an Wochenenden recht einsame Strand ist abgesehen von zwei Restaurants unbebaut. Nur wer scharf nach rechts schaut, sieht die Hafenanlagen von Setúbal. In dieser Richtung liegt auch die Halbinsel Troja, 2005 wurden dort Hotelhochhäuser gesprengt, um Golfplätzen und Luxusapartments Platz zu machen. Von hier setzen Autofähren nach Setúbal über. Der eigentlich Ort **Comporta** 2 liegt 1,5 km im Landesinneren und bildet ein Zentrum der Reisindustrie. Der örtliche Exporteur gab sich gänzlich unbescheiden den Namen Atlantic Company.

Im 4 km entfernten **Carrasqueira** sind eigenartige Häuser der Fischer zu entdecken, die aus Schilf gebaut sind, wobei Holz nur zur Verstärkung der Konstruktion eingesetzt wird. Die Fenster sind sehr klein und weisen auf ein oder zwei Innenräume. Die Bootsstege laufen auf dünnen Holzstelzen ins Wasser.

Comporta Village: Rua do Secador, Tel. 265 49 06 40, Fax 265 49 06 48, www.comportavillage.com. 22 moderne Apartments mit Küchenzeile und abgetrenntem Schlafraum. Apartment für 2 Pers. 60 bis 110 € ohne Frühstück.

Museu do Arroz: N 253-1, Richtung Strand, Tel. 265 49 75 55, Mo geschl. Fröhlich dekoriertes Restaurant, aus der Küche kommen natürlich viele Reisgerichte – mit frischem Fisch, Muscheln, *bacalhau,* Hase usw. ab 16 €. Neben dem Restaurant ist ein Reismuseum eingerichtet.

Bus: Regionalbus nach Alcácer do Sal.

Grândola

Nur wenige Ortschaften passiert die N 261 in Richtung Süden. Doch immer wieder zweigen Stichstraßen zu den Stränden ab, unter denen die **Praia da Carvalhal** wegen ihrer hübschen Lage hervorzuheben ist. Nach 11 km gabelt sich die Straße, nach links geht es in die Revolutionsstadt **Grândola** 3. »Grândola, vila morena« war die Hymne der Nelkenrevolution, die am 25. April 1974 im Radio Renascença als konspirativer Start-

Grândola. vila morena

Grândola, vila morena,
Terra da fraternidade,
O povo é quem mais ordena,
Dentro de ti, ó cidade.

(Grândola, braune Stadt,/Land der Brüderlichkeit,/das Volk ist es,/das am meisten bestimmt,/in dir, oh Stadt.)

schuss erklang (s. S. 339). Der Sänger José Afonso hatte Text und Musik bereits 1964 für den Arbeitergesangsverein von Grândola geschrieben.

Keineswegs ist Grândola eine braune *(morena)* Stadt, der Liedtext bezieht sich auf die sommerlichen, ausgedörrten Felder. Die Häuser des unspektakulären Landstädtchens sind weiß gekalkt. Das normale Leben geht zwischen den schmalen Gassen, hübschen Parks und lauschigen Plätzen seinen Gang, große Sehenswürdigkeiten fehlen. Nur an der Stadtausfahrt in Richtung Lissabon fällt das Revolutionsdenkmal ins Auge. Ein lang gezogenes Kachelpaneel erinnert unter dem Motto *dá mais força a liberdade* (»Gib der Freiheit mehr Kraft«) an das wichtigste Ereignis der jüngsten portugiesischen Geschichte.

Doch auch die Umgebung besteht keineswegs nur aus nach Wasser dürstenden braunen Feldern. Durch sanft hügelige Olivenhaine und Pinienwälder der Serra de Grândola wurden in den letzten Jahren attraktive Wanderwege angelegt, darunter ein Teilstück des Pilgerpfades nach Santiago de Compostela.

Turismo: Rua D. Nuno Álvares Pereira 81, Tel. 269 44 82 41, Mai–Sept. Mo–Fr 9–19, Sa 10–18, Okt.–April Mo–Fr 9–17, Sa 10–13 Uhr.

D. Jorge: Praça D. Jorge 14, Tel. 269 49 88 10, Fax 269 49 88 19. Historisches Stadthaus mit 34 großzügigen Zimmern, geschmackvoll mit moderner Kunst dekoriert. DZ 65–90 €.

A Talha: Rua Nuno Álvares Pereira, Tel. 269 08 69 42, So abends und Mo geschl. Alentejanische Spezialitäten werden serviert, ab 10 €.

Reiten: Herdade das Sesmarias, Azinheira dos Barros, N 262, 13 km südlich, Tel. 269 59 41 01, www.sesmariasdosnobres.com. Französische Reitlehrer, auch Zimmervermietung.

Wandern: Info-Blätter zu mehreren Wanderwegen im Tourismusbüro.

Zug: Bahnhof 1 km östl. Selten nach Lissabon und in die Algarve.

Bus: Rua do Bocage, Tel. 269 44 24 08. Regelmäßig nach Lissabon, Sines, seltener in die Algarve.

Von Grândola nach Sines

Serra de Grândola

Die landschaftlich hübsche Straße N 120 nach Santiago do Cacém ist trotz vieler Kurven der Schnellstraße IP 8 vorzuziehen. Sie passiert die von knorrigen Stein- und Korkeichen bewachsene Serra de Grândola. Im Frühjahr überziehen die schneeweißen Blüten der Lackzistrosen die sanften Hügel. **Santa Margarida da Serra** am Wegesrand bezeichnet sich als ein typisch alentejanisches Dorf. Um die Pfarrkirche aus dem 15. Jh. versammeln sich die Häuser in der charakteristischen Bauweise der Region. Flach sind sie, weiß gekalkt, die wenigen Fenster blau umrandet.

Auf einem Hügel kurz vor Santiago do Cacém lohnt der Besuch der städtischen Mühle **Moinho da Quintinha**. Bei ausreichendem Wind zeigt der Müller sein Handwerk (Di–Sa 9–12.30, 14–16.30 Uhr, Eintritt frei). Wenige hundert Meter weiter sind die allerdings unspektakulären Überreste der römischen Siedlung **Miróbriga** zu besichtigen (Di–Sa 9–12.30, 14–17.30, So 9–12, 14–17.30 Uhr, Eintritt 2 €).

Santiago do Cacém

Obwohl mit gut 7000 Einwohnern kleiner als Grândola, macht **Santiago do Cacém** 4 einen geschäftigeren Eindruck. Vielleicht liegt es an der Nähe zum Meer oder an seiner mächtigen Burganlage, die mehr Touristen anlockt. Oder an einer legendären Kriegsheldin, deren Geist die Nachfahren lebendig hält. Sie erreichte mit ihrem Heer die muselmanische Gemeinde und siegte just am 25. Juni, dem Namenstag des Heiligen Jakob (portug.: São Tiago) über einen maurischen Prinzen namens Kassen und schon war der neue Ortsname geboren: São Tiago de Kassen. Die Stadt erzeugt ein ambivalentes Gefühl in ihrer Mischung aus klobigen Neubauten, pittoresken, aber verfallenden Wohnhäusern im historischen Zentrum und der über allem thronenden mittelalterlichen **Templerburg**, die im 19. Jh. einem neuen Zwecke zugeführt wurde: Im Inneren befindet sich der städt. Friedhof. Die gut erhaltenen Mauern können umlaufen werden. Die weite Aussicht macht diesen Spaziergang sehr unterhaltsam.

An die Festungsanlage grenzt die **Igreja Matriz** aus dem 13. Jh., die bis ins 20. Jh. mehrfach umgestaltet wurde. Ein frühes Hochrelief stellt den hl. Jakob als Maurentöter dar (Mi–So 10–12.30, 14.30–18, im Winter bis 17 Uhr, Eintritt frei).

Das **Museu Municipal,** das Stadtmuseum an der Praça do Município, zeigt neben der Privatsammlung des örtlichen Archäologen und Münzsammlers Gualberto da Cruz eine ethnographische Ausstellung. Eine Küche und Wohnräume aus dem 19. Jh. wurden nachgebaut. Da das Museum im ehemaligen Gefängnis untergebracht ist, können auch die Zellen besichtigt werden (Di–Sa 10–12 und 14–17, Sa/So 14–17 Uhr, Eintritt frei).

Ein touristisches Zentrum bildet die eingemeindete **Vila Nova de Santo André** mit wunderschönen Stränden. Die Lagoa de Santo André ist die größte von mehreren natürlichen Lagunen, ein Paradies für Windsurfer und Vogelbeobachter. Noch heute fahren kleine Boote zum Fischfang aus. Obwohl dieses bis Melides reichende Lagunengebiet unter Naturschutz steht, ist es durch die geplante Bettenflut der touristischen Großprojekte akut gefährdet.

Turismo: Largo do Mercado, Tel. 269 82 66 96, Fax 269 82 68 87, Mo–Fr 9 bis 19, Sa 9–13, 14–18 Uhr, im Winter nur unregelmäßig, im Sommer mit einer Außenstelle an der Lagune.

Vila Park: Vila Nova de Santo André, Bairro das Flores, Tel. 269 75 01 00, Fax 269 75 01 19, www.vilapark.com. Von einer Privatuniversität betriebenes modernes Haus mit 79 Zimmern, in dem auch Tourismusstudenten ausgebildet werden. DZ 60–95 €.

Covas: Santiago, Rua Cidade de Setúbal 6, Tel. 269 82 26 75. Einfaches Lokal mit Meeresfrüchten, Reisgerichten und Fischeintöpfen. Hauptgerichte ab 7,50 €.

Baden: Die schönsten Strände sind Costa de Santo André und Praia de Melides.
Drachenfliegen: Escola de Voo, Rua do Parque 10, Tel. 965 09 58 93 (mobil), www.escoladevoo.com. Auch Fallschirmspringen.
Surfen: Escola de Surf do Litoral Alentejano, Bairro do Pica, Pau Banda 2, Ed. 6, Tel. 269 08 71 45.
Wandern: Infoblätter zu Lagunenwanderungen im Tourismusbüro.
Safari: Badoca Park, Vila Nova de Santo André, 9.30–19 Uhr, im Hochsommer bis 20, im Winter bis 17 Uhr, www.badoca.com. Afrikanischer Wildtierpark, Eintritt ca. 14 €.

Bus: Rua Cidade de Setúbal 22, Tel. 269 81 87 50. Häufig nach Lissabon und Sines.

Sines

Wer auf **Sines** 5 zufährt, sollte sich zunächst auf einen kleinen Schock gefasst machen. Vierspurige Straßen passieren Ölraffinerien und Industrieansiedlungen. Fabrikschlote entlassen weißen Rauch in den Himmel. Doch wer schließlich die schmale Straße zur Burg erklommen hat, findet sich in einem hübschen, von engen Gassen durchzogenen Städtchen mit 13 500 Einwohnern wieder. In die portugiesischen Geschichtsbücher ging Sines als Geburtsort des Seefahrers **Vasco da Gama** (1469–1524) ein. Gusseisern steht er hinter der Pfarrkirche (18. Jh.) nahe dem Kastell und überblickt das Meer. Im mittelalterlichen Vorgängerbau hätte Vasco nach dem Willen seines Vaters, dem Bür-

Altstadt von Sines mit dem Denkmal Vasco da Gamas

germeister der Gemeinde, die geistliche Karriere einschlagen sollen – und der Seeweg nach Indien wäre vielleicht von der ungeliebten spanischen Konkurrenz entdeckt worden. In Verbundenheit mit seiner Heimat ließ der Seefahrer die manuelinische Kapelle **Ermida de Nossa Senhora das Salas** am westlichen Ortsrand oberhalb des Hafens nach seiner großen Seefahrt nach Indien mit eigenen Geldern grundlegend erneuern; kürzlich wurde sie restauriert. Bereits im 13. Jh. stand hier eine Kapelle, gestiftet von der in Seenot geratenen, griechischen Hofdame Lescaris. Sie versprach für ihre Rettung den Bau einer Kirche in der am nächsten gelegenen Festungsstadt. Dies war Sines. Von der einstigen **Burg** sind nur mehr die Mauern vorhanden, die einen leeren Innenhof umschließen. Ein kleines **Archäologisches Museum** ist in die benachbarte Igreja da Misericórdia eingezogen (Di–So 10–13, 14–17 Uhr, Eintritt frei).

Die schmalen Altstadtgassen laufen auf das architektonisch gewagte und Ende 2005 eröffnete **Centro de Artes** zu, das aufgrund der rosafarbenen Marmorquader an das Lissabonner Centro Cultural de Belém erinnert. Architekten des Kunstzentrums waren das Brüderpaar Manuel und Francisco Aires Mateus. Zwischen den beiden gegenüberliegenden Gebäudeteilen verläuft die Rua Cândido dos Reis, die für 125 000 € mit dem edlen Marmor gepflastert wurde.

Turismo: Castelo, Tel. 269 63 44 72, tgl. 10–13, 14–18 Uhr.

Sinerama: Rua Marquês de Pombal 110, Tel. 269 00 01 00, Fax 269 00 01 99, www.tdhotels.pt. Das moderne Gebäude wirkt von außen wenig ansprechend, aber die 105 Apartments mit Kitchenette sind funktional eingerichtet. Für 2 Pers. 60–95 € inkl. Frühstück.

Castelo: Rua João de Deus 24, Tel. 269 63 27 58. Gegrillter Fisch und Fleisch in einer gemütlichen Gaststube mit Blick in die Küche, gegessen wird an langen Tischen. Hauptgerichte um 9 €.

Carnaval: Feb./März und Aug. Buntes Treiben am Karnevalswochenende und ein Sommerkarneval.
Festival Músicas do Mundo: Ende Juli. Worldmusic im Kastell.
Centro de Artes: Ausstellungen und Kulturveranstaltungen.

Surfen: Escola de Surf, Praia de São Torpes (südl.), Tel. 917 86 11 44 (mobil), www.surfinalentejo.com.

Bus: Largo Afonso de Albuquerque, Tel. 269 63 22 68. Häufig nach Lissabon, selten in die Nachbarorte.

Von Sines an die Algarve

Porto Covo

Porto Covo 6, 13 km südlich, bildet die obere Grenze des Naturparks Sudoeste Alentejano Costa Vicentina, der entlang der Küste bis ans algarvianische Sagres reicht. Der kleine Ort ist besonders bei deutschen Urlaubern beliebt. Es mag an den geradlinigen Straßenzügen, den niedrigen, weiß gekalkten und blau umrahmten Fischerhäuschen und einer neu angelegten Strandpromenade liegen. Die jenseits des Ortskerns entstehenden Apartmenthäuser sind weniger störend als in anderen Strandorten, doch ein Geheimtipp ist Porto Covo nicht mehr.

Auf die 3 km südlich vor der Küste liegende **Ilha do Pessegueiro** setzen im Sommer Fischerboote über. Die Fahrt lohnt wegen des schönen Strandes. Es wird angenommen, dass die Karthager im Zweiten Punischen Krieg einen Hafen auf der Insel unterhielten. Salzpfannen aus der Römerzeit sind noch heute zu sehen, die Ruinen eines Forts stammen aus dem 17. Jh.

Turismo: Außenstelle des Tourismusbüros von Sines, im Hochsommer geöffnet.

Porto Covo: Rua Vitalina da Silva, lotes 1–2, Tel. 269 95 91 40, Fax 269 95 91 40, www.hotelportocovo.com. 22 einfache Apartments mit Kitchenette in einer sympathischen Ferienanlage. Für 2 Pers. 50–75 € ohne Frühstück.

A Falésia: Rua da Praia Pequena 2, Tel. 269 90 50 85, Di geschl. Der Name bezieht sich auf einen Hit des Rocksängers Rui Veloso über Porto Covo. Verfeinerte alentejanische Traditionsküche, viele Eintöpfe mit Fisch und Meeresfrüchten. Hauptgerichte ab 10 €.

Vila Nova de Milfontes

Vila Nova de Milfontes 7 ist der nächstgelegene Badeort. Blitzblank weiße Häuser, manche auch fröhlich bunt bemalt, drängen sich um die kleine Dorfkirche, enge Gassen schlängeln sich zum Kai am Fluss Mira. In den Wintermonaten herrscht angenehme Ruhe, aber selbst im Hochsommer ist der Trubel noch erträglich, auch weil die modernen Ferienanlagen an die Dünen etwa 2 km außerhalb gebaut wurden. Platz genug zum Baden und Spazierengehen gibt es an den langen Stränden auf der gegenüberliegenden Flussseite, in der Saison setzen Fischerboote über. Die Anlegestelle liegt neben dem efeuüberwucherten märchenhaften **Kastell**, das im Jahr 1602 zum Schutz gegen Piraten erbaut worden war und 1939 von einem reichen Lissabonner Kaufmann erworben wurde. Dieser verwandelte es in eine Nobelherberge mit lediglich sieben Zimmern.

Südliche Nachbarorte sind **Almograve,** ein kleines Fischerdorf mit sehr schönem Dorfstrand, und **Zambujeiro do Mar** an der Grenze zur Algarve. Weniger romantisch ist dieser Ort, dafür aber bekannt für ein sommerliches Musikereignis. Dann versammeln sich Zehntausende, um auf dem **Festival Sudoeste** das Feeling von Woodstock zu erahnen und alternativ angehauchten Rock zu hören.

Turismo: Rua António Mantas, Tel. 283 99 65 99, Juni–Okt. 10–19 Uhr.

Casa do Adro: Rua Diário de Notícias 10, Tel. 283 99 71 02, www.casadoadro.com. Privathaus aus dem 17. Jh., sieben wohnl. Zimmer, teils mit Terrasse. DZ 60–85 €.
Duna Parque: Eira da Pedra, Tel. 283 99 64 51, Fax 283 99 64 59, www.dunaparque.com. 45 farbenfrohe Apartments in einer kinderfreundlichen Anlage an den Dünen. Für 2 Personen ab 50 €, in der Saison Mindestmietdauer von einigen Tagen.

Tasca do Celso: Rua dos Aviadores, Tel. 283 99 67 53, Mo geschl. Kleines, rustikales Restaurant mit empfehlenswerter alentejanischer Küche, vor allem Fisch und Meeresfrüchte ab 8 €.
A Fateixa: Largo do Cais, Tel. 283 99 64 15, Mi geschl. Terrassenrestaurant direkt am Kai, frische Fische nach Kilo-Preisen. Hauptgerichte ab 7,50 €.

Surfen, Fahrrad: SudAventura, Rua Sarmento Beiras 10, Tel/Fax 283 99 72 31, www.sudaventura.com. Verleih von Equipment, Kurse.
Baden: Zu bevorzugen sind die Strände auf der südlichen Flussseite und in Almograve.

Bus: Rua António Mantas 26, wenige Verbindungen.

Beja

Cityplan: S. 346

8 Die 22 000 Einwohner zählende Hauptstadt des Unteren Alentejo liegt rund 100 km westl. der Costa Azul und 78 km südl. von Évora, jeweils in einer guten Fahrstunde über die IP 2 bzw. IP 8 zu erreichen. Prächtig gedeihen Weizen, Korkeichen und Olivenbäume in der sanft geschwungenen Landschaft, Schafzucht ist ein weiterer wichtiger Erwerbszweig. Häufig sieht man die halbwilden schwarzen Schweine. Viele Einwohner sprechen Deutsch, denn die Bundeswehr hatte bis vor wenigen Jahren einen Standort für Tiefflugübungen vor den Toren der Stadt, der nun zu einem Regionalflughafen für Billigflieger ausgebaut wird.

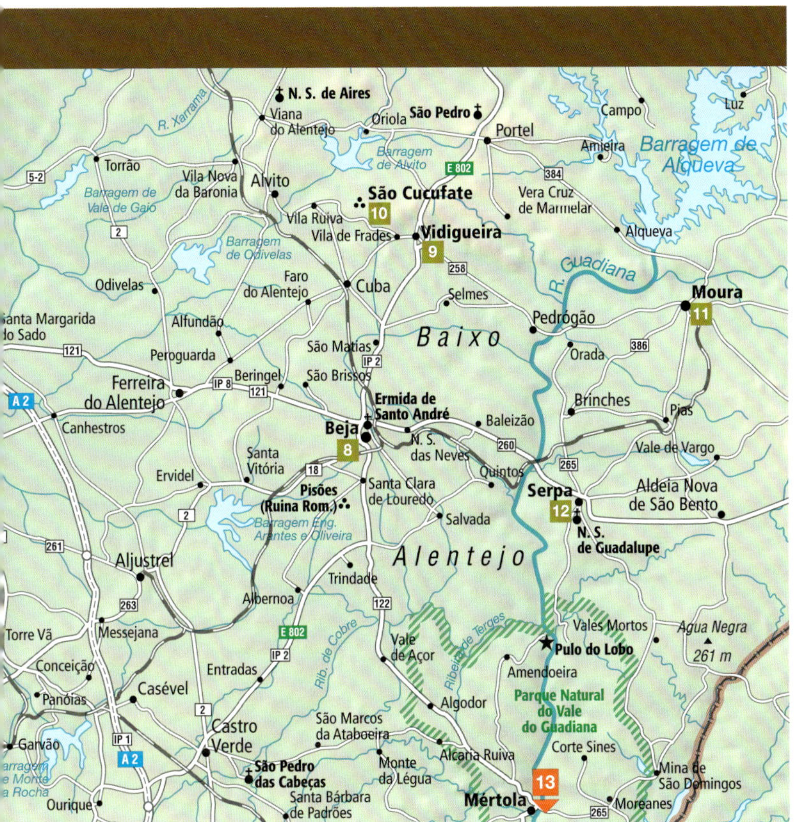

Altstadt

Beja blickt auf eine lange Stadtgeschichte zurück. Hier unterzeichnete Julius Cäsar den Friedensvertrag mit den rebellischen Lusitanern und nannte den Ort entsprechend Pax Julia. Die Westgoten erhoben die Stadt zum Bischofssitz, eine Funktion, die ihr nach der Vertreibung der Mauren erneut zufiel. Zahlreiche manuelinische und Renaissance-Bauten, romantische Gassen und stimmungsvolle Plätze in der Altstadt zeugen von damaligem Wohlstand.

Am **Castelo** 1, dessen Bau bereits unter Afonso III. im 13. Jh. auf römischen und westgotischen Grundmauern begonnen wurde, könnte der Stadtrundgang beginnen. Den 40 m hohen Torre de Menagem, den höchsten Bergfried im Alentejo, kann man auf 183 schmalen Stufen erklimmen. Bei klarem Wetter reicht der Blick bis zum Atlantik. Von den drei Burgräumen ist der untere Rittersaal mit maurischem Sterngewölbe hervorzuheben (Mai–Sept. Di–So 10–13 und 14–18, Okt.–April Di–So 9–12, 13–16 Uhr, Eintritt ca. 1,50 €). Die westliche **Porta da Évora** 2 neben dem Bergfried, eines der vier Stadttore von Pax Julia, wurde in die mittelalterliche Stadtbefestigung integriert. Der römische Bogen blieb erhalten. Vermutlich handelte es sich bei der benachbarten **Igreja de Santo Amaro** 3 um eine westgotische Basilika, die im 10. Jh. in eine mozarabische Kultstätte umgewandelt wurde. Die unscheinbare Fassade stammt aus dem 15. Jh. Einige Säulen und

Sehenswürdigkeiten
1 Castelo
2 Porta da Évora
3 Igreja de Santo Amaro
4 Igreja da Misericórdia
5 Igreja de Santa Maria
6 Convento da Conceiçao

Übernachten
1 Pousada Convento de S. Francisco
2 Francis

Essen und Trinken
3 A Esquina

Kapitelle des Ursprungsbaus blieben erhalten, so machte es Sinn, die **westgotische Abteilung** des Regionalmuseums im Kirchenschiff unterzubringen. Beeindruckend sind mit Inschriften versehene Grabsteine aus dem 7. Jh. (Di–So 9.30–12.30 und 14–17.30 Uhr, Eintritt 2 €). Die **Igreja da Misericórdia** 4 aus dem 16. Jh. mit ihrer auffallenden Renaissance-Loggia war ursprünglich als städtisches Schlachthaus geplant. Als das Gebäude für diesen profanen Zweck dann aber doch zu prächtig ausfiel, wurde es kurzerhand dem Misericórdia-Orden vermacht und als Kirche geweiht.

Die Wurzeln der frühchristlichen **Igreja de Santa Maria** 5 liegen in der Herrschaftszeit der Westgoten, die Mauren nutzten das Gotteshaus als Moschee. Ein ungewöhnlicher Stammbaum Jesse ziert den Seitenaltar der Nossa Senhora do Rosário.

Convento da Conceição

Das prunkvolle **Klarissenkloster** 6 aus der zweiten Hälfte des 15. Jh. nahm bevorzugt Frauen aus dem Adel auf. Gegründet wurde es von den Eltern der Königin Leonor, die auf dem Vorplatz mit einem Denkmal geehrt wird. Auch sie trat im hohen Alter dem Orden bei. Eine fast orientalisch anmutende Schönheit offenbart der Kapitelsaal. Über unterschiedlich gemusterten, hispano-arabischen Azulejos aus dem 16. Jh. wurden die Wände bis hinauf zum Kreuzgewölbe mit bunten Fresken und Mustern ausgemalt. Dieses furiose Gesamtkunstwerk überrascht mit unerwarteter Harmonie. In den üppig vergoldeten Holzschnitzereien der Klosterkirche und dem kachelverzierten gotischen Kreuzgang setzt sich die klösterliche Pracht fort. Die Räume beherbergen die Hauptstelle des Regionalmuseums, das v. a. römische Funde zeigt (Di bis So 9.30–12.30 und 14–17.30 Uhr, Eintritt 2 €).

1669 erhielt das Kloster weltliterarische Weihen. Der französische Chevalier de Chamilly erzählte seinen Pariser Kameraden die lüsterne Liebesgeschichte der Nonne Mariana Alcoforado. Die heiße Story wurde von seinem Zechkumpan Gabriel de Guilleragues als »Lettres Portugaises« veröffentlicht und verbreitete sich schnell in den männlich orientierten literarischen Zirkeln Europas. Rainer Maria Rilke fertigte später eine deutsche Übersetzung (»Portugiesische Briefe«).

Und noch ein Erbe hinterließen die Nonnen von Beja – ungezählte Rezepturen für Süßspeisen, allen voran die *pastéis de Santa Clara,* die in den Cafés der Stadt gekostet werden können. Besonders schmackhaft sind sie im Teehaus Maltesinhas in der Rua Açoutadas 12.

Turismo: Rua Capitão João Francisco de Sousa 25, Tel. 284 31 19 13, Mo–Sa 10–13 und 14–18 Uhr.

Pousada Convento de São Francisco 1: Largo D. Nuno Álvares Pereira, Tel. 284 31 35 80, Fax 284 32 91 43, www.pousadas.pt. In einem Franziskanerkloster aus dem 13. Jh. verbindet sich in 35 Zimmern klösterliche Ruhe mit moderner Eleganz. Im früheren Refektorium wird verfeinerte Regionalküche gereicht. DZ 150–230 €.

Francis 2: Praça Fernandes Lopes Graça, Tel. 284 31 55 00, Fax. 284 31 55 01, www.hotel-francis.com. Modernes Hotel am Stadtrand mit 45 freundlichen Zimmern und Health-Club. DZ ca. 70 €.

A Esquina 3: Rua Infante Dom Henrique 26, Tel. 284 38 92 38, So geschl. Die freundliche Wirtsfamilie stammt zwar aus Mittelportugal, zaubert aber preisgekrönte alentejanische Qualitätsküche auf den Tisch. Tagesgerichte ca. 6,50 €, sonst ab 8 €.

Fahrrad: Kostenloser Verleih im Tourismusbüro.

Zug: Largo da Estação. Selten nach Faro und Lissabon.

Bus: Rua Cidade de São Paulo. Selten an die Algarve, regelmäßig in die Nachbarorte und nach Évora.

Von Beja nach Vidigueira

Die Schnellstraße IP 2 führt in nördlicher Richtung durch eine von Weinstöcken bewachsene sanfte Hügellandschaft in den kleinen Ort **Vidigueira** 9 mit niedrigen, weiß gekalkten Häusern, deren Fenster farbig umrahmt sind. Nach seiner Rückkehr aus Indien erhielt Vasco da Gama die Region als Grafschaft übereignet. Doch nicht diesem großen Seefahrer ist ein Museum gewidmet, sondern der Entwicklung des ländlichen Schulwesens, die in der früheren Dorfschule dokumentiert wird (Di–Fr 10–12.30, 14.30–17.30, Sa/So 10–13, 14.30–18.30 Uhr, Eintritt 2 €).

Staudamm Alqueva – eine Hoffnung im Alentejo?

Thema

Wie eine Fata Morgana taucht aus endlos trockenen Weiten urplötzlich eine blau glitzernde Wasserlandschaft auf. Seitdem 2002 die Schleusen der 458 m langen Staumauer geschlossen wurden, füllt sich bei Alqueva Europas größter künstlicher See auf einer Fläche von 250 km^2. Ein portugiesischer Mythos.

Die ersten Pläne für einen Staudamm am Guadiana zwischen Moura und Monsaraz reichen in das Jahr 1957, als sich das von der Diktatur beherrschte Portugal mit intensiver Landwirtschaft von Getreideimporten unabhängig machen wollte. Doch erst nach dem Sturz des Regimes begannen die Bauarbeiten, die 1978 und etwa zeitgleich mit dem Ende der revolutionären Agrarreformen ins Stocken gerieten. Alqueva wurde zur Schimäre, der Staudamm zum universellen Hoffnungsträger einer Region, die zu den ärmsten in Europa zählt und pro Jahr über 5000 Einwohner durch Abwanderung verliert.

Schließlich wurde 1995 dank finanzieller Hilfen der EU die Konstruktion einer 96 m hohen Staumauer wieder aufgenommen. Als Rechtfertigung für die Kosten des Gesamtprojekts von 2 Mrd. € diente das Versprechen, 20 000 Arbeitsplätze in der Region zu schaffen. In den Investitionen eingeschlossen sind ein Wasser- und ein Solarkraftwerk sowie 5000 km Bewässerungskanäle, die bis zum Jahr 2025 insgesamt 110 000 ha trockenes Land zum Blühen bringen sollen.

Kritische Stimmen jedoch stellen in Zeiten der landwirtschaftlichen Überproduktion die energieaufwendige Bewässerung zusätzlicher Oliven-, Wein- und Obstplantagen in Frage und beurteilen die ausgelaugten Böden als ungeeignet für intensive Landwirtschaft. Die ökologischen Folgen des Abholzens von über 1 Mio. Bäumen wird ebenso beklagt wie die Bedrohung des Lebensraums von 240 Tierarten, darunter seltenen Vögeln wie dem Schwarzstorch und Kaiseradler.

Unbeeindruckt von diesen Argumenten wurde der Bau weiterverfolgt, während die konkreten Nutzungskonzepte erschreckend diffus blieben. Das Vorhaben entwickelte sich zu einer riesigen Projektionsfläche für alle nur denkbaren Wünsche und Befürchtungen. Aber während die regional sehr einflussreiche Kommunistische Partei und die früheren Landbesetzer ihren Traum von der Enteignung der großen unproduktiven Ländereien zugunsten kleiner verpachteter Parzellen verfolgten, handelten andere bereits. Holländische Tomatenzüchter und spanische Olivenbauern erwarben die großflächigen Grundstücke rund um den Stausee.

Zu ihnen gesellen sich mittlerweile touristische Großinvestoren, die 30 Hotels und 12 Golfplätze bauen und die Küsten des künstlichen Sees zu einer luxuriösen Urlaubsdestination entwickeln wollen. Das hochfliegendste Vorhaben will der Bankier José Roquette verwirklichen. Mit einem Investitionsvolumen von 1,2 Mrd. € plant er den Bau eines Jachthafens, dreier Golfplätze und diverser Apartment- und Hotelanlagen auf der Halbinsel Campinho. So ist anzunehmen, dass in Alqueva eher die alten und neuen Eliten die Nase vorn haben und die Landbevölkerung einer weiteren Perspektive beraubt wird, die nicht nur der Nobelpreisträger José Saramago in seinem Roman »Hoffnung im Alentejo« nach der Nelkenrevolution herbeigesehnt hatte.

Vila Velha: Rua do Mal Anda 4, Tel 284 43 65 50, Mo geschl. Variantenreiche, hoch angesehene alentejanische Küche. Würste und Käse sind hausgemacht. Hauptgerichte ab 10 €.

Ruinen von São Cucufate

Wenige Kilometer westlich liegen an der Straße nach Alvito die imposanten **Ruinen** 10 eines römischen Landguts, das in drei Phasen vom 1. bis 4. Jh. erbaut wurde. Die in Teilen noch sehr gut erhaltenen zweistöckigen Doppelbögen des Haupthauses können über eine Außentreppe bestiegen werden. Auf der Terrasse kann man sich beim Betrachten der auch damals schon fruchtbaren Felder mit etwas Fantasie in das römische Leben hineinversetzen. Die ausgedehnten Thermen zeugen vom Reichtum der früheren Besitzer. Nach dem 7. Jh. wurde das Gelände von Benediktinermönchen als Kloster genutzt, die ihm den Namen des hl. Cucufate verliehen (Di–Sa 9–12.30 und 14.30–17.30, So 9–12 und 14.30–17.30 Uhr, Eintritt 2 €).

Moura

Das Landstädtchen **Moura** 11 mit 10 000 Einwohnern östlich von Vidigueira wird von einer ursprünglich maurischen **Burg** überragt, die ab 1295 unter König Dinis I. ausgebaut wurde. Bei der Besichtigung ist etwas Vorsicht geboten, denn hin und wieder brechen Steinbrocken aus der Befestigungsmauer. Einen Namen machte sich Moura dank des hochwertigen Olivenöls, das bereits im 17. Jh. nach Deutschland exportiert wurde. Doch nicht nur die Belege für den lang zurückreichenden Handel werden im Ölmuseum **Lagar de Varas do Fojo** am Ende der Rua da Romaria präsentiert, beeindruckend sind die imposanten Mahlwerke und Mühlsteine (Mai–Sept. Di–Fr 9.30–12 und 15–19, Sa/So 10–12 und 16–19.30, Okt.–April Di–Fr 9.30–12.30 und 14.30–18, Sa/So 10–12 und 14.30–17 Uhr, Eintritt frei).

Dem Ortsnamen Moura (Maurin) alle Ehre macht das stimmungsvolle maurische Viertel **Mouraria** mit kopfsteingepflasterten Straßen, niedrigen Häusern und Kaminen in Minarettform. Hier versteckt sich das kleine arabische Museum **Núcleo Árabe,** das einen 7 m tiefen Brunnen aus dem 14. Jh. zeigt (Öffnungszeiten wie Ölmuseum, Eintritt frei).

Sehenswert ist ebenso der mit frühen sevillanischen Kacheln ausgeschmückte Altarraum der Hauptkirche **São João Baptista** an der zentralen Praça Sacadura Cabral, die zwischen dem 16. und 18. Jh.erbaut wurde.

Turismo: Largo de Santa Clara, Tel. 285 25 13 75, unregelmäßige Öffnungszeiten, Kernzeit 10–12, 14–17.30 Uhr.

Horta de Torrejais: Estrada da Barca, 4 km westlich, Tel. 285 25 36 58, www.torrejais.cjb.net. Ländlich-schlicht, mit traditionellen Materialien ausgebaute Unterkunft mit zehn Zimmern. DZ 70 €.

Serpa

Berühmt ist die kleinere Nachbarstadt **Serpa** 12 etwa 28 km südlich für würzigen Schafskäse, besuchenswert wegen eines herrlich romantischen Ortskerns. Blütenweiß gekalkte Häuser säumen die engen Gassen, die auf eine von der mittelalterlichen **Burg** gekrönte Anhöhe führen. Die quadratisch angelegte 9 m hohe Stadtbefestigung kann umrundet werden. Der Blick schweift über die Hausdächer und die weite alentejanische Hochebene. Der Aufstieg befindet sich neben einem kleinen Archäologiemuseum innerhalb des Kastells. Im westlichen Ortsteil scheinen die grazilen Bögen eines **Aquäduktes** gleichsam über der Befestigungsmauer und den Wohnhäusern zu schweben. Ausschließlich zur Versorgung des Adelspalastes Solar dos Condes de Ficalho wurde die kühne Wasserleitung im 17. Jh. aufgesetzt. Noch bis vor gut 100 Jahren pumpte ein von Ochsen betriebenen Wasserrad das kühle Nass hinauf.

Beschaulich zieht das ländliche Leben vor den Terrassencafés auf dem Hauptplatz

Praça da República vorbei. Die Stirnseite wird von einem hohen Uhrenturm und der dreischiffigen gotischen **Igreja Santa Maria** begrenzt. Über die Rua dos Cavalos gelangt man zu einem kuriosen **Uhrenmuseum,** dem Museo do Relógio. Mehr als 1000 Chronometer, darunter wahre Uhrenmaschinen aus vier Jahrhunderten präsentiert ein Privatsammler dem staunenden Publikum stilecht in den Gewölben eines Klosters aus dem 16. Jh. (Di–Fr 14–17 Uhr und Sa/So 10–17 Uhr, Eintritt 2 €).

Das **Museu Etnográfico** in der früheren Markthalle am Largo do Corro erinnert an (fast) ausgestorbene Berufe wie Packsattelmacher oder Blech- und Hufschmied (nur Juni–15. Sept., Di–So 9.30–13, 15.30–19 Uhr, Eintritt frei).

i **Turismo**: Largo Dom Jorge de Melo 2, Tel. 284 54 47 27, tgl. 9–12.30, 14 bis 17.30 Uhr.

Alentejano: Praça da República 8, Tel. 284 54 43 35, Mo. geschl. Renommiertes Lokal mit vielfältiger Auswahl ländlicher Gerichte. Hauptgerichte ab 8 €.

13 Mértola

Besonders erhaben präsentiert sich die unverwechselbare Silhouette der Museumsstadt Mértola, wenn man sich ihr von Süden oder Osten nähert. Entlang der zinnenbekrönten Stadtmauer ziehen sich die weißen Häuser vom Fluss hinauf zur mittelalterlichen Burg.

Die gesamte bewegte Geschichte des südlichen Portugals findet sich in der knapp 10 000 Einwohner zählenden Gemeinde. Bereits die Phönizier schürften Eisenerze in den nahen Minen von São Domingos und machten die Ansiedlung zu einem bedeutenden Hafen. Der Fluss eröffnete den Weg in ferne Länder rund um das Mittelmeer. So lebten nacheinander Karthager, Griechen, Römer, Westgoten, Araber und christliche Kreuzritter an dem auch strategisch günstig gelegenen Ort.

Als der Lissabonner Historiker Claúdio Torres vor rund 30 Jahren begann, die verschiedenen Besiedlungsschichten an die Oberfläche zu bringen, erfasste Mértola eine kulturelle Aufbruchsstimmung. Viele junge Leute fanden Interesse an ihren Vorfahren und Arbeit auf dem archäologischen Campus, den die Funde aus der arabischen Epoche zur wichtigsten Ausgrabungsstätte der Iberischen Halbinsel machten. Die Stadt begreift sich heute als ein begehbares Geschichtsbuch. Es ist einfach schön, durch den Ort zu

schlendern, in dem Dutzende von Störchen und rund 70 Turmfalkenpaare nisten.

Im Zentrum

Von der sympathischen **Markthalle** führt die kopfsteingepflasterte Rua da Igreja bergauf zur **Igreja Nossa Senhora da Assunção.** Die gedrungene Pfarrkirche wurde – einzigartig in Portugal – in die zunächst unveränderte bauliche Struktur der Moschee integriert. An sie erinnert das mudejare Zedernmotiv auf dem Dach, ein quadratischer Innenraum mit fünf gleich hohen Gewölbebögen, die Nebeneingänge in arabischer Hufeisenform und die Gebetsnische, der nach Mekka weisende Mirhab, vor dem heute eine Marienstatue verehrt wird. Allerdings wurde bei Umbauten im 16. Jh. das maurische Satteldach durch ein gotisches Gewölbe ersetzt, das Minarett abgerissen und ein Renaissance-Portal vorgebaut (9–12.30, 14–17.30 Uhr, Eintritt frei).

Wenige Schritte oberhalb befindet sich die ergiebigste archäologische Fundgrube von Mértola, der **Campo Arqueológico**. Unter ei-

Die Museumsstadt Mértola wird von einer mittelalterlichen Burg bekrönt

Beim Korkschälen

nem christlichen Friedhof (13.–18. Jh.) legte man arabische Wohnhäuser, römische Bäder sowie ein Kryptoporticum aus dem 4. Jh. frei, das den Römern als Gefängnis und den Arabern als Zisterne gedient hatte. Der spektakuläre Fund eines kostbaren Mosaiks mit Jagdszenen aus dem 6. Jh., dessen Motive syrische Einflüsse zeigen, belegt Mértolas weit verzweigte Handelsbeziehungen auch in der frühchristlichen Periode.

Museen

Das nahe **Kastell** errichtete der Santiago-Orden im 13. Jh. auf arabischen Fundamenten. Im Bergfried sind westgotische Funde ausgestellt, Turm und Mauern können bestiegen werden. Der Blick weitet sich über die umliegenden grünen Hügel, das Flusstal und die verschachtelte Altstadt, die ausgesprochen sehenswerte Museen versammelt. Die Burg ist zeitweise wegen Restaurierungsarbeiten geschlossen.

Römische Ausgrabungsfunde wurden im Untergeschoss des **Rathauses** ansprechend aufbereitet; dies befindet sich im Süden der Altstadt. Hier ist zum Beispiel eine im wahrsten Sinne kopflose Kaiserfigur zu sehen: Die Köpfe wurden mit der jeweiligen Machtübernahme eines Herrschers ausgetauscht.

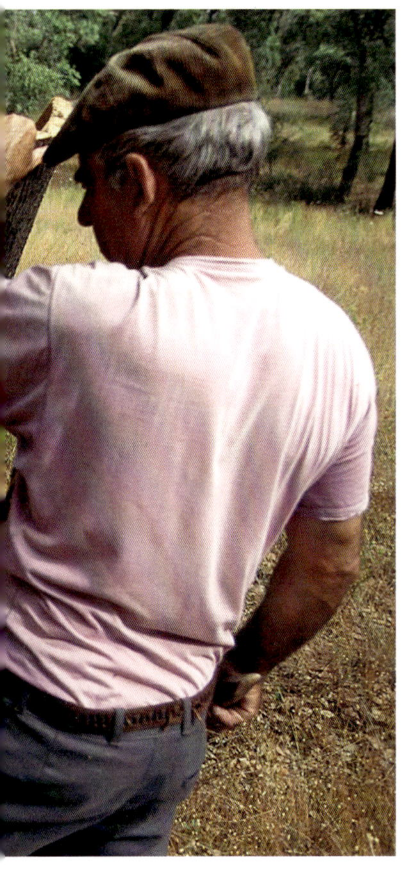

Einige Schritte noch weiter südlich werden im Neubau des **Museu Arte Islâmica** faszinierende Überreste aus der arabischen Epoche präsentiert. Für viel Aufsehen bei der Fachwelt sorgten figürlich bemalte Keramiken mit lebendigen Jagdszenen, die ganz offensichtlich das Bilderverbot des Korans missachteten.

Doch auch die christliche Kultur kommt in Mértola nicht zu kurz. Sie wird im gegenüberliegenden **Museu Arte Sacra** in Gestalt volkstümlicher und oftmals skurriler holzwurmstichiger Kirchenfiguren und liturgischer Utensilien aus dem 15. bis 18. Jh. präsentiert, die aus umliegenden Dorfkirchen gerettet wurden.

Dass arabische Traditionen in der Gegenwart fortleben, zeigen die Frauen der **Webkooperative** Oficina de Tecelagem unterhalb der Markthalle. Die kulturelle Verbundenheit mit Nordafrika findet sich in den Webtechniken und -mustern. Für den deutschen Winter bestens geeignet sind dicke handgefertigte Schafwollsocken.

Im nördlichen Neubauviertel wurden die Fundamente einer frühchristlichen Basilika freigelegt und im **Museu Paleocristão** ausgestellt. Hier findet der einzigartige Museumsreigen von Mértola sein würdiges Ende. (Alle Museen: Okt.–Juni Di–So 9–12.30 und 14–17.30, Juli–Sept. 10–13 und 15–19 Uhr, das römische Museum ist auch Mo geöffnet. Sammelticket für alle Museen 5 € bzw. 2 € für das Einzelticket.)

i **Turismo**: Rua da Igreja, Tel. 286 61 01 09, Okt.–Juni 9–12.30, 14–17.30, Juli–Sept. 9.30–12.30, 14–18 Uhr.

Herdade de Vale Covo: Corte Sines, 24 km nördlich, Tel. 286 61 61 81, www.herdade-valecovo.com. Abgeschieden im Guadianatal gelegenes Ökolandgut mit fünf Gästezimmern und biologischer Halbpension. DZ um 65 €.

Migas: Markthalle, Tel. 965 78 21 59 (mobil). Volkstümliches Restaurant, das von vier Frauen geführt wird. Bei sommerlicher Hitze empfiehlt sich Gaspacho mit frittierten Sardinen. Spezialitäten sind die namensgebenden *migas,* Lammbraten und alentejanische Brotsuppe mit Poleiminze *(poejo).* Hauptgerichte ab 8 €.

Festival Islâmico: Mitte Mai. Die Altstadt verwandelt sich in einen farbenfrohen nordafrikanischen Bazar mit buntem Kulturprogramm, dazu servieren die Restaurants arabische Gerichte.

Bus: Hauptstraße. Selten an die Algarve, nach Beja und Lissabon.

Steil stürzen die Felsen hinunter bei der Ponta da Piedade

Kapitel 7

Algarve

Auf einen Blick: Algarve

Portugals Urlaubsregion Nummer eins

Traumhafte Strände, vom Atlantik umtoste Felsformationen, mediterrane bis subtropische Vegetation, ein ursprüngliches Hinterland und nicht zuletzt 3000 Sonnenstunden im Jahr machen die Algarve zum beliebtesten Urlaubsziel Portugals. Etwa 400 000 Einwohner zählt die Region, davon leben 80 % am Küstenstreifen, im August kommen mindestens noch einmal so viele Urlauber hinzu.

Die 150 km lange Küste erstreckt sich vom südwestlichsten Punkt am Atlantik bis zum Rio Guadiana an der spanischen Grenze und lässt sich in drei Abschnitte unterteilen: Costa Vicentina, Barlavento und Sotavento. Aufgrund der kühleren Wassertemperaturen und der rauen Winde ist die steile Schieferküste Costa Vicentina im äußersten Westen touristisch nur wenig erschlossen. Der Barlavento zwischen dem Cabo de São Vicente und Faro ist dagegen berühmt für kleine Badebuchten zwischen bizarren Felsbildungen aus Kalkstein und roten Klippen aus lehmhaltigen Sedimentschichten. Sotavento wird die den Atlantikwinden abgewandte Küste östlich von Faro genannt. Auf den vorgelagerten Barriereinseln der Lagune Ria Formosa locken endlose Strände, feiner Sand und wärmere Meeresfluten.

Die nördlichen Bergketten erreichen eine Höhe von 902 m. Sie schützen die Algarve nicht nur vor kontinental-kühlen Winden, sondern isolierten sie lange vom restlichen Portugal. So konnten die Mauren über ein halbes Jahrtausend in der Algarve herrschen, hundert Jahre länger als in Lissabon. Als *mouros* werden die Algarvianer tituliert, und auch im Namen Algarve zeigt sich das arabische Erbe. *Al-gharb* nannten die Mauren ihr Kalifat, zu Deutsch »Der Westen«.

Arabische Traditionen wie die weiß gekalkten Häuser mit minarettähnlichen Kaminen leben im Alltag fort und verleihen dem Landstrich hinter der Küste einen unverwechselbaren Charme. Ein bunter Wechsel von Orangen- und Olivenhainen, Korkeichenwäldern und Mandelbäumen überzieht die vielgestal-

tigen Hügel abseits der touristischen Routen. Zahlreiche Wanderwege und Routen für Mountainbiker wurden auf alten Weidepfaden ausgeschildert.

Zwar verhalfen die steigenden Urlauberzahlen zu wirtschaftlichem Aufschwung, doch droht das Übermaß an natürlicher Schönheit zum Schicksal der Algarve zu werden. Noch gibt es stille Badebuchten, doch immer näher rücken die Apartmentsiedlungen und Hotelburgen an den Atlantik heran, am heftigsten zwischen Albufeira und Portimão sowie nahe der spanischen Grenze. Immerhin gelang es den historischen Städten Faro, Lagos und Tavira, ihr Gesicht zu wahren und dem großen touristischen Ansturm zu widerstehen.

Highlights

14 **Costa Vicentina:** Dunkle Felsklippen, die steil in den Atlantik abfallen und von tosenden Wellen und unbändigen Naturgewalten gepeitscht werden, bieten ein spektakuläres Naturschauspiel (s. S. 360).

15 **Die roten Felsstrände:** In einer fast unwirklich erscheinenden Farbintensität begeistern die roten Sandfelsen zwischen Albufeira und Quinta do Lago die Badenden und Strandspaziergänger (s. S. 371).

Empfehlenswerte Routen

Ein Ausflug an die Westküste: Von Europas südwestlichem Ende führt die Fahrt an die einsamen Strände im wilden Westen (s. S. 358 f.)

Den Rio Guadiana entlang: Von Castro Marim geht es durch ruhige Flusslandschaften und stille Dörfer nach Alcoutim mit Fähranschluss ins benachbarte Spanien (s. S. 384).

Durch die Serra do Caldeirão: Die N 397 und N 124 verbinden Tavira mit den weißen Dörfern des unberührten Hügellandes, eine Empfehlung auch für sportliche Radfahrer (s. S. 385 f.).

Richtig Reisen-Tipps

Wandern am Rio Guadiana: Etwa 20 unterschiedliche Wanderwege wurden zwischen Meer und Alcoutim entlang dem Rio Guadiana markiert (s. S. 386).

Algarve für Radler: Auf einsamen Straßen durch stille Landschaften, die Algarve ist ein ideales Trainingsgebiet für Fahrradfahrer (s. S. 392).

Reise- und Zeitplanung

Die Algarve wird vorrangig als Ziel für einen Badeurlaub angesehen. Um zusätzlich die kulturellen Schönheiten der Küstenstädte von Ost nach West zu erforschen, sollte man vier Tage einplanen, für das Landesinnere drei Tage. Wanderfreunde finden zahlreiche markierte Wege im Hinterland. Neu angelegt ist die durchgängige, von West nach Ost führende Via Algarviana.

Die Region mit den meisten Sonnenstunden in Europa ist während des ganzen Jahres eine Reise wert. Regen fällt im Herbst und Winter selten mehrere Tage ununterbrochen nacheinander und das Thermometer sinkt auch im Januar kaum unter 10 °C. Im Hochsommer liegen die Tageshöchsttemperaturen bei 30 °C. Im Januar und Februar ziehen die Hügel des Hinterlandes ihr weißes Kleid der Mandelblüte an. Von März bis Mai sind die Wiesen mit Blumenteppichen überzogen, und zwischen Juni und Oktober erwärmt sich das Meer auf 19–22 °C. Luft- wie Wassertemperaturen erreichen im Osten höhere Durchschnittswerte als im Westen.

Die touristische Infrastruktur an der Küste ist bestens ausgebaut. Englisch wird überall, Deutsch teilweise gesprochen. Im Juli und August sind viele Hotels ausgebucht, dann steigen auch die Preise deutlich an. Im Hinterland sind bislang nur wenige Unterkünfte zu finden.

Felsalgarve

Karte S. 360/361

Kilometerlange breite Sandstrände und idyllische Badebuchten säumen Europas schönste Küste, wie sie sich selbst nicht ganz unbescheiden nennt. Fantastische Felsformationen ragen wie steinerne Finger aus dem türkisblauen Meer. Allerdings werfen manche Hotelburgen einen dunklen Schatten auf die kleinen Fischerdörfer und historischen Städte.

Sagres und Umgebung

In den vergangenen Jahrzehnten entstanden in diesem Küstenabschnitt 24 der insgesamt 27 algarvianischen Golfplätze, deren *Greens* oft bis an die Küste heranreichen. In- und ausländische Investoren versprechen sich selbst einträgliche Gewinne und der Bevölkerung viele Arbeitsplätze. Umweltschützer kritisieren die Belastung der Natur durch Pestizide und den hohen Wasserverbrauch, denn die Bewässerung eines einzigen Platzes verbraucht die gleiche Wassermenge wie eine Ortschaft von 10 000 Einwohnern.

Cabo de São Vicente

Viele Mythen ranken sich um das Kap, das man in der Antike für das Ende der bewohn-

Gegenüber liegt Amerika: Cabo de São Vicente

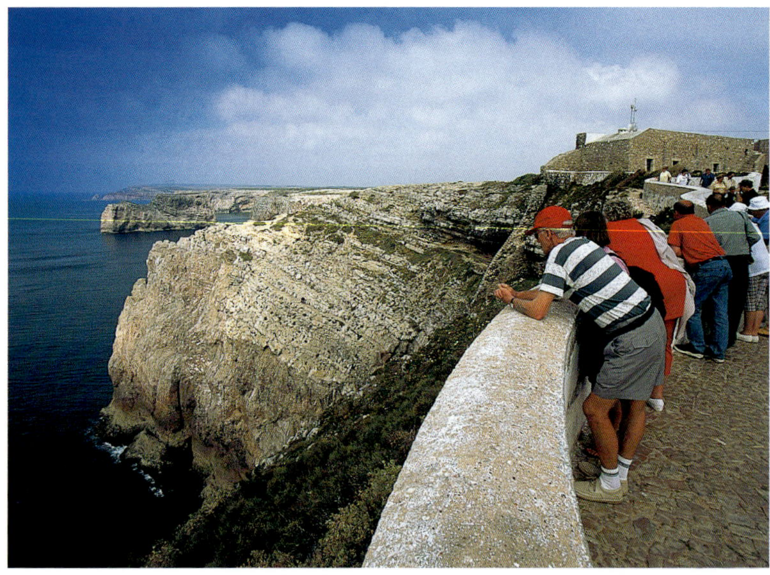

ten Welt hielt. Die Römer nannten das mächtige Felsplateau Promontorium Sacrum, auf dem sich die Götter nach getaner Arbeit schlafen legten. Der heutige Name geht auf den frühchristlichen Märtyrer Vinzenz von Zaragoza zurück, dessen Leichnam nach der Besetzung Spaniens durch die Mauren im 8. Jh. hierher in Sicherheit gebracht worden war. Nach der christlichen Rückeroberung Lissabons ließ König Afonso Henriques 1173 den Sarg per Schiff in die Hauptstadt überführen, beschützt von zwei schwarzen Raben, die seitdem das Stadtwappen Lissabons zieren.

Ein Besuch am südwestlichen Ende des europäischen Festlandes bleibt ungeachtet des großen Andrangs ein unvergessliches Erlebnis, vor allem bei Sonnenuntergang. Über 60 m Höhe messen die Klippen. Der Meeresboden fällt steil ab, nach 65 km sind bereits 4000 m Tiefe erreicht. Geduldige Angler warten mit endlosen Schnüren auf ihren Fang, Europas lichtstärkster **Leuchtturm** sendet sein Licht bis zu 59 km weit über die See.

Sagres

Die Vorzüge des 8 km östlich gelegenen, eher unspektakulären **Sagres** 1 (3000 Einw.) sind der nette Fischerhafen sowie einige gute Restaurants. Der windgeschützte Stadtstrand gilt als ideales Tauchrevier. Der weitläufigen **Fortaleza** am Rande der Stadt wurden hingegen mehr Mythen und Geschichten angedichtet, als sich belegen lassen. Heinrich der Seefahrer (1394–1460) ließ die Bastion vermutlich als Schutzburg ausbauen. Lange Zeit wurde angenommen, dass sie eine Seefahrerschule beherbergte, was jüngste historische Forschungsergebnisse jedoch in Frage stellen. Allerdings hat Heinrich bedeutende Gelehrte wie katalanische Juden oder den Nürnberger Martin Behaim um sich versammelt, um Navigationsinstrumente, astronomische Berechnungen oder Seekarten zu verbessern.

Als weitgehend gesichert gilt, dass die Festung 1587 vom englischen Korsar Sir Francis Drake zerstört und anschließend wieder aufgebaut wurde. Funktion und Alter einer sternförmigen Anordnung von Steinen, die 1921 bei Ausgrabungen entdeckt wurde und allgemein als **Windrose** bezeichnet wird, geben dagegen noch immer Rätsel auf, denn statt der üblichen 32 Unterteilungen besitzt sie 40. An der Mythenbildung nicht uninteressiert war Diktator Salazar, der bei Sanierungsarbeiten in den 1950er-Jahren die Festung in dem Aussehen des 15. Jh. wiederherstellen wollte. Einen anderen Weg beschritten die Architekten 40 Jahre später, als sie in die Anlage einen modernen Museumsbau integrierten (10–18, Aug. bis 23 Uhr, Eintritt 3 €).

i **Turismo**: Rua Comandante Matoso, Tel. 282 62 48 73, www.sagres.net, Di–Sa 10.30–12.30, 13.30–17.30 Uhr.

Mit den Autoren unterwegs

Sonnenuntergang am Cabo de São Vicente

Blutrot sinkt die Sonne über dem Kap ins unendlich scheinende Meer (s. links).

Versteckte Buchten und Strände

Besonders pittoresk sind die Strände Dona Ana bei Lagos (s. S. 364) sowie São Rafael und Falésia bei Albufeira (s. S. 370).

Heimatmuseum in Lagos

Die Ausstellung zu den Traditionen des Handwerks, Hausbaus, Fischfangs und der Landwirtschaft ist liebevoll aufbereitet (s. S. 363).

Gegrillte Sardinen

Für die algarvianische Leibspeise wird in Portimão sogar ein zehntägiges Fest ausgerichtet. Besonders köstlich gelingen die Fische auf dem Holzkohlengrill (s. S. 366).

Klippenwanderung

Ein Wanderpfad oberhalb der Küste verbindet die schönsten Strände westlich von Albufeira (s. S. 370).

Felsalgarve

Hotel da Baleeira: Porto da Baleeira, Tel. 282 62 42 12, Fax 282 62 44 25, www.sagres.net/baleeira. 2007 frisch saniertes Haus. Viele der angenehmen, aber etwas kleinen 113 Zimmer über den Klippen weisen aufs Meer (gegen Aufpreis). DZ 65–135 €.

A Tasca: Porto da Baleeira, Tel. 282 62 41 7, Mi geschl. Hübsch dekoriertes Restaurant mit appetitlicher Auswahl an fangfrischem Fisch (auch seltene Arten) und Meeresfrüchten, Terrassenbetrieb. Hauptgerichte um 12 €.

Baden: Praia da Mareta, direkt am südlichen Ortstrand mit schönen Terrassenrestaurants.
Surfen: Besonders eignet sich die östliche Praia do Martinhal. Verleih von Ausrüstung: Oceanis, Praia da Mareta, Tel. 282 62 02 00.
Tauchen: Scubado Dive Center, Porto da Baleeira, Tel. 282 62 48 21, www.scubado-algarve.com. Kurse und Exkursionen.
Radfahren: Turinfo, Beco Dom Henrique, Tel. 282 62 00 03. Verleih von Mountainbikes.

Bus: Stdl. nach Lagos u. Portimão, 1 x tgl. nach Aljezur und Lissabon.

14 Ein Ausflug an die Costa Vicentina

Empfehlenswert ist der Ausflug an die atemberaubende Westküste Costa Vicentina, wo mächtige Schieferfelsen über 50 m tief in das tosende Meer stürzen. Unvergesslich präsentieren sich die karge Vegetation, die ungestümen Wellen und der schier unendliche Ozean dem Besucher.

Die N 268 passiert das bescheidene Landstädtchen **Vila do Bispo,** das König Manuel I. im 16. Jh. dem Bischof *(bispo)* zum Geschenk darbrachte. Ein Abstecher führt auf der N 125 nach 4 km zum romanischen Kirchlein **Nossa Senhora de Guadalupe**, dem ältesten Gotteshaus der Algarve aus dem 13. Jh., das der tief religiöse Heinrich der Seefahrer für seine Gebete aufsuchte (Di–So 9–17, im Sommer bis 18 Uhr, Eintritt frei). Die vom Schiefer geprägte Landschaft steht unter Naturschutz, sodass gegen den Protest vieler Anwohner, die sich Arbeitsplätze und das große Geld erhoffen, große Hotelbauten bisher verhindert wurden. Einen überwältigenden Blick auf die wilde Küste bietet der 156 m hohe Aussichtsturm **Torre de Aspa**.

Enge Stichstraßen erreichen verschwiegene Buchten und einsame Strände. Aufgrund der Strömungen ist Baden allerdings gefährlich.

Hinter **Carrapateira** liegt der größte Sandstrand, **Praia da Bordeira**, ein Mekka für Surfer. Taucher finden in dieser Küstenregion die als Geliermittel begehrte Rotalge (Agar Agar). Folgt man der Schotterpiste die Klippe hinauf, kann man oberhalb der Felsküste bis zur südlich gelegenen **Praia de Amado** wandern und wird mit immer neuen traumhaften Ausblicken belohnt.

... in Carrapateira
O Sítio do Río: Carrapateira, Tel. 282 97 31 19. Rustikales Restaurant mit leckerem Grillfisch, Salaten und vegetarischen Gerichten. Hauptgerichte ab 8 €.

Aljezur

In **Aljezur** 2 wird deutsch gesprochen, seit sich in den 1980er-Jahren viele deutsche Aussteiger angesiedelt haben. Hoch über dem geschäftigen Provinzflecken thront die arabische Festung, die vom christlichen Santiago-Orden 1246 erobert, vom Erdbeben 1755 in Ruinen gelegt und danach nie wieder aufgebaut wurde (Mai–Sept. 14–18 Uhr). Doch genießt man von hier einen erhebenden Blick auf das Monchique-Gebirge. Das **Stadtmuseum** zeigt archäologische Funde von der Eisenzeit bis zur arabischen Epoche, landwirtschaftliche Gerätschaften und Modelle alter Wohnhäuser (Di–Fr, im Sommer Di–Sa 9.30–12.30 und 14–17.30 Uhr, Eintritt frei).

Die Strände liegen wenige Kilometer entfernt. Zur traumhaften **Praia da Arrifana** führen schmale Fußwege von der Klippe hinunter. Vom natürlich geschützten, kleinen Hafen machen sich die Fischer auf die Suche nach den begehrten Entenmuscheln *(percebes)*, die sie an den steilen Felsen finden.

In Aljezur gibt es drei Möglichkeiten für die Weiterreise: in den nördlich angrenzenden Alentejo (s. S. 312 f.), ins östliche Monchique-Gebirge (s. S. 396) oder über die N 120 nach Lagos an der Küste.

Turismo: Largo do Mercado, Tel. 282 99 82 29, Di–Do 9.30–17.30, im Aug. bis 19, Fr–Mo 9.30–13 und 14–17 Uhr.

Pont'a Pé: Largo da Liberdade 12, Tel. 282 99 81 04. Flussterrasse, abends gibt es manchmal Live-Musik. Regionale Hausmannskost, frischer Fisch und viele Nachspeisen, auch aus Süßkartoffeln. Hauptgerichte ab 7 €.

Lagos

Cityplan: S. 362
Kachelverzierte Bürgershäuser, verkehrsberuhigte Straßen, unzählige Straßencafés und die Gelassenheit der 15 000 Einwohner verleihen dieser historischen Perle an der Algarve mediterrane Leichtigkeit. Die Altstadt atmet Geschichte. Bereits die Phönizier, Kelten und Römer siedelten rund um das geschützte Hafenbecken. Teile der arabischen Stadtmauer aus dem 8. Jh. sind erhalten.

In **Lagos** 3 wurde die Zeit der ruhmreichen Seefahrten eingeläutet; dem größten

Lagos: Cityplan

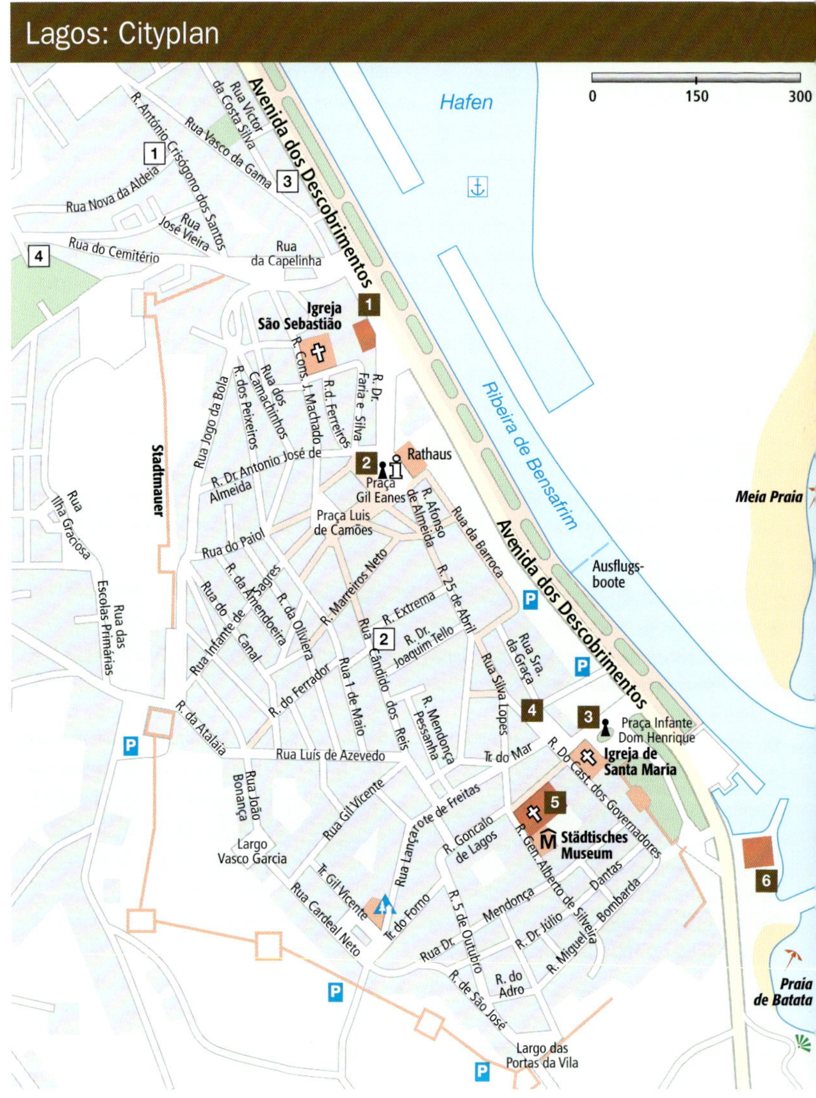

Sohn der Stadt, Gil Eanes, gelang 1434 die Umseglung des sagenumwobenen Kap Bojador vor der marokkanischen Südküste. Aber auch Portugals Niedergang begann in Lagos, als im Jahr 1578 der junge König Sebastião von hier mit einer Armada von 800 Schiffen und 18 000 Soldaten zu einem Kreuzzug auszog und in der Schlacht von Alcacer-Kebir vernichtend geschlagen wurde. Er hinterließ ein Land ohne direkten Thronfolger und verhalf so dem spanischen König Philipp II. zur portugiesischen Krone. Von dieser Niederlage sollte sich Portugal nie mehr erholen.

Sehenswürdigkeiten

1 Markthalle
2 Denkmal Dom Sebastião
3 Denkmal Heinrich der Seefahrer
4 ehem. Sklavenmarkt
5 Igreja Santo António
6 Festung Ponta da Bandeira

Übernachten

1 Tivoli Lagos
2 Caza D. São Gonçalo

Essen und Trinken

3 Adega da Marinha
4 Escondidinho

Altstadt

Die geschmackvoll modernisierte **Markthalle** 1 liegt am nördlichen Ende der Fußgängerzone unweit eines ironisierenden **Denkmals** für **Dom Sebastião** 2 von João Cutileiro. Es zeigt einen androgynen Knaben in einer übergroßen Rüstung, der von seiner Rolle als jugendlicher König schier erdrückt wird. Bei der Einweihung 1973 provozierte diese Geschichtsinterpretation, zumal in der Zeit der nationalen Heldenverehrung während der Diktatur, einen Sturm der Entrüstung.

Einen Gegenpunkt setzt die heroische **Statue Heinrichs des Seefahrers** 3 an der Praça Infante Dom Henrique, mit der Diktator Salazar 1960 den 500. Todestag des Helden feierte. Am nordwestlichen Platzende wurde im Jahre 1444 unter den Arkaden eines unscheinbaren Gebäudes der erste **Sklavenmarkt** 4 in Europa abgehalten. Afrikanische Sklaven mussten für die wohlhabenden Portugiesen sowohl im Hause als auch in der Landwirtschaft schuften und wurden auf den Zuckerrohr-, Kaffee- und Tabakplantagen der Kolonie Brasilien eingesetzt. Zugleich waren sie eine lukrative Handelsware zwischen Europa, Westafrika und Amerika.

Igreja Santo António

5 Die bescheidene Fassade lässt kaum den Prunk der vergoldeten Holzschnitzereien im Innenraum erahnen. Der ursprünglichen Regimentskapelle fehlen Kirchenbänke, denn die Soldaten mussten auch während des Gottesdienstes strammstehen. Ihnen zu Ehren wurde dem hl. Antonius im Hauptaltar eine Generalsschärpe umgelegt. Viele seiner Wunder sind auf Gemälden dargestellt. Das zu Beginn des 18. Jh. erbaute barocke Schmuckkästchen wurde im Erdbeben 1755 zerstört, konnte jedoch anhand alter Baupläne rekonstruiert werden.

Der Eintritt zur Kirche führt über ein **Heimatmuseum** mit einer kruden, aber doch sympathischen Mischung von archäologischen, kunsthandwerklichen und volkskundlichen Exponaten, einschließlich in Formaldehyd eingelegten Tierembryonen u. Banknoten aus aller Welt (Di–So 9–12, 14–17 Uhr, Eintritt 2 €).

Ponta da Bandeira

Außerhalb der Altstadt erhebt sich gegenüber dem arabischen Stadttor die Festung **Ponta da Bandeira** 6, die seit dem 17. Jh. den Hafen vor Piratenüberfällen sicherte und heute einen schönen Ausblick auf das historische Zentrum gewährt.

Turismo: Praça Gil Eanes, Tel. 282 76 30 31, Mai–Sept. Di–Do 9.30–19, Fr–Mo 9.30–13, 14–17.30, Okt.–April Mo–Sa 9.30–13, 14–17.30 Uhr. Städt. Touristeninformation: Praça Marquês de Pombal, Tel. 282 76 41 11, Mo–Fr 9.30, 14–17.30, Sa 9.30–13 Uhr, im Hochsommer auch Sa nachm. u. So.

Tivoli Lagos 1**:** Rua António Crisógono dos Santos, Tel. 282 79 00 79, Fax 282 79 03 45, www.tivolihotels.com. Eine architektonisch anspruchsvolle Hotelanlage mit 313 recht kleinen Zimmern, die jedoch einen schönen Ausblick bieten. DZ 70 bis 180 €.
Caza D. São Gonçalo 2**:** Rua Cândido dos Reis 73, Tel. 282 76 21 71, Fax 282 76 39 27.

Steile Gasse in Lagos

Ehrwürdiges, mit Stilmöbeln eingerichtetes Patrizierhaus aus dem 18. Jh., bezaubernder grüner Patio. DZ ab 50 €.

Adega da Marinha 3: Av. dos Descobrimentos 35, Tel. 282 76 42 84. Bekannt für frischen Fisch in einem hallenartigen Speiseraum voller Leben. Hauptgerichte ab 7 €.
Escondidinho 4: Beco do Cemitério 2 A, Tel. 282 76 03 86, So geschl. Volkstümliches Lokal mit Terrassenbetrieb. Gegrillter Fisch für ca. 8 €.

Festival dos Descobrimentos: 2. Hälfte im Okt. Umzüge, Gastronomiewettbewerbe und Stadtführungen erinnern an die glorreiche Zeit der portugiesischen Seefahrt.

Grottenfahrten: Abfahrt an der Av. dos Descobrimentos.

Baden: Die Strände liegen außerhalb. Empfehlenswert ist die Praia da Dona Ana, eine Sandbucht zwischen skurrilen Felsen 2 km südlich, oder der 6 km lange Sandstrand Meia Praia östlich der Stadt.
Reiten: Herdade do Castanheiro, Bensafrim, Tel./Fax 282 68 75 02, www.herdade-do-castanheiro.de. Silke Baumgarten, pferdebegeisterte Diplompädagogin, bietet entspannten Reiturlaub für behinderte und nichtbehinderte Kinder sowie deren Familien.

Zug: Largo da Estação. Häufig in die Küstenorte, seltener nach Lissabon.
Bus: Rossio de São João, Tel. 282 76 29 44. Regelmäßig nach Lissabon, sehr oft entlang der Algarveküste.

Ponta da Piedade

Ein Leuchtturm weist den Weg auf die Landzunge 3 km südlich von Lagos. Die bizarren Felsformationen der Ponta da Piedade werden von Grotten und Tunneln durchbrochen. Eine in den Fels eingefügte Treppe führt gut 20 m hinab zum Meer, wo Fischer während der Saison Grottenfahrten anbieten.

Zu Fuß oder per Auto gelangt man nach **Praia da Luz** etwa 4 km westlich. Rege Bautätigkeit erweiterte das Örtchen mit seinem alten Ortskern – zum Glück um recht ansprechende Neubauten. Vom familienfreundlichen Strand aus kann man ausgedehnte Klippenwanderungen unternehmen.

Vila Valverde Design Hotel: Estrada da Praia da Luz, Tel. 282 79 07 90, Fax 282 79 07 99, www.vilavalverde.com. 15 exklusiv-moderne, geräumige Zimmer in einem alten Landgut. DZ 78–215 €.
Vivenda Miranda: Porto de Mós, 2 km westl. der Ponta da Piedade, Tel. 282 76 32 22, Fax 282 76 03 42, www.vivendamiranda.com. Geschmackvolle Zimmer und Suiten in einem modernen Anwesen am Meer, Haus unter Schweizer Leitung. DZ 60–95 €.

Alvor

Der nette Fischerort östlich von Lagos erfreut mit malerischen Gassen, die auf einen kleinen Hafen mit zahlreichen Terrassenrestaurants zulaufen. Von den Mauren als *albur* bezeichnet, erlangte **Alvor** 4 1495 nationale Bekanntheit, als hier König João II. nach einem erfolglosen Kuraufenthalt im Monchique-Gebirge verstarb. Aus dieser Zeit stammt die gotische Pfarrkirche, deren Portale zu den prächtigsten der algarvianischen Manuelinik zählen. Der gekachelte Innenraum ist leider meist verschlossen.

5 km nördlich von Alvor wurde die **römische Villa Abicada** entdeckt, die Ausgrabungen befinden sich allerdings in wenig erfreulichem Zustand. Interessanter ist das neolithische **Gräberfeld Alcalar,** das nördlich der N 125 liegt, mit 6000 Jahre alten Menhiren und Dolmen, über die ein Besucherzentrum informiert (10.30–16.30, in den Sommermonaten Juli/Aug. 10.30–16.30 Uhr, Eintritt 2 €).

Turismo: Rua Dr. Afonso Costa 51, Tel. 282 45 75 40, Mo–Fr 9.30–13 und 14–17.30 Uhr.

Lusitânia: Rua F. Ramos Mendes 65, Tel. 282 45 86 27. Mit hübscher Terrasse, mediterrane, auch vegetarische Gerichte. Ab 7 €.

Baden: Praia dos Três Irmãos, kinderfreundlicher Dünenstrand ca. 2 km südl. von Alvor.

Portimão

Die 35 000 Einwohner zählende Stadt rund um den zweitgrößten Fischerhafen der Algarve hat städtebaulich nicht viel zu bieten, da nur wenige Gebäude in **Portimão** 5 das Erdbeben von 1755 überdauert haben. Das gotische Portal und Renaissancekacheln der Pfarrkirche stammen allerdings aus der Zeit vor der Naturkatastrophe. In der kleinen Parkanlage gegenüber dem neuen Kulturzentrum am Largo 1° de Dezembro zeigen Azulejobilder auf den Bänken wichtige Episoden der portugiesischen Geschichte. Ausflugsboote legen an der modernen Uferpromenade des Rio Arade unterhalb der Eisenbahnbrücke ab, dahinter verstecken sich die urigen Restaurants des alten Hafenviertels. Die Römer nannten den Ort einst Portus Magnus (Großer Hafen); während der Entdeckerzeit wurden in den örtlichen Werften die Karavellen aus dem Holz des nahen Monchique-Gebirges konstruiert. Einen neuerlichen wirtschaftlichen Aufschwung erlebte der Hafen im 19. Jh., als 60 Konservenfabriken den Fisch verarbeiteten. Der Niedergang setzte mit dem EU-Beitritt ein, den nur eine einzige überlebte.

An der Straße in das 5 km entfernte Praia da Rocha entsteht in einem sanierten Fabrikgebäude ein **Museum**, das die lokalen Traditionen des Schiffsbaus, Fischfangs und der Konservierung beleuchtet. Einzigartig wird die Unterwasserabteilung auf dem Grund des Rio Arade (Eröffnung etwa 2008).

Turismo: Av. Zeca Afonso 33, Tel. 282 47 07 17, Fax 282 47 07 18, Mo–Fr 9–17.30 Uhr mit flexibler Mittagspause.

Forte e Feio: Largo da Barca, Tel. 282 41 38 09, Mi geschl. Fisch zu Kilopreisen ab 30 €; Eintöpfe mit Muscheln, Meeresfrüchten ab 8 €. Viele weitere populäre Fischrestaurants versammeln sich rund um diesen Platz

Festival da Sardinha: 10 Tage Anfang Aug. Gegrillte Sardinen werden begleitet von großem Kulturprogramm, Konzerten und Feuerwerken.

Bootsausflüge: Von kurzen Grottenfahrten bis zu halb- oder ganztägigen Ausflügen an der Felsenküste, etwa auf dem Piratenschiff Santa Bernarda, Cais Vasco da Gama, Tel. 967 02 38 40, www.santabernarda.com. Juni–Sept. veranstaltet Douroazul eine zweitägige Kreuzfahrt entlang der Algarveküste zur spanischen Grenze, Tel. 223 40 25 00, www.douroazul.pt, ca. 200 €.

Zug: Largo Engenheiro Serra Prado, Verbindungen wie in Lagos.

Bus: Largo do Dique, Tel. 282 41 81 20. Regelmäßig nach Monchique und in alle Algarvestädte.

Farbenfrohe Snackbar in Portimão

Praia da Rocha

Der Sandstrand ist fantastisch, kilometerlang und von skurrilen Felsformationen durchbrochen. Doch dahinter hebt sich eine Hochhauskulisse in schwindelerregende Höhen, die zumindest Ruhesuchenden den Badespaß verderben dürfte. Die Strandrestaurants präsentieren sich im Einheitslook modernisiert. Nur noch wenige Jugendstilvillen erinnern an das mondäne Seebad vergangener Tage. Aus den Zeiten der Seeräuberüberfälle stammt die **Fortaleza São Catarina** am östlichen Strandende. Richtig aufgehoben ist in Praia da Rocha, wer zusätzlich zum Strandaufenthalt ein großes Angebot an touristischer Animation, an Diskotheken, Bars wie auch Restaurants wünscht.

Turismo: Av. Tomás Cabreira, Tel. 282 41 91 32, 9.30–13 und 14–17.30 Uhr.

Bela Vista: Av. Tomás Cabreira, Tel. 282 45 04 80, Fax 282 41 53 69, www.hotelbelavista.net. Grande Dame der Algarvehotels in einem Palast aus dem 19. Jh. mit historischen Azulejos. 14 Zimmer, kürzlich renoviert. DZ 50–115 €.

Casino: Av. Tomás Cabreira, Praia da Rocha, tgl. 15–3 Uhr.

Ferragudo

Von der gegenüberliegenden Flussseite grüßt der Fischerort, der vom touristischen Bauboom lange verschont blieb. Mittlerweile entstehen aber auch hier erste fantasielose Neubauten. Sehr schön sitzt man in den zahlreichen Fischlokalen an der neuen Uferpromenade – immer mit Blick auf das algarvianische Manhattan, die Skyline von Praia da Rocha.

Casa Bela: Praia Grande, Tel. 282 49 06 50, Fax 282 49 06 59, www.hotel-casabela.com. Angenehmes Mittelklassehotel mit Meerblick u. direktem Strandzugang unter deutsch-portugiesischer Leitung. DZ 110–180 €.

Sueste: Rua da Ribeira 9, Tel. 282 46 15 92, Mo geschl. Die reichhaltige Auswahl an frischem Fisch genießt man auf der Flussterrasse oder unter hohen Gewölben im Inneren. Ab 35 € pro Kilo.

Die Küste entlang

Carvoeiro

Malerisch ziehen sich die weißen Häuser und schmalen Gassen den Hang hinauf – der kleine Fischerhafen **Carvoeiro** 6 wurde schon früh von den Einheimischen als Urlaubsort entdeckt. Reiche Weinbauern aus dem nahen Lagoa errichteten in den 1930er-Jahren ihre Sommerhäuser an der idyllischen Bucht westlich von Lagos.

Nach der Nelkenrevolution zogen zahlreiche Deutsche hierher, die zunächst klotzige Hotelbunker zu verhindern wussten. Doch die Zeit des ruhigen Geheimtipps ist vorbei und inzwischen fressen sich unzählige Villen, Hotels und Apartmentanlagen flächendeckend in die Landschaft. Aufsehenerregend ist der Küstenabschnitt **Algar Seco** am Ortsrand, der eine geheimnisvolle Welt aus Felshöhlen, Torbögen und grün-blau schimmernden Grotten birgt.

Turismo: Largo da Praia, Tel. 282 35 77 28, Mai–Sept 9.30–19, Okt.–April 9.30–12.30,14–17.30 Uhr. Private Info-Site: www.carvoeiro.com (in engl. Sprache).

Tivoli Almansor: Praia Vale Covo, Tel. 282 35 11 00, Fax 282 35 13 45, www.tivolihotels.com. Terrassenförmig in eine Bucht gebautes Komforthotel mit Privatstrand und 289 hellen Zimmern. DZ 60 bis 170 €.

Pension Baselli: Rua da Escola, Tel. 282 35 71 59. Familiäre Unterkunft mit sechs Zimmern unter deutscher Leitung. WC/Dusche auf dem Flur, dafür üppiges Frühstück auf der Panoramaterrasse. DZ 40–45 €.

Primavera: Rua do Farol, Tel. 282 35 83 42, nur abends, Mi geschl. Elegan-

Buntes Strandleben in Praia da Rocha

tes Ambiente, mediterrane u. italienische Küche. Nudeln ab 11 €. Hauptgerichte ab 14 €.
O Cantinho: Estrada do Farol 74, Tel. 282 35 82 34. Gegrilltes Fleisch oder Fisch (ab 9 €) oder Meeresfrüchtereis (25 € für 2 Pers.) in freundlicher Atmosphäre.

Fatacil: 2. Hälfte im August, Kunsthandwerks-, Tourismus- und Landwirtschaftsmesse.

Baden: Die Wasserqualität des Dorfstrandes ist zweifelhaft. Empfehlenswert sind die nahe Praia do Paraíso im Westen und die östlich gelegenen Badebuchten.
Tauchen: Divers Cove, Quinta do Paraíso, Tel. 282 35 65 94, www.diverscove.de. Deutsche Tauchschule.

Armação de Pêra

7 Der prächtige 6 km lange Sandstrand verwandelte das bescheidene Fischerdorf in eine Touristenstadt der traurigen Kontraste: Bestimmend sind einförmige Apartmenthochhäuser, doch man findet auch stilvolle Luxushotels und rund um die kleine Fischhalle sogar ein überraschend normales Wohnviertel der kleinen Leute. Im Westen wacht die frühgotische Kapelle **Nossa Senhora da Rocha** auf der 32 m hohen Klippe über den Ort. Die Felsenmadonna im Altarraum ist die Schutzheilige der Fischer.

Turismo: Avenida Marginal, Tel. 282 31 21 45, Mai–Sept. 9.30–19, Okt.–April 9.30–12.30, 14–17.30 Uhr.

Vila Vita Parc: 2 km westl. in Alporchinhos, Tel. 282 31 01 00, Fax 282 32 03 33, www.vilavitaparc.com. Eine der luxuriösesten Hotelanlagen an der Algarve in arabisch inspirierter Architektur oberhalb der Klippen, umfassendes Wellnessangebot. DZ 180–500 €.

Serol: Rua Portas do Mar 2, 282 31 21 46, Mi geschl. Große Auswahl an gegrillten Fischen und *cataplanas*. Hauptgerichte ab 9 €.

Baden: Langer Stadtstrand Praia da Armação de Pêra, beschaulicher ist die Praia da Senhora da Rocha im Westen.

Albufeira

Die Postkartenansicht der Innenstadt von **Albufeira** 8, die sich malerisch an eine weitläufige Bucht schmiegt, blieb von der Flutwelle des Massentourismus weitgehend unberührt. Die Bettenburgen entstanden in den Vororten nahe der pittoresken Felsküste. Sie sorgen dafür, dass sich im August zu den 20 000 Einwohnern nochmals bis zu 40 000 Touristen gesellen. Ein schöner Ausblick bietet sich oberhalb der **Praia dos Pescadores,** an der die bejahrten Besitzer der bunt bemalten Boote leise an den früheren Fischerort erinnern, der in den 1960er-Jahren zum Treffpunkt der europäischen Jeunesse dorée avancierte und in einem Atemzug mit Saint-Tropez genannt wurde.

Rund um den zentralen Treffpunkt Largo Engenheiro Duarte Pacheco häufen sich touristische Cafés und Restaurants, in den Geschäftsstraßen macht sich billiger Kommerz breit. Doch das Plateau oberhalb der Stadtstrände durchziehen noch ruhige Altstadtgassen. Dort präsentiert ein kleines **Museu Arqueológico** (Archäologisches Museum) die lokalen Funde des römischen Baltum, des arabischen Al-Buhara und historische Fotos von Albufeira (Di–So 10–17 Uhr Eintritt frei).

Turismo: Rua 5 de Outubro, Tel. 289 58 52 79, 9.30–13, 14–17.30 Uhr, im Sommer teilweise bis 19 Uhr.

Villa São Vicente: Largo Jacinto D'Ayet, Tel. 289 58 37 00, Fax 289 58 37 08, www.hotel-vila-sao-vicente.com. 27 gepflegte Zimmer am Rande der Altstadt mit Meerblick, deutsche Leitung. DZ 55–130 €.
Baltum: Avenida 25 de Abril 26, Tel. 289 58 91 02, Fax 289 58 61 46, www.hotelbaltum.com. 58 sachlich-moderne Zimmer im Zentrum. DZ 35–75 €.

Três Coroas: Rua do Correio Velho 8, Tel. 289 51 26 40. Schön ist der Blick auf das Meer vom begrünten Vorgarten aus. Grillfische ca. 10 €, *cataplana* für zwei Personen ca. 26 €.

Kadoc: Estrada de Vilamoura, 23–6 Uhr, im Winter nur Sa. Größte Diskothek Portugals, Dance, Rock, alternative Musik.
KISS: Rua Vasco da Gama, Areias de São João, 24–6 Uhr. Großdisco mit Hitparade und Dance.

Zug: Bahnhof in Ferreiras, 6 km außerhalb von Albufeira.

Bus: Alto dos Caliços, Tel. 289 58 06 11. Häufig in alle Algarvestädte und nach Lissabon.
Stadtbus: Drei Linien verkehren zwischen Bus, Innenstadt und Vororten.

Badebuchten um Albufeira

Die westlichen Badebuchten **São Rafael, Coelha, Castelo** und **Galé** verbindet ein traumhaft schöner Wanderpfad. Schirmpinien, Agaven oder die rosa blühenden Mittagsblumen gedeihen prächtig. Strengere Bauvorschriften konnten seit den 1990er-Jahren verhindern, dass die Villen oder Hotels direkt an die Küste gebaut wurden.

Hingegen reiht sich am östlichen Stadtrand rund um eine Stierkampfarena und die »Strip« genannte Bar- und Discomeile eine Bausünde an die nächste. Doch hat man sich erstmal hindurchgequält, gelangt man zu den überaus reizvollen Stränden **Praia da Oura, Balaia** und die Bucht des sympathischen Örtchens **Olhos d'Água.** Von dort führt ein hübscher Spazierweg über die Klippen zu den roten Sandfelsen der **Praia da Falésia**, an der man kilometerweit am Wasser entlanglaufen kann.

... in Olhos d'Água:
Appartamentos do Parque: Rua do Parque, Tel. 289 50 28 12, Fax 289 50 29 30. Sympathische Apartmentanlage auf den Klippen nahe der Fischerbucht. Studio für zwei Personen saisonabhängig 22–120 € ohne Frühstück.

... in Olhos d'Água:
La Cigale: Tel. 289 50 16 37. Direkt an der Bucht genießt man frischen Fisch und Meeresfrüchte. Mittagstisch um 7 €. Hauptgerichte abends um 20 €.
... in Praia Galé:
Vila Joya: 7 km westl. von Albufeira, Tel. 289 59 17 95, www.vilajoya.de, Nov.–Feb. geschl. Kulinarisches Juwel, dessen österreichischer Küchenchef Dieter Koschina als Einziger im Land mit zwei Michelin-Sternen prämiert wurde. Menü zwischen 80 und 110 €. Auch luxuriöse Zimmer.

Vilamoura

Das benachbarte **Vilamoura** 9 wurde in den 1980er-Jahren aus dem Boden gestampft und zieht mit Jachthafen, Casino, Golfplätzen und einem langen Sandstrand die Urlauber an, die ein Faible für bunt bemalte Betongebäude haben oder im Café Sete den Geruch der großen weiten Fußballwelt einatmen wollen. Es gehört Figo, dem portugiesischen Star mit der Rückennummer 7 (port.: *sete*), der manchmal persönlich vorbeischaut.

Am Ortsrand wurde das römische Landgut **Cerro da Vila** entdeckt. Zu sehen sind schöne Mosaikfußböden sowie die Grundmauern einzelner Häuser, Wassertanks, Bade- und Heizanlagen. Das **Museu de Estação Arqueológico** bereitet archäologische Fundstücke ansprechend auf (im Sommer 9.30–13 und 14.30–19, im Winter 9.30–12.30 und 14–18 Uhr, Eintritt 4 €).

15 Die roten Felsstrände

Rund um Albufeira vollziehen die Küstenfelsen einen vorsichtigen Farbwechsel von Dunkelgrau über Ockerfarben in tiefes Rot. Ein Naturwunder erlebt man zwischen den Luxusresorts Vale de Lobo und Quinta do Lago östlich von Vilamoura. Lehmerde hat sich mit Muscheln und Kalkstein zu einem intensiv roten Sedimentgestein verfestigt, das sich 20 m über den Strand hebt und scharf mit dem Blau des Ozeans und dem Gelb des Sandes kontrastiert. Kilometerweit kann man auf und neben den Felsen spazieren, faul am Strand liegen oder in einem der Terrassencafés dem Rauschen der Wellen lauschen und dem Werbespruch »Europas schönste Küste« vorbehaltlos zustimmen.

Im exklusiven Golfzentrum **Quinta do Lago** ist bereits der Naturpark Ria Formosa erreicht. Das Lagunengebiet und die dahinterliegenden Süßwasserseen bilden ein ideales Nistgebiet für Süß- und Salzwasservögel, die auf zwei ausgeschilderten Spazierwegen beobachtet werden können.

Quinta do Lago: Tel. 289 35 03 50, Fax 289 39 63 93, www.quintadolagohotel.com. Erlesener Luxus im Naturpark, geschätzt von Golfern und zahlungskräftigen Ruhesuchenden. DZ 200–500 €.

Bootsausflüge: Condor de Vilamoura, Marina de Vilamoura, Cais I, 25, Tel. 289 31 40 70, www.condordevilamoura.com. Tägliche Ausfahrten auf dem Nachbau eines frühen amerikanischen Fischerbootes. Zusätzlich gibt es am Jachthafen ein großes Wassersportangebot.

Almancil

Am Ortsrand von Almancil (auch Almansil geschrieben), nun wieder auf der N 125, steht auf einem Hügel das barocke Kleinod **Igreja de São Lourenço**. Der Innenraum wurde um 1730 bis in die Rundkuppel hinauf von Policarpo de Oliveira Bernardes vollständig mit blau-weißen Kachelbildern ausgekleidet. Sie erzählen das Martyrium des hl. Laurentius, der auf dem Scheiterhaufen landete, weil er Geld für einen Kirchenbau an die Armen verteilt hatte. Kunstvoll sind auch die vergoldeten Holzschnitzereien des Hauptaltars gearbeitet (Di–Sa 10–13 und 14.30–18, Mo 14.30–18 Uhr, Eintritt 2 €).

Wenige Schritte unterhalb finden im **Centro Cultural de São Lourenço** sehenswerte Wechselausstellungen portugiesischer sowie in der Algarve ansässiger ausländischer Künstler, im Skulpturen-Garten auch Konzerte statt (Di–So 10–19 Uhr, Eintritt frei).

Rot leuchten die Felsen an der Praia da Falésia

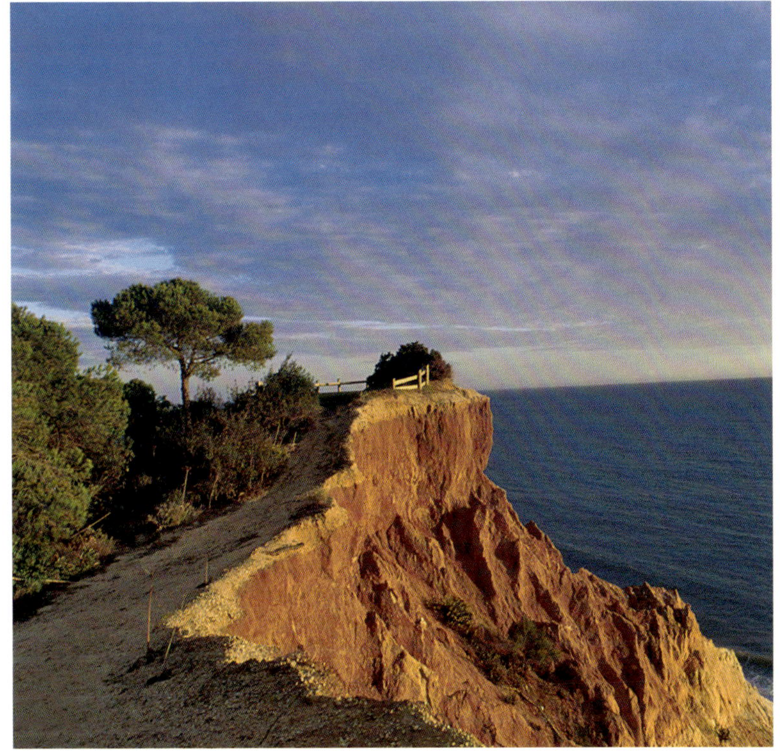

Sandalgarve

Reiseatlas S. 17/18

Dank des naturgeschützten Haffgebiets Ria Formosa, das sich fast bis an die spanische Grenze erstreckt, behielt die östliche Küste ihren ruhigen, manchmal ländlich anmutenden Charakter. Oft ziehen sich Olivenhaine, Orangenplantagen und Weinpflanzungen bis an die Wasserlinie. Faro und Tavira haben ihre Altstadt frisch herausgeputzt.

Die schon vor knapp drei Jahrtausenden von den Phöniziern zu Handelsstützpunkten ausgebauten Städte Faro, Tavira und Castro Marim besitzen keinen direkten Zugang zu den Stränden. Auch deswegen konnten sie ihren unverwechselbaren historischen Charme bewahren. Anders sieht es an den Stränden nahe der spanischen Grenze aus. Hochhäuser und Hotelbunker bestimmen das Bild rund um Monte Gordo, dafür gelangt man vom Hotelausgang direkt ans Meer.

Faro

Reiseatlas: S. 17, A 4, **Cityplan:** S. 374
Faro und seine 60 000 Einwohner führen ein geschäftiges Eigenleben und ignorieren den touristischen Trubel. So hat die Verwaltungshauptstadt der Algarve viel zu bieten: Lebendigkeit in den Fußgängerzonen der historischen Viertel, attraktive Baudenkmäler und Museen, hübsche Straßencafés. Und eifrig klappernde Storchenpaare auf den Kirchtürmen und Hausdächern.

Die Römer bauten den Handelsplatz der Phönizier und Griechen aus und nannten ihn Ossonoba. Faro leitete sich nach einigen Lautverschiebungen von Harúm her, dem Namen eines maurischen Herrschers. 1249 war Faro der letzte Ort auf portugiesischem Boden, der von den christlichen Truppen zurückerobert wurde. Ein wirtschaftlicher und kultureller Aufschwung setzte ab dem 14. Jh. ein, 1577 erfolgte die Ernennung zum Bischofssitz. 19 Jahre danach verwüsteten englische Truppen die Stadt, der auch die Erdbeben 1722 und 1755 stark zusetzten. Der Wiederaufbau im klassizistischen Stil begründet die bauliche Harmonie der Altstadt. Eine tatkräftige Rolle spielte Bischof Fernando Gomes de Avelar, der neben Kirchen auch Krankenhäuser, Schulen und Brücken bauen ließ. Ihm ist ein Denkmal auf dem Largo da Sé gewidmet.

Jardim Manuel Bivar

Eine Stadtbesichtigung könnte an diesem festlichen Platz beginnen, auf dem häufig traditionelle Konzerte und Verkaufsmessen ausgerichtet werden. Die prächtige neoarabische Fassade der Bank von Portugal, ein romantischer Musikpavillon sowie das traditionsreiche **Café Aliança** 1 am Eingang zur autofreien **Flaniermeile Rua de Santo António** zeugen vom eleganten Beginn des 20. Jh. Die neoklassizistische Fassade der **Igreja da Misericórdia** und das Stadttor **Arco da Vila** 2 schräg gegenüber wurden vom Genueser Francisco Fabri erbaut. Eine Marmorfigur des hl. Thomas von Aquin wacht in einer Nische, er soll die Stadt vor der Pest bewahrt haben. Im Durchgang blieb ein arabisches Tor in Hufeisenform erhalten.

Centro histórico

Die Altstadt ist vollständig von einer mittelalterlichen Befestigungsmauer umgeben, die von drei Stadttoren durchbrochen wird. Die gepflasterten Gassen und Plätze strahlen eine ruhige Beschaulichkeit aus. Einige Kunstgalerien, Restaurants und alte Stadtpaläste wechseln sich mit einfachen Wohnhäusern ab. Den zentralen Platz vor der Kathedrale säumen das klassizistische **Rathaus** und der **Bischofspalast** in schlichter Renaissance. Dessen mit Azulejos reich verkleidete Innenräume sind nur im Rahmen von Kunstausstellungen zugänglich.

Am Ort der **Kathedrale** 3 befanden sich nacheinander das römische Forum, eine westgotische Kirche und die arabische Moschee. Der Glockenturm und das Portal erinnern noch an die frühgotische Bauphase ab 1251. Alle weiteren Gebäudeteile wurden nach den schweren Zerstörungen durch die englischen Truppen und die Erdbeben angebaut. Das Ergebnis ist stilistisch uneinheitlich. Barocke Pracht entfalten Seitenkapellen mit gediegen vergoldeten Schnitzarbeiten. Die Capela Nossa Senhora do Rosário dos Pretos wird von einem frühbarocken Kachelpaneel geschmückt. Zwei schwarze Figuren halten die Weihrauchgefäße, denn früher beteten hier ehemalige afrikanische Sklaven. Ungewöhnlich ist auch die vom Deutschen Johann Uhlenkamp zu Beginn des 18. Jh. erbaute und wenig später orientalisch bemalte und 2007 restaurierte Orgel. Im angrenzenden Kirchhof sind eine kleine Knochenkapelle und Reste des römischen Forums zu besichtigen, der steile Aufstieg auf den Glockenturm wird mit einem herrlichen Panoramablick belohnt (Mo–Fr 10–18, im Winter nur bis 17, Sa 10–13 Uhr, Eintritt 2 €).

Auf vormals jüdischem Grund wurde das Klarissenkloster **Convento de Nossa Senhora de Assunção** 4 zu Beginn des 16. Jh. mit königlicher Unterstützung errichtet. Um einen doppelstöckigen Renaissance-Kreuzgang gruppieren sich die Ausstellungsräume des **Archäologischen Museums** mit wertvollen römischen Ausgrabungen und einer Abteilung für bildende und Kirchenkunst. Während der Sommermonate finden hier Konzerte und Filmvorführungen statt (Juni bis Sept. Di–Fr 10–20, Sa/So 13.30–20, Okt. bis Mai Di–Fr 9–18, Sa/So 11.30–18 Uhr, Eintritt 2 €).

Mit den Autoren unterwegs

Faro
Die denkmalgeschützte Altstadt, die hübsche Einkaufsmeile und das Traditionscafé Aliança sind nur einige der Attraktionen der schönsten Stadt an der Algarve (s. S. 372 ff.).

Markthalle von Olhão
Eine Extrahalle gibt es für die größte Fischauswahl an der Algarve, und samstags kann man zusätzlich über einen lebendigen Bauernmarkt schlendern (s. S. 377).

Vogelbeobachtung
Viele Zugvögel machen Winterstation im naturgeschützten Haff Ria Formosa. Zahlreich lassen sich Enten, Störche und Flamingos in den Feuchtgebieten östlich von Olhão und bei Castro Marim beobachten (s. S. 378).

Palácio da Galeria
Die Wechselausstellungen in einem Stadtpalast von Tavira genügen höchsten künstlerischen Ansprüchen (s. S. 380).

Cacela-a-Velha
Das letzte unberührte Fischerdorf an der Algarve wird oft als Kulisse für Modeaufnahmen genutzt. Kein Hochhaus trübt den Blick (s. S. 382).

Largo de São Francisco

Am östlichen Stadttor **Arco do Repouso** 5 soll sich der Stadteroberer Afonso III. von den Strapazen der Schlachten erholt haben. Es führt auf den Largo de São Francisco, heute ein citynaher Parkplatz. An der Ostseite erhebt sich die **Igreja de São Francisco** 6 aus dem 17. Jh., die mit Barockkacheln zum Leben des Heiligen ausgeschmückt ist. In das renovierte Klostergebäude ist eine Tourismusfachschule eingezogen.

Weitere Sehenswürdigkeiten

Das **Regionalmuseum** 7 am Ende der Fußgängerzone gewährt Einblicke in die Lebens-

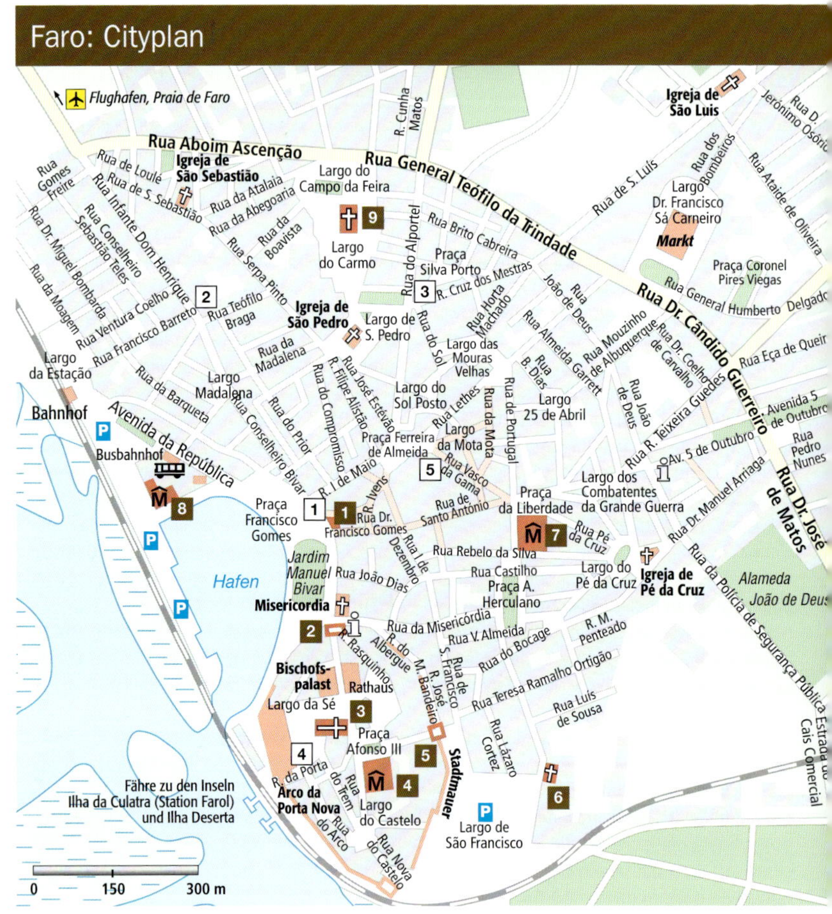

und Arbeitsgewohnheiten der Fischer und Bauern. Nachgebaut sind die Wohnräume eines algarvianischen Hauses (Mo–Fr 9–12.30, 14–17.30 Uhr, Eintritt 1,50 €). Über Fischfang und Seefahrt informiert das **Museu Marítimo** 8 am Hafengelände, es zeigt auch Schiffsmodelle (Mo–Fr 14.30–16.30 Uhr, Eintritt 1 €).

Der Weg zur **Igreja do Carmo** 9 am nördlichen Rand der Altstadt lohnt sich. 160 Jahre dauerte die Fertigstellung des 1713 begonnenen Baus. Den Grund versteht man rasch: vergoldete Holzschnitzereien, wohin man blickt. Einen drastischen Kontrast zum Goldrausch bildet die Knochenkapelle. Schädel, Knochen und Haarreste sind so kunstvoll angebracht, dass kein Stück nackte Wand zu sehen ist (Mo–Fr 10–13 und 14–17, im Sommer bis 18, Sa 10–13 Uhr, Eintritt für die Kapelle 0,75 €).

Turismo: Rua da Misericórdia 8–11, Tel. 289 80 36 04, 9.30–19 Uhr.

Hotel Faro 1: Praça D. Francisco Gomes 2, Tel. 289 830 830, Fax. 289 83 08 29, www.hotelfaro.pt. Modern gestyltes Hotel, Blick auf den Hafen, 60 Zimmer. DZ 100–150 €. Empfehlenswert auch die kreative

Sehenswürdigkeiten

1 Café Aliança
2 Arco da Vila
3 Kathedrale (Sé)
4 Convento de Nossa Senhora de Assunção
5 Arco do Repouso
6 Igreja de São Francisco
7 Regionalmuseum
8 Museu Marítimo
9 Igreja do Carmo

Übernachten

1 Hotel Faro
2 Residencial Algarve
3 Casa de Hóspedes Adelaide

Essen und Trinken

4 Mesa dos Mouros
5 Fim do Mundo

südländische Küche im Hotelrestaurant im obersten Stock. Hauptgerichte ab 10 €.
Residencial Algarve 2**:** Rua Infante D. Henrique 52, Tel. 289 89 57 00, Fax 289 89 57 03, www.residencialalgarve.com. Angenehme Unterkunft mit 40 Zimmern. DZ 45–70 €.
Casa de Hóspedes Adelaide 3**:** Rua Cruz das Mestras 9, Tel. 289 80 23 83, Fax. 289 82 68 70. Einfache, doch moderne und zumeist ruhige Zimmer. DZ 35–50 €.

... in Faro:
Mesa dos Mouros 4**:** Largo da Sé, Tel. 289 87 88 73, So und Mo mittags geschl. Attraktiv ist die Terrasse direkt vor der Kathedrale, dort werden Salate und Vorspeisen *(petiscos)* ab 3,50 € gereicht. Hauptgerichte um 10 €.
Fim do Mundo 5: Rua Vasco da Gama 53, Tel. 289 82 62 99, Mo abends und Di geschl. Spezialitäten des volkstümlichen Restaurants mit Terrasse in der Fußgängerzone sind Brathendl und Grillfisch. Spezialität am Sonntag ist *cozido à portuguesa.* Hauptgerichte 6–9 €.
... in Praia de Faro:
Camané: 5 km außerhalb, Tel. 289 81 75 39, Mo geschl., Aug. nur abends. Nach üppigen Vorspeisen werden *cataplanas,* Grillfisch und Meeresfrüchte gereicht, hübsch ist der Blick von der Terrasse und dem vorderen Teil des Speisesaals auf das Haff. Hauptgerichte um 20 €.

Gute Einkaufsmöglichkeiten bieten die Rua de Santo António und umliegende Straßen mit Andenkenläden, Kleidergeschäften und dem 2007 eröffneten Einkaufszentrum Atrium.

Bars und Discos reihen sich rund um die Rua Conselheiro Bivar in der nördlichen Altstadt.

Teatro Munícipal: An der Ortseinfahrt N 125, Tel. 289 88 81 00, www.teatromunicipaldefaro.pt. Zahlreiche internationale Konzerte, Tanz- und Theateraufführungen.

Radfahren: Megasport, Rua Ataíde Oliveira 39, Tel. 289 80 36 67, Verleih von Moutainbikes und Tourenrädern.
Baden: Praia de Faro, 5 km außerhalb per Boot und Bus erreichbar.

Zug: Largo da Estação. Regelmäßig nach Vila Real de Santo António, Lagos, seltener nach Lissabon.
Bus: Av. da República, Tel. 289 89 97 60. Sehr oft in alle Küstenstädte und nach Lissabon.
Stadtbus: Gegenüber Busbahnhof, etwa stündlich zum Flughafen und Strand (Nr. 14 und 16)

Ausflugsboote: Ilha Deserta, Porta Nova (westliches Stadttor), Tel. 917 81 18 56 (mobil). Fahrt durch die Lagune auf die unbewohnte Ilha Deserta und zum Strand von Faro.

Ausflug nach Milreu und Estói

Reiseatlas: S. 17, B 3

Die N 2 führt nach Norden zum 10 km entfernten **Milreu**, der größten römischen Ausgrabungsstätte an der Algarve. Die Villa aus dem 2. Jh. war aus luxuriösen Materialien gebaut. Zu sehen sind Patrizierhaus, Thermalbad sowie ein Wasserheiligtum mit Säulenumgang und *cella,* das später als frühchristliche Basilika fungierte. Mosaike auf Fußböden und Wänden zeigen geometrische Ornamente und stilisierte Fische und Meerestiere (Di–So 9.30–12.30 und 14–18 Uhr, im Winter bis 17 Uhr, Eintritt 2 €). Im beschaulichen Nachbarort **Estói** gelangt man unweit der Pfarrkirche in einen leicht verwilderten Schlossgarten mit zauberhaften Kachelbildern und zahlreichen Büsten, der den romantischen Palácio do Visconde de Estói umgibt. Dieser wurde seit dem 19. Jh. von wechseln-

Die Fußgängerzone von Faro lädt zum Flanieren ein

den Besitzern mehrfach um- und ausgebaut, aber fast nie bewohnt (Garten: Di–Sa 9–12, 14–17 Uhr, Eintritt frei, Palast geschl.).

Olhão

Reiseatlas: S. 17, B 4

Die Hafenstadt **Olhão** an der N 125 wird oft mit einer nordafrikanischen Medina verglichen. Zwei- bis dreistöckige Häuser mit arabisch anmutenden Flachdächern und Türmchen säumen die engen Altstadtgassen. Gebaut wurden sie jedoch erst seit dem 18. Jh., als sich die ortsansässigen Fischer bei ihren Fangzügen in Nordafrika von der dortigen Architektur beeinflussen ließen.

Noch immer lebt Olhão vom Fischfang, was in der riesigen Auswahl an Fischrestaurants und in der restaurierten **Markthalle** seinen kulinarischen Ausdruck findet (Mo–Sa 7–13 Uhr, Sa mit zusätzlichem Bauernmarkt). Am östlichen Ende der schattigen Parkanlagen rund um den Markt legen Fähren zu den beiden Badeinseln **Culatra** und **Armona** ab.

Die kurze Stadtgeschichte begann 1698 mit dem Bau der barocken Pfarrkirche **Nossa Senhora do Rosário**, von deren Kirchturmspitze der Blick über die Altstadtdächer schweift (Mo–Fr 9–12 und 15–18 Uhr, Aufstieg 1 €). In der kleinen **Capela do Senhor dos Aflitos** hinter der Hauptkirche beten die Frauen für die unversehrte Rückkehr ihrer Anverwandten von hoher See.

Gegenüber liegt das **Museu Municipal,** das Stadtmuseum, das den harten Alltag der Fischer, der Arbeiter in den Konservenfabriken und patriotisch die Sozialgeschichte des Ortes beleuchtet. Er war 1808 Ausgangspunkt einer flächendeckenden Rebellion gegen die napoleonischen Besatzer (Largo da Restauração, Di–Fr 9–12.30, 14–17.30, Sa 9–13 Uhr, Eintritt frei).

Turismo: Largo Sebastião Martins Mestre 8 A, Tel. 289 71 39 36, Sommer 9.30–19, Winter Mo–Fr 9.30–13 und 14–17.30 Uhr.

Pensão Bicuar: Rua Vasco da Gama 5, Tel. 289 71 48 16, www.pensionbicuar.net. Einfache, freundliche Unterkunft in der Altstadt mit Dachterrasse und Küchenbenutzung. DZ um 30 € ohne Frühstück.

Algarve: Praça Patrão Joaquim Lopes 18–20, Tel. 289 70 24 70, So, im Winter auch Sa geschl. Frischer Fisch, Meeresfrüchte und Fleischspezialitäten vom Grill unweit der Markthalle in familiärer Atmosphäre. Hauptgerichte ab 9 €.

 **Festival dos Mariscos:** Mitte Aug. Konzerte und riesige Auswahl an frischen Meeresfrüchten.

 **Zug:** Rua da Estação. Regelmäßig nach Vila Real und Faro.
Bus: Rua General Humberto Delgado, Tel. 289 70 21 57. Häufig nach Faro und in die umliegenden Gemeinden.

Naturpark Ria Formosa

Reiseatlas: S. 17/18, B 4–E 3
2 km östlich von Olhão beherbergt die **Quinta de Marim** das Infozentrum des Naturparks. Entlang eines leichten Wanderweges erklären 20 Tafeln die Tier- und Pflanzenwelt der Ria Formosa (»Schönes Haff«) sowie traditionelle Landwirtschafts- und Fischereitechniken. Auf etwa 15 000 ha zieht sich dieses Ökosystem von der Quinta do Lago bis nach Manta Rota. Die vorgelagerten Barriereinseln ließen ein Labyrinth aus Salzwiesen, Kanälen, Wattflächen und Sandbänken entstehen. Fische laichen in der Lagune, Enten, Kormorane, Flamingos oder Wattvögel finden reichlich Nahrung. Besonders während des Zuges können zahlreiche Vogelarten beobachtet werden. Wappentier des Naturparks ist das schwarz glänzende Purpurhuhn. Zu sehen sind zudem eine restaurierte Gezeitenmühle und pudelähnliche algarvianische Wasserhunde, die 4 m tief tauchen können und früher den Fischern im Haff beistanden. Ungeachtet des offiziellen Naturschutzes leidet das Haff allerdings unter der ungefilterten Einleitung von Abwässern und den Pestiziden, mit denen die Golfplätze behandelt werden (Naturpark Mo–Fr 8–19, im Hochsommer bis 20 Uhr, Sa/So 9–15 Uhr, Eintritt 2 €).

In **Luz de Tavira** an der N 125 ist das manuelinische Seitenportal der Pfarrkirche sehenswert. Kurz dahinter biegt von der N 125 eine Stichstraße nach **Pedras d'el Rei** ab, von wo ein Spazierweg oder eine kleine Bimmelbahn durch das Haff zur **Praia de Barril** führen, die mit ihrem fast weißen Sand zu den schönsten Stränden der Ostalgarve zählt. Alte Fischerboote und zahllose Anker zur Befestigung der Netze sind Relikte des Tunfischfangs, der hier bis in die 1970er-Jahre betrieben wurde. In die alten Fischerhäuser sind Cafés und Restaurants eingezogen.

Marisqueira Fialho: Pinheiro, Abzweig 3 km vor Luz. Tel. 281 96 12 22, Mo u. im Jan. geschl. Muscheln und köstlich gegrillter, fangfrischer Fisch (ab 30 €/kg) von der Küste werden auf der schattigen Terrasse serviert.

Möwen umkreisen das Fischerboot vor Olhão

Tavira

Reiseatlas: S. 18, D 3

Venedig am Atlantik – die freundliche Etikette ist vielleicht etwas hoch gegriffen. Doch schön sitzt man in den Cafés entlang dem Fluss Gilão, im Hintergrund die vornehmen Stadtpaläste, auf dem Burghügel die beiden weiß leuchtenden Wahrzeichen: Pfarrkirche und Wasserturm. Das malerische Städtchen wirkt geschäftiger, als es die Einwohnerzahl von 10 000 vermuten ließe. Schon früh begann die Sanierung der Altstadt, die nahezu 30 Kirchen und Kapellen versammelt und von Betonbauten verschont blieb. Derzeit entwickelt sich **Tavira** zum kulturpolitischen Zentrum der Algarve.

Geschichte

Unter arabischer Herrschaft lag hier der wichtigste Hafen der Algarve, der im christlichen Mittelalter die portugiesischen Besitzungen in Nordafrika versorgte. Die Stadt erlebte ihre große Blüte im 15. und 16. Jh. und exportierte gesalzenen Fisch, getrocknete Früchte und Wein nach Flandern und Italien. Mit dem erstarkenden Handelsbürgertum wuchs die Zahl jüdischer Familien, die bis zu ihrer Vertreibung im 16. Jh. die linke Flussseite bewohnten. Nur wenig später führten der Verlust der afrikanischen Stützpunkte und die allmähliche Versandung des Hafenbeckens zum Niedergang der Stadt. Schwer getroffen wurde sie 1645 von einer Pestepidemie und vom Erdbeben im folgenden Jahrhundert, in dessen Folge ein Tsunami weite Gebiete der Stadt zerstörte.

Doch Tavira erholte sich schnell, Tunfisch brachte seit dem 18. Jh. neue Prosperität. Nach Deutschland exportiert bis heute die Firma Bom Petisco, doch alle anderen Konservenfabriken mussten inzwischen schließen. Die imposanten Stadthäuser der Tunfischbarone schmücken vierseitige Walmdächer. Dank ihrer Ähnlichkeit mit chinesischen Pagodendächern vermuten manche Kunsthistoriker ein kulturelles Mitbringsel der weit gereisten Händler. Römischen Ursprungs ist die mächtige Steinbrücke über den Gilão, die nach einem Hochwasser von 1989 für Fußgänger wieder aufgebaut wurde.

Burg und Burghügel

Am Fuße des Burghügels fällt in der Travessa da Fonte das kunstvoll gestaltete Renaissanceportal der **Igreja da Misericórdia** ins Auge. Unter dem weiten Mantel der Marienfigur suchen christliche wie arabische Könige Zuflucht, ein Zeichen des weltoffenen Charakters der Stadt. Vormittags kann man den mit blau-weißen Azulejos verzierten Innenraum der Kirche besichtigen. Die Gasse links der Kirche führt hinauf zur Burganlage und passiert auf dem Weg den **Palácio da Galeria,** der in eine anspruchsvolle Ausstellungshalle für zeitgenössische Kunst umgewandelt wurde (Di–So Sommer 10–12, 15–17.30 Uhr, Winter 10–12.30, 14–17.30 Uhr, Eintritt 2 €).

Das **Castelo** ist größtenteils zerstört, doch Festungsmauern umlaufen eine romantische Gartenanlage und bieten ein wunderschönes Panorama über die Spitzdächer bis zum Meer. Bestimmt wird der Burghügel von der Pfarrkirche **Santa Maria do Castelo**, die auf den Grundmauern der früheren Moschee errichtet wurde. Das Minarett mutierte zum mächtigen Glockenturm. Nach dem Erdbeben im klassizistischen Stil wieder aufgebaut, blieben von der ursprünglich gotischen Kirche nur das Portal und zwei Seitenkapellen (tgl. 9.30–12 und 14–17.30 Uhr, Eintritt 1 €). Im benachbarten Wasserturm projiziert eine **Camera Obscura** ein Rundumbild von Tavira auf die Leinwand, anhand dessen die Geschichte der Stadt erklärt wird (Mo–Sa 10–18, Juni–Sept. tgl. 10–20 Uhr, Eintritt 3,50 €).

Auch die **Igreja de Santiago** direkt unterhalb wurde auf den Grundmauern einer Moschee errichtet – und ist dem Maurentöter São Tiago (hl. Jakobus) geweiht. Ein Relief

über dem Hauptportal weist mahnend zum früheren Maurenviertel, das sich über die angrenzenden Gassen erstreckte. Manches Haus zeigt noch das arabische Gitterfenster, das den Frauen einen heimlichen Blick auf die Straße erlaubte, von außen jedoch den Einblick verwehrte.

Der Weg führt nun wieder hinab zum rechten Flussufer und durch einen hübschen Stadtpark zur **ehemaligen Markthalle**. In die lichte Eisenkonstruktion sind Andenkenläden, Restaurants und Cafés gezogen, nachdem die Markthändler inzwischen eine moderne Halle am Stadtrand erhalten haben.

i **Turismo**: Rua da Galeria 9, Tel. 281 32 25 11, Mai–Sept. 9.30–19, sonst Mo–Fr 9.30–13, 14–17.30 Uhr.

Pousada Convento da Graça: Rua Dom Paio Peres Correia, Tel. 218 44 20 01, Fax 218 44 20 85, www.pousadas.pt. Luxus pur im früheren Augustinerkloster, das anstelle der Synagoge errichtet worden war. 18 Zimmer. DZ 150–230 €.

Pensão Lagoas: Rua Almirante Cândido dos Reis 24, Tel. 281 32 22 52. Kleine Familienpension mit 17 Zimmern. Sympathisch altmodisch und sauber. DZ 35–50 €.

Auf den Grundmauern einer Moschee errichtet: die Igreja Santa Maria do Castelo

Vila Galé Albacora: 3 km südl. von Tavira, Quatro Águas, Tel. 281 38 08 00, Fax 281 38 08 50, www.vilagale.pt. Komfortables Wohnen in früheren Häusern der Tunfischfänger, ein kleines Museum erinnert an die vormalige Nutzung. 161 Zimmer. DZ 60–170 €.

Praça Velha: Alte Markthalle, Tel. 281 32 58 66, So geschl. Marisqueira mit überzeugender Auswahl an Meeresfrüchteeintöpfen (ab 12 €), Fisch- und Fleischgerichten (ab 9 €).
Imperial: Rua José Pires Padinha 22, Tel. 281 32 23 06, außer im Aug. Di geschl. Schön sitzt man auf der Terrasse, serviert werden gegrillter Fisch und Meeresfrüchteeintöpfe. Hausspezialität ist *porca à camponesa* aus Schweinefleisch, Kartoffeln, Oliven und viel Knoblauch. Hauptgerichte ab 8,50 €.
Vela 2: Campo dos Mártires da República 1, Tel. 281 32 36 61, So geschl. Volkstümliches Lokal, in dem für den Einheitspreis von etwa 8 € gegrillter Fisch oder Fleisch bis zum Abwinken auf den Tisch kommen.

Kultursommer: Juli/Aug. Hochkarätig besetzte Konzerte, Theater und Kunstausstellungen.

Fahrradfahren: Sport Náutica: Rua Jaques Pessoa, Tel. 281 38 19 35. Fahrradverleih.
Baden: Strand auf der Sandinsel Ilha de Tavira, mit sommerlicher Bootsanbindung vom Kai vor der alten Markthalle.

Zug: Largo de Santo Amaro. Regelmäßig in die Küstenstädte.
Bus: Rua dos Pelames, Tel. 281 32 25 46. Regelmäßig nach Faro und Vila Real Santo António.

Die Küste östlich von Tavira

Reiseatlas: S. 18, E 2–F 2
Eine Reise in vergangene Zeiten erlebt man in **Cacela-a-Velha**, einem idyllischen Örtchen, das man über einen Abzweig von der N 125 gut 10 km hinter Tavira erreicht und dessen Einwohner von der Muschelzucht leben. Auf dem Dorfplatz werden häufig Modeaufnahmen geschossen und sogar Spielfilme gedreht. Jüngste archäologische Ausgrabungen brachten Funde aus der römischen und arabischen Epoche zutage, als der Ort noch über einen eigenen Hafen verfügte. Das alte Kastell wird militärisch genutzt. Hausgebackenen Kuchen und Snacks gibt es im **Café Casa Azul** (Di geschl.), das auch Kunstausstellungen zeigt. Ein allerdings nicht ausgeschilderter Wanderweg läuft durch das Haff bis zum Strand von **Manta Rota**, eine in den letzten Jahren stark gewachsene Feriensiedlung, die von ganz schlimmen Bausünden aber bisher verschont blieb.

Anders sieht es in der östlichen Nachbarstadt **Monte Gordo** aus. Die langen Sandstrände mit warmen Wassertemperaturen machten den Fischerort bereits in den 1920er-Jahren zum bevorzugten Feriendomizil betuchter Großgrundbesitzer, das erste Casino der Algarve wurde hier eröffnet. Doch der ansehnliche Ortskern wird mittlerweile von gar nicht ansehnlichen Hotelburgen in den Schatten gestellt.

... in Monte Gordo:
Turismo: Av. Marginal, Tel. 281 54 44 95, Mai–Sept. 9.30–19, sonst Mo–Fr 9.30–13, 14–17.30 Uhr.

... in Manta Rota:
Estalagem Oasis: Praia da Lota, Tel./Fax 281 95 16 60, www.mdgrouphotels.com. Ansprechendes Mittelklassehotel nur 200 m vom Strand entfernt. DZ 70–132 €. Das Hotel betreibt auch die angrenzende Apartmentanlage Real Lota.

... in Fábrica:
Costa: 2 km westl. von Cacela-a-Velha, Tel. 281 95 14 67. Empfehlenswert ist der üppige Meeresfrüchtereis auf der Terrasse am Meer. Hauptgerichte ab 9 €.
... in Praia Verde:
Pezinhos N'areia: 3 km westl. von Monte Gordo, Tel. 281 51 31 95, tgl. geöffnet, außer im Winter. Südsee-Romantik unter den aus Palmwedeln geflochtenen Sonnenschirmen

am weißen Strand, dazu *petiscos* (ab 6,50 €), frische Fische (ab 11 €) und eine beeindruckende Kuchentheke.

... in Monte Gordo:
Casino: Av. Marginal, tgl. 15–3 Uhr.

Vila Real de Santo António

Reiseatlas: S. 18, F 2
Marquês de Pombal ließ die heute 13 000 Einwohner zählende Grenzstadt am Guadiana 1774 in nur fünf Monaten aus dem Boden stampfen und wollte damit das nahe Spanien beeindrucken. Die schachbrettartige urbanistische Anlage von **Vila Real de Santo António** ähnelt der Baixa in Lissabon. Auch hier wurde mit einheitlichen Baunormen die Fertigstellung beschleunigt: Die Gebäude bestehen zumeist aus zwei Stockwerken mit jeweils sieben Fenster- oder Türöffnungen.

Im Ortszentrum liegt ein quadratischer Platz mit strahlenförmigem Muster im Straßenpflaster. Orangenbäume spenden Schatten und Atmosphäre, Straßencafés laden zum Verweilen ein. Die Geschäfte haben sich auf die Kaufwünsche der spanischen Nachbarn eingestellt und bieten Tuchwaren in allen Variationen an.

Turismo: Rua Teófilo Braga, Tel. 281 54 21 00, Mai–Sept. tgl. 9.30–19, sonst Mo–Fr 9.30–13, 14–17.30 Uhr.

Guadiana: Av. da República 94, Tel. 281 51 14 82 Fax 281 51 14 78, www.hotelguadiana.com.pt. Behutsam renoviertes Jugendstilhotel mit Blick über den Guadiana und 45 Zimmern. DZ 50–75 €.

Casa Piza II: Rua do Brasil 44, Tel. 281 54 31 57, Mi. geschl. Populäres Lokal mit großer Fischauswahl, ausreichende halbe Portionen ab 5 €.

Schiffsausflüge: Riosul, Rua Tristão Vaz Teixeira 15 C, Monto Gordo, Tel. 281 51 02 00, www.riosultravel.com. Kreuzfahrten auf dem Guadiana.

Zug: 1,5 km nördlich. Regelmäßig nach Faro.
Bus: Avenida da República, Tel. 281 51 18 07. Häufig in die Nachbarorte und nach Faro.

Castro Marim

Reiseatlas: S. 18, F 2
Verschlafen liegt das hübsche Städtchen **Castro Marim** nur 5 km nördlich inmitten ausgedehnter Salzfelder. Zwei mächtige Festungen zeigen, dass die weißen Häuser mit ihren roten Dächern auch schon lebendigere Tage gesehen haben. Im 13. Jh. wurde das Kastell auf den Ruinen einer Maurenburg zu einem Verteidigungsposten gegen Kastilien ausgebaut. 1319 brach die glorreichste Zeit an. Portugal widersetzte sich dem Verbot des Templerordens und gründete mit den gleichen Ordensbrüdern den Nachfolgeorden der Christusritter. Zur Vertuschung des Etikettenschwindels wurde der Stammsitz des Ordens vorübergehend von Tomar nach Castro Marim verlegt. Von der Burg, die allerdings ebenso wie das Forte São Sebastião auf dem Hügel gegenüber einer Sanierung bedarf, bietet sich ein grenzenloses Panorama nach Spanien und über das naturgeschützte Feuchtgebiet **Sapal de Castro Marim**, das Reihern, Störchen und Flamingos eine wichtige Brutstätte bietet. Salinen bedecken knapp ein Drittel der Fläche. Auf Spaziergängen vorbei an den Salzgärten kann man beobachten, wie das in der Sonne verdunstende Wasser dicke Klumpen Meersalz zurückbleiben lässt (Parkbüro Mo–Fr 9–12.30, 14–17.30 Uhr).

Turismo: Rua Dr. José Alfes Moreira 2–4, Tel. 281 53 12 32, Mo–Fr 9.30–13, 14–17 Uhr.

Mittelaltertage: Ende Aug. in der Burg mit Ritterturnieren, mittelalterlichen Kostümen, Speisen und Handwerk.

Hinterland der Algarve

Reiseatlas S. 7, 8, 15–18

Das Schweigen und die tiefe Unberührtheit der Landschaft prägen die Serra do Caldeirão, die Hügelkette im zentralen Hinterland der Algarve. In den abgelegenen Dörfern tauchen die Besucher in eine ländliche Lebenswelt ein, die anderswo nur noch in Museen zu finden ist. Hoch hinauf geht es in der Serra de Monchique im Westen, der Fóia ist mit 902 m der höchste Gipfel der Algarve.

Im Frühjahr werden häufig noch Maultiere vor den Wagen gespannt, um die verstreut liegenden Gemüsegärten anzusteuern, die das Überleben sichern helfen. Lange wurde das stille Hinterland von den Tourismusverantwortlichen sträflich vernachlässigt, da sie unverdrossen auf die Anziehungskraft von Strand und Meer setzten. Naturtouristen haben jedoch mittlerweile die Region entdeckt, die ab 2008 von einem Wanderweg durchquert werden soll. Er führt vom Cabo de São Vicente bis Alcoutim (Informationen bei der Umweltorganisation Almargem, www.viaalgarviana.org, auch in Engl.).

Das Monchique-Gebirge erlebt eine Renaissance dank seiner Thermalquellen, die sich mit modernen Wellnessangeboten einem neuen Publikum öffnen.

Ein Ausflug den Guadiana hinauf

Reiseatlas: S. 8, E 3

Unterhaltsamer, aber auch kurviger als die neue Schnellstraße gestaltet sich die Fahrt auf der alten N 122 nördlich von **Castro Marim**. Über **Azinhal,** Ausgangspunkt für einen erholsamen Rundwanderweg, führt die Route durch eine karge Hügellandschaft, die von kleinen fruchtbaren Feldern in den Talsenken aufgelockert wird. Bald geht es über die Staumauer des Barragem de Odeleite. Der namensgebende Ort **Odeleite** zieht sich malerisch zum Fluss hinab, schöne Wanderungen beginnen auch hier (s. Richtig Reisen-Tipp S. 386). Ein optischer Schandfleck allerdings ist eine neue Straßenbrücke über dem Dorf, für die EU-Fördergelder verschwendet wurden.

Um die Fahrt nun auf einer stillen Nebenstraße entlang dem Guadiana fortsetzen zu können, geht es etwa 2 km zurück zum Abzweig nach **Foz de Odeleite**. An die Zeiten vor dem EG-Beitritt, als das Schmugglerwesen florierte, erinnern langsam verfallende Zollwachttürme und ein kleines Flussmuseum in **Guerreiros do Rio** (Di–Sa 10–13, 14–17 Uhr, Eintritt 2,50 €). Portugiesen lieferten Kaffee nach drüben, Spanier Zigaretten nach hüben.

Schließlich wird **Alcoutim** erreicht, mit rund 1000 Einwohnern schon ein kleines Städtchen. Der Fluss glitzert in der Sonne, die Häuser drängen sich um die Bootsanlegestelle, stille Gassen schlängeln sich zur mittelalterlichen Festung hinauf. Dort werden in einem archäologischen Museum Funde der vergangenen 5000 Jahre ausgestellt, ein kleiner Laden bietet regionales Kunsthandwerk an (Mo–Fr 9–13, 14–17 Uhr, Eintritt 2,50 €). Auf der spanischen Flussseite wirkt die Burg von **Sanlúcar** wie ein Spiegelbild. Übersetzen kann man per Fischerboot.

Unbedingt empfiehlt sich von Alcoutim aus die halbstündige Weiterfahrt ins alentejanische Mértola (s. S. 350 ff.).

... in Alcoutim:
Turismo: Rua do Município 12, Tel. 281 54 05 00, 9.30–13, 14–17.30, im Hochsommer Di–Do zusätzlich bis 19 Uhr.

... in Guerreiros do Rio:
Guerreiros do Rio: Tel. 281 54 01 70, Fax 281 54 01 79, www.guerreirosdorio.com. 2006 erbautes Haus mit 26 fröhlich eingerichteten Zimmern. DZ 60–110 €, Wochenendzuschlag etwa 15 %.
... in Alcoutim:
Estalagem Guadiana: Bairro do Rossio, Tel. 281 54 01 20, Fax 281 54 66 47, www.grupofbarata.com. Modernes Landhotel mit 31 Zimmern direkt am Fluss. DZ 65–85 €.

... in Alcoutim:
O Soeiro: Kirchplatz, Tel. 281 54 62 41, So geschl. Einfaches Landrestaurant, häufig Wild und Flussfische. Terrasse über dem Fluss, auf der auch nur ein Kaffee getrunken werden kann. Hauptgerichte ab 9 €.

Serra do Caldeirão

Von Tavira nach Cachopo

Reiseatlas: S. 18, B 1–D 3
Zu den schönsten Bergrouten der Algarve zählt die ruhige N 397 von Tavira nach Cachopo. Der fantastische Blick schweift über sanfte Hügelketten, silbern glitzert das Meer in der Ferne, weiß gekalkte Gehöfte liegen über das weite Land verstreut, bebaute Felder schieben sich zwischen Korkeichenhaine, Orangenbäume und Pinienwälder. Zunächst führt die wenig befahrene Straße am Rio Gilão entlang aus Tavira hinaus, bevor sie sich die Berge hinaufwindet. Beim Weiler **Águas dos Fusos** lohnt sich für Liebhaber von Wildgerichten ein Abstecher in das fast verlassene Bergdorf **Cabeça Gorda**. Das weithin geschätzte Restaurant A Tia Rosa wird von lokalen Jägern frisch beliefert.

In Serpentinen geht es weiter nach **Cachopo**, das zwar schon vor 5000 Jahren besiedelt war, aber von der ersten, damals unbefestigten Straße erst im 20. Jh. erreicht wurde. In der damaligen Herberge der Straßenbauer zeigt ein schmuckes Volkskundemuseum die Arbeits- und Lebensweisen in der Region (Casa dos Cantoneiros, Mo–Fr 9.30–13, 14.30–18 Uhr, Eintritt 2 €). Beim Schlendern durch die stillen Dorfgassen passiert man die Werkstätten des Hufschmieds und des Sattelmachers – traditionelle Handwerke, die hier noch benötigt werden. Zur Kooperative A Lancadeira im oberen Ortsteil haben sich Weberinnen zusammengeschlossen, die ihr Geschick an den historischen

Mit den Autoren unterwegs

Museu do Trajo Algarvio

Im Heimatmuseum von São Brás de Alportel fühlt man sich, als wäre man bei der Korkverarbeitung mit dabei. Ein weiterer Schwerpunkt liegt auf algarvianischen Trachten (s. S. 386).

Mandelblüte

Dank der Liebe eines maurischen Herrschers zu seiner Gattin, die aus dem Norden stammte, gehört die Mandelblüte zum Schönsten, was die Algarve im Januar und Februar zu bieten hat. Die junge Frau war krank vor Sehnsucht nach dem heimatlichen Schnee und so ließ der Prinz Mandelbäume pflanzen, deren weiße Blüten forthin den Boden wie Schnee bedeckten. Am üppigsten blühen sie rund um Querença (s. S. 390 f.)

Deftige ländliche Küche

Figurenfeindliche Riesenportionen lassen sich in den Dörfern des Hinterlandes genießen, am besten bei einem sonntäglichen Mittagessen inmitten von portugiesischen Großfamilien, etwa im Restaurante Mouro Bar (s. S. 391).

Alte

Ein weißes Städtchen wie aus dem Bilderbuch, frisches Quellwasser sprudelt aus den Bergen, ein Flussschwimmbad bietet Erfrischung (s. S. 391).

Richtig Reisen-Tipp: Wandern am Rio Guadiana

»Laufe, laufe Guadiana« oder »Auf der Suche nach dem verzauberten Tal« nennt der rührige Verein Odiana zwei seiner 20 frisch markierten **Wanderwege** zwischen **Castro Marim** und **Alcoutim.**

»Ein Fenster auf den Guadiana« (Uma Janela para o Guadiana) öffnet einen zweistündigen Rundweg durch wasserreiche Talsenken und über karge Hügel, der an einer Informationstafel am Dorfparkplatz von Azinhal beginnt. Zunächst folgt man der gelb-roten Markierung durch die ruhigen Dorfgassen. Süße Wegzehrung reichen die Bäckerinnen der Kooperative A Prova, bevor mit Zistrosen, Lavendel und Rosmarin bewachsene Hügel erklommen werden. Zwischen Februar und Juni blühen bunte Wiesenblumen. Nach starken Regenfällen im Winter sind einige Wegabschnitte in den Tälern allerdings nur mühsam zu passieren. Der Rückweg führt durch ein fruchtbares Feuchtgebiet. Störche und Reiher sind hier in ihrem Lebensraum zu beobachten.

Dies gilt auch für die **Wanderung** »Odeleite von nah und fern« (Odeleite de perto e de longe). Ausgangspunkt ist das einfache Dorfgasthaus Casa Merca am Ortseingang. 11 km durch einsame Landschaften sind in etwa drei Stunden zu bewältigen. Eine Pause kann im bescheidenen Restaurant Alberto's in Alcaria nach knapp der Hälfte des Weges eingelegt werden. Romantisch führt der Rückweg durch das von Orangenbäumen und Wein bewachsene Tal der **Ribeira do Odeleite.**

Wanderbeschreibungen auch in englischer Sprache sind beim Verein Odiana erhältlich in der Rua 25 de Abril 1, Castro Marim (gegenüber dem Touristenbüro), Tel. 281 53 11 71.

Webstühlen zeigen und hübsche Decken und Teppiche in überlieferten Mustern direkt verkaufen.

... in Cabeça Gorda:
A Tia Rosa: Tel. 281 32 60 88, Mo. geschl. Rebhuhn oder Kaninchen ca. 15 € für 2 Pers. Anmeldung empfehlenswert.

... in Cachopo:
O Retiro dos Caçadores: N 124 (Hauptstraße), Tel. 289 84 41 74. Einfache ländliche Küche. Gut zubereitet ab 5 €.

Von Cachopo nach São Brás

Reiseatlas: S. 18, B 1/2

Nun wendet sich die N 124 die Höhe haltend nach Westen, das Land wird noch einsamer. Oberhalb der Dorfkirche von **Barranco do Velho** beginnt ein einstündiger Rundwanderweg durch die Wälder, die sich nach verheerenden Bränden 2004 langsam erholen. Ein emeritierter deutscher Soziologieprofessor beherbergt in dem Landgut Casa das Fontes fürsorglich seine Gäste. Dies ist ein guter Ausgangspunkt für die weitere Entdeckung der Serra, deren Ausläufer bis nach **São Brás de Alportel** reichen. Seit dem 19. Jh. bildet diese Kleinstadt (10 000 Einw.) ein Zentrum der Korkverarbeitung. Noch heute werden in der ortsansässigen Fabrik die Champagnerkorken für Moët & Chandon produziert. Die knorrigen Bäume gedeihen prächtig auf dem kargen Schieferboden. Wenn sie jeweils nach neun Jahre geschält werden, leuchtet ihr Stamm feuerrot. Im Heimatkundemuseum **Museu do Trajo Algarvio** in einer prächtigen Villa eines früheren Korkfabrikanten sind regionale Trachten, Kunsthandwerk und Pferdekutschen ausgestellt. Ein Anbau ist ganz den Techniken der Korkverarbeitung gewidmet (Rua Dr. José Dias Sancho 61, Mo–Fr 10–13 und 14–17, Sa/So 14–17 Uhr, Eintritt 1 €).

... in São Brás de Alportel:
Turismo: Largo S. Sebastião 23, Tel. 289 84 31 65, Mo–Fr 9.30–13 und 14–17.30 Uhr.

... in Barranco do Velho:
Casa das Fontes: Tel./Fax 289 84 64 49, www.dasfontes.info. Liebevoll modernisiertes Landgut. Apartment für 2 Pers. ca. 65 €.
... bei São Brás de Alportel:
Pousada São Brás: Poço dos Ferreiros, 3 km nördlich, Tel. 289 84 23 05, Fax 289 84 17 26, www.pousadas.pt. 33 Zimmer in einer modernen Pousada mit Fernblick bis zum Meer. DZ 120–180 €.

... bei São Brás de Alportel:
Adega Nunes: Machados, 3 km südl. Richtung Faro, Tel. 289 84 25 06, So. geschl. Eine Weinkelterei wurde in einen urigen Landgasthof umgewandelt, dessen abgelegene Lage seinem Bekanntheitsgrad keinen Abbruch tut. Hauptgerichte ab 8 €.

... in São Brás de Alportel:
Festa da Aleluia: Ostersonntag. Farbenfroher Umzug mit blühenden Fackeln.

Wandern: Infoblätter im Touristenbüro, empfehlenswert ist eine dreistündige Rundwanderung um das Dorf Mesquita.

... in São Brás de Alportel:
Bus: Rua João Louro, Tel. 289 84 22 86. Regelmäßige Verbindungen nach Loulé, Faro und Cachopo.

Loulé

Reiseatlas: S. 16, E 3
Berühmt ist die **Markthalle** in einer der ältesten Städte der Algarve mit 18 000 Einwohnern. Im neomaurischen Stil erbaut und frisch restauriert herrscht quirliges Treiben zwischen den Ständen. Marktfrauen bieten lautstark frisches Obst, Gemüse, Fisch, Käse und Kunsthandwerk feil. Die Spezialität ist *queijo do figo,* eine feste Masse aus Feigen, Mandeln, Zucker. Samstags wird das Angebot so groß, dass einfach die umliegenden Straßen in Beschlag genommen werden. Allerdings wächst damit auch der touristische Andrang.

Kopfsteingepflasterte Gassen durchziehen die pittoreske **Altstadt**. Die historischen Gewölbe der ehemaligen Bürgermeisterresidenz, der Alcaidaria, beherbergen ein **Archäologisches Museum**. Liebevoll aufbereitet sind Funde von der Vorgeschichte bis zum Mittelalter; unter einer Glasabdeckung sieht man die Grundmauern eines arabischen Wohnhauses. Im ersten Stock wurde eine ländliche Küche rekonstruiert. Eine steinerne Maismühle kann eigenhändig gedreht werden, so wie es früher Tagesgeschäft der armen Landfrauen war, als Maisbrei noch das Hauptnahrungsmittel bildete. Eine Treppe führt weiter hinauf zu den Resten der einst wehrhaften **Stadtmauer** und auf einen mächtigen Wachturm (Mo–Fr 10–17 Uhr, Eintritt 1,10 €). Die Fernsicht reicht bis zum Atlantik. Auf dem gegenüberliegenden Hügel fällt ein moscheeähnliches Bauwerk ins Auge. Es entpuppt sich als moderne katholische **Kirche,** die hinter der kleinen Capela Nossa Senhora da Piedade aus dem 16. Jh. errichtet wurde und die Figur der Schutzheiligen Mãe Soberana aufbewahrt.

Oft geschlossen ist leider die **Igreja Nossa Senhora da Conceição**, die schräg gegenüber dem Kastell in eine Häuserzeile eingelassen ist. Hat man das Glück und findet die Kapelle offen, sollte man einen Blick auf den goldenen Altar und die 300 Jahre alten, blau-weißen Kachelbilder werfen. Weniger spektakulär zeigt sich die **Pfarrkirche** am Largo Cabrito de Silva, doch der kleine Park neben dem Kirchplatz bildet eine grüne Oase.

Von städtisch-bürgerlichen Traditionen zeugt das Kaffeehaus **A Calçadinha** an der Praça da República; seine schmucke Art-déco-Einrichtung stammt aus den 1920er-Jahren. Der Volksdichter António Aleixo (1899 bis 1949) sitzt in Bronze gegossen vor der Türe.

Turismo: Av. 25 de Abril 9, Tel. 289 46 39 00, Di–Fr 9.30–19, Sa und Mo 9.30–13 und 14–17.30 Uhr.

Loulé Jardim: Praça Manuel de Arriaga 23, Tel. 289 41 30 94, Fax 289 46

Rot und weiß leuchtet die Mandelblüte an der Algarve schon im Januar

31 77, www.loulejardimhotel.com. Helle, geräumige 52 Zimmer in einem Stadtpalast mit kleinem Pool auf dem Dach. DZ 50–77 €.

O Beco: Av. 25 de Abril, Tel. 289 46 29 80, So Ruhetag. Schmackhafte Hausmacherkost ab 6 €.

Cantina dos Sabores: Rua de Portugal 22, Tel. 289 46 33 04, So geschl. Kleines vegetarisches Restaurant mit variantenreichen Salaten, Tagesgerichten (ab 4,50 €) u. frisch gepressten Gemüse- und Obstsäften (ca. 2 €).

Karneval: Bunte Straßenumzüge an den Karnevalstagen und im August.

Mãe Soberana: Ostersonntag und 2. So nach Ostern. Prozessionen zur Verehrung der Schutzheiligen.

Festival Mediterrâneo: Ende Juni/Anfang Juli. Mediterrane Klänge in der Altstadt.

Zug: Der Bahnhof liegt 6 km südl. von Loulé.

Bus: Rua N. S. de Fátima, Tel. 289 41 66 55. Regelmäßig nach Faro, Albufeira, São Brás de Alportel und ins Hinterland.

Durch die Gartenlandschaft des Barrocals

Reiseatlas: S. 16, E 1–E 2

Die von Zypressen gesäumte Landstraße N 396 führt von Loulé in nördliche Richtung nach Querença. Links und rechts wachsen knorrige Oliven-, Johannisbrot- und Feigenbäume, in den Bachauen werden die kleinen Gemüsegärten dreimal jährlich geerntet. Schon im Januar und bis in den März hinein entfalten tausende Mandelbäume ihre weiße und rote Blütenpracht.

Alltag in Alte

Querença

Der schönste Dorfplatz im Hinterland der Algarve, darauf die Tische eines Cafés und eines Restaurants, eine hübsche Dorfkirche und die weiß gekalkten Häuser – was braucht es mehr, als sich in das 9 km nördlich gelegene Querença aufzumachen. Das gotisch-barocke Gotteshaus ziert ein manuelinisches Portal mit der seltenen Darstellung eines negroiden Gesichts und eines Äffchens: In Stein gemeißelte Nachrichten aus der von den Seefahrern entdeckten neuen Welt, die die Gemeinde im 16. Jh. erreichten. Am Wochenende allerdings wird die dörfliche Stille jäh unterbrochen, dann scheint es, als würde die halbe Algarve eine Spazierfahrt dorthin unternehmen.

Vom Kirchplatz stürzt sich die Straße hinunter ins Tal und dann nach links flach weiter zur **Fonte de Benémola**. Oft sieht man am Wegesrand arabische Wasserschöpfräder, die die Gemüsegärten bewässerten. Ein markierter Wanderweg durch das naturgeschützte Quellgebiet passiert den Korbflechter António, der das Riesenschilfrohr in ansprechende Körbe und Trinkgefäße für den Medronho-Schnaps verwandelt.

Turismo: Kirchplatz, Tel. 289 42 24 95, Di–Sa 9–12.30, 13.30–17 Uhr.

Querença: Kirchplatz, Tel. 289 42 25 40, Mi geschl. Lange Holztische auf dem Kirchplatz. Die einfache Taverne bietet Fleisch und Fisch vom Grill für ca. 6 €.

Loja da Quinta: Kirchplatz. Regionales Kunsthandwerk, hausgemachte Liköre u. Marmeladen, Oliven, Obst, Gemüse.

Salir

Die Pfarrkirche und ein Wasserturm hoch auf dem Stadthügel weisen den Weg nach Nordosten in den ruhigen Landflecken Salir (3000 Einw.), den die Araber mit einer gewaltigen Burganlage gesichert hatten, von der aber nur wenige Mauerreste erhalten blieben. Den Burghügel schmücken weiß gekalkte Häuser, eng sind die Gassen, weit der Blick auf den 479 m hohen Berg **Rocha da Pena,** um den sich zahllose Legenden ranken. So wird erzählt, dass sich die Mauren vor den anrückenden Christentruppen in die Berghöhlen flüchteten und dabei »salir, salir« riefen: »raus, flüchten«. Der Ortsname war geboren. Die südliche Felswand ist ein ausgesprochenes Kletter-Paradies. Eine gut ausgeschilderte Rundwanderung von knapp 3 Std. beginnt am Café Rocha. Dorthin führt das Sträßchen, das im Ort Pena von der N 124 abzweigt.

Turismo: Rua José Viegas Gregório, Tel. 289 51 59 73, Mo–Fr 9–16 Uhr.

Casa da Mãe: 2 km nördl. in Almeijoafra, Tel./Fax 289 48 91 79, www.casadamae.com. Unterschiedlich große, traditionell eingerichtete Apartments säumen einen Blumengarten mit Pool. DZ ab 55 €.

Mouro Bar: Rua dos Muros do Castelo, Tel. 289 48 94 58, Mo Ruhetag. Maria do Carmo kocht, wie sie es von ihrer Mutter gelernt hat: ländlich gut. Hauptgerichte ab 8 €.

Alte

Reiseatlas: S. 16, D 1/2

Alte – eine Oase in der Serra! Schmucke Traditionshäuser mit ihren minarettartigen Kaminen säumen die blumengeschmückten Gassen, die die **Pfarrkirche** mit der Quelle Fonte Pequena verbinden. Unmittelbar nach der christlichen Rückeroberung begann der Bau des Gotteshauses, das im 15. Jh. fertiggestellt und im Erdbeben 1755 teilweise zerstört wurde. Der farbenfrohe Innenraum wird von zahlreichen Heiligen geziert. Die Seitenkapelle rechts vom Eingang ist mit seltenen Sevillaner Kacheln aus dem 16. Jh. ausgekleidet, über den Altarraum hebt sich ein manuelinisches Gewölbe.

Der pittoreske Picknickplatz vor der **Fonte Pequena** (Kleine Quelle) am östlichen Ortsrand wird von Platanen beschattet, auf Azulejos sind die Gedichte des lokalen Poeten

Richtig Reisen-Tipp: Algarve für Radler

Warum denn immer Mallorca? Klar, die dortige Infrastruktur finden Biker an der Algarve nicht vor, dafür aber einsame Straßen durch herrliche Landschaften. Offen für Radfahrer ist das Hotel Loulé Jardim, Co-Sponsor eines portugiesischen Profi-Teams. Und Bicicletas Masil in der Rua do Portugal in Loulé bietet technische Hilfestellung (kein Verleih).

Wer sich 120 km durch das Hügelland zutraut, fährt von Loulé auf der N 396 fast stetig mit 5 % hinauf nach Barranco do Velho und zweigt dort ab auf die N 124 nach Cachopo, nun meist bei kurzen Anstiegen und Abfahrten. Am Ortsausgang von Cachopo folgt nach einer rasanten Abfahrt auf der N 397 der bis zu 10 % steile Alcaria do Cume. Im Dorf Águas dos Fusos mit Snackbar ist das Schlimmste überwunden. Bei zwei kurzen Gegenanstiegen geht's hinab nach Tavira und von dort auf der N 270 weniger stark ansteigend über São Brãs zurück (Reiseatlas S. 17, A 2–D 3) Wer es kürzer liebt, fährt von Barranco do Velho nach Salir und direkt nach Loulé zurück. Ein Abstecher nach Alte könnte vielleicht noch zu verkraften sein. Aber Vorsicht, auf dem Rückweg hinter Aldeia da Tôr gibt's eine Steigung von 12 % (Reiseatlas S. 16, D–F 1).

Die meisten Wanderwege an der Algarve sind auch für Mountainbiker ausgelegt. Der rote Punkt ist ihr Zeichen, besonders hübsch fährt es sich um Querença nördlich von Loulé. An der Küste gibt es zwar Fahrradverleihstationen, die in den jeweiligen Ortsbeschreibungen aufgelistet sind, aber bisher keine ausgeschilderte Route. Doch der transalgarvianische Fahrradweg Ecovia befindet sich derzeit im Bau und wird das westliche Cabo de São Vicente mit Vila Real Santo António an der spanischen Grenze verbinden.

Sportlich durch das Hinterland der Algarve

Cândido Guerreiro (1871–1953) gebrannt. Seit dem frühen Mittelalter wurde hier das harte Espartogras gewässert, mit wuchtigen Holzhämmern geschlagen und zu Schnüren gedreht. Dies alles war Frauenarbeit. Eine kleine Ausstellung im örtlichen Tourismusbüro ist dieser Tätigkeit gewidmet. Knapp 2 km nördlich speist die **Fonte Grande,** die große Quelle, ein von Bäumen beschattetes Naturschwimmbecken, in den Sommermonaten ein überaus erfrischender Ort.

Turismo: An der N 124, Tel. 289 47 86 66, Mo–Sa 9–12.30, 14–17.30 Uhr, mit Verkauf von regionalen Handwerksprodukten und Marmelade.

Alte Hotel: Estrada de Santa Margarida, ca. 2 km nordwestl. von Alte, Tel. 289 47 85 23, Fax 289 47 86 46, www.altehotel.com. Modernes Landhotel mit 28 Zimmern und Blick bis an die Küste. DZ 45–90 €.

Rosmaninho: 5 km nordöstl. von Alte in Sarnadas, Tel. 289 47 84 82. Liebevoll von Dona Fernanda zubereitete ländliche Spezialitäten. Besonders empfehlenswert ist Entenreis *(arroz do pato)*. Hauptgerichte ab 7 €; auch Privatzimmer für ca. 40 €.

Cerâmica d'Alte: Unter dem Turismo. Kunstvoll bemalte Azulejos, auch in modernem Design.
Doçaria Amendoinha: An der N 124. Gebäck nach alten Rezepten mit viel Mandeln und Johannisbrot.
Papa-Figo: Rua da Fonte 11. Handgemachte Seifen auf der Basis von Olivenöl.

Semana Cultural: Letzte Aprilwoche und 1. Mai. Gastronomie, Folklore, Theater, Umzüge, Sportveranstaltungen.

Silves

Reiseatlas: S. 15, A 2

Die maurische Festung, das **Castelo** aus rotem Sandstein thront weithin sichtbar über der historischen Stadt, die ihre Blütezeit während der arabischen Herrschaft erlebte. Silves wurde im 11. Jh. zur Hauptstadt der Algarve und zählte fast 40 000 Einwohner. Zahlreiche Dichter, Philosophen und Musiker verwandelten den Xelb genannten Ort in eine kulturelle Hochburg und besangen die luxuriösen Paläste. Die christliche Reconquista beendete dieses Märchen aus 1001 Nacht. Zwar blieb Silves zunächst Provinzhauptstadt und wurde Bischofssitz, doch im 16. Jh. zählte es nur mehr 140 Haushalte. 1577 zogen der Bischof nach Faro und die Regierung nach Lagos um. Heute umfasst die Gemeinde etwa 11 000 Einwohner.

Castelo

Der Weg in die ehemalige Medina führt durch ein wuchtiges arabisches Stadttor. Die Burg selbst erfuhr in den 1940er-Jahren eine grundlegende Umgestaltung, als ihr Türme und Zinnen aufgesetzt wurden. Auch die heroische Statue des christlichen Eroberers Sancho I. im Eingangsbereich entstammt dieser Zeit. Derzeit schränken Bau- und Ausgrabungsarbeiten den Rundgang stark ein, die wohl für längere Zeit auch den Zutritt zu zwei unterirdischen arabischen Zisternen verwehren. Allerdings kann man auf den Mauern die gesamte Anlage umlaufen und den Panoramablick genießen (9–18, im Sommer bis 19 Uhr, Eintritt 1,25 €).

Unterhalb der Burg

Die mächtige **Kathedrale** unterhalb der Burg wurde ab dem 13. Jh. auf den Grundmauern der arabischen Moschee errichtet. Nur das gotische Hauptportal und die östlichen Gebäudeteile überdauerten die Zerstörungen durch das Erdbeben 1755 (8.30–18.30 Uhr, Eintritt frei). Mit einem figurenreichen manuelinischen Seitenportal beeindruckt die benachbarte **Igreja da Misericórdia**. Die gelungene Architektur des **Museu Municipal de Arqueologia** in der Rua das Portas de Loulé 14 kontrastiert eine 18 m tiefe arabische Zisterne mit modernem Baustil. Der erst 1980 entdeckte Brunnen bildet das Herzstück des Museums. Kaum weniger interessant sind die

Maurisches Erbe in Alltag und Kultur

Schwarze Haare und Augen, dunkler Teint, kleiner Wuchs. Fast könnte man die Algarvianer für Iraner oder Marokkaner halten; zweifellos schlägt sich hier noch die lange arabische Präsenz und damalige Durchmischung der Bevölkerung nieder. Nicht selten werden sie verächtlich als *mouros* (Mauren) abgetan.

Die christliche Rückeroberung der Algarve beendete 1249 die über fünf Jahrhunderte währende Präsenz der Mauren, die Christen und Juden Religionsfreiheit gewährt hatten und am wirtschaftlichen Aufschwung hatten teilhaben lassen. Vertrieben wurde mit der Reconquista vor allem die politische und kulturelle Elite aus den blühenden algarvianischen Städten wie Xelb (Silves) oder Harúm (Faro). Die glanzvollen Paläste und Moscheen fielen den Plünderungen der christlichen Truppen zum Opfer. Anders als im benachbarten Andalusien blieben nur sehr wenige Bauwerke aus der arabischen Periode erhalten, etwa die Burgruinen von Salir.

Doch etwas viel Dauerhafteres als politische Führer und Prunkbauten lebt bis in die Gegenwart fort. Es ist der reiche Fundus an gemeinsamer Alltagskultur, die nicht zuletzt mit etwa 900 arabischen Lehnwörtern ihre Spuren in der portugiesischen Sprache hinterlassen hat. Sogar Algarve stammt aus dem Arabischen, *al-gharb* bedeutet »Der Westen«, lag doch die Region innerhalb des Kalifats Córdoba in dieser Himmelsrichtung. Vielleicht ist auch die südportugiesische Aussprache, die Vokale verschluckt und Zischlaute liebt, auf die alte arabische Sprechweise zurückzuführen. Und algarvianische Märchen erzählen den Kindern nicht von bösen Hexen, sondern schwärmen ihnen von maurischen Prinzen vor.

Sichtbar werden die kulturellen Identitäten in der Bauweise der Häuser. Um die Lehmmauern vor den feuchten Wintern zu schützen, wurden sie mit einem schützenden weißen Kalkanstrich wetterfest gemacht. Zwar wird heute mit Stein gebaut, doch das Kalken wird in den Dörfern fortgeführt, übrigens bis heute als Teil der Hausarbeit Sache der Frauen. Zum Wahrzeichen der Algarve entwickelten sich die mit Spitzenmustern durchbrochenen Kamine, die einem kleinen Minarett gleichen. Vom christlichen Fundamentalismus der Reconquista zur Zwangstaufe genötigt, bauten sich die Moslems ihre Moscheetürmchen auf das Hausdach und verneigten sich fünfmal täglich heimlich gen Mekka.

Die aus Nordafrika eingewanderten Bauern fanden im wasserreichen algarvianischen Hinterland hervorragende Bedingungen für den Anbau von Pflanzen, die bis dahin auf den nordafrikanischen und arabischen Raum beschränkt waren: Feigen, Mandeln, Johannisbrot oder Zitrusfrüchte. Die Bäume gehören heute in die südportugiesischen Landschaften wie die Sonne an den Himmel. Zusätzlich brachten die Mauren Reis, Zucker und Baumwolle ins Land und verbesserten die Olivenkultur. Dies lässt sich wiederum an der Sprache ersehen. Das portugiesische Wort für Ölbaum, der von den Römern eingeführt wurde, folgt der lateinischen Bezeichnung und heißt *oliveira.* Das veredelte Olivenöl aber trägt den arabischen Namen *azeite.* Die Mauren legten Terrassenkulturen an und ließen das Land erblühen. Ihre *nora,*

Thema

ein von Ochsen oder Maultieren an einer Deichselstange angetriebenes Wasserschöpfrad, revolutionierte im 12. Jh. die Bewässerungsmethoden. Man sieht sie häufig auf den Feldern im Hinterland, wenn auch mittlerweile verrostet. In Eimerchen *(alcatruzes)*, die an einer langen Kette aufgereiht sind, wird das Wasser aus dem Untergrund nach oben befördert und in einem Tank gespeichert. Nach wie vor werden Flussläufe nach arabischem Vorbild in kleinen Dämmen *(açudes)* gestaut und das Wasser in Bewässerungskanälen *(levadas)* auf die Gemüsefelder geleitet. Die Verteilung sprechen die Bauern unter sich ab. Im Vale de Mercês zwischen Loulé und Querença wurden Streitfälle noch kürzlich in einem eigenen Wasserschiedsgericht nach arabischem Vorbild geregelt.

Seit den 1990er-Jahren schenkt die portugiesische Geschichtsschreibung den Mauren erstmals ihre ehrliche Aufmerksamkeit und verteufelt sie nicht mehr als heidnische Usurpatoren. Viele Historiker diskutieren nun die These, nach der nicht militärische Siege und gewalttätige Eroberungen verantwortlich für die arabische Hegemonie waren, sondern ihre kulturelle und wissenschaftliche Überlegenheit und die engen Handelsbeziehungen zu den Ländern rund um das Mittelmeer. Diese könnten im 8. Jh. eine freiwillige Islamisierung der Iberischen Halbinsel ausgelöst haben.

Die arabischen Herrscher erscheinen demnach als legitime Machthaber und nicht länger als fremde und böse Unterdrücker, wie sie die Historie beschrieben hatte.

Kamine in arabischer Tradition

ausgestellten neolithischen Dolmen sowie römische und maurische Funde (Mo–Sa 9–18 Uhr, Eintritt 1,50 €).

Bergab laufen die Gassen zum langsam versandenden **Rio Arade**, einst wichtiger Handelsweg zum Meer, über den sogar die Wikinger einen allerdings vergeblichen Angriff auf Silves wagten. Eine Fußgängerbrücke führt auf römischen Fundamenten zur anderen Uferseite. Stadtauswärts in östlicher Richtung erinnert ein modernes Skulpturenensemble auf der Praça Al-Muthamid an das friedliche Zusammenleben der Völker und Religionen im arabischen Xelb.

Gleich dahinter liegt das sehenswerte **Korkmuseum Fábrica do Inglês**, das 2001 als bestes europäisches Industriemuseum ausgezeichnet wurde. Es präsentiert anschaulich die im 19. Jh. von katalanischen Immigranten begründete Korkindustrie in Silves. In den Räumen der damals größten Fabrik sind alte Zuschneidemaschinen und Stanzapparate zu sehen, die von einer überdimensionierten Antriebswelle in Gang gesetzt wurden (9.30–12.45 und 14–18.15 Uhr, Mo geschl., Eintritt 2 €). In die Lagerhallen sind Restaurants und Cafés eingezogen und auf einer großen Bühne werden in lauen Sommernächten verschiedene Kulturveranstaltungen dargeboten.

Turismo: Rua 25 de Abril, Tel. 282 32 25 11, im Sommer tgl. 9.30–19, im Winter Mo–Fr 9.30–13, 14–17.30 Uhr.

Marisqueira Rui: Rua Comendador Vilarinho 23, Tel. 282 44 26 82, Di geschl. Meeresfrüchtelokal mit günstigen Tagesgerichten. Meist wird unaufgefordert ein Teller Garnelen als Vorspeise gereicht, der freilich berechnet wird. Hauptgerichte ab 10 €.
Café Inglês: Unterhalb der Burg, Tel. 282 44 25 85, Sa geschl. Gediegen drinnen oder unter schattigen Bäumen draußen genießt man leckere Salate, Snacks und Nachspeisen ab 5 €.

Feira Mediaval: Mitte Aug. Mittelalterlicher Markt, Umzüge und Kostüme.

Zug: Bahnhof 5 km südl. Regelmäßig nach Faro und Lagos.
Bus: Tickets in der Markthalle, Tel. 282 44 23 38. Oft nach Portimão und Albufeira.

Serra de Monchique

Reiseatlas: S. 7, B 3–C 3
Der dicht bewaldete, grüne Gebirgszug im Westen verwandelte sich dank der ertragreichen schwarzen Erde und den höchsten Niederschlagsmengen der Algarve in einen Garten Eden. Gemüsebeete, kleine Bauernhöfe, leuchtende Akazien, Mimosen und Erdbeerbäume, aber auch mitteleuropäische Schwarzerlen, Kastanien und Eschen machen die Bergkette vulkanischen Ursprungs zur grünen Lunge. In diesem einzigartigen Biotop finden viele Tiere ihren Lebensraum, wie der fast ausgestorbene Iberische Luchs, Wassereidechsen, Ginsterkatzen oder Wildschweine. Allerdings wurde besonders die Westflanke mit monotonen Eukalyptusplantagen überzogen, die die Waldbrandgefahr erhöhen. Der 902 m hohe Fóia ist der höchste Berg Südportugals, von seinem Gipfel sieht man auf die Algarveküste und bei ganz klarer Sicht bis Afrika.

Caldas de Monchique

32 °C Grad warme Quellwasser im Kurort **Caldas de Monchique** am Fuße des Gebirges werden zur Linderung von rheumatischen Leiden und Erkrankungen der Atemwege eingesetzt. Schon die Römer bauten die ersten Badehäuser im Gebirge, das sie Mons Cicus nannten. Ab dem 15. Jh. wurden die Quellen auch im portugiesischen Königshaus beliebt, im 19. Jh. öffneten sich die Thermen für wohlhabende spanische Gäste. Aus dieser Zeit stammen romantische Villen und Hotels, die jüngst ein Großinvestor in ein idyllisches Wellnesszentrum verwandelte.

Central: Tel. 282 91 09 10, Fax 282 91 09 90. www.monchiquetermas.com. Modernisiertes Kurhotel (19. Jh.), 13 geräumige Zimmer, Wellnessbereich. DZ 70–100 €.

Restaurante 1692: Tel. 282 91 09 10. Spezialität: frittierte Seezunge mit Mandelsoße; auch Salate u. Nudelgerichte werden unter Platanen serviert. Hauptgerichte ab 10 €.

Monchique

Die Bergstraße erreicht nach 6 km das Städtchen **Monchique** (8000 Einw.), dessen delikate Bergschinken, Würste und scharfer Medronho-Schnaps gepriesen werden. Enge, steile Gassen laden zu einem beschaulichen Bummel durch die teilweise autofreie Altstadt ein. An den Zufahrtsstraßen bieten kleine Handwerksbetriebe klappbare Scherenstühle an, die nach römischem Vorbild aus dem Holz der Schwarzerle gefertigt sind. Der bereits in prähistorischer Zeit besiedelte Ort wurde stark vom Erdbeben 1755 zerstört. Erhalten blieb das fünfstrahlige manuelinische Portal der Pfarrkirche aus dem 16. Jh., das zu Stein erstarrte Schiffstaue zieren.

Turismo: Largo de São Sebastião, Tel. 282 91 11 89, Mo–Fr 9.30–13, 14–17.30 Uhr.

Abrigo da Montanha: 2 km außerhalb an der Straße z. Fóia, Tel. 282 91 21 31, www.abrigodamontanha.com. 14 farbenfrohe Zimmer in der Bergunterkunft. DZ 60–75 €.

Charette: Rua Dr. Samora Gil 30, Tel. 282 91 21 42, Mi geschl. Deftige Eintöpfe, ländliche Gerichte ab 9 €.

Feira dos Enchidos: März. Ideale Gelegenheit, die würzigen Würste zu probieren.

Feira dos Presuntos: Juli. Fest zu Ehren der Bergschinken.

Wandern: Geführte Wanderungen mit dt. Wanderführer, Tel. 282 91 10 41, www.wandern-mit-uwe.de.

Fahrrad: Outdoor Tours, Mexilhoeira Grande an der N 125, Tel. 2 82 44 35 11, www.outdoor-tours.net. Mountainbike-Ausflüge für Familien; Downhill Biking für Sportliche.

Bus: Verkehrt regelmäßig nach Portimâo.

Weiß leuchten die Häuser von Monchique

Register

Der Haupteintrag ist **fett** hervorgehoben.

Register

Der Haupteintrag ist **fett** hervorgehoben.

Register

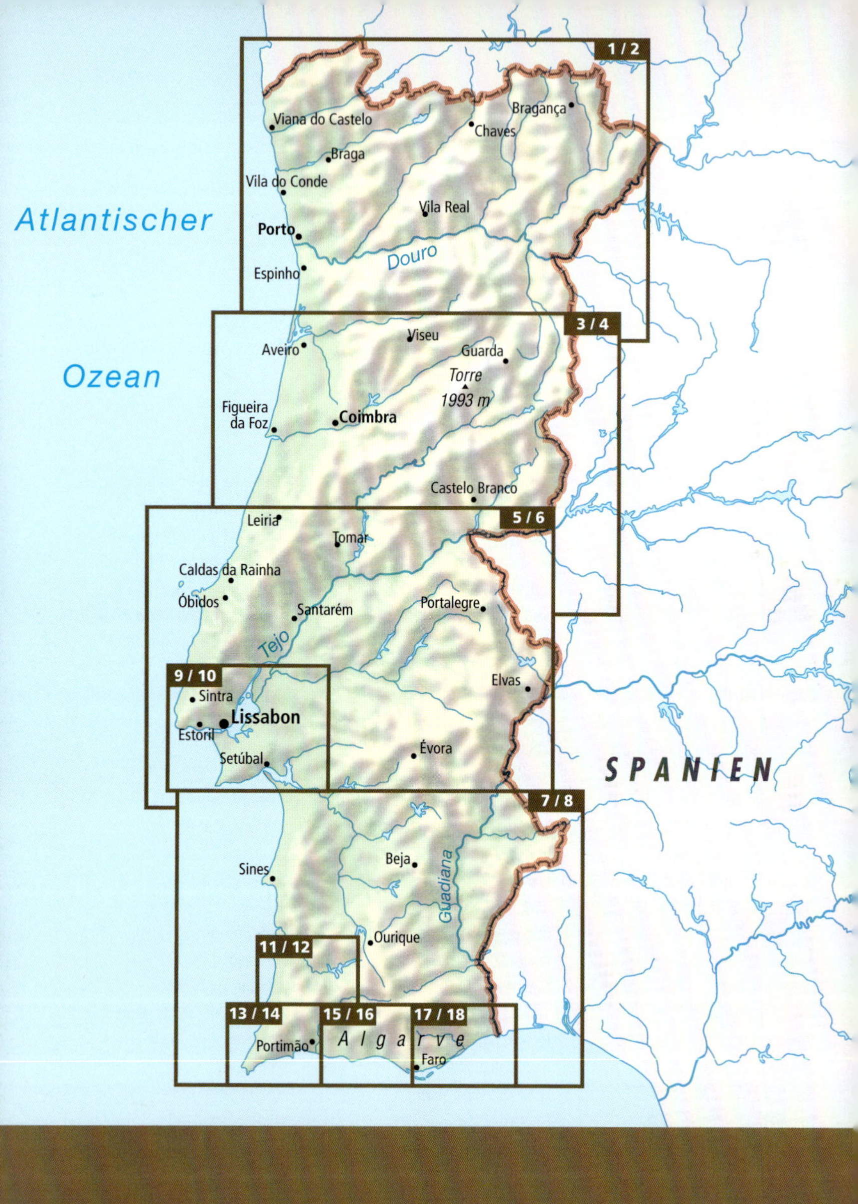

Atlantischer
Ozean
SPANIEN
1 / 2
3 / 4
5 / 6
7 / 8
9 / 10
11 / 12
13 / 14
15 / 16
17 / 18
Viana do Castelo
Braga
Vila do Conde
Porto
Espinho
Chaves
Bragança
Vila Real
Douro
Aveiro
Viseu
Guarda
Torre
1993 m
Figueira
da Foz
Coimbra
Castelo Branco
Leiria
Tomar
Caldas da Rainha
Óbidos
Santarém
Portalegre
Tejo
Sintra
Lissabon
Estoril
Setúbal
Elvas
Évora
Sines
Beja
Guadiana
Ourique
Portimão
Algarve
Faro

Legende
A 1
16
Autobahn mit Anschlussstelle
IP 1
Schnellstraße mit Anschlussstelle
10
Fernstraße mit Nummer
Hauptstraße
Nebenstraße
Straße in Bau; Straße in Planung
Straße für Kfz gesperrt
Tunnel
Eisenbahn
Fähre, Schiffsverbindung
Staatsgrenze
Nationalpark; Naturpark
Sperrgebiet
E 70
Europastraßennummer
Hafen, Ankerplatz
Internationaler Flughafen
Regionaler Flughafen
Fähre
Sehenswürdigkeit
Archäologische Stätte
Kloster; Kirche
Burg; Burgruine
Denkmal
Sendeturm; Leuchtturm
Windmühle
Badestrand
Wasserfall; Höhle
Berggipfel; Pass
Campingplatz
Heilbad
Aussichtspunkt

Reiseatlas Portugal

Porto, Braga, Vila Real, Bragança

A B C

Castelo Monterreal
Praia de Concheira
Cabo Silleiro
Baiona
Gondomar
O Porriño
Ponteareas
Leirado
Mourentán
N801
San Salvador
Celanova
Mociños
Ponte Barxas
Banqueses
Melgaço
N540
Carballo (Verea)
Sandiás
Cortegada
A52
Vilar de Santos
Xinzo de Limia
Ganade
Trasmi
A55
AP9
O Castillo
As Neves
202
SPANIEN
Tui
Caldelas de Tui
Monção
101
Ceivães
Cela
Moreira
Merufe
Extremo
Sistelo
Castro Laboreiro
Bande
A Forxa (A Porqueira)
Blancos
Valença do Minho
São Pedro da Torre
Tebra
Burgueira
O Seixo (Tomiño)
Arrabal (Oia)
Minho
Serra da Peneda
Parque Nacional
da
Guxinde
Chaus
Emb. das Conchas
Calvos (Calvos de Randín)
Baltar
Vilamaior da Boullosa
Praia Pedorento
Praia de Guarda
A Guarda
Calvario
Goián
Lovelhe
13
E 01
São Bento
Vila Nova de Cerveira
Candemil
Paredes de Coura
Terrachán (Entrimo)
Parada de Ventosa
Olelas
Rubiás dos Mistos
Xironda
Emb. de Salas
Fondevila (Lobios)
Mezio
N540
IP 1
Covas
Seixas
Agualonga
Rio Frio
101
Giela
Soajo
Lima
Vilar de Perdizes
Caminha
Moledo
A 3
Arcos de Valdevez
203
Lindoso
Britelo
P. N. da Baixa Limia - Serra do Xurés
Montalegre
Sezelhe
Vila Praia de Âncora
Orbacém
Souto
Parada
Santa Luzia 552 m
Arcozelo
Ponte de Lima
IC28
203
Ponte da Barca
Brufe
Portela do Homem
Barragem de Paradela
Barragem do Alto Rabagão
Montedor
13
Outeiro
A 27
202
Lanheses
IC 1
Grovelas
Campo do Gerês
Peneda-Gerês
Paradela
Pisões
Cornos das Alturas
E 805
Sapiãos
Caldas do Gerês
Covide
Seara
Boalhosa
Pousada de S. Maria do Bouro
Ponte de Misarala
Meadela
Viana do Castelo
Portuzelo
Mazarefes
Moreira de Geraz do Lima
Lima
103
Carvalhelhos
Boticas
Cabedelo
Vila de Punhe
Vila Verde
101
Caldelas
Rio Caldo
Barragem de Venda Nova
Venda Nova
Salto
Amorosa
Freixo
Amares
R. Cávado
Vieira do Minho
103
Covas do Barroso
Castelo do Neiva
Capareiros
Palme
A 3
Prado
Soutelo
E 805
Póvoa de Lanhoso
Barragem de Guilhofrei
Tâmega
A 28
Mar
103
13
Vila Boa
Barcelos
BRAGA
Bom Jesus do Monte
Guilhofrei
Esposende
Ofir
14
Eira de Ana
Vila Seca
Martim
Taide
Cabeceiras de Basto
Ribeira de Pena
Vila Pouca de Aguiar
Apúlia
A 11
Silveiros
Várzea
101
Taipas
Briteiros
Travassos
Moreira do Rei
Arco de Baúlhe
A 7
Estela
Amoso
E 01
A 11
Gandarela
Cerva
Laundos
Rates
Viatodos
São Tiago de Antas
Joane
Guimarães
Fafe
Atei
2
Aguçadoura
Fontainhas
Vila Nova de Famalicão
Selho
Vermoim
A 7
Celorico de Basto
Mondim de Basto
Parque Natural do Alvão
E 801
Póvoa de Varzim
206
Delães
Caldas de Vizela
Jugueiros
Felgueiras
Lamas de Olo
IP 3
Vila do Conde
Touguinha
R. Ave
Bougado
IP 1
R. Vizela
Roriz
Mosteiro Pombeiro
Castelo
Ermelo
Fisgas
Agarez
Vila Real
Mateus
Citânia
Raimonda
Rande
Vila Cova da Lixa
Mindelo
Vilarinho
14
Santo Tirso
574 m
Vila Chã do Marão
Prada de Cunhos
A 24
Vila Chã
Modivas
Muro
A 3
Covas
15
Amarante
A 28
Paços de Ferreira
Lousada
Torguela
Lavra
Moreira
Lordelo
Meinedo
Castelões
Lomba
Pousado São Gonçalo
Portela
Fontes
Praia Boa Nova
Leça do Bailio
Ermesinde
Paredes
IP 4
A 4
Candemil
Santa Marta de Penaguião
2
Leça da Palmeira
Matosinhos
A 4
Vandoma
Penafiel
Tâmega
Marco de Canavezes
Galafura
PORTO
Valongo
Campo
Gondomar
Paço de Sousa
Soalhães
Mesão Frio
Fontelas
Peso da Regua
Vila Nova de Gaia
Oliveira do Douro
Aguiar de Sousa
Pinheiro
Cabeça Santa
Favões
Freixo
Baião
Paredes
Barro
Balsemão
Cambres
Armama
Valadares
Barragem de Crestuma
Alpendurada e Matos
Resende
Penude
Lamego
Arcozelo
Perozinho
Melres
Pedorido
Oliveira do Douro
E 801
Britiande
Granja
A 1
Grijó
Crestuma
Douro
Tarouquela
Cinfães
São Cipriano
IP 3
Ucanha
Passô
Espinho
Castelo de Paiva
Tarouca
Lourosa
R. Paiva
Mezio
Bigorne
Sarzedo
Atlantischer
E 01
São Jorge
Alvarenga
Teixelo
São João de Tarouca
Praia de Cortegaça
A 29
Cortegaça
Santa Maria de Feira
Mansores
Carvalhosa
A 24
Burgo
Ermida
Ozean
São João da Madeira
Arouca
Parada de Ester
Castro Daire
Touro
Furadouro
109
Souto
Carregosa
IP 1
Vila de Cucujães
Maciera
Ribolinhos
Vila Cova à Coelheira
Ovar
Oliveira de Azeméis
1
Vale de Cambra
Vila Nova de Paiva
Quinta dos Ricos
Avanca
IC 2
Castelões
Junqueira
1072 m
Castelo
228
Figueiredo de Alva
Moledo
Pinheiro da Bemposta
Santa Cruz da Trapa
São Felix
Torreira
Pardilhó
Estarreja
Albergaria a Nova
Sever do Vouga
Covelo
São Pedro do Sul
2
R. Vouga
Cepões
Praia de Torreira
Murtosa
Salreu
A 1
16
Oliveira de Frades
Lordosa
Sátão
Ria de Aveiro
A 29
Albergaria a Velha
Pessegueiro do Vouga
Vouzela
Cavernães
Dunas d. Jacinto
Cacia
A 25
Cambra
A 24
Penalva do Castelo (Insua)
São Jacinto
Gafanha da Nazaré
Esgueira
Angeja
E 80
IP 5
Campia
Cova de Lobishomen
Viseu

1
3

1 cm = 9 km 1 : 900.000
0 10 km 20 km 30 km

Atlantischer
Ozean
Costa da Prata
Aveiro
Ílhavo
Águeda
Figueira da Foz
COIMBRA
Universidade
Sé Velha
Condeixa a Nova
Ruínas de Conímbriga
Pombal
Leiria
Marinha Grande
Nazaré
Alcobaça
Batalha
Caldas da Rainha
Óbidos
Fátima
Tomar
Torres Novas
Entroncamento
Lousã
Mealhada
Luso
Parque Nacional do Buçaco
Cantanhede
Tondela
Sertã
Abrantes
Constância

1 cm = 9 km 1 : 900.000
0 10 km 20 km 30 km

D E F 2

Moledo
Palva
da Beira
Benvende
Trancoso
Tamanhos
Santa Eufémia
Pinhel
Torpim
Cepões
Sátão
Caldas da Cavaca
Pena Verde
Souro Pires
Malta
Almeida
Villar de Ciervo
Lordosa
Cavernães
Penalva do Castelo (Insua)
Castelo de Penalva
Vila Franca das Naves
Freixedas
Vendada
Vale Verde
Aldea del Obispo
Viseu
Chãs de Tavares
Fornos de Algodres
Celorico da Beira
Ratoeira
Avelãs de Ambom
Carvalhal
Safurdão
Castelo Bom
Vilar Formoso
Gallegos de Argañán
Mangualde
Cortiço da Serra
Vila Cortês da Serra
Pêro Soares
Jarmelo
Pínzio
Castelo Mendo
Fuentes de Oñoro
Espeja
Cabeça Alta 1287 m
Arrifana
Nave de Haver
Santar
Cativelos
Nespereira
Linhares
Guarda
Cerdeira
Malhada Sorda
Nelas
Trinta
Canas de Senhorim
Paranhos
Gouveia
Folgosinho
Vila Fernando
Vilar Maior
Serra da Estrela
R. Mondego
Adão
Rapoula de Côa
Seixo da Beira
Seia
Parque Natural
Erverdal
Sabugueiro
Gonçalo
Fuenteguinaldo
Carragozela
Valhelhas
Sacraparte
Aldeia da Ponte
La Alberguería de Argañán
Oliveira do Hospital
Serra da Estrela
Manteigas
Centum Callas
Nave
Alfaiates
Valezim
Poço do Inferno
Belmonte
Castelo de Cinco Quinas
Souto
Chamusca
Sortelha
Sabugal
Peñaparda
Penhas da Saúde
Teixoso
Carvalhal
Navasfrías
Galizes
Loriga
Torre 1993 m
Fóios
Mezas 1265 m
Vide
Caria
El Payo
Avô
Gramaça
Reserva Natural Parcial da Serra da Malcata
Covilhã
Tortosendo
Valverde del Fresno
Eljas
Capinha
Benquerença
San Martín de Trevejo
Hoyos
La Fatela
Paul
Alcaria
São Jorge da Beira
Penamacor
Perales del Puerto
Camba
Fatela
N. S. Bom Sucesso
Fundão
Castelejo
Vale de Prazeres
Silvares
Alpedrinha
Cilleros
1227 m
Pedrógão
R. Erges
R. Erjas
Moraleja
Penha Garcia
Orca
Medelim
Monsanto
Vegaviana
São Vicente da Beira
Soalbeiro
Proença a Velha
Muralha Rom.
Almaceda
Orvalho
Lardosa
São Miguel de Acha
R. Ponsul
Egitânia (rom.)
Estreito
Alcafozes
Tinalhas
Idanha a Nova
Lousa
Barragem da Idanha
Muralha
Pescueza
Oleiros
Salgueiro do Campo
Alcains
Escalos de Baixo
Salvaterra do Extremo
Serra de Alvelos
Monte de Goula
Zarza la Mayor
Ermita del Encina
Sarzedas
Castelo Branco
Zebreira
Isna
Ladoeira
Segura
Ceclavín
Catraia Cimeira
Santo André das Tojeiras
N. S. de Nércoles
Piedras Albas
Acehúche
Sobreira Formosa
Castrum São Marthino
Bugios
R. Ocreza
Represa
Monforte da Beira
Emb. de Alcántara
Ribeiro
Sarnadas de Ródão
R. Pônsul
Mata de Alcántara
Rosmaninhal
Alcántara
Perdigão
P. N. do Tejo Internacional
Serrasqueira
Monte Fidalgo
Malpica do Tejo
R. Tejo
R. Tajo
São Pedro do Esteval
Vila Velha de Ródão
Villa del Rey
Fratel
Cedillo
Herrera de Alcántara
R. Salor
Barragem de Pracana
Rio Tejo
Carbajo
Brozas
Montalvão
Santiago de Alcántara
SPANIEN
R. Sever
Envendos
São Matias
Monte Claro
Póva e Meadas (N. S. da Graça)
Membrío
São José das Matas
Nisa
Salorino
Amieira do Tejo
Barragem de Figueira
Barragem do Poio
Barragem da Póvoa
Sierra del Colorado
Herreruela
Gavião
Atalaia
Arez
Beirã
Aliseda
Tolosa
Castelo de Vide
Valencia de Alcántara
Torrico de San Pedro 703 m
Comenda
Gáfete
Alpalhão
São Salvador da Aramenha
Marvão
Margem
Alagoa
Monte da Pedra
Vale do Peso
Ribeira de Nisa
San Vicente de Alcántara
Ribeira de Sor
Torre das Vargens
Aldeia da Mata
Flor da Rosa
Fortios
Catedral
Serra
6
Iola

A 25
A 23
A 62
E 80
E 802
E 806
IP 2
IP 5
IC 8
IC 13
N 521
N523
N526
17 18 102 112 118 221 226 233 234 238 240 246 332 355 364

1 2 3 4

A
B
C
3
1
2
3
4
9 / 10
7
Marinha Grande
Leiria
Pousos
Caranguejeira
Pereiro
Pias
Alvioberia
Caxarias
São Pedro de Moel
Martingança
Santa Catarina da Serra
Olival
Vila Nova de Ourém
Pataias
Maceira
Batalha
Mosteiro S. Maria
Alpedriz
São Jorge
Reguengo do Fetal
Santuário de Fátima
Fátima
Aqueducto Pegões Altos
Alburitel
Convento de Cristo
Tomar
Nazaré
N. S. da Nazaré
Maiorga
Coz
Serro Ventoso
Aljubarrota
Porto de Mós
Boleiros
Chancelaria
Paialvo
São Pedro de Tomar
Famalicão
Alcobaça
Mira Daire
São Bento
Pedrógão
Asseiceira
São Martinho do Porto
Évora de Alcobaça
Candeeiros 487 m
P. N. das Serras de Aire
Mendiga
Minde
Torres Novas
Vila Nova da Barquinha
Constância
Salir do Porto
Alfeizerão
Foz do Arelho
Carvalhal Benfeito
Tornada
Gruta de Alcobertas
Alcanede
Parceiros da Igreja
Entroncamento
Tancos
Farilhões
Estelas
Berlenga
Lagoa de Óbidos
Caldas da Rainha
Alcobertas
Alcenede
Arneiro de Milhariças
Golegã
Pinheiro Grande
Peniche
Cabo Carvoeiro
Baleal
Óbidos
Amoreira
Vidais
Rio Maior
Fráguas
Pernes
Tremês
Azinhaga
Chamusca
Ulme
Semidei
Atouguia da Baleia
Serra d'El Rei
Roliça
Landal
Abitureiras
São João da Ribeira
Alcanhões
Vale de Cavalos
Chouto
Praia de São Bernardino
São Bartolomeu dos Galegos
Carvalhal
Bombarral
Cadaval
Cercal
Marmeleira
Casa dos Patudos
Alpiarça
Santarém
Lourinhã
Campelos
Almeirim
Fazendas de Almeirim
Palhas
Vimeiro
Outeiro da Cabeça
Vilar
Alcoentre
Cartaxo
Vale de Santarém
Ribeira de Muge
Praia de Santa Cruz
Santa Cruz
Ramalhal
Serra de Montejunto
Aveiras de Cima
Pontével
Paços Novos
Raposa
São Pedro da Cadeira
Torres Vedras
Aldeia Galega da Merceana
Ota
Olhalvo
Azambuja
Valada
Muge
Glória do Ribatejo
São José de Lamarosa
Turcifal
Casais de São Lourenço
Encarnação
Dois Portos
Alenquer
Sobral de Monte Agraço
Salvaterra de Magos
Tejo
Agolada
Erra
Benavente
Enxara do Bispo
Arruda dos Vinhos
Ribatejo
Ericeira
Mafra
Vila Franca de Xira
Samora Correia
Coruche
Milharado
Ericeira
Bucelas
Malveira
Seixal
Lousa
Alverca do Ribatejo
R. Almansor
Santo Estêvão
Magoito
Montelavar
Praia de Magoito
Almargem do Bispo
Póvoa de Santa Iria
P. N. de Sintra-Cascais
Palácio Nacional
Loures
Reserva Natural do Estuário do Tejo
Cabo da Roca
Colares
Sintra
Cacém
Odivelas
Sacavém
Ribeira de Lavre
Convento dos Capuchos
Amadora
LISBOA
LISSABON
Canha
Lavre
Queluz
Alcochete
Trajouce
Mosteiro dos Jerónimos
Alfama
Ribeira de Canha
Cascais
Estoril
Oeiras
Belém
Almada
Montijo
Rio Frio
Santo Isidro de Pegões
Vendas Novas
Costa do Estoril
Caparica
Seixal
Barreiro
Costa da Caparica
Palhais
Pinhal Novo
Marateca
Cabrela
Fogueteiro
Palmela
Costa do Sol
Lagoa de Albufeira
Vila Fresca de Azeitão
Montinho
Atlantischer Ozean
São Lourenço
Parque Natural da Arrábida
SETÚBAL
Casebres
Outão
Bairro de Sapec
São Cristóvão
Alfarim
Santana
Centobriga (Ruínas Romanas)
Pinheiro
Palma
Santa Susana
Portinho da Arrábida
Sesimbra
Reserva Natural do Estuário do Sado
R. Sado
N. S. do Cabo
Cabo Espichel
Costa Bela
Comporta
ALCÁCER DO SAL
Baia de Setúbal
Costa da Galé
Torroal
Vale de Guiso
Pedrógão 139 m
Martim Afonso
Ameiras de Baixo
A 1
A 2
A 6
A 7
A 8
A 9
A 10
A 13
A 15
A 23
E 01
E 80
E 90
IP 1
IP 7
IC 1
IC 2
E 806

1 cm = 9 km 1 : 900.000

0 10 km 20 km 30 km

D E F

4

Palhais
Proença a Nova
Rodão
Ribeiro
E 802
Serrasqueira
Monte Fidalgo
do Tejo
P. N. do Tejo Internacional
R. Tejo
R. Tajo
Rosmaninhal
Vila de Rei
Cardigos
IC 8
Perdigão
Vila Velha de Ródão
Amêndoa
São Pedro do Esteval
E 806
Cedillo
Herrera de Alcántara
R. Salor
Barragem do Castelo do Bode
Maxieira
Fratel
Rio Tejo
A 23
Barragem de Pracana
18
Montalvão
Santiago de Alcántara
Carbajo
SPANIEN
São Domingos
Envendos
São Matias
R. Sever
Mação
IP 2
Monte Claro
Póva e Meadas (N. S. da Graça)
Membrio
1
uto
Penhascoso
São José das Matas
Nisa
Sardoal
Mouriscas
IP 6
Barragem de Figueira
Barragem do Poio
Barragem da Póvoa
Sierra del Co
Salor
Abrantes
Belver
Amieira do Tejo
364
Ortiga
Pego
Gavião
E 802
Arez
Atalaia
Beirã
Torrico de San 703 m
Rossio ao Sul do Tejo
118
Tolosa
246
IC13
Castelo de Vide
Valencia de Alcántara
Comenda
Gáfete
Alpalhão
São Salvador da Aramenha
Marvão
São Facundo
Margem
Monte da Pedra
Alagoa
N 521
Bemposta
Ribeira de Sor
Vale do Peso
18
Ribeira de Nisa
San Vincente de Alcántara
Escusa
Est. Torre das Vargens
Fortios
Serra de São Mamede
Aldeia da Mata
Flor da Rosa
Catedral
244
Crato
119
Portalegre
Reguengo
Jola
N110
Vale de Açor
Chancelaria
IP 2
Ribeira de Seda
Alegrete
Ponte de Sor
119
Outeiro do Alho
Alburquerque
orjão
369
Alter do Chão
La Codosera
Foros do Arrão
Barragem do Maranhão
245
E 802
Assumar
Esperança
2
Galveias
Farinha Branca
Cabeço de Vide
Arronches
Vaiamonte
N. S. do Rosário
N. S. da Graça dos Degolados
Ouguela
R. Xévora
Barragem de Montargil
Aldeia Velha
ontargil
Fronteira
Ribeira Gran
Monforte
Barragem do Caia
Avis
Alto
Erveda
Azeiteiros
Muralha
Campo Maior
Maranhão
Alcórrego
Ponte Romana
Santa Eulália
251
Cabeção
Cano
Veiros
Barbacena
Madre de Deus
Casa Branca
Sousel
São Bento do Cortiço
Vila Fernando
Mora
Santo Aleixo
Aqueduto de Amoreira
Divor
Pavia
São Lourenço de Mamporção
4
E 90
Brotas
Torre das Águias
IP 2
Orada
IP 7
Elvas
BADAJOZ
Estremoz
A 6
Vila Boim
2
Vimieiro
4
Terrugem
N107
Borba
Alentejo
Evoramonte (Santa Maria)
Rio de Moinhos
Vila Viçosa
Ciladas (S. Romão)
São Geraldo
4
San Franc
3
Quinta dos Lóios
Ossa 653 m
Convento da Serra
Bencatel
Juromenha
São Pedro da Gafanhoeira
E 90
18
Villarreal
Arraiolos
Igrejinha
Azaruja
Monte Virgem
Alandroal
Olivenza
A 6
Valverde de Leganés
E 802
São Miguel de Machede
N. S. da Graça do Divor
San Benito de la Contienda
Montemor o Novo
254
Redondo
Rosário
Alor 610 m
IP 7
IP 2
Terena
Santa Sofia
Convento São Bento de Castris
N. S. de Machede
N. S. da Boa Nova
Capelins (Aldeia de Ferreira)
Guadalupe
114
Évora
Santiago Escoural
N. S. da Boa Fé
Tália
Santiago Major (Aldeia das Pias)
18
Alconchel
Casa Branca
Valverde
Montoito
Cheles
2
N. S. da Torega
São Manços
256
Vendinha
Corval
N107
São Brás da Regedoura
IP 2
Monsaraz
Convento Esperança
Torre de Coelheiros
Reguengos de Monsaraz
R. Xarrama
Aguiar
Monte do Trigo
Villanueva del Fresno
4
Alcáçovas
Mourão
N. S. de Aires
Campo
Luz
Za
São Pedro
Oriola
Viana do Alentejo
Portel
Granja
N112
Vila Nova da Baronia
Barragem de Alqueva
Torrão
E 802
Barragem de Alvito
384
Amieira
Barragem de Vale de Gaio
Alvito
São Cucufate
Póvoa

8

6

Cabo Espichel
A
B
C
5
Baia de Setúbal
Costa da Galé
Comporta
ALCÁCER DO SAL
Alcáçovas
Torroal
E 01
Vale de Guiso
Torrão
Barragem de Vale de Gaio
Pedrógão 139 m
Martim Afonso
Ameiras de Baixo
Fresta
1
Grândola
N. S. de Penha
Melides
N. S. do Livramento
Santa Margarida da Serra
Santa Margarida do Sado
Odivelas
Brescos
Mosqueirão
Lagoa de Santo André
São Francisco da Serra
A 2
Azinheira dos Barros
Ferreira do Alentejo
Sto. André
São Bartolomeu da Serra
Canhestros
Santiago do Cacém
Abela
Ermidas- Sado
Sines
São João de Negrilhos
Barragem do Monho do Escaravelho
Alvalade
Muda
São Domingos
Aljustrel
Barragem de Morgável
Barragem Fonte Serne
R. Sado
Porto Covo
Vale Manhãs
Messejana
2
Ilha do Pessegueiro
Charnequinha Silveiras
Fornalhas
Torre Vã
Cercal 341 m
Cercal
Conceição
Montecos
Casével
Ferraria
Colos
Santa Luzia
Panóias
Atlantischer
Vila Nova de Milfontes
São Luis
Relíquias
Garvão
Parque
Zambujeiras
Barragem de Monte da Rocha
R. Mira
Almograve
São Martinho das Amoreiras
Ourique
Vigia 393 m
Aldeia dos Palheiros
Cabo Sardão
Cavaleiro
11 / 12
Fataca
Odemira
Luzianes
Natural
Zambujeira do Mar
Santa Clara a Velha
Gomes Aires
Ozean
Praia Zambujeira
São Teotónio
Santana da Serra
Sabóia
Barragem de Marcello Caetano
3
do Sudoeste
Serra da Brejeira
Serra do
Odeceixe
São Marcos da Serra
São Barnabé
Praia da Carriagem
Rogil
Serra de Monchique
Monchique
Picota
Alferce
Aljezur
Fóia 902 m
773 m
São Bartolomeu de Messines
Arrifana
Marmelete
Caldas de Monchique
Praia da Arrifana 114 m
Barranco da Vaca
A l g a
Portela
Alte
B. da Bravura
Alentejano
Montes de Cima
Porto de Lagos
Praia da Bordeira
Silves
Pontal
Bordeira
Mexilhoeira Grande
Algoz
Paderne
Carrapateira
Barão de São João
Bensafrim
A 22
Estômbar
Boliqueime
Costa
Odeáxere
Lagoa
Ferreiras
Praia do Castelejo
N. S. de Guadalupe
Alvor
Portimão
Alcantarilha
Guia
Espiche
Vila do Bispo
Praia da Rocha
Vilamoura
Budens
Luz
Lagos
Baia de Lagos
Carvoeiro
Armação de Pêra
Albufeira
Torre de Aspa 156 m
Raposeira
Burgau
Ponta da Piedade
4
Praia de Canavial
Cabo de São Vicente
Sagres
Ponta de Sagres
13 / 14
15 / 16

1 cm = 9 km 1 : 900.000
Barragem de Alqueva
Baixo Alentejo
Parque Natural do Vale do Guadiana
SPANIEN
Golfo de Cádiz
HUELVA
Beja
Moura
Serpa
Mértola
Tavira
Faro
Olhão
Loulé
Vila Real de Sto. António
Ayamonte
Gibraleón

A
B
C
1
2
3
4
Ericeira
Praia de Ericeira
Foz do Lisandro
Mafra
Sobreiro
Achada
Murgeira
Carvoeira
Malveira
Vila Franca do Rosário
Igreja Nova
Venda do Pinheiro
Assafora
Praia de Samarra
S. João das Lampas
Cheleiros
S. Estêvão das Galés
Lousa
Praia de Magoito
Magoito
Azenhas do Mar
Parque Natural
Gouveia
Montelavar
Terrugem
Pêro Pinheiro
S. Eulália
Almargem do Bispo
Praia das Maçãs
Praia Grande
de Sintra-
Adraga
Sintra
Palácio Nacional
Palácio/Parque da Pena
Colares
Convento dos Capuchos
Parque de Montserrate
Cabo da Roca
S. de Sintra
Malveira
Praia do Guincho
Cascais
Autódromo
Alcabideche
Carrascal
Cabo Raso
Estoril
ESTORIL
Cascais
Boca do Inferno
Praia de Cascais
S. Domingos de Rana
Parede
Carcavelos
Oeiras
Caxias
Paço de Arcos
Ponta da Laje
Bugio
Algueirão-Mem Martins
Rio de Mouro
Albarraque
Agualva Cacém
Trajouce
Sabugo
Belas
Queluz
Amadora
Caneças
Radial Odivelas
Loures
Carnaxide
Miraflores
Monsanto
Belém
Mosteiro dos Jerónimos
LISBOA
LISSABON
Sé
Rio Tejo
Aeroporto de Lisboa
Sacavém
Olivais
Parque das Nações
Sapataria
Arranhó
Milharado
Malveira
Bucelas
Fanhões
Zambujal
S. Julião do Tojal
S. Antão do Tojal
Tojal
Póvoa de S. Iria
Vialonga
Unhos
Serve
Trafaria
Caparica
Cacilhas
Almada
Cova da Piedade
Barreiro
São João
Costa da Caparica
Ariero
Praia da Caparica
Seixal
Amora
Arrentela
Paio Pires
Palhais
Fogueteiro
Fonte da Telha
Fernão Ferro
Pinhal do Arneiro
Apostiça
Lagoa de Albufeira
Atlantischer
Ozean
Costa de Lisboa
Praia do Meco
Pinhal do Mesquita
Alfarim
Praia da Tramagueira
Aldeia do Meco
Caixas
Santana
Almoinha
Sampaio
Zambujal
Sesimbra
Praia dos Lagosteiros
Senhora do Cabo
Cabo Espichel
Corroios
Porto da Baleeira
Praia de Sesimbra
Cabo de Ares
Pedreiras
426 m
490 m
529 m
228 m
351
A 8
A 9
A 1
A 5
A 12
A 2
IC 19
IC 30
IC 17
IC 20
IC 2
N 8
N 9
N 116
N 247
N 6
N 9-1
N10
E 01
E 90

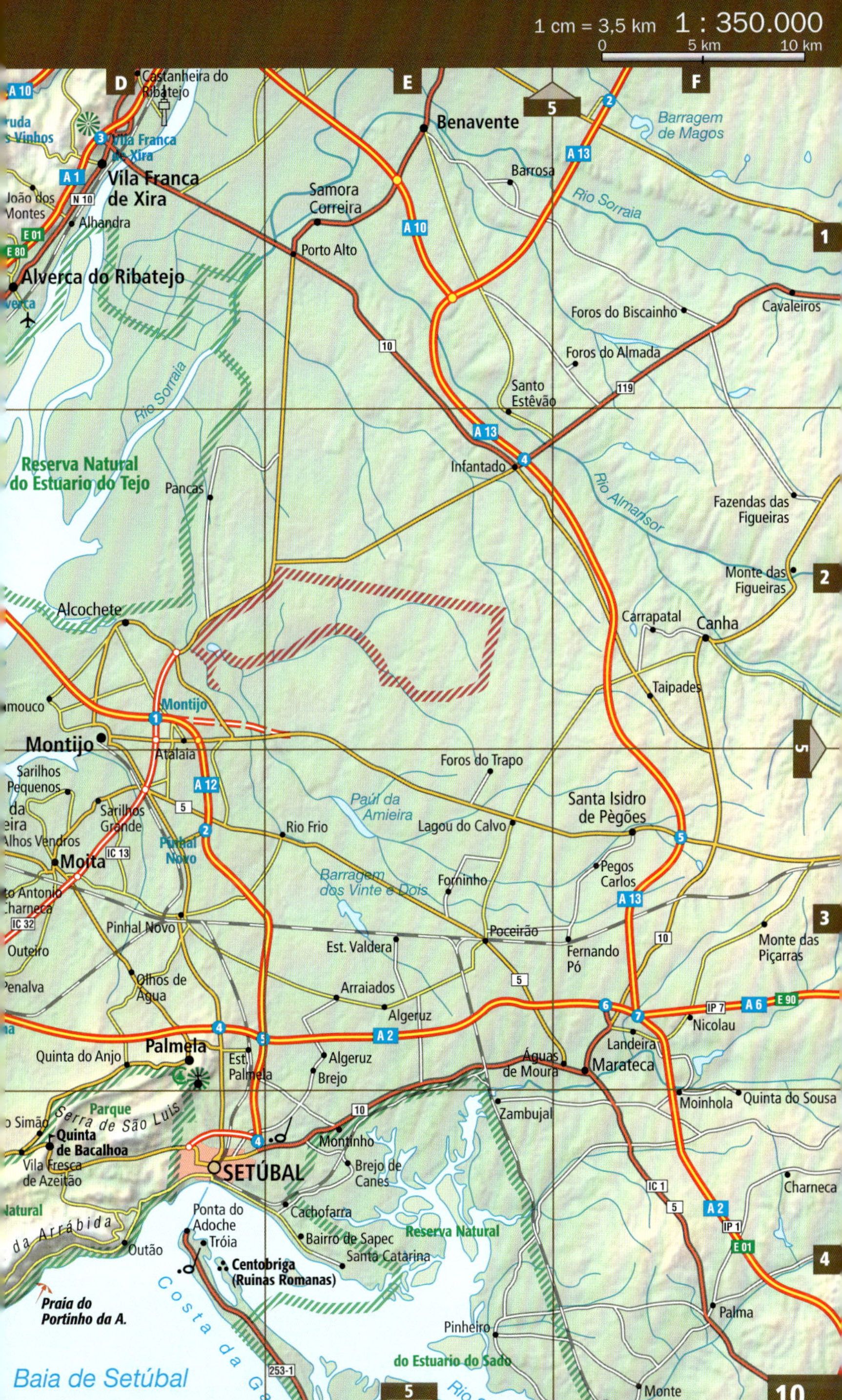

D
E
F
5
1
2
3
4
Castanheira do Ribatejo
Vila Franca de Xira
Alhandra
Alverca do Ribatejo
Benavente
Barrosa
Barragem de Magos
Rio Sorraia
Samora Correira
Porto Alto
Foros do Biscainho
Cavaleiros
Foros do Almada
Santo Estêvão
Infantado
Reserva Natural do Estuario do Tejo
Pancas
Rio Almansor
Fazendas das Figueiras
Monte das Figueiras
Alcochete
Carrapatal
Canha
Taipades
Montijo
Atalaia
Foros do Trapo
Sarilhos Pequenos
Sarilhos Grande
Paúl da Amieira
Santa Isidro de Pègões
Rio Frio
Lagou do Calvo
Pinhal Novo
Moita
Barragem dos Vinte e Dois
Forninho
Pegos Carlos
Poceirão
Est. Valdera
Fernando Pó
Monte das Piçarras
Outeiro
Olhos de Água
Arraiados
Algeruz
Nicolau
Landeira
Palmela
Quinta do Anjo
Est. Palmela
Brejo
Águas de Moura
Marateca
Moinhola
Quinta do Sousa
Zambujal
Parque
Serra de São Luís
Quinta de Bacalhoa
Vila Fresca de Azeitão
Montinho
SETÚBAL
Brejo de Canes
Charneca
Ponta do Adoche
Tróia
Cachofarra
Bairro de Sapec
Santa Catarina
Reserva Natural
Outão
Centobriga (Ruinas Romanas)
Praia do Portinho da A.
Costa da Gal
Palma
Pinheiro
do Estuario do Sado
Baia de Setúbal
Rio Sado
Est.
Monte Novo
A 1
A 2
A 6
A 10
A 12
A 13
E 01
E 80
E 90
IC 1
IC 13
IC 32
IP 1
IP 7
N 10
10
119
5
253-1

A
B
C
7
1
2
3
4
13

Oceano Atlântico
Atlantischer Ozean
Parque Natural do Sudoeste Alentejano e Costa Vicentina

100 m
40 m
20 m

393
263
Marofanha
Odemira
Aldeia Bemp
Valas
Daroeiras
Boavista dos Pinheiros
Touril
164 m
Refroias
Tagariças
Porto das Barcas
393-1
120
Camachos
IC 4
Zambujeira do Mar
Praia da Zambujeira
Vale de Figueira
Carvalhos
73 m
Cabeça Gorda
São Teotónio
220 m
São Teotónio
Pederneiras
Va
Praia do Carvalhal
Brejão
Sant
Cabeço da Arvéloa
Delfeira
Azenha
Ribeira do Serrado
Serra
Algares
455 m
Praia de Odeceixe
Carriço
Odeceixe
São Miguel
Pisco
243 m
Palmeira
Foz do Salvador
Monte Novo
Praia da Samouqueira
Maria Vinagre
Fonte Ferrenha
Lameiro
Zambujeira
Ribeira de Seixe
Samouqueira
Ribeir
Foz do Besteiro
Galé de Baixo
Azenha
Esteveira
IC 4
120
Azia
Foz do Arroio
Foz do Carvalhos
Galé de Cima
Bunheira
Saiceira
Chã da Casinha
Rogil
Giraldo
Serominheiro
Foz do Fare
Praia da Carriagem
Amoreira
Foião
Carrascalinho
Besteiro
Praia de Monte Clérigo
Rib. de Alfambres
Monte Clérigo
Castelo mourisco
Pêro Negro
Serra
Cerca dos Pomares
Aljezur
Pacil
Portela
Ponta da Atalaia
Igreja Nova
Ameijoafra
Marmelete
Pé do Frio
Picos
574 m
Palmeirinha
Monte da Gorda
Vale da Nora das Arvores
Abutareira
Gralhos
Maçaro
Ponta da Arrifana
Arrifana
Vales
267
a da Arrifana
Vale Formoso
334 m
Zebro
Vale de Agua
267
Arrifana
114 m
Espinhaço de Cão
Malhão
Canal de Bo.
do Penedo
Romeiras
Barranco da Vaca
Ribeira de Alfambres
Tojeiro
Embarradoiro
Praia de Figueiras
268
IC 4
Três Figos
Chabouco
Vale da Horta
Monte Novo
120
Monte Ruivo
Corcino
Barranco do Milho
Montes de Cima
Guena

0
5 km
10 km
D
E
F
7
1
2
3
4
15
14
Estacas
239 m
Azinheira
Corte Malhão
Giz
209 m
Carrascal
Golhofa
Cerro Queimado
Azinhalinho
266
Cortes Pereiras
Gavião
Serrinho
DISTRITO DE BEJA
Seladinhas
Monte
Boieira
109 m
Vale da Erva
Totenique
Santa Clara-a-Velha
Pousada de Santa Clara
Lobelha
Barragem de Marcello Caetano
Queimado
393
Daroeira
306 m
Santana da Serra
Santa Clara Sabóia
Sabóia
Pomba
331 m
Rosal
204 m
Viradouro
Ribeira do Rosal
Ribeira de Torquine
Rio Torto
Várzea do Carvalho
Baranco de Vale Francisco
Craveiras
Torquines de Baixo
Pereiras
Rib. dos Fitos
Serradinha
Estômbar
Brenha
359 m
Moitinhas
Moita
Nave Redonda
Vale Grou
Joios
Monte Ruivo
Baião
Corte Paral
Telhade
Mesquita
516 m
Carvalho
Monte Velho
Ladeira de Cima
Brejo
Serra da Carapinha
São Marcos da Serra
Cansino
Pomba
Silveira
Serra de Monchique
Juntas
Barranco dos Pisões Garganta
IC 1
Ramos
Cabeços
Umbria
Alferce
Sapeira
Peso
Cabeça de Aguia
267
Malhada Quente
Sela
353 m
Monchique
Picota
773 m
Ribeira de Odelouca
265
Seiceira
Belém
Meia Viana
Picota
Talurdo
Nave
Barranco do Banho
Fornalha
Caldas de Monchique
Pego Escuro
Monte Branco
Barragem Funcho
DISTRITO DE FARO
São Pedro
Barracão
Funcho
Pedreiras
Ribeira das Canas
Chiqueiro
237 m
Barragem de Arade
Cavaca
229 m
Vale Fuzeiros
Amorosa
Cortes
Gregórios
Barranco do Resgalho
Casa Queimada
Moinho
Ribeira da Boina

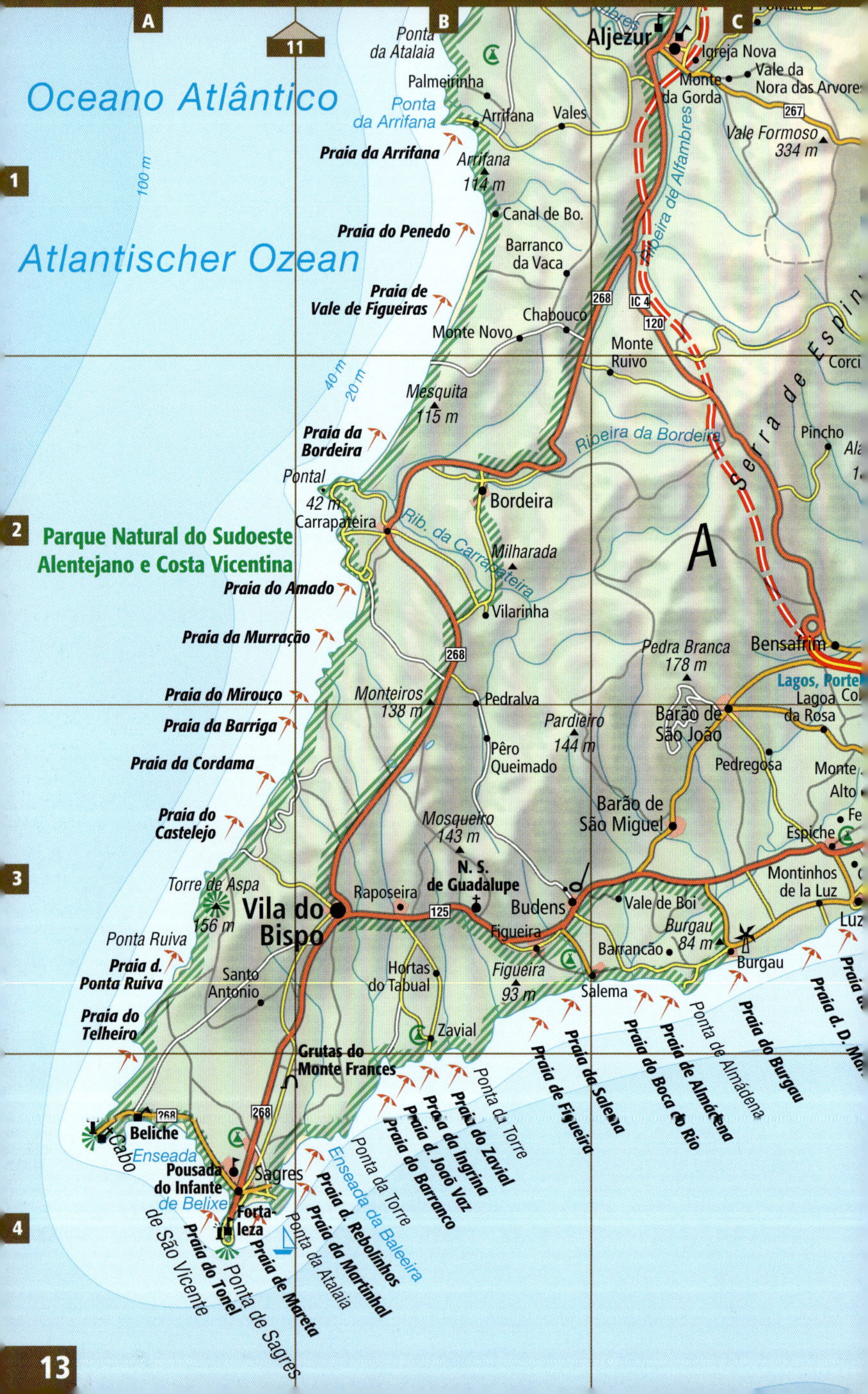

Oceano Atlântico
Atlantischer Ozean
Parque Natural do Sudoeste Alentejano e Costa Vicentina
Aljezur
Igreja Nova
Vale da Nora das Arvores
Monte da Gorda
Vale Formoso 334 m
Ponta da Atalaia
Palmeirinha
Ponta da Arrifana
Arrifana
Vales
Praia da Arrifana
Arrifana 114 m
Canal de Bo.
Praia do Penedo
Barranco da Vaca
Ribeira de Alfambres
Praia de Vale de Figueiras
Chabouco
Monte Novo
Monte Ruivo
Serra de Espinhaço
Mesquita 115 m
Praia da Bordeira
Ribeira da Bordeira
Pincho
Pontal 42 m
Carrapateira
Bordeira
Rib. da Carrapateira
Milharada
Praia do Amado
Vilarinha
Praia da Murração
Pedra Branca 178 m
Bensafrim
Lagos, Portel
Praia do Mirouço
Monteiros 138 m
Pedralva
Praia da Barriga
Pardieiro 144 m
Barão de São João
Lagoa da Rosa
Pêro Queimado
Praia da Cordama
Pedregosa
Monte Alto
Praia do Castelejo
Mosqueiro 143 m
Barão de São Miguel
Espiche
Torre de Aspa 156 m
N. S. de Guadalupe
Montinhos de la Luz
Vila do Bispo
Raposeira
Budens
Vale de Boi
Luz
Ponta Ruiva
Praia d. Ponta Ruiva
Figueira
Burgau 84 m
Barrancão
Burgau
Santo Antonio
Hortas do Tabual
Figueira 93 m
Salema
Praia do Telheiro
Zavial
Grutas do Monte Frances
Ponta de Almádena
Praia do Burgau
Praia d. D. Ma
Praia de Almádena
Praia do Boca do Rio
Praia da Salema
Praia de Figueira
Ponta da Torre
Praia do Zavial
Praia da Ingrina
Praia d. João Vaz
Praia do Barranco
Beliche
Cabo
Enseada
Pousada do Infante
de Belixe
Sagres
Fortaleza
Enseada da Baleeira
Ponta da Torre
Praia d. Rebolinhos
Praia da Martinhal
Ponta da Atalaia
Praia de Mareta
Ponta de Sagres
Praia do Tonel
de São Vicente
A

1 cm = 2,25 km 1 : 225.000

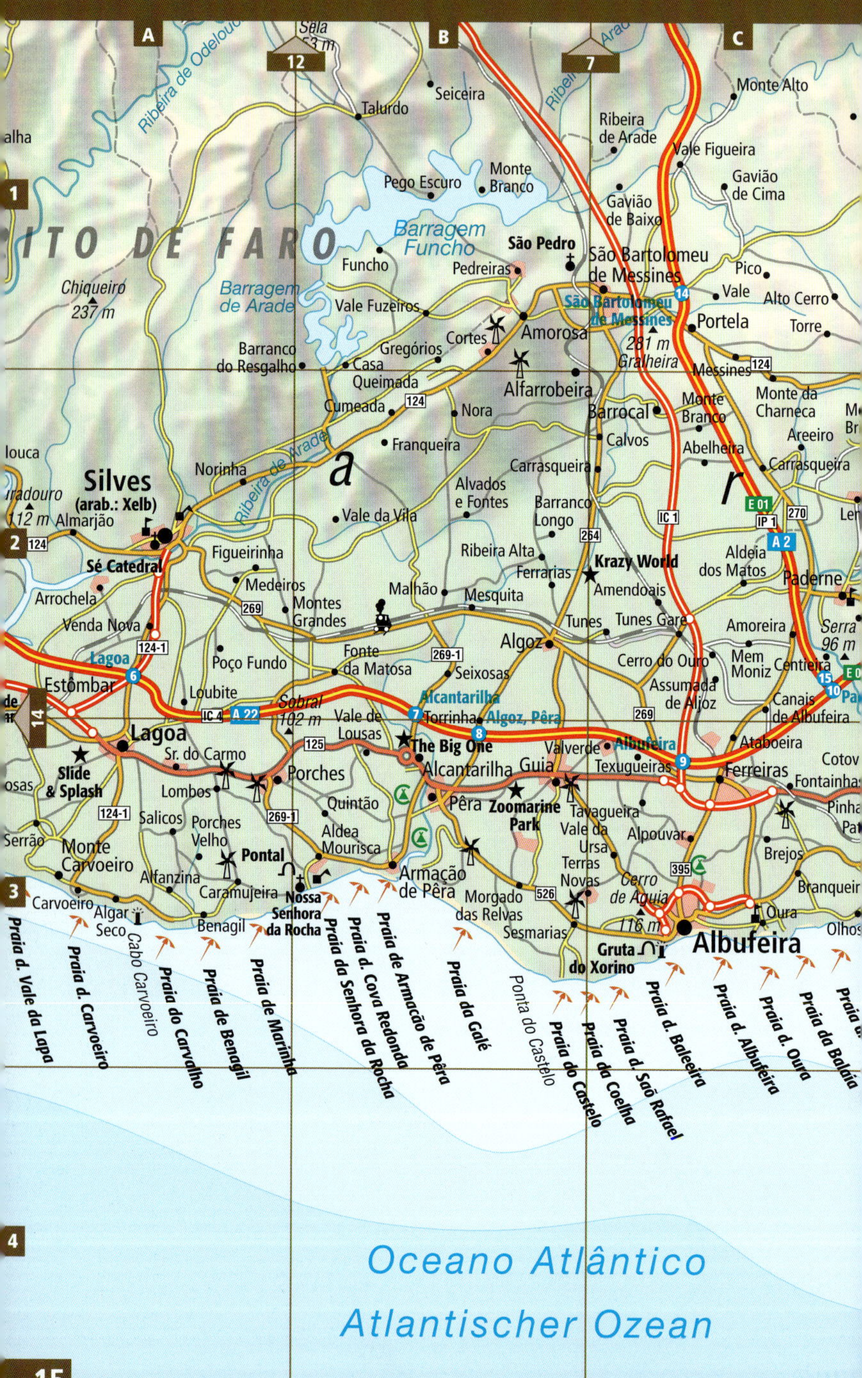

Silves
(arab.: Xelb)
Sé Catedral
Albufeira
Lagoa
Algoz
Guia
Alcantarilha
Porches
Armação de Pêra
Carvoeiro
Ferreiras
Paderne
São Bartolomeu de Messines
São Pedro
Barragem Funcho
Barragem de Arade
Krazy World
The Big One
Zoomarine Park
Slide & Splash
Pontal
Nossa Senhora da Rocha
Gruta do Xorino
Cabo Carvoeiro
Ponta do Castelo
Praia d. Vale da Lapa
Praia d. Carvoeiro
Praia do Carvalho
Praia de Benagil
Praia de Marinha
Praia da Senhora da Rocha
Praia d. Cova Redonda
Praia de Armação de Pêra
Praia da Galé
Praia do Castelo
Praia da Coelha
Praia d. São Rafael
Praia d. Baleeira
Praia d. Albufeira
Praia d. Oura
Praia da Balaia
Oceano Atlântico
Atlantischer Ozean

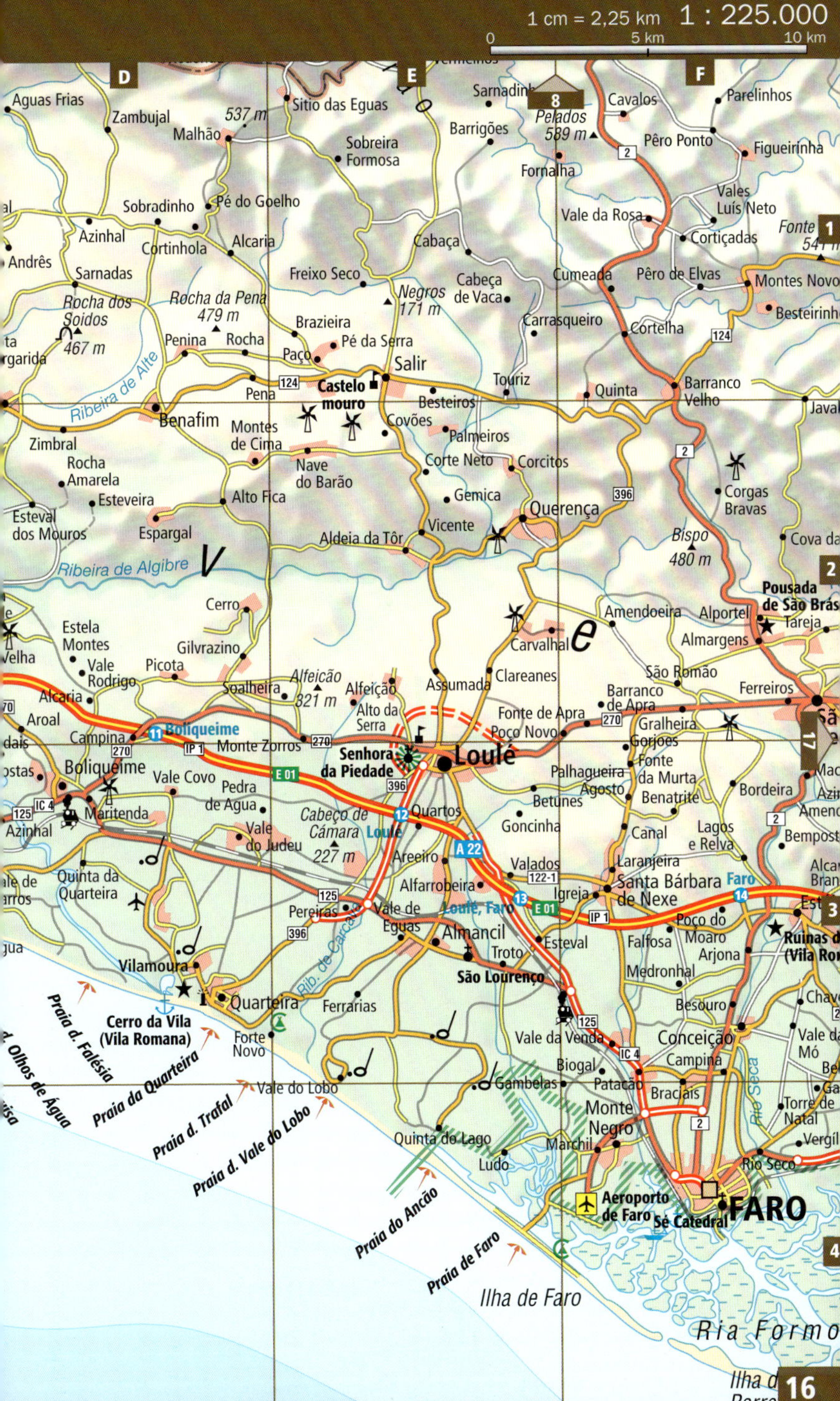
1 cm = 2,25 km
1 : 225.000
0
5 km
10 km
D
E
F
1
2
3
4
8
17
Aguas Frias
Zambujal
Malhão
537 m
Sitio das Eguas
Sarnadinha
Barrigões
Sobreira Formosa
Pelados 589 m
Fornalha
Cavalos
Parelinhos
Pêro Ponto
Figueirinha
Sobradinho
Pé do Goelho
Azinhal
Cortinhola
Alcaria
Andrês
Sarnadas
Cabaça
Vale da Rosa
Vales
Luís Neto
Corticadas
Fonte
Freixo Seco
Cabeça de Vaca
Cumeada
Pêro de Elvas
Montes Novos
Rocha dos Soidos
467 m
Rocha da Pena
479 m
Negros
171 m
Besteirinh
Brazieira
Carrasqueiro
Cortelha
Penina
Rocha
Pé da Serra
Paço
Salir
Touriz
Quinta
Barranco Velho
Castelo mouro
Pena
Ribeira de Alte
Benafim
Besteiros
Covões
Palmeiros
Montes de Cima
Zimbral
Rocha Amarela
Nave do Barão
Corte Neto
Corcitos
Esteveira
Alto Fica
Gemica
Corgas Bravas
Esteval dos Mouros
Espargal
Querença
Vicente
Aldeia da Tôr
Bispo
480 m
Ribeira de Algibre
Cerro
Pousada de São Brás
Estela
Montes
Vale Rodrigo
Gilvrazino
Picota
Amendoeira
Alportel
Tareja
Almargens
Carvalhal
Clareanes
São Romão
Alcaria
Aroal
Soalheira
Alfeição
321 m
Alfeição
Alto da Serra
Assumada
Barranco de Apra
Ferreiros
Campina
Boliqueime
Monte Zorros
Fonte de Apra
Poço Novo
Gralheira
Gorjões
Fonte da Murta
Boliqueime
Senhora da Piedade
Loulé
Palhagueira
Agosto
Benatrite
Bordeira
Vale Covo
Pedra de Agua
Betunes
Maritenda
Azinhal
Quartos
Goncinha
Cabeça de Câmara
Loulé
227 m
Vale do Judeu
Canal
Lagos e Relva
Areeiro
Valados
Laranjeira
Quinta da Quarteira
Alfarrobeira
Santa Bárbara de Nexe
Faro
Igreja
Pereiras
Vale de Eguas
Loulé, Faro
Poço do Moaro
Arjona
Falfosa
Almancil
Esteval
Ruinas de (Vila Ro
Vilamoura
Troto
São Lourenço
Medronhal
Rib. de Carcavai
Besouro
Quarteira
Ferrarias
Cerro da Vila (Vila Romana)
Forte Novo
Vale da Venda
Conceição
Campina
Praia d. Falésia
Biogal
Patação
Braciais
Praia da Quarteira
Vale do Lobo
Gambelas
Monte Negro
Rio Seco
Torre de Natal
Praia d. Trafal
Praia d. Vale do Lobo
Marchil
Quinta do Lago
Ludo
Rio Seco
Aeroporto de Faro
Sé Catedral
FARO
Praia do Ancão
Praia de Faro
Ilha de Faro
Ria Formosa
IP 1
E 01
A 22
IC 4
122-1
124
270
396
125

Cachopo
Casas Ba
Garcia
Botareo 493 m
Currais
Medronheira
Almarginho
Fonte do Corxo
Vales
Grainho
Azinhosa
Portela
Sarnadinha
Cavalos
Pelados 589 m
Pêro Ponto
Figueirinha
Fornalha
Vale da Rosa
Vales Luís Neto
Corticadas
Fonte da Raja 541 m
Feiteira
Alcornicosa
Alcaria Alta
DISTRITO
Mercador
Carne
Cumeada
Pêro de Elvas
Montes Novos
Castelão
Cortelha
Cerôis
Peralva
Garrobo
Besteirinhos
Carrasqueiro
Cortelha
Amendoeira
Alcaria do Cume 525 m
Parizes
Cabanas
Lajes
Touriz
Quinta
Barranco Velho
Javali
Cerro
Serra de Alcaria do Cume
Carvalha
Corcitos
Corte de Agua
Cortalha
Agua de Tábuas
Tábuas 503 m
Malhado do Judeu
Alcorvel
Casas Alt.
Querença
Corgas Bravas
Bispo 480 m
Cova da Muda
Malhada de Santa Maria
Malhada do Rico
Fornalha
Ribeira de Alportel
Porto Carvalhoso
Várzeas do Vinagre
Umbria
Pousada de São Brás
Amendoeira
Alportel
Tareja
Bico Alto
Barroso
Morenas
Eiras Altas
Carvalhal
Almargens
Vigia 240 m
Clareanes
São Romão
Mealhas
Santa Catarina do Fonte do Bispo
Fonte do Bispo
Barranco de Apra
Ferreiros
Fonte de Apra
Gralheira
São Brás de Alportel
Mesquita
Alcarias
Marco
Gorjões
Desbarate
Monte Agudo
Palhagueira
Fonte da Murta
Machados
Ribeira de Asseca
Santo Estevão 118 m
Agosto
Betunes
Benatrite
Bordeira
Azinhal e Amendoeira
Foupana
Campina
Goncinha
Canal
Lagos e Relva
Bemposta
Barranco de São Miguel
Jordana
Esteiramantens
Valados
Laranjeira
Azinheiro
Grutas de Moncarapacho
Brejo
Santa Bárbara de Nexe
Alcaria Branca
Serra de Monte Figo
Cabeça
Gonçalves
Igreja
Faro
Estói
Palácio de Estói
Moncarapacho
Pés do Cerro
Gião
Belmonte
Poço do Moaro
Esteval
Falfosa
Arjona
Ruinas de Milreu (Vila Romana)
Fornalha
Maragota
Pinheiro
Troto
Medronhal
Chaveca
Alecrineira
Poço Longo
Boavista
Torre de
Besouro
Bias do Norte
Vale da Venda
Conceição
Vale da Mó
Pechão
Paraíso
Quelfes
Bela Romão
Fuseta
Biogal
Campina
Belmonte
Brancanes
Ana Velha
Gambelas
Patacão
Galvana
Arrochela
Marim
Bias do Sul
Monte Negro
Braciais
Torre de Natal
Barra da Fuseta
Rio Seca
Marchil
Vergílios
Olhão
Quinta do Marim
Praia da F.
Ludo
Rio Seco
Ilha da Armona
Aeroporto de Faro
Sé Catedral
FARO
Canal de Olhão
Parque Natural
Praia da Armona
Esteiro da Barra Grande
Ilha da Culatra
da Ría Formosa
Ilha de Faro
Ilha do Farol
Praia d.Culatra
Ria Formosa
Praia de Hangares
Ilha da Barreta
Cabo de Santa Maria
Praia do Farol

1 cm = 2,25 km
1 : 225.000
0
5 km
10 km
D
E
F
SPANIEN
1
2
3
4
FARO
Barragem de Odeleite
Barragem de Beliche
Montinho
Odeleite
Casas Espartero
Alcaria
Fonte do Penedo
Almada de Ouro
Rio Guadiana
Baixo Grande
Choça Queimada
Portela Alta
8
Estrada
Corujos
Alta Mora 276 m
Magoito
Quebradas 190 m
Murteira
Cabaços
Vale da Rosa
Funchosa
Corte do Gago
Sentinela
Piçarral
Azinhal
Poço dos Negros
Marroquil
Alcarias
Chitados
Beliche do Cerro
Beliche
Murtal
Umbrias de Camacho
Cortelha
Vale Andreu
Moita
Tafe
Pocilgões
Vale Covo 115 m
Campeiros
Cerro do Anho
Junqueira
Botelhas
Cabeço
Carrapateira
Castro Marim/Vila Real de Sto. António
Borracheira
Alcaria
Vale de Ebros
Nora
Pomar
Campeiros
Soalheiras
Taleiros
Lagoa
Ribeiro
Rio Seco
Monte Francisco
Miguel Anes 229 m
Cotovio
Sesmaria
Corte Besteiros
Estorninhos
Esteiro da Lezíria
Reserva Natural do Sapal de Castro Marim
Castro Marim
Ayamonte
Ribeirinha
Malhada de Santa Maria
Champana
Montinho
Monte Gordo
Isla de Canela
Carriço
Ribeira da Gafa
Aroeira
São Bartolomeu
Vila Real de Sto. António
Zimbral
Malhada do Peres
Pocinho
Altura
Coutada
Currais Boieiros
Santa Rita
Morgadinha
Vila Nova de Cacela
Lagoa
Monte Gordo
Eira do Palma
Nora
Cascata Moinhos da Rocha
Manta Rota
Valongo
São Marcos
Mato do Santo Espírito
Cacela-a-Velha
Conceição
Santa Margarida
Armação da Abóbora
Cabanas
Tavira
Sinagoga
Castelo
Bernardinheiro
São Pedro
Pedras d'el-Rei
Santa Luzia
Ilha de Tavira
Arroio
Praia de Monte Gordo
Praia Verde
Praia d. Alagoas
Praia de Manta Rota
Praia de Cabanas
Praia das Cascas
Praia da Ilha de Tavira
Praia de Barril
Oceano Atlântico
Atlantischer Ozean

Abbildungsnachweis

Bilderberg, Hamburg: S. 195 (Alcobeca)
Ralf Freyer, Freiburg: S. 1 re., 151, 354, 366
gettyimages, München: S. 332 (Carmichael), 334/335 (Clifford), 395 (Johnson), 183 (John & Lisa Merrill), 167 (Sitton), 134/135 (Panoramic Images), Umschlagklappe vorn (Firecrest Pictures)
HB Verlag, Ostfildern/Thomas Peter Widmann: S. 1 (2. v. re.), 3 M., 7 o., 54, 140/141, 147, 162, 164, 191, 316, 336, 350, 364
Lydia Hohenberger/Jürgen Strohmaier, Lissabon: S. 4 o., 9 u., 59, 210/211, 220, 272, 293, 342, 388, 390/391
Huber, Garmisch-Partenkirchen: S. 2 u., 66 (Schmid), Umschlagklappe hinten (Simeone)
IFA-Bilderteam, Ottobrunn/München: Titel, S. 236 (Jon Arnold Images), 33 (Welsh)
Markus Kirchgessner, Frankfurt/M.: S. 2 o., 3 u., 5 o., 6 o., 8 o., 9 M., 18, 37, 114, 149, 158, 176, 196, 251, 288, 310
laif, Köln: S. 121 (Dreysse), 230, 307 (Le Figaro Magazine/Torregano), 7 u., 50, 72/73, 78/79, 90, 106/107, 239, 260, 264, 270, 368 (Hemispheres), 392 (Heuer), 10 (Huber), 9 o., 171 (Jonkmanns, Stern), 209, 352 (Kaiser), 4 u., 214 (Modrow), 8 u., 116, 228, 312 (Raach), 108 (Rodtmann), 247 (Zanettini)
LOOK, München: S. 85 (Dressler), 7 M., 371 (Müller), 3 o., 136, 201, 227, 308, 327 (Raach), 152 (Richter), 45, 63, 95, 276, 286 (Widmann)
Mauritius, Mittenwald: S. 178 (Frank), 294 /295 (Hambach), 6 u., 322, 376 (Howard), 207 (Pigneter), 5 u., 283 (Vidler)
Florian Peil, Berlin: S. 112, 304, 380
Gerhard Penzl, Köln: S. 172
Picture-Alliance, Frankfurt: S. 41 (Bildarchiv, UPI), 245 (dpaweb), 27 (Hirschberger)
Martin Thomas, Aachen: S. 358, 378
White Star, Hamburg: S. 1 (2. v. li.), 5 M., 225, 252, 397 (Gumm), 13 (Schindel)
Michael Zegers, Köln: S. 131

Zitate: S. 44: Eduardo Lourenço, Mythologie der Saudade, Frankfurt 2001; Hans Magnus Enzensberger, Ach Europa! Wahrnehmungen aus sieben Ländern, Frankfurt 1998; S. 61: Heinrich Mann, Ein Zeitalter wird besichtigt, Düsseldorf 1988; S. 188: Thomas Mann: Die Bekenntnisse des Hochstaplers Felix Krull, Frankfurt 1981.

Kartografie
DuMont Reisekartografie, Puchheim

Umschlagfotos
Titelbild: Óbidos; Umschlaginnenklappen: Cascais (vorn)

Über die Autoren: Lydia Hohenberger und Jürgen Strohmaier leben seit 1994 in Portugal, das ihnen zur zweiten Heimat geworden ist. Sie sind verzaubert von der Vielfalt des Landes und der Herzlichkeit der Portugiesen. Ihre Faszination vermitteln sie in ihren Büchern, auf individuellen Stadtführungen durch Lissabon und organisierten Gruppenreisen mit soziokulturellem Hintergrund (www.portugal-unterwegs.de). Im DuMont Reiseverlag sind von ihnen das Reisetaschenbuch Lissabon und DuMont direkt Algarve erschienen.

Hinweis: Autoren und Verlag haben alle Informationen mit größtmöglicher Sorgfalt geprüft. Gleichwohl sind Fehler nicht vollständig auszuschließen. Alle Angaben erfolgen ohne Gewähr. Bitte schreiben Sie uns! Über Ihre Rückmeldung zum Buch und über Verbesserungsvorschläge freuen sich Autoren und Verlag:
DuMont Reiseverlag, Postfach 3151, 73751 Ostfildern, E-Mail: info@dumontreise.de

1. Auflage 2007

Grafisches Konzept: Groschwitz, Hamburg
Druck: Rasch, Bramsche
Buchbinderische Verarbeitung: Bramscher Buchbinder Betriebe